“十三五”国家重点
图书出版规划项目

林木 著

20世纪中国画研究

下

广西美术出版社

目录

第一章
20世纪中国画的类型体系论

第二章
20世纪中国画的语言

第三章
20世纪中国画的品评

第四章
20世纪中国画家教学论

第五章
20世纪中国画名家专论

下册

第一章

20世纪中国画的类型体系论

第一节　当代中国画类型论

从传统中发展与开拓——当代中国画类型之一

在当代中国画的多种类型中，从传统中发展与开拓一路是最强大也是最主流的一类。

20世纪以来，中国画一度被当成“封建”文化的产物而受到政治性批判，继而又被当成“农业文化”而被贬为落后或非现代。然而，在20世纪80年代中期一阵狂热的西化风中，头脑清醒一些的国人也开始反思自己的国画是否还有价值，一股回归民族传统的思潮在汹涌的西化思潮中重新崛起。其标志就是两位老先生的异军突起。一个是江西的黄秋园，一个是四川的陈子庄，他们是80年代中期走红的两个人物。黄秋园与陈子庄都主要立足于明清的文人画传统：一个从石涛起家，一个以八大山人发脉；一个雄浑沉雄，一个空灵俊逸。你只要去看他们的画，读他们的画理，其与明清的关系就一目了然。陈子庄更有《石壶论画语要》，那对传统绘画美学的深刻理解与阐精释微，让人慨叹。此公又出言不逊，纵论当代大师，入眼的没有几人，李可染是“刻、结、板”“齐白石尚有作家气”“黄先生（注：黄宾虹）是‘票友’”……这些直率坦言的批评，引来了多少人的喝彩与钦佩。但在一片赞叹声中，大多数人却忽略了，这种批评其实是以古典审美规范对突破此种规范者提出的批评，是古典与现代在审美问题上的冲突与矛盾。岂不知，正是齐白石引以为豪的“蔬笋气”，使他能切入20世纪阳春白雪的文人画坛，给现代画坛带来一阵新风，“作家气”正是其特点所在。而学油画出身的李可染在自然中感受光的魅力，他以积墨法去表达这种前所未有的体验且另辟蹊径，再创了一种国画语言。这些语言或者情趣，是不能尽用“刻、结、板”或“作家气”一类古典术语去评论的，因为齐白石、李可染的创造是属于20世纪审美范畴的东西。一部艺术史就是情感与形式矛盾运动的历史。新的时代来了，新的感受来了，新的表达方式与新的语言也将应运而生。此即南朝刘勰所谓“文律运周，日新其业”之意。由此角度，一部艺术史，也最终呈现为形式语言相承相续、相互更替的历史。没有创造出从传统中承传而来又发展开拓为符合时代需要的崭新的艺术语言的人，是没有资格在历史上占据大师的位置的。从这个角度看，创造全新语言的齐白石、黄宾虹、潘天寿、李可染，显然比继承因素较多、创造因素偏少的黄秋园、陈子庄们占据更重要的位置。这也就是以平民乃至农民意识切入文人画的齐白石，以面、以光、以散锋横扫入画的傅抱石，积点成线、浑厚华滋的黄宾虹，一味霸悍的潘天寿，泼彩成像的张大千和刘海粟们成为20世纪中国画坛公认的大师的原因。

近年来，各地都有一批高龄老画家在被推介，这些老先生大多与黄秋园、陈子庄一样，有深厚的传统修养和笔墨功力，但他们大多无法拥有黄秋园与陈子庄那样的运气。黄秋园、陈子庄是在

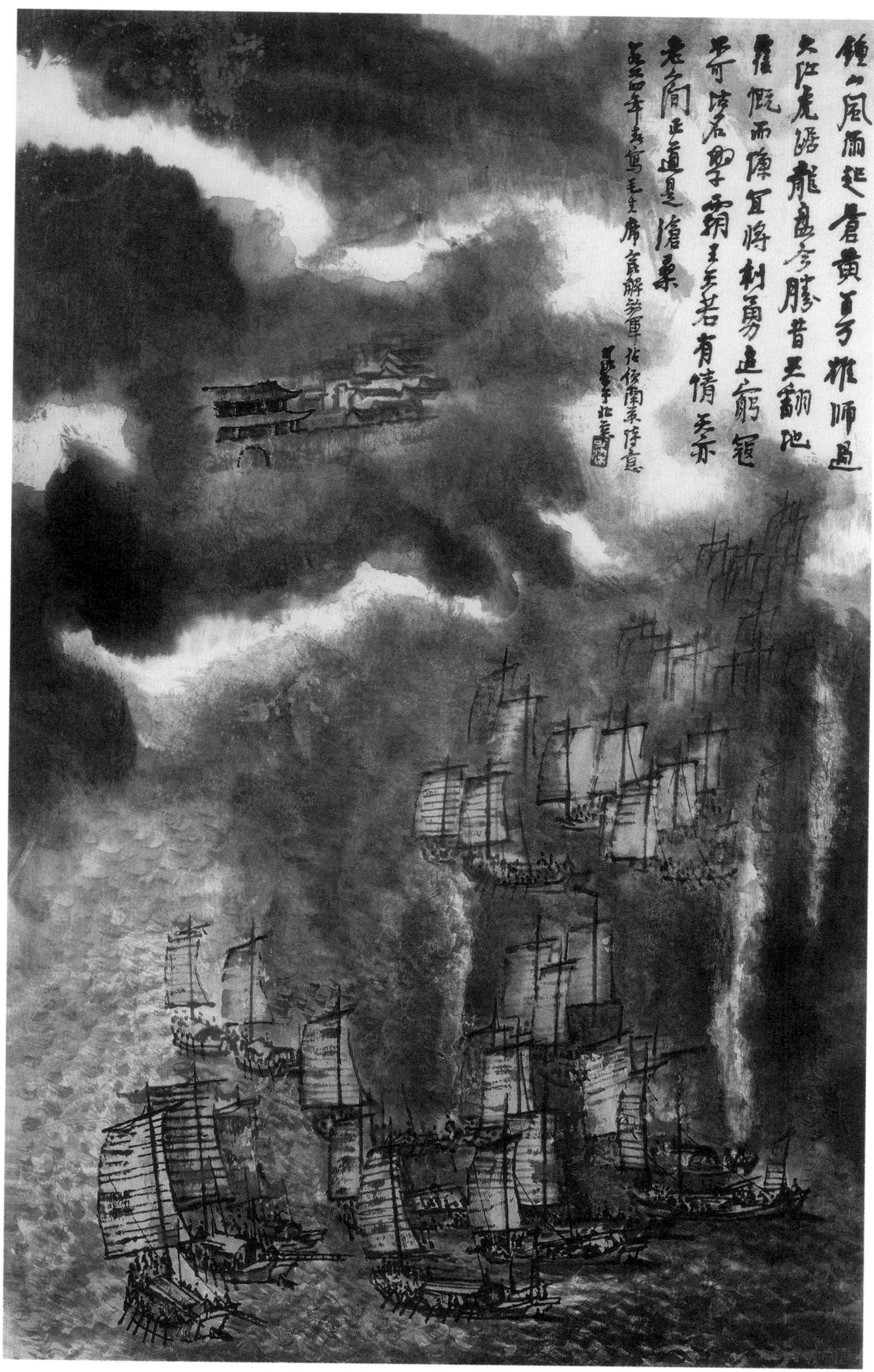

毛泽东《人民解放军占领南京》诗意图　李可染

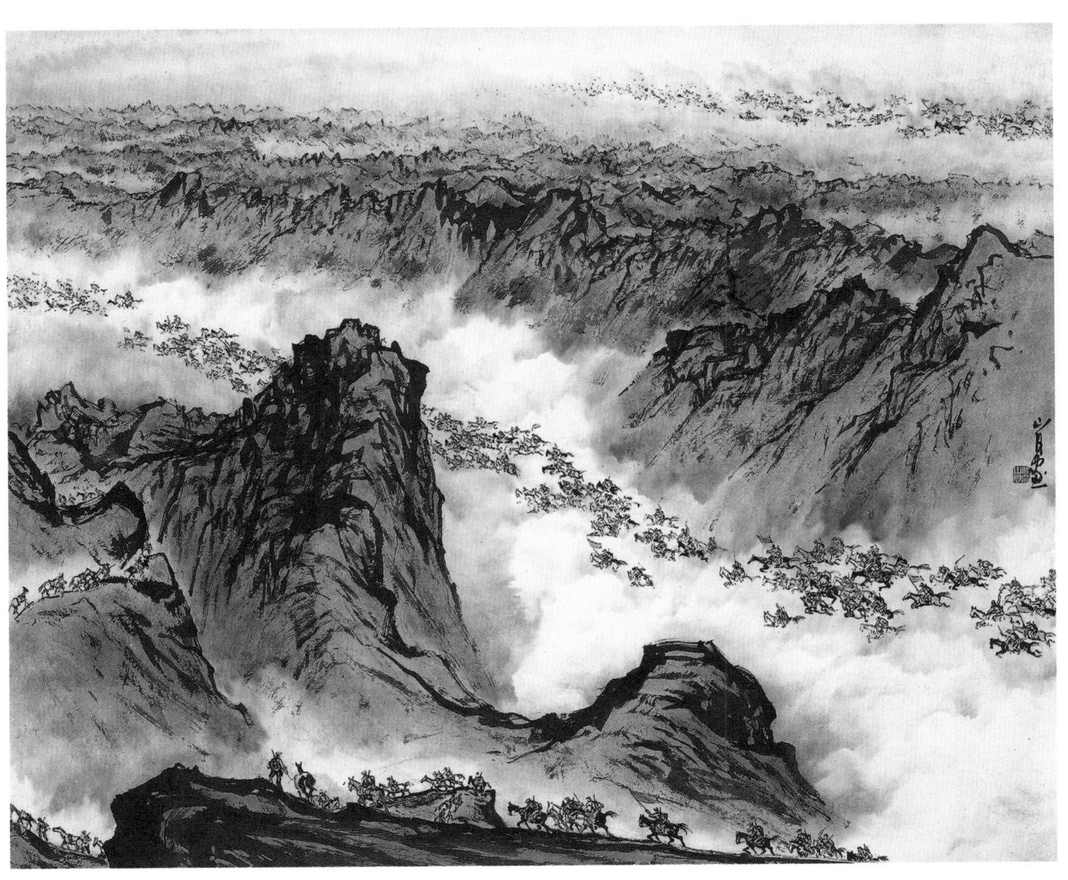

毛泽东《十六字令·山》词意图　关山月

西化思潮甚嚣尘上的时代里，作为民族回归思潮再度崛起的标志而出现的，这种机会是不多的，且时不再来。但也有例外。近年来，在四川大巴山地区，冒出来一位具传奇色彩的80多岁的老画家刘伯骏。这位在50年代初被发配到西南大巴山一隅的老者，是潘天寿、林风眠的学生，高冠华、赵无极、朱德群、席德进们的同学，终因保持一颗童心，保持对生活的热情及对当代社会特别的关注，竟在七八十岁的年纪“老夫聊发少年狂”，画出一批让人惊诧的狂放不羁的精彩之作。他的作品既具深厚的传统功力，又有热烈的现代感情，颇具当代的时代特征，让人惊诧不已。这20年来，回归传统思潮中的另一倾向是80年代末出现的“新文人画”倾向。“新文人画”一个重要的倾向是，试图在当代绘画创作中回归到古人的情趣之中，所以他们在意趣、题材、手法、风格乃至诗书画结合上都试图契合古人，虽冠以“新”之名，实则行“旧”之实。当然，其中不乏自创且风格别致者，也有根本与“文人画”不沾边者，更使“新文人画”呈现新旧杂糅、朦胧模糊的状态。

具此种倾向的画家们集中在江浙、北京一带。江浙一带有萧海春、曾宓、何水法、卓鹤君、童中焘、陈向迅、吴冠南、卢辅圣、董欣宾、周京新、朱道平、刘二刚、王孟奇、朱新建、常进、赵绪成、徐乐乐等。北京有贾又福、龙瑞、张立辰、陈平、李宝林、刘勃舒、张仃、刘巨德、邓林、

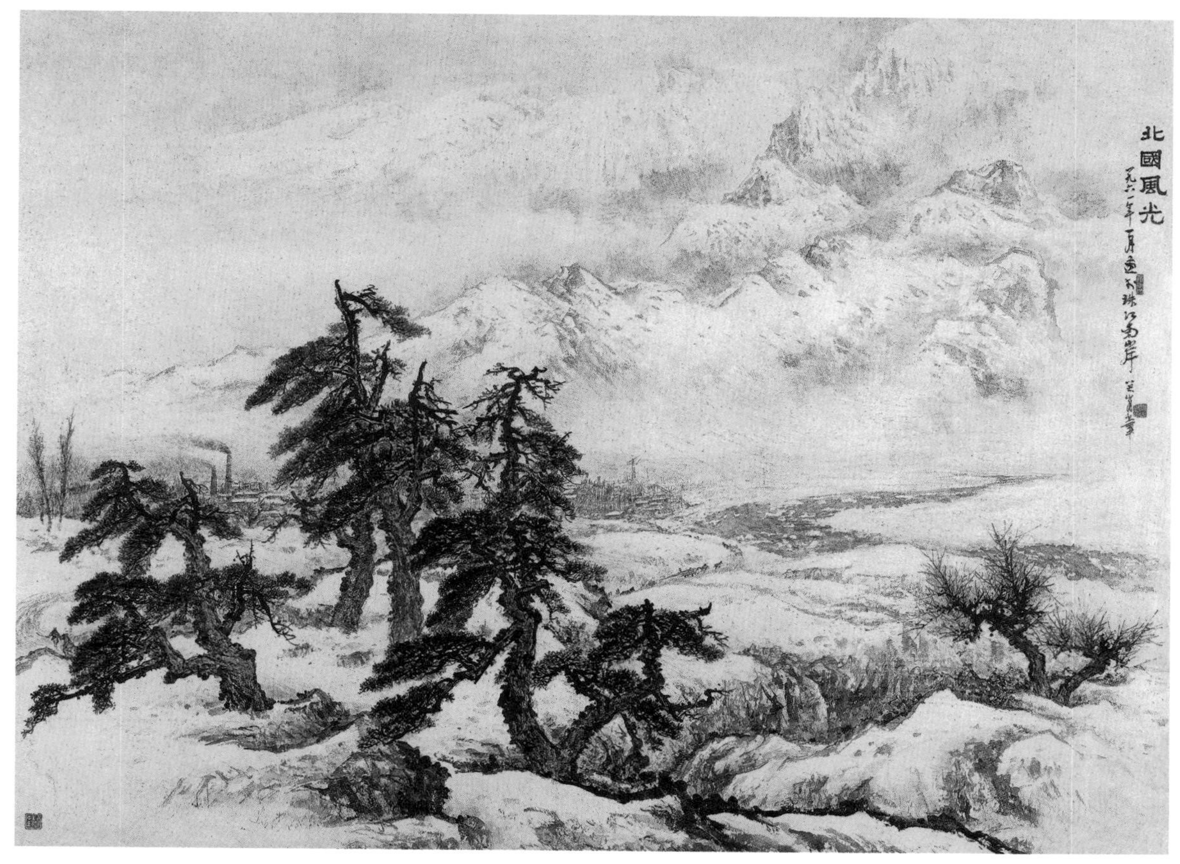

北国风光　关山月

王镛、李老十、程大利等。天津有孙克纲、霍春阳等。西安有赵振川、江文湛、崔振宽、苗重安、罗平安等。四川有唐允明、彭先诚、冯建吴、李文信、刘伯骏、秦天柱、戴卫、刘朴等。其他如黑龙江高卉民，贵州杨长槐、王振中，湖北周韶华、冯今松、鲁慕迅，重庆梅忠智，广西张复兴，广东关山月、黎雄才、赖少其、尚涛、王维宝、方楚雄、陈永锵、张治安、李世南，云南王晋元，福建寿觉生，台湾何怀硕、江兆申、余承尧，香港饶宗颐、万青力，以及旅居美国的徐希、吴毅等。此领域人才济济，难以尽举。

虽然从传统中拓展和创造，区别于其他中国画发展的样式，但其主要的创作理念、创作手法和工具材料手段还是以传统中国画，主要是水墨文人画为基础的。例如题材上以传统型山水、花鸟、人物为主；工具材料上以宣纸、绢、水墨、国画颜料、毛笔为主；语言上以线条、笔法、墨法、水法，要言之以传统笔墨为主；创作风格上讲究自然、雅、逸、平淡天真；创作形式上仍坚持诗书画印的综合运用；创作观念上以中国传统哲理、美学、画论画理为主……以这些为基础，糅进现代感受，改变其图式和造型手法、笔墨语言，创造新的皴法、墨法与水法；改变某些工具材料，如变绢为布（古人也用布，宋人画就有用布为之者，唐卡画也用布），在国画颜料使用上增加丙烯、岩彩，变中锋为侧锋、散锋；变三段式章法结构为繁密或极简结构；变卷轴为装框之斗方……在开拓发展类型的画家中，有的偏重在题材上突破，有的在章法中出新，有的在图式上变革，有的把笔墨之深厚转化为笔形之结构，有的在积墨法中探索。此中有大写意者，有在小写意中着力者，也有意中带工、墨中带色者；有笔墨繁复满纸浓黑者，也有简笔草草者。成就高的，密不透风中尚有空灵之意，简笔之中有高逸之气。如此等等，不一而足。此种画法，当因人而异，因时因地而异，永无止境。此种类型，虽从多方面去探索出新，但大格局仍保持水墨写意的基本风貌。故在传统画法一路上去开拓和创造，当也永无止境。

近百年前，有人指责“中国画学衰敝极矣”（那时还没有“中国画”之称）；近20年前，有人又断言，“中国画”已“穷途末路”，所指即此种“中国画”。但直到今天，此种“中国画”不仅没有衰敝极矣或穷途末路，还照样兴旺，而且无疑会继续兴旺下去。因为此种“中国画”是中国人习惯的、爱好的、民族的绘画。

但目前这种中国画创作状况又分两种：一种是与古代传统绘画，例如徐渭、八大山人、石涛等人的绘画大同小异、相差不多的作品，有的作品甚至可以乱真，功力不可谓不厚，理解不可谓不深，但自己的创造却几乎没有。或者他们自认为有创造，甚至还真能说出一二区别与创造来，但此种差别太小，以致很难让人看出来或根本就看不出来，甚至有时让人弄不清到底是今人所为还

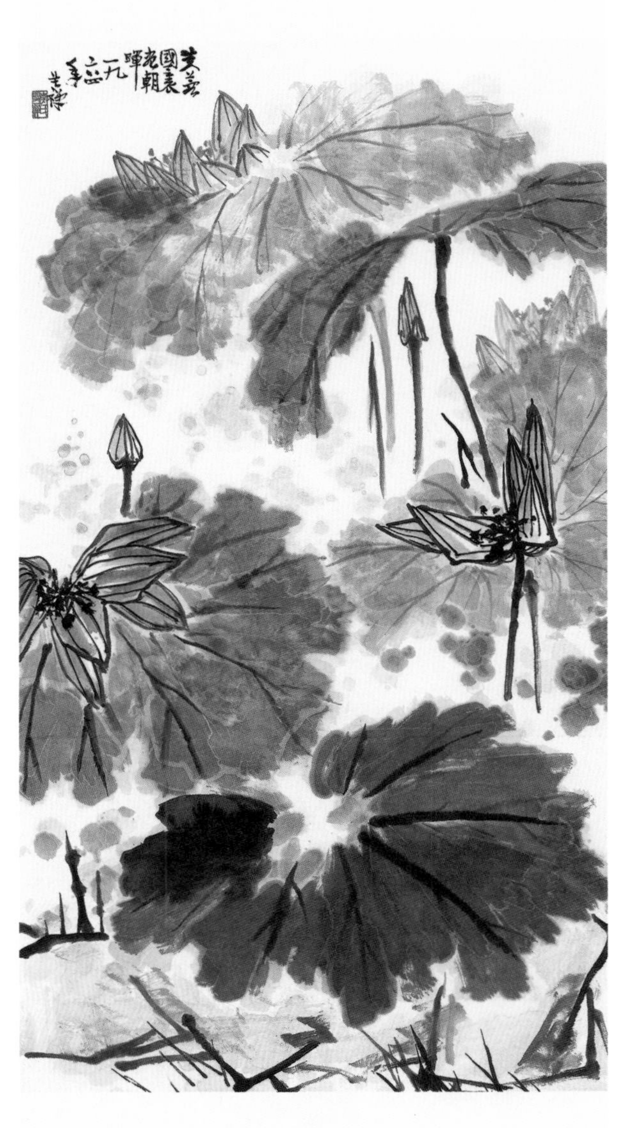

芙蓉国里尽朝晖　李苦禅

是古人所画。此类中国画作品照样有人欣赏，也照样有市场，有时也能卖出好价钱。也能找人写篇评论，评论家也可以把评过徐渭、八大山人、石涛的话原封不动地搬过来评此类作品。当然，在这个市场经济的时代，他们也可以出钱买几个版面介绍一番，化身著名国画家。但此类画家重继承，不重发展，属“延续型”画家。此类画家及其作品，社会还是需要的，也自有其存在价值，数量也极大，但对美术史、对学术缺乏贡献，或贡献不大，故不在本文所叙类型之中。另一种则是那种立足于传统而又有自己的开拓、创造与发展，有现代意味的作品。如前述齐白石、黄宾虹、李可染等人，他们以其独具一格的创造，成为美术史关注的对象，成为环环相扣不断变革的美术史链条上不可或缺的一环。值得指出的是，我们可以谈对传统的开拓与发展，是因为传统本身是个动态的过程式概念。今天许多为历史所认可的东西，又将成为新的传统而影响后世。古人有云：“后之视今，亦犹今之视昔。”但许多年轻画家生怕沾了传统的边，沾了民族的边，担心会因此而不现代、不国际，甚至有以“是中国的，不是传统的”相标榜。这就有些可笑了。

当然，此种传统开拓类型的存在，又涉及其评论标准的确定。既然此类绘画是以传统的理念、语言规范及种种传统样式为基础的，那我们的评论当然也得相应地把传统的因素纳入其中。同时，又得注意作品的时代性与创造性。以此为标准，去衡量这些中国画作品对传统做了哪些传承，继承得怎样，发展了哪些，发展得怎样，而这些特征与当代现实又有什么关系……总之，我们只能用与此种类型相关的标准去评价它们，而不能把其他中国画类型的特征作为评价此种类型的标准。例如，笔墨在此类作品中无疑是重要标准，但如果我们仍以笔墨为标准去评论以色彩为主要手段的中国画类型，而笔墨又成为以形式美、构成美为特征的画家和以笔墨为手段的画家争得不亦乐乎的焦点问题等，那就说不清楚了。这些不得要领也得不到结果的无谓争论，都是以不变应万变的标准造成的麻烦。当然，就算是对本类型中的中国画的笔墨进行分析，也不能纯用明清一套笔墨标准去衡量，我们也得从发展与创造的角度去评价各种新型笔墨的价值。学会分析各种不同的中国画类型，找到它们之间的共性与特殊性，以符合各种类型自身的标准去做相应的评价，正确处理中国画各种类型间的关系，中国画的创作、展出、评论才能健康地发展。

20世纪的水墨写实人物画——当代中国画类型之二

中国古代的人物画总的来讲并不发达。尽管可以有“稚拙”的雅誉，但汉代壁画上的人物只能算草草而已。东汉张衡对此称为“实事难形”，此之谓也。到三国时期前后，才“至协始精”，即到卫协时，人物画才转折进步至精密化。卫协的画看不到了，但看顾恺之的人物画，从写实角度看也并不怎么样。一直到唐初的阎立本，其《历代帝王图》《步辇图》等写实性的作品也未到尽美尽善的程度。宋代的人物画或许到了中国古代人物画写实的巅峰，若干风俗画、故事画确实一丝不苟。但元代以后，竟然连人物画家都没几个了。明清人物画亦继续走下坡路，著名人物画家同样数不出几个来。

和欧洲艺术相比，中国人物画的写实性的确不发达，这倒不是因为如康有为、徐悲鸿们所说的中国艺术的衰敝、落后，而是由中国艺术的意象性质，由其象征性、符号性、表现性、写意性诸特质所决定的。岂不见汉代《淮南子》所说，“画西施之面，美而不可说；规孟贲之目，大而不可畏。君形者亡焉”。中国人的形为神所统辖，中国人重神轻形，所以才有苏轼“论画以形似，见与儿童邻”之讥，以及“不似之似”之说。在此种审美倾向下，象征性的山水画、花鸟画发展起来了，而中国写实人物画的发展当然就有些困难。

以西方式的素描为基础的高度写实人物画，的确是20世纪的产物。在西方科学主义强大势力的影响下，西方建于解剖、透视、光学及素描基础上的人物画开始影响中国画坛，受影响最突出的就是人物画坛。20世纪上半叶以西方式的素描为基础的水墨人物画开始出现，也由此开启了20世纪区别于古典人物画的现代写实水墨人物画的序幕，代表人物有徐悲鸿、梁鼎铭、蒋兆和等。但是，以素描为基础的现代写实水墨人物画几乎从一开始就遇到麻烦。原因在于西方以三维空间的体积式幻觉再现为基础的素描，与东方的虚拟、平面、符号再加上书画结合手法的人物画，具有体系上的不和谐性。此即潘天寿所谓的“线条一摸明暗就打架”。因此，徐悲鸿由素描加线条形成的中国水墨人物画现代变革模式一开始就在矛盾与冲突中展开。徐悲鸿以改革中国人物画为己任，最后却成画马名家，弟子中也无重要水墨人物画家盖在于此。最初跟着徐悲鸿画素描人物画的蒋兆和也注意到这个矛盾。他后来是以中国古代画人物重结构渲染的办法来解决这个矛盾的。蒋兆和这种放弃外部光影表现而从结构自身入手的方法，使人物画的写实性再现与传统笔墨的形式表现获得某种统一。蒋兆和聪明睿智的处理，使他成为20世纪水墨写实人物画事实上的奠基人。一批中国写实水墨人物画家，如周思聪、杨力舟、王迎春、马振声、卢沉、韩国臻、姚有多等均出自蒋氏门下，绝非偶然。以蒋兆和为中心，构成了北方水墨人物画家群。南方则有浙派水墨人物画家群，如李震坚、周昌谷、方增先、刘国辉、吴山明、冯远等。各地还有如刘文西、杨之光、王子武等，也大致与这南北两派有关。浙派水墨人物画家由于受潘天寿等国画大师的影响，在吸收西方素描上走得比较稳妥，例如潘天寿就主张国画家如要画素描，就应该抛弃光影的表现而直接以线为之，以素描准确的造型去做人物的描绘。浙派水墨人物画家在笔墨上的探索做得很精彩，既保住形的准确，又能显示笔墨的意韵，笔墨与造型相生相发，把水墨写实人物画推到一个高峰。

水墨写实领域的著名画家还是很多的。除上述提及者，还有如北京的刘大为、张道兴、毕建勋、梁长林、王颖生、袁武、王明明、张江舟、史国良、陈钰铭、苗再新，天津的杜滋龄、范曾，辽宁的赵奇，吉林的梁岩，广东的林墉，南京的傅小石、范扬，上海的施大畏，湖南的钟增亚，江西的蔡超，西安的王有政、郭全忠、邢庆仁、王西京，河南的李伯安，重庆的白德松、张春新、王世明。

和古代的写实人物画往往服务于儒家伦理学说，帮助上层统治阶级“成教化助人伦”一样，现当代的水墨写实人物画往往也直接反映现实生活，反映政治事态。20世纪50年代以后提倡艺术为政治服务，故水墨写实人物画前所未有地蓬勃发展起来，直接表现为情节性主题性绘画的高度发达。80年代以后，随着改革开放的进行，纯审美的个人抒情因素增加，一度从属于政治的水墨写实人物画势头有所遏制，水墨写实人物画开始朝个人抒情写意方面发展，政治性主题只在一些国家性大展中还可零星见到，画家们大多朝古典题材、抒情性生活题材以及少数民族主题方面发展。

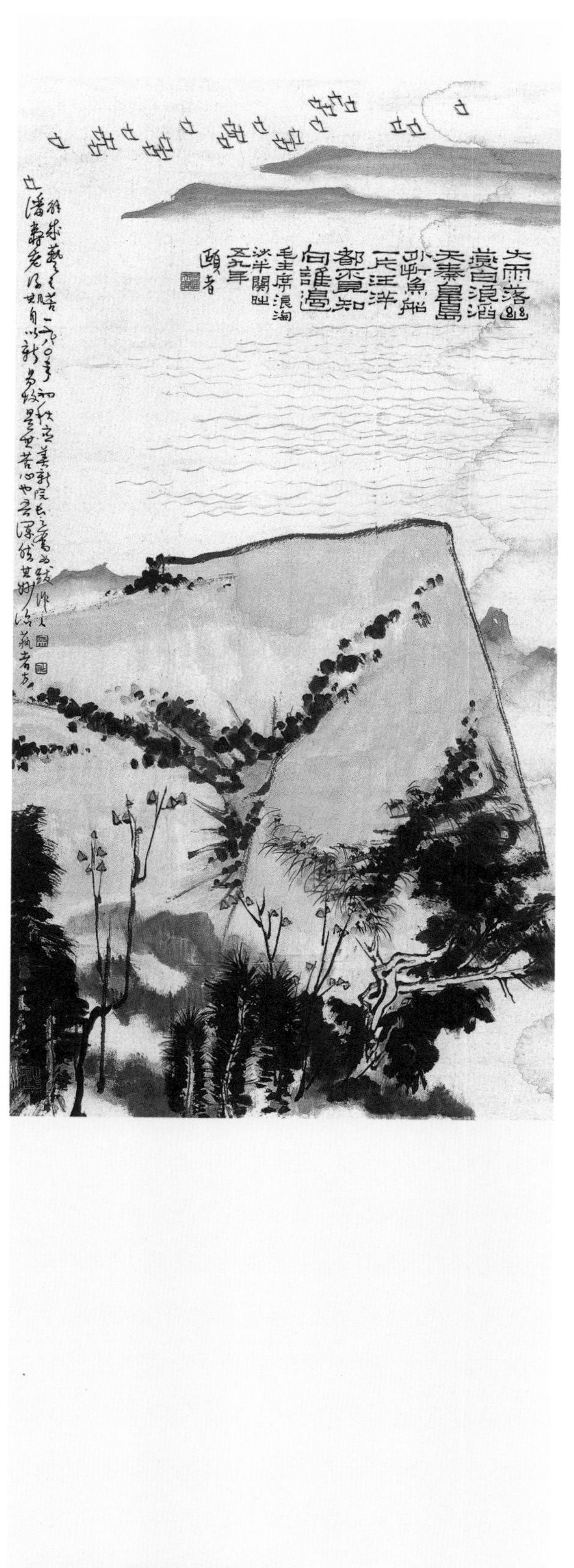

毛泽东《浪淘沙 · 北戴河》词意图　潘天寿

如此一来，水墨写实人物画的处境开始变得微妙。一方面，占中国画主流势力的文人笔墨一类传统形态的画家对水墨写实人物画不以为然，加之“论画以形似，见与儿童邻”（宋·苏轼）之古训，使写实风的人物画家有些尴尬；另一方面，水墨写实人物画家中也有人开始自惭形秽。近年来，一些很具实力的水墨写实人物画家（包括本文提及的一些著名画家）在时风压力下开始转向，或朝抽象方面转，或朝形式构成、形式美、表现性方面转。从个人选择来说，似乎不好加以评论，但我总有些为这些画家感到惋惜。本来写实人物画是难度较大的类型，既要注意造型，又得注意结构，如果人物一多，光是人物之间诸般呼应，就够画家费神的了，况且还得注意笔墨及诸种形式处理，这些在文人墨戏中单纯得很的东西在人物画中就变得非常复杂，这种本事不是弄几笔文人笔墨的小品玩票儿的画家所能望其项背的。此种能力应属张大千所倡导的“画家之画”的本事。但具备此种能力的水墨写实人物画家竟然把自己这种难得的长处舍弃了，而去和小品画家比拼几笔笔墨，实在太不合算——那可是成千上万的人都会画的，最后把自己活活折腾得没有特色了。另一方面，水墨写实人物画家本来就不多，此类作品现在也愈来愈少，而一个社会还是应有一些直接反映社会人生的东西的。这些年我访问欧美，在他们的博物馆里看到大量大型历史性主题画，就有些感慨我们这个最富历史感的国家反倒相当缺乏此种作品。有一次，我陪大英博物馆东方部主任在中国选收藏作品，就发现他们对直接反映社

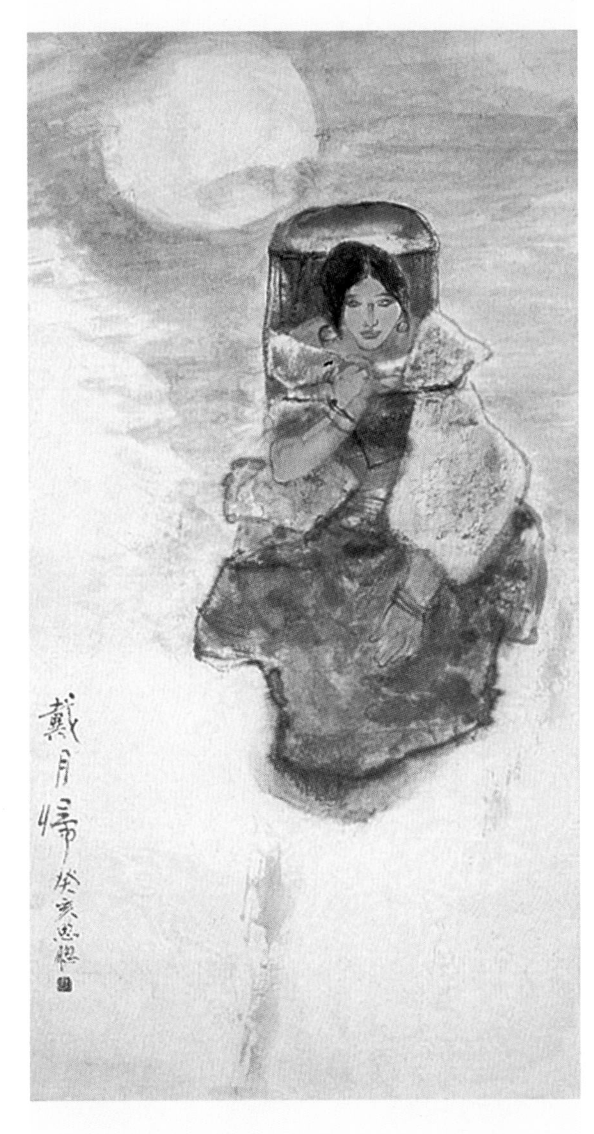

戴月归　周思聪

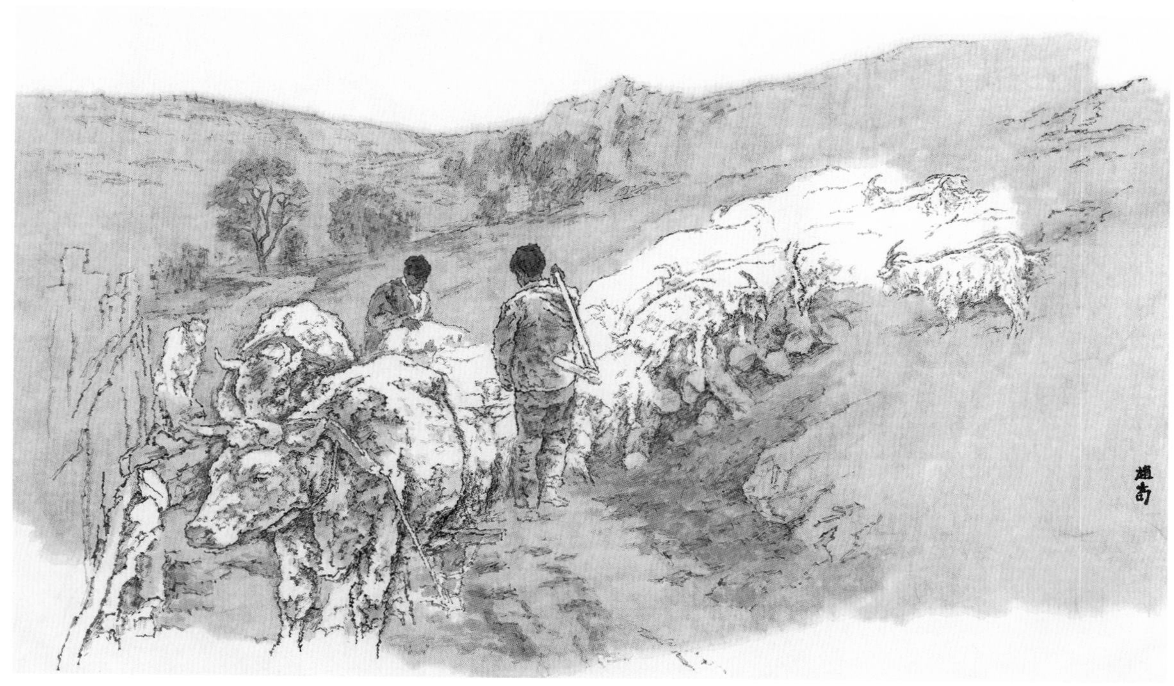

在村口　赵奇

会生活的写实作品兴趣很大。但现在，本来不多的一些水墨写实人物画家也开始撒手不干了。这反倒使一些仍坚持此种创作手法的画家及其作品变得金贵起来。年轻一辈的赵奇、毕建勋、蔡超这些年走红，就是一个证明。作为中国画类型之一，水墨写实人物画应有其重要的位置。

当然，对水墨写实人物画的评价也是个复杂的问题，因为此种类型的画本身也很复杂。有的从素描移来，严谨工致，光影灿然；有的亦有素描意味，但对素描与笔墨的结合颇为注意；有的造型严谨，但纯以线条出之；有的则在皴擦中表现人物体积的厚重；有的同样造型严格，却在笔墨与造型的紧密结合中把笔墨弄得灵动天然，飘逸洒脱。同样地，此种类型虽以写实论之，有的实得忠厚老实，有的实得聪慧灵动，有的有工笔意味，有的重写意效果，兼工带写者亦不在少数。但总的来看，我以为既然是水墨写实人物画类型，就不必怕写实。写实不仅可以，而且应该。只是在写实时，还是应该东方味浓一些，应多懂一些中国绘画美学的东西，多懂一些中国画的神韵及其构成因素，笔、墨、水、纸的特性应充分发挥，切不可素描加线条，素描加皴擦，把一幅中国画画成淡彩或浓彩素描，或者干脆画得像油画，那倒不如直接去画西式素描或油画更方便一些。我们中国传统绘画中本来就有写实性因素（当然工笔一类多些），到那里去看看可否有借鉴之处。水墨写实人物画并未走到尽头，且大有可为。

工笔设色及重彩画类型——当代中国画类型之三

本类型以色彩为分类原则，大致包括工笔设色画（淡彩或重彩），以及虽然用水墨，甚至写意，但色彩的比重在画面中明显占得较重的一类。

现在人们一提到“中国画”，马上就想到水墨画，在许多画家，乃至若干大家大师级人物那里，也曾公开表述过，只有水墨才是中国绘画的代表语言，因此，要具备民族特色，必须使用水墨，非此而有崇洋西化之嫌，且无法拉开与西方的距离。受这种顽固的思维观念的影响，画坛普遍把水墨当成传统中国画的正宗，水墨如果加太重的色彩，就有被逐出“中国画”的危险。出于此种原因，“岭南三杰”色彩较重的水墨画就不能与传统型的“中国画”相提并论，加进大量水彩与水粉色彩于宣纸水墨画中的林风眠，倒真的被人开除过中国画籍，有好几十年只能当水彩画家。同样地，怕惹类似麻烦的徐悲鸿干脆把加色彩的水墨画说成是“彩墨画”，而避免使用敏感而定义模糊的“中国画”一词。他懒得惹麻烦，究其原因，无疑是20世纪初人们把明清以来盛行的且已定于一尊的“文人画”顺理成章地定义为“中国画”的缘故。文人画讲究笔墨，所以中国画当然也得讲笔墨。今天无数的中国画家振振有词、真理在握地视笔墨、水墨为中国画之根本，原因即在于此。然而，与色彩相对的水墨作为较普遍的现象出现是比较晚的。王维、张璪的“破墨”山水是中唐以后的事了，“墨”作为传统绘画术语第一次被正式提出是在荆浩的《笔法记》中，那是晚唐、五代的事。而我们的绘画史可是有——如从彩陶艺术有笔有色算起——六千余年的历史。的确，我们绘画史上的绘画，六千年中近五千年的时间都是五彩斑斓的，那时绘画的代名词不是“笔墨”而是“丹青”。以成书于晚唐宣宗李忱大中元年（847年）的张彦远的《历代名画记》中所用术语为例，“丹青”一词在当时应为通常的绘画代名词。例如在《历代名画记》卷九《唐朝上》中，张彦远就经常使用该词：“阎立德，父毗，在隋以丹青知名。”“立德弟立本……朝廷号为丹青神化。”“立本唯善丹青，时人谓千字文语曰：‘左相宣威沙漠，右相驰誉丹青。’言并非宰相器。”从“时人”以流行之“千字文”语之“丹青”来看，至少在距今不过一千三百余年的初唐时期，那时的绘画还是“丹青”。晚唐五代时期的荆浩在《笔法记》中明确地指出：“水晕墨章，兴吾唐代。”亦即说这种“水晕墨章”之法是唐代才有。而且荆浩大概可以是在后世所用意义上最早使用“笔墨”一词的人了。这就从旁证明了，在距今一千余年的晚唐时期，墨法刚刚出现，不仅丝毫未动摇“丹青”的地位，甚至连自身的位置都才刚找到。到宋代，“丹青”一词仍然是绘画的代名词。那时，院体画盛行，整个北宋，上层绘画中流行黄筌色彩浓重的画风，而水墨山水的崛起，虽可追至唐代，但颇具规模，则要到“南宋四大家”的李刘马夏“水墨苍劲”的画法出现之时。但从南宋年间（1127—1279年）算起，距今不过八九百年的时间。

中国绘画之所以出现水墨，固然有其文化哲学，尤其是道禅哲学的渊源，有其历史文化传统的必然性。但其实，水墨仍属中国色彩体系中的一个分支，是民族色彩体系中表现符号的一种，“五色”之一种。试想一想，如果水墨（黑）是“肇自然之性，成造化之功”的道禅符号的象征的话，那么，“五色”中之另四色青、赤、白、黄诸种颜色不也与方位、神祇、观念信仰相联系吗？由此观之，则水墨为中国传统文化代表符号之一，青、赤、白、黄、金、碧及其他许多东方式色彩，不也是同样可以表达中国民族文化特色的吗？所以，我们如能知其然，又能知其所以然，则可明白水墨与其他色彩不过为民族传统同源而异流的文化现象而已，不可断然对立，不可扬此而抑彼。

尽管如上所述，色彩与水墨皆为传统丰富之构成要素，但由于文人画在后，盛行近千年，尤其是明清以来，定于一尊，久而久之，已形成水墨代表传统，笔墨是中国画的 “底线” 的严重错觉，又逐渐形成扬墨抑色的习惯。这样，中国人（其实主要指文人精英层，以及逐渐被其影响的城市居民，在人数占绝大多数的农村，是另一套对色彩的欣赏习惯）逐渐地在民族传统绘画领域里放弃了视觉因素中非常重要的色彩因素，逐渐地置大千世界五彩斑斓之色彩于不顾，使传统绘画语言陷于单调与贫乏。这是十分可惜的。而时代已进至现代，当今时代与产生水墨的王维、张璪，李刘马夏的时代差距何啻万里，艺术形式之巨大变化当属自然。虽然形式的发展有其连续性，一些画家仍要在水墨世界里驰骋也无不可，但硬要把水墨当成民族传统绘画之唯一代表，硬要全体国画家都画水墨画，或者，硬要把强化色彩表现的民族性绘画划出中国画，显然就非常错误了。

随着80年代改革开放的到来，外来艺术的引入，外来艺术的丰富色彩对千篇一律的水墨世界当然会产生巨大的冲击。另外，人类视觉对色彩有天然需求，亦如从黑白电视过渡到彩色电视的80年代的中国人，也自然地对色彩表现有其需要。这样，从80年代以来，中国画坛出现了一股色彩表现的思潮。这是一股从传统工笔绘画入手，大胆运用色彩的绘画倾向。据蒋采苹统计，入选1984年第六届全国美展的中国画作品中工笔设色画占三分之一。到1989年第七届全国美展时比例则跃升至二分之一。[1] 到1994年第八届全国美展时，工笔设色及重彩类作品在入选作品中更占了大半。[2] 当然，由于对此种风气的批评声渐起，使第九届全国美展中具上述倾向的作品有所减少，传统“笔墨”又重新登场，但画坛此风仍然未减。2003年第二届全国中国画展中此类作品又重新抬头，并获金奖银奖，惹得一些讲究文人水墨传统笔墨的画家不高兴，还争论了一番。看来，色彩与水墨与笔墨之间还有一番较量。尽管二者间根本就不应有扬此抑彼的轩轾。

大致来说，此种工笔设色及重彩的倾向有如下一些特点：第一，以工笔设色为特色。不论人物、花鸟、山水，其描绘手段或以线描的方式造型，或以色块的方式表现；色彩运用大胆，或柔和雅丽，或夸张强烈；手法或源自传统工笔设色，或取自敦煌、永乐宫宗教壁画，或与西方表现主

1 蒋采苹：《走出低谷的思索》，《美术》1991年第6期。

2 参见本书下册第三章第一节“中国画现代形态的初步确立——从第八届全国美展优秀作品展中国画部分谈中国画发展现状”。

义、野兽主义色彩相关，或与中国民间艺术相涉。总之，色彩成了画面的主角。第二，画面多肌理制作。台湾画家刘国松从20世纪60年代初开始的一系列技法试验，加之80年代后他到大陆巡回办展，传授技艺，故在80年代后期，造成了中国画重视色彩表现倾向中的肌理制作的风气。此时当代日本画也开始影响中国，加山又造干脆到北京办班传授技艺，日本画中雅丽明洁的色彩，重肌理制作的风气，开始影响这股色彩表现的倾向。于是揉纸、贴箔、撒盐、撒粉、撞水、撞粉、滴油、拓印等肌理制作之法风起云涌般地在这股中国画的色彩思潮中展开。第三，讲究构成。此类作品大多重视构成关系。既在色彩构成上用心，画面讲究色彩的谐和与对比，面积安排、冷暖比较、色块关系都有色彩规律的讲究，又重平面构成关系，点、线、面刻意安排，几何意趣的成分较重。不论花鸟，还是山水，大多在构成意味上下功夫。第四，画面讲究符号性。不论山水，还是花鸟，画家总爱把客观具体的物象提炼成单纯的符号式造型，并在同型反复的符号排列中建立另一意味的构成关系。第五，造型与结构一般较复杂，画幅因此也一般较大。不仅是设色作品如此，水墨作品亦然。这种情况则与参展的特殊要求相关。在展览中，画家们都希望自己的作品具有“视觉冲击力”。但总的来说，本类型偏重以色彩分类，或工笔设色，或工笔重彩，或水墨写意，却仍偏重色彩，以致重彩压过墨意。此种重色彩的工笔设色、重彩类型近二十年来较为流行。而这种类型的出现，无疑又与上述写实型倾向相关。虽曰“工笔”，但亦有或偏重造型，或偏重用笔，或偏重用色，或偏重结构之分。其中或工中带意，或意中偏工，或勾线填色，造型中肌理制作因素重，或以色彩肌理效果为主，仅辅以传统勾勒效果……总之很难对其进行准确分类。而且上述类型大多与传统工笔大相径庭。其对诸种现代手法的多种运用，使此种类型现代感十足。而且，比之文人水墨一类画法，此种类型更易吸收色彩感与形式感、构成性都较强的西方现当代绘画的成分，在中西融合的倾向上自有其优势。此种类型的发展在第八届全国美展时（1994年）达到高潮。在北京举办的第八届全国美展优秀作品展上，上述类型占了绝对的优势。在第九届全国美展（1999年）上，由于不满意此种倾向于肌理制作及色彩优势等特征的评委占了多数，故第九届全国美展上此类型作品有所减少。其实，不同类型的中国画间标准本就不同，审美类型也不同，不具备直接的可比性，但非要拉到一起比个高低输赢，有人不高兴，也是理所当然。

此类型著名画家有如北京的袁运甫、郭怡孮、唐勇力、叶毓中、李少文、王天胜、李魁正、牛克诚、许俊，天津的何家英、贾广健、孙本长、刘泉义，广东的王玉珏、安林，四川的朱理存、尼玛泽仁、姚思敏、吴绪经、李青稞，南京的江宏伟、方骏，浙江的郑力，黑龙江的卢禹舜，香港的胡永凯，澳门的石虎，湖北的陈运权，甘肃的莫晓松，西藏的韩书力，山东的赵建成，陕西的石景昭，内蒙古的周荣生，广西的李明伟，上海的张培成，福建的林容生等。

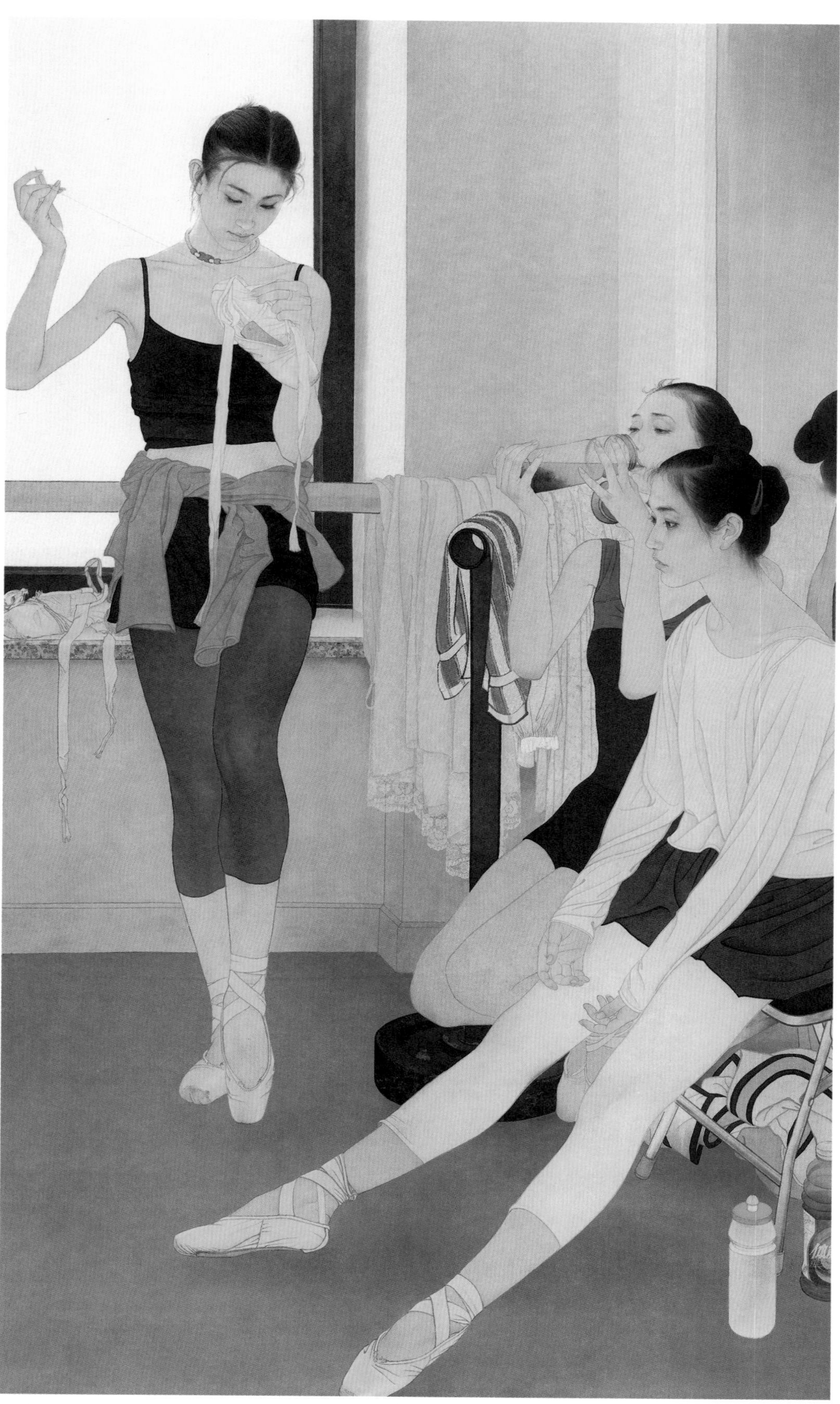

舞之憩　何家英

借鉴日本画风型——当代中国画类型之四

借鉴日本画风，这差不多是贯穿整个20世纪中国画坛的一个经久不衰的话题。从20世纪初期“岭南三杰”留学日本，借鉴日本画朦胧体以形成岭南派时开始，借鉴日本画风就成为国人批评的一个目标。其实，在经历了明治维新初期“脱亚入欧”“全盘西化”时风之后，在19世纪80年代美国人费诺罗萨与冈仓天心的共同倡导下，日本开始回归自己的民族传统。这批日本人从西方的严谨造型及色彩运用、空间透视诸角度，糅进日本人特有的细腻、柔和、优美、神秘及诗意的艺术感觉，再造出朦胧体一类的现代日本民族美术。从此角度看，日本与中国的艺术的现代化之路是非常相似的。同为东方的国度，日本这个一度受中国文化强烈影响的国家，当受到与自己的文化体系全然不同的西方文化冲击的时候，所面对的问题其实与中国大同小异。而且，大和民族极善于转化其他文化为自己的民族文化，这点倒真是比中国人更强。我们只要想一想，他们全盘西化仅十多年，反全盘西化的思潮就起来了，融合西方绘画之所长，又糅进日本艺术特质，非常日本化的朦胧体一类日本画就应运而生，而且当时就较为成熟，还产生了如横山大观、菱田春草、竹内栖凤、山元春举、桥本关雪一类的日本画大家。现代日本画就是日本民族的现代绘画。对中国来说，全盘西化思潮从20世纪初期起，持续了近一个世纪，直到进入21世纪，此风还未衰减。与西方接轨，走向世界——“世界”其实也就是西方——之声不绝于耳。20世纪三四十年代我们还提过“民族化”问题，50年代也有此提法，此后，几乎没人敢再提“民族”二字。只提“本土化”，“民族”二字是不敢用的，一用就是“狭隘民族主义”。所以一百年了，西化仍是非常时髦的事。而这一百年的另一面，就是我们“不管风吹浪打，胜似闲庭信步”，以不变应万变，许多国画家仍然画明清文人画且奉之为正统正宗。这都与日本很不相同。

但有一个奇怪的现象，即学西方意味着时髦、“现代”“前卫”乃至“后现代”和“后后现代”，但学日本却大逆不道，是另类，是“工匠”。当年岭南派就因为学日本，其画被直接当成日本画而受责难。其实，日本人对中国美术的现代进程是很有贡献的。中国19世纪末20世纪初的现代学堂中的美术教师，有不少日本人，中国人留学最初去的也是日本，中国现代美学的许多术语，也多转译自日本。但学日本的人却往往被骂，而学西洋的人随便洋到什么程度，都是时髦、革命，连“洋气”都是国人一致认同的褒义词。其实，比起学欧美，或许学日本对中国人来说更切实际，更有用处。当年强烈反对向西方学习的傅抱石，去日本留学后也改变了观点。他甚至在抗战时期的1937年，冒着政治上的危险说过应当学习日本的艺术，当年的傅抱石，其画也是受人攻击的。日本的确有不少令人讨厌的东西，日本人侵略过中国，但八国联军也侵略过中国，瓜分过中国。不论东洋与西洋，有长处也不能不承认，也都应当学。

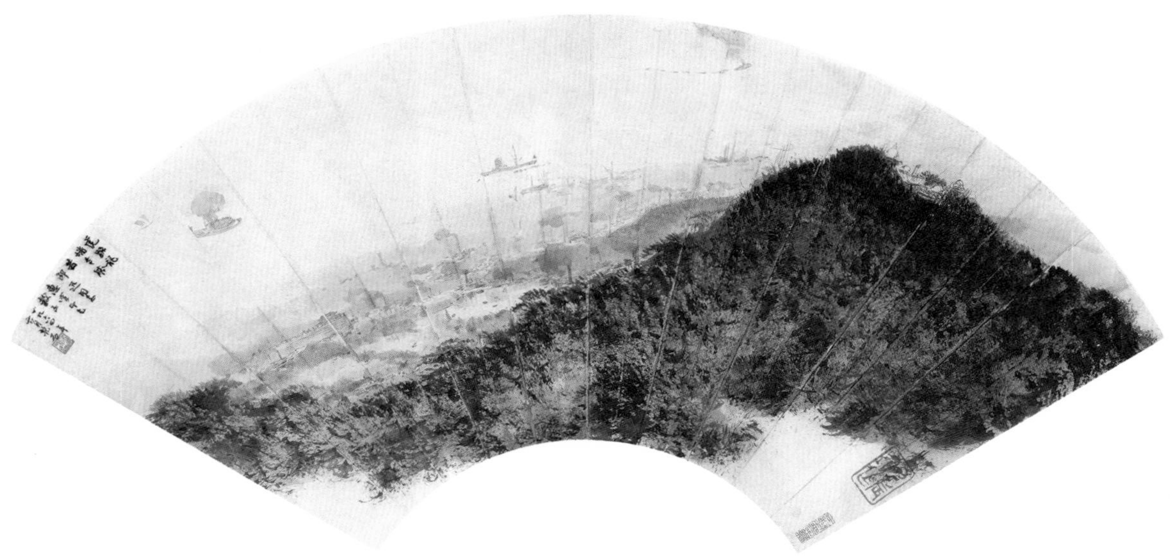

虎踞龙盘今胜昔　傅抱石

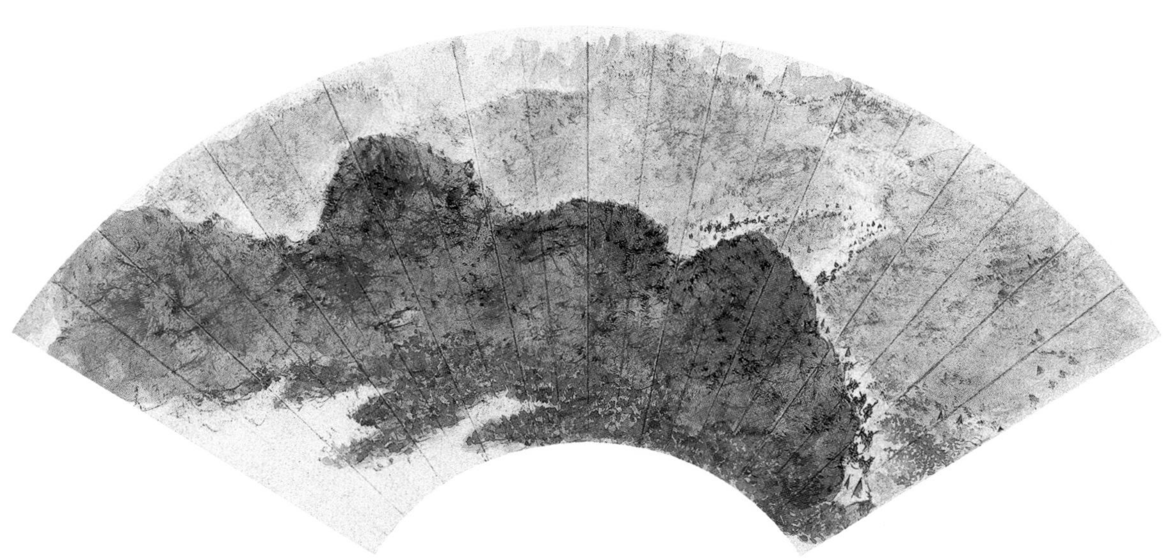

毛泽东《渔家傲 · 反第一次大“围剿”》词意图　傅抱石

其实，西方也好，日本也好，能多学些都是好的。中国传统绘画，自从文人画流行以来这几百年，逸笔草草，不求形似，用清人笪重光的话说，是“时流托士夫气，藏拙欺人”。小品流行，寥寥几笔，说得天花乱坠，其实不过小品而已，再加上唱堂会般的“笔会”表演，龙飞凤舞，顷刻即成。这种风气，害了中国画。张大千提倡“画家之画”，就是为了反对此种风气。他主张画家要有能“画”的本事，有能画复杂的大画的本事。日本人把中国艺术学过去，又吸收西方的长处，一下子就把自己的气质、意识、审美特征融了进去，日本画的现代进程进行得比中国容易多了。他们不论是画，还是制作的过程都非常严谨认真，一丝不苟，故其画也非常耐看。他们对使用的工具、材料都特别讲究。我们画界的画家凡是接触过日本材料的，都不能不佩服他们的认真与讲究。我在北京参观过一个岩彩颜料的工厂，技术是从日本学来的。我当时真看得有些瞠目结舌：他们有一千五百余种不同色彩、不同质地、不同粗细的颜料！还有金箔、银箔及其他五颜六色的金属箔，让人眼花缭乱。而且，所有这些颜料都是永不变色的。当时我就想过，这么多漂亮的颜色及其他种种闻所未闻的金属画材，该让画家们制作出多么精彩多么漂亮的作品啊！这么多的种类会让我们东方的传统绘画画出绝不亚于色彩斑斓的西方油画的作品，我们当然应该毫不犹豫地使用这些材料。惊喜之余让我又回忆起平时在文具店买的盒装“国画颜料”：赭石、花青、藤黄、石青、石绿……不过几十种！那又是多么贫乏啊！我们中国艺术家为什么老守着这几十种颜料翻来覆去地用，为什么不去多用些颜料呢？毕竟相对于单色的水墨，人类的视觉偏爱更复杂的色彩。况且，还有“工欲善其事，必先利其器”的古训在。

其实，美术史上的每一次进步，往往与材料的变革有着直接的关系。以中国美术史为例，彩陶时代的彩陶技术造就了两千余年彩陶艺术的风格。青铜时代开始了，不同的材质又开启了另一个两千年的青铜艺术时代。青铜艺术的翻模浇铸工艺规定出青铜艺术的形式手法与风格特色。绘画的时代接踵而至，在绢帛上画是一种风格，在壁上画又是一种风格。纸在宋代已被使用，那时普遍用的是熟纸，元代用的纸半生熟，文人意笔、渴笔山水才得以发展。现在奉为正宗的生宣纸直至明末清初才被大量使用，被今人奉为“底线”“民族本质”的笔墨和大写意水墨才得以产生。笔者的《笔墨论》二十万字，就有专论这个过程的专章。由此可见，材料的改变构成了美术史阶段演进的基础。历史上有米芾、吴镇只想用生纸（半生熟纸）而不愿用绢的记载。材料在绘画风格形成中的作用可想而知。当年的张大千，今天的刘国松都有自己设计符合自己需要的画纸的经历。我经常劝告画家们多尝试一些新工具与新材料，因为每一种新材料都会带来新的技法，而每一种新技法，又必将带来新风格。在这方面，已经颇为成功的刘国松应当是一个榜样。我也经常纳闷，我们这些中国画家为什么就死守着那几种单调的工具材料画单调的画，乐此而不疲？谁说过不准使用新工具新材料？谁有权力来发布此种禁令？第一个“以手摸绢素”画指画的张璪有经过谁的许可？第一个标榜用纸的米芾顾虑过谁高兴谁不高兴？艺术史总是属于那些标新立异不守常规的人，而循规蹈矩的人则与美术史无缘。原因很简单：历史本来就是一连串的贡献史，历史当然只记载对历史有特殊贡献的人，而这种贡献又永远与创造相关联。

对日本画的借鉴，还不仅仅是个工具材料的问题。了解日本艺术的人都知道，日本艺术的日本味是极浓的。当时的朦胧体弱化了从中国带去的线、从中国带去的墨，强化了从西方来的面与色，而此种面又朦胧，此种色是那么柔丽，那么日本。你去读东山魁夷的山水，每幅都是诗，当然是日本诗，那么优美，那么动人，那么独特。他那单纯柔美的色彩是属于东山诗情的。平山郁夫的色彩深沉而诡谲，那是因为他从日本人的角度体会到人生的神秘，禅学的幽微。我记得看加山又造的展览时，一幅巨幅的樱花，就一树樱花，那千万朵樱花，每一朵都一丝不苟，一朵一朵，精制细作，然后凑成一树，又那么整体。而整幅作品，又绘又制，又作又喷，装饰味十足，却仍然诗意盎然，日本文化的氛围浓而又浓。艺术的表现手法是很多的，条条道路通罗马，并非只有一条独路才为正途。如何在借鉴外来艺术中呈现浓郁的民族特色，日本画是很可以给人启示的。

现在再回到当代中国画对日本画的借鉴上。其实，前面论及的工笔设色及重彩画类型（类型三），其中大量的作品，就已经包含了对日本画的借鉴，例如，对色彩的大量运用，对形象符号的提炼、肌理的制作，乃至色彩构成及平面构成因素、装饰性因素，大多与当代日本画有关。但此类借鉴，还是在中国传统绘画的工具材料范围内，故引起的争议还相对较少。只是肌理制作一类，受人批评多些。但随着一些画家留学日本及归国，最近一些年，他们或自己办班教学，或请日本画家直接授课，加山又造本人也在中央美院办过班，一班一班地教下来，直接学过日本画的画家，人数已经不少。加上北京又开起了岩彩颜料及相应工具的工厂，中国美术馆内也在出售这些东西，就更如虎添翼。如此一来，创作上也渐成气候。其中，有的风格细腻，有的亦相当粗犷；有的造型严谨，有的则偏重形式意趣；有的色彩明丽淡雅，有的色彩厚重敦实。其用岩彩者，其细腻者似粉似末，其粗犷者则似砂似粒，至于银面金箔，及各种五彩斑斓的金属箔的直接贴用，以及现成的千余种复杂岩彩颜料的直接使用，加之严谨精巧的制作手法，变化多端的肌理效果，更把此种绘画表现得富丽堂皇、美轮美奂。而此类绘画，其工者，可归入工笔重彩，但与传统工笔重彩意味又很不相同；其意者，虽粗犷放逸，似归写意，却只是色彩，与水墨无关，归入写意亦不合适。归类仍难。这些年学岩彩画的情形，大有20世纪30年代初鲁迅请来日本版画家内山嘉吉办木刻讲习会的态势。鲁迅推动了新兴版画运动，大受画坛的称赞。但今天的岩彩画训练班就没有这么好的运气，画此种岩彩画的人被国画界的人当成了另类，以致此类画家不太敢去参加“国画”展。原因在于我们许多人把“中国画”当成了宣纸水墨的文人画专利。其实，如果我们把“中国画”这个虽约定俗成的说法真正看成多种民族传统绘画的总称，那么民族绘画中的多种类型都可以纳入其中。而民族绘画的材料工具本身又都在不断变化演进之中，绘画的载体由墙壁到绢帛，再到熟纸（宋）、半生熟纸（元）、生纸（明清）；工具有毛笔，也有猪鬃条（永乐宫壁画），甚至有最奇怪的工具——

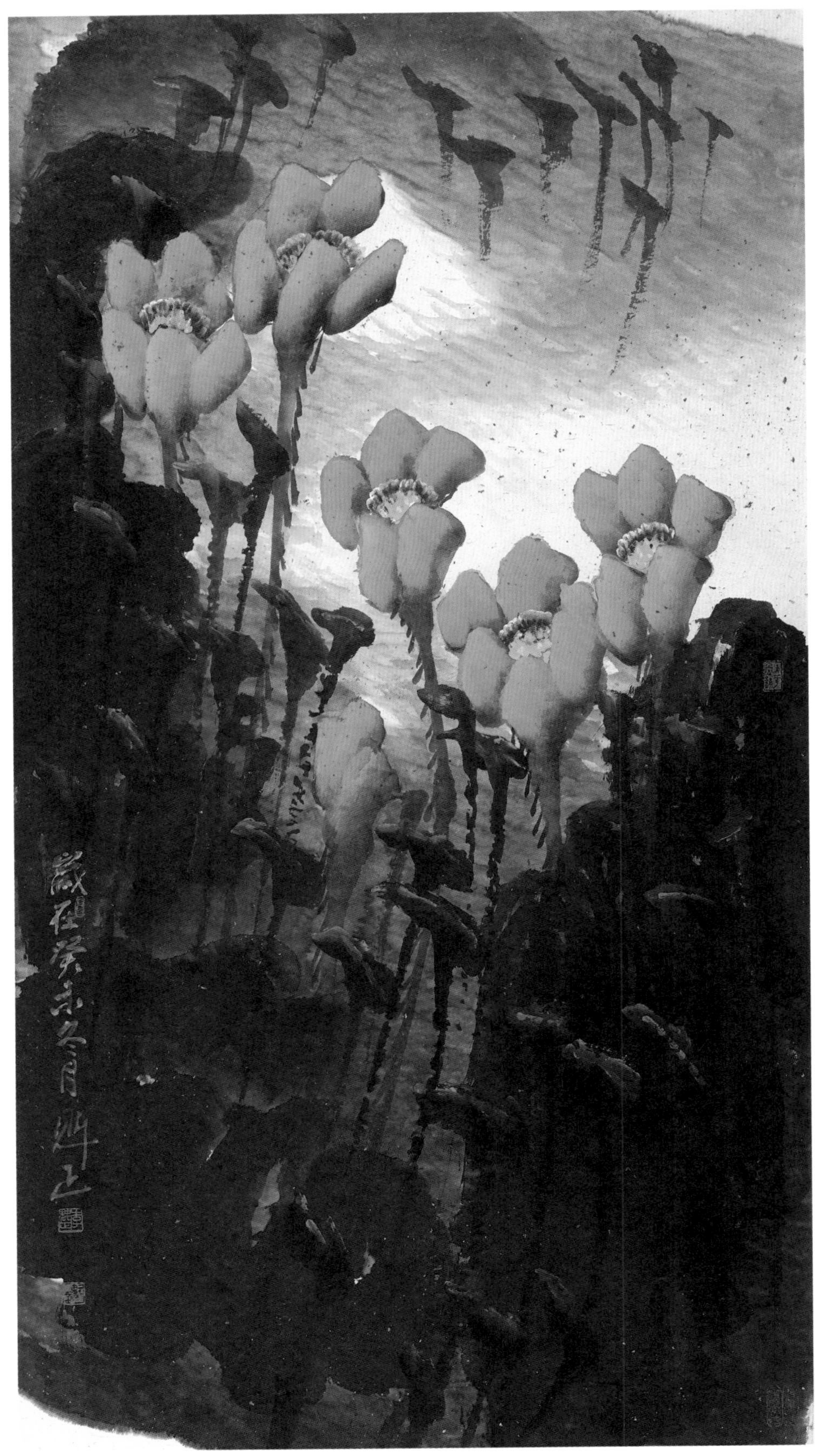

辉煌　李魁正

手指头（已经专成“指画”一类）。其实如果连手指头这种非常奇怪的东西都可以当笔作画而居然不受正统派的批评，那还有什么工具不可以用？还有什么工具又可以被批评呢？至于颜料，中国画颜料本就分石色与水色，石色指的就是岩彩，日本人的东西的确有不少本来就来自中国——当年的岭南派为自己辩护时就是这样说的。至于金银箔，你只要到中国的寺庙去，到处都可以看到金银箔的使用，不仅佛像、菩萨像上有使用，就连壁画上也有用金银箔的。例如，明代成都观音寺、四川平武报恩寺壁画上的菩萨，其胸饰就是沥粉做凸后贴金箔的。金银箔贴得，其他金属箔又为何贴不得？只是日本人还把颜料弄成了粉末和不同粗细的颗粒，这点与中国人不同。但这种处理不错呀！一千五百余种颜色已经够辉煌了，再加上不同材质、不同粗细质感材料的运用，更丰富了画面的效果，如此利器何乐而不为呢？至于画面的处理及其精神意蕴，完全可以是中国民族自身审美的，这就靠画家自己的感受与修养了。

当然，如前所叙，有人喜欢淡雅，喜欢水墨，那就继续画水墨，一百年甚至五百年以后还可以画水墨，水墨是中国画一大类型；有人喜欢色彩，喜欢五彩斑斓的色彩，则一千五百余种色彩一起用上又有何不可？“国画颜料”、岩彩、丙烯一起用又有何不可？这可以是中国民族绘画在今天发展出的另一种类型。既喜欢水墨又喜欢色彩，就画彩墨得了。艺术本身就是自由的创造，只是，类型不同，标准就有异。你用文人笔墨一套去衡量画岩彩画的，后者根本就不用笔墨，有时甚至不用笔，前者最重要的标准对后者就完全没用。评论后者，就应该从色彩的谐和或冲突，色彩符号的意味，色彩与造型的关系，点、线、块面与色彩的构成，绘画表面材质的质感关系，画面的意味与创造特色诸角度去分析。文人画笔墨的“计白当黑”“疏可走马”一类的原则就不一定全用得上了。当然，绘画意味既然大不相同，评论标准又大相径庭，硬要凑到一起去展览去互定高下，当然就说不清楚了。亦和非要叫川菜美食家去评麻婆豆腐与水煮肉片哪个当第一一样，这就既不是美食家的错，也不是麻婆豆腐或水煮肉片哪一样做差了，而是这种评选制度错了。如拿麻婆豆腐与粤菜比高低，那就更莫名其妙了。那只能是广东人说广东菜好，四川人说四川菜妙了。

通过去日本留学，或通过留日回国者办班讲学，以及通过请日本画家来中国讲学，中国已培养了一批数量不少的画家。他们自己办展览，或参加各级国画展，已有一定的规模。此类型画家或多或少都受过日本绘画的影响，更多地渗入上述工笔设色或重彩类型，如何家英、姚思敏、贾广健、李魁正等。但与日本画或岩彩画关系密切而有影响者却不多，有蒋采苹、胡明哲、胡伟等人。

重东方神韵的形式系统再造型——当代中国画类型之五

或许，此类绘画在当代中国画的发展中是最具想象力，最具启示性，也最具挑战性的，因而也是最易被逐出“中国画”领地的类型。

什么是中国画？一般人认为，用水墨宣纸画出的山水、花鸟一类的画才叫中国画。再懂一些的，则认为要以书入画，要讲笔墨，要写意的画才叫中国画。前两年，一位颇为权威的先生明确地指出，“笔墨是中国画的底线”。可见这位先生也是把文人画当成了中国画，因为只有明清用宣纸作画的文人画家才把笔墨当成要害。岂不见清代中期的王学浩说，“作画第一论笔墨”。此话只有董其昌、“四王”们才说，明代中期吴派沈周、文徵明们都不说，元人更不会说，他们要的绝不是笔墨，他们要的是意境。所以晚明唐志契才会说：“苏州画论理，松江画论笔。理之所在，如高下大小适宜，向背安放不失，此法家准绳也。笔之所在，如风神秀逸，韵致清婉，此士大夫气味也。”（《绘事微言》）这是古人给我们划定的一个审美演进时段的界限，亦即“笔墨”这根“底线”是到晚明董其昌们才划定的。这个历史演进过程我在《笔墨论》[1]一书中有专论。可见“笔墨”绝非所有民族传统绘画的底线。因为院体不讲，宗教绘画也不讲，民间绘画也不讲——至少不会去专讲。即使在文人画这个领域中，也只有明末清初的文人画家们才讲。其实，即使在明清这部分画家中，又主要是那些“正统”画家在讲，石涛、八大山人、扬州画派等非正统画家们也并不太讲，他们有更重要的东西要追求。此即石涛所谓的“纵使笔不笔，墨不墨，画不画，自有我在”（《石涛画语录·絪缊章第七》）。所以，笔墨仅仅是明末及清代部分文人画家的底线。亦即仅四百年来的某些文人画才最符合今天一些人心目中“中国画”的概念。这就叫画地为牢，作茧自缚，把源远流长、博大精深的中华民族传统绘画的浩瀚资源局限在极为狭小的范围！许多朋友还理直气壮，自以为得道一般捍卫着自以为是的民族传统！当然，这是认识事物的观点、角度问题。其实，中华民族的古代绘画传统，各种绘画样式、类型都有，而且它们之间在形态上的差别相当大。且不说院体画与文人画的差距就已大得让画文人画的董其昌们大骂院体画，文人画内部的后“四王”要骂石涛，如果再拿永乐宫壁画去与文人画比较，敦煌壁画又去与永乐宫壁画比，唐卡画与文人画比，民间年画又与所有上述类型比，上述各类型之间又互相比，那差别会大到什么程度，画家们心中自会有数。好在中国古代没有“中国画”这个概念，也没有拿着这个本来就说不清楚的概念去卡人压人的展览、评委、评论家和权威，所以一直相安无事，各画各的，也因此才留下这么丰富灿烂、引人自豪的瑰宝般的美术遗产。假如古人当时就有如我们今天这么严格的“中国画”概念限定，那留下来的可能就只有明清文人画形态这一种讲笔墨、水墨的单薄遗产了！谢天谢地，幸好历

1 林木：《笔墨论》，上海画报出版社，2002。

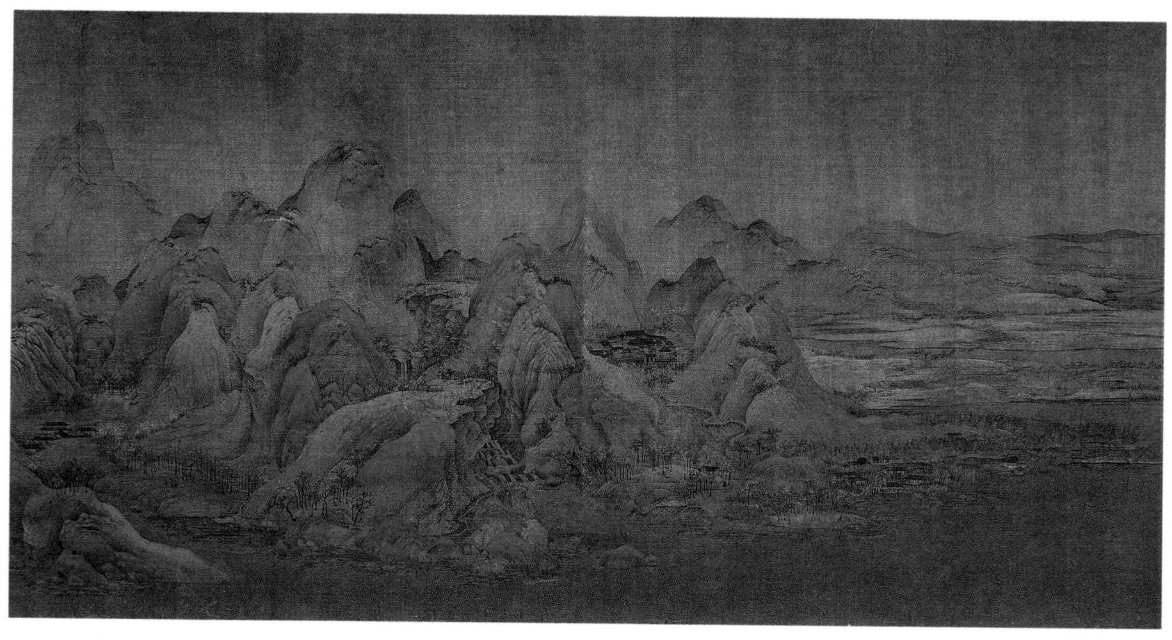

千里江山图（局部）　王希孟

史没这样！那么，这么多不同种类、不同形态的民族绘画样式，它们之间有无共同之处呢？民族传统绘画有无本质核心与底线呢？作为拥有六千年民族美术历史（从彩陶文化算起）且自成体系的中国美术来说，当然应该有，而且也的确有。

在我看来，中华民族从远古开始，就逐渐形成了一种独特的艺术思维方式。正由于有这种较为根本的思维方式存在，才形成了民族艺术方方面面的特色。这些民族艺术根本的思维方式及其所决定和制约的诸特征，又构成了民族艺术的体系。而这个体系的根本，则是以缘情言志的核心层为其本质特征，即中国艺术是以富于中国式哲理的情、志、观念的表达为核心的。各种艺术形态的不同，则又由儒、释、道及神仙方术诸观念的区别及其与环境所共同影响的主观情志所引发。由于中国艺术的这种基本的特质，中国古代艺术家们从来就没有以再现客观自然为自己艺术传达的终极目的，而只是把这种造型当成缘情言志的手段。而缘情言志的需要，则使中国人在对待自然的时候有着相当自由的态度，并因此形成了根据主观表现的需要对对象予以夸张、简化、规范、变形、符号化处理等手段的“意象”式思维方式。作为中国文艺之一的古典绘画，它与其他民族艺术种类共享这种最为根本的缘情言志的本质特征及由此生发出意象的民族艺术思维方式。这样，我们可以确立中国传统绘画系统中基础和核心的两个层次，即情感表现核心和意象的思维方式。由此种意象特征的需要和制约出发，可引出象征性、符号性、抽象性、虚拟性、程式性、平面性、装饰性、综合性及阴阳辩证九种意象造型的基础思维机制，或称意象造型的基本原则和特征。这种艺术形象塑造的处理方式或原则在中国传统绘画系统中则属于第三个层次。而这九种特征，事实上已经涉及了与它们直接相关，或者直接受它们影响、制约而形成的若干绘画题材、结构、技法、形式、工具、材料运用等更具体的特征。于是又构成了传统绘画体系的第四个层次。中国传统绘画体系的第五、六个层次分别是类型层次和风格系统。传统绘画的风格系统是由前述四个层次综合形成的。[1] 从上述分析可见，在传统绘画体系中较为重要，也较为恒定的是前三个层次，它们规定出了中国传统绘画各种不同样式的内在共同性。这三个层次就其本质性的因素，如“缘情言志”，如“意象思维”等本质性规律是比较恒定的，当然，至于是什么“情”什么“志”，以及是何种“意象”，其中有何种哲理内涵，倒也是因时代不同而不同。而后三个层次，即题材、技法、工具、材料层次及类型层次、风格层次就易变了，也正是这三个层次不断地变化，才又构成不同的绘画类型与样式，也构成了同一类型绘画不同时代的变化。例如“笔墨”，就是最易变动的因素。石涛所谓“笔墨当随时代”就是这个意思。早在1940年4月，傅抱石在《中国绘画思想之进展》中就说：“这伸张‘情’‘意’的思想，是更合乎民族的。中国绘画本不可以形迹去求，用笔墨的外形来论断，可说是舍本逐末的工作。”这也是从体系性上去观照笔墨变化的。

行文至此，我们可以来谈重东方神韵而对绘画系统进行再造这种传统绘画类型了。既然中国传统绘画有其体系，而这个体系中又有较为恒定的因素层，那么，守其所当守，变其所当变，这样既可以保持其东方神韵，保持民族特质，又可以主动地根据时代的需要，大胆变革题材、技法、工具、材料乃至风格，使自己的绘画产生外形式方面的巨大变化。这样的思维及处理，可以构成中国当代民族绘画样式中的独特的一类。此类绘画重在对中国传统绘画内在神韵和形式意味的继承，重在对传统绘画思维方式、构形原则等基本要素的借鉴，亦多采用传统工具、材料，对西方的形式语言也有较多的借鉴，对传统外形式系统却大刀阔斧地重新再造，故其语言系统与传统有联系，但更有区别。此种类型变革性最强，但争议也最大，被划出“中国画”之外者，以此类为最多。此种类型因其开拓性、创造性强，故对画家素质的要求也高。此种类型的创造者，必须对中国绘画传统有深入的了解，能把握住中国绘画艺术精髓之所在，又能以开阔的视野宏观地俯瞰中国画的诸要素，且能通达地对待这些中国画特征，同时又必须具备强烈的开拓创造意识和我行我素不怕被人批评乃至否定的学术自信。当然，他们还应该对世界艺术有相当的了解，善于广泛地吸收外来营养为己所用，以广开创造之路。由于上述原因，此类型画家作品的原创性质特别突出。但由于这些条件太苛刻，故能在此种类型中开拓创造而有成就者极少。但如中国画界同仁们能有兴趣在此种类型中研究和学习，则此种类型对中国画界的变革思潮贡献潜力将极大。

林风眠就是此种类型的开拓者。在留学法国期间，林风眠开始了他研究中国艺术的进程。他首先注意到“应该知道什么是所谓‘中国画’根本的方法”和中国艺术“固有的基础”。他注意到中

1 关于中国绘画体系的详细论述请参见笔者著述《笔墨论》（上海画报出版社，2002）第二章“笔墨与中国传统绘画体系”。

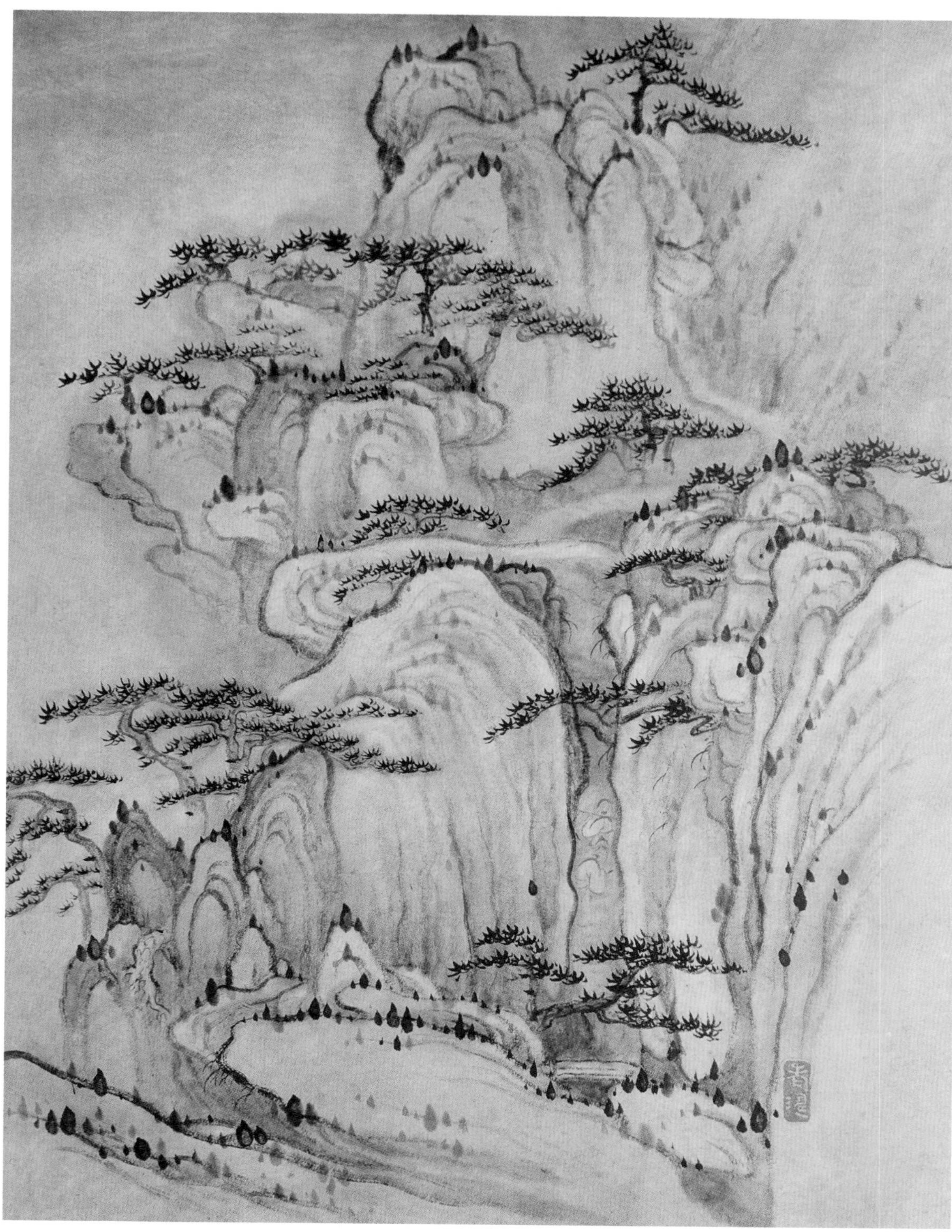

黄山图册二十一开之七 石涛

国传统艺术“以描写想象为主，结果倾于写意”的抒情性特质，也注意到中国艺术“单纯化”“抽象的描写”“曲线美”等。他也清醒地指出中国绘画“形式上之构成倾向于主观一方面，常常因为形式之过于不发达，反而不能表现情绪上之所需求”的短处。他对巴黎东方博物馆的实物进行考察，对古代文献进行研究，并在1936年正中书局出版的《艺术丛论》上发表了多年来他对东方艺术的研究成果及东西方艺术的比较研究。正是在此基础上，林风眠在40年代创作出他独树一帜的绘画。他放弃了诗书画印的结合，以“绘画的本质就是绘画”的观念加强了中国画的绘画性；他反对中锋正宗，推崇他一再学习的宋代瓷器画上流畅快捷的线条；他一反“水墨为上”，赋予绘画明快丰富的色彩，甚至加上了水粉色彩；他变卷轴的结构方式为方结构的幅面以便装框陈列；他改变传统的山水、花鸟与人物，甚至改变全部传统绘画的符号与程式，而推出全新的形式创造；他在画面上大量运用西方的色彩关系、平面构成关系，乃至某些造型因素，吸收印象主义、野兽主义、表现主义等西方现代主义的营养；他把传统文人画——“中国画”的一套全部抛弃，却从中国民族民间艺术、工艺美术中借鉴，从中国美术的“根本的方法”和“固有的基础”中发掘，从中国深沉的诗境意境中发展。他的《秋鹜》《寒鸦》无疑很中国化，就是那些带着莫迪里安尼造型的中国仕女们，你能把它们列入西洋画的范围里去吗？[1] 然而，即使是如林风眠此种当过国立北平艺术专科学校和国立艺术院校长的大师级人物，其作品也经常被排斥在“中国画”之外。笔者就亲眼在中国美术馆的水粉展中看到林风眠宣纸、彩墨的作品。此种类型可能遇到的麻烦也可见一斑了。

另一位是刘国松。如同林风眠，刘国松也是一开始就去把握中国艺术的本质。在他看来，“我们既然谈民族艺术的发扬，就必须先了解支配我国文学艺术的哲学思想；既然谈中国的现代绘画创作，就必须先了解影响我国哲学思想的玄学”。他从中国传统哲学中了解到中国艺术玄妙空灵的境界，了解到“佛法相宗所云极迴色极略色”的“意之所游”境界。他由此也认识到中国艺术的抽象特质，是服从于中国哲学，服从于超旷空灵的道、禅观念，是因“得意忘象”“超以象外”之纯粹精神性追求而来，它的精神性内涵对抽象的外形式表现从来起着决定性的支配作用。刘国松还注意发掘中国哲学中天人合一阳刚大气的东西，其创作也偏重于创造雄肆阳刚、天地浑茫的大宇宙意象。难怪他的绘画总是如此大山大水乃至直接面对宇宙天体以描绘。他的作品往往呈现深沉宏大、神秘幽微的古典东方天人合一之胸襟。刘国松的传统观是发展的、变动的，而非今天大多数论家那样，把“传统”凝固冻结在古代不变的时段上。他说：“传统必须在不断衍变中方能保持其永恒的存在，变即是传统的特性，创造才是艺术不变的本质。”

既保持与自然的密切关系，又有超越现实的观照态度；既继承传统精髓，又超越传统形色；既学习西方之精华，又自我选择独立运用。刘国松那种似乎神龙见首不见尾的奇特画风，那种既异于古人又异于洋人的画风，即源于此种态度。

1 关于林风眠，请参见本书上册第二章第九节“林风眠”。

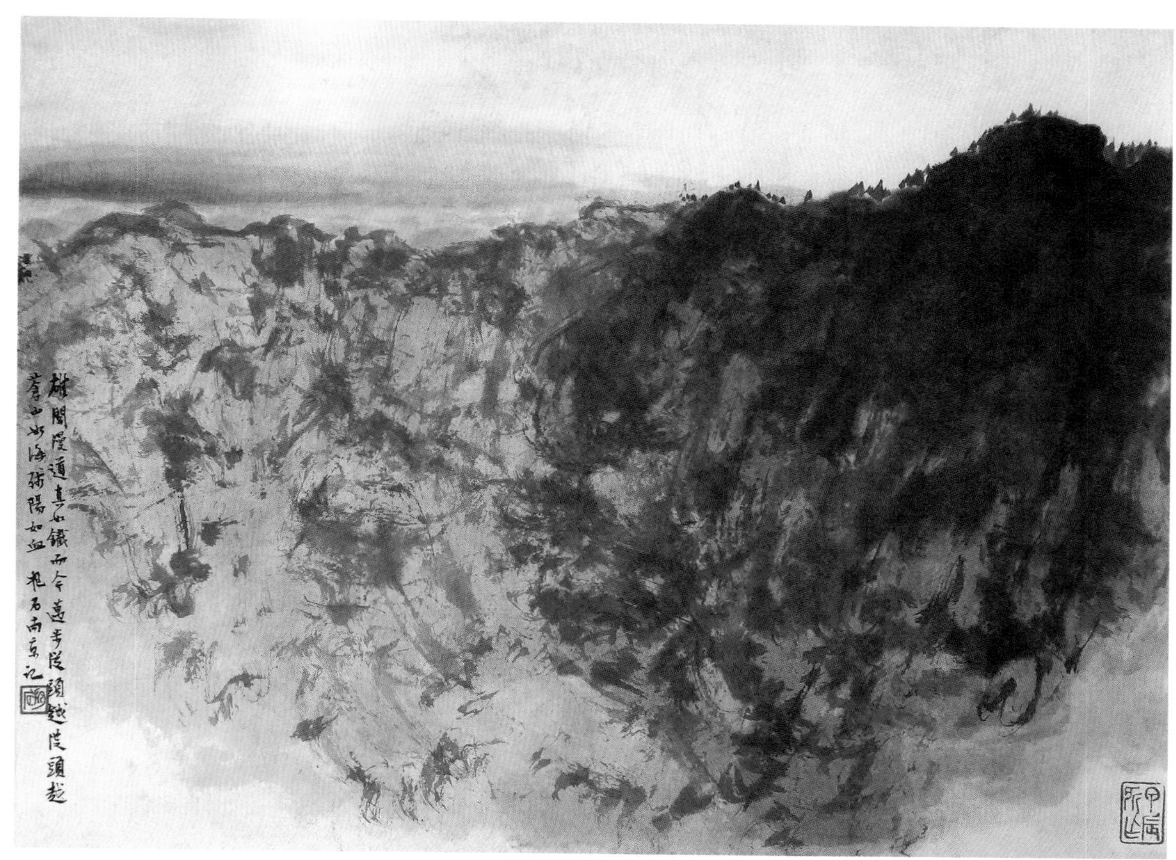

毛泽东《忆秦娥·娄山关》词意图　傅抱石

由于对传统和画史画论做过多年深入独特的研究，刘国松对中国传统绘画中那些外在技法形式层面的东西毫不迷信，其变革也主要在这个层面上进行。例如，他既然对传统笔墨知其然又知其所以然，于是就通达地认为：笔就是点线，墨就是色面，而皴法就是肌理。如此一来，刘国松走出了神圣的笔墨圣殿，解放了自己而进入海阔天空的自由创造天地。

刘国松的创造观值得注意。他认为“中国对创造的标准定得很低。传统的观点认为把临摹稍改一点，即是创造，写生也算创造，或者在某一点上与古人不同就认为是创造，这都太低了。创造是造出前人没有的，出来一个新的，而且在形式上一眼能看出来”。刘国松也正因为把中锋的神圣地位推翻，连同笔、墨、皴法、宣纸一并革命，给自己的艺术另辟出一片崭新的天地。他发明了新的材料“国松纸”，他大胆地放弃了部分传统的毛笔，改用排刷乃至炮筒刷子，创造了水拓法、纸拓法、板拓法、渗墨法、渍墨法、喷雾法、转印法、纸筋法、晕染法、裱贴法、色墨水中加入各种添加剂的办法，差不多上述每种技法又有无数的变化方法。对这些方法的综合运用，使得几十年来，他的技法千变万化、扑朔迷离，呈现令人见所未见的奇特效果。他自称：“我是第一个从形式上整个改观，要重新创造一种语言的人。”

刘国松的奇特画法获得了中国画界的承认。著名中国美术史家薛永年先生说：“我做梦也想不到有这样一种成功地刷新了中国水墨画面貌又表现了中国艺术精神却又并非写实的艺术。”而中国画研究院（即现在的中国国家画院）前院长、著名中国画家刘勃舒则说：“刘国松的艺术实践，向人们表明，中国绘画也可以是另一种样子……他并不曾割断中国艺术内在精神与形式美法则之间的联系。”

此种重中国艺术内在精神而再造其外在语言系统的类型的实践者还有赵春翔。这位在美国纽约生活了二十多年后再回到中国的老画家，以他开阔的眼界，立足于中国境界，从图式、符号、色彩、材料几方面入手，融中汇西，也开辟出独特的中国传统绘画当代面目的新天地。

这几位艺术家都有一些共同的特征，他们都热爱中国民族文化，都深研过传统精髓，又有广阔的国际视野，同时对传统都知其然亦知其所以然，故都不胶着于传统技法、形式层面。加之纯艺术家特质浓，我行我素，表达自我的愿望总是超过对概念的学究性争论。在当代中国画类型中，此种重民族审美的内在神韵而又大胆变更其外在形貌的类型，在发展中国画上有不小的潜力，也可以给人以相当的启示。

此种类型的艺术思维方式及其特征对其他各类型画家或多或少都有些影响，我们在吴冠中、赵无极、黄永玉、袁运生等人身上，都可以找到明显受此种思维方式影响的痕迹。但单纯在本类型上着力的著名画家，人数或许在各类型中算最少的了。

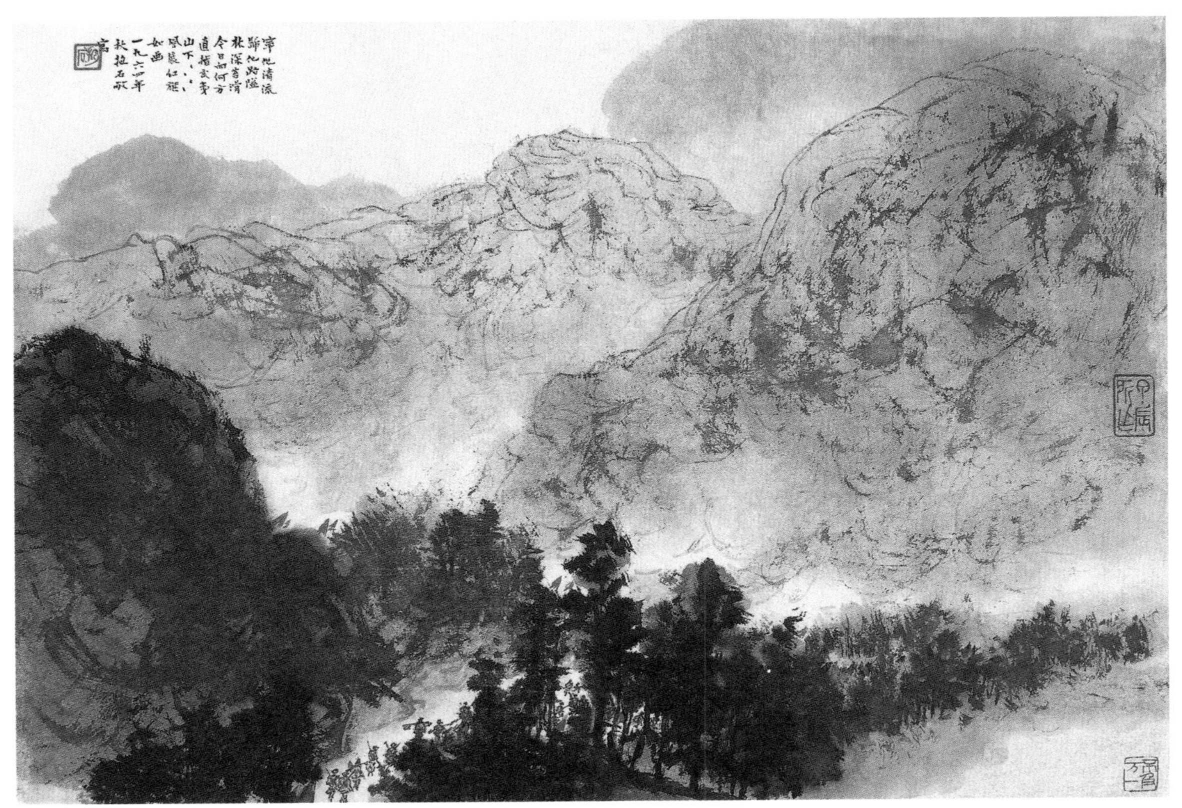

毛泽东《如梦令·元旦》词意图　傅抱石

强化形式语言本体表现型——当代中国画类型之六

林风眠早在1926年10月，他26岁时所写的文章《东西艺术之前途》中就曾比较过东西方艺术的特征，其中谈到形式问题。他说："西方艺术，形式上之构成倾向于客观一方面，常常因为形式之过于发达，而缺乏情绪之表现，把自身变成机械，把艺术变为印刷物……东方艺术，形式上之构成倾向于主观一方面，常常因为形式之过于不发达，反而不能表现情绪上之所需求……其实西方艺术上之所短，正是东方艺术之所长，东方艺术之所短，正是西方艺术之所长，短长相补，世界新艺术之产生，正在目前。"林风眠这段话，是理解林风眠艺术的要点之一，也是理解20世纪中国画艺术的要点之一。

林风眠留学巴黎的时代正是西方现代艺术方兴未艾的时代，讲究形式表现的表现主义、立体主义正在流行。他从西方形式主义的角度比较东西方艺术的短长是颇有见地的。比之西方对视觉形式的精深研究，林风眠批评东方的绘画艺术在形式方面"过于不发达"应该说是中肯的。的确，西方有相当发达的对视觉形式的科学性研究。色彩有对色彩学，包括色彩构成的科学研究；点、线、面结构关系上有对平面构成的研究；视幻觉方面有对透视学，包括线透视和空气透视的科学性研究；甚至有对物质材料结构关系的研究；就连对油画表面布纹、色彩、笔触形态及其厚薄，以及上述因素间的结构关系都有研究；对形式关系的视知觉心理试验也有如鲁道夫·阿恩海姆一类心理学家在专门研究……而纵观整个中国古代画史画论，哪来此种专门的研究呢？中国人研究绘画，更多地偏重于"山水以形媚道"（南朝宋·宗炳）般的哲学体验。然而"道可道，非常道"（春秋·老子），连说都不能说，又何从研究呢？至于后来以禅论画，禅学机锋，那更是要以心去体验，同样是不可言说的。董其昌论画有"隔帘看月、隔水看花"之说，古文论中又有"水中着盐""羚羊挂角"之类的说法，都是那种"可意会而难言传"的境界。这些境界非高士通人难以进入。难怪只知写生写实的徐悲鸿要责难古人说"其所论断，往往玄之又玄，不能理论"。应该承认，一方面中国绘画的确有其注重内心体验的一套，西方人对此的确是很难理解的。但另一方面，林风眠所说"形式之过于不发达"也不是毫无道理。以结构论，中国山水花鸟都因有一套程式可循，所以结构往往大同小异，几百年难变宗风。造型则崇尚逸笔草草，不求形似，以简为尚；中国人最引以为豪的笔墨，因中锋为尚，又因"画道之中，水墨最为上"，其变化主要体现在提笔的按顿挫、线的粗细长短、墨的浓淡干湿，再加上力透纸背及屋漏痕、虫蚀木一套讲究上。再加上中国传统绘画所有的构成因素都需要阴阳辩证的调节，亦如中医用阴阳辩证治百病一样，所以内蕴都很微妙，不要说西方人看上去觉得大同小异缺乏变化，就连大多数中国人都不太弄得懂其中的奥妙。因此，宋代邓椿有句名言："画者，文之极也……其为人也多文，虽有不晓画者寡矣；其为人也无文，虽有晓画者寡矣。”（《画继》）读中国画需要懂哲学，需要有高深的修养。这点与西方的形式观大相径庭。西方的形式更多偏重于泛人类的普遍视知觉方面的规律，这与西方的实验科学有些相通。例如色彩关系，野兽主义喜欢利用补色关系求其色彩的强烈对比，那么这种诉诸人的视觉心理规律，西方人看上去觉得强烈，东方人看上去也不会觉得不强烈。所以西方的视觉形式是让人看的。这是现代主义的一大特色。现代艺术家反对绘画的文学性、情节性，说画是画来看的，不是让人想的，林风眠说“绘画的本质就是绘画”，也是这个意思。但中国画却偏偏不让人看得太多，偏偏要让你去想去品，而且还需要高修养去品，这使中国画家绝不会专为去看——这在中国人看来是“形而下者谓之器”“论画以形似，见与儿童邻”的低层次标准——而作画。所以我曾多次说过，中国没有产生形式主义的土壤，中国古典汉语中甚至没有能与西方的“形式”直接对应的词，“文”也不能直接对应。五六十年代动辄有人说中国画家讲笔墨者为形式主义，这是那些自己带着洋眼镜的人乱给中国人扣的洋帽子。东西方文化上的差别自然会造成东西方绘画在形式问题上的大区别。但话又说回来，中国古人想得太多、品得太多，看得的确又少了点。而与古代有太大差别的现代人在欣赏美术作品时当然也想看一看，所以才有林风眠的上述批评。

但是，在20世纪后半叶整整30多年的时间里，形式问题一直是个讳莫如深的问题，它一直和资产阶级文艺观（在西方）乃至地主阶级文艺观（在中国古代）纠缠在一起。这使得这些年中国画的形式问题不仅得不到重视，反而没人敢问津。60年代初林风眠在《美术》杂志上发表了几幅画，米谷写了篇称赞的文章，就被打成形式主义并加以批判。在当时，这就不只是文艺观的问题，而是政治问题了。80年代初，曾经留学法国的老艺术家吴冠中先生率先发难，把一个也是西方来的古典命题——内容决定形式，从“现代艺术”的角度予以再认识，以为形式未必被内容所决定，形式本身就应该包含了内容，形式在绘画艺术中本身就具有独立审美的价值。对吴冠中形式问题的质疑，当时美术界的领导是以其反对马克思主义唯物论的提法从政治上定性的。但时代不同了，改革开放的中国已能接受吴冠中的观点了。整个美术界开始关注形式问题，中国画界当然也不例外。学过平面构成的台湾画家刘国松80年代初到大陆办展讲学，足迹遍及东西南北很多城市，影响很大。他的肌理制作、块面关系、色彩关系等对中国画界影响就很大。吴冠中是形式问题的发难者，他本人留学巴黎，又是注重形式的林风眠的学生，所以身体力行。吴冠中，这位画油画也画中国画的画家对大千世界中的形式美感特别敏感，他也善于在大自然中发掘和提炼这些形式美的因素。他的作品特别注重点线面的关系、色彩间的关系，江南民居的黑瓦白墙让他找到块面构成的虚实对比，冬天墙上爬山虎纠结的老藤让他表现线的游走，而冬水田那弯曲流畅的曲线使他构成线的节奏的交响，这位美的使者总能在最普通的环境中找到形式美的因素。当然，吴冠中又认为“风筝不断线”，他的作品总是与生活、与自然保持着密切的联系。我们也总能在那些似与不似之间的抽象形式表现之中，找到生活的情趣、诗的意境。其他一些画家，如近几年的周韶华，也多在现实中寻找结构美，新疆石油工地的机械结构也上了他的水墨作品。上海的张桂铭在点线面及色彩关系中处理自己花鸟作品的形式关系。浙江的姜宝林则在水墨中铺排颇具抽象形式感的山水。深圳的董小明这些年的抽象水墨和湖北的朱振庚的戏曲人物中都有这种对抽象形式的表现。

近20年来，形式因素自觉地介入中国画创作中的例子可谓比比皆是。在前述工笔设色与重彩创作中，在借鉴日本画风的类型中，我们总可以在各种类型的中国画创作中找到相当普遍的，运用平面构成、色彩构成、材质美、材质对比等因素的形式结构关系。而对形式美或形式关系的处理，也的确给当代中国画的创作带来了新的契机。

但值得指出的是，在中国画中引入主要来自西方的形式美因素应相当小心。如上所述，中国画的本质因素在于缘情言志，表达主观内蕴，甚至一点一画、一笔一墨，都有其内在的哲理情志意蕴。中国画之所以要追求自然简逸，要中锋至上、水墨为上、笔墨至上，要贬色，要用金碧，大都因于中国文化传统中的或儒，或道，或释，或政治的需要，或祈福的诉求，如此等等。在中国传统绘画历史上，纯粹画来为好看的东西很少。因此，中国传统绘画特质中这种强烈的内在精神表现性、象征性与符号性质，与西方建立于外在视知觉基础上的形式美因素，有着东西方两种体系上的巨大差别。当我们的国画家们为追求形式美或形式构成关系时，就很容易忽略这种差别。当偏执地追求形式美因素时，却往往以牺牲中国画中深沉丰富、耐人咀嚼的精神内蕴为代价。我们在欣赏一些以形式美为目的的当代中国画时，往往有看装饰画般单薄不耐看的感觉。因为当你看完了画中那些并不太复杂，技巧难度也不够大的折线、曲线，或点线面构成，或色彩构成关系之后，这些作品很难留下更丰富的内在精神意蕴让你回味与咀嚼。林风眠在20世纪20年代时就告诫过我们，“形式上之构成倾向于客观一方面，常常因为形式之过于发达，而缺乏情绪之表现，把自身变成机械，把艺术变为印刷物”。此种危险是真实的，喜欢形式美及形式构成的国画家们应当千万小心。

现代水墨类型——当代中国画类型之七

“现代水墨”，亦称“实验水墨”。国内的这股画坛风气是从十多年前开始的。当然，严格地说，这股现代水墨实验的思潮是从台湾的刘国松在1961年前后的一系列水墨实践开始的。这位20世纪50年代推动台湾“现代主义”艺术思潮发展的领袖，因1960年“台北故宫博物院”的一次中国古典艺术的展览，萌发了对中国民族艺术研究的热情。从1961年开始，刘国松就开始了宣纸、水墨的拓印、肌理等实验。他当时就把这种全新形态的水墨画称作“现代水墨画”。当他1981年应邀回大陆参加中国画研究院成立大会并在大陆各地巡回办展、讲学时，他这20年来在水墨画方面的多种新的观念和手法开始深刻地影响大陆中国画界，尤其影响了在“现代性”趋向上跃跃欲试的年轻画家们。刘国松无疑是20世纪中国现代水墨运动之先驱。在这段时期，香港搞抽象水墨的吕寿琨，于1979年至1981年在形式问题上向现实主义正统文艺发难，在水墨画上进行全新图式实践的吴冠中，及用传统笔法表现西方现代艺术图式的浙江美术学院（现为中国美术学院）的谷文达，他们的表现都为现代水墨运动拉开序幕做出了贡献。当然，今天在国内打出“现代水墨”旗号的运动中坚们，如张羽、刘子建、洛齐，大多在1988年至1989年前后开始他们的水墨实验活动。1991年，现代水墨运动最重要的实践家、组织者张羽在天津杨柳青画社出版了《中国现代水墨画》，第一次打出了“现代水墨”的旗号。这之后，有相同倾向的水墨艺术家们开始有计划地组织起来，他们办展览、搞活动，一批理论家也开始介入，加之此批艺术家中有一些是在出版社任职，因此一批又一批地出版画册，逐渐造成了声势，形成当代中国画领域中一个颇具声势的分支。

但如果从现代水墨画的性质来分析，可以发现一个很有趣的现象，即60年代初的现代水墨先驱人物刘国松与80年代末的现代水墨后继者们之间思维的全然逆反。当年的刘国松是在经历了50年代中期对西方的盲目崇拜之后，于60年代初期回归民族传统，以创立中国自己的现代艺术为目的而提倡和实践现代水墨的。他的目的是回归，所以他要花大力气去研究民族传统，了解应该怎样继承，怎样批判，怎样发展。然而近30年后，大陆这批刘国松的后继者却是要出走，以走出中国、走向世界为目的，以西方当代艺术为楷模再进行现代水墨运动。因此，他们坚决地拒绝传统，否定传统，而向西方、向“现代”靠拢。二者名称未变，做法却两相背反。

在这批进行现代水墨实验的画家看来，古老的水墨画无疑是最具备东方特质的，是东方艺术的标准符号。但这种古老的艺术必须走向现代。那么，什么是“现代”呢？在他们看来，“现代”的标准在西方，“现代观念出现在西方，因此在西方产生了与之相应的现代艺术”[1]。当然，这个观

1 《中国的不是传统的——郭雅希·张进对话录》，载邹建平主编《中国当代水墨画》，湖南美术出版社，1999，第174页。

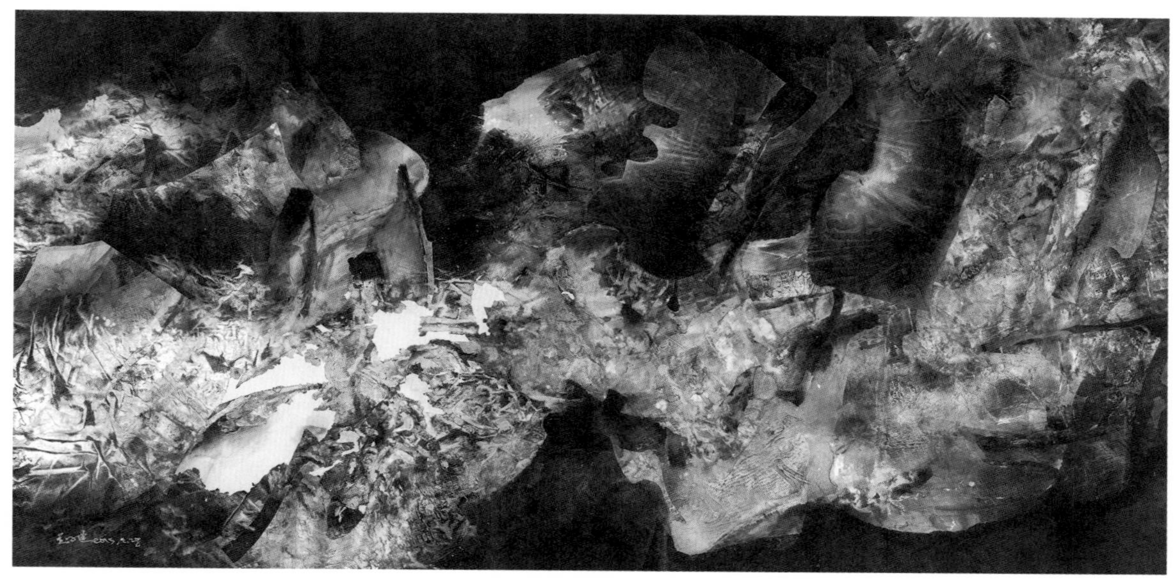

石墨镌华之十二　刘子建

点不是个人的观点，而是大多数搞实验水墨的“前卫”艺术家和“前卫”理论家的观念。既然标准在西方那里，当然就只能去西方那里“拿”。而西方的标准，当然又只能是西方文化的许多特征，如“重视直觉与下意识活动，具有速度和力量冲撞，对未来的不可预测、精神的不认同以及单纯和抽象的形式因素”[1]等。“客观地讲抽象型水墨画的最初状态，是在受到西方现代艺术的强烈冲击下，以引进的艺术观念，针对长期以来精神专制和传统保守主义进行的一场水墨革命。”[2]这样一来，由于把西方直接地等同于现代，东方则与保守、落后、非现代同义，顺理成章地，他们就必须“拒绝传统”，而且是带着革命感去拒绝的。因为在他们看来，传统就意味着落后与陈旧，一沾传统，就不能现代，而现代则当然地意味着先进与革命，所以他们要坚决反传统。在他们看来，传统与现代势不两立，只有反掉了传统，才有走向现代的可能。这显然是我们“一分为二”的“革命传统”在当代的继续。传统在他们心中既然如此落后与过时，那么，真的要反起来，就不仅仅是笔墨中心，中锋正宗，甚至连同古典绘画的若干内在要素也在他们一并彻底反对之列。例如，张羽就要“颠覆”传统的意境格局，而刘子建也忌讳传统“意象”，“我称自己的水墨是‘墨象’，为的是和传统水墨强调的‘意象’区别开来”[3]。如果说，中国传统艺术从外在形式的笔墨连同其艺术思维的核心“意象”也一并被反掉，那么中国艺术除了外在的物质因素如中国文字、字体（在文学与书

1 《中国的不是传统的——郭雅希·张进对话录》，载邹建平主编《中国当代水墨画》，湖南美术出版社，1999，第174页。

2 张羽：《论抽象型水墨画》，载邹建平主编《中国当代水墨画》，湖南美术出版社，1999，第72页。

3 《本土性是与世界对话的出发点——田园·刘子建对话录》，载邹建平主编《中国当代水墨画》，湖南美术出版社，1999，第160页。

法上）、宣纸、水墨、中国颜料（在绘画上），将什么也不会剩下。在他们看来，现代水墨也就真只该是这样的。在80年代初以宣纸、水墨去画西方现代图式的谷文达的思维就是如此，此后的这批现代水墨艺术家也同样如此。他们之所以要选择“水墨”，不过是为了在加入国际对话时有个身份的外在标志而已。因为西方人都知道中国人是画水墨的。而恰恰在这点上，刘国松这个现代水墨的开拓者与他的后继者们在回归与出走上有着原则性的区别。在刘国松看来，“我确信民族性的表现在于精神，而不在于材料工具”[1]。刘国松的这个“精神”，是包括中国传统哲学、美学及受其支配的“意象”的艺术思维方式在内的整个东方艺术美学的有机系统。尽管当代这批现代水墨画家也不会否认中国艺术的精神，他们甚至主要在“道”，在“禅”，在“天人合一”这些概念上做文章。这样，这批现代水墨画家就走向了两个极端，一个是形而上之上的中国哲学概念，一个是形而下之下的中国画工具材料。这之间起连接性中介作用的造型思维、造型系统等重要因素全部被抛弃。也就是说，积累了中华民族近万年智慧的中国民族艺术传统的可视形象部分（即平常所谓造型、形式部分）连同其造型思维几乎全部被丢掉了，这也使其道、禅、八卦之类变成缺乏有机承载的“大而无当的文化”[2]演绎。同时，信手“拿”来的西方的“现代”“当代”“当下”诸种观念与意识，在割断其西方文化背景渊源之后，与同样丢掉了文化背景的东方概念与材料的直接拼接，给现代水墨的“实验”带来无穷的矛盾与麻烦。

现代水墨之初衷应该说是不错的。追求水墨现代转型，表现当代心态，避免拘泥于传统，破除笔墨中心，主张开放心态，努力借鉴西方，促进东西方交流……这一切初衷都是对的，十几年来提倡者、组织者为实现这些初衷矢志不渝，付出了相当的心血，应该说也做出了相当的成绩。他们之间，也产生了观念上的不同。尽管大多是以走向西方为目的，但也不乏强调民族自主意识者。纵览如张羽、刘子建、洛齐、邹建平们，也以严肃的艺术家态度在做研究、探索与创作。对现代水墨存在的问题，他们也是看到的。张羽自己为现代水墨的倡导和组织做了大量工作，也以严谨的态度精心制作了富于特色的水墨作品，在繁简的矛盾之中达到单纯的效果，其符号有着鲜明的东方特色。他也以清醒的态度提醒同道：“对本土文化忽略的态度，对中国当代艺术的建设不会有任何积极意义。”[3]刘子建的水墨作品固然有克莱因的抽象表现意味，但那种水墨在宣纸上的渗化、重叠，那种复杂的水墨变化，及对墨象的精心处理，与他本人所谓“醉心于此种水墨意味”的说法有所印证。邹建平对现代水墨的批评或许是同道中最尖锐的：“我作为一个现代水墨实验画家，通过经验判断和内心反省后却时时深深陷入一种茫然和无奈之中，不管我依据哪一种文化标准，当代艺术中的现代水墨尴尬且掩遮不了它的实质性疲软，它处于一种谁也不关照的状态。”原因之一，是“现代水墨面对当代的表现力是缺乏说服力的，它缺乏对现实的关怀和参与……水墨队伍中的创作倾向

1 刘国松：《绘画是一个艰苦的历程》，载《永世的痴迷》，山东画报出版社，1998，第5页。

2 徐恩存：《焦虑与突围：现代水墨艺术》，吉林美术出版社，1999，第274页。

3 张羽：《论抽象型水墨画》，载邹建平主编《中国当代水墨画》，湖南美术出版社，1999，第72页。

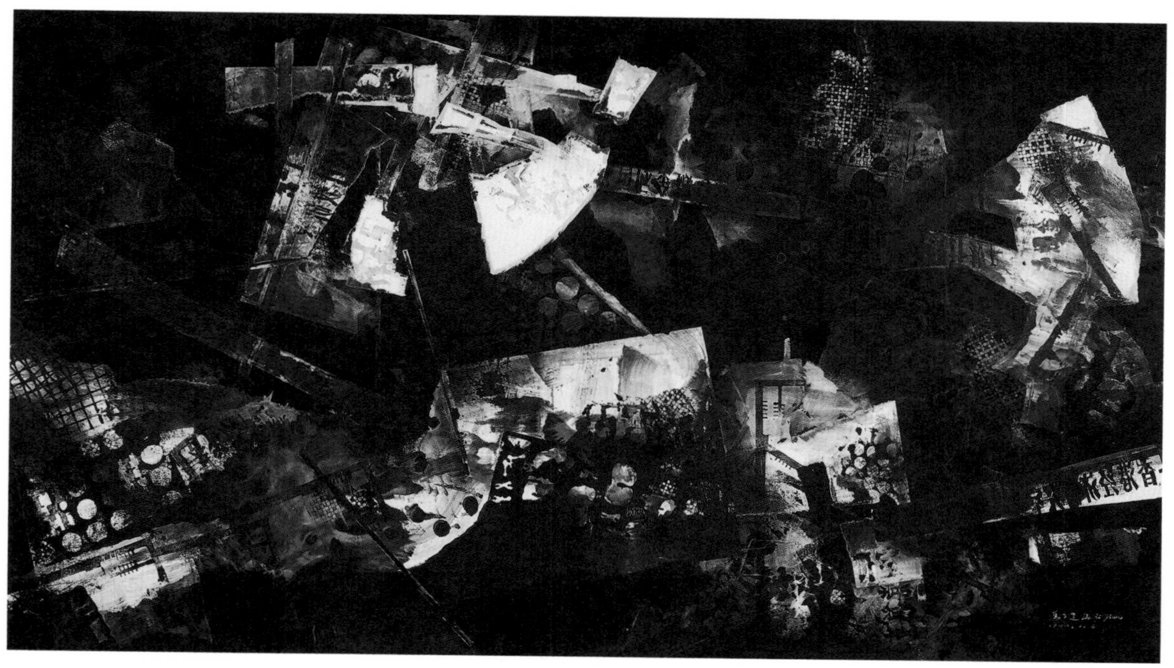

寂静中，倾听流逝的声音　刘子建

似乎与现实无关痛痒”。[1]

这种来自内部的尖锐批评，使那些本来就想克服传统绘画难以关注现实之弊，而自己却又偏偏只关在“实验”室里——因为他们偏重哲理玄思的题材根本就与现实无关——天马行空的“现代”画家的“现代性”大打折扣。洛齐不赞成那种堂吉诃德式的与西方的“对抗”，他主张以平和宁静的心态做自己的艺术。他以中国民众所熟悉的书法去结构新的艺术，他希望“我们的努力并不是要去切断大众对以往文化模式的感情，而是要使人们看到今天是怎样通过过去来认识现代，证实他们自己”。他试图以此去创造中国自己的当代艺术。他的这些带有书法意味的东方作品在国际交流中效果也不错。

现代水墨的进程还在继续。如果这些富于热情的画家对艺术自身的特质，对东西方关系，对艺术的现代性与传统关系能有更冷静更清晰的认识，能摆脱新旧对立的形而上学的二元思维，现代水墨应该仍然大有可为。

1 邹建平：《拒绝传统（之二）——现代水墨问题检讨》，载邹建平主编《中国当代水墨画》，湖南美术出版社，1999，第67页。

表现性水墨——当代中国画类型之八

在当代中国画类型中，还有一种类型，与其他类型都有不同。虽说也用水墨，但没有严格的传统笔墨的一套讲究。此类作品受西方现代艺术中表现主义艺术的影响较大，例如德国表现主义，乃至美国抽象表现主义等。由于西方表现主义类型多样，持续的时间又很长，所以表现形态也多种多样。大致有如下一些特征：大多注重精神性表现，注重观念与内蕴的表现，这也是“表现主义”一词的来源；表现在画面上，大多与现实有距离感，有某种神秘的超现实意味，造型多符号性与象征性，故又往往有某种抽象性特征，且多夸张与变形；由于受同时期现代主义艺术的影响，大多反对绘画中的文学性、情节性、叙事性，注重艺术的自律性，注重形式，如色彩、笔触及造型的自身韵味。同时，尽管有上述超现实特征，表现主义艺术家却往往十分关注社会现实，与写实主义以直接的再现方式关注现实不同，表现主义以抽象的情感意味曲折地表达艺术家对现实世界的某种精神性感受，故表现主义的内容与意味又大多与社会现实直接相关，不论他们画的是人物、风景、静物，还是其他抽象的东西。在当代中国，西方表现主义艺术在20世纪80年代初中期，通过大量对例如康定斯基、蒙克、基尔希纳、马克、培根、克莱因等画家的作品的译介与展览，如80年代的“德国表现主义展”等，使刚刚苏醒过来的以写实主义为主潮的中国美术界为之一震。整个80年代，不论是中国油画界还是中国画界对表现主义都一见钟情。当然，早在20世纪初期，林风眠、刘海粟及决澜社诸家就以表现主义画风崛起，五六十年代的赵春翔、刘国松的水墨艺术也受表现主义及美国抽象表现主义的影响。当然，此中原因，在于整个西方现代主义艺术中，表现主义这种西方艺术本来就受过东方艺术影响，与中国艺术有着一定的联系。本来，传统民族绘画大多都具备比较突出的表现性质。中国的书法艺术整个就是表现形态的艺术，传统绘画的基础立足于主观表现的意象思维，所以不论其造型的夸张、变形，还是笔墨中一点一画的情绪乃至观念的寄托，不求形似的传统和书法入画的特征、超时空的思维方式，无不具备强烈的表现性质，与西方这种表现型艺术很相似。当年的林风眠就是因此而钟情于表现艺术而为中西艺术结合作嫁接选择苗木的。所以，当80年代后，中国画领域中崛起一股表现性画风可谓势所必然。80年代初期的谷文达的画风中有此因素，而80年代中期，周思聪更以一种自由开放的画面处理方式，以块面、直线的分割，人物形象的符号化处理与虚拟、叠加的超时空现实手法，开启了20世纪末又一波表现性水墨思潮。

进入90年代后，此种表现性水墨更以多种形态在发展。在许多国画家看来，水墨是中华民族传统的精神代表，因此，当要学习西方时，他们必须坚持水墨的立场，而西方表现主义同样符合他们的口味。于是以水墨的方式，糅进西方表现主义艺术的手法，表达中国人自己的体验的表现型水墨绘画也就多角度、多形态地应运而生了。大致来说，此种画风中，不少人关注社会现实，

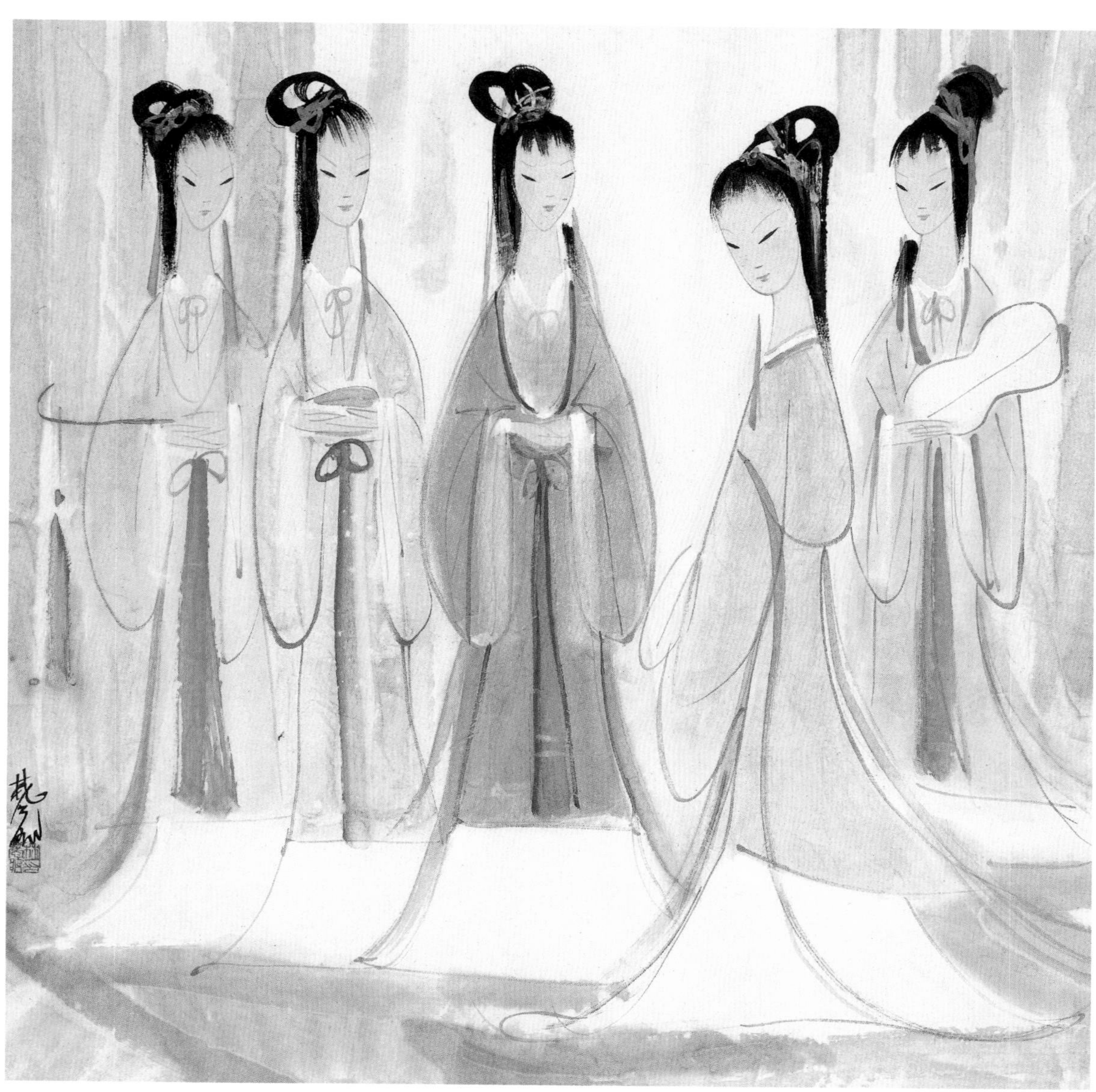

五美图　林风眠

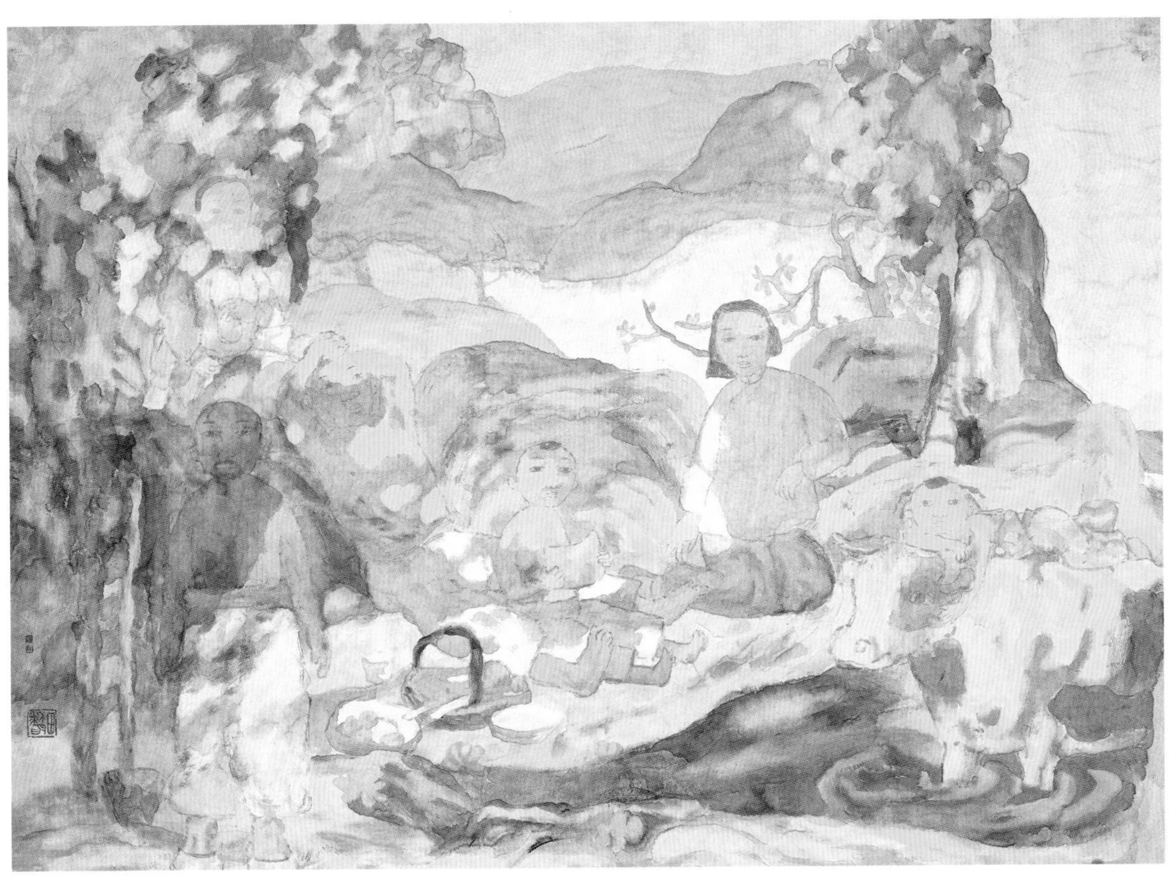

鲁南人家　田黎明

他们不满于中国画界那种古意盎然的脱离现实的风气，他们以夸张、变形、幽默的造型和手法来表现他们对当代城市生活的直接感受，如李孝萱、刘庆和；或者以中国人对大千世界的哲学态度为出发点，表达出深邃、神秘，或空或无，或静或冷，或天人合一的哲理境界，如王璜生、洪惠镇、陈国勇；或者以浪漫的情调、直接的感受去传达当代生活或幽微或繁复、或清新或神秘等种种难以言说的体验，如聂鸥、田黎明、海日汗、刘进安、武艺、李洋、林天行等；或者传达对中国传统文化的感受，如聂干因、朱振庚……

在手法上，这种表现性水墨或许是当代中国画中形式表现特别丰富的类型。由于表现主义是对主观精神世界的传达，而主观精神可意会而难言传的性质，使其在表现上具有几乎无限的可能。打破时空，对大千世界万事万物进行超时空自由组合，就已经可以使这种表现形态千变万化、尽态极妍了。加之其对虚灵精神传达的要求，又产生了对客观物象的种种意象性处理：象征、符号、抽象、变形、夸张、重叠、虚拟、朦胧……这就又增加了表现性水墨画面的丰富性。同时，既然是水墨中国画，此类型画家大多有较扎实的传统水墨技法的功底。因此，他们中有用此种传统笔墨对画面进行处理者；更多的是，他们在运用传统笔墨技巧的同时，又糅进了大量新技法，例如使用丙烯色彩、粉质色彩，把这些色彩颜料与水墨混用，把传统积墨法变成色墨相积法、厚涂法，把传统水墨笔法以笔运墨的意味变成以笔运色的效果，再辅以揉纸、喷绘、滴洒、拓印、排笔涂刷等当代技术手段，使此种表现性水墨类型呈现光怪陆离、变化多端的丰富形态。

在本形态内部就有如此丰富多彩的变化，这又给我们的批评标准出了难题。我们的批评家和画展的评委们，即使只面对表现性水墨这一种类型，其传统的一套标准也已经十分不够用了。我们显然不能够只用传统的笔墨标准，用“五字笔法”或“七字墨法”去衡量此中的笔、墨、水、色的运用；我们显然也不能用“三远”，甚至“散点”的一套去评价此类绘画的结构；当然，“平淡天真”“荒寒简远”“古拙朴厚”“浑厚华滋”等，也全然用不上。但此类绘画成分中，分明有传统绘画的材料运用，也有一定的笔墨意味（因人而异而有多有少），又有浓重的传统文化哲理的内涵，还有传统绘画的意象造型性质及相应的构形方式，当然，更有艺术家在当代中国社会生活中的体验及传达。这使我们不能把此类绘画划到当代油画、水彩、版画或其他画种中去，它们的确只能是在“中国画”这个大范围中。当然，这又只能是在大中国画范围内，而不是在以“作画第一论笔墨”（清·王学浩）的明清文人画为标准的狭义中国画的范围内。

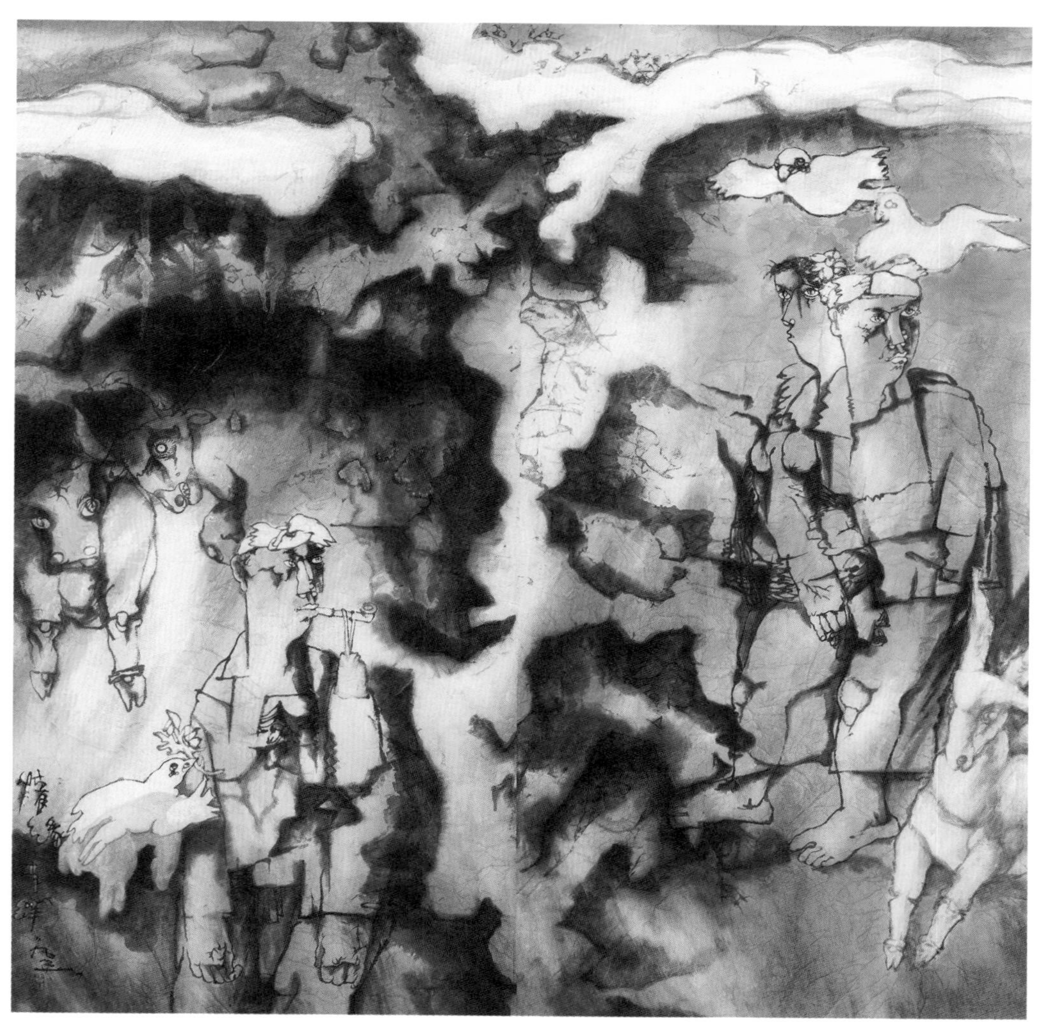

情缘　李洋

多元统一的当代大中国画格局——当代中国画类型论说结语

《中国书画报》连载了笔者关于当代中国画八种类型的分析论述文章。不论赞不赞成笔者观点，读者至少得承认，这八种比较典型的类型是在当代民族传统绘画领域中既成的事实。虽说类分八种，实则不止八种，有许多画家及其作品并不好分类。例如，何家英虽受日本绘画的影响，但其基本倾向又在工笔设色一类。陕西的晁海善用水墨，他用水墨团块构成其人物、动物形象，基本不用线。你把他划在传统开拓一类也可以，但其“实验”性又很突出。韩美林的动物画用水墨、宣纸，但造型的工艺性、装饰性又太强，划在哪一类都不好办。弄成工艺品，韩美林可能也会不高兴。于志学对传统笔墨一套都熟，但他那种利用笔痕、水痕造冰雪山水的画法和离经叛道的做法倒与刘国松有些相近。江南的刘懋善用西画的一套处理水墨山水，色彩明快，笔墨轻松，意境也不错，划在传统开拓一类不太确切，划在色彩一类也不太合适……总之，真要细分，许多画家、作品还真不好办。但是，不管你喜欢不喜欢，反对不反对，它们都是客观的存在。这其中的确有做得好的，有做得一般的，甚至也有做得很糟糕的，呈现从褒义角度来看是多元与繁荣的，从贬义角度来看是胡来与混乱的，这无所谓。笔者曾有篇文章，叫作《适者生存的中国美术大超市》，文中有这样一段话：“把中国当代美术看成一个大超市，各人自取所需就行了。艺术家自行其道，自营其生，互不相犯相扰。这样，大家的心情就会平和些，宽容些。当然，这仅是就当代画坛供需角度的总认识而言，并不意味着所有艺术都同一价值，也不意味着从评论家批评角度的不可以褒贬，同样地，也并不意味着画史会永远混乱下去。真正的艺术创造自有其规律，真正站在艺坛尖端的名家大师是历史选择的结果，而且永远是少数人，所以炒作绝对无济于事。”

当代中国民族绘画的现实情况或许真就如笔者所论的这样多元与复杂。任何一位客观理智的人都不能不承认这一点。应该说，这种多元复杂的艺坛现象应该是好事。亦如笔者曾说过的，幸好古人没有“中国画”一类的概念，也没有持此种概念去办的展览和持此种概念的评委，否则我们今天除了讲笔墨的文人水墨画，就看不到工笔设色的宫廷绘画、变幻神秘的敦煌壁画、雍容华美的永乐宫壁画、活泼明艳的民间绘画，以及精致富丽的唐卡画……如果我们今天只允许用宣纸水墨讲笔墨底线的“中国画”发展，人们又都认可此种概念，一千年后，那时的民族绘画类型中也果真只有这种循规蹈矩的水墨“中国画”存在，那我们的后人应当怎么评价中国美术史上的这一千年？他们或许会说，这是中华民族绘画史上最最沉滞的一千年，因为此前没有哪一千年，甚至哪五百年，是如此统一单调而缺乏变化的。我想，这种情况，任何人都不愿意看到吧？

或许有人会说，“中国画”已是一个约定俗成的概念，它就是专指使用宣纸、毛笔、水墨这一类工具材料的民族传统绘画，这也是一个无奈的事实。其他类型的绘画，可以单列一类自己去发展得了，有何大碍，何必非要掺和到“中国画”中来。此法在二三十年代有人批评岭南派时，也是用过的。或者称它为“日本画”，不允许其存在；或者开明一些，同意它的存在，但叫它另列一类“新派画”，而绝对不能混迹于“中国画”中。如1937年第二次全国美展一位姓牛的广东中国画评委就正色批评，此种“徒以色彩敷衍，去眩惑一般俗人眼目的作品，无论它怎样高明，都不能视为国画的正宗，在审查国画范围内没有它的位置”。此说似有道理，也算开明。但仔细一想，似又不然。一则“中国画”已经是垄断了“中国”传统绘画的总称——如同《辞海》一类辞书字典所解释的那样，它已经习惯了包括工笔设色画，大家也认为敦煌壁画、永乐宫壁画可以包括在内，国画大师张大千就临过敦煌的壁画。但目前“中国画”这个概念事实上又的确不能完全包括大多数中国民族传统绘画。这种概念上的确定性与概念具体使用上的模糊性，已经造成了矛盾。比如，我们一般也不可能再给水墨、笔墨之外的其他类型的民族性绘画另辟一个画种，另开一个展览，尤其是不能在全国美展这样的国家级权威大展上给笔者所谈及的许多形态与种类的民族性绘画分别各开一个门类（漆画与年画是特例）。这些门类因其无所依附，或受到画坛权势的歧视、打压，其发展必然受限。尽管“新文人画”“实验水墨”或“工笔画”等有时也自己办些专门展览，但笔者所分析的各类型，包括林风眠、刘国松的一些作品及一些实验水墨作

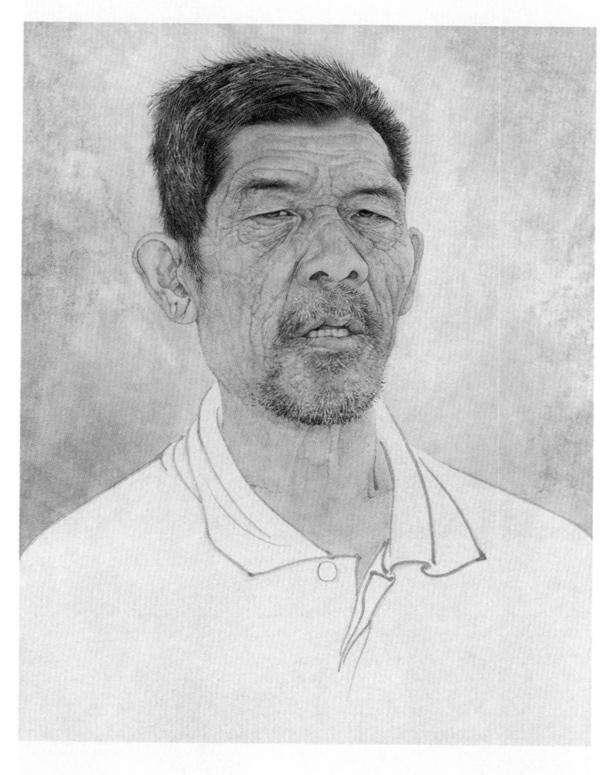

沧桑　何家英

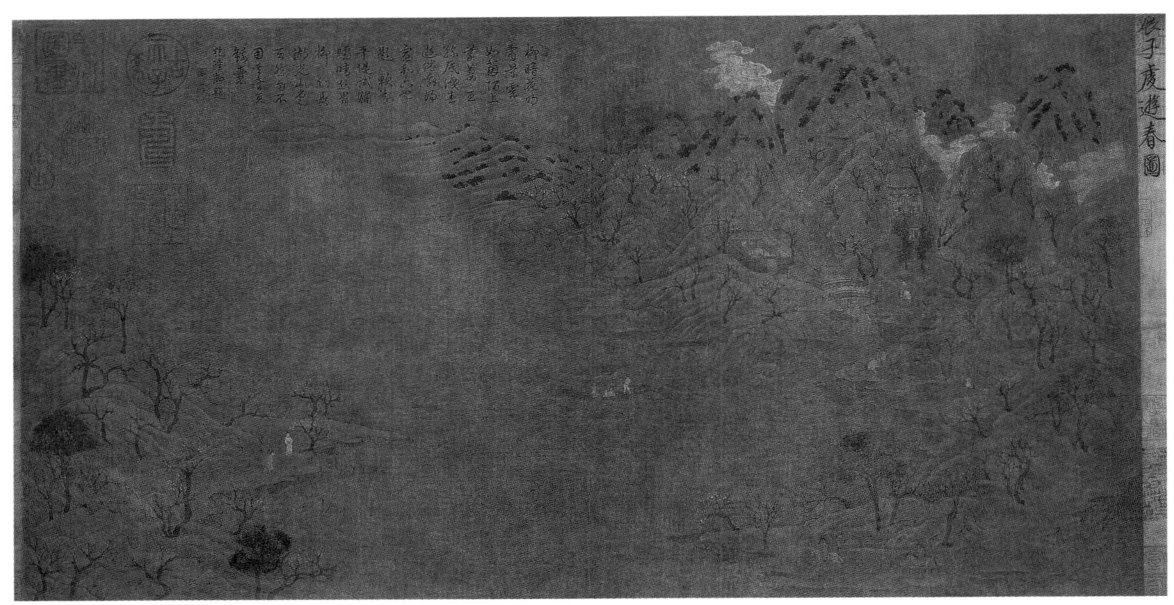

游春图（局部） 展子虔

品，在正式展览中，也大多只好列在“中国画”这个类别里，亦如岩彩画在第二届全国中国画展中还获得金奖一样。国内几个重要的岩彩画家就在中央美院的中国画系，那里还有他们的工作室。但这些创作样式一边参加中国画展，一边又受到非议和打压，这不仅混乱，而且对各类型绘画的发展十分不利。因此，应该淡化“中国画”的概念和边界，允许多种样式和类型的当代民族传统绘画机会均等地参加展览，使“中国画”真正成为“中国”民族传统各类型绘画的总概念，真正成为统一于民族审美的基础而又多元多形态发展的当代民族绘画，实现许多人所倡导的“大国画”理想，这对“中国画”概念及“中国画”自身的发展有百利而无一弊。如其不然，则用另一个办法，那就是抛弃“中国画”这个既不科学又不准确的概念，代之以标出材料的方法。这个方法事实上也早已为许多画家许多展览所采用。这完全不涉及民族虚无主义问题。相反，如果当“中国画”概念实在成为民族传统形态绘画在当代发展的严重障碍时，当越来越多的艺术家，尤其是年轻艺术家都有此同感而逐渐抛弃这个处处带来麻烦的概念，纷纷直接以“综合媒材”等多种材料相标榜时，而更为具体也更具现实危险的是，当各地美院的中国画系无法正常招生（这已经是个非常普遍的事实）而使“中国画”后继乏人时，或许，使用了近百年的“中国画”一词就真的不得不在第二个一百年中逐渐淡出历史舞台了。虽然这绝不意味着民族传统形态绘画的真正淡出，民族传统形态的当代绘画仍将健康而繁荣地发展，但麻烦丛生的“中国画”概念将逐渐失去意义，亦如与“国画”同时出现的“国戏”“国文”“国术”“国乐”等用法也早已失效，而传统戏剧、文学、武术、音乐却照样在发展一样。这就有些“沉舟侧畔千帆过，病树前头万木春”的意味了。

行文至此，忽然又恍然大悟：“中国画”概念惹出这么多的麻烦，原来是与中国“名不正则言不顺，言不顺则事不成”的古训有关，更与我们这大半个世纪以来迷恋若干政治、哲学乃至政治经济学概念关系密切。因为迷恋一些概念，我们曾经走过一些弯路。直到有一天，终于有一位伟人出来宣布要解放思想，要实事求是，不要纠缠概念，说不清楚的事干脆“不争论”。中国也就在这个“不争论”的风气中不断改变，一步步走向了今天的高度繁荣。在我们这个小小的“中国画”领域，是否也可以提倡一下“实事求是”“解放思想”的风气，也对“中国画”来个“不争论”？让传统绘画领域的艺术家们自行其是地去发展，让他们去开辟无尽的题材，开拓无尽的技法、工具和材料，或许此种无为而治的风气反而能给多元统一的大中国画带来前所未有的繁荣。

第二节 中国画的正宗系统与中国画的变革

当今中国画界总是把用水墨宣纸、作画讲究笔墨的文人传统的绘画当成“中国画”的正宗，这种倾向实则是明清正宗论的孑遗。本文探讨了正宗论在古代画史上的表现和危害，指出了中国绘画传统的体系性质和这个体系的具体构成系统，并从此系统出发，讨论了20世纪中国画界诸大家名家变革中国画的思路，指出了全面理解这个博大精深的绘画传统与反对正宗论的必要性。

中国画有无正宗？在今天许多国画家那里，答案是十分肯定的。那就是用水墨宣纸，讲究笔墨，讲究书法用笔，再来点诗书画印的结合，或者说，是文人画。因此，再直接一些说，文人画就是中国画的正宗。笔者曾给某次全国性的美展当评委，中国画评委们一致认为应倡导写意，故某幅写意就得了金奖。第九届全国美展要纠第八届全国美展制作性工笔画太多的倾向，故金奖也就选了一幅逸笔草草的大写意人物画。他们显然是认为写意画是正宗。第十届全国美展的评委们认为还是应该开放些，故又把一幅很淡雅的工笔设色画评为了金奖，但又惹来好多的恶评，显然也是因为这幅作品不正宗，有些野狐禅。又比如，第二届中国画展评了一幅岩彩运用较多、制作性较强的作品当金奖，当时也引来了中国画界好一番躁动。原因还是不正宗。

那么，中国画究竟有无正宗之说？从中国美术史的角度来看，尽管唐代就有对山水画流派的分析，明初开始也有不少人讨论流派，但真正的分宗之说大概应从明末董其昌时才开始出现。这就是董其昌的南北宗说：

“禅家有南北二宗，唐时始分；画之南北二宗，亦唐时分也。但其人非南北耳。北宗则李思训父子着色山水，流传而为宋之赵幹、赵伯驹、伯骕以至马、夏辈；南宗则王摩诘始用渲淡，一

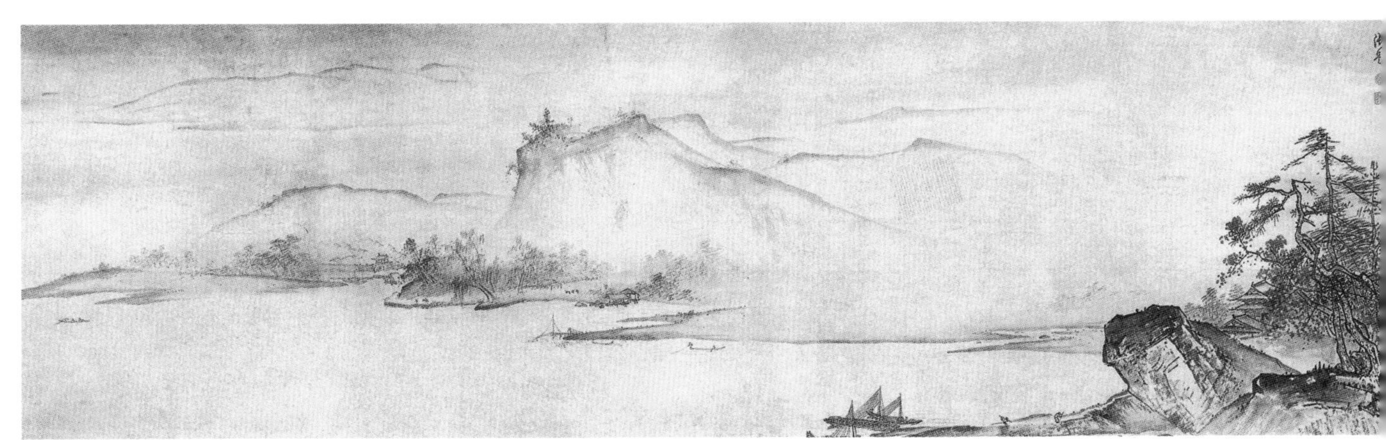

溪山清远图　夏圭

变钩斫之法，其传为张璪、荆、关、董、巨、郭忠恕、米家父子，以至元之四大家，亦如六祖之后有马驹、云门、临济儿孙之盛，而北宗微矣。要之摩诘所谓云峰石迹迥出天机，笔意纵横，参乎造化者。”（《画旨》）

董其昌的朋友陈继儒也有大致相似的分宗说，只是说得更细，“山水画自唐始变，盖有两宗：李思训、王维是也。李之传为宋赵伯驹、伯骕，以及于李唐、郭熙、马远、夏圭皆李派；王之传为荆浩、关仝、董源、李成、范宽，以及于大小米、元四大家皆王派。李派粗硬，无士人气；王派虚和萧散，此又慧能之禅，非神秀所及也。至郭忠恕、马和之，又如方外不食烟火人，另具一骨相者”。（《偃曝谈余》）

此说虽不无道理，但各画派各有特点，各有风格，也属画史之常态，能和谐相处，倒是百花齐放。按董其昌的说法，南北分宗应从盛、中唐际，即8世纪时算起。但严格分宗分派，此非彼是，酿成宗派间的尖锐对立，就不利于绘画的发展了。尤其是分成正宗邪派，危害就更重了。例如，董其昌论文人画，“文人之画，自王右丞始，其后董源、巨然、李成、范宽为嫡子；李龙眠、王晋卿、米南宫及虎儿，皆从董、巨得来；直至元四大家黄子久、王叔明、倪元镇、吴仲圭，皆其正传；吾朝文、沈则又远接衣钵。若马、夏及李唐、刘松年，又是大李将军之派，非吾曹当学也”（《画旨》）。这里已点出了“正传”与不当学的非正传之区别。

在明末，这股论派分宗的现象就开始明显起来了。沈灏在《画麈》中说：“禅与画俱有南北宗，分亦同时，气运复相敌也。南则王摩诘，裁构淳秀，出韵幽淡，为文人开山……若赵幹、伯驹、伯骕、马远、夏圭以至戴文进、吴小仙、张平山辈，日就狐禅，衣钵尘土。”这就由不当学而逐渐转为骂人了。明末唐志契在《绘事微言》中就已在慨叹这种现象：“门户一分，点刷各异，自尔标榜，各不相入矣。”

到清代，这种正宗与邪派更势如水火。就连今天被奉为大家的石涛、金农，当时也被人骂：“画不可有习气，习气一染，魔障生焉。即如石涛、金冬心画，本非正宗，习俗所赏，悬价以待，

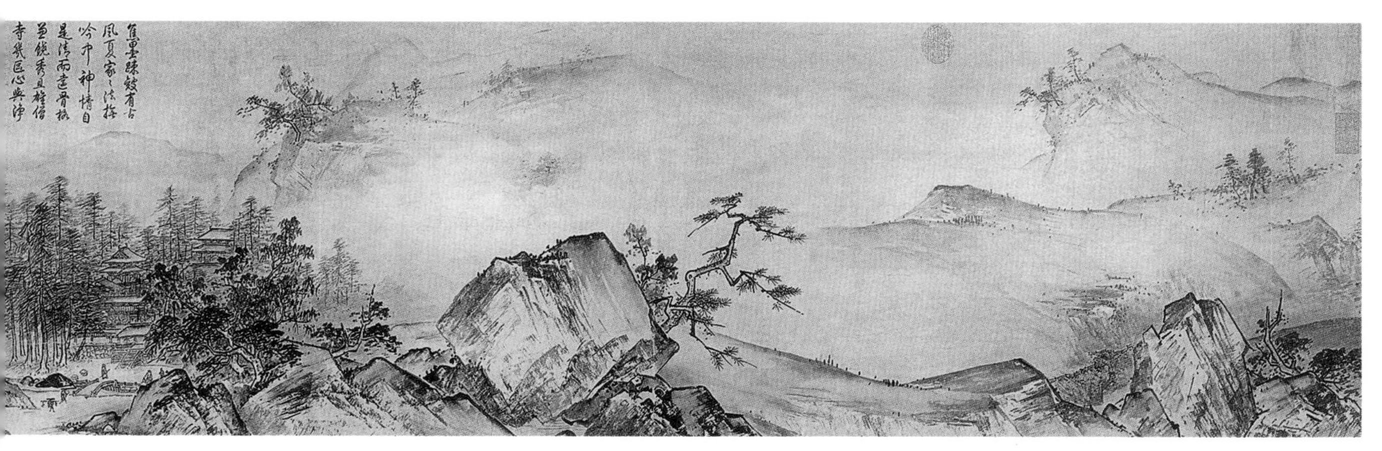

已可怪异，而一时学之者若狂，遂成魔障。”（华翼纶《画说》）

其时真正形成“魔障”的倒不是石涛辈非正宗者，石涛那时名声不太大，形成“魔障”的偏偏就是正宗的“四王”派后学。因为正宗、邪派已分，画坛要学的当然只该是正宗，于是整个清代画坛“四王”派盛行。“国朝画法，廉州（王鉴）、石谷（王翚）为一宗，奉常祖孙（王时敏、王原祁）为一宗。廉州匠心渲染，格无不备。奉常祖孙独以大痴（黄公望）一派为法。两宗设教宇内，法嗣藩衍，至今不变宗风。”这已是清代中期的情况了，整个画坛自然就到“海内绘事家，不为石谷牢笼，即为麓台（王原祁）械杻，至款书绝肖。故二家之后，画非无人，如出一手耳”（方薰《山静居画论》）。清中期张庚历数明清以来画坛各派，如浙派、松江派、金陵派、新安派、江西派，“之数者其初未尝不各自名家，而传仿渐陵夷耳。此国初以来之大概也”（张庚《浦山论画》）。起初还各有各的特点，但往下传时也就在辗转模仿中逐渐丧失个性特点。华翼纶《画说》也谈到此种模仿风气：“石谷画本有徇人之作，仿石谷者遂借以谋衣食。吁！画本士大夫陶情适性之具，苟不画则亦已矣，何必作如此种种恶态！”直到18世纪末，清嘉庆年间的盛大士还被人告诫“耕烟派（注：即王石谷派）断不可学，近日流弊更甚，子其戒之”（《溪山卧游录》）。乾隆后期的范玑著《过云庐画论》，此人为常熟人，为“四王”王石谷邻里，也慨叹“呜呼！日来画道已久凌夷，茫茫宇内，见闻不及，岂薪传

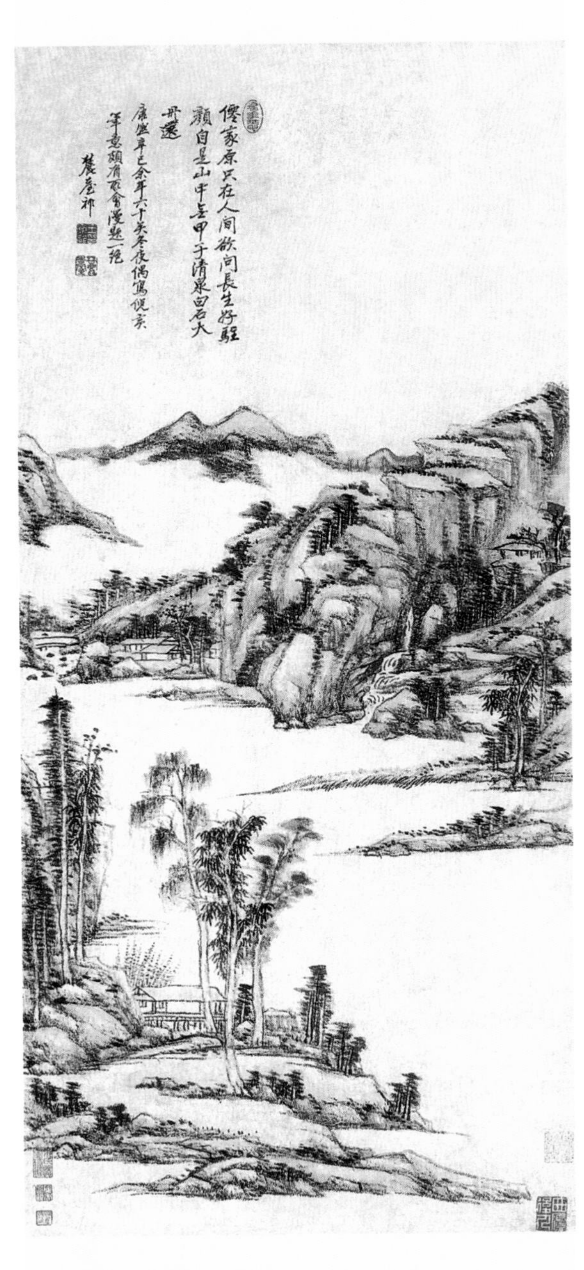

清泉白石图　王原祁

于他郡欤？”当整个清中期画坛风尚都在“四王”宗风之中辗转模仿，“如出一手”时，清代山水画也就真的走到尽头了。清中期扬州流行一说法：“金脸银花卉，讨饭画山水。”正是正宗观念葬送了清代的山水画。清中期，以花卉为主的扬州画派崛起取山水而代之。清晚期，仍然是以花卉为主的海上画派走红，金农、郑板桥、李方膺、李鱓、赵之谦、任伯年、虚谷、吴昌硕……大师们中就再也找不到一个山水画家了！正宗论之危害，可谓猛于虎也！

这种“定正宗”其实是在百花齐放的绘画园地中定某种风格流派为一尊，而冷落乃至剿灭其他艺术的错误做法，也是一种自我摧残的愚蠢做法。清代中期山水画的衰落就是由这种自我摧残导致的必然结果。其实，在这种正宗观念出现的同时，许多批评反对的声音也随之而起。

清初的八大山人有“法法不宗而成”“南北宗开无法说”的说法，即以“不宗”为法，以“无法”为宗。石涛针对南北宗论有曰“画有南北宗，书有二王法”。张融有言：“不恨臣无二王法，恨二王无臣法。”石涛曰：“今问南北宗，我宗耶？宗我耶？一时捧腹曰：我自用我法。”（《大涤子题画诗跋》）又说：“余尝见诸名家，动辄仿某家，法某派。书与画，天生自有一人职掌一人之事，从何说起！”（同上）此则是以我为宗。有如此强烈自我观的石涛在中国画史上是面目风格最多的画家，显然也与其反正宗观念有关。清中期方薰也说：“法派不同，各有妙诣。作者往往以门户起见，互为指摘，识者陋之。不知王、黄同时，彼此倾倒。韩、孟异体，相与推崇。

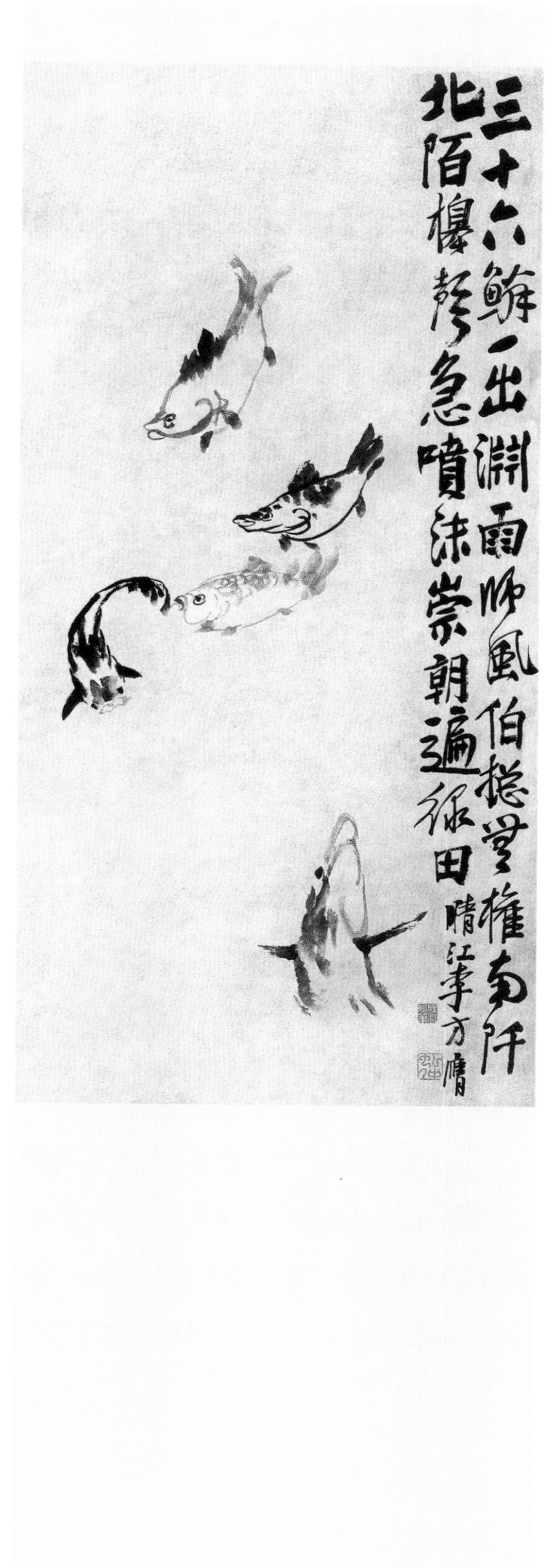

游鱼图　李方膺

惟其能知他人之工，则己之所造也深矣。”（《山静居画论》）

从明清绘画史的角度来看，最初倡导正宗论的董其昌及其传派“四王”，因从笔墨入手对古代画家及其绘画进行再阐释，对古代绘画中的笔墨因素进行再选择与再创造，故在绘画史上以笔墨独立的时代特征而另树新风，笔墨风气一直流行到今天。清中期论家沈宗骞在《芥舟学画编》中对董其昌的巨大影响有很中肯的评论：思翁（董其昌）“乃能祖述董巨，宪章倪黄，绍绝业于三百年之后，而为吾朝画学之祖”。而前述董其昌学生王时敏、时敏孙王原祁及王鉴又是“两宗设教宇内，法嗣藩衍，至今不变宗风”。其实，以南宗文人画为正宗之论影响之巨大深远，在今天亦可谓“至今不变宗风”。从本文之初所述的当代中国画论争来看，董其昌们的影响依然强大。此种正宗论影响甚至及于日本，日本的“南画”，即中国传至日本的南宗画。

这是从古代绘画史的角度看正宗论说与正宗论的影响。

这种正宗论的积极面是倡导了绘画传统中的某些有意义的因素，例如文人画的文化因素、笔墨因素等，并予以发扬光大。消极面则是扬此而抑彼，贬低、抑制乃至打击了传统绘画中其他有价值的部分。然而，传统绘画却是一个

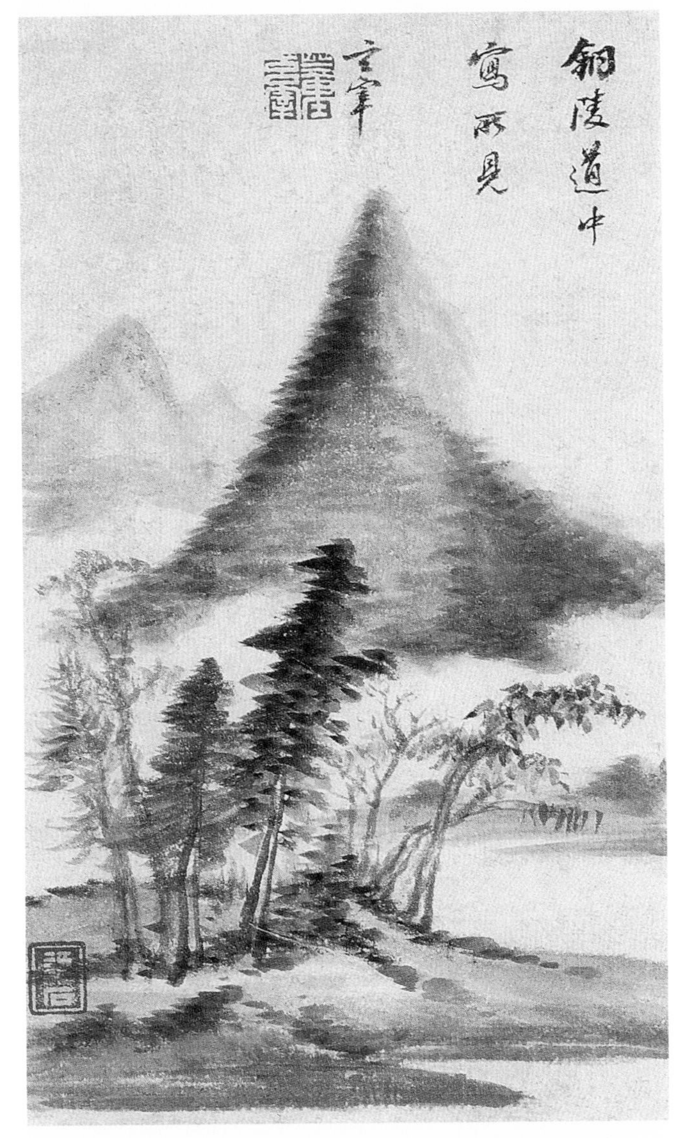

铜陵道中写所见　董其昌

包容很广、层次众多、类型丰富且不断变化成长的有机系统。引入系统的观念，是认识我们的绘画传统、评价正宗论得失、了解现当代中国画变革的又一个全新的角度。

那么，我们的传统绘画系统是如何构成的呢？

任何一种民族绘画，亦如任何一种民族文化一样，都有它自己非常独特的民族性特征，一种非常明显，让人一望即知的区别存在。而这种区别又绝不是个别特征的不同，而是一系列的成系统的区别。

中国艺术以情感的表现为出发点，又以情感的表现为旨归，而出之以情感化的对世界的观察、体验并再创一个自我的景象与心象，一种艺术之象——意象。其实，这种意象式特征并非中国美术所独有，而是整个中国传统文艺共有的基本特征。作为中国文艺之一的古典绘画，它与其他艺术种类共享这种最为根本的缘情言志的本质特征及由此生发出意象的民族艺术思维机制。这是中国传统绘画系统中基础和核心的两个层次，即情感表现之核心和意象的思维方式。意象思维是就其糅合内在情感精神与外在形象塑造的艺术思维倾向而言，要创造真正的艺术形象，还得有一些具体的处理方式或原则，这是第三个层次。例如，象征性、符号性、抽象性、平面性、虚拟性、程式性、装饰性、综合性、辩证思维等意象造型的基本特征和原则。这是中国传统绘画体系的前面三个层次。与上述三个层次直接相关，或者直接受它们影响、制约又形成若干绘画的题材、结构、技法、形式、工具、材料诸特征。这实际上是传统绘画体系的第四个层次。而由于服务对象的区别，又造成对题材、结构、技法、形式、工具、材料诸方面的不同选择、运用，由此又形成传统绘画中的不同类型，如主要由文人运用其文化修养于绘画的文人画，服务宫廷皇室的院体画，服务于宗教宣传的宗教画，服务于普通民众日常生活需要的民间画。当然，这几种类型之间并非壁垒森严，而是互相影响的，但大体的界限还是有的。这是传统绘画体系的第五个层次，即类型层次。中国传统绘画体系的第六个层次是风格系统。所谓风格，是绘画中各种要素的综合结果，是内在情志通过多种思维机制和造型原则，以多种技法和形式处理而呈现的内在精神意蕴与外在形式相统一的特定风貌，是画家独特个性、情感、精神、修养与其独特艺术处理的和谐统一体。风格意味因每个画家个人的情志及其表现不同而各不相同，更因各种绘画类型的区别而有区别。例如，文人画讲究自然、神、逸、妙、能、雅、偶然、拙、雄肆、奇崛等，均与文人的文化理想追求有关。而院体画因服务于宫廷，其风格意味则偏重于整饬、庄重、堂皇、富丽、精巧、优美一类。宗教画更多则崇高、神秘、庄重、富丽、威严、堂皇。民间画身在民间服务民间，故画风喜庆、热闹、诙谐、稚拙、夸张、丰满。

传统绘画体系的上述六个层次之间有着严密的逻辑关系。中国艺术情感精神的表现本质决定了中国艺术意象形态的形成，而此意象的创造需要又形成了意象的思维机制和造型机制。我们可以看到，在中国传统绘画的不同类型中，尽管有各个不同的种类，例如宫廷画、文人画、民间画、宗教画等在不同历史时期也有不同的演进形态，它们之间却总有着内在精神的一致，有着思维机制和造型机制的一致性。也就是说，在笔者所分析的这个绘画体系中，前三个层次是相对恒定的。

具体地说，中国绘画的情感表现作为中国艺术的本质是最具有恒定性质的，当然，影响这种情感品质的各种哲学和观念可以因时代的变化而不同，但对情感精神传达这个本质内核的认同，却是数千年来中华民族历代艺术家所一致认同的。同时，不论影响情感内涵的多种哲学、宗教及多种社会、文化因素是如何不同，它们都属于中华民族的精神文化体系这个大范畴，亦如文人偏重道家哲理，而民间则较多受道教仪规、与道教有关的神仙方术的影响；儒家伦理哲学影响文人，更影响宫廷艺术，且通过影响习俗而间接作用于民众；佛教伦理哲学则雅俗共赏，文人喜欢其超脱出尘、了然无羁的一面，民众则实用于祈求今生的幸福，来世的永恒……不论这种差异有多大，这种强烈的中华民族共有的精神意识内涵和独特的民族规定性的情感表现，构成了中国传统绘画系统的核心和基础。近一百年来，无数的人以追求真理的坚定，企图以西方科学写实去否定和取代中国艺术的此种精神，又有无数的人企图以政治思想的纯洁去压制乃至扼杀这种被扣上“封建主义”帽子的民族艺术精神，但历经数千年积淀的泱泱民族文化精神岂是百余年的西化倾向所能遏止的?

中国绘画由此情感表现所决定的意象形态和创造此种独特形态需要的，或者说，在此倾向下自然形成的意象式思维机制和意象造型机制也同样具有相当的恒定性。当然，传统绘画体现得最具体最真切，让人直观印象最深的无疑是对具体题材的选择，对具体材料、技法的运用，对特定风格的形成，这属该系统中较偏后的三个层次。这也是目前人们振振有词地强调笔墨为民族绘画本体，水墨为民族性标志的原因。的确，这三个层次比较为抽象的属于思维方式的前三个层次要具体、个别、形象、直观、感性得多，但也因这种具体性和个别性，而较多地受到时代特定的经济、文化、社会、思潮等多种因素的直接影响。这又反过来增加了它们的特定性、具体性和不确定性，也形成了该层次明显的易变性；同时，又因此而使这三个层次带上了更为鲜明的时代性及时段限制性。如前所述，前三个层次尽管也有包括情感内涵在内的变动可能，但因为它们更多地属于思维方式和原则一类较为抽象的类别，加之有数千年的积淀，故有极强的思维恒定性。后三个层次因受可变的时代环境因素的影响太大，故也呈现鲜明的因时而变的时代性特征，就是情感内涵的变动，反过来说，这个变动也主要是通过后三个层次去完成的。题材、技法、工具、材料都可能因时而变，此即石涛所谓“笔墨当随时代”是也。绘画类型的变化也极大。例如宫廷画，今天就不再存在；民间画，也大变其态。风格层如妙如逸，也只存在于个别画家的作品中。不管是雅是拙，意味也有变化。我们常称的时代性也往往由这易变动的三个层次来承载。中国画变革最易入手，变革的最后形态也是这三个层次。

可见，中国绘画传统是一个有着巨大包容性，且在不断发展变化充满无穷生命力的大体系。在这个庞大的体系中，有着从本质特征到思维机制，再到材料、题材、技法、风格的众多层次，还有包括民间艺术、宗教艺术、宫廷艺术与文人艺术的若干分支系统。可以说，画家们从自己的经历、学养、兴趣、爱好出发，从传统的各种角度，各种层次切入，都可以找到不同的中国画变革的途径。也正是因为历朝历代无数的艺术家从传统体系中寻觅不同的继承和变革途径，才又丰富和发展了独具体系的中国绘画传统，并给后人的再发展以更多的契机。

弄清楚中国画传统的体系性后，我们再去回顾20世纪的那些大家名家，分析他们的思路，或许就容易明白其思路与传统体系的关系。尽管他们对传统的继承和变革有无数的角度与途径，但这里却又有着对传统的研究、理解、取舍与转换的高低深浅区别。因此，历朝历代具有不同创造、不同变革的艺术家们的艺术成就与历史贡献、历史地位也都各不相同。此中原因固然很多，但其中一个很重要的原因，是画家对传统研究理解的深度及其运用的效果不同。

纵观20世纪中国画名家们的变革创造，可以发现大家的思路的确各不相同，且错综复杂。要理清这些思路，非做个案研究不可。本文只就大致的变革类型做一些概括与归纳式的类型研究。

一、从中国绘画传统自身去寻求变革与发展

在传统绘画领域中，这种变革方式又各有偏重。

（一）在水墨系统中进行变化

从传统中拓展和创造，区别于其他的中国画发展样式，是指其主要的创作理念、创作手法和工具、材料、手段还是以传统中国画——主要是水墨为基础，其中文人画类型占有更大的比例。例如题材上以传统型山水、花鸟、人物为主；工具材料上以宣纸、绢、水墨、国画颜料、毛笔为主；语言上以线条、笔法、墨法、水法，要言之以笔墨为主；创作风格上讲究自然、雅、逸、平淡天真；创作形式上仍坚持诗书画印的综合运用；创作观念上以中国传统哲理、美学、画论画理为主……以这些为基础，糅进现代感受，改变其图式和造型手法、笔墨语言，创造新的皴法、墨法与水法；改变某些工具材料，如变绢为布（古人也用布，宋人画就有用布为之者，唐卡画也用布），在国画颜料使用上增加丙烯、岩彩，变中锋为侧锋、散锋；变三段式章法结构为繁密或极简结构；变卷轴为装框之斗方……在开拓发展类型的画家中，有的偏重在题材上突破，有的在章法中出新，有的在图式上变革，有的把笔墨之深厚转化为笔形之结构，有的在积墨法中探索。此中有大写意者，有在小写意中着力者，也有意中带工、墨中带色者；有笔墨繁复满纸浓黑者，也有简笔草草者。成就高的，密不透风中尚有空灵之意，简笔之中有高逸之气。如此等等，不一而足。此种画法，当因人而异，因时因地而异，永无止境。此种类型，虽从多方面去探索出新，但大格局仍保持水墨写意的基本风貌。故在传统画法一路上去开拓和创造，当也永无止境。

大致来看，文人水墨一路又分如下一些角度：

1. 从笔墨变化角度

因明清以来笔墨为上已成风气，甚至到了成为中国画坛无意识的状态的程度，故从笔墨的角度变化创造者最多。如齐白石、黄宾虹、张大千、傅抱石、李苦禅等都是从此角度出新而有大成就者。其中又有主要偏重用笔变化者和偏重墨法变化者。

（1）偏重用笔变化者：如潘天寿、陆俨少等就不太讲究墨法。潘天寿中锋用笔，“强其骨”是其特点。陆俨少则在笔形变化上用心，提按顿挫，中侧拖笔，笔法上千变万化。

（2）偏重墨法变化者：如黄宾虹、张大千（泼彩）、李可染等。黄宾虹积点成面，积点中使墨法千变万化，既有笔，又有墨，但一般关注点多在他的积墨法上。张大千早年积古之大成，笔墨皆好，晚年的发展主要在泼墨泼彩上，画风陡然一变，影响巨大。墨法上另一突出者为李可染。李可染糅逆光、外光表现于画中，主要以积墨法名世。

2. 从色彩入手者

齐白石固然在笔墨上因学吴昌硕而变得精炼，其墨法也较突出，但齐白石在技法表现上给人印象最深的却是他的前人所不敢用的明艳色彩。张大千笔墨之强罕有人能比，其泼墨也有成就，但如无晚期的泼彩，张大千的历史贡献显然要大打折扣。刘海粟作画，比较喜欢用色，这与他同时擅长油画有关。他晚年也泼彩，色彩饱和明丽，火气十足，与张大千泼彩色中和墨、文气雅逸确实不同。

3. 结构

从文人画角度突破传统结构的比较少，陆俨少或许是其中较有成就者。陆俨少的山水画结构多从取势入手，倾斜突兀的山势和飞动流转的云水为他的山水带来强烈的动势。刘国松虽不以文人画为然，但仍坚持水墨为主的创作。他的作品结构或凌空取势，或一点生发，或从书法入手，或干脆遁入太空，可谓毫无套路。从传统一路发展到今天，不少中青年画家满密的结构倒较古人有所突破。

4. 工具材料

工具材料的变革在文人水墨系统中几乎要算是一个禁区。宣纸、毛笔几乎成为大家公认的中国画的必要组成要素。所以在此领域，一般人都不敢在太岁头上动土。但也有少数例外。张大千早年就亲自到造纸厂试验生产特殊需要的“大千纸”，晚年作画端碗泼彩，牵纸引导彩墨流向，算是大胆之举。刘国松更是大刀阔斧改变工具材料的典型。他不仅也到造纸厂生产特殊用途的“国松纸”，还发明上百种不需用笔的制作肌理之法，以至取消用笔作画。刘国松遭人强烈反对多年，后来名声愈来愈大，也就逐渐被承认。周韶华近年采用拓印、拼贴等多种方法，给自己的作品带来了全新的风貌。浙江画家使用墨膏，画面浓黑深沉，也是传统水墨所不及。材料、工具、技法部分的变化本是最容易出新面貌的途径，但遭反对否定又几乎是必然的。故非特立独行之士不敢为。近年

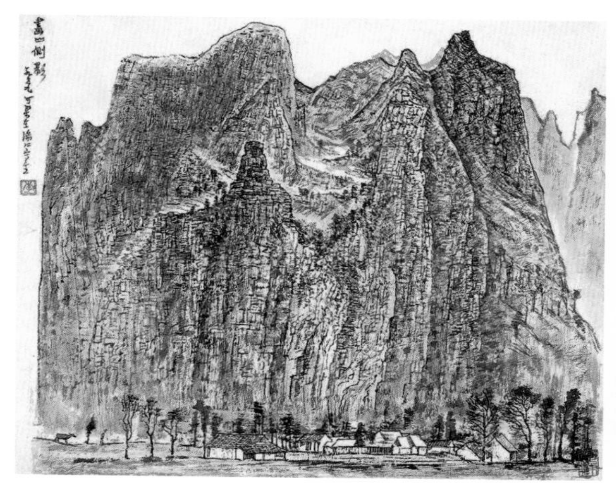

画山侧影　李可染

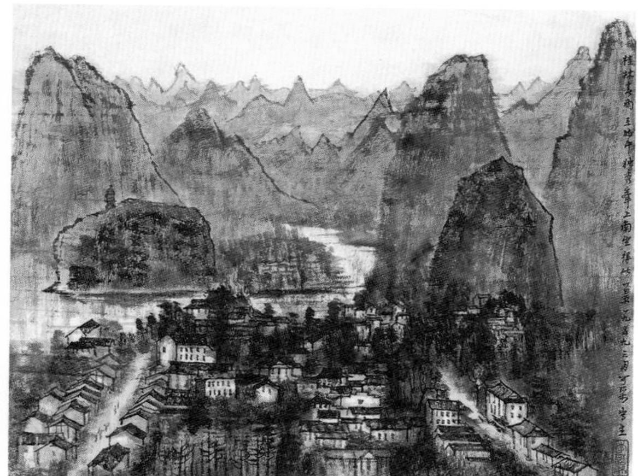

桂林春雨　李可染

遭反对的岩彩画就是例子。

5. 题材

题材也是传统绘画体系中最易变化的因素，题材的变化也必然引起相应的表现方式上的变化。齐白石从他的农民出身出发，画出画史上前所未有的众多内容，给20世纪画坛带来一股新风。赵望云作为接受过20世纪初新文化运动洗礼的画家，其写生所画普通民众的题材，在20世纪上半叶也有重要的影响。周韶华近年来把画像砖石、雕刻、书法拓片且画且印且贴，倒有些古代“博古”的意味，题材上的突破意义不小。刘国松更是海阔天空。他在世界各地走得多，见得多，感受多，于是画出了海底世界、火山景观、北极日夜、喜马拉雅、雪域冰川，乃至宇宙航天、星际奇观，给中国画开辟了一片前所未有的广阔天地。黑龙江的于志学从冰雪世界入手，也在画史的领地插上了一面属于他自己的特别旗帜。

（二）从院画系统出发的借鉴

院画系统由于被董其昌定为“不当学”的北宗，所以从晚明开始就一蹶不振，此后再学北宗院画的画家就很少了。但艺术本身就忌讳从众，因此，20世纪凡是学北宗的人，在画史上都有位置。例如张大千、于非闇、陈之佛、吴湖帆、溥心畬、何海霞、谢稚柳等。他们或借鉴青绿之设色，或习严谨之造型，或金碧焜耀于世，或以劲健之用笔而著称。总之，在一片水墨写意的芸芸画坛中，反倒别致出众。

（三）从宗教画系统入手

宗教画本来是画史上历史悠久而数量最大的存在，绘画传统借宗教画而得以最原初的保存。但文人画正宗观念强的人往往看不起这些出自历代画工之手的宗教艺术。但如张大千、谢稚柳等，却以慧眼而识精华。20世纪三四十年代，敦煌石窟艺术被知晓并被斥为“水陆道场画”，张大千却含辛茹苦，在莫高窟一待数年。敦煌之行改变了张大千的画风。富丽堂皇的色彩，古韵盎然的人物即从此开始登场。后来张大千的泼彩，不也有敦煌的影子吗？今天的唐勇力、韩书力也别具慧眼地在宗教壁画、唐卡艺术中另辟蹊径。

（四）从民间画系统借鉴

民间画是社会下层里的艺术，这是一个被艺术史忽略了的巨大存在，是一个比文人画系统大得多的存在。民间艺术有着其他艺术难以具备的清新、自然、活泼、诙谐幽默和无穷的想象力，这儿的变形、夸张、明艳与饱满，都是让人兴奋且流连忘返的。然而，受文人撰写的画史画论影响，很少有人注意到这个领域。齐白石是因为农民出身而自发地表现民间艺术的某些特色。林风眠是因为在巴黎东方博物馆研究宋代瓷器画而受到影响。在今天，只有韩美林等不多的人关注了民间艺术。民间艺术作为一个巨大的宝库，还有待人们的发掘。

二、把外来绘画系统引入中国绘画系统

（一）引入西方写实艺术倾向

20世纪之初，出于对科学的崇拜，那时的画坛尤其关注西方的写实艺术，注重表现光、影、体积，而素描尤其被认为是解救中国艺术的法宝。以西方素描加东方线条作为改革中国画方案的徐悲鸿，想法固然简单了些，但在20世纪初期仍然非常时髦。当时的梁鼎铭、蒋兆和走的也是这条路。后来的以李震坚、周昌谷、方增先为代表的浙派人物画家群也从中借鉴，糅进笔墨，路子走得比徐悲鸿宽多了。李可染则利用西画的外光、逆光去处理他的墨法。叶浅予、黄胄都用西方式速写线条去作中国画，批评的人不少，但习惯之后，两人在画坛之位置还都不错。于志学也画速写，也借用外光，他的冰雪山水因此而特征斐然。今天写实性的水墨人物画家，也大多是蒋兆和、李震坚、周昌谷、方增先等人的弟子。

（二）引入西方现代艺术

西方现代艺术一反以前模仿自然的古典写实乃至外光再现的传统，而在色彩表现、构成、变形、抽象、形式美诸方面对艺术作本体自律的表现。这方面以林风眠、刘海粟为代表，关良、丁衍庸、朱屺瞻、吴冠中也有同样的倾向。尤其是吴冠中，其对“形式美”的倡导和“笔墨等于零”的棒喝，成为美术界两次风暴的源头。西方现代艺术以其强烈的色彩，几何形的构成，高度自觉的变形意识和抽象美、形式美的理论自觉，为20世纪的中国画坛带来一股令人兴奋的新风。50年代盛行于西方的抽象表现主义，也造就了如法国的赵无极、朱德群和中国台湾的刘国松令人耳目一新的水墨画创作。而今天的“实验水墨”观念就主要来自西方，只是使用了一些传统绘画的材料。张羽、刘子建、洛齐等人走的就是这条路。而最近更多的画家则是把水墨与“当代艺术”相结合。但“当代艺术”本身是反艺术非艺术的，在我们做艺术讨论之时自然就只好把它们排除在外了。

（三）借鉴日本画系统

日本绘画原来一直学中国的传统绘画，也偏向水墨。19世纪下半叶，明治维新之后，他们渐向西方学习，又不失自己民族的特色，最后形成现代日本画的特点。即强化了色彩而去掉了水墨，然而色彩却淡雅柔和，造型上弱化乃至去掉了线的运用，而在光、影的表现中强化了面，形色柔和雅丽，诗意盎然。近世又把源自古代中国的岩彩表现做了更丰富的推进。同为东方绘画，且又较早地吸收融合过西方绘画的日本画，中国人应该更好地借鉴才是。但由于中日两国战争等历史原因，中国画界对借鉴乃至照搬更远的西方绘画一点意见都没有，但对学习日本画的批评却很多。其实，在色彩的运用、画面的表现、材料的讲究、诗情画意的表达诸多方面，日本画是值得我们好好学习的。因学习日本画而成名的有“岭南派三杰”之高剑父、高奇峰、陈树人，及他们的弟子赵少昂、黎雄才、关山月。傅抱石留学日本，正是在留日期间改变了拒绝对外学习的态度，改变了对线的迷信，糅进光的因素，散锋成面，才有后来的成就的。

综上所述，中国传统绘画是个博大精深的巨大系统。如果我们从历史的演进角度来看，把这个庞大的体系比喻成长江的话，那么，正是由万里长途中无数支流的融汇，才形成长江浩浩荡荡一泻万里的非凡气势。如果只有某一条支流注入，长江还有今天的气势吗？同样，中国绘画传统如果仅有南宗文人画这一支的话，中国绘画传统还会那么博大精深、浩瀚宏富吗？或许，中国画多年来千篇一律的单调样式，正是中国画界正宗论造成的严重恶果。如果我们能认识到正宗论的存在（正宗论势力之大在今天已成集体无意识），认识到绘画传统的系统性，认识到这个系统中各要素重组的无穷可能性，认识到这个系统吸收融入其他外来系统的可能性，我们的中国画——民族绘画的创作还会像今天这样吗？

还是方薰说得好，“法派不同，各有妙诣”。认识到这一点，则本文开头的那些批评、指责和愤怒，可以休矣。

第三节 “中国画”名实辩证

什么使“中国画”成为近十余年来画坛争论的焦点？事实上，在当代画坛已出现了大量“现代形态”的中国画，习惯意义上的“中国画”概念正在改变，也必然改变。

其实，在古代的中国画坛，本来是有很多绘画形式、画种、流派、思潮存在的，画家们或者按照一定的习惯程式作画，或者按某种宗教的规定行事，或者干脆随心所欲地“墨戏”，没有谁顾虑所作的画是否是“中国画”的问题。直到20世纪初，西方文化大规模冲击中国，传统文化处于守势，中西方文化冲突才引出了保存国粹的呼声，于是才有“国文”“国剧”“国乐”“国画”一类仅仅为了区别于西方“洋”文化而创造的对中国文艺模糊、笼统且显然不科学的称呼。又由于元、明、清六百余年来，文人画居于中国画坛的绝对统治地位，而直接承续清代文人画传统的20世纪初画坛，也自然直接地把文人画当成了“中国画”。1917年的康有为，1918年的陈独秀，在其批判文人画传统的文章中都是以“中国画学遂应灭绝”“倪、黄、文、沈一派中国恶画”“若想把中国画改良，首先要革王画的命。因为改良中国画，断不能不采用洋画写实的精神”等把二者等同看待的。由于20世纪初并没有人怀疑二者间的联系，人们的“改良”“改革”或“革命”“中国画”也都是在文人画的材料、工具及样式的大致范围内进行，只不过在反映现实、加强写实性和科学性及为民众服务方面有改革要求，所以也没有人对什么是“中国画”或哪些画不是“中国画”产生过兴趣。但是，到20世纪末，由于社会生活的日趋丰富，绘画种类多样发展，相互之间的影响也空前强烈，外来文化艺术的进入也日益普遍，外来影响也日益强大而且自然，现代中国画坛必然面临20世纪初中国画坛所不可能面临的多种问题，而在这诸多因素影响下形成的现代中国画，也必然会使什么是“中国画”的问题逐渐成为20世纪末画坛的突出矛盾。

什么是“中国画”的问题之所以越来越突出，是由于这个本来极不科学的笼统、模糊而含义宽泛的概念偏偏和含义较为明确、范围较为狭窄的文人画缠在了一起，尽管院体工笔一类一般也放在“中国画”的范围内而没有引起歧义，但宣纸、水墨、笔墨一类讲究仍成为“中国画”突出的判别标志。其实，哪怕不算现代的油画、水彩、版画一类，就是古代传统绘画，以一“国”之绘画而论，也有文人画、宫廷画、民间画、宗教画及多个应当包括在中华民族绘画之内的少数民族绘画，如著名的唐卡画等。这种以“国”来分的画种如果能像“国乐”那样，把凡是用中国民族乐器演奏的民族音乐都算在内，或许还不至于引来太多的麻烦。否则，真不如按照世界通行的办法，以材料分画种，如油画、水彩、丙烯、蛋彩、铜版、木刻、丝网，反倒更明确。不过，“中国画”既然已通行近百年，已有约定俗成的习惯，而现在又的确遇到了回避不了的尖锐矛盾，那么，我们就在

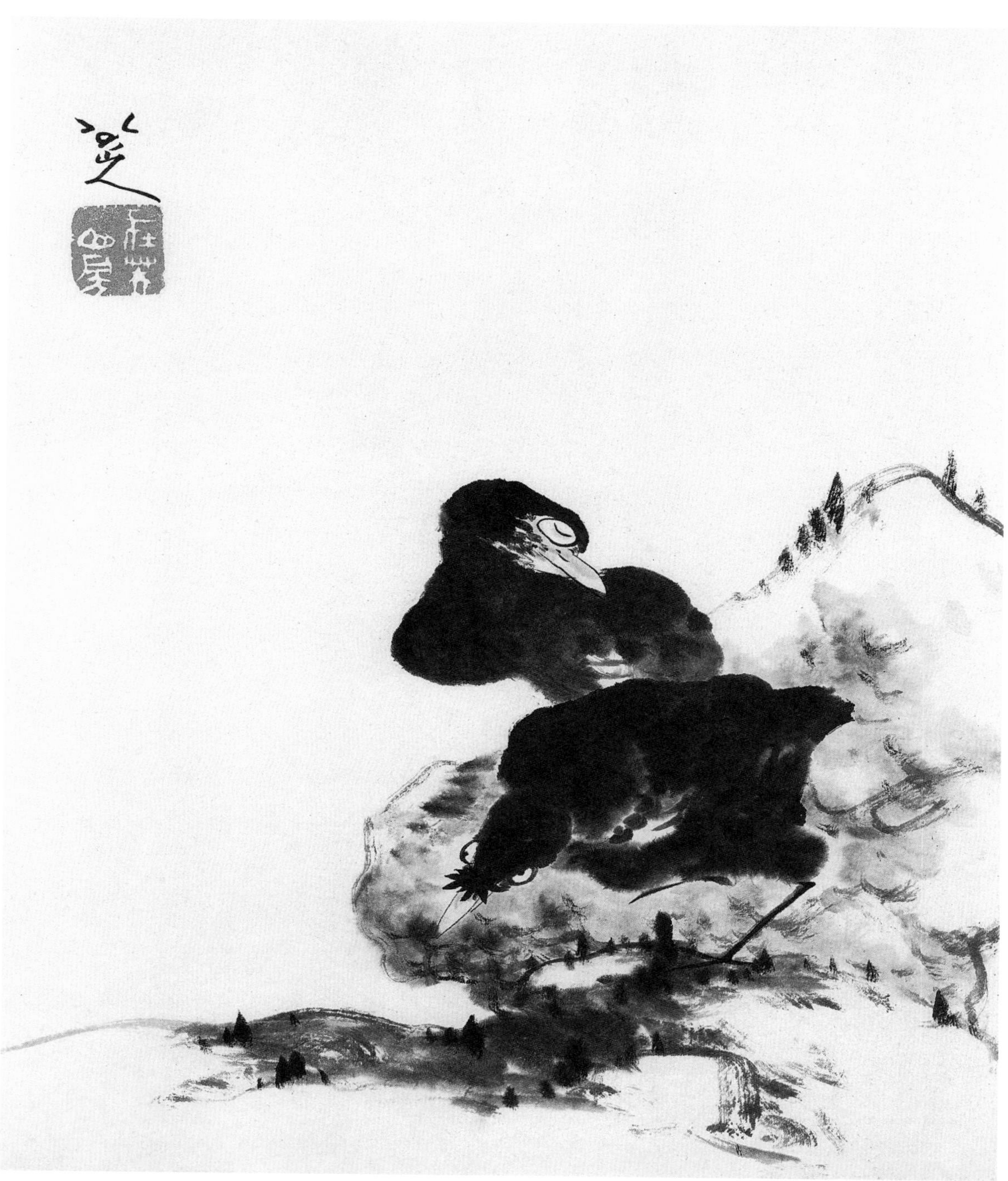

花鸟山水册之一　八大山人

“中国画”即中国的民族绘画这个特定的范围内来讨论问题。

古代文人画格调不凡，自有其产生的社会、文化、哲学等诸多方面的深刻原因。到明代中后期，龙飞凤舞、简洁空灵的水墨大写意画法又盛行开来，八大山人那种寄托哀婉深沉之情，简到无可再简，“墨点无多泪点多”的画法出现，是时代发展的必然，亦是艺术规律之使然。但是，大写意画法的泛滥却也造成了不要修养，不要技法，胡乱涂抹的欺世盗名的画坛歪风的出现。与八大山人处同一时代的笪重光在其《画筌》中就批评过“士夫得其意而位置不稳……时流托士夫气，藏拙欺人”这种弱于技法的颇为普遍的画坛倾向。至于20世纪鲁迅所嘲弄的“两点是眼，不知是长是圆；一画是鸟，不知是鹰是燕。竞尚高简，变成空虚”的现象，在19世纪末一批以“写意”文人画家自居的画家们那里仍大有“藏拙欺人”之余势。

应该承认，水墨写意产生的社会背景、文化机制虽然已经大变，但作为具有相对独立性的形式语言来说，这种形式是可以因其继承性而有再创造和再发展的余地的。这种作于宣纸上的水墨写意同样可以在形式语言和技法系统上大胆出新而具现代感。这种在材料工具上保持传统习惯的画法，一般不会引来是否是“中国画”的问题，故本文不做详论。但是，或许又正因为对这种产生于古代而很难满足现代审美需求的形式感到不足，更因为对这种沿袭古代文人画家套路，古今一面，千人一面，缺乏功力、技巧的画坛现象感到不满，当代中国画坛开始出现对“现代形态”中国画进行探索的思潮。这个思潮中一个重要的方面就是，因对逸笔草草缺乏功力的水墨写意的反感而导致现代工笔画的大发展，及由此而来的材料、工具、技法的大变革。我曾对第八届全国美展“优秀作品奖”获奖作品做过统计，传统的水墨画和传统的工笔画作品仅占总数的百分之十七，而在余下的创意十足的新形态作品中，现代工笔画所占比例最大。因为严谨的绘画性与制作性，工笔画在古代传统、西方绘画因素的借鉴上，以及在各画种间的借鉴上都有着使用宣纸、水墨的写意文人画所难以具备的优势。所以近年来，这种现代工笔画逐渐流行开来。这种情况，在各美术学院中尤为突出，“已有悄悄地、自发地发展而势力渐大，渐渐地成为一个不以人的意志为转移的客观存在”。[1]

这种现代工笔画一般画幅较大，结构复杂，造型严谨、精密，讲究现代构成，注重画面的制作性，色彩的运用十分普遍，有的还相当强烈；对一般人忌讳使用容易使人产生陈旧感的水墨的运用，也打破了程式性太强的文人画“笔墨”规范；如此等等。

这样一种具有趋势性、思潮性的美术现象必然带来一系列前所未有的问题，带来工具、技法和材料运用的众多新变。

要造型严谨、精密，水墨大写意一套技法就不适用了。对画面肌理意味的追求，使传统工笔画单线平涂的简单技法也显不够，复杂多变的制作技术应运而生。既然绘制精细，则生宣的吸水晕化、发

1 参见笔者所论《中国画现代形态的初步确立：从八届美展优秀作品展中国画部分谈中国画发展现状》，《美术》1995年第7期。及笔者所论《中国画现代形态的确立与美术院校的作用：从新学院派的倡导谈起》，《文艺研究》1996年第1期。

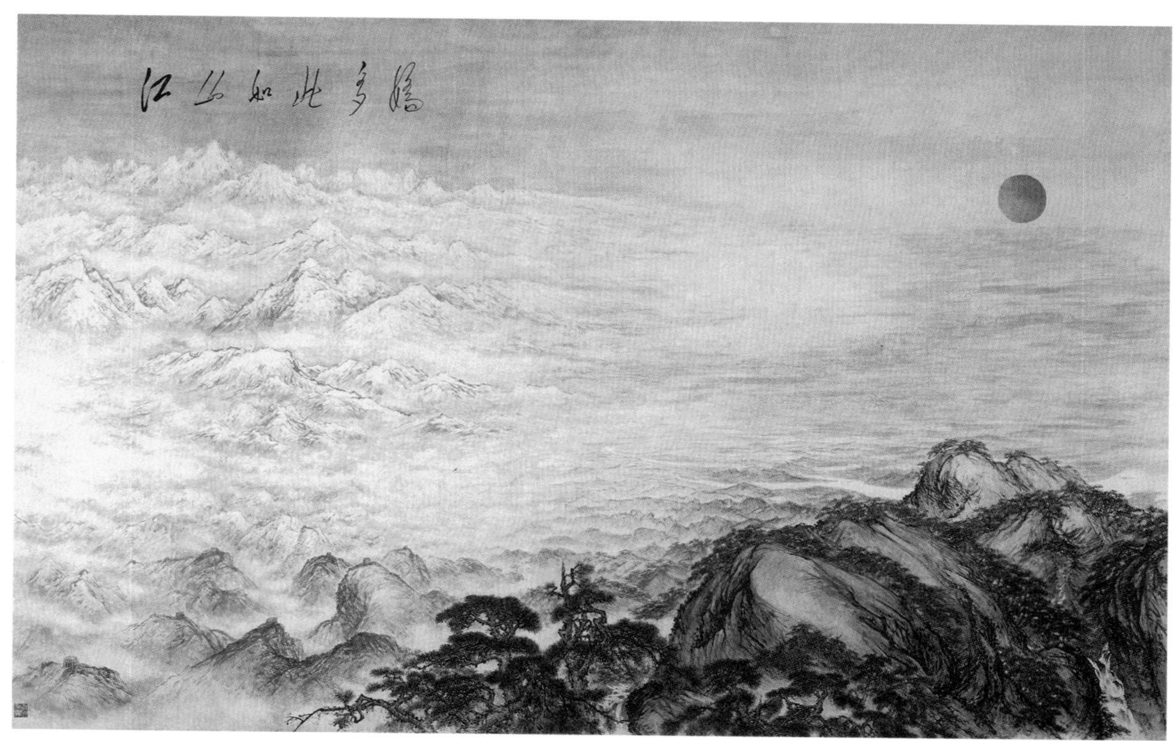

江山如此多娇　傅抱石、关山月

散性反倒生碍，熟宣、绢又重受重视。但既然熟宣、绢被运用就是因为其细腻，不会吃水太多而晕化开去，那么同样性质的布又何尝不可尝试呢？绢和具同样性质的布本质上又有什么不同呢？况且，大幅布面在适应巨大的画面和现代装框的需要上有着比纸更为方便、优越之处。对画面丰富性的追求，使制作性增强；而对各种肌理效果的追求，又使多种工具多种技法得以运用，宣纸、毛笔、水墨的单一方式就不能不被打破。“水墨为上”是古代禅道观念的形象体现。当代丰富多彩的生活，充满色彩的世界本身和大量西方色彩艺术的影响，使“现代形态”的中国画色彩的运用愈来愈丰富、强烈。原来那几种定型的中国画色彩显然十分不够了，为何不可以在色彩类型更多的水彩、水粉、丙烯等从西方来的颜料中去一试身手呢？禅道的虚实静谧既然已不构成当代社会审美的趋势，那么传统的简淡空白一类追求又何尝不可以现代构成方式，以符号重复排列方式，以繁密浓厚的方式去取而代之呢？当代中国画这一切的变化，都是由于时代审美的新需要而导致的。

这样，在这股中国画变革的新思潮中，由新的审美之需带来的从工具到技法的一系列全新变化，在传统文人画中从未被使用过的这些新材料、新工具、新技法的出现，又必然会引来这样的问题：这样的画还是中国画吗？

如前所述，“中国画”的概念既然只能是中国的民族绘画，而不是以工具、材料来分的一种画种，那么，我们在真正的民族绘画博大精深的传统意义上对“中国画”做广泛的理解就尤为必要了。而当我们把传统看成是广博的、发展的，对“中国画”的理解或许可以更准确，其名称也可更具实用性。

其实，中国的美术传统博大精深、源远流长，它具有极大的审美包容性和材料、技法乃至工具上的无限丰富性。我们何以要作茧自缚、画地为牢地把自己死死地拴在文人画和院体画这两根绳索上呢？我们不是还有色彩艳丽、构图丰满、造型严谨的宗教壁画、唐卡画，以及装饰性强、结构满实的民间绘画吗？以材料论，绢在宋以前是主要的绘画材料，元代开始普遍使用半生熟纸。被今天的我们奉为正宗的宣纸，也不过是清初以后才被大量使用，历时不过三百余年。况且，唐卡画就是直接以布为之，且像油画那样绷在框子上画的，虽然绷布的方法有所不同。就当代一些国画家以布作画，且有制底的效果而论，他们直接继承的往往是宗教壁画（如明代壁画）用沥粉制底以突出事物的凹凸效果之法，及唐卡画复杂的布面制底法，显然沿袭了传统。其实纸的局限性问题，傅抱石早在1947年时就已有警觉：“中国画的写意，不是画家不行，而大部分是工具材料的限制”，“如果将来有一种材料，比现在的纸更健全，那么，中国画的写意精神，也许会动摇”。[1] 1962年，傅抱石在因使用宣纸画《江山如此多娇》巨幅重彩画而遇到严重麻烦时，更明确地指出，“中国画的工具材料要改变”，“宣纸有自己的特性，特性越大，局限也越大，材料不变，颜色难以丰富……宣纸有好处，但局限性极大，只能上一、二次色，将来要能画布、绢”。[2] 在傅抱石看来，这种不过只有几百年历史的宣纸并非神圣且不可替代的材料。无独有偶，张大千在临摹敦煌壁画时，面对十二丈六尺之巨的大型壁画，他带去的丈二匹宣毫无用处，只好请西藏的喇嘛将布绷在木框上，用胶粉反复制作、打磨，才完成了临摹的任务[3]，可见宣纸的确并不神圣。以工具论，笔固然是中国多种绘画的传统工具，但古代另辟蹊径且为画史所载者亦不少。唐代的王洽、张璪以手摸绢画得神采飞扬；米芾作画曾以蔗渣为之，大有今日制作肌理之意味；清人高其佩以指作画，显然在打破用笔迷信；今人潘天寿亦用指掌作巨幛大幅，其效果大异于笔，而成就绝不在笔画之下。单就用笔而言，徐渭就喜用秃笔、败笔。金农把笔锋剪去（类似今日之油画笔、排笔）以作其“金农漆书”，有时还“缚黄羊尾毛画此巨幅”。据徐沁《明画录》载，王养蒙画葡萄“乘醉著新草履，渍墨乱步绢上”以画之。八大山人曾以敝帚、败冠画花鸟、竹石。《履园画学》则记有“以箸削尖作字者”。[4] 被今人奉为圭臬的“笔墨”，在明代中期以前也主要是直接用于造型的，一如韩拙所谓“笔以立其形质，墨以分其阴阳”。真正把“笔墨”独立出来成为文人画形式表现的核心，即清人王学浩所谓“作画第一论笔墨”，已是晚至明代后期的事了。所以，这个神圣的笔墨也是传统发展

1 傅抱石：《中国画之精神》，《京沪周刊》1947年9月28日第1卷第38期。

2 李松：《最后摘的果子总更成熟些：访问傅抱石笔录》，载《中国画研究》编辑部编《中国画研究》总第8集，人民美术出版社，1994。

3 张大千口述，谢家孝整理：《张大千的世界》，台湾《征信新闻报》，1968。

4 参见笔者所著《明清文人画新潮》第三章第三节“材料工具的改进”部分，上海人民美术出版社，1991。

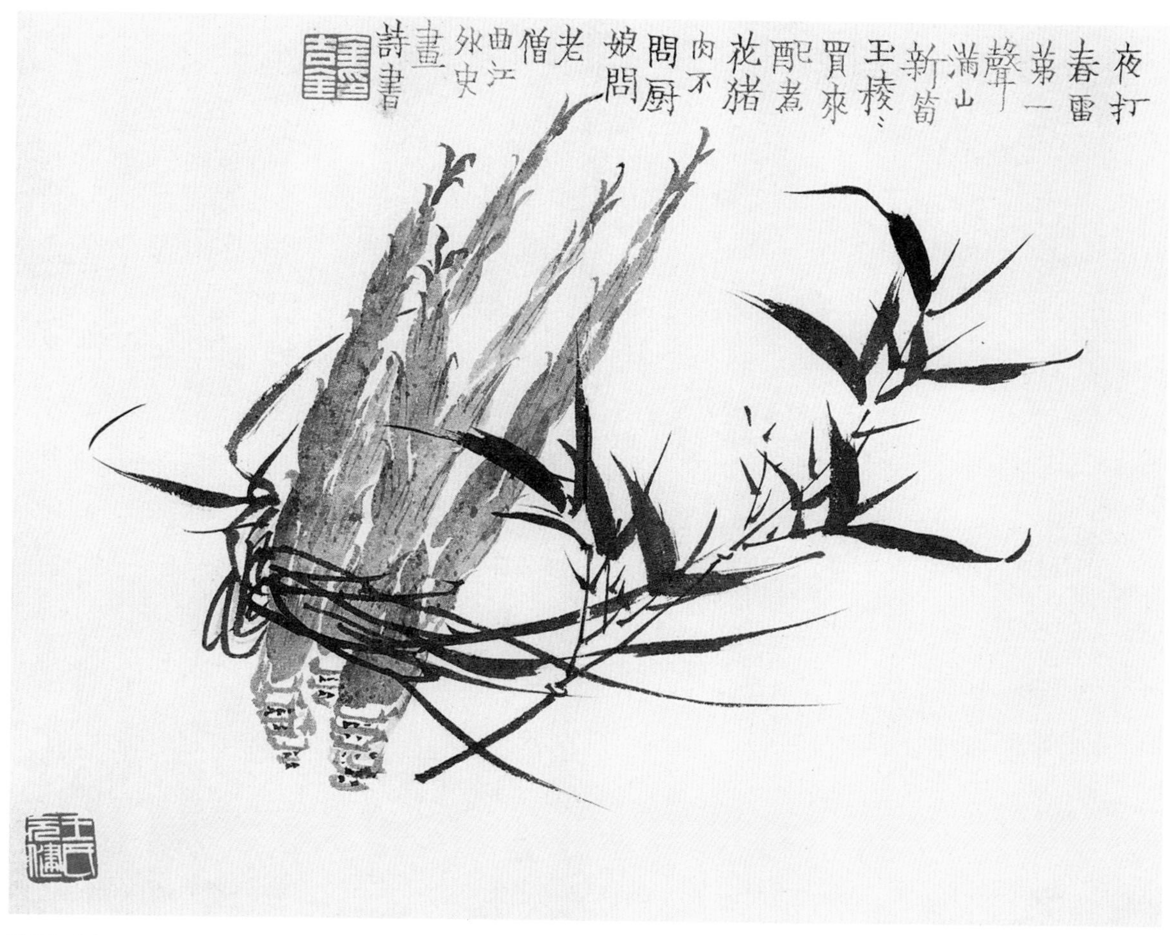

花果册　金农

的产物。“笔墨”的独立表现之自觉追求，其历史亦不过五百年左右而已。[1]

刘勰有言：“时运交移，质文代变。”王国维亦有“一代有一代之文字”之说。首先，在中国绘画的精神体系中，有其深层的情感表现核心及由此而生的意象性思维机制及其象征、表现和诸造型规律，这些因素是相对恒定和较为恒定的东西，是东西方艺术之所以大相径庭的根本所在。其次，才是由上述诸因素所制约而产生的题材、形式及风格体系，这是整个精神体系中最易变动的部分，石涛所谓“笔墨当随时代”即此之谓。明乎此，则材料的变动和形式技法因素的改变是不应该值得那么大惊小怪的。

从上述思路来看，对“中国画”的概念是应该有个重新的认识的。“中国画”这一概念应该体现整个中国民族绘画传统在现当代的一个符合时代审美需要的自然发展。因此，我们有必要对博大精深的民族绘画传统的复杂性、阶段性、体系性、包容性乃至流变性有足够的认识，应对传统本身持

1 关于笔墨独立的问题，请参见笔者所论《明清笔墨独立的深层机制》，连载于台湾《艺术家》1995年第7、8期，及笔者所论《从书画同源到笔墨表现：书画艺术分合辨析》，《书法研究》1995年第5期。

发展的辩证思维态度。我们应该更自觉地把握传统深层的精神实质、思维方式和基本的造型原则及规律，大胆地变革材料、技法、形式语言和风格系统，如此，我们当代中国画一定会出现全新的面貌。较具体地说，这种“中国画”，必须建立在中国绘画的精神基础上，它可以在广博的民族传统绘画中吸取各种各样的从材料、技法到形式的诸因素以及外来艺术的营养。它的材料应该和传统绘画有这样那样的联系，它的符号系统、技法系统、形式系统也应和传统有着直接的承传关系。这种“中国画”的概念，应该有其较为清晰明确的内核，即那些与传统文人画、工笔画、宗教画有明确承传关系的部分，但它更应该有一个模糊的外延，这个模糊的边缘部分当然也应该和传统绘画有承传的关系，但这种关系因材料、技法、形式诸因素的若干变更——按贡布里希“预成图式与修正”概念，即“修正”之意——而变得较为模糊，变得可意会而难言传，但这种联系仍应较为含蓄、巧妙地存在。目前的争论主要针对的是这批处于模糊边缘的绘画。然而，或许这部分绘画恰恰是现代中国画中最具革命性的一部分，或许，又正是这部分绘画预示着21世纪“中国画”发展的主要趋势。既然这样，我们不仅可以，而且应该以更为宽容的态度，以一种模糊的标准去看待“中国画”这个原本就十分模糊，且本不该太敏感的概念。其实，对事物的认识，对概念的规定，本来就存在着清晰与模糊的辩证关系，存在着由模糊而清晰、由清晰而模糊的辩证运动过程，事物的发展和变化本身使这个过程必然存在。因此，在大变革的今天，“中国画”概念的模糊性几乎是必然的，也是自然的。随着对新特征的逐渐理解、认识、习惯，模糊性又将逐渐趋同为一种清晰性，正如“野狐禅”之石涛、八大山人，“八怪”之扬州画派今天已极为“正宗”，一度被打入另册的林风眠绘画今天也堂堂正正入选“中国画”，模糊的“中国画”概念会逐渐步入另一个清晰的阶段。只是对“中国画”概念持模糊与宽容的态度，在今天中国画的入选、评奖及作品的发表上，显得更为现实，更为迫切。

第二章

20世纪中国画的语言

第一节　当代中国画语言的危机

当代“中国画”以笔墨为正宗，所遵循的其实是古典的模式和概念。而“中国画”将以笔墨为核心的明清文人画作为模式，则是又一错误的概念。只有打破对概念的迷信，立足当代，全面拓开语言，才能迎来中国民族绘画的新纪元。

纵观笔墨在20世纪画坛的变化是有趣的。20世纪初，西方文化的强大冲击，对科学的追求和唯物主义的时尚，以及全盘西化的思潮，都使得中国传统的民族绘画显得十分落后。那种不求形似，那种唯心倾向，那种意象性质，在当时都是极为落伍且备受攻击的。而作画不求真实再现，反倒在笔墨这种抽象的、不科学的“形式主义”中折腾，更被写实主义者们所不齿。所以20世纪初，人们对笔墨或者不以为然，或者加以批判，或者干脆不屑一顾。其实，那时人们的注意力的确主要集中在写实与否这个画坛焦点上，对笔墨问题没有太多的关心。相应地，在整个20世纪上半叶，对笔墨的研究不仅十分有限，而且对“笔”——线条反而有相当的弱化的趋势。[1] 20世纪上半叶，黄宾虹是真正“研究”笔墨的少数画家兼学者之一。但这位直到快八十岁（1943年）才第一次办个展的老画家，在办展之初，对自己艺术的影响尚有疑义，他曾在给友人的信中说：“拙画均系近年所作，从未示人，到时非真能研究之人，不必与观。预防先看有妄加批评，以淆听闻者。”[2] 传黄宾虹在世时曾说，自己的画要50年后方有人懂，即此原因。尽管20世纪30年代到40年代初有向传统回归的思潮和对民族形式问题的讨论，对笔墨也有重视的倾向，但实际上回归者多，研究还是有限的。到20世纪50年代以后，唯物主义被定为官方哲学，现实主义被定为革命的创作方法，形式主义不仅被视为艺术上而且是政治上错误的方法之后，笔墨更成禁区。这种状况下，笔墨何曾兴旺得起来？20世纪80年代初中期又是西化“新潮”汹涌的年代，亦无笔墨的地位。笔墨真正时髦起来，是在西化潮衰减，传统回归成热门之后。何以20世纪80年代末至90年代的“新文人画”要大谈笔墨？何以90年代初吴冠中的“笔墨等于零”会惹恼90年代末的张仃，而在50年代不以笔线为然的张仃却要在90年代末扛起笔墨为中国画底线的大旗去捍卫“中国画”的纯洁性？何以上半个世纪还难被人理解的黄宾虹却真在50年后走红……这些都与上述20世纪中国画坛思潮的波谲云诡相关涉。值得一提的是，笔墨虽与回归传统的思潮直接相关，却又与西方艺术中的形式“自律性”思潮有联系。尽管源自西方的古典写实主义反对强化形式的“形式主义”倾向，但西方的现代主义却以形式独立表现的

1 参见本书上册第一章第三节“西方艺术与东方艺术的矛盾与融合”。在此节中，笔者谈到齐白石的没骨法，岭南派的朦胧法，傅抱石的散锋笔法，张大千、刘海粟的大泼彩，黄宾虹的点子积墨等对以线造型方式的弱化。

2 裘柱常：《黄宾虹传记年谱合编》，人民美术出版社，1985，第83、84页。

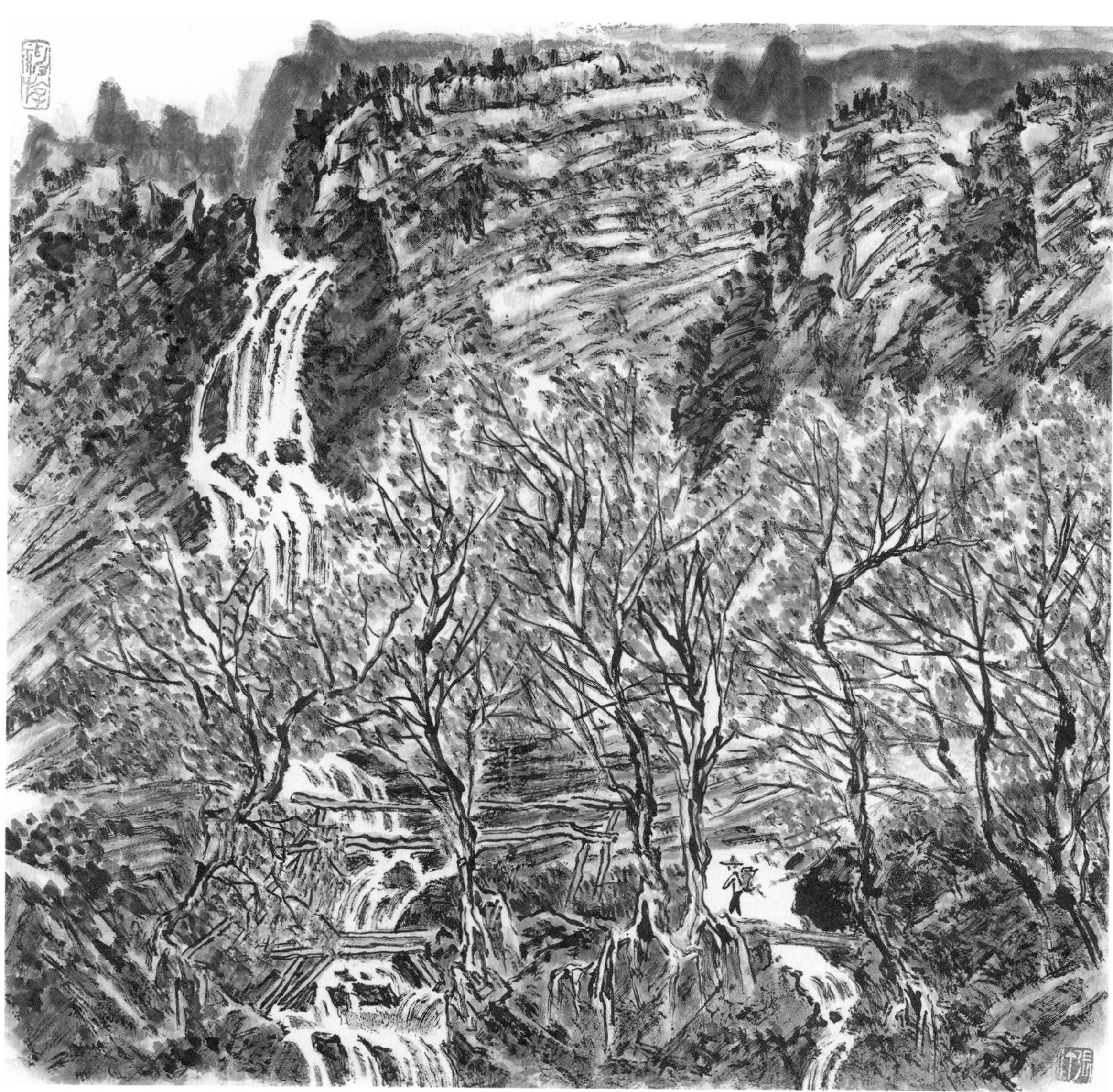

秋山红叶　张仃

“自律”性质为重要特征。所以，笔墨在写实主义者那里就直接地被看作是“形式主义”而被批判，而在现代主义者那里，却又被发现具有现代主义价值。应该说，80年代初由吴冠中发起的形式问题大讨论，是笔墨在20世纪末走红的滥觞。尽管这位老人家却偏偏又是“笔墨等于零”的持方。

这就又涉及一个重要的命题，即笔墨问题何以会如此重要，甚至可以说如此严重？从本文所论来看，笔墨至上论之所以产生的原因有以下几点：

一、笔墨的造型性作用。即韩拙所谓“笔以立其形质，墨以分其阴阳”。以线勾勒描绘形象，是这几千年中国绘画构形的主要手段。而唐宋以后，一度占据统治地位的色彩又逐渐被“墨分五彩”的水墨效果所取代，而墨又成为构形的重要方式。当然，“笔墨”成为明清以来重要的表现形式之后，它的构形作用在笔墨审美价值体系中被削弱。后世“笔墨”之“笔”主要不是指它的构形性质。

二、笔墨的精神性表现特征从唐宋以来一直和中国传统哲学道、释、儒三家直接联系，一直被用来表现古代文人画家超凡脱俗、高雅孤洁的隐士理想。后来又和人格“士气”这种高尚的士大夫人格理想直接联系，和“六法”的最高目标“气韵”相联系，而且是与至高无上的精神表现内涵相联系，笔墨的美学价值就由视觉形式的形而下地位攀升至形而上的精神表现领域，并因此在明清获得至高无上的地位。在此之后遵从传统的学者、画家，一般会依惯性自然崇奉笔墨。

三、西方形式“自律”的表现作用。20世纪由于受到西方美术的强大影响，且视现代主义为革命为先进的人们高度认同现代主义的“自律”性特征，于是，崇奉现代主义的人们突然发现中国明清时期对笔墨的讲究与西方自律性特征恰有殊途同归之效。而现代主义是革命的，那么，“等量代换”，笔墨也因此可以具备先进的性质，可以与国际“接轨”，可以成为“世界性语言”，如此等等。这样，最激进的人们在笔墨这个最传统的问题上和传统派竟然达成了共识，尽管各自的具体做法不尽相同，甚至大相径庭，但激进派与传统派的联手，大大抬高了笔墨的地位，也扩大了笔墨的影响。这类情形在20世纪20年代的陈师曾、广州国画研究会的主张，80年代初关于形式大讨论中对笔墨的褒扬以及当代实验水墨等活动中得到印证。[1] 激进派一般和传统派形成对立，但在笔墨这个问题上却难得携手合作。这样，反对笔墨至上者自然就势单力薄了。而若有一二，群起而攻之也就十分自然。

几种因素合在一起，自然构成了笔墨崇拜、笔墨至上的势不可挡的合力。比较有趣的是，如果不求形似的中国传统绘画，遭到以西方古典写实主义和唯物主义画家们的强大攻击的话，那么，当西方现代主义及此后的各种西方主义可以较为自由甚至时髦地在中国发展时，传统派就会与这种激进势力在笔墨问题上联手，而把笔墨推进到明清以来的又一高度。笔墨在20世纪末甚至几乎成为

---

1 关于形式自律与笔墨的联合，20世纪初有王国维关于笔墨为“第二形式”之论，请参见笔者所著《20世纪中国艺术形式问题研究得失辨》，《文艺研究》1999年第6期。陈师曾、广州国画研究会情况参见本书上册第二章第三节“陈师曾”、第四节“现代中国画史上的岭南派及广东画坛”。

无须讨论的公理。[1] 这是笔墨自身的幸运。笔墨在20世纪一边与保守的势力相联系，一边又与西化倾向的激进势力相呼应。这就增加了我们了解笔墨问题性质的难度。但不论怎么说，笔墨的崇高地位，在明清以来五百余年中，仅在20世纪中期的短短几十年中受到过动摇。

笔墨在20世纪末再度神圣、正宗了起来，由笔墨作底线的“中国画”又再次被限定在明清文人画模式的笔墨规范之中，这一切确实堪忧。程式化、模式化一直是古代绘画的正宗要求。清人方薰在《山静居画论》中说：“古人一艺，高于法度平正。后世便以奇别为能。虽有刻剥精巧，名立小品，岂能为百世宗法。”而“法度”者，程式也，模式也。程式一定，即为“百世宗法”，焉容随意变动，“以奇别为能”？难怪董源、巨然之披麻皴一出，即千年之正宗正法，岂非“百世宗法”耶？而距今三百余年的“四王”画风又有重刮之象。20世纪初盛行起来的石涛风，也刮了整整一个世纪，刮出了张大千，刮出了刘海粟，更在世纪末刮出了一个黄秋园。而对形成了严格规范的程式化语言的专门追求是有相当危害性的，即使是相当完美的程式。程式的创造和确立，无疑是艺术成熟和完善的标志，但其目的仅仅是更好地帮助学习和承传，为后人提供一个可资借鉴、修正、转化与创造的图式基础，绝不是为后人提供模仿的捷径。当我们利用既有程式的基础创造出全新的图式语言时，程式是有益的；当我们仅仅满足于对既有程式的模仿，或者哪怕是大同小异的模仿时，程式则成了我们继续创造的障碍，成了有害的东西。

这里并没有什么难解之谜，也没有什么深奥难懂之理，不过是每人都有的心理习惯在作祟而已。每个人都对自己熟悉的东西感兴趣，每个人都以自己的经验为基础去接受外界的刺激，这是传统和程式之所以必要的原因，也是当代艺术之所以必须以传统和既有程式为基础的原因。但同时，过分熟悉的程式又必然引来视觉的迟钝与疲劳。贡布里希著名的“预成图式与修正”的公式是十分正确的。他在表述何以要“修正”时说：“‘知觉在根本上可视作对一种预觉的修正’，它总是一个主动的过程，以我们的期待为条件，并根据环境加以调整。我们最好是说看和注意，而不是说看和知道。我们只是在期待什么的时候才去注意，只是当某种不平衡——我们的期待与进入的信息之间的差异——引起我们注意时才去看。”[2] 成语“熟视无睹”“视而不见”之类，反映的不正是这种对熟悉事物反应的麻痹、迟钝和疲劳的普遍心理现象吗？而引来的对差异的“注意”，正是对程式变异和修正的心理接受的根据。这也就是何以当我们主要以明清文人画规范严格的笔墨程式去完成全中国画家心目中早已定型的“中国画”时，那种集中表现在黄宾虹“五字笔法”和“七字墨法”中的笔墨规范、程式和形态也必然会给“中国画”带来大同小异且令人沮丧的平庸状态。当然，这并不等于笔墨就真的到了尽头，就真的无所作为，但客观地说，很难，路也越来越窄。例如

1 邵洛羊先生在其《摒弃“笔墨”，何异泯灭“中国画”》一文中引用亚明的话以说明笔墨的公理性：“中国画的笔墨问题，没有什么可讨论的，有的人不会笔墨，不懂笔墨，当然不要笔墨了，这是无知的表现。”《美术》1999年第11期。

2 冈布里奇：《艺术与幻觉——绘画再现的心理研究》，周彦译，湖南人民出版社，1987，第164页。

黄宾虹，他把古代的勾、皴、染、点一套程式打破，甚至把一般人视为中国画根本的“线”打破，而在积点之中去融合笔与墨，真正做到每一小点都既是笔又是墨，达到石涛所期望却未必真正达到的“笔与墨会，是为氤氲”的境界。这是笔墨的一种新创造、新境界，一种前无古人的风格境界。但其他人就未必那么幸运，包括刘海粟、潘天寿等在内，其精到的笔墨并未给他们带来超越古人的语言创造的令誉。

也许有人会说，难道笔墨的前景就真的这么悲观吗？笔墨不同样可以在旧图式的基础上进行修正并创造出新的语言来吗？毫无疑义，笔墨作为传统语言体系，当然是可以发展和转化的。但问题的关键却是，“笔墨”并非仅是一个传统绘画的一般形式语言问题，也并非仅是单纯的用笔用墨的方法问题，它在古代已经形成了特定的内涵和概念。而今天我们大多也正是在这种古代内涵、概念和标准意义上使用“笔墨”的。具体地说，目前画坛所普遍认同的“笔墨”，就主要是以明清文人画笔墨为模式为标准的笔墨，而从这种规范严格、标准统一的古代笔墨模式出发，则笔墨愈好，图式愈旧，创意愈差，个性愈弱，时代感也愈模糊。尽管对这种笔墨的修炼也有相当的难度，也会花费相当的功夫，且这种笔墨也有其自身的艺术价值，在民众中也会有相应的欣赏层，甚至再过五百年，这种沿用了近千年的笔墨艺术也还会存在，也还会有人欣赏，但从创造的层面看，从艺术史发展演进的层面看，从当代人给艺术史提供全新的富于现代性质的艺术语言角度看，我们再死守古代的笔墨规范，再沿用古代的笔墨形态，以旧瓶装新酒甚至干脆装陈酒，将使我们这代“国画家”——民族传统画家愧对本应不断发展不断增添新财富的民族绘画历史，愧对我们这段本应大别于古代社会的有声有色、绚丽多彩的当代史。死守笔墨规范而拒绝变化（当然应是大变、变革之变）者，犹如一个死守祖辈留下的丰厚遗产而整日炫耀，好吃懒做，以致坐吃山空，耗尽家产，却还想要博一继承祖业美名的败家子。真正的继承者无疑是能依靠遗产继续创业而光大祖业、弘扬门第、增广财富的子孙们。而从另一角度看，即使我们认同笔墨就是一般意义上传统绘画的形式语言，认同其优秀的传统价值，认同它也有发展和现代转化的空间和可能，但是，这种主要与文人画系统“水墨为上”的单色“墨”相联系的用笔用墨表现系统，也仅仅是中国传统绘画系统中的一支系，而并非传统绘画语言体系的全部。当把这种意义上的笔墨当成“中国画”的根本或“底线”乃至全部的时候，会严重地阻碍现代中国画的全方位、多角度的发展，会严重影响对更广阔的传统艺术进行广泛的借鉴。我倒更主张研究和中国传统绘画语言同一体系的笔墨深层机制及内在规律，研究比笔墨的外在形态更稳定、更深刻，当然也更重要的思维方式、造型规律、结构原则，研究对笔墨的审美心理、欣赏习惯中更深沉的因素。这种研究对笔墨的现代转化无疑更有效。

在笔墨研究中，有一种颇具影响的世纪性观点，即认为笔墨已经太好，根本无须大动，无须变革，无须转化，让它作为“语言”去说现代的事（题材、主题等）就得了。笔墨的确非常好，特别是懂得其奥妙所在的人们，玩味起来的确兴味盎然。作为一种古典语言，它的确有无穷的魅力，但对艺术创造来说，这是不够的。古代形态的笔墨形式必须有大的变动是由笔墨形式的精神性内涵决定的。如前所述，笔墨的精神性内涵一直是隶属于古代的社会生活、意识形态和文人精神心态。笔墨的形态是直接由古代画家的精神心态决定的。没有儒家和道家的哲学、美学观念，哪来中锋用笔的若干讲究，哪来屋漏痕、虫蚀木一类笔墨形态欣赏？没有道家和禅佛的清空、虚无与对现实的超越精神，以及由此而来的古代文人孤高、冷逸、超然世外的隐士文化精神，又哪来排斥正常的色彩视觉需要，偏偏追逐"肇自然之性，成造化之功"的水墨的世界？水墨流行的这一千余年里的传统文人绘画，已形成了一套古代文人共有的表达他们特有的思想、观念和情感的模式。在大致相同的社会文化场景中，人们也有大致相似的情感类型。人们可以在水墨山水的境界中寄托隐逸、淡然、高蹈之情，亦可借水墨牡丹、"四君子"一类传统母题的起兴来反复表现古代文人那种普遍而典型的孤洁、清高与超逸。这是一种在大致相同的社会情景中，供有大致相同情感类型的人们表达自己情感的表现模式。人们只需对这种模式稍加修改，就足以呈现具有不同个性色彩的情感类别。当社会进入一个与古代社会差别几近天壤的现代社会之后，人们所处的社会环境、自然环境都大大改变了，生活方式、行为方式和思维方式也都产生了古人难以想象的巨大变化。在此背景下，我们如果还沿用数百甚至上千年前古人的情感表现方式，那么所表达出来的情感类型，既是虚假的古人情感模式，又是虚假的现代情感模式。当我们照搬古人表达他们自己情感的表现手段来试图传达今人之情时，所表达的当然是既非古人又非今人之情。尽管我们应该承认其中可以有某些人类、民族、共性的情感因素，但即使这样，二者的区别仍然应该是主要的。古人所体验的、表达的是他们生活中的真实，他们所创造的笔墨形式也是表达他们真情实感的形式。但今人就大不相同。今人在运用笔墨模式时主要并不是想表达只有笔墨方能表现的情感，他们主要是为了让自己看上去在画"中国画"，而画"中国画"要讲笔墨，所以他们也得讲笔墨。如果说，古人是为了表达自我的情感去创造和发展笔墨，而今人则更多是为了笔墨去演绎和虚构自己的情感。当我们用古人的笔墨程式试图去表达今人的情感时，我们不就是在旧瓶装陈酒的模仿中，让自己的真实情感被古人的情感模式所替代进而虚假起来了吗？

如此看来，今天的笔墨至上者似乎不是在生活中生活，而是在概念中生活，为概念而生活。由于为概念而生活而作画，"国画"家们似乎个个都信奉"画道之中，水墨最为上"，个个都信奉"作画第一论笔墨"，而把艺术的根本——人的情感给抛在一边。在这些"国画家"看来，自己的情感，就是那浓缩在古人笔墨中的情感——即前述古代情感模式，而画面形象，不过就是笔墨而已：是笔与笔的关系，是墨法中的变化，是笔与墨的组合。时髦一些的，来上点"构成"；更时髦一些的，再来上一些在斗室里幻想出的观念和模仿西方现代主义、后现代主义及其他种种与中国人不太相干的主义、流派，其自然形象本身则不过笔墨之依托而已，已是可有可无……然而，生活与自然，这个无限丰富、无限神奇的世界，数千年来曾经给了艺术家无穷无尽的启示和灵感的世界，却在当代这批“国画家”手中黯然失色。笔墨与自然的关系开始被弱化乃至被割断，造型可有可无，笔墨成为“墨戏”般的戏耍手段。当这种全民性的“国画卡拉OK”在中国画界泛滥蔓延的时候，中国画的灭顶之灾就应该来了。在当今水墨写意领域那种逸笔草草的风气又在盛行，一些一度严谨的老画家也开始表现出“国画卡拉OK”的倾向，尽管他们那几笔同样谈不上技巧的龙飞凤舞般粗放的笔墨中据说也有道和禅，以及其他哲学，但是，当绘画脱离了专业技巧，而变成了随便什么人都可以玩几笔的行当，则此种艺术亦走到尽头了。多年来，张大千就一直在倡导“画家之画”。他曾对其门人说：“作为一个绘画专业者，要忠实于艺术，不能妄图名利；不应只学‘文人画’的墨戏，而要学‘画家之画’，打下各方面的扎实功底。”这位遍学南北宗诸大家而熔之为一炉的大师还教导后学：“我常说，会作文章的一生必要作几篇大文章，如记国家人物的兴废，或学术上的创见特解，这才可以站得住；画家也必要有几幅伟大的画，才能够在画坛立足！”他认为“伟大的画”不仅面积要大，而且“必定要能在寻丈绢素之上，画出繁复的画，这才见本领，才见魄力”。[1] 而今天我们中国画坛上“逸品”横流，小品盛行，以小品而欲成名家者比比皆是，这与对笔墨的偏激倡导是否有关呢?

大千世界纯为色彩的天下，可“国画家”们似乎都视而不见，“国画家”们都认定“中国画”非水墨不可，与色彩无关。这不又是概念在作祟吗？研究东方色彩学的李广元先生对此颇有感触。他说：“东方古典色彩美学思想最早地在色彩世界做出自然的选择。经过两千多年的发展，它在装饰、象征、模仿、表现几方面以自发精神层次走向自觉精神层次，尤其是表现‘意象’方面，它将东方色彩美学思想发展到极致的境地。”针对水墨现象，李广元先生直接指出：“由于墨的五色胜五彩的局限，直至近代，东方色彩显得失去生机而最后必然受到西方色彩观念的冲击。对此，我们从反思中看到在东方古典色彩美学思想中，‘意’与‘意象’是直接发生联系的，而‘意象’是靠审美主体的直觉产生的，直觉作用着人的意象思维，因此，‘意’在不同精神层次上必须保持和自然的多种联系。而现实中的画家，由于观念的原因，往往以概念代替直觉，把概念与‘象’联系在一起，用前人的审美观念将其固定在传统色彩模式之中，这对人的色彩感觉全面发展不能不说是根本观念的失误。”[2] 研究东方色彩造诣颇深的李广元先生看到了中国传统艺术色彩的症结之所在。如果说，单色的水墨画在古代社会中千余年的发展有它社会、文化演进的历史逻辑的话，那么，进入现代的今天，当社会、文化的背景已有了重大的变化，在现代社会生活中色彩已占据绝对优势的情况下，我们还要把千余年前的“水墨至上”当成我们这个五彩缤纷的现代生活中所产生艺术的颠扑不破的信条，不是有些荒唐吗？或许有人会说，在一个色彩太艳丽的世界中保持一角水墨的单纯不也是件好事吗？是的，有人愿意在水墨世界中徜徉当然

1 李永翘：《张大千画语录》，海南摄影美术出版社，1992，第62、58页。

2 李广元：《东方色彩研究》，黑龙江美术出版社，1994，第44、45页。

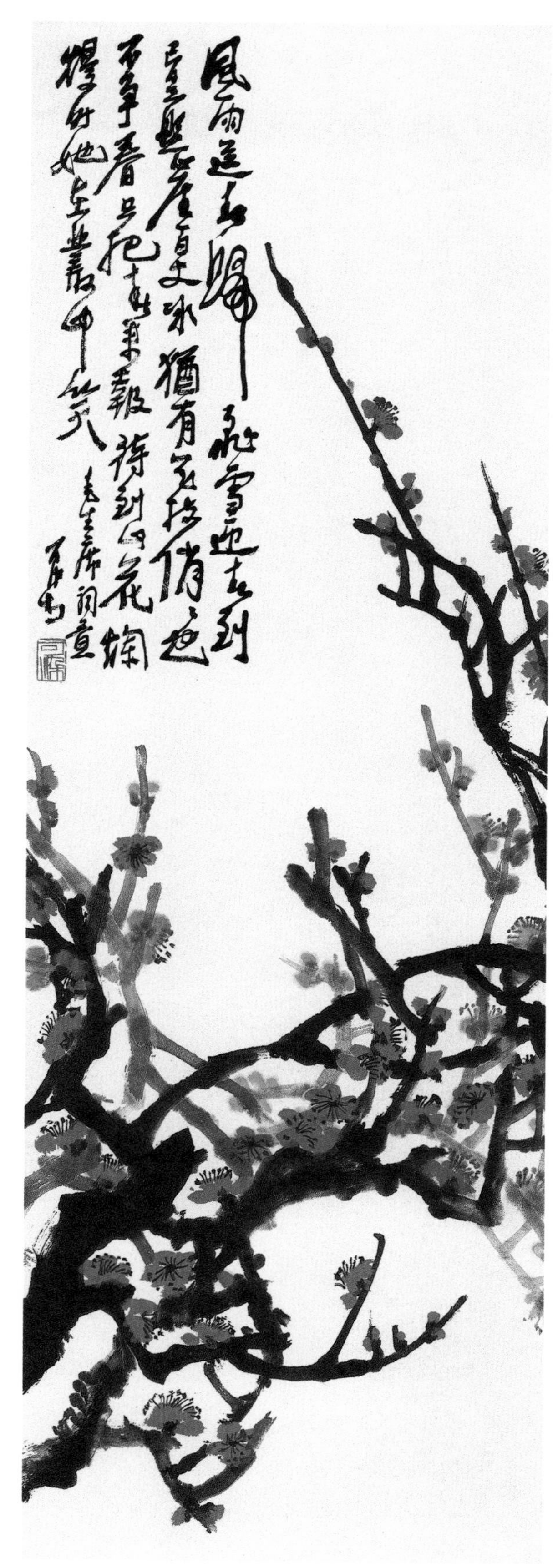

毛泽东《卜算子·咏梅》词意图　李可染

是可以的，况且艺术形式本身尚有延续性。问题的关键是，我们的艺术是社会生活的产物，是对特定生活的特定情感体验的产物，我们固然可以在斑斓的色彩世界中去体验单纯，但是，即使是在现代社会中体验到的单纯，肯定也与在一个相对单纯的古代世界中反映出的本质的单纯是绝对不同的。东山魁夷单纯宁静且优美的现代日本画，与古代禅境“千山鸟飞绝，万径人踪灭”的死寂显然就有着本质的不同。李可染水墨山水那无处不在的阳光感，那种无处不在的盎然生机，显然也有十足的现代气息。除了去体验单纯，我们更可以在这个色彩世界中去体验丰富，让我们的“中国画”也充满着与这个色彩绚丽的现代世界相协调的美丽色彩，而不至于本求单纯，实则被单一、单调的水墨主宰。这类问题的关键是，在我们“中国画”界中人们往往把中国画的基本特征定位在水墨上，定位在笔墨上。而这种先入为主的概念、“根本”、“底线”，把画“中国画”的画家们死死地钳制在一个极为狭窄的“墨分五彩”的正宗正统色彩概念领域，使他们只能按照概念去对待“中国画”，对待“笔墨”，对待“水墨”和色彩。这是目前中国画界的一大症结所在。而更麻烦之处在于，当人们用概念去代替直觉，代替体验，代替自我的情感时，这个如此重要的“概念”本身却又模糊不清。

什么是“中国画”？什么又是“笔墨”？

“中国画”这个概念本应是“中国民族传统绘画”的总称，是20世纪初叶，因为要区别外来之“西洋画”和“东洋画”才弄出来的一个名称，并没有人去专门界定过这个说法。因为当时正是文人画流行的时期，于是人们也就约定俗成但又十分模糊地把文人画当成了“中国画”。近年来，有人提出要明确界定“中国画”的界限，有人提出要把宣纸、毛笔、水墨、笔墨等当成“中国画”必须具备的条件。但是，与其他画种如“油画”“水彩画”“版画”等以工具材料划分画种的分法全然不同，“中国画”根本就不是以材料工具来划分的画种，且这个概念本身又太模糊不清，从未有任何人做过任何被公认的权威界定，其“边界”本身就说不清楚。

什么是“中国画”？以《辞海》提供的解释来看，是“具有悠久历史和优良传统的中国民族绘画”。以“国”的范围去笼而统之的含糊称呼却偏要以工具材料相界定，这本身就有矛盾。以笔者来看，“中国民族传统绘画”或“传统的中国民族绘画”是在不断演进和变动的，呈现了观念、题材、技法、风格、工具、材料、形态的不断变动，因此而有各具特征的先秦、秦汉、魏晋南北朝、隋唐五代、宋元、明清诸阶段绘画。同时，“传统的中国民族绘画”又分成许多支流：按画种性质分，有民间画、宗教画、宫廷画、文人画、少数民族绘画；按材料类型分，又有壁画、缣帛画、卷轴画、纸本画（且材料本身如前所述又有时代演进的不同）；按题材分，有山水、花鸟、四君子（文人画主要在这几类），以及人物、仕女、鞍马、仙佛鬼神、畜兽虫鱼、屋木舟车、蔬果药草、小景杂画；按技法分，有工笔画、重彩画、没骨画、界画、白描、水墨写意画（小写意、大写意）、彩墨画……那么，是以哪个阶段、哪种类型、哪些题材、哪种技法、哪些材料、哪类风格、哪个民族的中国画作为“中国画”呢？如果只以当代人们习惯的讲宣纸笔墨的明清文人画作为代表，那么鲁迅们会不高兴，因为他们是把汉唐时期的绘画作为代表的，那时可不讲或主要不讲笔墨。时段不同，艺术标准也会迥然两样。如果以文人画作为中国画的代表，徐悲鸿们也会不高兴，因为他们喜欢宫廷画，宁愿让院画，让郎世宁、任伯年乃至吴友如当代表。而院画不讲笔墨，也不用宣纸，他们喜欢写实。那么，民间绘画就丢得吗？就数量而言，它肯定大大超过文人画和宫廷画的总和，此“画”还不“中国”吗？此外，民间画工也不讲笔墨，甚至工具、材料、画法都与文人画不同。如果仅以汉民族之画为中国画，那么其他民族之画为外国画吗？还有宗教画呢？那也是一个与文人画相比浩大得难以估量的画类……而所有这些“中国”的“画”，在观念、材料、工具、技法诸方面都各具特色，能把谁革出“中国”去呢？如果说“约定俗成”，中国画就是指使用宣纸、笔墨的“文人画”，但一则这个既有的“约定”本身“约”而不清，且这种不清已经带来极大的麻烦和不便，明显需要突破；二则，这个“约定”却是“约”而不“定”，否则“约”了一个世纪，何以现在还要来争论不休，莫衷一是？况且，新的风气，亦即新的约定已经不可阻挡地形成了。这只要看看无数违约的“新国画”遍地出现，头脑稍微清醒点的人们都不能不承认“国画的多元化已经成为客观现实”。明乎此，则新的约定肯定将逐渐取代旧的约定。也正因为一个接一个的新约定取代一个又一个的旧约定，我们才可能看到这六千年的中国美术史向我们呈现的，一个又一个相承相续，又各有不同，包括“中国画”在内的，绚丽多姿的奇异景观。同时，如果非认定“中国画”就是“文人画”，这也麻烦。“文人画”是有相对确定边界的古典绘画思潮的名称，与其以“中国画”这种含糊不定的现代名称去代替古典“文人画”，倒不如以明确清晰的“文人画”去取代指称不确定的“中国画”，亦如今天有些人所做的那样。但如真要以“文人画”来界定今天的“中国画”，又不行，因为古代“文人”是特定人群的称谓，与今天的“知识分子”大不相同。万青力先生对此颇有精论。他在详考古代“文人”与今天的“知识分子”的不同之后认为，“前些年，中国有标榜‘新文人画运动’者，人非文人，画更不文，与‘文人画’风马牛不相及也”。[1] 其人之不“文”已是举世皆知之事实，结果“画虎不成反类犬”，把自己搞得尴尬了。同时，即使勉强借用“文人画”概念，把中国画限定在文人画范围内也有太多的弊病。因为这极不利于对其他各种“传统的中国民族绘画”的继承与借鉴。一方面，概念的混乱易引起依靠概念过日子的国人的思维和中国画创作的混乱；另一方面，概念的混乱又必然引起一些重要展览评委们的思维和标准的混乱。这种评选标准的混乱，又反过来误导希望参加展览的画家们的创作。“中国画”概念问题，古人无此顾虑，那时没这个说法。只有明清时期有些人“正统”观念强些，以董其昌们划分的南、北二宗山水画来划分门派。“正统”派对自己的门第师承极为看重；非正统的画家，个性极强的画

1 万青力：《文人画与文人画传统——对20世纪中国绘画史研究中一个概念的界定》，《文艺研究》1996年第1期。

家如石涛等，就不买正统与否的账，有言曰“今问南北宗，我宗耶？宗我耶？一时捧腹曰：我自用我法”。这也还只是山水画领域的事。后来又扩至“文人画”，也还是董其昌划的线，但清代上层绘画几乎都是文人画，矛盾不突出。至于怎么使用材料工具，爱憎也就不会太鲜明，在材料工具上通达大度的人也就不少，原因在于没有被革出“中国”去的危险。现在的人把明清阶段的“文人画”定为“中国画”，把“笔墨”定为“中国画”的“底线”，或认为笔墨之底线干脆是根本用不着讨论的公理。规矩、准则都有了，当然不许越雷池一步。这样，不仅把“中国”限制得有些荒唐，而且搞成了不是让概念为人服务，而是让发明概念的人去为概念而活，其作茧自缚自惹麻烦之荒唐就可以想象了。同时，当我们把工具材料都做了规定，笔墨的观念、要求乃至技法和形式意味也有了相应的规定时，则国人创作出的“中国画”也必然在规定与规范之中而大同小异了。这就是我们听到一些“国画家”信誓旦旦地说他笔墨怎么创了新，却怎么也看不出新在哪里的原因。而在外国人眼里，一国的“中国画”倒真像一个“中国”人在“画”，原因之一不正是这种工具、材料和笔墨“约定”得太死太严格了吗？然而，面对“中国画”这个已经混乱了近百年的名称我们又能怎么办呢？最好的办法还是按照“中国画”就是“传统的中国民族绘画”的解释去办。这本身就是一个十分不科学的非常宽泛的大致提法，一个本身就模糊的以绘画存在的地域范围来命名的提法，而非绘画材料、技法所限定的画种称谓，绝非一个严格的有着明确边界的定义。因此，不但完全用不着学究性地对它进行严谨的考证和界定，而且也根本就不可能进行斩钉截铁、明确无误的严格界定，只需在“民族的中国传统绘画”的大范围内大致地框定即可。近年来，有人提出“大国画”概念，其实也就是包容多种“民族的中国传统绘画”的意思。如果大家都真能这样宽容地对待“中国画”这个宽泛的本身就不科学的说法，我们的画坛不知要减少多少争论，多少麻烦。其实，“中国画”一词已经带来和将会带来的麻烦，越来越让画家以及美术活动的组织者和参加者们感到不便，我倒认为逐步放弃和淡化这个说法或许对民族传统绘画的发展更为有利，亦如我们已经放弃了“国文”“国乐”“国剧”“国术”等若干与“国画”同时同因而出的说法一样。

另一概念就是“笔墨”。我们现在提到笔墨，马上想到黄宾虹的笔墨、吴昌硕的笔墨，石涛、八大山人、“四王”、董其昌、徐渭的笔墨，马上想到各种笔法、墨法，想到“水墨为上”、笔墨第一，如此等等。但从笔者所论笔墨在历史中的演进情况来看，笔墨的性质、形态、标准，它与造型的关系，它在绘画各要素中的地位等，在绘画史中从来不是固定的模式，而是呈现为不断变动的历史进程。而我们今天认为的“笔墨”的概念，例如黄宾虹著名的“五字笔法”与“七字墨法”，其基本的讲究与标准主要就是明清笔墨的标准。那么，我们在“中国民族传统绘画”的历史中，到底可以什么时代的“笔墨”作为我们的楷模和标准呢？也许，有人会说，当然应以发展到最后也是最完备阶段——明清阶段的笔墨作为我们的标准。那么，问题又来了：一方面，我们不能以发展时序的先后来定艺术的先进与落后，这是艺术理论的常识。因此，我们不能据此认定明清笔墨

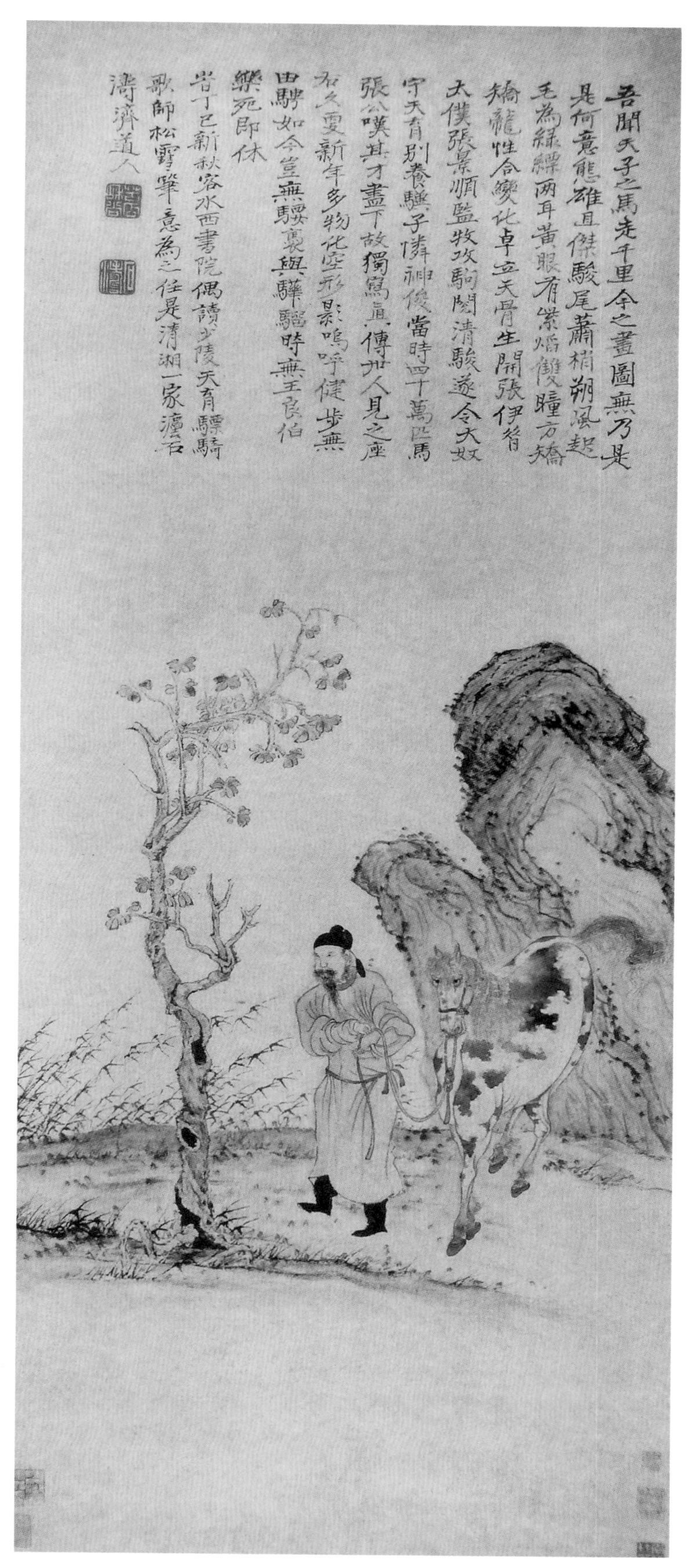
吾聞天子之馬走千里今之畫圖無乃是
是何意態雄且傑駿尾蕭梢朔風起
毛為綠縹兩耳黃眼有紫焰雙瞳方矯
矯龍性合變化卓立天骨生開張伊昔
太僕張景順監牧攻駒閱清駿遂令大奴
守天育別養驥子憐神俊當時四十萬匹馬
張公嘆其才盡下故獨寫眞傳世人見之座
右久更新年多物化空形影嗚呼健步無
由騁如今豈無騕褭與驊騮時無王良伯
樂死即休
旹丁巳新秋客水西書院偶讀少陵天育驃騎
歌師松雪筆意為之任是清湘一家瀆否
濤濟道人

人马图　石涛

就一定更先进。当然，就笔墨自身的发展情况而言，明清笔墨在完备上无疑超过了前代。但是，在根本就不把笔墨自身的表现当成绘画目的的画家们来看，笔墨自身的过度张扬，犹如罗丹要敲掉那只漂亮得超过了一切的手一样，并非一件好事，甚至是坏事。在他们的标准中，“笔以立其形质，墨以分其阴阳”（宋·韩拙），笔墨是用来造型的，是帮助构成“可居可游”以作“卧游”之境界的（宋以前），是帮助构成超然淡远的诗境意境的（元、明中期吴派以前）。总之，笔墨是手段，而绝不是目的。即使它有强烈的精神性内涵，它也只能是载体而不能成为目的——尽管它有相对独立的表现和相对独立的审美价值。那么，显然地，我们不能定出一个统一规范的标准。我们既不能以韩拙、郭熙们为标准，也不能以董其昌、“四王”们为标准。在“中国民族传统绘画”的悠久历史和广大范围内，让今天的画家们各取所需，各自以所取为基础去再创造真正“百花齐放、百家争鸣”的局面多好！为什么非要统一认识、统一标准、统一行动，把全国的“国画”家们都统一成明清古人或近乎他们的模样？另一方面，难道明清的笔墨又真那么统一吗？其实，我们今天的笔墨观主要是集中在董其昌、“四王”及其传派那里。而在另一些人那里，笔墨却未占据绘画核心和根本的位置。例如石涛，

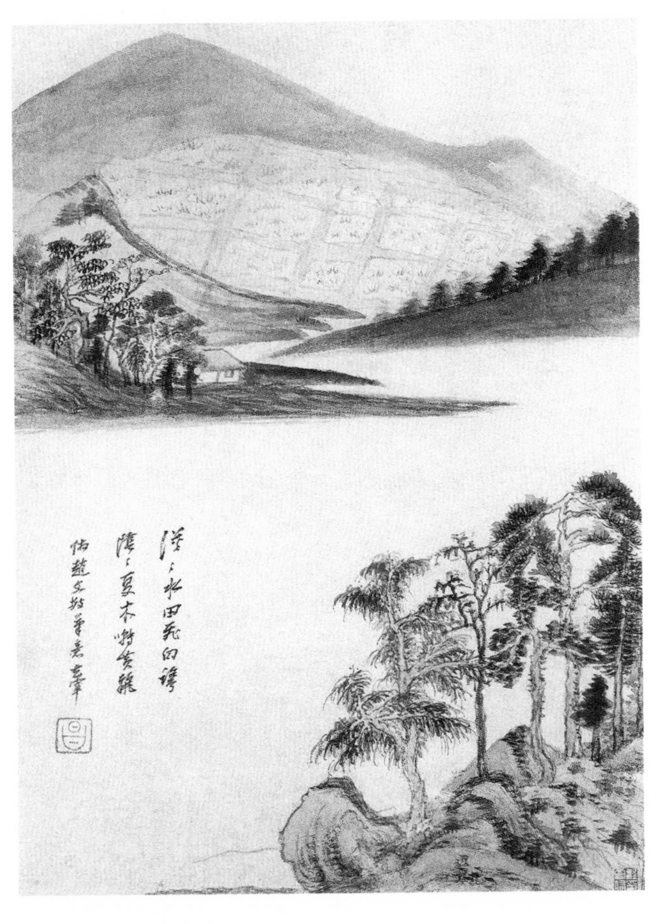

山水图　董其昌

例如扬州画派诸家，前者说“笔不笔，墨不墨，自有我在”就行了；后者更多关心的是经世致用，是国计民生，是绘画的比兴暗寓教化作用，是“慰天下之劳人”（郑燮）。那么，即使我们以清代笔墨为准，那究竟是取“四王”，还是取石涛、扬州画派呢？石涛名声那么大，避开他显然不行。那么，我们难道在石涛身上就只取他自己都不太以为然的“笔不笔，墨不墨”而为笔墨至上论者的“笔墨”标准吗？而扬州画派诸家，难道就因为他们不在笔墨上张扬（其实他们也有不错的笔墨），我们就可以如黄宾虹纯从笔墨角度不以扬州诸家为然一样，轻置他们那种古代绘画史上极为罕见的可贵的经世致用关怀民生，乃至民主平等诸观念及其表现吗？可见，仅以明清“笔墨”为标准也难以划清。当然，说“笔墨”概念模糊，不是说笔墨的历史状态和标准就真的不清楚。如笔者本书所叙的那样，笔墨在各个时期的演变情况是清楚的，笔墨在相当长的历史时期中绝对地服从于造型是清楚的，笔墨即使在明清审美取向相对独立，但其帮助造型、构成意象、形成意境的功用并未消失也是清楚的。那么，我们不是可以从这种种清晰之中去确定我们对古典笔墨的多种取舍、借鉴和再创造的无穷视角吗？因此可以说，我们只有笔墨在特定历史时段中的清晰形态和标准，却并没有一个超越历史的抽象的“笔墨”概念。由此角度看，“笔墨”又是模糊的。

既然连“中国画”和“笔墨”的概念都是模糊、含混的，那我们又可以什么概念为标准呢？事实上，我们之所以在“中国画”和“笔墨”的问题上折腾了一个世纪还未有结果，恰恰是因为这两个概念本身就模糊不清，而对本身就是模糊的概念又怎么可能说得清楚呢？而如果概念真的不清楚，我们就没法思考，没法作画了吗？概念是人去规范的，而规范概念的人却又被自己发明的概念束缚，甚至为自己规范的概念去生活，这不是一种人的异化，艺术的异化吗？在艺术史上，大师们都是突破前人的规范和概念，创造自己的规范和概念的人。天才创造规范，庸才服从规范；天才制定概念，庸才执行概念。从一定角度上说，规范和概念是对既有实践和经验的总结，从它诞生之日起，它就必然即时地面临对它的修正、反对、发展，直至出现新的规范和概念。整个艺术史，也就是一个个规范和反规范相承相续的历史。如果我们的国画家们，中国画部门的领导们、评委们、理论家和评论家们都能较宽容地看待“中国画”和“笔墨”，都能较客观地对待这两个事实上的确十分模糊的概念，我们的“中国画”必将获得一个全方位多角度自由发展的空间，21世纪的中国画也必将迎来更加灿烂辉煌的未来。

第二节 实验水墨评析

实验水墨，亦称“现代水墨”，是20世纪90年代以来在中国一些青年画家中兴起的一股水墨思潮。“现代水墨”，顾名思义，从名称上也可以知道他们在追求水墨艺术的“现代”形态，或称水墨艺术的“现代”转型。的确，我们的水墨艺术本来就是一种从中唐王维、王墨、张璪算起有一千余年历史的艺术，从董其昌提出强调笔墨的文人画“笔墨中心”论算起，也有五六百年的历史。这些古代绘画的规范，至今仍被中国画界权威、耆宿所尊崇，并且以此规范和引导今天的中国画展览。但是，这种产生于古代的笔墨程式与今天现代的社会生活并无直接的关系。这就是张羽所说，“由于传统笔墨法则的规范化和程式化，使笔墨在长期的发展中，更多的是表达重复与趋同，从而缺乏深度，更失去了水墨本该具有的文化本质和开合气度。重要的是与现实生活无关”[1]。因此，打破古典文人“笔墨中心”的迷信，创立现代形态，的确非常必要。

“反传统”也的确是此批现代水墨艺术家的首要任务。淡化笔墨乃至反对“笔墨中心”，反对中锋运笔规范，更是现代水墨的基本特点。在他们划定的现代水墨类型中，就有“笔墨规范断裂型”一种。被划入者包括如张羽、刘子建和石果等绝大多数现代水墨画家。其他类型，如“纯抽象型水墨”及“表现型水墨”，与传统笔墨也不会沾边。纵观他们的作品及其创作观念，可以发现他们特怕沾“传统”的边，特怕招惹“传统”半点。他们宁可承认是“中国的不是传统的”[2]。在他们看来，传统就意味着落后与陈旧，一沾传统，就不能现代，而现代则意味着先进与革命。所以他们当然要坚决反传统。例如，张羽就要“颠覆”传统的意境格局，而刘子建也忌讳传统“意象”。[3] 但是现代水墨画家们也承认他们抛弃的仅仅是传统艺术的外在因素，他们要继承的是传统的本质。如张羽称，“所谓‘断裂性’的水墨方式，是指与传统文人画笔墨规范的断绝，但却不失中国文化的精神内质及其根性”[4]；邹建平说，他的艺术“基于楚汉文化的浪漫主义渊薮精神中”[5]；而刘子建称，他的艺术“视觉心理的依据在老子的恍惚之中有物有象又无

---

1 《世纪末的新东方主义方式——李毅峰·张羽对话录》，载邹建平主编《中国当代水墨画》，湖南美术出版社，1999，第96页。

2 《中国的不是传统的——郭雅希·张进对话录》，载邹建平主编《中国当代水墨画》，湖南美术出版社，1999，第172页。

3 参见本书下册第一章第一节“现代水墨类型——当代中国画类型之七”。

4 《世纪末的新东方主义方式——李毅峰·张羽对话录》，载邹建平主编《中国当代水墨画》，湖南美术出版社，1999，第96页。

5 《水墨性带来的东方经验——张羽·邹建平对话录》，载邹建平主编《中国当代水墨画》，湖南美术出版社，1999，第112页。

物无象”[1]；如此等等。于是，这批现代水墨画家就走了两个极端，一个是形而上之上的中国哲学，一个是形而下之下的工具材料。这之间起连接性中介作用的造型思维、造型系统等重要因素全部被抛弃。也就是说，积累了中华民族近万年智慧的中国民族艺术传统的可视形象部分（即平常所谓造型、形式部分）全部被丢掉了，仅以其皮毛（水墨、宣纸，其历史仅一千余年）欲反映深奥玄秘之“中国文化”和中国艺术，其难度可想而知。而中国传统文化、中国传统艺术思维和中国传统艺术表现方式本是一个有机严密的系统，要对这个系统做现代转化，是要花大工夫去深入探索、研究、取舍和再创造的。然而，在这个急功近利的时代，又有几人愿意这样去做呢？李津就坦诚地说，“我是一个只喜欢过什么，但没有研究过什么的人，而对传统更多的是靠直觉来领悟”[2]。你去读现代水墨画家们的作品或言论时，尽管也可以找到不少关于“道”“八卦”“禅”“天”“天人合一”等，翻翻相关辞典就可以随手找来的一些传统文化的术语，但这与深刻领悟完全是两码事。这些年，中国画界，当然，尤其是现代水墨中流行的一些空泛的大而无当的大画“八卦”“道”“禅”乃至画地球、宇宙

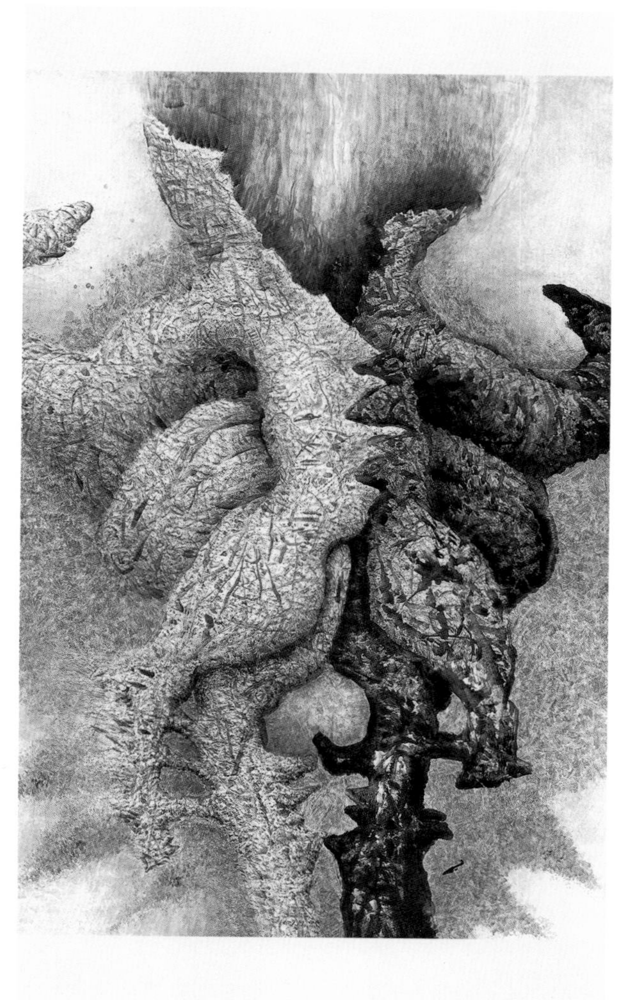

骨相研究NO.3　石果

1 《本土性是与世界对话的出发点——田园·刘子建对话录》，载邹建平主编《中国当代水墨画》，湖南美术出版社，1999，第163页。

2 《艺术是一种生活方式——郁人·李津对话录》，载邹建平主编《中国当代水墨画》，湖南美术出版社，1999，第150页。

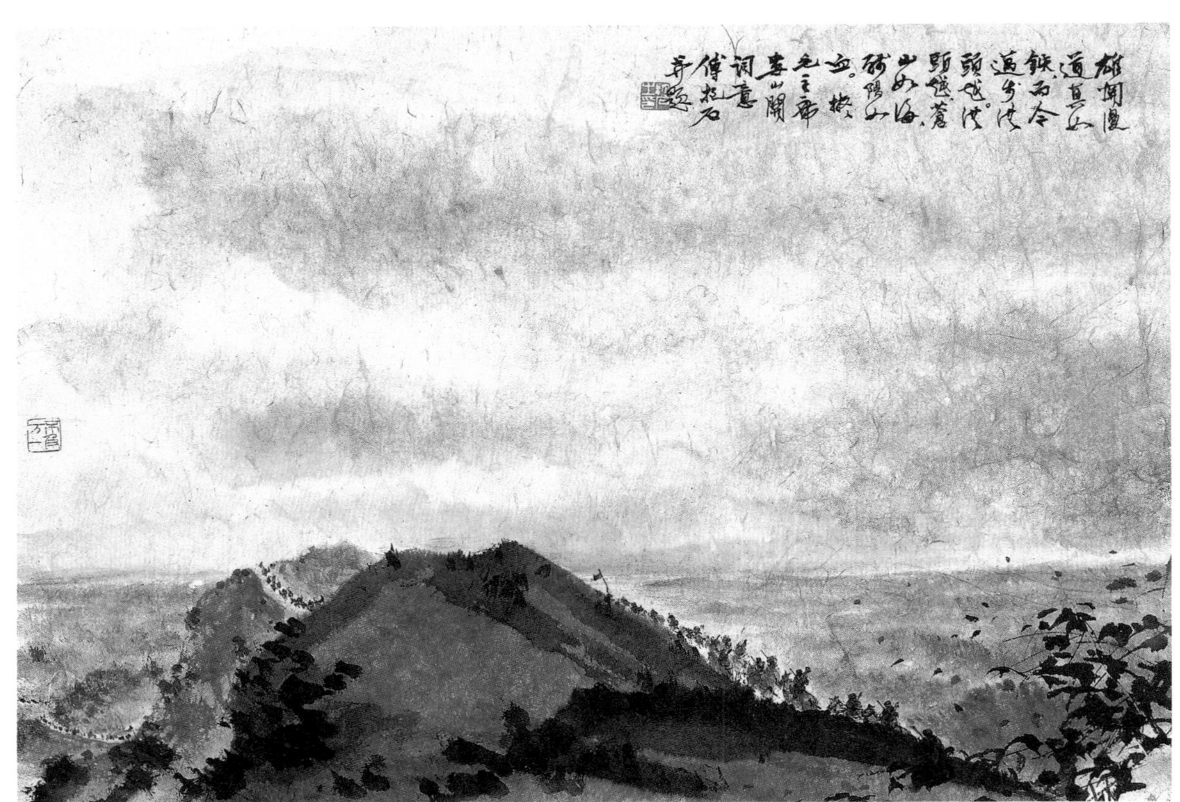

毛泽东《忆秦娥·娄山关》词意图　傅抱石

以充东方天人观的，大多与此种倾向相关，也与这种缺乏坚实的中间环节相涉。欲以皮毛反映内核，其直接的结果必然是大而无当，是“空”。当然，让每一个画家都要像林风眠、黄宾虹、傅抱石、潘天寿们那样去深入研究传统也不现实，但既然肩负变革传统的使命，研究传统之究竟也是应该的。但问题的关键还不在这里，因为现代水墨的理论家们也这样看。

笔者曾于2000年在北京参加由美国“中国现代艺术研究会”主持召开的“中国现代艺术发展趋势学术研讨会”。一些与现代水墨直接相关的理论家如刘骁纯、贾方舟、邓平祥、陈孝信等出席了会议，会上也探讨了现代水墨问题。他们较为一致地认为，把西方现代艺术与中国艺术相结合，是使中国画现代转型的关键。邓平祥认为把水墨形式从中国画中剥离，剥去其文化因素，将其转变为纯形式和纯材料因素，转变起来就更容易。亦即用中国媒材画西方图式。对此观点，贾方舟也持相似看法，并更坚定地强调水墨的材料特点而非文化性质，指出仅仅只须在材料上保持与传统的某种联系。贾方舟认为现代化等于西方化是个客观事实。尽管他不赞成这种倾向，但目前其他国家还没有创造出一种强势文化，而是都停留在一种无可奈何的文化现状中。现在的表现、抽象、非架上等各种水墨实验的搞法的确都是西方的，其前景不容乐观，但部分中国艺术目前只能做这种选择。一直在研究“观念水墨”的陈孝信尽管说过这种“观念水墨”的基础在中国民族传统，但又强调必须摆脱西方的纠缠，必须从中间语境出发。刘骁纯同意中国艺术应有中国自己的现代观，但又认为以民族传统去转化西方的艺术是个艰难的过程。他认为现在非架上艺术的各种形式不应只是西方的，西方有西方的走法，东方也有东方的走法。西体中用，借洋兴中也是可以的。1995年，刘骁纯组织了一次名为“张力与表现”的现代水墨画展。展览期间，刘子建、张浩去了刘骁纯家，就现代水墨作了一次深夜长谈。在谈话中，刘骁纯把水墨艺术从根本上看作是“语言”方式的传统水墨程式的观念使画家们颇有同感。可见以水墨宣纸的外在物质特征，去做西方文化图式表达的看法在他们眼中的确颇具代表性。

如此来看，的确有一种更深层的因素在制导现代水墨的运作，这就是西方的决定性影响。

这种西方影响的最初表现或许应该是“现代”的标准。其实，这也是“八五新潮”的动因。意气风发的一批年轻艺术家带着昂扬的革命激情，以“现代艺术”为旗帜，真诚地从事着他们自己以为的艺术革命。那时他们拥有的旗帜就是“现代”。1989年春天，中国美术馆那次热闹的大展不就是以“现代”命名的吗？但什么才是“现代”，什么才是“现代艺术”呢？现代水墨的发起人张羽在谈到水墨实验的初衷时，就明白地说过，“就我的水墨文化立场而言，我是在尝试与选择与当下有关的，最能表现这个时代精神特点的对艺术史发展具有意义的实验方案……同时也是拉开与传统水墨画距离的最有效途径”[1]。张羽实验的初衷无可非议。但是，什么才是“现代”“当代”或“当下”呢？那当然就是西方，就是西方的标准，就是西方的“现代艺术”（现在已多用“当代”，乃至“当下”，而少用“现代”了）。这几乎已成公理，以致没有人怀疑过此中道理，当然更没有人想过讨论这是否还有问题。亦如贾方舟认为现代化等于西方化是个客观事实一样。客观地讲，在中国美术界的许多人眼里，“现代美术”“当代美术”直接地等同于西方，或更准确地说，美国纽约之现当代美术，等同于他们的波普、装置、观念艺术时，我们这些同样冠以“现代”之名的现代水墨画家们，如贾方舟所谓“目前只能做这种选择”。张进在回答怎样理解现代性时明确地说，“现代观念出现在西方，因此在西方产生了与之相应的现代艺术”，而他接下来对此种现代性的分析，当然就只能是西方的特征了，如“重视直觉与下意识活动，具有速度和力量的冲撞，对未来的不可预测、精神的不认同以及单纯和抽象的形式因素”。[2]张进们的画就是对此类特征的实践，可见其“现代”概念与“西方的”直接等同关系。张羽也说过，“客观地讲抽象型水墨画的最初状态，是在受到西方现代艺术的强烈冲激（击）下，以引进的艺术观念，针对长期以来精神专制和传统保守主义进行的一场水墨革命”[3]。但如果我们再问一

1 《世纪末的新东方主义方式——李毅峰·张羽对话录》，载邹建平主编《中国当代水墨画》，湖南美术出版社，1999，第93页。

2 《中国的不是传统的——郭雅希·张进对话录》，载邹建平主编《中国当代水墨画》，湖南美术出版社，1999，第174页。

3 张羽：《论抽象型水墨画》，载邹建平主编《中国当代水墨画》，湖南美术出版社，1999，第72页。

句，为什么我在中国搞表达我自己的东方艺术，却非得和西方人的一样，以致还要“只能”这样呢？又是谁来逼得你“只能”这样呢？

于是问题由此而开始进入另一层次，这就是关于全球化、世界化的问题。

当今全球日益一体化的现代进程所带来的整个世界越来越趋于一个相同的话语背景时，就更需要我们在更大的背景下去思考中国水墨艺术的处境和地位及其发展。

在资讯发达的文化环境中，又为人类提供了一个相同的话语背景。[1]

这种观点显然不是现代水墨发起者一人的观念。邹建平以为：

面对蜂拥而来的外来西方文化，我们这个时代，究竟还有多少文化现场是与中国的东方形态密切相关联呢？[2]

身处东方的中国刚开始改革开放时，画家竟能满眼“现场”之西化，可见“全球化”观念影响之强大！正是由于这种对当代文化的全球化认识，所以现代水墨画家及其理论家们能理直气壮地认为，西方人所创造的当代艺术并非西方人专有，亦如前述刘骁纯认为，现在非架上艺术的各种形式不应只是西方的一样，那是全人类的。这观点也很难说是错的，亦如联合国常评各国的遗产为人类共有遗产一样。所以，我们的现代水墨画家当然可以把人家创造的东西径自“拿来”自己使用。加上为追求艺术之先进与革命，这就成为逼人“只能”去“拿”，且可以理直气壮去“拿”之理由。

这种观念可以在“全球化”旗帜下进入“走向世界”的命题，这本又与当前改革开放的时代合拍。照此观念，我们的艺术创作就应该具有“全球化”的时代性，应该带有超民族、超地域的全人类性。其实，从“八五新潮”开始，由于受西方现当代哲学的影响，例如时髦一阵的“北方画派”就以理性、永恒、超民族、超东西地域为标志。油画界时髦了十多年的“凝视”状态的人物画，也都是受此种思潮的影响。后来又加上同样来自西方的“全球化”观念，这种要超越民族、地域、东西方，而实质却是纯西方的情况在现代水墨画家那里就更为普遍了。如刘子建的艺术是“对人类终极关怀不断追问”，其抽象水墨取名为《宇宙中的纸船》《天音》，张羽的抽象水墨作品叫《国际气象》，孙伯钧的抽象作品叫《新世纪预言・生命诞生》，聂危谷的叫《虚拟化生存》，何加强的叫《天人》，阎秉会有黑乎乎一团的《冥》，古少熙干脆来个叫你摸不着头脑的《大象》。[3]至于“道可道，非常道”的道、玄、元（记得“八五新潮”以后，“北方画派”的任戬就画过水墨的《元化》），至今国人尚难以弄清的八卦（如石果抽象水墨的八卦系列《四十六卦・升・上六》）

1 张羽：《论抽象型水墨画》，载邹建平主编《中国当代水墨画》，湖南美术出版社，1999，第71—72页。

2 邹建平：《拒绝传统（之二）——现代水墨问题检讨》，载邹建平主编《中国当代水墨画》，湖南美术出版社，1999，第66页。

3 以上作品见张羽主编《开放的中国实验水墨》，香港银河出版社，2002。

等都是抽象水墨热衷表现的题材。王川更是披麻戴孝般把自己“装置”进幽暗（因而可以神秘）的仅有一个个黑色圆块的叫《墨·点》的画中。而黄一瀚《新旧文化——南北之争》则更高屋建瓴，他说：“人类发展到现阶段，地面艺术已经结束。人们随着科技的高速发展，需要一个更新的空间、更新的观念、更广阔的胸怀，去反思地球上所发生的一切。这是人类文明进步的主流。”这就更不得了了。古代的中国人尚且是站在地上“目送飞鸿”，玄思宇宙，而“当下”的画家却要跳到其实也未曾去过的宇宙，要“走向天空”去俯视地球！是“大宇宙意识的觉醒”……[1] 这种情况是如此的普遍，以致贾方舟评价“中国当代水墨现状”20人展时说，“抽象型水墨与表现型水墨在精神方面的拓展主要表现为：对人类生存空间与生命状态的关注，对生存的自省与现实世界的审度”[2]。这种艺术倾向使现代水墨画家不愿关注真正真实的中国当下，关注现实生活及真诚体验，而是在远离社会的“实验”室中实验，在一些虚玄的哲学文化观念中演绎、推理、抽象，以致研究现代水墨的理论家徐恩存只能得出一个结论：“在很大程度上，它所针对的首先不是水墨自身，而是大而无当的文化。”[3]

溯其根源，上述这种“大而无当”的现代水墨现象还体现在全球化、世界化、国际化上。当然，90年代比之80年代对西方的盲目模仿，毕竟有了较大的变化，公开承认自己就是模仿西方者已不是太多。我们不难在现代水墨画家那里找到应该继承的传统，至少是应该继承的传统之某些观念（如上述“天”、道等）和符号（如水墨等），但不论怎样变化，其基本价值和艺术基础，却还是那个无所不在的全球化，还是那个无所不在的西方。例如邹建平说：

部分抽象型水墨画家套用水墨材质生硬地陈列自己的思想，唯恐失去东方，故大肆铺设“东方”之禅机、玄机。如果失去这层意义，便意味着所有中国意义的失却。[4]

邹建平算是现代水墨内中人，他一语道出了上述“大而无当”之禅道玄机那么时髦的原因，但这还是表面现象。其实，根本原因甚至还不在这里，真正原因是现代水墨画家们仍然是有邹建平点出的那种心理：

其中有一种企盼加入国际化标准的迫切心情，又恐失去遗传基因的结构改变。[5]

---

1 转自李正天《大宇宙意识的觉醒——评后岭南派黄一瀚的〈东方天堂〉》，载郁人主编《二十世纪末中国现代水墨艺术走势》，天津杨柳青画社，1993。

2 徐恩存：《焦虑与突围：现代水墨艺术》，吉林美术出版社，1999，第19页。

3 徐恩存：《焦虑与突围：现代水墨艺术》，吉林美术出版社，1999，第274页。

4 邹建平：《拒绝传统（之二）——现代水墨问题检讨》，载邹建平主编《中国当代水墨画》，湖南美术出版社，1999，第68—69页。

5 邹建平：《拒绝传统（之二）——现代水墨问题检讨》，载邹建平主编《中国当代水墨画》，湖南美术出版社，1999，第68页。

利用国货打入西方，是他们打入西方的策略。亦如由邹建平主编、张羽策划、湖南美术出版社1995年9月出版的“当代艺术”丛书第七辑《本土回归——面对当代世界文化水墨语言的转型策略》所宣称的那样，这是“面对当代世界文化”——其实仅仅是北美和西欧文化，而绝非包括东欧、亚、非、拉、澳等在内的“世界文化”——的一种“策略”。换言之，这是一种吸引欧美人注意的“策略”！这让人想到一直活动于西方的策展人侯瀚如曾清晰地认识到的那样，西方人不过是

用一种所谓政治上或文化上非常exotic的眼光去看待。他们把中国艺术看成他们所理解的中国插图，不管是政治、经济或文化的一种插图，而不是独立艺术家的作品。

而中国艺术家也正好可以帮助西方人完成此种“中国插图”而“走向世界”，哪怕作品不独立也没关系。此种情景，亦如不顾一切要搞到西方入场券，以西方人易于识别的中国符号为“策略”的隋建国，和以帮助西方人圆其“中国神话”而进入西方的聪明的王广义，他们艺术的终极目的，仅仅就是为了进入西方。亦如侯瀚如曾十分明白地指出的那样：

中国前卫艺术本身就具有国际化特质，它不仅具有国际化的趋向，而且其最终目的就是把一些有价值的艺术家的作品拿到国际性的环境去表现、展出，或是跟其他文化进行对话。[1]

以神秘得连中国人自己都感到混沌之“东方主义”去唬、去震、去吸引西方人，这就是郎绍君点出的要害所在：

当代一些画家抽掉中国画的基本人文内涵和理法规范，把“中国画”缩小到只剩媒材（主要是水墨、宣纸）这一个因素，进而将中国画转化为以西方观念与西方后现代艺术形态的纯材料游戏和观念性装置。[2]

由此出发，一些时髦的术语或做法也就出来了，这就是或者与西方“对话”，或者与西方“对抗”。一些中国人搞艺术，似乎一心就只为着美国人，或者西方人，为着让他们高兴，或者和他们较劲，一门心思都用在这个核心问题上：模仿西方人是为了让他们高兴，挖自己老祖宗的东西是为了让西方人感到稀奇，与西方人“对话”是为了让他们知道自己的存在，与西方人“对抗”则还是为了以这种特殊方式引起他们的注意……西方人在他们心中重要得无以复加，哪怕他们宣称自己迷途知返要开始“重返家园”了，也要为专门向美国人宣布而将此种本来纯属于自己的返归性质的展览[3]，办到旧金山去。一如具有同样性质，试图标榜中国人也开始想独立的“不与塞尚玩牌——中

1 《巴黎专访侯瀚如：谈华人艺术在西方》，台湾《艺术新闻》1997年10月，第87页。

2 邹建平：《拒绝传统（之二）——现代水墨问题检讨》，载邹建平主编《中国当代水墨画》，湖南美术出版社，1999，第68页。

3 1996年3月在美国旧金山举办的由石果等人策划的“重返家园·中国当代实验水墨画联展”。

国前卫艺术展”于1991年3月到美国的亚太博物馆去举办一样，这批中国的“现代艺术家”给人的感觉像是自认为道法高超的孙悟空，在欧美这尊“现代如来佛”的手心中大翻其筋斗，使尽其手段与策略，却怎么也逃不出其手心。但有一重要区别，即孙悟空是想真逃，而今天中国的“现代艺术家”是假逃，是“终南捷径”，是欲擒故纵的狡黠勾引策略。但是，这部分天真的中国艺术家却甚少去想那些大多只爱管自己事（这却是很难指责批评的）的美国人，他们甚至连中国到底在哪里，中国领导人是谁，中国人在做什么都不感兴趣，哪有心思去理会一些与他们的现实生活或精神生活根本就毫不相干的，一批远在天边的中国现代水墨艺术家一厢情愿地要与他们“对话”或者“对抗”的要求！他们的艺术家或许还会莫名其妙地问：我按自己对生活的体验创造了自己的艺术，我招惹谁了？我甚至不知道你的存在，你干吗要与我“对抗”？我怎么会成为你们的“风车”？然而这种专门针对西方人的“对话”或者“对抗”，却成了这些堂吉诃德式的东方艺术家的艺术生涯及人生的“最终目的”！这该是何等的悲哀！尽管他们也去了西方，回来后也往往以去西方而自豪而满足，并被羡慕西方的国人羡慕。

一方面，现代水墨艺术家们的初衷就是为了进入国际，他们不可能放弃西方现当代艺术的价值标准；另一方面，他们为进入西方，又必须打中国牌，打中国文化艺术之牌。但同时，如果他们打中国牌、东方牌，则会让那些对东方的了解贫乏得让人吃惊的西方人觉得，中国与东方也就只有古代的东西有意思，但在中国这批现代水墨艺术家看来，中国古代传统的东西不仅几无价值，而且有弄得自己不“现代”的严重危险；同时中国的当代，照前述邹建平对今天“文化现场”的看法，又全是西化的东西，不便向西方人炫耀。再者，在国内对西化倾向批评声日益强烈的今天，公开搬出如30年代或“八五新潮”那种“全盘西化”的西方标准又不合时宜，而在把传统艺术否定得一无是处或大多无是处的情况下，中国艺术标准也就荡然无存了。也就是说，对现代水墨来讲，差不多已弄不清该以什么作为标准了。难怪现代水墨的发起者要呼吁说，“从事抽象水墨画创作的艺术家，其艺术方案所呈现的整体艺术格局，已经明显地表现其要解决的问题不是一个单纯的形式问题，更不是技术问题，而是一个文化问题……显然，这需要找到合适的评判方法和评判标准”[1]。这样，现代水墨就又面临标准丧失的尴尬。在这种处境中，沾传统太多不行，所以这批艺术家要做的就是如邹建平一篇文章的题目那样“拒绝传统”；但真的把传统“拒绝”完了，又无中国牌可打，把自己弄得精光，则自己将毫无价值，所以他们又承认不能完全“拒绝传统”。但如果中国的艺术传统真弄得只剩下宣纸（清初才大量使用）、水墨（中唐才兴起），再加上一二或许连自己也没弄清楚的哲学观念，那浩瀚数千年的中国艺术传统将被抛弃得所剩无几。败了家产的穷光蛋一厢情愿地硬要和财大气粗的富豪——况且是超级富豪去“对话”，乃至去“对抗”，其结果就不仅仅是尴尬，简直就是荒唐可笑了！这样，西不是，东也不是；古不是，今也不是；守不是，放也不是；旧不是，新也不是。这批现代水墨艺术家就

1 张羽：《论抽象型水墨画》，载邹建平主编《中国当代水墨画》，湖南美术出版社，1999，第71页。

真把自己逼到了一处左右为难的死角，一种尴尬困窘的境地。

的确，此种尴尬现实就这样无可奈何而又自自然然地笼盖在现代水墨的现状之上了。现代水墨艺术家也分明随时能感受到这种来自多种角度的尴尬。张羽用开拓者的勇敢来表述：

我们的水墨实验在沿国际化与本土化的双向推进中，一方面要摆脱昔日西方抽象主义绘画的巨大阴影，一方面要走出水墨自身所带来的文化陷阱，这种情境不免具有一种悲壮的“殉道”色彩。[1]

张进也知道这种双轨其实并不和谐，“在这个特定时期，现代水墨必定是一个矛盾的统一体”[2]。其实，他的本意是想说是“矛盾体”，而非“统一体”。因为他认为“今后”应“把外国因素糅在中国因素的里面”以更好地统一，而现在这个阶段就只好“矛盾”了。邹建平则坦率承认这种双轨制的麻烦：

当西方中心标准目空一切之时，我小心翼翼地守着东方水墨画的尺度，多少有些尴尬，两方人物都不买你的账。[3]

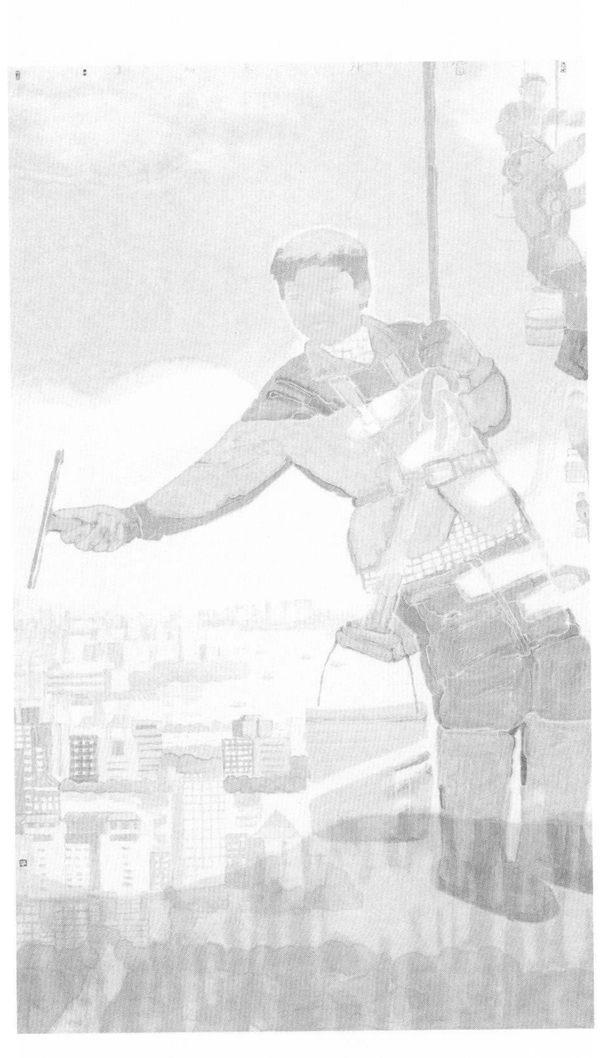

窗外　田黎明

1 张羽：《论抽象型水墨画》，载邹建平主编《中国当代水墨画》，湖南美术出版社，1999，第72页。

2 《中国的不是传统的——郭雅希·张进对话录》，载邹建平主编《中国当代水墨画》，湖南美术出版社，1999，第176页。

3 《水墨性带来的东方经验——张羽·邹建平对话录》，载邹建平主编《中国当代水墨画》，湖南美术出版社，1999，第113页。

这还主要是面对西方时的尴尬。刘子建则从一个教师的角度对此种没人买账的尴尬做了另一表述。他不想教学生他自己的这一套，他深知中国社会不会买账，“社会用人单位决定了什么样的学生才能被接纳，我不想断送他们的生路”[1]。研究现代水墨的徐恩存对传统水墨材质的运用与现代感间的矛盾有所体会，以为“由于依然是传统水墨材质的规定，其张扬的‘现代’性往往被沉积千年的文化‘下意识’在无形中扭曲，欲得‘现代’性而终不能全得”，以致“每一个细心的人都能从中体察到现代水墨大声势中的一丝尴尬”。而对于这种尴尬，徐恩存将他自己的这部专门研究现代水墨艺术的著作直接命名为《焦虑与突围：现代水墨艺术》，其意味无疑就是冲着此种显然已绝不止“一丝”的尴尬而来的。[2] 而蔡枫作为局内之人，面对如此局面，干脆以一篇《非常尴尬：向“重新洗牌”致敬》的幽默文章来应对“重新洗牌——以水墨的名义”的展览。在此文中，他一口气念出如下的几十上百个尴尬：

你拿起画笔立马有一种永远抹不掉的西方艺术的因子而尴尬，你拿起笔墨可能落入狭窄的民族传统而尴尬，新水墨沦为西方抽象画而尴尬……总之，做大事大尴尬，做小事小尴尬，不做事更尴尬。

新子曰：“尴尬非常尴尬，非常尴尬。”[3]

还有一种尴尬大家没有讨论过，就是由于文化间的差异引来的尴尬。中国水墨画中富于哲学意蕴的文化意味，很难被外国人所接受。由于这种哲学意蕴在古代就主要是在文人精英层中存在，古代平民欣赏的也主要不是这种水墨。延续至现当代，不要说中国普通百姓弄不清楚其中的哲理，普通国画家十之八九也知其然（中国画是水墨画）而不知其所以然（何以会有水墨？水墨于什么时候诞生？水墨有何哲理？）。水墨的哲理性研究也只是20世纪80年代中后期的事。所以，这种连中国人自己都似是而非的事，为何要拿去与西方人“对话”，甚或与他们“对抗”。本人在美国一所大学举办讲座时，就经历过被一个关心中国的学生问及“你们中国人为什么老喜欢画单色水彩”的事。而刘庆和1992年去西班牙马德里美术学院交流时，其“中国画讲座”就是马德里水彩画会举办的。这对心态平和的艺术家或具互通有无心态的平等交流者来说是正常的事，但对那些把去西方交流当成人生目的的艺术家来说，以为把纯中国的“水墨”端给西方人就可以“东方”，自己以为深刻异常的符号结果别人弄不懂，还被人看成是浅薄的玩意儿（水彩画种在西方地位不高），这恐怕就不仅仅是一种尴尬了。

应该说，现代水墨中的许多问题，一些是画家们十分清楚的，如现代水墨自身的问题。但更多、更根本的，却是中国“当代艺术”中具普遍性质的问题，许多问题甚至连今天理论界也是模糊

1 《本土性是与世界对话的出发点——田园 · 刘子建对话录》，载邹建平主编《中国当代水墨画》，湖南美术出版社，1999，第164页。

2 徐恩存：《焦虑与突围：现代水墨艺术》，吉林美术出版社，1999，第36页。

3 深圳雕塑院编《重新洗牌——以水墨的名义》，湖南美术出版社，2001。

不清的。例如本文中对现代水墨的批评，实则已经涉及许多对历史文化艺术本质的重大观点。我注意到有关现代水墨若干问题的一些内部（包括属“内部”的理论家）争论，例如抽象的价值、媒材的意义、画种的性质、笔墨价值的判断等，而在现代水墨重要理论家皮道坚那里，除了来自前卫批评家的“消亡论”和他认为的庸俗社会学的“缺乏对现实的直接关注”说，他认为更多的指责集中在实验水墨的语符和图像意义的虚妄和不可捉摸上。[1] 但就我来看，我倒认为问题出在一些比上述批评更为根本、更为要害的理论上。例如，如果我们至今还在相信我们从小就被灌输过的，“不以人的意志为转移”的，即使在今天已经变化了的历史决定论、历史进化论，以为人类历史仅仅只有一条各民族、各社会都得要走的通向未来的线性进化路线，那么，我们到已进化到前面的先进西方那儿去“拿”那些本该属于全人类的东西，岂不是“天经地义”的革命行为吗？但如果我们知道这种进化的历史观早在30年前就已被批判，它在现在已是一种错误的陈腐的观念，我们或许会换另一种思路去看待西方，看待西方的文化和西方的艺术。如果我们能关注一下“现代化”学界的情况，如果我们知道西方的“现代”进程是从文艺复兴就开始了的，如果我们知道照当代“现代化”学的观点，“现代”与“传统”不能截然分立，它们之间也根本就没有一个截然划断的分界线，“现代”只能从“传统”中生出，它与“传统”本就是个互动的过程，那么“现代”因此也自然地带有鲜明的民族与地域的特色。而且，“现代”不能一蹴而就，它是一个过程。这样，“现代”显然就绝不是西方社会的专利。“现代化”学界因东方现代社会事实上的崛起与存在，已从70年代以前只强调现代性的共性研究，而转向此后对各社会现代性的个性研究。如果，“现代”的真实情况是这样，那么，我们的“现代”水墨艺术家的“现代”艺术观、“现代”追求和“现代”手段或许应有重大的不同。如果我们能够了解所谓“全球化”，其实只是少数跨国公司的区域性行为，是一种极具排斥性的自我保护经济行为，是那些占世界经济份额很大的（北美、西欧与日本）的地区使用的经济学概念，而且“全球化”从来就仅仅是一个虚幻的神话，那么，把这个本已是神话的经济学概念一厢情愿地比附到世界文化领域，以为一些本该为各社会和各民族文化服务的技术手段（例如现代通信、网络技术），甚至一些来自异域的个别文化现象（如麦当劳、迈克尔·杰克逊、好莱坞电影）就可以改变各民族由成千上万年传统而形成的民族文化，全世界就可以“大同”——“全球化”起来，这是否又过于天真而且幼稚了呢？如果能理解这点，我们再以全球化，以“走向世界”为理由使自己的艺术拼命挤入欧美艺术界又有多大的价值呢？如果我们能够了解唯新是求、唯新即好是一种西方文艺复兴后期才产生的西方文化现象，而并非一切的“新”都好，从而减少对“新”的迷信，在“创新”时或许能够更冷静些。还有一个重要的，也是普遍的对“艺术”的看法：艺术首先应该是艺术家个体的事，是每个人对各自生活环境独特体验的独特符号传达。艺术的功能首先

1 皮道坚：《从艺术史心灵史看90年代实验水墨》，载张羽主编《开放的中国实验水墨》，香港银河出版社，2002，第12页。

应该是传达艺术家自我的体验，而艺术为民众、为社会服务的功能，艺术的交流功能实则都只是艺术的附加功能，或者说这些功能只是艺术已经创作产生后才出现的某种客观附加价值，那么，我们把艺术的社会功能乃至交流功能当成艺术的目的或主旨，显然就本末倒置了。或许我们应该以一种平和的心态去创造自我的艺术，又以同样平和、平常、平等的心态去互通有无地对外交流，对待“走向世界”，而不是煞有介事的“对话”，更不是堂吉诃德式的“对抗”。同时，东方的我们去“拿”西方的人创造的用来表达他们自己体验的艺术时，也不应该太理直气壮。

我在观察我国当代艺术现状时，总觉得当代艺术家实在太累、太紧张，他们总在“焦虑与突围”，一点艺术家应有的潇洒与乐趣也没有。因为这些艺术家随时如侦察兵般紧张地侦察“敌情”——国际艺术界行情、策展人口味、评委标准、评论家倾向、画商收藏意向等，又得随时如战地司令部司令或外贸部部长根据战场或商场情报及时作出战略部署或生产调度一般，根据美欧的思潮倾向、展览、策展人、博物馆及画商动向及时投机，当然也是紧张地部署和制造有能让美欧人识别的“Made in China（中国制造）”标志（例如水墨、太极、功夫拳、中山装等）的艺术产品。他们还得挖空心思去揣测人家（如策展人、评论家、画商等要害人物）的心理，劳神费心地到国外去宣传，同时还得担心局内人的争斗、局外人的抨击……艺术何以会变成这样！艺术应该总是伴随着无功利的兴趣、兴奋、幸福与快乐，哪怕是悲愤、感伤、忧郁与沉思。先让自己感动，才能让他人感动。什么时候艺术家变成和商人一样精明、像政治家一样钻营？如果能认可上述艺术的常识，我们应该能够更脚踏实地地生活，真诚地传达体验。最近读吴冠中源自现实生活的同样不无抽象意味的充满感情且童心十足的水墨画，尤其是他那幅《夕阳兮晨曦》：当我们看到一个八十多岁已处在“夕阳”余晖中的老艺术家面对自然、面对人生表现出通达、坦然和睿智的宇宙哲理之思，心中真有一种难言且亲切的感动。比较这些年现代水墨的画家们那些宇宙、人类、地球、八卦、太极、“人类终极关怀”等空中楼阁般大而无当的东西，两相对照，脑海中突然跳出“少年不识愁滋味，为赋新词强说愁”的古句来。难道吴冠中这些照他们看来早已落伍的绘画缺乏此种“人类终极关怀”吗？非也。反倒是我们这些大多三十多岁乃至四十出头，个别五十多岁的早就并非少年的现代水墨艺术家的艺术，更应该成熟一些，更自我、更真实、更真诚一些才是。现代水墨能从西方思维中“重返家园”当然是一种值得称赞的觉悟，但我倒更希望他们能“重返生活”，亲切真实、可触可摸可感受的现实生活中的家园才是可亲可爱的家园，才是值得“重返”的家园。我倒觉得刘庆和那些从水泥森林的《城市上空》往下看的无奈而幽默的水墨人物，刘国松60年代那些兴奋于人类登月球的，其实有些形而下的天真的太空画，倒真比今天一些“走向天空”的虚玄哲理画真实而让人喜欢。

有人或许会说，你的这些理论性问题可能扯得太远、太大，这与现代水墨的实践本身没有直接的关系。其实现代水墨，乃至今天中国的当代艺术的产生，不都是从这些大概念中直接生出来的吗？不都直接源于对现代性、传统、现代与传统关系、现实关怀、全球化、世界性、本土化与全球化关系、与世界接轨等诸多当下观念的思考吗？那么，我想，如果我们的现代水墨艺术家们能从这些“观念”中有所反思，有所清醒，其实现代水墨目前所遇到的各种争论、各种问题、各种尴尬倒真是比较容易解决的小问题了。[1]

行文至此，忽然想到前两年的“重新洗牌——以水墨的名义”的展览，那可真是五花八门，让人眼花缭乱，你想得到的、想不到的、稀奇古怪的“水墨”花样可谓浩如烟海，令人目不暇接。一个失去标准和规范的世界可真是一个无限自由的天堂，一个“人人都是艺术家”的世界。它启人遐思：水墨将带来一个无限广阔的世界。不过，那只是“以水墨的名义”而已，与本文的讨论不太相关。

1 关于笔者本文观点可参考笔者以下著述：

《笔墨论》，上海画报出版社，2002。

《对本世纪中国美术几个问题的检讨》，《美术观察》1999年第10期。

《20世纪中国艺术形式问题研究得失辨》，《文艺研究》1999年第6期。

《主流强势中心边缘：中国当代艺术中的后殖民文化心态》，台湾《典藏》2000年8月。

《中国现代艺术应以西方“现代”为标准么——谈社会进化论的消极影响兼及回应孔新苗先生》，《美术观察》2001年第4期。

《从民族本位文化到与世界接轨——20世纪中国美术家民族心态嬗变》，《美术观察》2002年第4期。

《中国当代艺术误入歧途的三种思维模式》，《美术》2002年第12期。

《同源异流的丹青与水墨》，载邓嘉德主编《中国当代画家》（丛书二），四川美术出版社，2003。

《摆脱艺术全球化的神话》，《美术观察》2003年第6期。

第三节　当代工笔画的问题及出路

纪念潘絜兹先生一百周年诞辰活动及中国工笔画学会举办的一系列活动，使工笔画再次受到画界的关注。

的确，工笔画经过近30年的崛起，在中国画坛已从一个中国画小品种发展得火红兴旺，至今已稳稳地占据中国画之半壁江山。1984年第六届全国美展入选的中国画作品中工笔设色画仅占三分之一，1989年第七届全国美展时比例则跃升至二分之一，此种类型的画的发展在第八届全国美展达到高潮。1994年，在北京举办的第八届全国美展优秀作品展上，工笔设色及重彩类在入选作品中占了大半。从那时至今，每一届的全国美展和中国画界的大型展览上，工笔画或工笔画倾向的作品一直稳稳地占据着半壁江山，甚至有将水墨写意画取而代之之势。这种情况，甚至在画水墨写意画的评委占绝大多数的时候仍然存在。

最近30来年，工笔画的势头是以水墨写意画太草率的风气为基础反击而起的。亦即工笔画以其造型严谨，制作认真，对写意流弊有纠偏之效。但随着工笔画半壁江山的确立，除了上述优点长处，其问题亦日积月累，越来越多了。工笔画界一个最突出的问题就是一味写实，太依靠相机拍照。在人手一部乃至数部相机或手机的今天，加上电脑处理、图像打印及投影普遍使用，绘画中的写实能力已完全不是问题，但写实本身反倒成了工笔画的问题。工笔画界画家的本事逐渐地固定为如何以工笔画的语言，例如勾线、上色、肌理制作等去最好最真切地把一幅或数幅事先拍好的照片适度加工、增删、复制、组合成工笔画。照片是现成的，形象是现成的，结构是现成的，技法是现成的，主题与题材因流行趋势也是现成的，这一切现成的结果导致工笔画的严重雷同：主题雷同、题材雷同、画法雷同、风格雷同、趣味雷同……现成的结果造成了工笔画创造性的缺乏。工笔画因技法的制作性、程式性和可控性强，只要功夫到家，耐心制作，成功率往往较高，大多画得都很到家，可看性都很强。但一则模式化强，工艺性强，个性特色不易突出，加之前述因写实和流行趋势导致的严重雷同化倾向，使当今工笔画在一片看似歌舞升平的红火状态中陷入另一发展之困境。

工笔画的此种状态是与中国绘画传统，当然也包括工笔画传统背道而驰的。

其实，在古代美术史上从未出现过“工笔画”一说。尽管中国传统绘画本来也有工细精致与豪放洒脱的绘画类型之分别，即唐代美术史家张彦远在《历代名画记》中对东晋顾恺之，南北朝时张僧繇、陆探微与唐朝吴道子的画法风格的比较评价：“顾、陆之神，不可见其盼际，所谓笔迹周密也。张、吴之妙，笔才一二，像已应焉，离披点画，时见缺落。此虽笔不周而意周也。若知画有疏密二体，方可议乎画。”疏密二体，大致相当于今天的写意、工笔。但两者只是画法不同，在“意”的表达上则是一致的：张彦远在谈顾恺之的画法时用的是“意存笔先，画尽意在，所以全神气也”。而在回答吴道子技法神奇时，竟也是同一评价：“守其神，专其一，合造化之功，假吴生之笔。向所谓意存笔先，画尽意在也。”两者尽管画法不一，但在“意存笔先，画尽意在”这个本质特征上是同一的。唐玄宗对李思训之工与吴道子之写的评价“李思训数月之功，吴道子一日之迹，皆极其妙也”也算公道。可见，在古时，工笔、写意仅仅是两种不同的方法而已，内在精神则是相通的。

尽管工笔与写意两种画风在古代都存在，但两种画法却无名分上的截然划分。画史和画论上的工笔、写意画法名称没有特别标明，意味着在创作实践上对两者的划分并未特别在意，在作画方法上两者也未截然分开。黄筌、黄居寀的画风固然是工笔设色风格，石恪是写意，但徐熙的画法就既不太工也不太写。崔白、吴元瑜也是既写且工的。董源既有工笔青绿，又有水墨写意。元代画坛领袖赵孟頫工笔设色之“院体”很多，水墨写意及工写兼之的作品也不少。这种情况在古代绘画史上比比皆是。而在同一幅画上，画法一部分用工笔，一部分用意笔，亦十分普遍。宋人崔白著名的《双喜图》，传为宋徽宗赵佶所绘之《柳鸦图》，元人王绎、倪瓒的《杨竹西小像》，元人陈琳的《溪凫图》，元人王渊的《竹石集禽图》，古人所绘界画，大多工写并用，以致我们在中国古代很难绝对区别谁是纯粹的工笔画家，哪幅画是绝对的工笔画作品。

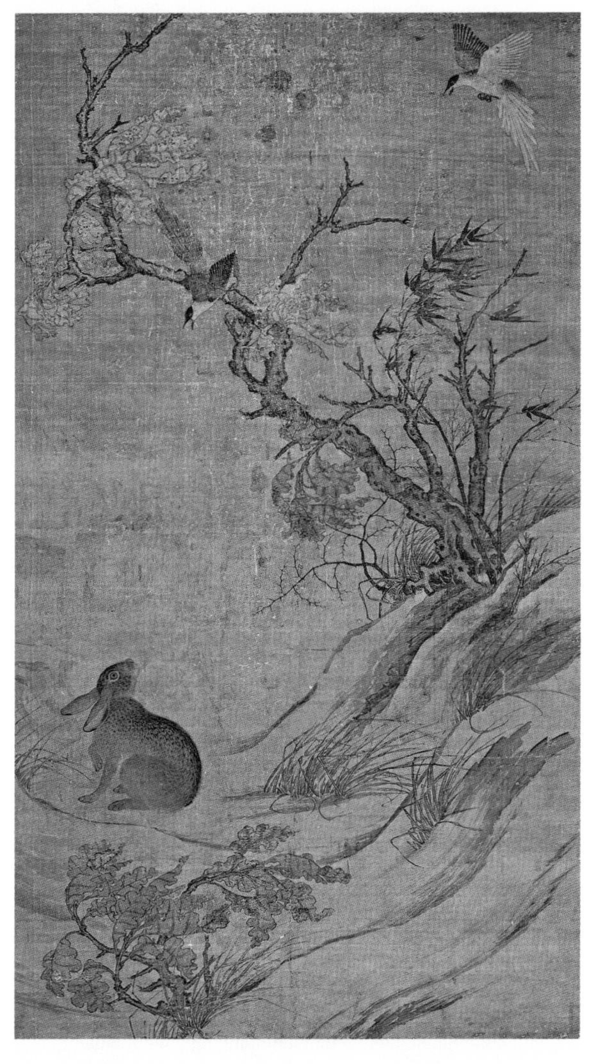

双喜图　崔白

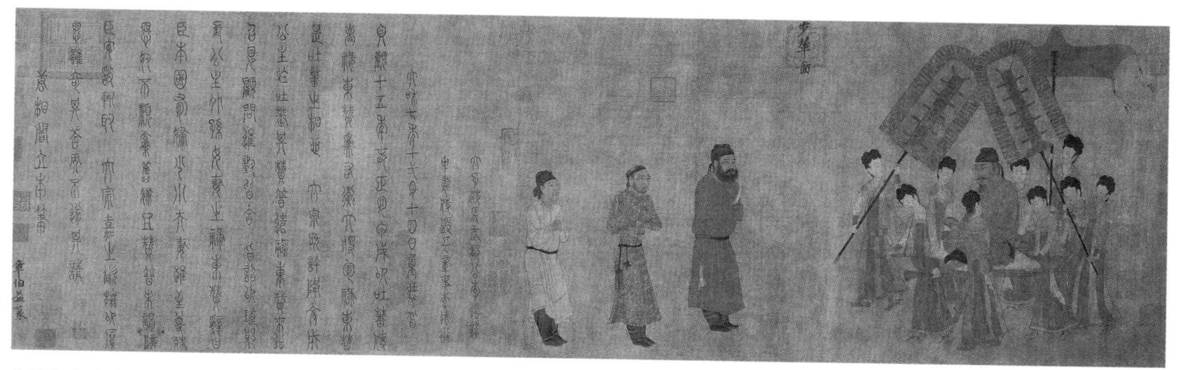

步辇图　阎立本

其实，中国古典绘画艺术有个总体的特征，就是意象性。所谓意象，就是以意造象，以意为象。即以主观态度去观照对象，以主观感情、观念和精神去融入对象，并对对象予以取舍、变形、夸张、抽象，使之再造成为蕴含着丰富主观意蕴的情象、心象与意象。中国古代绘画美学之“因心造境”“以情造景”皆为此种意象。而“意象”特征又使中国艺术带上突出的精神性、象征性及造型上的虚拟性、抽象性、装饰性、程式性诸多浓厚的东方特色。意象造型属于中国古典绘画的造型系统。这些特点在文人画上有，在宫廷画上有，在宗教画、民间画中也同样有；同样地，这些特点在水墨写意画上有，在工笔设色画上也同样有。不论你是水墨或是金碧，是山水或是花鸟、人物，是写意或是工笔，它们都属于同一系统。

中国古代工笔类绘画其实并非那么写实。以造型的主观性而言，你看阎立本的《历代帝王图》《步辇图》、张萱的《虢国夫人游春图》、周昉的《簪花仕女图》和顾闳中的《韩熙载夜宴图》，那种主大从小，人物间大小完全不成比例的特征，是由中国社会伦理、贵贱尊卑的讲究使然。同样地，这种因观念而导致的充满皇家富贵之色如金、银、石青、石绿的金碧山水，构成又一类别的理想化山水境界。夸张变形在工笔画中也并非没有，看看陈洪绶的作品就知道了。

对中国工笔画虚拟性的认识对今天或许有更重要的意义。由于中国绘画主观表达的突出功能，中国画家对绘画的再现性要求始终是有限的。老子“大象无形”，苏轼“论画以形似，见与儿童邻”等说法且不论，就是在“存形莫善于画”（西晋陆机）的写实领域，虚拟性也是中国写实绘画的一大特征。《韩熙载夜宴图》以屏风相隔组合不同时空是虚拟的，顾恺之《洛神赋图卷》、敦煌壁画《九色鹿》《舍身饲虎》等罗列不同时空的故事于一图是虚拟的，《清明上河图》在结构与造型上对现实之自由选择组合是虚拟的，《虢国夫人游春图》空白其全部“春”之背景是虚拟的，当然，工笔花卉的基本“折枝”和“留白”样式也是虚拟的。

中国古典绘画不仅要看你画什么，还要看你怎么画，画得是否有意味。故古典工笔设色类型的画都讲究用笔，尤其讲究用笔中的书法意味，即所谓“凡画，气韵本乎游心，神采生于用笔”。此说是

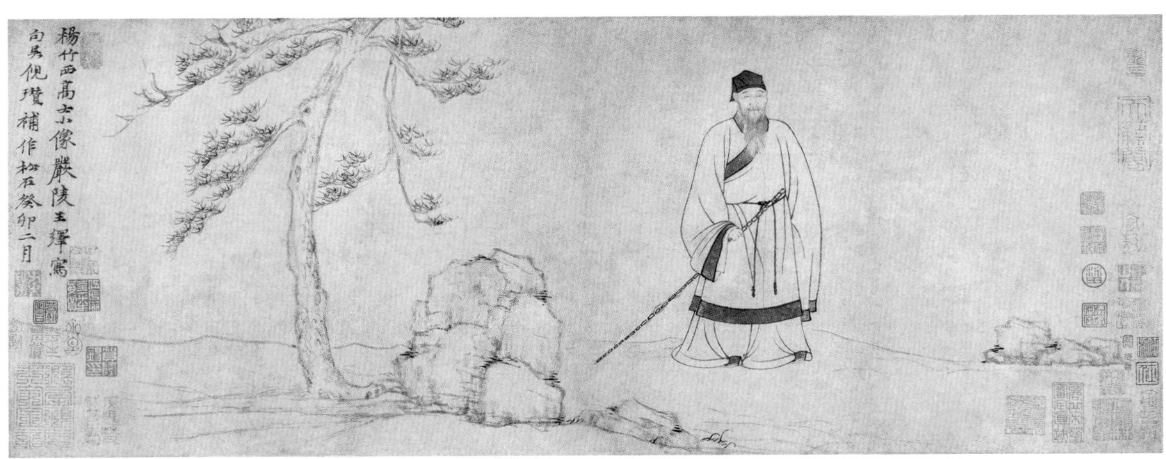

杨竹西小像　王绎、倪瓒

北宋郭若虚之论，那时还是院体工笔画盛行的时代，“神采生于用笔”一句道尽工笔画用笔，尤其是书法用笔在其中的地位。而对用笔方式的看重，也是与用笔本身的平面抽象虚拟特点直接相关的。

当然，意象艺术的全部创作目的是表达自我的情感、感悟与体验，上述特点的最终指向也在这里。意境与境界也由此而生。工笔画当然也不例外。在工笔类型的画家中，黄筌、宋徽宗、赵令穰有皇家堂皇富贵气派，赵孟頫有朴拙“古意”追求，王诜富贵中文气十足，李公麟追求仙佛之趣，陈洪绶有古雅神秘意味……古典工笔画的境界意趣与文人灵动飘逸的趣味的确有区别。在工笔设色的意趣中，更多的是宫廷文化的庄严神圣，仙佛文化中的仙佛气和民间文化中的吉祥福瑞，这是中国文化中与文人文化相补充的另一重要方面。

如此盘点下来，我们今天立足于西方式写实基础上的工笔画，离我们自己的绘画传统可能是远了点。工笔画的问题及解决之道也主要在这里。

第四节　中国画的写生与笔墨思维

本文从“四王”对古代画史的误读，引出古典画家们虽有对意境的刻意追求，但亦有笔墨讲究的史实，同时指出中国古典绘画不论是意境还是笔墨，都是与山川自然紧密联系的。在中国传统绘画的创造要素中，笔墨思维是一项重要的因素。笔墨思维大致包括以下要点：第一，真实形色的再现不是中国绘画的根本追求，以笔墨概括现实对象，创造意境和笔墨境界是中国画的重要特点；第二，以笔墨的思维对对象进行自觉的处理，或把复杂的对象抽象处理成笔墨关系；第三，笔墨即诸种笔法与墨法、墨象间的关系处理，而此种笔墨关系亦源自造化自然。文章对20世纪写生写实与笔墨思潮中的片面倾向提出了批评，指出了正确理解笔墨与现实的关系，笔墨思维与中国画意境、与境界塑造的关系，是中国画创作的前提。

在明末和清代初期，董其昌、“四王”们的仿古与复古可谓盛极一时，在清代初年形成笼盖一时的强大思潮。三百年后，“四王”及其追随者们被近代人骂得狗血淋头，原因就是复古。因为20世纪是个追求创新的世纪。但“四王”们要复什么古呢？复董源、巨然的古，复“元四家”们的古，这差不多是所有中国美术史家的一个共识。笔者在20年前完成的一部专著《明清文人画新潮》中发现了一个不为许多人知道的有趣史实：董其昌、“四王”们其实并没有真正复古。因为在明末董其昌、陈继儒们提倡文人画与笔墨以前，画坛并没有真正强调过笔墨。“四王”们口口声声自称是在仿董（源）巨（然），仿倪（云林）黄（公望），仿王蒙，他们明白无误地这样宣称，还明确地题在画上，主要是因为“复古”“仿古”在当时是与今天的“创新”一样时髦的褒义词，所以他们都喜欢用；其实他们不过是借古人之图形传达自己的笔墨追求而已。以“四王”中的王原祁为例。王原祁一生宗黄公望，自称所宗的也是黄公望的笔墨。他曾题画称：“笔墨一道，用意为尚。而意之所至，一点精神在微茫些子间隐跃欲出。大痴一生得力处全在于此。画家不解其故，必曰：某处是其用意，某处是其着力。而于濡毫吮墨，随机应变，行乎所不得不行，止乎所不得不止，火候到而呼吸灵，全幅片段自然活现，有不知其然而然者。”[1] 照王原祁看来，黄公望（大痴）一生全在笔墨及其用意之中。他还认为“董巨正宗法派，于子久（按：黄公望，字子久）为专师，今五十年矣。凡用笔之抑扬顿挫，用墨之浓淡枯湿，可解不可解处，有难以言传者”。可见，在王原祁看来，董源、巨然、黄公望的成就，也在笔墨之中。清人秦祖永在《绘事津梁》中曾从“古称吴道子有笔无墨”，一直评完宋元明诸家直到清代方咸亨止，全是

1　王原祁：《麓台题画稿》。本文所引古代画论均引自李来源、林木编《中国古代画论发展史实》（上海人民美术出版社，1997），及俞剑华编《中国画论类编》（人民美术出版社，1986）中各论家论述，以下不再一一注出。

从笔墨特征、笔墨效果、笔墨感受及笔墨传达的情趣入手评论的。王原祁、秦祖永二人的观点反映了明末及清代的笔墨中心观念。这种观念大致从董其昌前后开始。例如董其昌说：“士人作画，当以草隶奇字之法为之。树如屈铁，山似画沙，绝去甜俗蹊径，乃为士气。”（《画旨》）董其昌的好友陈继儒说得更典型：“文人之画，不在蹊径，而在笔墨。”（《盛京故宫书画录》）强调的都是笔墨在文人画中的决定性地位。

笔墨的特别讲究其实是明末以后的事（这点也说明了董其昌和“四王”们的创造），但他们追逐笔墨的鼻祖却追到了吴道子、董源、巨然、黄公望那里去！然而，上述唐宋元诸家哪里是专门讲究笔墨的人呢？他们讲究的是写生写实、塑造意境。你去看看这些人的画，再看看他们的画论或同时代人的评论，哪有如明清人这种称赞的！你去读读第一次把董源捧出来的米芾对董源的评价：“峰峦出没，云雾显晦，不装巧趣，皆得天真。岚色郁苍，枝干劲挺，咸有生意。溪桥渔浦，洲渚掩映，一片江南也。”（《画史》）哪来的笔墨！而元人黄公望的《写山水诀》，通篇讲的也是山水树石的造型之理，讲的是“皮袋中置描笔在内，或于好景处，见树有怪异，便当模写记之”，且特别强调“作画只是个理字最紧要。吴融诗云：‘良工善得丹青理’”。可见黄公望的理亦写生造型之丹青理而并非笔墨理。这与清人王学浩所称“作画第一论笔墨”（《山南论画》）形成鲜明的对照。

这里就有一个有趣的现象：一方面“董巨”“元四家”们的注意力并不在笔墨而在造境，在意境的塑造上，另一方面董其昌、“四王”们的注意力却在笔墨而不在意境上。明人自己看得很清楚：“苏州画论

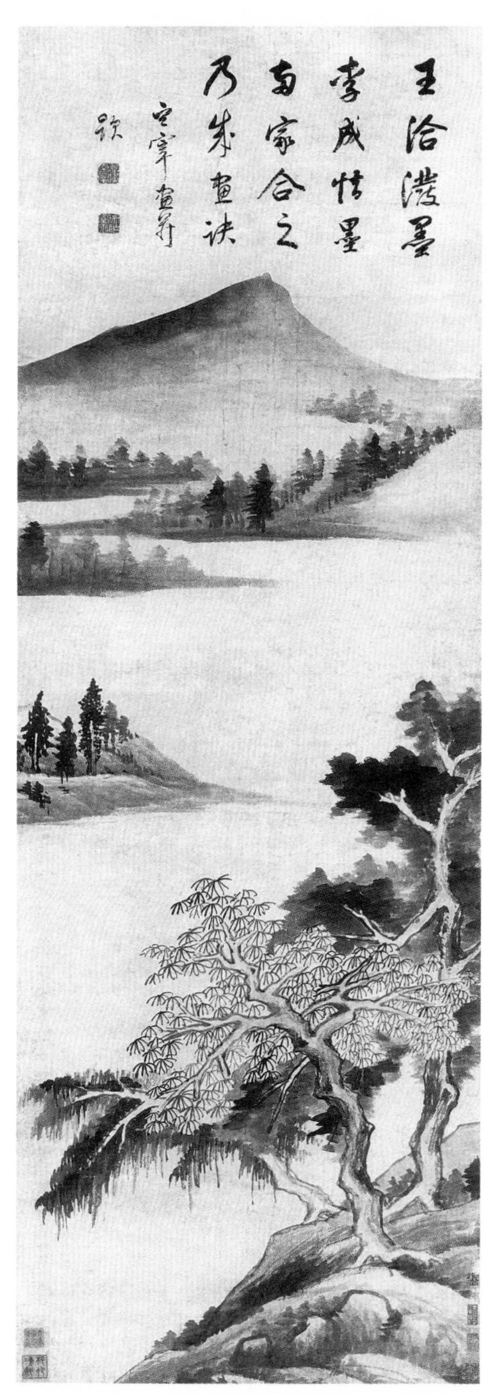

遥峰泼翠图　董其昌

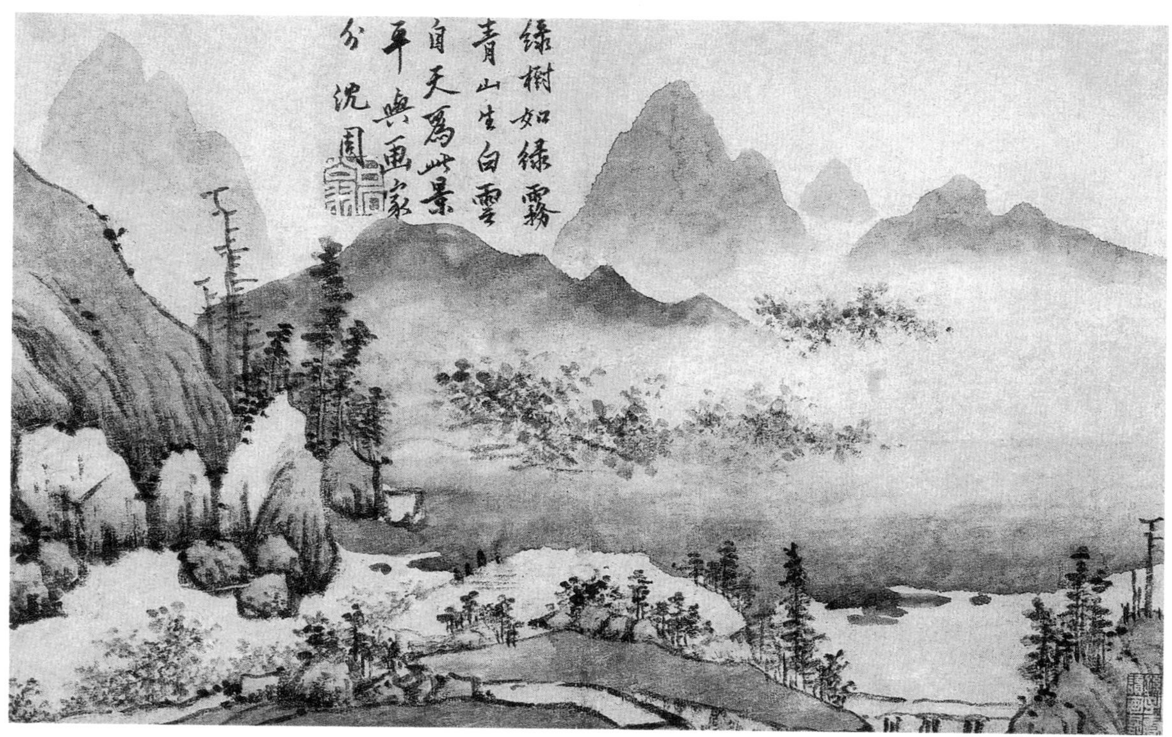

云山雾树图　沈周

理，松江画论笔。”（唐志契《绘事微言》）“苏州画”即沈周、文徵明的吴派，他们偏黄公望论理造境趋向；松江派即董其昌、陈继儒的笔墨派。这是画史上的一个重要转折：笔墨崇拜开始了。崇拜笔墨的他们甚至对“丘壑”造型都开始蔑视。亦如盛大士《溪山卧游录》所说，“画有以丘壑胜者，有以笔墨胜者。胜于丘壑为作家，胜于笔墨为士气”。这又埋下了画史上绘画脱离自然的伏笔。[1] 但“四王”们却偏偏在讲究造境的前辈们那里专门去找笔墨，这种“误读”原因何在呢？

中国人的绘画思维总的讲可称意象思维，意象思维中又包括造型思维。而笔墨首先是意象的，它从属于中国古代哲学之精神性范畴。王维《山水诀》开篇第一句话：“夫画道之中，水墨最为上。”唐人张彦远著《历代名画记》卷二亦称“夫阴阳陶蒸，万象错布，玄化亡言，神工独运……是故运墨而五色具，谓之得意。意在五色，则物象乖矣”。可见墨在中国意象思维中天、道、意之性质。而就造型而论，笔墨又的确是传统绘画造型的主要手段。五代荆浩《笔法记》称“笔者，虽依法则，运转变通，不质不形，如飞如动。墨者，高低晕淡，品物浅深，文彩自然，似非因笔”。北宋韩拙《山水纯全集》称“笔以立其形质，墨以分其阴阳”。其

1 关于这部分内容详见笔者的《明清文人画新潮》第三章第二节“当知性命者，莫浪看挥毫——明清文人画的笔情墨趣”，上海人民美术出版社，1991。

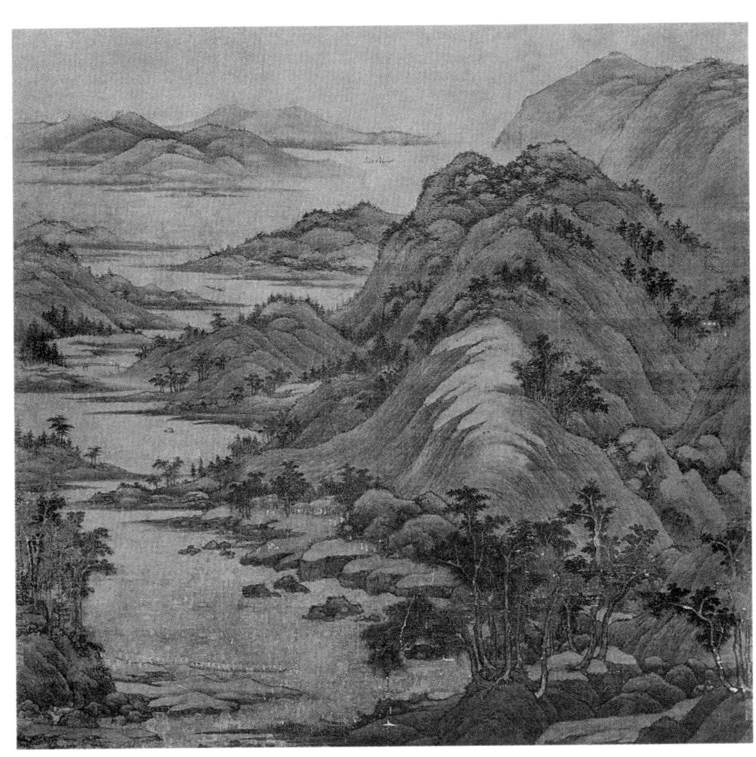

龙宿郊民图　董源

观点均为笔墨的造型作用。笔墨的讲究的确是从现实再现之要求来的。如上所述，“笔以立其形质，墨以分其阴阳”，笔、墨的运用都是在面对现实物象立形质分阴阳（明暗）的过程中自然形成的。你认真去分析被“四王”们奉为神明的董源，他山水中的虚实浓淡，线条的提按顿挫，真的就是在表现“峰峦出没，云雾显晦”“岚色郁苍，枝干劲挺”的自然形态中自然形成的。在董源的山水表现上，甚至有天光影映、云雾显晦的空气透视真实再现倾向。董其昌是深知笔墨本来就来自现实这一点的：“笔墨二字，人多不晓，画岂有无笔墨哉？但有轮廓，而无皴法，即谓之无笔；有皴法而无轻重、向背、明晦，即谓之无墨。古人云：石分三面。此语是笔亦是墨。”可见笔墨是从再现现实中来的。董其昌认识米家墨戏，也是从现实中来的：“至洞庭湖舟次，斜阳篷底，一望空阔，长天云物，怪怪奇奇，一幅米家墨戏也。”墨戏也是从现实中来。就是“四王”，也是注意到笔墨与现实之间的关系的。王原祁曾在京西御苑“入值”时远望四周山水美景，而有赞叹：“有真山水，可以见真笔墨。有真笔墨，可以发真文章。”而王石谷的好友笪重光著《画筌》，把现实与笔墨的关系说得更直白：“董巨峰峦，多属金陵一带；倪黄树石，得之吴越诸方；米家墨法，出润州城南……从来笔墨之探奇，必系山川之写照。”认真分析黄公望画《富春山居图》（此图被清人奉为笔墨之经典），可见他的笔墨的确是依据现实自然形态的远近、虚实、浓淡、质地、聚散、大小等相应处理而来。遥岑远山以淡墨虚线处之，以符合“石无十步真”的空气透视感受。而沙滩色调较淡，质地粗糙，故“淡墨扫屈曲为之，再用淡墨破”。岩石土坡，则既有光照形成的阴阳明暗变化，当然也就有浓淡、干湿、虚实、粗细、顿断、提按及破墨等复杂的笔墨处理和变化。[1]

因对复杂现实的真实再现要求，也造就了笔墨自身复杂形态的变化，加之以书入画的要求倡导于唐宋流行于元，故笔墨自身的意味当时也是讲究的。如荆浩《笔法记》有笔之“四势”的要求：“凡笔有四势，谓筋、肉、骨、气。笔绝而（不）断谓之筋，起伏成实谓之肉，生死刚正谓之骨，迹画不败谓之气。”这里当然有对用笔自身的审美要求。北宋郭若虚《图画见闻志》亦有用笔之“版、刻、结”的批评：“画有三病，皆系用笔。”“一曰版，二曰刻，三曰结。版者，腕弱笔痴，全亏取与，物状平褊，不能圆混也。刻者，运笔中疑，心手相戾，勾画之际，妄生圭角也。结者，欲行不行，当散不散，似物凝碍，不能流畅也。”可见，也是对用笔自身的审美意味的要求。郭熙《林泉高致》有对用墨之法的研究，例如“笔迹不混成谓之疏，疏则无真意；墨色不滋润谓之枯，枯则无生意”，如此等等。[2] 中国传统造型中的若干笔墨方面的讲究，可概称为“笔墨思维”。中国画必须写生，而写生也必须从笔墨与现实的关系入手，方能既有造境又有笔墨。

由此可见，笔墨及笔墨思维在古代绘画中是有重要作用的。而笔墨思维在今天的中国画创作中也同样有着重要的作用。那么，笔墨思维究竟有哪些特点呢?

第一，真实形色的再现不是中国绘画的根本追求，以笔墨概括现实对象，创造意境和笔墨境界是中国画的重要特点。

这涉及中国画的虚拟性质。董其昌说，“以蹊径之怪奇论，则画不如山水；以笔墨之精妙论，则山水决不如画”（《画旨》），又说，“昔人乃有以画为假山水，而以山水为真画者，何颠倒见也”（《画眼》）。可见中国画家认为画就是画，山水就是山水，也并没有如西方绘画那样试图创造幻觉的真实感。清代画家邹一桂评价西洋画虽然真实到令人产生“画宫室于墙壁，令人几欲走进”的幻觉的地步，但仍然批评“笔法全无，虽工亦匠，故不入画品”（《小山画谱》）。这种批评针对的就是中国造型虚拟性的自觉意识。这种造境的虚拟性是由多种因素构成的，如象征性、平面性、符号性、程式性、装饰性等，其中另一因素就是笔墨在造型上的作用。要把光影体积的视觉物象概括成线，而且是书法用笔构成的线，把现实由光、由万千色彩构成的体积与面概括成单纯的墨法与墨象，这本身就充满虚拟性。因此，打破再现现实物象形色光影体积的西方古典式造型思维以及古典式素描造型思维的束缚，即不太计较对象形色体积等形似因素，而自觉地用此种虚拟的以笔墨造型的思维意识去处理写生写实的对象，在中国画创作中就显得极为重要了。在中国古代绘画的意境塑造中，形成中国意味的禅静意境，笔墨的介入是绝对必须的。20世纪五六十年代中国画坛的写生，大多是以西方式焦点透视的观察方式和光影素描式思维方式和写生方式去进行的，虽仍以

1 笔墨与现实的关系，可参见笔者著《笔墨论》第六章“笔墨与自然”，上海画报出版社，2002。

2 参见笔者著《笔墨论》第四章“笔墨形态描述”，上海画报出版社，2002。

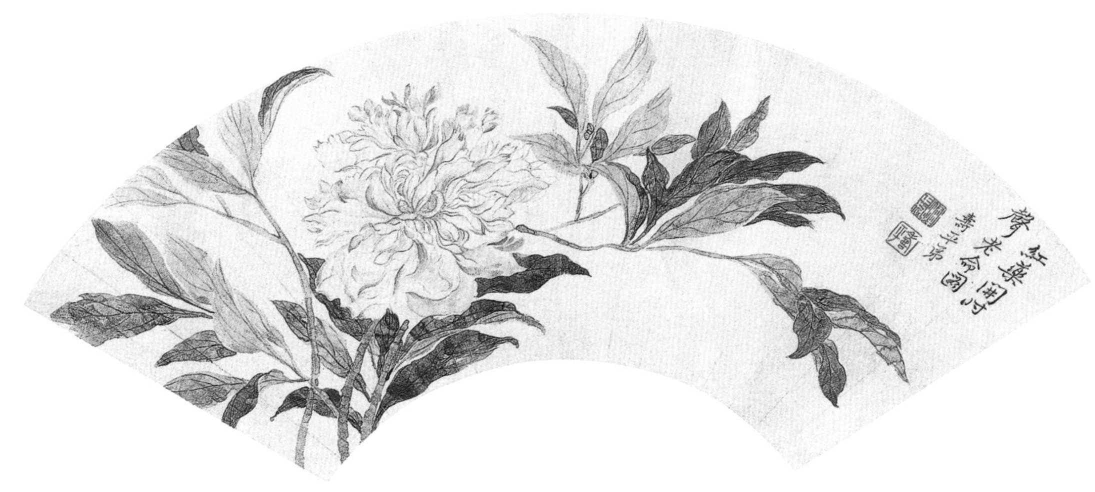

芍药图　恽寿平

宣纸、毛笔、水墨而为之，但也因此而与传统绘画距离太大。

第二，以笔墨的思维对对象进行自觉的处理，或把复杂的对象抽象处理成笔墨关系。

明末董其昌前后，笔墨的独立审美趋向愈来愈突出。如明末陈继儒称“文人之画，不在蹊径，而在笔墨”（《盛京故宫书画录》），王学浩称“作画第一论笔墨”。笔墨就成为绘画的核心价值了。这时候，笔墨形成的精神境界的重要性甚至超越了意境的表现。在这个阶段，注意在现实物象的结构、体势、节奏、韵律关系中寻觅与笔墨的异质同构的关系，成了笔墨表现新的趋向。例如石涛说：“得乾坤之理者，山川之质也。得笔墨之法者，山川之饰也。知其饰而非理，其理危矣。知其质而非法，其法微……画之理，笔之法，不过天地之质与饰也。”（《石涛画语录》）石涛所言，是指要超脱山川之外形（饰），而注意山川之质（理）。山川之饰，即笔墨之法，这是多变的；而山川之质，却是整个大千世界的本质性因素，即“乾坤之理”之所在。这是恒定不变的，也是笔墨运用应注意的。因此法理必须统一。石涛所注意的这些质、理，即山川之“形势”“气象”“约径”“节奏”“凝神”“联属”“行藏”，亦是气韵、节奏、韵律、结构等。沈宗骞《芥舟学画编》有一段论笔墨与自然的话讲得极精彩：“所谓笔势者，言以笔之气势，貌物之体势，方得谓画。故当伸纸洒墨，吾腕中若具有天地生物光景，洋洋洒洒，其出也无滞，其成也无心，随手点拂而物态毕呈，满眼机关而取携自便。心手笔墨之间，灵机妙绪凑而发之，文湖州所谓急以取之，少纵即逝者……墨滓笔痕托心腕之灵气以出，则气之在是亦即势之在是也。”沈宗骞还总结说，“笔墨相生之道全在于势”。“万物不一状，万变不一相，总之统乎气以呈其活动之趣者，是即所谓势也。论六法者，首曰气韵生动，盖即指此。”沈氏对“势”的总结是极具建设性的。笔墨在运行中有力有势，而自然造化之结构、节奏、动律亦可生势。

“以笔之气势，貌物之体势”，就把两种异质而于力于势可以同构的笔墨，在“势”的交点上结合在一起。“势”的提出，解决了笔墨在抽象意义上与自然的联系。唐书家李阳冰《上李大夫论古篆书》中有一段话论得更精彩：“于天地山川，得方圆流峙之常；于日月星辰，得经纬昭回之度；于云霞草木，得霏布滋蔓之容；于衣冠文物，得揖让周旋之体；于须眉口鼻，得喜怒惨舒之分；于虫鱼禽兽，得屈伸飞动之理；于骨角齿牙，得摆拉咀嚼之势。随手万变，任心所成。可谓通三才之气象，备万物之情状者矣。”[1]当然，这是笔墨与自然社会间一种更深刻的关系，一种从更本质的角度，以笔墨的运行、形态、意味去体会与应和自然社会形、神、运动本质规律的“常”“度”“容”“体”“分”“理”“势”。这种主要通过笔墨表现而形成的精神境界可称之为“笔墨境界”。[2]

第三，以自己喜好的笔墨程式为出发点，主动地选择写生对象或表现对象，以形成自己独特的中国画题材倾向或独特的风格特征。

有丰厚的笔墨修养，自觉的笔墨思维和笔墨审美情趣的中国画家，大多也在长期的习画过程中形成了自己的笔墨习惯。这些笔墨习惯往往与特定的题材表现相适应，与特定的题材选择相和谐。而且，这些特定的笔墨也往往只有在特定的题材表现中才容易呈现特定的个性风格。例如“米点”式的横茄点状积墨在水气烟云的雨景山水中特色鲜明。又如“黑宾虹”阶段（八十岁左右）的黄宾虹的深沉积墨在表现“夜山”中的特殊效果。又比如李可染的积墨在“漓江烟雨”“杏花春雨江南”一类题材上的淋漓作用。傅抱石飞动的散锋则使他擅长于表现有树林的山景和云水飞瀑。

在当代画家中，唐允明以《野山》获第七届全国美展铜奖，又以《红岭》获第八届全国美展大奖（“日中友好会馆大奖”），他正是以参差笔形的复杂变化去选择“野山”野林的成功范例。著名花卉画家何水法则因会心于复杂微妙的点子积墨法而别具匠心地选择小叶花树，最后标格突出。

笔墨思维这种特征的形成，或者因在写生中形成了此种笔墨表现的倾向，再着意于此种写生；或者因在学习传统中偏重于某种笔墨样式而在写生中特意去寻觅。不管哪一种，以笔墨为起点去选择乃至决定写生，是传统笔墨思维与写生关系中很有实践价值的一种类型。

第四，笔墨即诸种笔法与墨法、墨象间的关系处理，而此种笔墨关系又源于造化自然。

笔墨思维落实到画面处理上会体现一种中国特有的辩证思维路数。亦如老子“有无相生，难易相成，长短相形，高下相倾，音声相和，前后相随”，以及“大音希声”“大象无形”等对立统一的辩证思维。亦如汉代蔡邕《九势八诀》中所论：“夫书肇于自然，自然既立，阴阳生焉；阴阳既生，形势出矣。藏头护尾，力在字中，下笔用力，肌肤之丽。……落笔结字，上皆覆下，下以承上。”如此等等，充满了对立统一的精神。清人恽南田批注笪重光《画筌》时说，“画法不离纵横

1 李阳冰：《墨池编·上李大夫论古篆书》，载卢辅圣主编《中国书画全书》第一册，上海书画出版社，1993，第211页。

2 参见笔者著《笔墨论》第六章“笔墨与自然”，上海画报出版社，2002。

聚散四字，所谓一阴一阳之谓道”。南田此语道尽传统绘画笔墨处理之天机，笔墨说到底其实就是关系，对立统一的辩证关系。清末华翼纶《画说》有一段论笔墨的话也很精辟，“画有一横一竖：横者以竖者破之，竖者以横者破之，便无一顺之弊。又气实，或置路或置泉，实处皆空虚”。“四王”中的王石谷有一特殊的说法，即忌“光”：“凡作一图，用笔有粗有细，有浓有淡，有干有湿，方为好手。若出一律，则光矣。”王原祁为石谷此论批注，引申出一个更有趣的概念叫“毛”：“山水用笔须毛。毛字从来论画者未之及。盖毛则气古而味厚。石谷所谓光，正毛之反也。”毛即不“一律”，有变化。方薰《山静居画论》载：“皴之有浓淡、繁简、湿燥等，笔法各宜合度。如皴浓笔，宜分明。淡笔，宜骨力。繁笔，宜检静。简笔，宜沉着。湿笔，宜爽朗。燥笔，宜润泽。”又说，“作一画，墨之浓淡焦湿无不备，笔之正反虚实旁见侧出无不到，却是随手拈来者，便是工夫到境。”上面各家之论，其实都是辩证思维中对立统一的思维原则，也就是在对立统一的原则中处理笔墨的各种关系。所谓好的笔墨，也就是在浓淡、正侧、干湿、粗细、疾徐、提按、顿挫及泼、破、积、焦、宿、渍诸种墨法中穿插并用，变化中求统一，和谐中有变化，且诸般变化又“却是随手拈来”自然而然时，笔墨思维及笔墨处理即大功告成。但值得指出的是，对笔墨的这种辩证关系处理，仍然离不开大千世界的启示。恽南田的《南田论画》说，“方圆画不俱成，左右视不并见，此《论衡》之说。独山水不然。画方不可离圆，视左不可离右，此造化之妙”。大千世界中，本来就充满着各种各样复杂的变化与变化中的统一，大千世界的完美性堪称无与伦比。西方人无以誉之，称之为上帝的功绩，至有“人类一思考，上帝就发笑”的西谚，故西方人只是模仿自然。中国人无以名之，名之曰道。中国人固然有面对造化的自主与自信，但中国人主张天人合一，既不完全与自然对立，亦不完全服从于自然，且主张道生万物，“道法自然”（此“自然”为自然而然）。笔墨与自然的关系就是服从于中国文化大背景的艺术思维之一种。清人布颜图论墨一段可举一反三：“墨之为用，其神矣乎！画家能夺造物变化之机者，只此六彩（注：指‘墨分六彩’）耳。如巨灵之斧，五丁之凿，开山劈水，取烟光云影于几案，其效灵岂细事哉！但用之善与不善耳。善用墨者，先后有序，六彩合宜，则峰峦明媚而岩壑幽深……迎面山顶石准用黑墨开其面目，次用湿浓润其阴坳，务审阴阳向背，左浓右淡，右明左暗，实处愈实，虚处愈虚，悬壁谛观，焕然一山川矣。”（《画学心法问答》）此处所言之墨法，则既照顾到自然造化阴阳向背明暗之启示，又有浓淡虚实的辩证对立之变化。然则关系之处理又主要源于自然，且还原于“焕然一山川”。清人唐岱论笔墨，给天人合一之“自然”列专章：“自天地一阖一辟，而万物之成形成象，无不由气之摩荡自然而成。画之作也，亦然。古人之作画也，以笔之动而为阳，以墨之静而为阴；以笔取气为阳，以墨生彩为阴。体阴阳以用笔墨。故每一画成，大而丘壑位置，小而树石沙水，无一笔不精当，无一点不生动，是其功力纯熟，以笔墨之自然合乎天地之自然……语云：造化入笔端，笔端夺造化，此之谓也。”（《绘事发微》）“以笔墨之自然合乎天地之自然”，“造化入笔端，笔端夺造化”，可谓道尽了笔墨与大千世界那种密不可分的关系，也点出了中国辩证思维在这种笔墨与现实关系中的主宰作用。

行文至此，联想到贯穿于整个20世纪中国画坛的写生写实思潮与在20世纪90年代崛起的笔墨思潮。由于整个20世纪受过分强大的民族虚无主义思潮的影响，不论是写生写实倾向还是张扬笔墨之倾向，都有着相当的片面性：前者是对传统的蔑视，后者是对传统的无知。

从20世纪初期开始，到五六十年代到达顶峰的写生写实思潮，以西方“科学主义”的客观写实和素描式的观察方式和表现方式入手，彻底改变了中国画的发展方向和基本面貌。好处是带来了一股来自生活与现实的新风新貌，画面充满生气；而缺点则是丢掉了中国画的笔墨传统，画面处理简单粗糙，纯靠造型来简单地“反映生活”。作品的“现实性”有了，画家的主体意味、情感及情调、境界在当时都因回避意识形态和政治上的危险而大打折扣。50年代末，以写生著称的李可染开始回归意境，70年代中期后注意到笔墨，算是这股写生思潮中回归传统的先知先觉行为。之后黄秋园、陈子庄的被推出成为传统及笔墨问题重新被中国画坛所关注的标志。

但随着笔墨倾向的高调倡导及“新文人画”的崛起，另一股脱离自然、脱离现实、更危险的趋向声势浩大地发展。到今天，中国画家们在画室里实验般地翻来覆去地折腾“笔墨”实验效果，发明花样，完成样式，可谓靡然成风，不懂美术史和传统绘画精髓的“当代”评论家们也盲目地赞美着、支持着这些玩弄笔墨者，以至于今天中国画坛空洞的笔墨泛滥，小品、墨戏雷同倾向比比皆是，原因可能就出在“人类一思考，上帝就发笑”上。回顾清代中期山水画的教训是有必要的。学过美术史的都知道，清中期山水画逐渐衰落而被花鸟画所取代。被取代的原因很多，其中一个主导性的原因，就是倡导笔墨之后，画家们脱离了与现实造化的联系。整个中国山水画坛以“仿”为时尚。他们仿董源、巨然、“元四家”们的丘壑，又仿“四王”。他们在笔墨上本来是有创造的，但这样一来，陈陈相因的山水风气便弥漫画坛，其风气与今天何其相似乃尔。清中期的著名论家方薰在谈到当时的这种笔墨风气时说：“凡作画者，多究心笔墨，而于章法位置，往往忽之。不知古人丘壑生发不已，时出新意，别开生面……近日画少丘壑，人皆习得搬前换后法耳。”（《山静居画论》）谁愿意天天看这些“仿”来的大同小异的玩意儿呢？希腊神话中那个依靠大地而战无不胜的英雄安泰俄斯，最后是被赫拉克勒斯举在空中扼死的。但愿我们今天的中国画不会成为在空中被扼死的安泰俄斯，我们的画家们也不会成为被上帝嘲笑的自以为是者。

第五节　浙派水墨人物画论

人物画的发展总是与社会之盛衰密切相关。当中国古代社会经历了政治经济军事极盛期的唐代之后，人物画也随之进入高潮。宋代国力虽大不如前，然人物画继其余绪，更发展至中国古代人物画之极盛期。但到元代之后，则每况愈下，以致著名人物画家仅以个数计。到20世纪初，雄心勃勃的徐悲鸿试图以西方写实绘画拯救中国画中的人物画科，但开出的“药方”又仅仅是幼稚的素描加线条，结果把自己弄得以重建人物画科开始，最后却以画马名世，大有英雄失路之憾。本来想贯彻徐氏人物画素描改革方案的蒋兆和，也因为徐氏公式麻烦太多、问题太大，最后只能另起炉灶，在传统中再找出路而成功，成为北派人物画之奠基者。[1]

如果说徐悲鸿、蒋兆和是在20世纪初期及三四十年代就在做水墨写实人物画的探索的话，那么，作为中国画发展比较成熟的江、浙、沪一带，其人物画的崛起却只能从50年代中期浙派人物画的出现算起。这种浙派人物画的出现，当然也是服从于中华人民共和国成立之后艺术为政治服务的需要。

江浙一带虽说是中国画最重要的地区，但其力量却主要集中在花鸟与山水上。海上画派的创作以花鸟为主，虽有“三任”等涉及人物，但并未构成主流。20世纪以来江浙地区的中国画坛仍以花鸟、山水为主，以人物名世者不多。就以1928年成立的国立艺术院专论，中国画领域的三大名师——潘天寿、吴茀之、诸乐三，他们都是花鸟画家。40年代末介入教学的黄宾虹是山水画家。如果不是中华人民共和国成立后政治宣传的需要，也许也没有多少江浙地区的画家会去画人物画。正是因为50年代初强烈的艺术为政治服务的需要，使这片传统花鸟画、山水画发达的地区开始了人物画的探索。浙派人物画就是在如此背景下出现的。

浙派人物画出现的特殊背景，注定了它的人物画发展与此前一枝独秀的北派人物画大相径庭。

的确，人物画在当时的政治环境下太被需要了，以至于中央美术学院华东分院（1958年更名为浙江美术学院，1993年改为中国美术学院）定下了“以人物画为主，以写生为主，以工笔为主”的彩墨画系“三为主”教学方针。在那时学校没有人物画画家，更没有人物画师资，连花鸟画大师潘天寿都亲自披挂上阵画了一些人物画。亦如1954年任彩墨画科主任的水彩画家朱金楼所说，“中国传统人物画当时几乎面临绝境，找不到师资，只有靠自己培养。当时他们选拔了学西画的青年教师

1 人们喜欢人云亦云地称北方人物画派为“徐蒋体系”，此说不仅不对，而且对蒋兆和极为不公。因为蒋兆和是在抛弃了徐悲鸿素描加线条的幼稚人物画改革公式后，才真正形成自己的水墨写实人物画体系的。北方人物画派绝大多数名家均出自蒋氏门下而非徐氏门下，徐自己则以画马成名家。详尽论述请参见本书上册第二章“徐悲鸿”“蒋兆和”两节。

如李震坚、周昌谷、方增先、宋宗元等，边教边自学”[1]。真可谓是白手起家。

学西画的学生长于素描、长于造型，画人像是不成问题的，起步大有与北派相似之基础。但中央美术学院的华东分院绝不是北京的中央美术学院，这个有潘天寿在的美术学院在中国画发展与变革的问题上与徐悲鸿任院长的中央美院有着完全不同的思路。而潘天寿、黄宾虹们雄厚的中国画传统实力也是无与伦比的。

潘天寿是反对以西方素描的表现方式与思维方式去改变中国画的，他也不赞成因中西融合而抹杀中国画自身的民族独特性，而是主张即使吸收外来营养，也必须保持传统的基本特征。这两个要点使浙江美术学院既能坚持山水、花鸟的传统路数，又能在人物画上另辟蹊径，独树一帜。

李震坚们进入中国画人物画的第一步，是临习包括敦煌壁画、永乐宫壁画的传统人物画。他们与北派的分野就此开始。或许是巧合，李震坚们刚转行，就遇到文化部组织去敦煌考察与临摹壁画。一去数月的详尽研究与认真临摹，给这批刚转行的西画家带来了一次意义非凡的民族传统洗礼。而研究传统的氛围则使这批转行的人物画家的人物画实践保持了鲜明的民族特色。这批学习西画的画家此前在林风眠的中西合璧“绘画系”中就有过对中国画的学习，转行以后，对古代传统的学习就更加自觉了。例如，周昌谷研究传统人物画的“十八描”，融入花鸟画中的“点厾法”“卧笔法”，又学习过黄宾虹山水技法中的“七字墨法”。方增先研究过海派任伯年

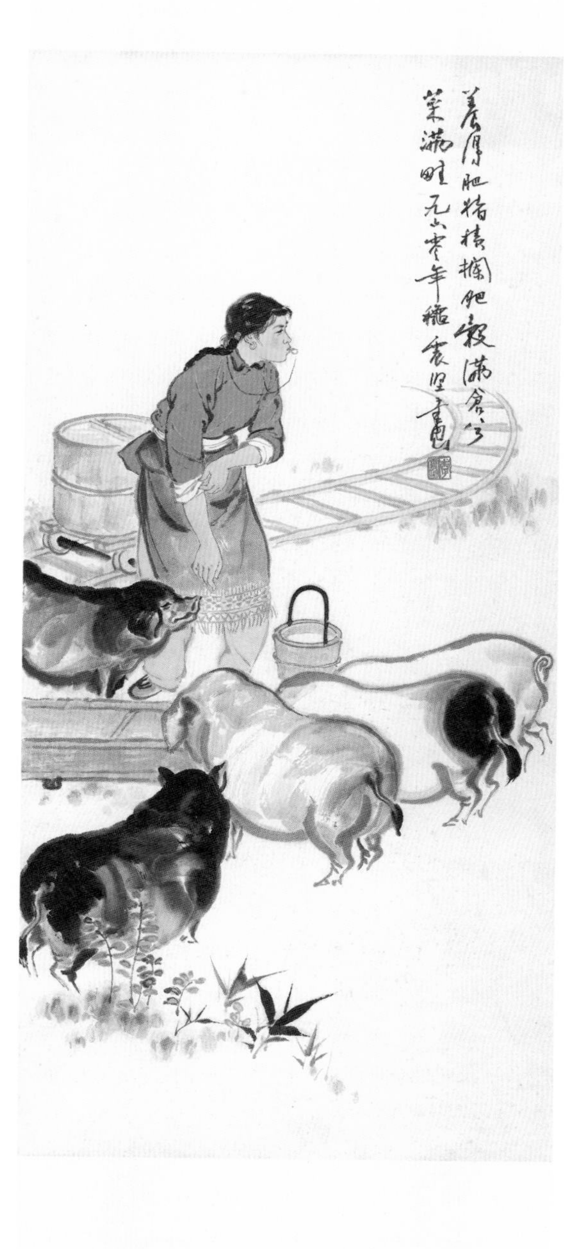

养猪圈　李震坚

1 朱金楼：《浙美新山水画教学的主要奠基者——谈顾坤伯的教学及其轶事》，载《浙江美术学院中国画六十五年》，浙江美术学院出版社，1993，第244页。

的花鸟画，体会其中的水墨层次与笔法结构，还去上海向王个簃先生学习吴昌硕派的花卉画，研究过唐宋以来古典人物画与写生的关系。这种从研究传统起步的做法决定了浙派人物画整个的走向，他们这种以浙江美术学院雄厚的花鸟画技法基础向人物画技法移置的方式是十分独特而又极为聪明的。

当然，中国画人物画的关键，还在于解决造型与中国画语言表达间的关系。徐悲鸿式的以素描为法宝的观点一向为潘天寿所尖锐批评。潘天寿对此说过，“我过去一直反对有些留学西洋回来的先生认为‘西洋素描是一切艺术的基础’的说法”。这位深研过传统的国画大师深刻地指出，“中国的笔线与西洋的明暗放到一起，总是容易打架。中国画用线求概括空灵，一摸明暗，就不易纯净”。[1] 李震坚们以前学习的一直是西洋的素描法，后国内又引入了俄罗斯契斯佳科夫素描体系，这些来自欧洲的素描方法，从思维方式、观察方式到表现手法都与中国画全然不同。由于潘天寿这些坚定的观点，浙江美术学院人物画从一开始就避免了因西式素描的介入而引起的问题。

造型的方式本来就是多种多样的。有西方式立体明暗光影透视的方式，也有平面的非透视的线或笔墨的方式；有再现的、表现的方式，也有抽象的、符号的方式。不同的造型方式，都有与之适应的一整套观念、观察方式及表现手段。而当把两套完全不同的系统生硬地拼接在一起时，出现问题是必然的。处于中国画传统重镇浙江的人物画家们，从一开始就没有陷入此种矛盾之中，在潘天寿的把关下，李震坚这些学过西画素描的画家，也从一开始就走上了一条水墨写实人物的正确发展之路。

人物画较之花鸟、山水画最为困难的就是造型问题。当年徐悲鸿们之所以那么看重素描，就是想通过西方严谨造型的方式克服人物画造型的困难。但是，他们忘了，即使是严谨造型，中国人也有自己的一套解决办法。唐、五代、两宋时期的张萱、周昉、顾闳中、武宗元、宋徽宗、苏汉臣、张择端，及若干画《折槛图》一类高度写实作品的院画画家们，在中国式平面、线条角度的造型方面，其人物造型的准确、生动、丰富乃至人物间组合之复杂，也丝毫不亚于西方的素描。况且，中国古代也是有肖像画的。这些只讲凹凸结构渲染而不管光影体积幻觉塑造的肖像画手法，同样是中国古典绘画传统的有机构成部分。潘天寿就是这样看的，他说“中国画捉形，用线勾大轮廓而不用明暗，这是中西不同之处”。他主张把中国式的“白描”“双钩”与西洋的素描相区别。潘天寿反复强调应该建立适应中国画视觉习惯和笔墨趣味的自己的素描体系。

潘天寿的观点受到60年代从德国留学归来的舒传熹的支持。舒传熹认为素描的含义应扩大，他主张把中国的“线描”“白描”“双钩”“粉本”统统放到素描的范畴之中，同时强调，“应在观点上把‘白描’与‘双钩’等看作是我们民族自己的素描体系”。舒传熹还提出了“绘”与“画”的概念。他认为，“画”即指中国式素描，指“白描”或“双钩”，“一般说就是，点、划、勾、勒、

---

1 潘公凯：《潘天寿谈艺录》，浙江人民美术出版社，1985，第194页。

描、写”。在这种素描中，其形式就是线条与点划。素描必须与用笔相联系。而“绘”就是赋彩落墨，在素描中就是黑白浓淡层次，“绘”应从属于“画”。这样，舒传熹实质上已提出了一个以线为主、线面结合的中国画素描体系，而且，这是一个结合了中国传统绘画语言“笔”与“墨”的体系。

作为最早的人物画教师，也是其中最有成就最具影响的方增先，则从古代绘画中的结构关系入手去谈造型问题。方增先在研究唐代绘画时，发现其有结构关系及“接榫”现象的存在。他注意到西方素描造成的是一种直觉的立体幻觉感，而中国绘画是“追求在平面中组织线、点、块面的韵律节奏”，是在“平面穿插”中形成的一种空间处理。因此，线描结构的形象，与西方素描追求的视幻觉感不一样，它是一种关于立体的联想。方增先从研究具体的古代绘画出发，指出“由于这种透视主要依赖于结构，所以就有可能不受自然现象透视的约束，前山上的人，可以和后山上的人画得一般大；前山的石头的线，和远山石头的线可以画得一样粗；前山有黑浓的石头，但最远处的山也可以画得最黑”。这种认识是极为深刻的。方增先认识到的其实是中国传统绘画的虚拟性，即通过符号与结构的联想而与现实发生关系。这种对绘画特质的深刻认识是群体性的。顾生岳说得直截了当：“拉开距离非常重要。有了这段距离，原来立体的物象可以转化为平面，在自然物象外表并不存在的线条可以用来作为塑造艺术形象的手段，提炼取舍、夸张变形也才能成为合理；没有这段距离，艺术的主观作用就无从显示，中国画的独特风格也就不复存在。”既然绘画仅仅是绘画本身而不是现实的替代品，那么，这种本来就虚拟的物象除了要保持其虚拟性，结构自身的完整性，即线、点、块面的平面穿插矛盾对立关系也应当在考虑中。方增先也因此而认识到“因为线描的平面艺术处理，导致了中国画在笔墨技法、构图、空白以及意境和艺术形象的特殊发展”。[1]

这些论述，涉及中西艺术审美观念、观察方式、空间意识、形式系统乃至艺术自律性表现等多种深刻的因素，显然远远地超出了素描、形似、科学等艺术的浅表层次的因素。在浙江美术学院这所具浓厚学术研究、学术思考氛围的艺术学府中，这些深刻的理性思考，为浙派人物画的崛起奠定了坚实的基础。

如果说，中国画造型的上述理论关系已被厘清，对中国画的虚拟平面以及点、线、面的结构关系的特征有了自觉，对中国画形式系统线、笔、墨的独立性、自律性等审美因素也有了清醒的认识，那么，作为仍然需要十分讲究造型的人物画，其造型性与笔墨的实践关系又怎么去解决?

这是人物画创作实践中的一大难题。斤斤计较于造型的严谨与准确，则笔墨意味自然大受其害。亦如方增先引证文徵明之论，“盖画至人物，辄欲穷似，则笔法不暇计也”。那些大讲素描入画，只会对着模特儿写生照搬入画的人，其创作的形象刻板呆滞，味如嚼蜡，形尚如此，奚究笔墨？对此，浙派人物画有一绝招。他们不主张长时间的复杂素描，而主张大量速写与记忆。

---

1 上述关于潘天寿、舒传熹与方增先的观点，源自三人的三篇论文，对三人观点的论述及其中引文，参见潘耀昌《浙美人物画造型的奠基理论——评三篇关于国画素描问题的论文》，顾生岳《“不似之似”——试论传统工笔人物画造型特征》，以上两文均载于《浙江美术学院中国画六十五年（续编）》，浙江美术学院出版社，1993。

这也是从传统人物画技法而来的一种方式。顾生岳谈到“古代画论记载着不少有关形象记忆的论述”。他列举了苏东坡《传神记》中的“传神与相一道，欲得其人之天，法当于众中阴察之。今乃使人具衣冠坐，注视一物，彼方敛容自持，岂复见其天乎？”何为“天”，即人在不受任何干扰的情形下自然流露的神情态度。他还举元代肖像画家王绎《写像秘诀》中关于“静而求之，默识于心”、顾闳中画《韩熙载夜宴图》如何“窃窥之，目识心记”等大量古代人物画之例谈记忆的作用。这是从发掘人的天真神态角度谈的。当我们列数20世纪以来不少循规蹈矩严格依模特儿而作的人物画，哪怕是著名的，乃至经典之作，面对那些呆板的模特儿状的人物及人物组合形象时，不觉得缺乏的就是古人们所重视的这个“天”吗？方增先主张大量速写与记忆，还有另一重要意义，即可以因此而进入创作的自由，形式表现的自由。当对人物的各种形态、各种动作、各种角度与各种类型烂熟于心时，作画就既可根据造型的需要，如灯取影，亦可根据笔墨自身表现的需要调整，可增可减，可高可低，可疏可密，可线可面，可干可湿，增删概括，自由调度，随心所欲。方增先也遵照传统临摹之法，主张大量临摹速写、连环画和插图中的优秀作品，注意其造型、结构与笔墨的有机联系。[1]

这样，浙派人物画家们在中国画人物画的创作上，就建立起一个实践性很强的体系。这个体系解决了人物画创作中的一系列重要的问题：古典传统与西方艺术的关系，对素描和对基本功的中国式、中国画式理解，在对人物造型的平面性、虚拟性、主观性、结构性的自觉把握中自由把握笔墨与造型的关系，写生与对人之“天”的自然生动传达，及其对速写对形象记忆画的要求等。

值得指出的是，浙派人物画体系的一个重要特点，就是它不是一种纯经验性、实践性的操作系统，而是一个实践与理论、实践与美术史论紧密结合的体系。浙江美术学院在潘天寿、黄宾虹们以身作则的引领下，极重学术性研究。亦如陆俨少所说：“我院国画教学素重传统。自潘院长以下，无不认为学习国画，宜先读书。读书可以变化气质，恢弘学养，然后丘壑内营，无不如志。”[2]陈振濂对此风气也谈到“为了适应教学工作，教师们都重视学问与研究，编教材、出专著、撰写教学论文，等等。多读书、多做学问是已故院长潘天寿的谆谆遗嘱”[3]。整个学院都有读书做学问的风气，不少画家们都有较深的美术史理论素养。他们对貌似公理般的“素描是一切造型的基础”的反对，对人物画造型虚拟性、平面性、结构性的认识，乃至对速写与记忆画在人物画中特殊作用的认识，对笔墨与造型关系等的认识，都有赖于他们（请注意本文提及的所有论述者全为浙江美术学院

---

1 上述关于潘天寿、舒传熹与方增先的观点，源自三人的三篇论文，对三人观点的论述及其中引文，参见潘耀昌《浙美人物画造型的奠基理论——评三篇关于国画素描问题的论文》，顾生岳《“不似之似”：试论传统工笔人物画造型特征》，以上两文均载于《浙江美术学院中国画六十五年（续编）》，浙江美术学院出版社，1993。

2 陆俨少：《陆俨少自述》，载《浙江美术学院中国画六十五年》，浙江美术学院出版社，1993，第266页。

3 陈振濂：《一个强有力的艺术集群——浙江美术学院中国画系》，载《浙江美术学院中国画六十五年》，浙江美术学院出版社，1993，第56页。

的画家）对美术理论及中外美术史的深刻认识与理解。正是由于奠基在史论研究基础上的对中国画人物画的上述理解，才形成了浙美人物画独树一帜的体系，尽管浙美人物画创立之初，已有较为成熟且同样自成体系的以蒋兆和为开派领袖的北派人物画体系可以借鉴。

浙派人物画的体系性，还表现在他们已经建立了一个从基础理论研究，到基础课程设置及人物画教学与创作的一整套完整有机的系统。例如，在西式素描已被证明不能直接用于中国画人物画的学习之后，他们从顾生岳手上另建了具中国画特色的专业素描课。“从改变观察方法入手，强调对象结构的表现，减弱明暗对比，尽量用线去概括，适当加明暗调子为辅助的手段，于是逐步形成了具有中国画特色的专业素描。后来又与速写、慢写、默写四者结合起来，称为‘四写’的一套完整的造型基础教学体系。”[1]又如在中国画教学中的线描课。一般的线描，就是工笔线描，但在水墨写意人物画中却有自成特色的“意笔线描”。他们提出了直接以意笔线描取代工笔作为线描基础训练课的设想，并将其正式列入浙江美术学院中国画人物画专业的课程设置。意笔线描的重点放在对基本规律的认识与基本技法的训练上，该课让学生通过大量临摹古代名迹，接触各种意笔线描形式，从而把握笔势、笔趣、笔意、笔力、笔形的形式意趣。这种意笔的训练，使对传统白描用线的训练扩大至水墨大写意及至泼墨的点、线、面运用成为可能。这无疑是浙派水墨人物画成功的重要保证。

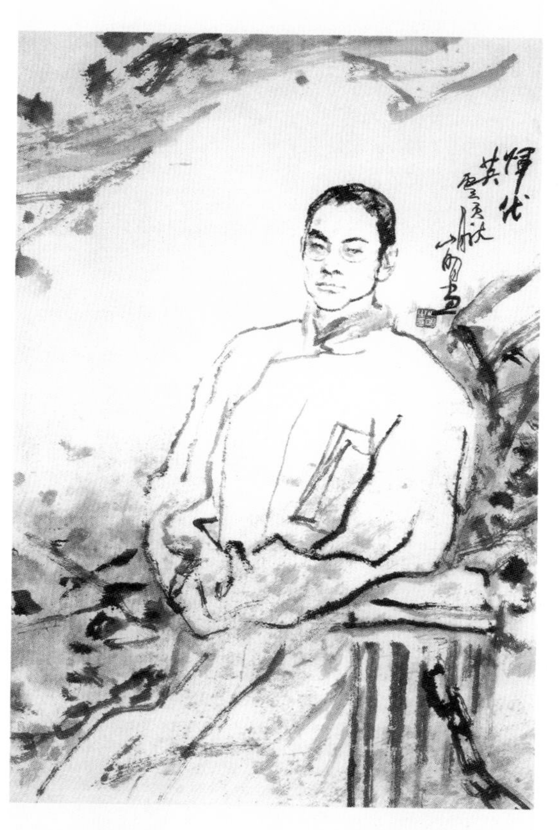

恽代英　吴山明

1 李子侯：《试析五六十年代浙江人物画的崛起》，载《浙江美术学院中国画六十五年》，浙江美术学院出版社，1993，第95页。

浙派人物画自20世纪50年代初期开始探索，1954年周昌谷画的《两个羊羔》在第五届世界青年联欢节上获金奖，这种初战即告捷的成功使浙派人物画初露锋芒。1955年，后来成为浙派人物画主将的画家方增先创作了《粒粒皆辛苦》，其后李震坚的《井冈山的斗争》、宋忠元的《牧区医疗队》等作品亦先后问世。周昌谷、方增先、李震坚等人创作的作品在人物造型上的生动自然，人物造型与笔墨的珠联璧合，以及笔墨本身的灵动丰富，为浙派人物画奠定了坚实的基础。此后，方增先又创作了笔墨更成熟、造型更生动的《说红书》《母亲》，把浙派人物画推向成熟。而后继之吴山明、刘国辉又完全承继了方增先的衣钵，作品更潇洒灵动、风神俊逸，成为方增先之后浙派人物画的中流砥柱。再后的冯远，承其前辈之传统，做多方位探索，从大场面厚重之历史图卷到飘逸灵秀之人物小品，以及抽象趣味之脸谱，扩大了浙派人物画的风格领域。属于水墨一路的还有王庆明、吴永良、吴声、黄发榜、佟振国、叶文夫等。

作为浙派人物画的另一支，从宋忠元开其工笔人物画之先河后，顾生岳、徐启雄亦以卓越的工笔人物享誉画坛。后继如唐勇力、刘幽莎亦实力不凡。此外，如李子侯、张谷良、陈之川等亦各有建树。

至此，浙派人物画渐行渐壮，到今天，更以全国公认的南派人物画声势与北派人物画二分天下。

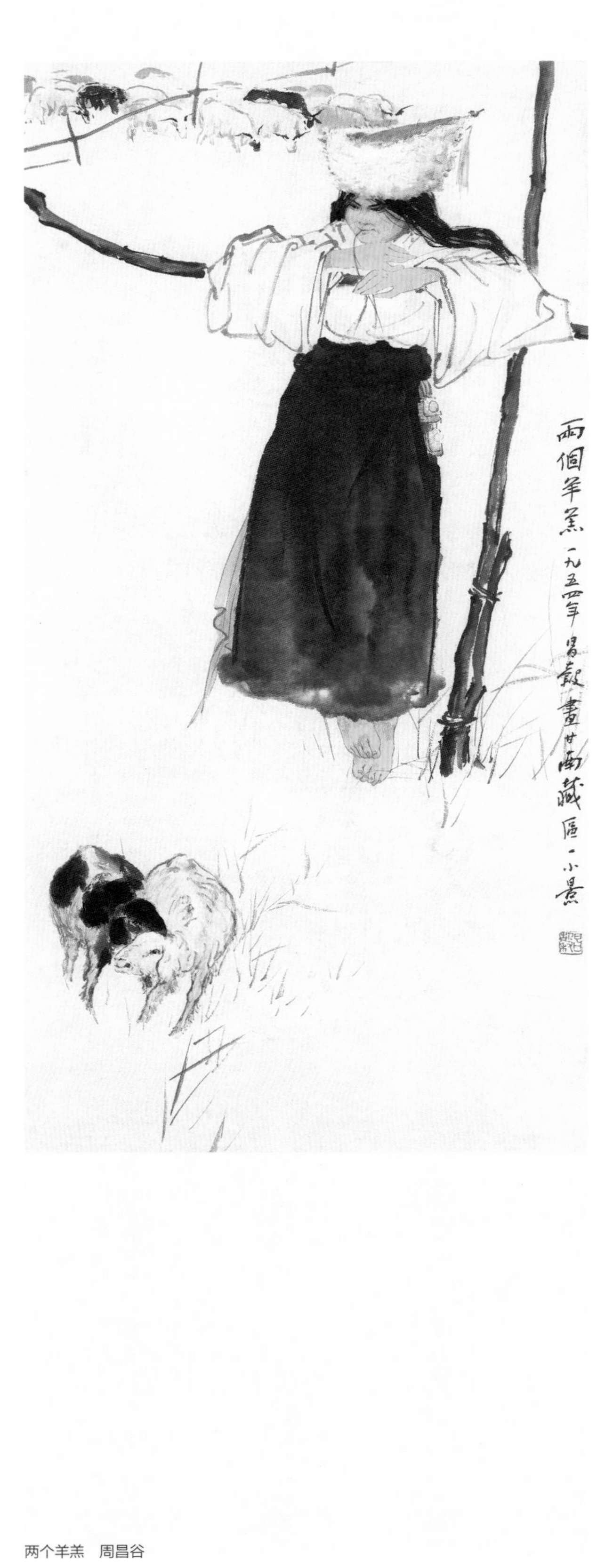

两个羊羔　周昌谷

浙派人物画立足于民族传统，在中国传统之意象特色，笔墨与人物造型的有机结合，人物造型的生动自然等方面，在20世纪的中国画坛都有着独占先机的优势。这是浙派人物画异军突起于以花鸟山水见长的浙江美术学院的根据，也是其以后来居上的势头与北派人物画分庭抗礼的原因。

但浙派人物画的发展也存在着一些问题。从浙派人物画的形成及其发展过程可以看到，浙江美术学院的画家们优先考虑人物画的若干艺术性问题。例如人物画的传统特色问题，即中国画人物画的中国画性质问题，以及中国画语言的笔墨与人物造型如何结合等问题。这些问题的解决是困难的，他们的处理也是成功的，这也恰恰是浙派人物画之所以独具特色的关键所在。首先要确立的是怎么画，不解决怎么画这个先决条件，画什么自然也无从考虑。浙派人物画之所以崛起，正是因为时代对人物画有社会性（反映包括政治的、经济的、文化的、历史的若干社会性质）需求。而人物画比之山水画与花鸟画，从画科分工的角度也更需要贴近现实。然而，浙派人物画却仅仅在其崛起之初对社会性题材有一定程度的表现，例如《井冈山的斗争》《粒粒皆辛苦》《说红书》等，在大多数时候，这种人物画创作多流于古典题材、女性题材，以及对生活小品小情趣的表现，或者，更有以人物为手段，以笔墨情趣为表现目的者，这就与浙派人物画崛起之初衷有悖了。对此，浙派人物画前辈宋忠元就有批评："人物画近几年题材范围、形式构成、笔墨技巧、材料运用均有较大突破，但有一点不如五六十年代那样坚持刻意追求表现当代生活，往往退而沉浸于小品笔情墨趣之中。"[1] 继而浙派人物画中坚刘国辉在其著作《水墨人物画探》中谈到笔墨至上观念对人物画的伤害时说："人物画家一旦离开了对人的研究和表达，就没有发展可言，水墨人物画的悲剧就在这里。""我们有明确而高明的'意象'造型观，却没有创造这高明的'意象'的艺术规律把握和技术上保证……成就了笔墨的至高地位，却使造型沦为完全次要的可怜角色，今天的人物画研究应该从这里切入，路还很长。"刘国辉这些批评文人水墨人物画的话，是否也含有对浙派人物画现状的隐忧呢？

事实上，北派人物画的开山鼻祖蒋兆和从一开始想奉献给社会的就是"敬献于大众之前""为民写真"的"苦茶"。他从《黄包车夫的家庭》《缝穷》《卖子图》到皇皇写实主义巨献《流民图》，都填补了中国人物画史上批判现实作品的空白。尽管这位20世纪水墨人物画开拓者的作品不尽如人意的地方还很多，如《流民图》造型的生硬，笔墨的不完美，却也未能影响这位开拓者的历史地位。此后，蒋兆和的学生们继承了他们老师的这一传统，继续创造着直接反映重大现实题材的优秀人物画，如王迎春、杨力舟的《太行铁壁》，周思聪的《人民和总理》等。这种更直接地反映人物画社会功用的倾向，使北派人物画在面对艺术上更具挑战性的浙派人物画的崛起时，并未失去其发展的势头。相反地，创造了精彩的水墨人物画表现体系的浙派人物画，却在这个重要方面失去了自己本该具备的更为重大的影响。或许，抒情小品、笔墨情趣本为浙派人物画的特色，但这些特

1 宋忠元：《在稳定中求发展：中国画教学随感》，载《浙江美术学院中国画六十五年（续编）》，浙江美术学院出版社，1993，第142页。

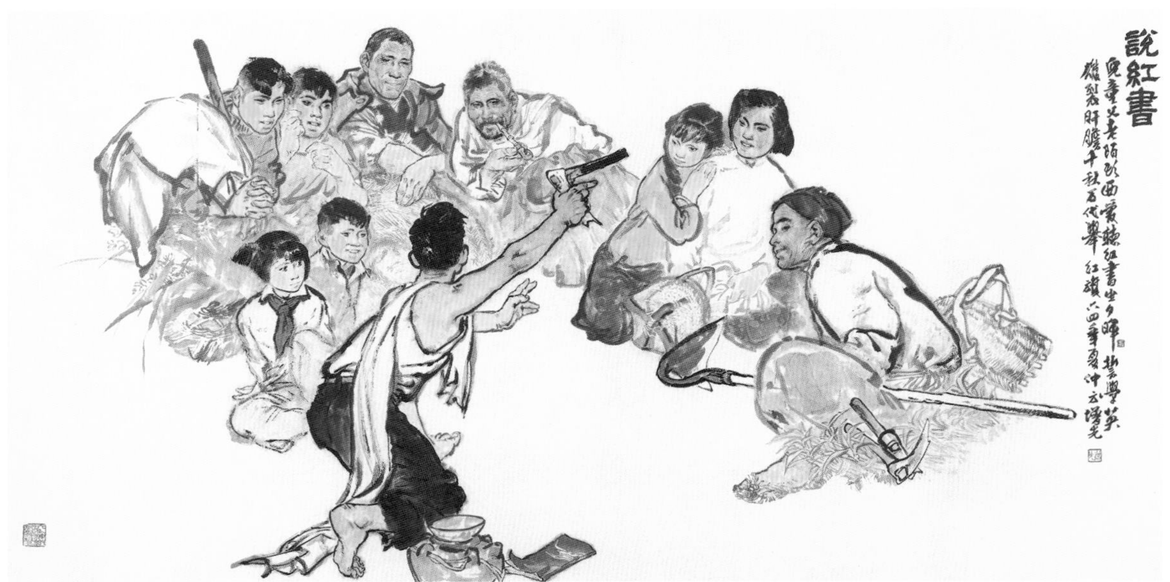

说红书　方增先

色在花鸟画中或许更有意义，在个别画家身上也有其独特风格之价值，但在具有集体性、流派性、总体性倾向的人物画上就不无遗憾了。

其实，浙派人物画之前景还很广大，可开拓的领域还很多，浙派水墨人物画自身特征还未能淋漓尽致地发挥出来。既然有如此精到的造型观念、笔墨处理及完整独特的表现体系，何不去尝试更有意义的社会性题材，更大的场面处理，更多的人物组合，更复杂的结构安排，更困难的技法手段呢？毫无疑义，在大场面的铺排、复杂的人物组合中，将产生更丰富更复杂的结构、笔墨关系。这对浙派人物画体系的丰富、发展与完善将是个具有重大价值的挑战。譬如，我们在听完一首首优美动人的小夜曲与奏鸣曲后，也可以听听恢宏响亮的交响乐。但人们似乎没想这样做。一些浙派人物画的重要画家们已经在朝更简约、更小品的方向走。个人选择无所谓，但对整个流派来说这绝对不是个好的消息。

第六节　名家与笔墨

笔墨问题，笔者近年来已从多种角度做了多方面的探讨，讨论主要集中在笔墨的产生历史、演变过程、本质特征和外在形态特征上，也谈到笔墨在古代和现代的若干具体表现，等等。所论不过是陈述笔墨是中国绘画史上的一种历史现象。笔墨问题有其产生的特定原因和发展过程，也有其特定的历史规定性，它的红火也仅仅是最近三四百年来的历史性现象，因此，应该知其然，又知其所以然，不能盲目崇拜，跟着瞎起哄，见着庙就烧香，看到菩萨就叩头。笔者尤其指出了笔墨是古人为表达其特定的情趣而创造的符合他们独特需要的形式。在一篇文章中，笔者曾经说过，一幅“中国画”太“中国画”了，往往可能缺乏创意，而不太“中国画”，则有价值的创意倒很可能存乎其中；同样地，对笔墨也可作如是看：太“笔墨”了，同样往往可能缺乏创意，而不太“笔墨”，则有价值的创意倒很可能存乎其中。联系到21世纪一批大师名家对笔墨的态度和实践，我们在考虑笔墨时能找到一些饶有兴味的参照角度。

其实，任何一种事物，即使最美好的事物，如果一味重复，也是难以永远讨好的。这在心理学上称为感觉的疲劳。一个人对反复不变的外在信号的刺激是会疲劳和麻木的，这是艺术要创造、要创新的原因之一。从艺术是个人感受的传达和个人情感符号的创造的角度看，每个优秀的艺术家都只能根据自己非常个人化的独特情绪体验，去寻觅和创造那与此相适应的同样纯粹属于自我的形式，这是艺术要创新的最为根本的原因。虽然对这些艺术家来说，创造不是无中生有，前人的创造无疑同样是今人创造的基础，艺术形式的历史延续性和承传性不会因历史的演进而失去效用，但亦如贡布里希所说，这种承传性不是一成不变的模仿式继承，而是“预成图式与修正”的关系，是在前人基础上的大胆变革，而且，这种变革的激烈程度与社会和时代的变革的激烈程度成正比。由此角度看来，艺术的创造应该要有差异，有不同，有独特的个性、独特的语言和图式。如果说，在社会形态基本未发生本质性变化的古代社会中，那种基于道禅观念的水墨形式和受儒家美学深刻影响的用笔观念自有其千年难变宗风——即使变化，亦大同而小异——的某种合理性的话，那么，在中国已经大踏步地甩开了古代社会而全方位地进入了现代社会的今天，我们还死守着明末清初才时髦起来的笔墨至上观，用于规范情感和需要已全然不同的今天的中国画坛，不是显得极不合时宜吗？从某种角度上甚至可以说，在20世纪画坛叱咤风云的人物，往往是敢出奇制胜，敢在笔墨这个因袭性太强的太岁头上动土的勇敢先行者。

我们先看看林风眠。林风眠是在20世纪初的法国受的教育，主要受到西方现代艺术的熏陶，现代艺术的形式自律和纯视觉观念对他有直接的影响，同时，他在巴黎东方艺术博物馆里所研究的中国民间艺术、陶瓷艺术使他在中国艺术传统不太为人所熟悉的方面有着比常人更深的了解。林风眠的此种知识结构，使他避免了中国画中那种太熟悉的，也容易因此使人产生视觉疲劳的文人画图式的影响。因此，当林风眠试图改造中国画的时候，他不仅幸运地避免了文人画过于陈陈相因的程式束缚，而且，有意识地与文人画这种程式特征保持相当的距离。由于对视觉性和自律性的强调，对依附于文学的传统的反感，林风眠宁肯要画中的诗意也不肯题诗于其上，也不画立轴或横卷式的传统构图，当然，他更不要文人式的笔墨。似乎要对着干似的，林风眠以飘动、畅快、充满速度与运动感的瓷画式运笔，与厚重、凝涩、如屋漏痕、如虫蚀木的文人书法用笔相反并自成其特色。文人画是“水墨为上”，但林风眠却偏偏要色彩，而且色彩浓重，大有野兽主义的特色。即使用水墨，也夹浓重色彩于其中，自然也不是色不碍墨的一套传统讲究。传统的主要隶属于文人画系统的那套“笔墨”特征，那一唱三叹的笔法，那复杂幽微的墨法，在林风眠那儿都找不着，或者可以说，是被林风眠有意识地舍掉了。虽然林风眠舍掉了文人画的这些好东西，但他又发掘出一些非文人画的，却同样传统的、优秀的、更符合他自己需要的东西。这些极富个人特色的处理，使林风眠的绘画比司空见惯的文人画更显生气，更富个性，更别致，也更具特色。此即塞翁失马，焉知非福。林风眠就是在这种睿智的取舍中成就自己卓越而个性鲜明的艺术的。20世纪50年代，一批画中国画的老先生不承认林风眠的画是中国画，而逐之入西方水彩画之门。但50年过后，林风眠在中国画中西融合和现代性的确立上所获得的功绩已很少有人怀疑了。大智大勇的林风眠在画坛的名声与日俱增，而其反对者却渐渐湮没无闻。这是艺术创造的规

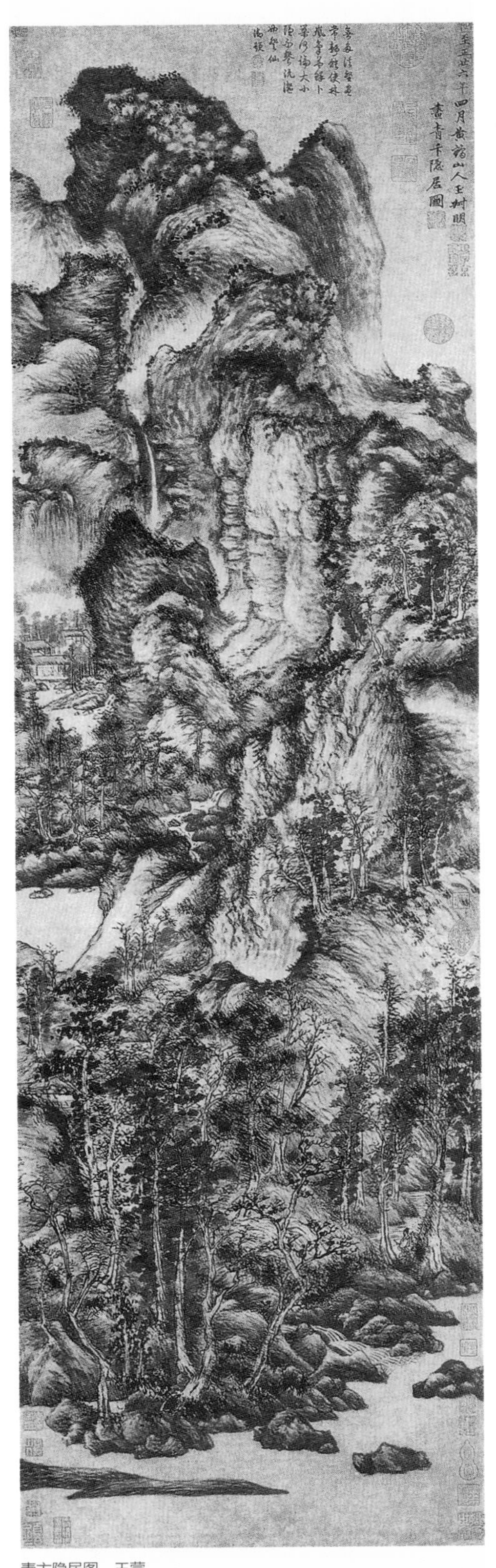

青卞隐居图　王蒙

律之使然也。艺术的成功永远属于那些善于继承，更善于反叛，敢于张扬自我，敢于独树大旗的人。在林风眠绘画新特色的确立上，破除对笔墨的迷信无疑是其重要的思路和手段。

张大千应该算是另一种类型。当然无人敢说他的笔墨不好。这位学遍传统各家各派，集传统之大成的天才画家，就凭其对传统的熟悉，已可名副其实地受得住徐悲鸿“五百年来第一人”的盛誉了。笔者曾参观过故宫举办的一个著名的赝品展，那些真伪难辨的董源、王蒙、石涛的作品，多出自这位天才之手。传说中也有青年张大千如何以自己的一幅石涛赝品骗过以鉴古名世的黄宾虹的趣谈。至于20世纪40年代初，张大千在敦煌数年临习壁画，更把他对传统的研究推到了一个前无古人后无来者的画史中的罕见高度。其实，张大千单凭他的这种无可比拟的全方位传统功底，就可稳稳当当地在画史上占据一个相当的位置。但一个普遍的事实是，在只能见到他这批笔精墨妙的50年代以前的作品的国内评论界，却普遍对张大千的评价持保留、谨慎态度。笔者在没见到他20世纪50年代以后的作品之前，也持同样的态度。人们普遍认为，这些作品虽然什么都好，集大成的综合手段也不能说没有创造，但原创意味十足的东西十分缺乏。其实，这也是今天画坛的普遍现象。许多人的作品有笔有墨，甚至笔精墨妙，但缺乏个人的特色，弄得评论家或者无论可评，或者以一概万，把自己都搞尴尬了。尽管笔精墨妙也不容易。然而，一部艺术史，不过就是一部形式演变史，是在情感随历史演进而变化中，形式亦发生相应变化的历史，亦即刘勰“时运交移，质文代变，古今情理”之说。一位艺术大师，也就是以其反映着时代特色的独特情感形式，去创造那环环相扣、个性十足的历史链环的人。艺术大师们原创的形式都有着承前启后、影响巨大的作用。以此去考察张大千，他在50年代以后创造的横空出世的大泼彩，就使他摆脱了承袭型画家的窘境而进入原创型、开拓型大师之列。他的这种端着碗盆大泼其彩，靠牵引，也靠偶然而成的泼彩之作，显然离“笔”，也离“墨”甚远，尽管这种形式中不无张大千多年笔墨的修养，甚至也有某些笔墨的成分，但外在形态毕竟已完全不同。此岂非黄宾虹所谓“笔墨常变，笔墨精神不变”之意吗？张大千或许是打破笔墨迷信，创造现代形式的一个精彩的典型。他以全新的形式语言突破既有的娴熟古典笔墨系统，为自己带来巨大的荣誉和崇高的历史地位，他的艺术发人深省！

对传统笔墨的外在表现形态进行大胆变化是另一种类型。这里我们还可以举黄宾虹和傅抱石的例子。

黄宾虹今天已是家喻户晓的大画家，其笔墨尤为画坛所津津乐道，他本人也的确是通过他自己设计的“深阐笔墨之奥，创造章法之真，兼文人、名家之画而有之”的“大家画”道路而树立自己的历史地位的。但对这位从来主张“体貌常变，精神不变”“画目常变而精神不变”的开通艺术家来说，他一直认为应该吃透传统的本质精神，而在外在形态上取自由创造的开放态度。他本人对笔墨的态度就是如此。五六十岁以前，这位晚成的画家还主要学习清初黄山画派如浙江一类风格，但是七八十岁以后，黄宾虹大胆地改变了自己从前这种主要来自古人的技法和风格，逐渐地在探索中形成了自己独立的、迥异于古人的笔墨体系。从50岁到80岁这个阶段，黄宾虹逐渐地抛弃了线这种一直被国人认为是中国画根本特征的形式造型的传统手法，由长线而至短线，再由短线而至点。80岁以后的黄宾虹自由地运用着他的这些纯粹的点子，去结构形象，显示笔意，积蕴墨韵。黄宾虹的用点，突破了传统在勾、皴、染、点的程式中，在线条与墨块的矛盾中，笔与墨很难浑然一体的困难，而在兼皴带染，在点子层层相积中，完成了石涛所梦寐以求而始终因为技法和程式的原因无法实现的"笔以墨会，是为氤氲"笔墨交融的至高境界。黄宾虹这种在当时看来略显怪异的形式是很不讨好的，以致黄宾虹在其快80岁举办他一生中第一次个展时，就不无担心。在谈画展的信中，黄宾虹就提到"到时非真能研究之人，不必与观"，还特别预警似地指出"画须寻常人痛骂者，方是好画……此宋玉曲高和寡，老子知希为贵之意"。黄宾虹曾说过自己的画，50年后才会有人欣赏，其遗世独立的开拓与独创的孤独可想而知！而今天，黄宾虹开启的点子，世界又何其多也！黄宾虹以自己杰出的实践，证实了"笔墨常变，笔墨精神不变"的道理，也打破了对古典笔墨形态的盲目迷信。尽管如此，笔者仍须指出，黄宾虹的笔墨虽迥异于古人但仍带有某种古典性质。当然，我们不能忘记黄宾虹毕竟是出生于1865年清同治年间的人。

对笔墨进行现代开拓的另一杰出代表是出生于1904年的傅抱石。青年时期的傅抱石崇拜传统，学习石涛，画风古意盎然。而且，研究画史画论的傅抱石一度认为"伴着'我'的发展而起的'格体笔法'也同样造就了独特的民族的最初形式"，"在画法上，由'线'的高度发展，经过'色'的竞争洗练而后，努力'墨'的完成"。那时的傅抱石对20世纪初大规模影响我国的西方绘画持排斥态度，对古代传统则十分崇拜，其画风也多属古人风格。后来留学日本的傅抱石在学习东方传统的同时，也接触到西方的艺术，渐渐受到东西融合的思想影响。因此，他归国后再看待中国画时，已经不再满足于古代的表现形式了。他对其曾经重视的线也开始有些怀疑，他担心这些容易导致千篇一律的勾勒轮廓难以表现大千世界。"以几条长短粗细之线，将欲为自然之再现，其难概可想像。"为了表达他的真实感受，亦为了传达自我主观情绪，傅抱石化线为面，抡散笔锋，卧笔横扫，创造了他的著名的"散锋笔法"。散锋笔法一反传统中锋正宗论，甚至也非传统之侧锋，而是化线为面，配合着一定程度的对光影的平面性处理去安排水墨的浓淡效果，以面的方式去表现自然。傅抱石以雄健的散锋用笔承袭着笔墨精神，传达自我情愫，于40年代异军突起，震撼画坛，形成了引起无数惊诧、惶惑、怀疑乃至否定的特异风格。如果说黄宾虹是缩线为点的话，那么，傅抱石则是扩线为面，而现当代无数的中国画家在点与多种散锋类型中的开拓发展，其奠基多源于黄宾虹、傅抱石二老。

黄宾虹与傅抱石当然仍是在"笔墨"上着力，但二人在笔墨的表现形态上已与古人拉开了相当的距离。黄宾虹利用层层相叠的点子积墨，使笔在其中，墨亦在其中，笔与墨浑融，真正合笔墨为一体，创古人梦寐以求之境界。如果说黄宾虹的笔墨在特异的外在形貌上还保持着与古典美学机制

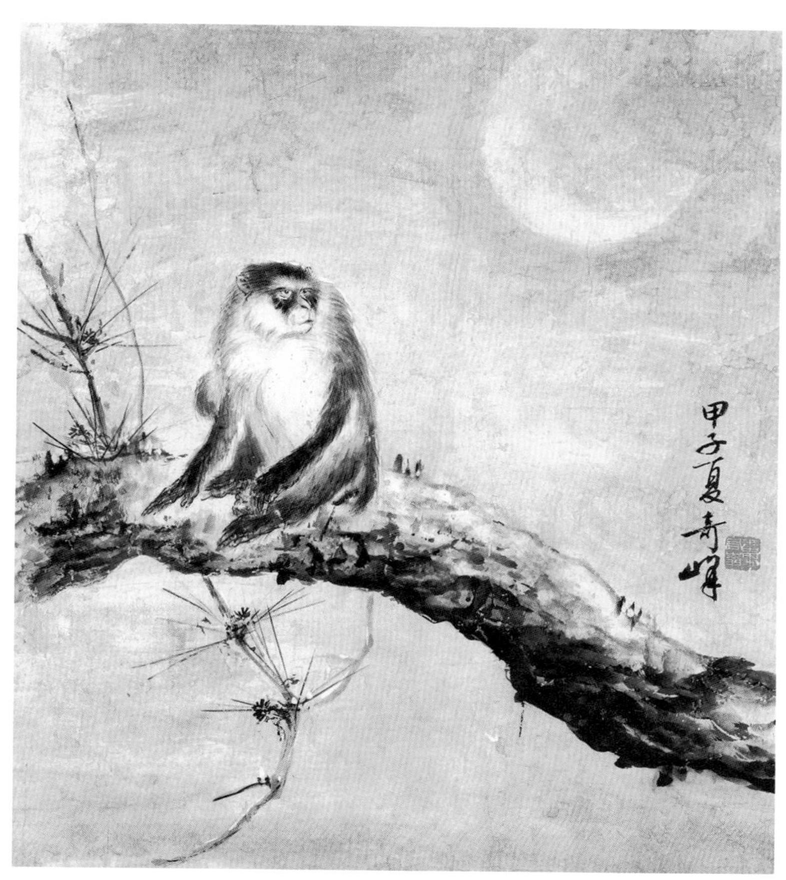

月下静思图　高奇峰

的基本一致（虽然有人认为其法与西方现代形式的抽象表现与自律性相暗合）的话，那么傅抱石的笔墨则在保留古典传统宝贵的情感表现功能的基础上，又自觉地增加了某种西方绘画科学与写实的因素，显然带着现代的性质。

其实，当代画坛大家们无不是在大规模地革命性地变革传统绘画的形式语言上确立自己的历史地位的，换言之，也只有创造了独特的、承上启下而又深刻地影响一代乃至数代人的形式语言的人，才有资格在画史上占据重要的位置。以此观之，中国画的表现手段和形式语言只能也必须随时变化才能永葆其画种的生命，此即古人“变则其久，通则不乏”之意。那么，作为中国传统绘画形式语言之一的笔墨，而且，也不过仅仅这四百年来才走红起来的笔墨，有什么理由非要占据一种神圣的地位呢？大师名家们必须以独特的创造安身立命，也就不能不对既有传统形式语言当然包括笔墨进行大破大立的革命，这是画史上永远的真理和规律。齐白石“衰年变法”的确有学习包括吴昌硕在内的古典笔墨的内容，但使齐白石真正立足画史的却主要不是笔墨。从古典笔墨的标准来看，齐白石的笔墨未必就好过了吴昌硕。潘天寿主要在笔上下功夫，其用笔讲究骨力，雄肆劲健，绝对中锋，强调单纯，在墨法上着力就不多。总的来讲，笔墨方面的独创性不太突出。潘天寿的贡献

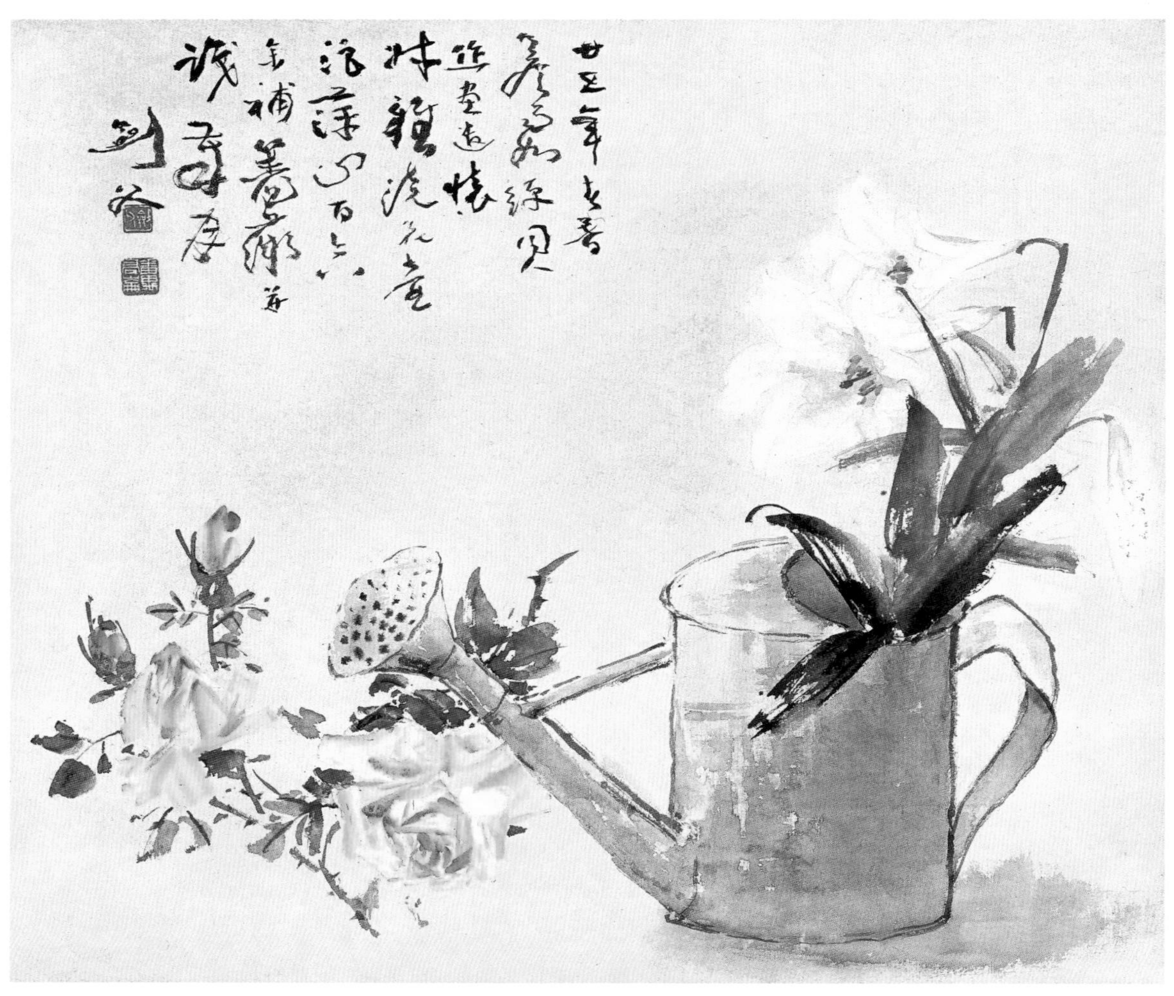

浇花图　高剑父

主要也不在这方面。而且，专家们普遍认为，潘天寿的指墨反倒比之用笔所画更具特色。其正是因为用描摆脱了用笔易有的陈旧，且工具变化更易带来富于特色的变化。刘海粟太崇拜石涛，一生的中国画未脱石涛的阴影。不能说刘海粟的笔墨不好，他的笔墨处处讲究，法度颇严，但缺乏创造，所以其中国画的成就有限，这点他自己都清楚。好在刘海粟的成就是多方面的。徐悲鸿画人物太强调他认为是中国画本质特征的线，但他又非把这种平面、虚拟的线视为西画的根本，改造中国画的利器，然而却用三维立体的素描相拼接，结果使自己格外重视、着力颇多的人物画不理想。但是，他无心插柳的水墨画马，却是基本放弃了线，而着力在水墨和面上下功夫，加之熟练的写实功夫，反使他的水墨画马著称于世。值得指出的是，一心写实，而把笔墨视作“形式主义”的徐悲鸿，本身对笔墨的研究是颇为鄙视的。齐白石、张大千、傅抱石、黄宾虹、徐悲鸿，“岭南三杰”的高剑父、高奇峰、陈树人，乃至20世纪整个中国画坛，其实都有弱化线和强化面的倾向存在，亦即有弱化古典用笔的倾向存在。或许，有着某种戏剧性因素的例子是，受日本现代朦胧体深刻影响的“岭南三杰”，正是其前期这种与中国用线勾勒的古典绘画传统大相径庭的日本式画风，对20世纪初直至30年代中国画变革运动产生了深刻影响，其也因此而确立了自己乃至“岭南派”的声誉和地位。而40年代以后向文人画和笔墨传统全面回归的高剑父，反倒因创造性的衰减和个性风格的模糊遭到令自己感到十分沮丧的严厉批评。同样富有戏剧性的有趣启示是，当年与“岭南派”发生长达20余年激烈论争的广州国画研究会诸公，对传统认识的精深与准确都是“三杰”们所不及的，可前者所缺乏的却恰恰是那对艺术家们最宝贵的创造性与独特性，结果，精研传统者渐渐被传统所湮没，而“三杰”的成就却成为现代传统的新的构成。传统似乎对迷恋自己者并不买账，它只钟情于创造者。因为传统并非僵死停滞的存在，传统本身就是一个发展、演进、创造的不断运动生长的过程，它需要不断的新的血液与新生细胞。

如果从当代画家的现状去考察，情况也差不多，命运似乎总是眷顾那些不按常规、创造性十足，当然也难免为难笔墨的人。李可染五六十年代太重写生与写实，对笔墨就研究不够，但他创造的那套带有光影表现的积墨法却真是前无古人。当笔墨有所欠缺的李可染发现了笔精墨妙、传统深厚而古意盎然的黄秋园时，其钦佩之情竟溢于言表。然平心而论，精研传统，述而有成，作品有限的黄秋园在艺术的独创、对后人的启发和实际的影响力方面是无论如何也不可能赶上李可染的。陈

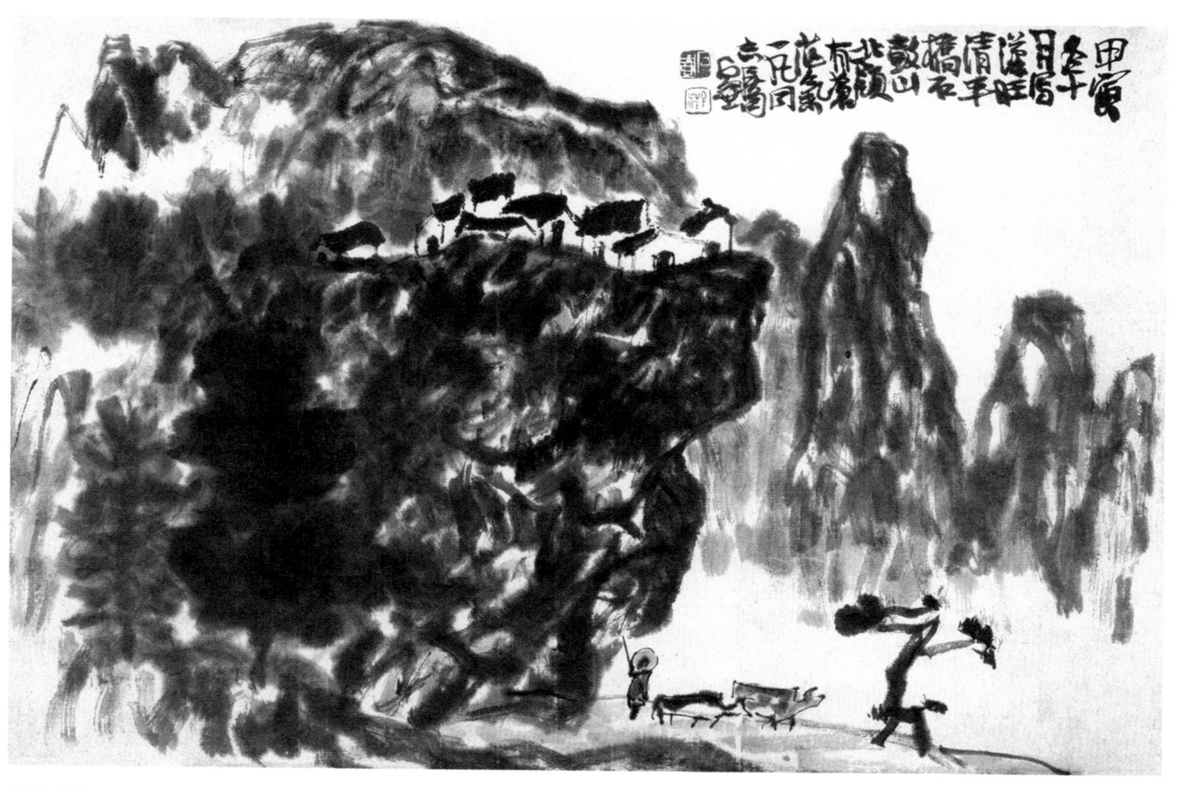

石鼓山北岭　陈子庄

子庄恃才傲物，纵论天下豪杰，其传统之研究不可谓不深，其评点之论亦不可谓不确。然而陈子庄自己的传统型讲究笔墨的绘画，却仅仅是在人们一度抛弃了传统而又重新发现和需要传统时的特定历史时段的选择，其性质、影响和地位当与黄秋园相伯仲。同样地，以其相当独到的个性特色和超常规思维挑起过大规模形式问题研究，今天又以“笔墨等于零”的惊世骇俗的命题惹怒崇拜笔墨的“国画”家们的吴冠中，他那些特色鲜明然又的确非古典“笔墨”的绘画，却很难被他的反对者以“没有笔墨等于零”的判断判定为零。相反，他的理论和实践一再被人们强烈关注，已从一个角度证实了他的艺术独立价值。同样的例子，我们还可以举出黄永玉、赵无极、刘国松、赵春翔……

毫无疑义，笔墨作为中国传统绘画中杰出的成就，是应该为当代画家们所学习、研究和继承的，笔墨的确可以成为当代形式语言创造的重要基础和起点。但我们又必须十分清醒地知道，这种学习与继承，不应该仅仅是对古典笔墨外在形态的纯粹模仿，而应该是弄清楚笔墨产生的文化根源、美学机制、形式特征及其相互间的复杂关系之所在，真正做到知其然，知其所以然，方能在传统绘画形式语言的基础上，如庖丁解牛一般，游刃有余，由必然而进入自由，进入想象和创造的艺术天地。笔墨这个优秀传统中的宝贵因素，才会因此而真正成为我们现代绘画创造的起点，而不是成为阻碍个性发展的包袱。纵观这些不唯笔墨迷信的勇敢而重视自我创造的画坛前辈，我们在笔墨问题的思考中不是又可以获得一些实际而有益的启示角度吗？

第三章
20世纪中国画的品评

第一节　中国画现代形态的初步确立
——从第八届全国美展优秀作品展中国画部分谈中国画发展现状

在20世纪即将过去的90年代中期，我们终于可以欣喜地在第八届全国美展中看到中国画的现代形态从发展上呈现基本确立的总体态势。

伴随着中国社会20世纪由封闭的古老农业文明逐渐向现代工业文明艰难而漫长的演进，步履维艰的中国画也在“危机说”和“美术革命”的新旧冲突中逐渐向现代转型。

所谓“中国画的现代形态”，绝非一个简单化的时间概念或图式意义，也绝非一个界限斩然的质与量的术语规定，它是一个模糊的、演进的、宽泛而多向的概念，呈现为一个由量变到质变的过程，对画家个人是如此，对中国画坛的总体态势来讲也是如此。“中国画的现代形态”是当代中国画家们立足于现代社会生活，以自己对现代生活的真切体验为基础，对某种特定的富于个性的艺术语言进行选择、提炼、创造而获得的表达自我的独特创造。因此，这种形态本身就只能是个性的、特殊的，具有相对于总体态势来说非常鲜明的个体特征，具备无限丰富的多样性与发展方向上的无尽可能性，也因此，它只能是艺术家们自我的独创，而非理论家们理性的“引导”与设定的结果。另一方面，这种立足于当代社会生活的独创性、群体性集合，又必然使中国画坛呈现一种总体性的相对于古代乃至近代的现代风貌。这种共性与个性的结合，也就构成了“中国画的现代形态”。

如果说，这种形态的模糊性、渐变性与多向性使我们很难给它下一个明确的定义的话，我们仍然可以给它设置一个大致的范围：第一，它必须是立足于现代生活的，它的情感内核应是活生生的现代人的情感，自然也就和古人，无论是古代的宫廷士大夫还是文人隐逸，都有迥然不同的当代感受与体验。第二，它必然是立足于古代传统而又与之有着重大区别的，准确地说，它应当是立足于传统的精神本质而对传统做出的现代性选择、阐释与创造性转化。第三，当“开放”构成当代社会生活的重要因素时，它必然可以而且应该借鉴外来艺术的营养，但在任何时候，这种学习与借鉴必须是立足于民族的自主选择和需要，而不是对这种自主性的淡化与模糊。这种“现代形态”在任何时候都不能和与我国民族生活、民族传统在体系渊源和现实状态上有着重大区别的西方“现代派”或者“后现代”艺术相等同。

一部艺术史，就是情感与形式矛盾运动的历史。“时运交移，质文代变”（南朝梁·刘勰）时代的演进，必然带来情感、思想的重大改变，对作为情感表现的艺术来说，旧的形式语言只能随着新的情感表现需要而做相应的调整与变化。从20世纪初开始，这个趋势就已经出现。近十年来，随着改革开放的进一步推进，中国画现代转型的步履也在加快，在第六届、第七届全国美展上都出现了相当比例的一批从观念、形式到技法都面目一新的作品。而第八届全国美展则成为中国画现代形态初步确立的一个十分明显的标志。

从第八届全国美展优秀作品展来看，一个最为明显的特点，就是传统文人画那种超然尘世、雅逸洒脱、冷冷不食人间烟火的古典审美的典范性情趣在此次画展中几近绝迹。那十多年前还在走红的陈子庄、黄秋园画中顽强地存在并大受时流赞叹的雅士风范，已被表现现代审美新追求的各种情趣所取代。大量反映现实生活的作品前所未有地涌现，从哲理角度观照人生、宇宙的作品，其宏大的气势亦非倪瓒辈咀嚼天道之苦涩可拟。花鸟、山水题材虽然仍然占有极大的比重，但是徐渭、八大山人、“八怪”乃至吴昌硕、齐白石式花鸟风格已荡然无存，“逸笔草草”的作品极为罕见，在整饬、严谨、宏大、复杂的画面和或单纯或浓重的色彩中体现的是对秩序感的追求，对自然生灵美

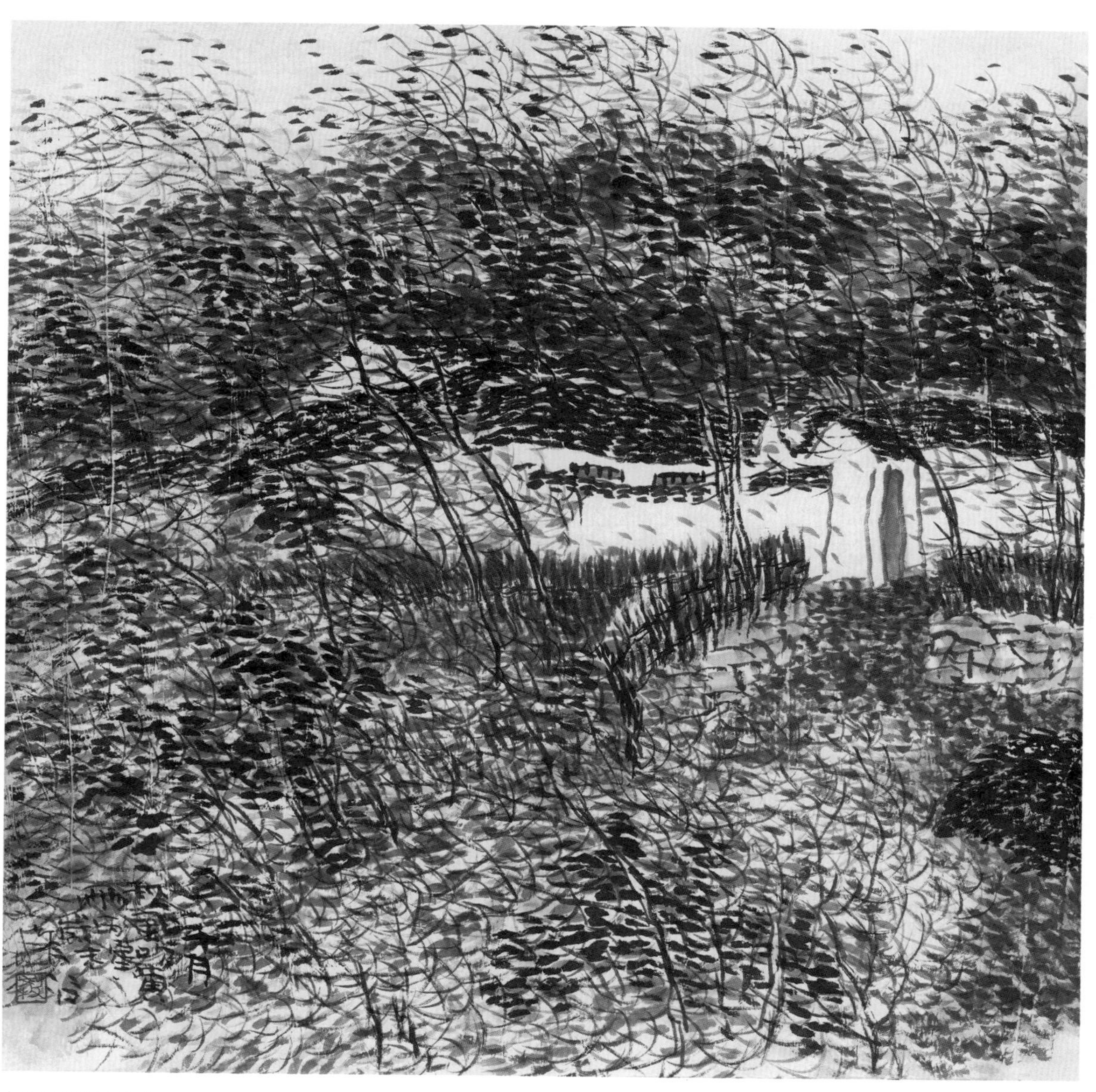

十月秋风吹黄雨　刘牧

的向往和对美好、热情、明丽、鲜活等生气勃勃的情感氛围的营造。同样地，山水画也杜绝了枯藤老树、迟暮归鸦一类荒寒寂灭的传统境界，而出之以大山大水的崇高，八荒天宇的深邃和水乡、山村、城市、工矿的喧腾，雄肆、热烈、浩大、冲突似乎更是当代山水画崭新的美学品格。伴随着对哲理、文化及改革开放以来的从思想到审美观的全新变化的需要，多种新的题材也在“中国画”内出现：各种文化图像超越时空的错位与叠合、城市场景的复杂变换、大海的喧腾、暖房的宁静、热带雨林的繁茂、宇宙的神秘……就连一些历史画的传统题材，也在技法、结构的新表现中呈现时代性的再阐释与新的审美观照角度。

与此种现代意味相联系的是中国画技法的全方位拓展。

笔墨数百年来一直是中国画品评的最重要标准，而明清以来流行的文人写意水墨的意味又是此种标准的标准。尽管20世纪以来，线的因素一直呈弱化的趋势，但对笔墨的强调虽屡经挫折却历久不衰，中国画形态的现代意味也因为这种古老形式的过于顽强续存而屡遭挫折。在本届展览中，我们欣喜地看到传统以中锋为主、一波三折、循环往复、极尽复杂变化之能事的虽然优美至极却面目尚旧的水墨、笔墨一统天下的局面被彻底地打破了，传统笔墨方式或者被大量出现的晕染、肌理制作和色彩的广泛运用所淡化，或者为富于装饰性的、规律性的、形式趣味全然不同的其他线条所取代。传统中国

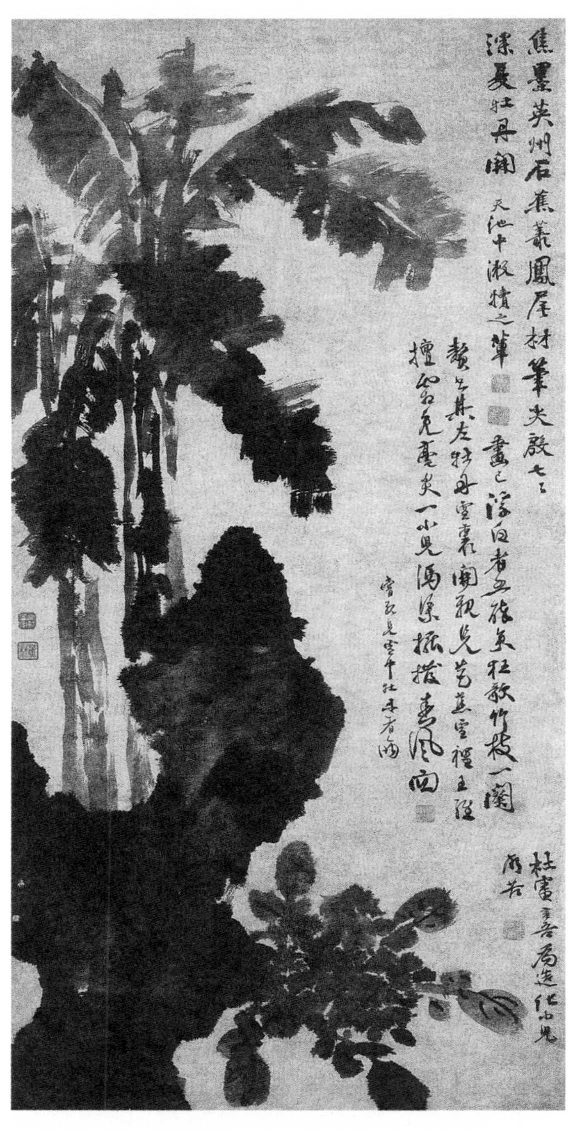

蕉石牡丹图　徐渭

画的形式语言体系开始出现某种重大转折。

的确，制作感在明显增加。我们不难在此次优秀作品展中看到大量利用各种特殊技法精心制作出的各种画面效果。这些由拓印、渗化、晕染和各种特殊技巧形成的复杂变幻的肌理效果可谓比比皆是。它们不仅出现在大量的工笔画上，就是在为数不多的水墨画上，各种肌理制作感也大大地削弱了传统水墨的笔墨情趣。这种复杂而精密的制作性，无疑是此批中国画呈现当代性的一个重要因素。

或许是出于对逸笔草草的文人水墨的反动，这次参展作品中很难找到笔墨简洁、造型单纯的中国画，甚至，连黑白相生、虚实照应之类在传统水墨画中有关黑白关系的严格讲究在此展中也鲜见。原因很简单：当代中国画的发展趋向于大、密、精，而与古典形态的小、疏、逸正好相逆反。画展中的作品几乎都具备复杂的结构、严谨的构形，相应地，画幅尺寸一般也比较大。满密而较少空白（真正留白的虚空间）的构图极为普遍。就是在虚拟性极强的白描作品中也不例外。这或许是几十年来造型能力训练的结果，或许是对古典简逸作品的逆反，或许是对当代热烈、沸腾、充实而变化万千的现实生活表现的时代性需求使然。这或许也正是传统水墨形态退位的内在深刻原因。与此种思潮相适应，不仅水墨画呈现这种时代审美特征，另一有趣的现象是工笔一类精密化的作品也大量涌现。毫无疑义，中国画必须改变陈陈相因的老套写意，改变草率而造型单调的旧路子。20世纪以来在写实主义、现代主义的强烈影响下，为了在造型的严密性、构成的新颖性和色彩的丰富性上表现复杂而深刻的现代感受，人们普遍在造型相对严谨的工笔画上投入了更多的精力和热情，而文人写意一路在中国画坛霸主的势力被削弱，也是大势所趋。这与日本明治年间朦胧体的崛起而结束其“南画”（南宗文人画）霸主地位的情形不无相似。当然，今天的工笔画已经不是具有传统工笔意味的工笔画了，各种技法、肌理的运用，复杂色彩的出现，对文人意笔的规范性选择与结合，甚至对光影体积的有限表现，题材上在人物、山水、花鸟各画科上的全面涉及，刚刚崛起的今天的“工笔画”（其实这名称已不太合适）在今后的中国画坛势必将占据越来越重要的地位，具备更大的发展空间和更大的潜力。

现代构成观念的普遍使用（其平面构成与色彩构成在画展中比比皆是），使得传统章法的分章布白、疏密穿插、龙脉开合、起承转合一类观念或许已不够用，或许颇为过时，有时这些观念甚至可以阻碍新形式的产生。的确，在满、密、复杂而画幅巨大的作品中，我们随处可以看到突破传统章法规范的结构形式。例如人物的密集性排列，单纯的同一符号铺天盖地的重复性组合，规整的直线造成的绝对对称，冷热色块间的着意配合，块面（而不是线条）间的单纯分割与构成……传统虚拟的留白少见了，虚空间更多地让位于实空间，偶有的虚白更多的是基于造型的需要。“虚室生白”“唯道集虚”的道家观念和禅静之虚白已被表现现实的热情和充实的情感取代，甚至对天地宇宙的玄思与观照互得，也那样满实、均衡、热情，这或许就是与古代同一主题的深刻时代性区别。

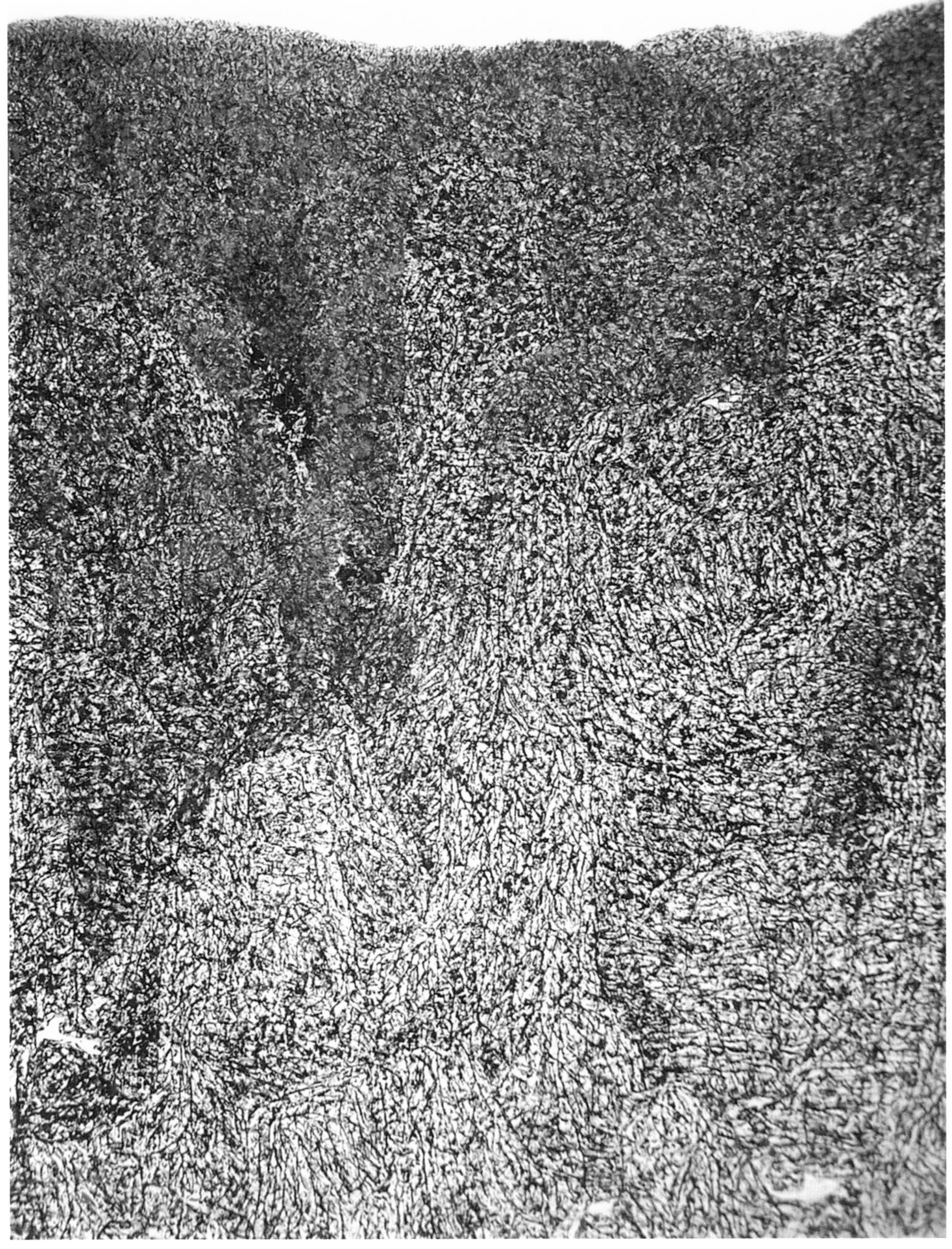

红岭　唐允明

形式对情感传达的意味于此也可见一斑。

色彩的大量出现，也许是这批中国画引人注目的又一现代特色。“画道之中，水墨最为上”的观念持续了千余年，源于禅道的“墨分五彩”的金科玉律终于在20世纪行将结束的时候失去了它不可一世的霸主地位。随着这种情感基础的消失，加之对现实生活丰富的表现需求的增加，在工笔画技法之所长，西方艺术的传入，向民间艺术的借鉴等原因影响下，色彩的表现在这批中国画中已十分普遍，不仅在工笔或工意结合的作品中是如此，在意笔的人物、山水、花鸟中也是如此。有时，这种色彩的浓烈竟到了与油画、水彩相媲美的程度，自然也与以往的水墨不可同日而语。

由于以上的原因，此展中的“中国画”的确已十分明显地打破了历史上文人画与院体画乃至民间绘画的森严壁垒。一直作为传统绘画主流、古典文化典型代表之一的传统文人画，在时代已经进入工业文明的当代，已经走到尽头，文人画的退位是历史的必然。但是，文人画的历史性衰亡并不意味着它从精神内蕴到形式特征真正历史性消失，文化传统的承传性使文人画的诸特征必将以其质变的方式向现代形态转换。文人画将以涅槃的方式在现代形态中获得新生，但这丝毫不意味着对文人画的攻击或再提倡有任何必要。况且，文人画的衰亡并不意味着中国画的没落，或许刚好相反，新的现代形态的中国画的诞生恰恰是以文人画的衰亡作为前提的。第八届全国美展一大批内容、形式、风格都迥异于文人画的中国画优秀作品的展出就证明了这一点。

我们称这次优秀作品展是中国画当代形态初步确立的展示，一则因为与整个中国画坛相比，虽然它有典型和代表的意义，但数量上未必能占绝对的优势；二则从这批画中我们也可以看到它明显的不足：制作性的加强应当被看成是新的形式体系产生的重要因素和必要阶段，但明显的幼稚感、雷同化和个性的相对缺乏，形式与内容的脱节乃至不相干，制作的简率性、规范性、程序性、工艺性，使这种制作感与肌理意味容易陷入苍白与干瘪，容易削弱情感的表现性。而传统笔墨的表现性也因为它的形式被否定、忽视而受到影响。如何把传统形态的表现因素做现代的转化，是当代中国画家们迫切需要解决的课题。第八届全国美展优秀作品，唯一的“日中友好会馆大奖”获得者，唐允明的《红岭》一画，也许正因为对传统笔墨所做的现代性转化与发展获得全新的审美意味而受青睐。另外，哲理性表现得过度，使一些作品恰似图解似的谈玄，假大空疏的少数作品出现就与这种非艺术性，尤其与非视觉艺术的思维方式相关。文人画的退位不意味着“水墨”这种形式彻底消失，但水墨成功的现代表现方式似还未见。满、密、大的风气固然全面地打破了传统文人画的形态格局，但艺术毕竟是个人情感的表现，它应该具备鲜明的个性特征、独立的情感内蕴和特异的形式取向。这种潮流式的共同倾向似乎是又一种不成熟的幼稚反映。中国画现代感的重要因素是对现代生活从客观生活内容到现代情感体验的全方位反映，而当前中国画创作囿于传统题材惯性者尚多，更广泛的题材还有待开掘，更独到的情感体验还有待表现……

第二节　近三十年中国画大趋势

新时期，亦即近30年以来，在中国画界出现了工笔设色或其他非水墨类中国画逐渐增多的趋势，这在五年一届的全国美展上表现得愈来愈明显。本文对第六届至第十一届全国美展中的中国画类型做了详尽的统计与分类，以验证这种大趋势的客观存在。文章分析了这种趋势与专业化要求、视觉性要求和表现时代生活与精神需要的关系，同时分析了文人戾家水墨先天的不足与各种弱点，指出以克服这些弱点为前提，水墨复兴的可能性。

第十一届全国美展开展了。根据往届全国美展的情况，我曾估计，这次中国画部分肯定又是工笔设色画占主要的比例。因为前几届全国美展，工笔画都占有50％以上的比例。等我亲自到展场参观的时候，发现果不其然！例如，一进中国美术馆中国画展场第一厅的西厅，第一个展区除一幅水墨之外，其他就确实全是工笔设色画。如果认真统计一番，则较准确的数据如下：在全部入选参展的516幅中国画作品中，工笔设色类作品255幅，占49％；水墨写意类作品236幅，占46％；而一些不是标准的工笔画法，又绝非水墨或水墨写意作品的有25幅，占5％，这些作品大多没有标准的工笔线描，或直接用色彩描绘，或多肌理制作。如姚思敏《秋天的况味》多肌理效果；如孔德润《岁月》直接用墨蓝色描绘有如水彩者；朱建忠《路》亦用青绿直接为之，传统勾线亦不多，则不好直接归入前两大类，另入“其他”类。但如果把此类标新立异以致不好归类的作品算到非水墨写意这一大类中而与“工笔设色类”合类，则非水墨的“工笔设色类”作品可占到总数的54％。在获奖作品中，这个比例也大致相当。金奖作品2件，工笔类与水墨写意类各1件；银奖作品工笔类5件，水墨类1件；铜奖作品工笔类2件，水墨类5件。获奖提名作品工笔类33件，占47％，水墨类31件，占44％，其他类6件，占9％，依上述算法，非水墨写意作品共39幅，占总数56％。如联系到这个评选结果是由水墨写意画家占绝对多数（23人中有16人，占70％。当然，其中亦有个别可工可意，或以色写意者，这里仅以展出作品“水墨写意”性质定）的评选组评选出的，则此结果既表明了评委的公正且具可信度，同时又表明了水墨写意一路画风的某种无奈。亦如某评委所说，水墨写意的好作品确实太少。在统计上面的结果时，其实还应指出的是，即使号称“水墨写意”，其实真正“写”得起来的也实在不多。在上述“水墨写意”类别的作品中，大多数还是造型严谨，描绘准确，甚至不乏几分工致，只不过使用了水墨而已。如金奖作品苗再新的《雪狼突击队》，银奖作品卢冰、赵进武、陈芳桂的《雪域天使——门巴将军李素芝在牧区》都是如此。在获铜奖的5幅水墨作品中，真正有“写”意味（且仍非“大写”）的作品仅有黄骏、林立峰的《橡皮树》一幅。至于真正传统大写意性质的水墨作品，如张培础的水墨大写意人物画《勇士》，韩璐的水墨大写意花鸟《乾坤系

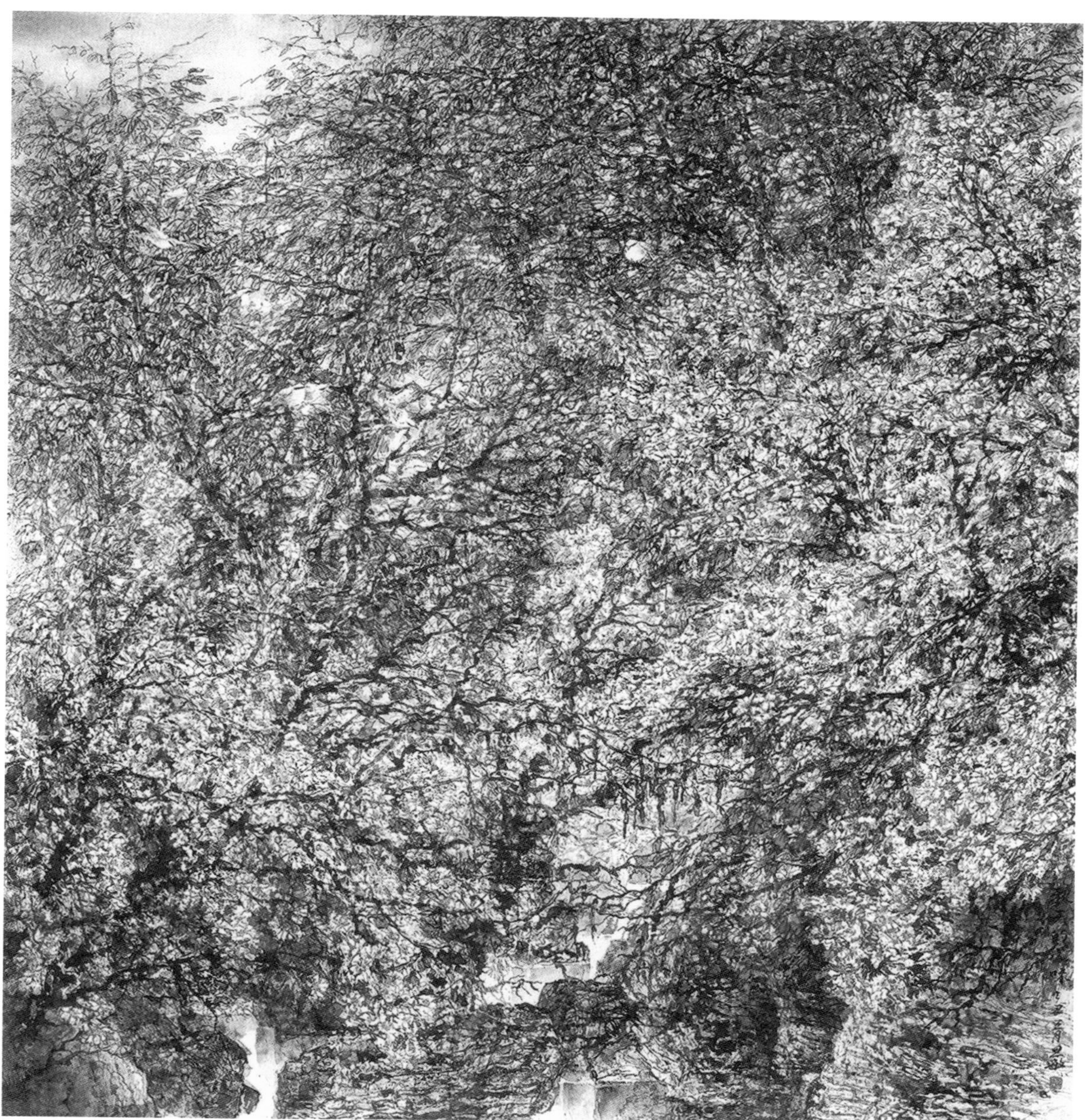

秋天的况味　姚思敏

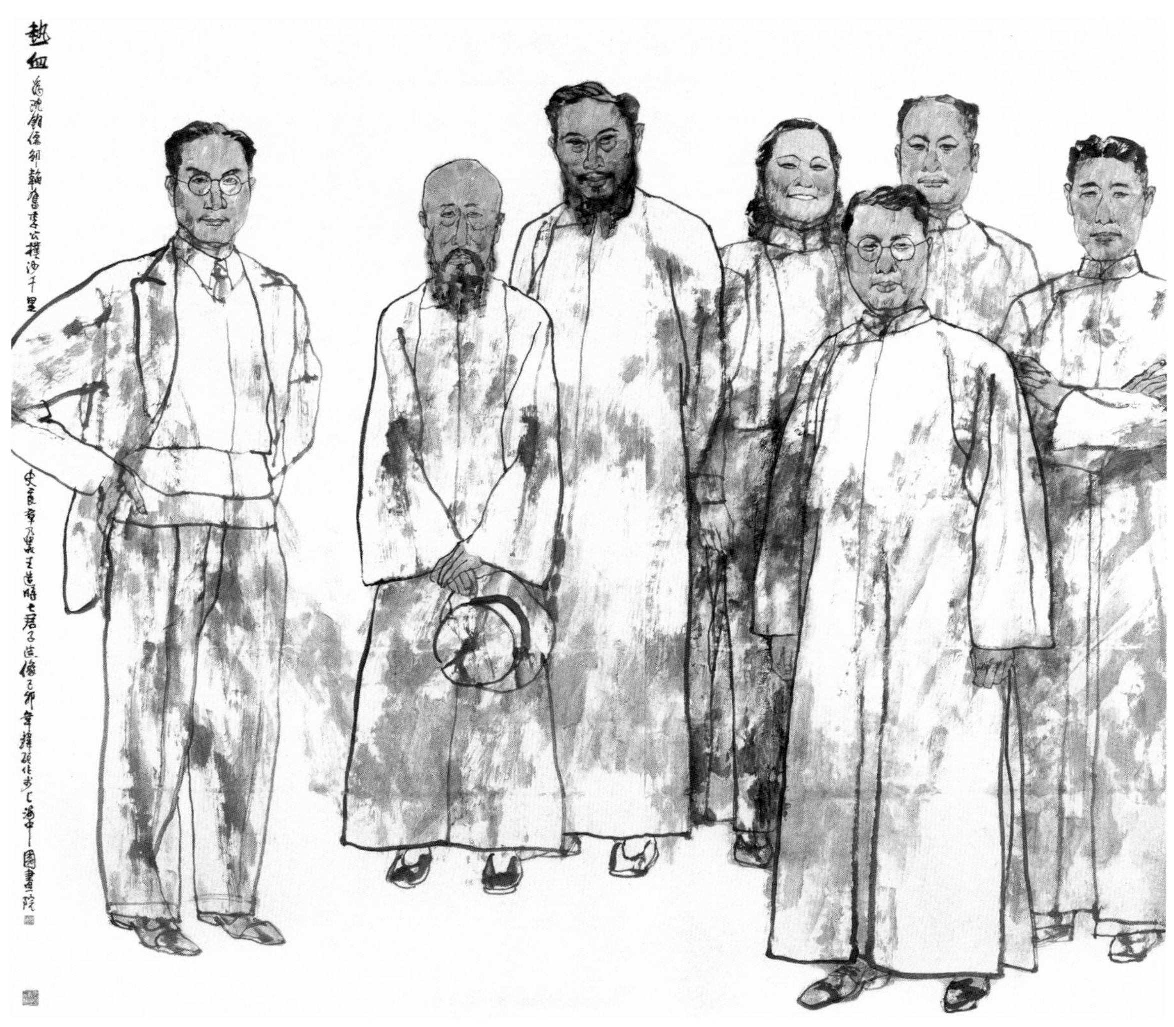

热血　韩硕

列之濠濮间想》这类作品，在整个中国画展区516幅作品中，恐怕仅二三十幅而已。看来，中国画界的风气的确在变化，而且变化极大。

当然，这个变化早已开始。早在改革开放后的20世纪80年代，中国画界中“工笔设色类”的因素就在增加。据蒋采苹统计，入选1984年第六届全国美展的中国画作品中工笔设色画始占三分之一，到1989年第七届全国美展时这个比例则已跃升至二分之一。[1] 到1994年，笔者对此则有较详尽的论述：“从第八届全国美展优秀作品展来看，一个最为明显的特点，就是传统文人画那种超然尘世、雅逸洒脱、冷冷不食人间烟火的古典审美的典范性情趣在此次画展中几近绝迹。那十多年前还在走红的陈子庄、黄秋园画中顽强地存在并大受时流赞叹的雅士风范，已被表现现代审美新追求的

1 蒋采苹：《走出低谷的思索》，《美术》1991年第6期。

各种情趣所取代。”[1]上述看法已是15年前的事了，而上述判断在今天已经全面应验。由于在20世纪90年代中后期有一场由寡不敌众的吴冠中引起的“笔墨等于零”的几乎是一边倒的论争，笔墨派的全面胜利，导致水墨写意倾向的全面回潮。在第九届全国美展（1999年）上，由于不满意第八届全国美展中倾向工笔的肌理制作及色彩优势等特征的评委占了多数，及评选中对水墨写意的有意倡导，故第九届全国美展上工笔设色类作品有所减少。韩硕的意笔水墨《热血》被评为了金奖，标志着水墨写意对工笔设色类趋势的反击。但国展评委们的这种权威导向似乎根本没起作用（这又说明了趋势存在的客观性），画坛中工笔设色之风仍然未减。2003年第二届全国中国画展中此类作品又重新抬头，例如获金奖的严好好的《生旦净丑》，就因明显的制作及重彩的日本画风而惹出大风波，有人质问：“为什么把日本画的混血儿评为中国画展的金奖？”[2] 让人不禁想到20世纪初广州一批传统国画家用几乎同一句话质问学日本画的岭南派高剑父。该展中另一获金奖的徐先堂的《寒林》，也是造型复杂兼工带写的工笔设色类风格，惹得一些讲究文人水墨传统笔墨的画家对此展极为不满。[3] 看来，工笔、色彩、制作与水墨、笔墨之间还有一番较量。尽管二者间本不应有扬此抑彼的轩轾。到2004年第十届全国美展中国画展开展时，工笔设色乃至重彩画已大有卷土重来之势。在入选“获奖提名作品”的110件作品中，标准的工笔设色作品41件，占总数的37%。如果把兼工带写色彩较重的十余件加上的话，“脱离水墨、笔墨等传统文人画风格的新型中国画占了全部获奖提名作品的一半多，即53.6%……如果把各类水墨类作品全部加在一起，在获奖提名作品中则仅占46.4%”[4]。更有意思的是，在获金、银、铜奖的作品中，工笔画或偏工笔设色类型占的比例更大。如金奖3件，2件就是“工笔设色类”作品，即何晓云的《嫩绿轻红》、刘文洁的《物华》；银奖13件，“工笔设色类”作品如《掠影》《父亲的大衣》《百合》等占7件。刘文洁的《物华》甚至是用丙烯作画。

或许是因为2003年第二届全国中国画展惹出的争议太大，2004年的第十届全国美展中“工笔设色类”作品也太多，到2007年第三届全国中国画展时，就出现了对写意的再强调和针对“对中国画最本质的写意观也不能很好地把握，有些作品虽然精心描绘，但忽略了写意精神的高扬，也忽略了对中国笔墨的精妙把握”[5] 现象的批评。这届展览有意纠偏，53件特邀作品中，工笔仅10件，占总数的19%。从近8000件作品中选出304件，其中有61件获优秀奖。61件作品中，工笔27件，占总数的44%，水墨写意34件，占总数的56%。而243件入选作品中，“工笔设色类”作品116件，占

1 参见本书下册第三章第一节“中国画现代形态的初步确立——从第八届全国美展优秀作品展中国画部分谈中国画发展现状”。

2 郭西元：《为什么把日本画的混血儿评为中国画展的金奖？》，《美术》2004年第5期。

3 对此展评奖的若干尖锐对立观念，见《美术》2004年第5期。

4 林木：《多元时代，彩墨纷呈：第十届全国美展中国画展评述》，连载于《中国书画报》2004年第85期（总第1409期）第4版，《中国书画报》2004年第86期（总第1410期）第4版。

5 郭怡孮：《观第三届全国中国画展对中国画发展的思考》，载郭怡孮、程大利、孙克主编《第三届全国中国画展作品集》，人民美术出版社，2007。

总数的48%。当然，入选的水墨作品大多也的确不错。但从另一角度，也可见“工笔设色类”在这种特意强化写意的展览中也有不俗的实力。

综上所述，再做梳理：从第六届全国美展上“工笔设色类”作品占三分之一，到第七届全国美展上占一半，第八届全国美展优秀作品展中占56%，第九届全国美展上水墨写意类被强力倡导和提携，“工笔设色类”受到制约，但第十届全国美展获奖提名作品展中“工笔设色类”卷土重来，又占53.6%，这次第十一届全国美展获奖提名作品展中“工笔设色类”再占56%。非传统水墨写意的工笔设色或其他画法的“工笔设色类”作品，在中国画创作中的比重愈来愈大，近年来已稳在一半以上。水墨写意角度的创作，尽管到今天仍占有近半的比例，但如今的水墨画，已是今非昔比，在不知不觉中朝造型严谨、结构复杂庞大、色彩因素增加方向发展，与以前那种逸笔草草、造型简率、讲究笔情墨趣、在小品中玩味的传统文人水墨写意画已不可同日而语了，文人戾家类型的作品在第十一届全国美展上已经绝迹。

一方面，工笔设色画的增多与水墨画的严谨写实倾向的出现，与今天中国画界专业化的倾向相关。

20世纪以来，由于整个中国美术的格局都是由现代美术教育形成的，专业性很强，这与传统绘画形成巨大的反差。传统绘画中专业性很强的仅有院体画。院体工笔画是“画学”一类严格的学校，或师徒相授的传统教学模式培养的结果，史上称为“行家”，亦称“作家”。而水墨类作品在古代往往是文人画家的专利，文人画又往往是官宦在闲时信手涂抹的“墨戏”之作。故文人画家在画史上因其业余性质，被称为“戾家”，亦称“利家”。行家训练有素，讲究法度技艺，画面造型严谨写实，结构复杂森严，以形神皆备的“神品”为最高标准。文人戾家则逸笔草草，不求形似，造型简率，多简笔小品，画面诗书画印结合，有文人气味即可，崇尚简率自由的“逸品”风格。由于文人在古代的特殊地位，加之所有的画史都是文人所写，所以在中国美术史上形成一奇怪的现象：画得好，技巧难度高的专业“行家”在画史和画论中地位不高，且有俗的恶名；画简笔小品无高超技巧的文人“戾家”因其有“文”反而地位崇高，有雅、逸之令誉。后者不仅地位高，而且其简笔小品的风格神韵一直受到追捧。清人盛大士《溪山卧游录》称“画有士人之画，有作家之画。士人之画妙而不必求工，作家之画工而未必尽妙。故与其工而不妙，不若妙而不工”。这就把“妙”给了可以不工的戾家士人画，而把“未必尽妙”给了能“工”的作家之画。久而久之，就形成了技巧高的多为俗，业余简笔大多“妙”雅的传统思维审美定式。今人喜称“精英”或“精英艺术”，然“精英”得有范围。古代之文人“精英”并非绘画专业之“精英”，其文人画之“精英艺术”也并非宫廷绘画和民间绘画之“精英艺术”。亦如吴道子可为宗教艺术之精英，民间艺术也有其精英，徐渭可为文人艺术之精英，苏轼则只可为文人画理论精英，其画就不太精英。但在文人撰写的美术史中，不是以专业性划分精英，而是以身份和修养做标准，甚至干脆两相背反：“妙而不工”者为“精英艺术”，“工而未必尽妙”者为非精英艺术。再直言之，专业性弱者，业余戾家及其艺术为“精英”和“精英艺术”，专业性强者，职业画家及其艺术为“非精英”和“非精英艺术”。例如，北宋郭若虚在其撰的《图画见闻志》卷一中称“窃观自古奇迹，多是轩冕才贤，岩穴上士，依仁游艺，探赜钩深，高雅之情，一寄于画。人品既已高矣，气韵不得不高；气韵既已高矣，生动不得不至。所谓神之又神，而能精焉”。这种“奇迹”几乎与专业技能无关。城门失火，殃及池鱼，院体工匠与文人之对立，又成为工笔设色与水墨对立的原因之一。加之唐代张彦远《历代名画记》早有“运墨而五色具，谓之得意。意在五色，则物象乖矣”“具其彩色，则失其笔法”的彩色与水墨与笔墨之对立倾向，工笔设色之俗与文人水墨之雅，专业性俗与业余性雅的对立就从古代一直延续到今天。但20世纪以来，由于现代美术教育的强大影响，科班出身的画家占了画家队伍的绝大比例。受过严格素描造型、色彩构成、结构构成和美术史论训练的专业性很强的画家们是能够画专业性很强的绘画的，相反，传统戾家们的一套文人水墨画反而不是这么一批学院派专业画家的追求目标。尽管水墨正宗论和笔墨正宗论使20世纪的中国画家仍然坚持“画道之中，水墨最为上”（王维《山水诀》）的观点，使几乎整个20世纪中国画的主流一直在水墨写意的倾向上发展，但写实性、严谨性也一直在这个主流中并存。80年代以后，改革开放的深入，日本画的强大影响，台湾画家刘国松重肌理制作的绘画在大陆的各省巡展和他的八方讲学，社会生活的丰富多彩对绘画的相应要求，使得中国画坛中以专业性很强的工笔设色方式、严谨的写实、宏大的结构、丰富的色彩、细腻的造型、变幻的肌理去再现现实的工笔画逐渐兴盛起来。加之工笔一路在题材、思路、材料、工具、技法等方面都有着全方位的变化、拓展、创造，使得工笔设色画的发展愈发兴盛。

而另一方面，水墨写意一路的表现却不太尽如人意。80年代晚期，有“新文人画”的倡导，这个倾向本意是对“八五新潮”全盘西化的反动，但它偏偏以上述业余戾家非专业的、简率的、玩笔墨情趣的古代文人画作为楷模，一时间推波助澜，形成一阵逸笔草草、小情小趣的业余倾向风气。风气所及，使得中国画界一些本来画风严谨、风格成熟、颇具影响的著名画家，纷纷放弃自己的严谨画风，而在逸笔草草、简笔小品的雅逸时髦风气中讨生活，生生地断了水墨写意的活路。这让人想到清代论家笪重光《画筌》中的一段批评：“画工有其形而气韵不生，士夫得其意而位置不稳。前辈脱作家习，得意忘象；时流托士夫气，藏拙欺人。”一些名家的简笔小品泛滥，不仅使其在“评委”出品中丢人现眼，而且大有“藏拙欺人”之嫌。水墨写意每况愈下的另一原因，是90年代中期后对笔墨的过分强调。在那场因吴冠中“笔墨等于零”的说法而引起的大争论中，孤军奋战的吴冠中寡不敌众，笔墨派大获全胜。笔墨派大胜的结果，一是让“家家宾虹，人人予向（注：黄宾虹别名）”的黄宾虹风弥漫全国，形成严重雷同的“祖国山水一片黑风”。江南山水画坛的严重相似套路也是此种雷同风的体现。同时，上述简笔小品风气中，也有这种过分追求笔墨的消极因素。一些本来画风严谨的著名画家，也因满足于些许笔情墨趣，而转向小品简笔。明人唐志契《绘事微言》

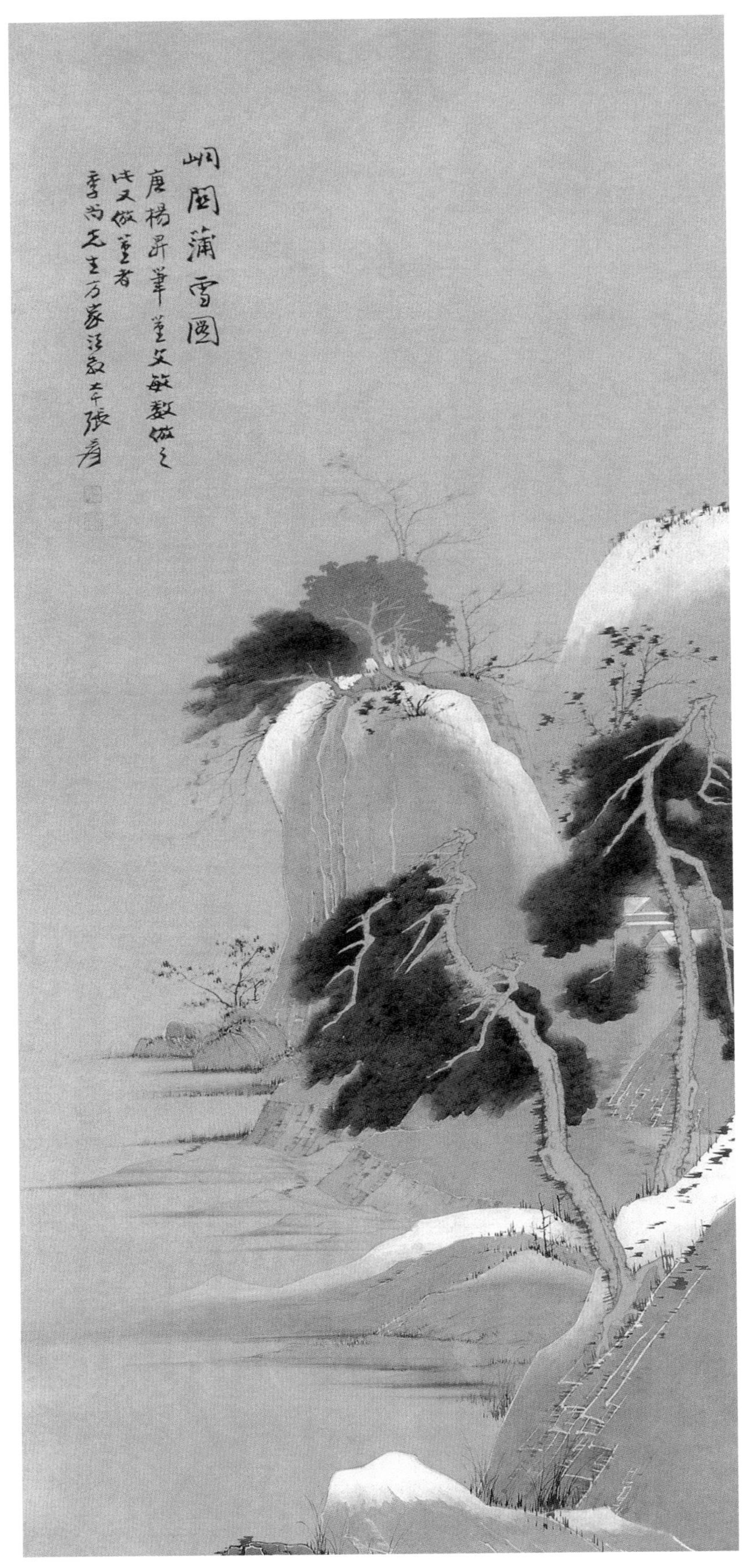

峒关蒲雪图　张大千

批评“任笔之过，易放纵，易失款，易寂寞，易树石偏薄无三面，其弊也流而为儿童之描涂”。“儿童之描涂”的泛滥，加之普遍的套路化，是水墨写意丧失信誉的重要原因。这让人想到清代中期，在强调笔墨的“四王”之后，形成严重笔墨套路的“小四王”“后四王”们，也在套路中把山水画的前途给断送的史实。清中期有民谣曰“金脸银花卉，讨饭画山水”，就是对时代对绘画风气的反映。此后的扬州画派、海上画派，真就是“金脸银花卉”的局面了。在今天，水墨写意一路，是否也是因为过度强化笔墨的独立表现而忽略了现实生活，因过度强调笔墨的制作楷模而形成严重套路，因强化笔情墨趣忽视造型而朝简笔小品发展，又因认定笔墨的精神内涵而混淆个人的特定情感体验与传统笔墨的精神模式，因误把水墨的文人正宗当成民族绘画传统正宗而忽视色彩这种重要的人类视觉语言，最后因此而在与工笔设色的竞争中落伍的呢？

当今中国画创作的专业性在全国美展中受到重视，这绝对是好事。张大千就曾强调过画家们要画“画家之画”。作为绘画天才，张大千擅画大画，擅画繁复难画之画，擅画有技巧难度之画。他一生完成了无数的大画，例如《长江万里图》长19.8米，甚至他在83岁临终前完成的最后一幅画《庐山图》，也是一幅巨幅作品。这是一幅高1.8米，长10.8米，有着复杂结构和严谨造型的彩墨巨幅山水作品。回过头来看我们今天的水墨画家，哪怕是名声极大的画家，有几个有这种“画家之画”的本事？即使一些有此本事者，竟然也转向难度小、技巧性不够的水墨小品上发展，而社会也认可这种“得意忘象”“藏拙欺人”的东西。“新文人画”简笔小品在社会上流行了好些年，就是对此种水墨画风气的反映。所以真到了要讲究专业性的全国美展上，抛开个别评委的特权，这些小品随笔就难登大雅之堂了。当然，具备专业性水准的水墨画在全国美展上也占有不小的比例，只是要从文人业余水墨风格向专业性“画家之画”过渡，还得有个过程。这或许是目前工笔设色画稍占优势的原因。

这种“工笔设色类”中国画占主流的大趋势，另有一个深刻的原因，就是对中国画视觉性的恢复。

作为一种绘画艺术，中国画本应属于视觉艺术的范畴，但中国传统绘画中的意象性、象征性、抽象性、符号性等因素，又往往使某些中国绘画流派与思潮对精神性、情感性的关注压倒了对视觉性的表现。中国艺术中强烈的抽象性、表现性因素，曾使以西方文化发展轨迹为参照的中国美学界和美术史界的不少学者产生中国艺术早熟的错觉。有人干脆得出中国绘画是“超越视觉的艺术”的结论。[1] 中国美术中的这种意象性质，其实在数千年的历史中也并没有脱离视觉艺术的范畴，想一想那些神秘的彩陶纹饰，生动的岩画图像，让人震撼的青铜造型，当然，还有流光溢彩约五万平方米的敦煌壁画，金碧辉煌的宫殿建筑乃至金碧山水……但是，中国艺术中强烈的精神性因素和文人意识终于使其在盛唐、中唐交际时，在中国绘画史上孕育出排斥视觉性色彩的“水墨”这种精神性

1 王新伟：《超越视觉的艺术——中国绘画风格流变史》，浙江美术学院出版社，1992。

极强的文人绘画样式，也是在文人意识的强烈参与下，引书法入画，明末清初竖起了笔墨为上的大旗。而水墨与笔墨是一种奠基于中国文化，包括哲学与宗教的精英文化基础上的绘画语言，它需要画家与欣赏者具备精深的文化修养和对精微细腻语言的表达与领悟的能力。同时还需注意的是，与这种古典文化的共时存在，也是文人画得以产生和发展的前提。然而，20世纪以后，随着以“科学”为代表的西方文化的大规模进入，以“民主”为代表的现代思潮的蓬勃兴起，美术界孕育出写实与大众化的思潮[1]，而这两股思潮与文人画的“不求形似”和精英倾向都是尖锐对立的。改良派、五四运动和新文化运动中的近现代精英（这是另一类型的“精英”）们，包括康有为、陈独秀、吕瀓、鲁迅、徐悲鸿，都对文人画及其语言有过激烈的批判。20世纪以来，中国画界对视觉性的恢复一直在写实造型、形式构成和色彩运用这几个领域进行。林风眠1926年曾在东西方艺术比较中对中国写意绘画做过如下评论：“西方艺术是以摹仿自然为中心，结果倾向于写实一方面。东方艺术是以描写想象为主，结果倾于写意一方面。”“西方艺术，形式上之构成倾向于客观一方面，常常因为形式之过于发达，而缺乏情绪之表现……东方艺术，形式上之构成倾向于主观一方面，常常因为形式之过于不发达，反而不能表现情绪上之所需求。”[2] 林风眠对东方写意艺术的批评，实则是对文人画艺术较弱的视觉性的批评，而这种视觉性又是大众化文艺思潮的要求。一个世纪以来，中国画中视觉性的恢复、大众化倾向的发展，一直是一种重要倾向。进入20世纪80年代之后，美术的大众化思潮在网络文化、影视文化、设计文化、卡通文化等视觉文化的强大介入下，更是一发不可收地呈强势发展的态势。在这种现实的文化态势下，古典形态的文人精英艺术，连同它的语言样式，要在保持或基本保持原样的情况下再做主导和强势发展显然已不再可能。从这个特定角度来看，当年吴冠中引发的笔墨论争，也就是古典精英文化与现代视觉文化的论争。其中对错正误且不论，客观现实中视觉性恢复的趋势就是如此。20世纪90年代有人倡导重建精英艺术，在今天看来，效果也不理想。可见“书画之转关，要非人力能回者”（清・方薰）。王国维说，“一代有一代的文艺”。艺术的价值在于呈现不可取代的特定时代的精神特征及其独特的表现，体现今天时代需要的艺术，其历史价值未必不如古典文人精英艺术的价值。

当然，也许有人会说，全国美展不足以代表整个中国画界的现实，那是一种特定的人群以特定的心理参加的特定展览。此说也不无道理。但除了这种国展，在其他影响很大和规格也很高的展览上，例如在全国中国画展和中国百家金陵画展（中国画），乃至中国西部大地情——中国画、油画作品展之类的展览上，其与全国美展的工笔类占上风的现状相比仍然大同小异，可互为验证。虽然，我们的确仍然可以在不少地方的国画展和一些小型邀请展上看到逸笔草草、小品斗方的文人水墨类作品，我们还可以在老年大学，在各种笔会，在书画市场中看到此类作品，但平心而论，这种

1 参见本书上册第一章第二节“科学与艺术的矛盾与统一”。

2 林风眠：《东西艺术之前途》，《东方杂志》1926年第23卷第10号。

雅集应酬之作，就连作者自己都没太当回事。名家们的严肃费工精品是既舍不得在这种场合展的，也舍不得在这种场合卖的，名家们自己心里有数。国家级、专业级别高的展览依旧名家荟萃，精品云集。国展还是国展，五年一届的国展的权威性不可动摇。

对于这种工笔画占多数而水墨写意衰退的现状，中国画界不少人很着急，认为不正常、不健康，对“工笔设色类”欲抑制、欲打压。其实就总体比例来讲，“工笔设色类”比之水墨作品仅稍占优势而已，但何以会在中国画界产生如此强大的冲击呢？原因在水墨正宗论、写意本质论。因为中国画界有相当比例的画家，尤其是年长一些的画家持此观点。照此观点，水墨才是中国画的正宗，写意才是中国画的本质，中国画展中水墨写意应占绝大比例才对。这种观点其实是不太了解中国画史的体现。中国画史如果从彩陶上的彩色图画算起有六千年，从商代壁画上的彩色绘画算起有三千多年，从战国帛画、马王堆帛画里的彩色线描算起有两千多年，从唐宋宫廷绘画算起有一千多年，全都是“丹青”的天下！从战周帛画算起到北宋，也全是“工笔”的天下。水墨真正登上画坛，不过是从盛中唐交际（即公元8世纪后期）算起，真正形成气候，更晚至南宋到元，至今还不到一千年。因文人画势力至明清逐渐强大，才形成水墨正宗的错觉。“写意”一词在画史中的出现，则晚至元代。[1]“大写意”画风形成倾向更晚至明代中后期。尽管“写意”的精神作为传统绘画的核心思想应该强调，但“写意”的精神是指绘画对精神的传达，是“言志”，是“传神”，不尽指“逸笔草草”，大刀阔斧。如定要执着于此论，则中国画史在唐宋之前岂无写意之画、写意之精神？！则彼时岂无优秀传统之可言？！或仅文人画才是唯一优秀之传统？可见，要传神、要写意，水墨可，色彩亦无不可；意笔可，工笔亦无不可；笔墨可，制作亦无不可；不似可，似亦无不可；放逸可，严谨亦无不可……同时还应特别指出，那种把中国画中的色彩和水墨对立的观点，那种一见色彩则视之为日本、西方的东西的看法，也是对传统色彩系统一知半见的糊涂观念。中国的五色系统中本就有黑，所有的传统色彩都有中国文化的内涵及其象征性与符号性特征，只不过有的是宫廷意识的象征（如明黄、金碧），有的是民间理想的标志（如中国红），有的是文人天道的符号（如水墨）。笔者曾撰文《同源异流的色彩与水墨》[2]，就讲过丹青与水墨是同一民族色彩系统的有机构成部分，二者不过是同一色彩系统中的不同分支而已，那种扬水墨贬丹青岂非“本是同根生，相煎何太急”吗？而今天工笔设色画的重新崛起，难道不可以看成是传统绘画中唐宋工笔画一路在新时代的发展变革与再崛起吗？有什么好着急？又有什么不健康、不正常的呢？

事实上，今天的工笔画略占上风，一方面是时代多元审美需求和专业化、视觉性发展的要求，同时，也有水墨画自身存在弱点的原因。一如前述，水墨画由于太执着于水墨，而忽视人类视觉语言中最强有力的色彩，加之水墨的天道意蕴在今天已远不如在古代那么重要、那么真实、那么自

---

1 林木：《写意画溯源》，载薛永年、王胜利主编《写意·笔墨·中国画教学：第三届中国美术·长安论坛文集》，陕西人民美术出版社，2009。

2 林木：《同源异流的色彩与水墨》，《文艺报》1998年8月29日。

然、那么被公众所理解和接受，因此，如果再把水墨定为中国画语言样式之至尊，在今天热烈沸腾多元变化的现实生活中肯定不再合适。加之如前所述，逸笔草草的文人水墨写意自身在反映时代，在感悟生活，在造型样式，在色彩表现，在技巧难度，在复杂结构，在风格变化诸方面存在弱点，使得古风盎然的文人戾家样式在今天的全国美展中几近绝迹。这让人想到日本明治维新之后色彩明丽的日本画的崛起，水墨意笔的“南画”（即中国南宗文人画样式）的极度衰落和边缘化。今天中国水墨画出现的颓势也同样发生在改革开放的新时期，其中的相似性绝非偶然。当然，工笔画也有自己的问题：刻画太过、制作太重、绘制易板、选题套路化、表现性被忽视、精神内涵有待再发掘和关注，等等，亦需改进。况且，仅工笔一路单向发展对中国画的繁荣也绝非好事。水墨、笔墨、意笔乃至大写意都是优秀传统的重要部分，尽管上述缺点可以作为其特点看待，但是否还有再改进的可能呢？传统文人水墨写意对色彩的回避，造型的简率，对已成套路的笔墨程式的迷信和尊崇，以及水墨画经千年演绎而形成的单调情感精神模式（而不是鲜活的时代个性化精神表达）与造型套路，不正是林风眠所批评的“形式过于不发达”吗？当然，这仍然不意味着水墨在今天已没有再发展的天地。既然我们可以认识到传统水墨的不足与弱点，那么，这种认识不就是再发展的起点吗？事实上，今天国展上那些从数量上比之工笔设色少不了多少的水墨画，同样以其对古典文人戾家水墨若干缺点的克服，以其严谨的专业性和若干现代特征获得了自己的地位。谁说发展了的水墨画在今后的国展中就绝无再占主流的可能呢？

第三节　科学主义笼罩下的百年中国画

“科学”作为五四运动的两面大旗之一，产生了强大的世纪性影响。但是，20世纪的科学却带有一定程度上的“科学主义”性质。“科学主义”认为科学能知道任何可以被认知的事物（包括生命的意义），科学的本质不在于它研究的主题，而在于它的方法。所以，科学主义者试图促进科学方法在每一个可能的领域应用。在20世纪的大多数时间里，“科学主义”曾经以机械唯物论呈现，在中国画中表现为定“反映现实”的写实主义为一尊；而在20世纪末的最后20年，“科学主义”则又表现为对写实主义的背离，在历史决定论和历史线性阶段演进论的旗帜下，艺术家们以追逐西方的“现代”“后现代”乃至前卫艺术为先进与革命的职责。克服我们对一个世纪以来乃至今天仍极端强大的“科学主义”的迷信，实在是摆在21世纪中国艺术家面前的严峻挑战和艰巨课题。

科学与艺术的矛盾是现代中国画坛讨论最激烈、最持久，对当时乃至对50年代以后的当代画坛影响特别巨大的题目之一[1]，对此的探讨差不多贯穿了整个20世纪的中国画坛。对二者矛盾的态度，也成为直接形成不同艺术风貌的关键。

20世纪初的中国文化界，痛感于落后挨打的衰微国势，最先想到的就是引入西方的民主与科学。五四运动的两面大旗，就是由“德先生”（民主）与“赛先生”（科学）扛着的，尤其是科学，那更是绝对神圣的事物。

在此种时代氛围中，西方之科学精神，以及建立在西方科学原理基础上的西方写实艺术开始笼罩整个中国画坛，西方传来的讲究科学的绘画开始强烈地冲击东方这些似乎本来就附着于崩溃了的反动封建制度的传统没落艺术。当时几乎全体画坛先进人士对科学都投入了极大的热情。蔡元培在20世纪初所建最早的现代画会北京大学画法研究会的宗旨中，开篇就把“科学美术”提到“新教育之要纲”的高度，继之又认为研究美术“不可不以研究科学之精神贯注之”。[2]这种唯物质的科学势力的极端强大和对当时人们思维的决定性影响，甚至大到使人们把非常主观化的情感与精神都看成是可以通过科学性的物质去设定的。这种思路在今天看来显然就已到了荒唐的程度。例如，丁肇青就说过，“人性中所发生之情感，非于发出后，天然界中方初有之。乃吾人首次发观某种情感于庞大博有之天然界中也”[3]。

---

1 阅读此文，请参看本书上册第一章，在此章中，第二节所列“科学与艺术的矛盾与统一”是20世纪美术现象中四大矛盾之一。

2 蔡元培：《北京大学画法研究会旨趣书》，1920。

3 丁肇青：《美术片谈》，《绘学杂志》1920年第1期。

这种利用科学来解决中国美术，乃至中国社会的各种难题以振衰起弊的做法，早已不是利用科学技术来实现某种特定需要和目的的正常“科学”方式，因为科学本身也是分门别类，专业化倾向极强。但在世纪初的中国人这里，科学早已成为一种救世良方乃至思维方式，成为一种宗教态度。对科学的此种态度，美国学者郭颖颐称之为“唯科学主义”。[1]

虽然西方的科学研究都是针对一些具体而专门的课题而形成的知识积累，但在中国，人们对具体问题不感兴趣，“人们普遍地认为任何研究的关键在于如何把归纳法的形式方面应用到自己的学科上去，并认为这是神圣不可侵犯的科学探索”[2]。应该说，这种“科学主义”态度的确是世纪初中国人对待“科学”的真实写照。

在这种科学主义风气的笼罩下，中国画坛也出现了重大的变化。在画坛先进们看来，写生与写实就是最好的“美术革命”。吕澂1918年12月以《美术革命》为题致书新文化运动的领袖陈独秀，而陈独秀亦以《美术革命》相回应，认为“改良中国画，断不能不采用洋画写实的精神”。[3]1920年，25岁的徐悲鸿在他发表于北京大学《绘学杂志》的《中国画改良论》一文中就指出了“中国画不能尽其状”的缺点，要求“按现世已发明之术，则以规模真景物”。此后，徐悲鸿更表示了“科学之天才在精确，艺术之天才亦然。艺术中之韵趣，一若科学中之推论，宣真理之微妙”。“一切学术有一共同目的：追寻造物之真理。美术者，乃真理之存乎形象、色彩、声音者也。”如此等等。[4]也的确是如此，20世纪初的中国美术界，的确无人不科学、不写实。尽管徐悲鸿自称中国的写实主义由他所创立，但事实上，这是一股世纪潮。就这股思潮的影响而论，当推1906年留学日本、1911年在广州举办20世纪第一个美术个人展的高剑父。从这位挟“写物之绝技”（简又文评语）倡“折衷”之法而风靡全国的画家算起，世纪初的中国美术界敢于对科学写实说不的人是罕见的。加之当时西式科学的美术教育已开始，写实之风自然势不可挡，也无人敢挡。

但是由于过度地强调科学性和科学性即革命性这种具有宗教意味的“科学主义”态度，20世纪初持时髦的科学观和唯物论的人们就有些走火入魔到忘记了艺术与科学毕竟是不同的东西，忘掉了艺术的情感本质。[5]

这个过程一直持续到50年代之后。由于当时是以唯物主义作为官方哲学的，而唯物主义被视为“科学”的哲学观，因此，尊重客观自然当然就是“唯物”，物质因素被如公理般地置于绝对第一位的地步，描写物质世界的写实主义也当然如公理般地成为“科学”的，因而也当然是

1 郭颖颐：《中国现代思想中的唯科学主义（1900—1950）》，江苏人民出版社，1990，第1页。

2 林毓生：《中国意识的危机：“五四”时期激烈的反传统主义》，穆善培译，贵州人民出版社，1988，第301页。

3 两篇文章皆见《新青年》1919年1月15日第6卷第1号。

4 徐悲鸿：《画论辑要》，载王震《徐悲鸿研究》，江苏美术出版社，1991。

5 本书第一章第二节“科学与艺术的矛盾与统一”对此有详尽论述。

革命的先进的创作方法。这种观点被赫赫然地写进了每一本艺术教科书中。这样一来，以“因心造境”，言情写意性质为主，且讲究虚拟和象征的传统艺术当然就容易“陷入唯心主义的泥潭”，被说成是封建主义的没落艺术。而讲究笔墨的这种古典绘画更被列入唯心主义的“形式主义”而与唯物主义的科学写实相对立。古代倡导笔墨的董其昌、“四王”们也被列入“唯心主义”“形式主义”的另册而被批判。当然，这里不是说写实主义就是低劣的创作方法，作为一种重要的创作方法，它自有它独特而不可取代的价值。但当我们把这种主要源于西方的创作方法用来批判和取代异质的民族传统艺术样式的时候，尤其当我们定写实主义为一尊并贬斥其他创作方法时，我们实则是简单化地用奠基于自然科学和实验科学的“科学主义”去抑制艺术。

王逊在1954年8月发表在《美术》杂志上的《对目前国画创作的几点意见》中以西方科学写实为标准对传统“笔墨”有所批评：

传自古人的笔墨技法不能听从我们的自由指使去如实地反映现实，而相反地，使我们相当地离开了它。这也就是说，古人的笔墨在我们手中不是武器，而是阻碍了我们接近真实的自然景物。生活的真实感被淹没在古老的构图和笔墨中间了。

王逊的批评不能说毫无道理，但他这种纯科学的以西方为标准的批评其消极性也是显而易见的。这当然会引起一批国画家的反

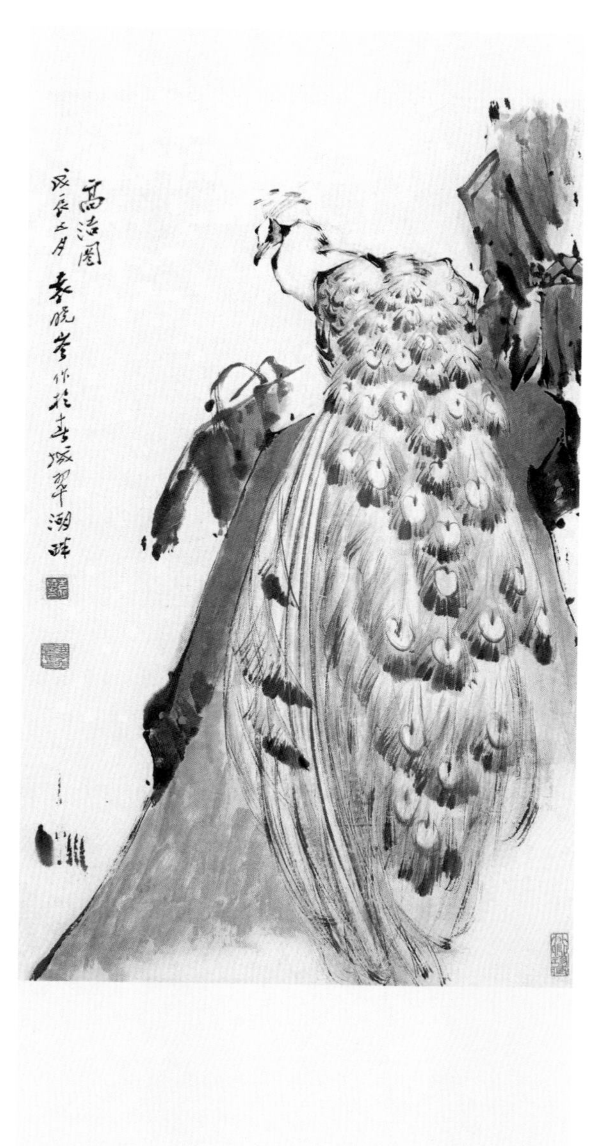

高洁图　高剑父

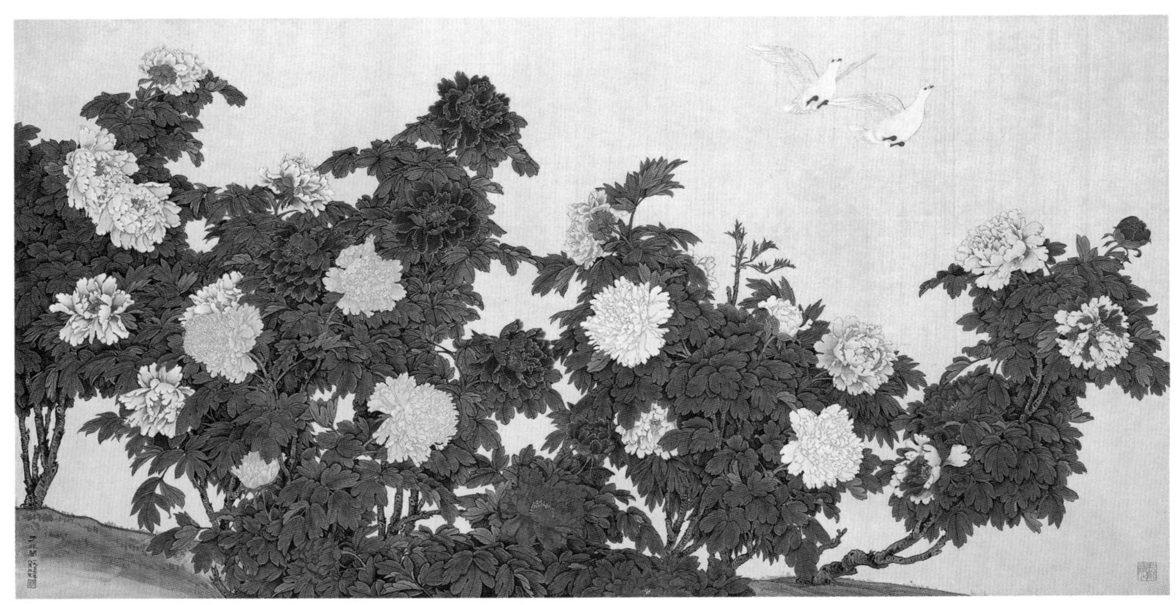

牡丹双鸽　于非闇

感，反批评之声四起。北京的老国画家如邱石冥、徐燕孙、秦仲文、于非闇等纷纷撰文批评这种不懂传统绘画的说法，秦仲文甚至尖锐地指出，王逊的做法“是有意识地消灭国画”。但由于在当时，科学即唯物，唯物即先进，加之这种意识形态的政治性，所以，就连赫赫有名的创造了“抱石皴”散锋笔法的傅抱石，此时也只有说出了“脱离党的领导，脱离群众的帮助，‘笔墨’！‘笔墨’！我问‘您有何用处’”[1]令人啼笑皆非而苦楚有加的话来。在国画领域，50到60年代，盛行素描风格的人物画，其下者直接照搬素描，画出一些经反复皴擦而成就的炭精画式人物来；其上者则以笔墨结合素描而为之。画山水的，则在传统山水画上勉为其难地添上一些与科学及社会主义现实写生相关的铁路、桥梁、高压线塔、水库等。这种情况一直持续到“文革”时期。请注意，这种“科学”态度，在当时主要表现为“唯物”的写实主义倾向。

80年代，改革开放以后，西方的现代、后现代等思潮又开始冲击中国画坛。而这一次，“科学主义”却戏剧化地扮演了一种与写实主义相反的特殊角色。

这次的思潮，以反写实主义为特色，大规模地对西方形形色色五花八门的流派进行了演习。这些流派光怪陆离，基本上都不写实，似乎都不“科学”，其实却还是“科学主义”在作祟。这种与写实主义的“科学”性相反的做法何以又会和“科学”沾边呢?

其实，西方现代艺术自身与西方的科学传统之关系密切且不论，中国这些从事“现代艺术”的人之所以理直气壮的原因里边，另有着一个至今未被人认识到的严重而突出的理论问题，即社会进化论和历史决定论的观点。社会进化论是一种建立在生物进化论“科学”基础上

1 傅抱石：《政治挂了帅，笔墨就不同》，《美术》1959年第1期。

的历史线性演进阶段论和建立在自以为洞察了社会发展规律的历史决定论基础上的另一类型科学主义。照这种观点来看，人类的历史是必然要按照人们自以为发现并掌握了的“科学的”，且“不以人的意志为转移”的历史演进规律和线索去发展。而已进入了“现代化”的西方则在这个线性演进的历史序列上走在了前列，因而它当然要充当全人类各民族社会发展的楷模。照这种观点看来，整个人类社会只能按照一个西方社会（因为这种“科学规律”观点同样来自西方）走过了的，正在走的，以及将要走的道路去走，这是“一个不以人的意志为转移的客观规律”。而人类社会的发展又被认为总是呈现为由低级向高级发展演变的序列进化过程。因此，在这种演进序列前面的当然会比后面的先进和革命。这种源自西方科学主义和由生物进化论演变而来的社会进化论和历史决定论在我国一直是比较时髦而被公认的科学理论。这种演进体现在美术上，则呈现为西方美术史上的古典主义—浪漫主义—现实主义—印象主义—现代主义—后现代主义—前卫艺术的演进序列。照上述观点，当然是一个比一个先进，一个比一个革命，最后当然是前卫艺术最先进、最革命。既然如此，学习乃至模仿西方者当然比固守东方，或者即使是立足东方而学习和借鉴西方者先进，而学习乃至模仿西方的当代“前卫”艺术当然又比学习西方的不当代不“前卫”的艺术（例如“现代艺术”）先进，这里似乎包含有一个追求科学，追求革命，追求真

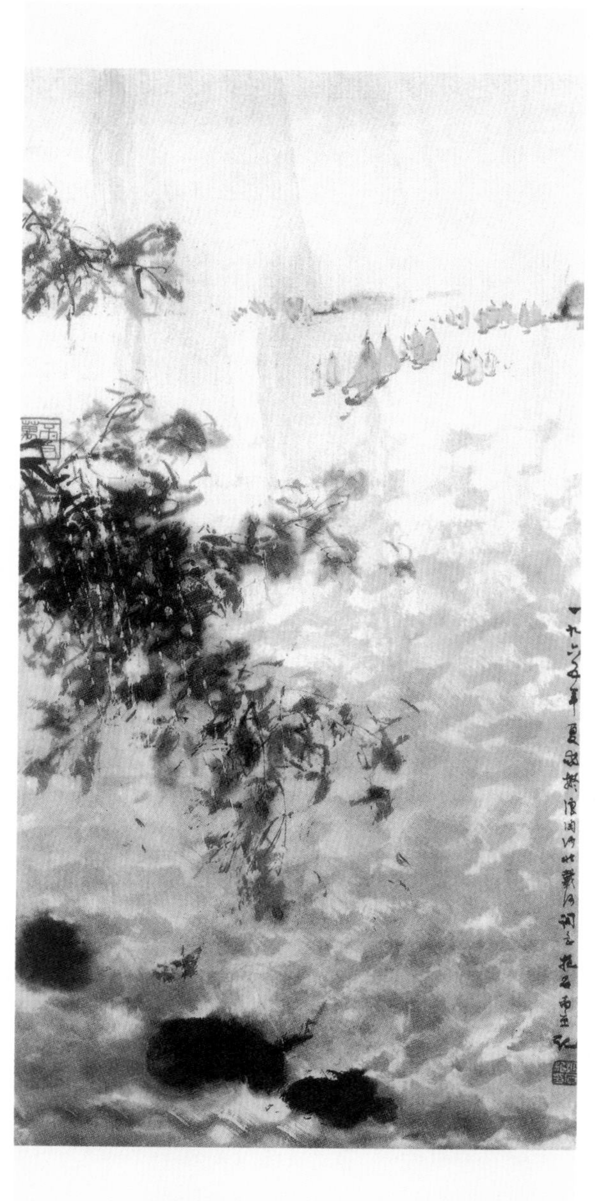

毛泽东《浪淘沙 · 北戴河》词意图　傅抱石

理，追求“不以人的意志为转移的客观历史规律”的性质。而事实上，这批从事“现代艺术”的人大多也的确自以为是在从事历史发展中最先进、最“现代”（乃至最“后现代”）、最革命的艺术。所以从30年代追逐当时正在发展的西方现代派艺术的“决澜社”，到今天以模仿西方当代艺术为主要模式的五花八门的中国“现代艺术”“当代艺术”“前卫艺术”，所有的这类艺术家们大都理直气壮，大都有着从事革命的激情甚至有“殉道者”的感觉，大都踌躇满志、睥睨群雄，原因也就在此。即使对此种现象有所反感的人，也并不反对此种现象是属于“现代艺术”。于是，此类艺术家及其理论家，也就当然地专利性地独占了“现代艺术”“当代艺术”的领地。

在当代中国画领域中，“现代水墨”就是一个突出的例子。此类画家一般都带着追逐真理的革命性激情十分主动地把各种西方的现代艺术、当代艺术、前卫艺术的做法当成自己的“水墨实验”主要模仿对象。例如模仿西方的“观念艺术”，把“观念”先行及对“观念”的形式演绎奉为圭臬；观念中又不过主要重复诸如工业社会与农业社会对立一类常识性的西方“现代意识”，概念性的关于“现代”意义中心的城市、都市的观念；直接引入西方现当代艺术中的诸如抽象表现、硬边艺术、表现主义、构成主义、极少主义、波普艺术、非架上艺术如装置等。在对待“水墨”的态度上，由于他们坚定的国际化态度，他们强调水墨的材料特点而非民族文化性质，指出仅仅是在材料上保持与传统的某种联系即可。他们认为把水墨这种稳定的形式从国画中剥离，剥去其民族文化因素，转变为纯形式和纯材料因素，这样和西方的“现代”因素结合起来就更容易，也更容易“国际化”。

就是其他“中国画的现代化”的模式，其“现代化”之“现代”，也大多公理性地以其艺术中包含有多少西方现代派美术或后现代美术、前卫艺术的成分为标准。搞了多少构成？有哪些与西方相似的“观念”？运用了多少“非架上”因素？造型上与西方“当代”造型（例如抽象、硬边等）有多大的相似？内容上有多少波普意味的调侃？

由于这种较为简单化的思维模式和西方模式的多种来源，以及这种西方模式与中国受众审美标准间过大的心理距离，“现代水墨”等“现代”艺术当然可以在较短的时间里搞出令中国人目不暇接的五花八门的样式来，也让中国人莫名所以。尽管他们的批评家们可以找出复杂的同样充斥着各种西方人名和西方观念的西方理论，来为这种也的的确确建基于西方的，标以“水墨艺术”和“现代”之名的艺术做出同样复杂的评论。此种情况，在专门从事“现代艺术”研究的理论家高名潞那里，被描述为“新潮美术毫无例外地重复了前辈改革诸家引进西方文化的现象；近现代中国美术或许可称之为西方美术华化史”。是的，从一定程度上说，百年中国美术中，相当比例成分的确可看成是——亦如在理论界早已频频出现的说法——“西方美术中国分支”“西方美术中国部分”。创造了五千年辉煌文明的中国人似乎突然丧失了所有原创的能力！

在这种种复杂的艺术表象之下，其实还是那条强大的贯穿了整个20世纪中国文化的科学主义的线索，那条社会进化论和历史决定论的线索。

其实，历史就其总体发展而言并无那种由一种力量决定的规律。人类的社会生活作为一个开放的系统，受到无数难以控制、难以设想的复杂因素的制约，例如影响社会发展的人类知识的获得，就具不可预测性和偶然性，其他影响社会生活和历史进程的各种偶发事件和因素更是难以预料。因此，在当代的史学研究中，人们愈来愈关注历史的这种偶然性、不可预测性和不可重复性。70年代，令普利高津获得诺贝尔化学奖的热力学理论又同样以科学实验的方式证明了，其实就在物质界，在物质的性质和运动方式上也同样存在这种偶然性、不可预测性和不可逆性（不可重复性）。普利高津的科学研究又反过来影响社会科学，引起西方对社会进化论和历史决定论的反省，进而对西方人的思维方式产生影响。早在20世纪40年代，哲学家波普尔已开始对历史决定论进行逻辑角度的批判，到20世纪60年代，西方历史学界、社会学界，进行这种反省和批判已多了起来。在艺术史学界，与社会进化论直接相关的艺术进化论也当然地成为一种被批判的落后理论。英国牛津大学著名艺术史家苏立文在其《东西方美术的交流》1989年英文版序言中说，“到了20世纪80年代，艺术上的进化论思想实际上已被抛弃了”。他认为，那种“以为现代艺术的前线是在纽约、巴黎和东京”的观念，是一种应该“抛弃的原有前卫艺术观念”。

如果历史的演进的确就是不同历史时段的人们在其碰到的既有的历史条件，包括特定的传统和突发的因素下，随机偶发的创造现象的话，那么，西方的历史不就是西方人在其碰到的随机特定条件下创造出的，他们自己也难以预测且无法重复的，与其随机性相适应的社会现实吗？既然是这样，与其条件、环境、传统及各种偶发事件迥然相异的东方中国人难道真的可以或应该去重复连西方人自己也无法重复的历史吗？答案显然是不言而喻的。同样地，中国社会和美术界都在追求的“现代性”和“现代社会”，其实也没有一个全人类共有的发展模式。每个社会都有自己复杂的、影响强大而无法回避的传统，复杂的当代现实（包括来自西方的影响及对此种影响的判断和处理等），每个民族每个社会的“现代”及“当代”，也都是对各自复杂条件的随机应对结果，亦如西方的现代及当代亦是同样的结果一样。

如果，“科学”（自然科学与实验科学）事实上不能解决人类社会的全部问题，而对科学万能至高无上的强调，在进入21世纪今天的中国，差不多仍然是社会最强音的情况下，是否该让人有所忧虑呢？在笔者于最近参加的声势浩大的堪称21世纪初美术界第一盛会的北京“艺术与科学”大会上，我仍然感受到“科学”在这个新的世纪发出的这种无与伦比的巨大影响。[1]

然而，没有人文精神引导的纯自然“科学”，难道就真具备这种至高无上的引领社会发展的资

1 这次专门讨论艺术与科学关系的大型国际会议，在确定会议名称时，仍先习惯性地把科学置于艺术之前，经反复讨论，才斗胆把艺术的位置提前。科学在当代中国之威力可见一斑。

格和功用吗?

事实上，“科学”绝不应该仅仅是对客观物质世界特征、规律的单一把握，它当然还应该包括同样属于这个客观存在世界的，或许还当属于最重要成员之一的人类自身的研究，对同属这个客观存在世界一部分的人类生理的、心理的、精神的研究，对人类创造的，当然也是另一种客观存在的历史的、社会的、文化的特征和规律同样“科学”的把握，即对世界的人文科学角度的把握。甚至，许多引起艺术界关注的自然科学研究，如对宇宙、生命、生理、心理等令人兴奋的研究，也只有通过引起人们关于哲学、美学、宗教、历史的思考，才会更为深刻地影响艺术的创造。只有这样，人类才能对整个世界有一个真正完整的、全面的、普遍的、准确的“科学”把握。托马斯·门罗在其《走向科学的美学》一书中以西方权威的韦氏词典中“科学”的定义，即“一种对事实进行观察和分类，特别是运用假设和推理建立起可以验证的一般法则的研究领域，是一个将人类积累和接受的知识进行系统化和条理化的领域”出发，认为：

从人类及其全部作品（包括艺术在内）都是自然现象这一意义上说，美学就应该是一门自然科学。但是，从狭义上说，即从人和物质自然界是相互对立的意义上说，美学则和心理学及社会学一样，是一门人文科学。[1]

贡布里希也把这种对艺术的人文科学的研究称为“艺术科学”。他这样对“艺术科学”定义：

自十九世纪以来，艺术科学便被理解为对过去和现代的艺术的各种研究。这些研究本着这样的认识，即除了狭义上的学院的艺术史专业之外（它大多局限于基督教西方），它还包括涉及了建筑和绘画的史前史和古代史、人类学、东方学、古典考古学和民俗学。艺术科学所追求的要远远超越作出主观判断，也就是说，它要提出可以检验的假说，或者至少是可以讨论并有希望决定的假说。

在贡布里希看来，艺术科学一般是被“作为历史学科”看待，而“与历史科学的发展同步”，但它也与心理学相联系，同时又与艺术文献及一些艺术检测手段相关涉。显然，贡布里希当然把“艺术科学”看成一门“科学”。[2]

但遗憾的是，当我们强调科学的时候，却往往把人类自身这个似乎更为重要的领域给忽略了，忘掉了“人文科学”在“科学”中应有的不可取代的位置。我们甚至有意地排斥人文科学的“科学”性。而恰恰是这个研究人类历史、人类社会、人类文化、人类自身的“人文科学”，与表现人类自己的艺术有着比之自然科学显然更为直接、更为紧密的联系。20世纪80年代以来，与美术相关或能够直接影响美术的社会科学因素越来越多。例如“艺术心理

1 托马斯·门罗：《走向科学的美学》，石天曙、滕守尧译，中国文联出版公司，1985，第132页。
2 贡布里希：《艺术科学》，《世界美术》1989年第1期。

学”“接受美学与接受理论”“艺术风格学”“艺术科学学”“视觉艺术的社会心理”“艺术哲学”“符号学”，光这些引自外国的艺术理论就光怪陆离，让人应接不暇。同时掀起热潮的还有各种哲学、美学、宗教学、历史学、考古学、美术史、人类学。西方的哲人们如尼采的个人意志论、维特根斯坦的分析哲学、海德格尔的存在主义、弗洛伊德的精神分析、胡塞尔的现象学等，也都在发挥着真正的作用。对中国自身的社会科学研究也越来越多：重释儒家有了“新儒学”，对道家、禅学的研究也十分热门，对中国自身美学体系、绘画体系的探索、阐释与建构者多了起来，中国的历史、考古、民族学、民俗学、美术史的研究也随时在吸引美术家们的注意……如果我们能够承认这种社会科学的研究领域——一个直接影响艺术之精神内核的领域——也是“科学”，也是对我们这个无限丰富的大千世界一个极其重要部分——人类自身的研究和探索，那么，我们是否也可以不再迟疑地宣称：这不也是艺术和科学的又一成功的统一吗？如果我们承认今天的真正科学意义上的具普遍性的“科学”（当然应该同时包括自然科学与社会科学在内），已经的的确确在深刻地影响着今天的艺术，那么，21世纪的中国画坛科学与艺术的统一，才可以真正由科学主义走向科学。

看来，克服我们对一个世纪以来甚至在今天仍极端强大的“科学主义”的迷信，实在是摆在21世纪中国艺术家面前的严峻挑战和艰巨课题，而恢复我们传统文化中对世界“天人合一”的总体把握，21世纪的中国艺术才可能呈现全新的时代品格。

第四节 20世纪花鸟画

清代从中期乾隆年间的扬州画派始，直到清末的海上画派，画坛已经一改过去近千年的山水画占绝对主流的基本格局，而变化为以花鸟画为主的情况了。这种画坛的基本态势进入20世纪后，仍在继续发展。所以，应该说，古代社会花鸟画形成的基础，为20世纪花鸟画的继续发展奠定了很好的基础。尤其是海上画派的盟主吴昌硕在进入20世纪后的近30年时间里达到了他艺术的巅峰状态。事实上，吴昌硕不仅以其雄厚的艺术实力在影响20世纪的花鸟画坛，而且20世纪许多重要的花鸟画家也直接受他影响，或本身就是他的弟子。上海的王震、王个簃、诸乐三是他的弟子，潘天寿也聆听过他的教诲，北京的陈师曾、陈半丁是他的学生，齐白石的“衰年变法”也是在学习他的基础上变法成功的。当然，如要细数，吴昌硕的影响还远不止这些。同时，产生影响的当然也不只是吴昌硕。例如任伯年就影响过徐悲鸿，虚谷的干笔渴墨的风格至今还有相当普遍的影响。可见，海上画派在20世纪花鸟画的发展上是有相当贡献的。

考察20世纪的花鸟画，可以发现一个有趣的现象，即所有在花鸟画方面有所贡献的画家，大多也在山水画方面有贡献。例如陈师曾、王震、陈半丁、高剑父、张大千等，齐白石虽以花鸟画家名世，可山水画画得也不同凡响。这种情况，显然与中国古典画家的专业情趣相关。院体画家无所不画，无所不能，自不待言。就是文人画家，大多都是山水和花鸟兼长，至少是兼长“四君子”梅兰竹菊。山水可以“媚道”，可以避世养性，“四君子”则可以寄托高蹈孤傲之情。所以纵观20世纪的山水画、花鸟画坛，我们可以找到相当比例的画家同时跻身于这两个领域。这种情况在20世纪上半叶尤其明显。

在研究20世纪花鸟画时，如果将其与20世纪山水画相比较，我们还会发现一个有趣的现象：在20世纪上半叶的山水画坛，我们很难找到一些不像古人画的山水画，那时候正流行“四王”的山水、“四僧”的山水，所以差不多半个世纪，一些还颇有名气的山水画家如果不像王原祁、王石谷，那么就像石涛、石谿、八大山人，或者干脆就像这些人的“老祖宗”——“元四家”或董源、巨然，这么一直仿古仿到40年代末。但差不多同样是这批人，他们画起自己的花鸟画时，倒没有这种古意盎然的仿古感。这或许是因为花鸟画与山水画不同，山水画与社会现实的关系相对紧密一些，那些山水中的屋宇，那些属点景的人物，古今差别太大；再者，山水画的程式性太强，皴法有皴法的程式，章法有章法的程式，造型有造型的规矩，各派各不相同。此亦董其昌所说，皴法各有家数，而树法则各家皆同一样，所以20世纪上半叶的山水画家，在仿古风气的影响下，家家大同小异。就连才气横溢的张大千，其名声都在仿古乱真的本事上。但花鸟画

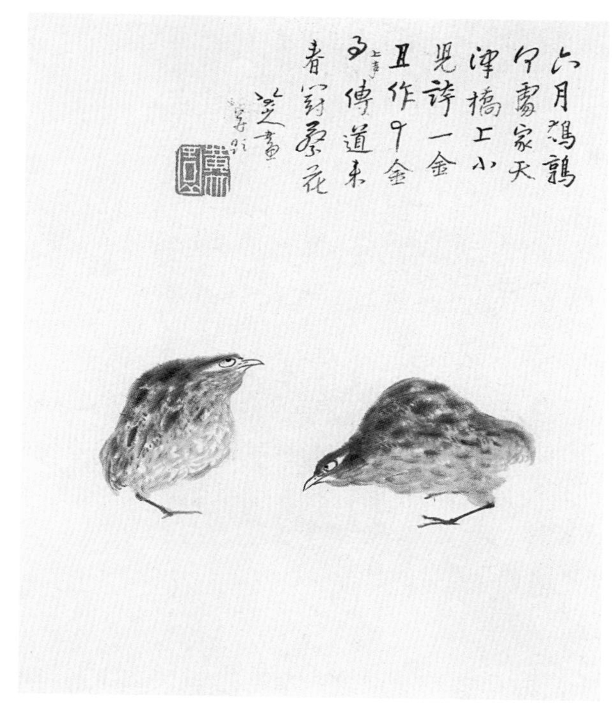

花鸟山水册之一　八大山人

不同，花鸟的造型与社会生活关系不大，花鸟画在画法上也没有太多的程式可循，其中固然也有派别家数，但风格差别比之山水画相对较小。同时，花鸟画家大多需要写生，20世纪上半叶整个画坛都在提倡写生，而且是与“科学”相关的素描式写生写实。同时，此种写生写实能力的高下，又是一个画家是否先进，是否摆脱“封建”落后传统艺术藩篱的标尺。所以，当时所有自以为先进或希望先进的花鸟画名家无不写生。例如齐白石，这是一位一生都在写生的画家，他自称从不画没见过的东西。他的那些生动的草虫鱼虾都是写生的结果。有关齐白石如何仔细观察现实物象细节的故事，至今还在流传。徐悲鸿留学法国，学得一手过硬的写实功夫，人物及动物无所不能。他著名的画《马》，就是从现实生活中写生而来，所以十分生动。林风眠也写生，他甚至在杭州艺专里辟了一个动物园专供师生写生。高剑父、高奇峰、陈树人的花鸟动物画，也都是从写生中来，陈树人作画干脆有“树人抄景”的自称。张善孖画虎就真养了虎，张大千画猿也就养了猿……可见这些源自现实的真实生动的写生形象，的确保证了20世纪上半叶在花鸟动物画方面真实生动的总体风貌的形成，即使这些花鸟画家在画山水的时候仍古意盎然。这些，都形成了花鸟画时代风格上的变化不如山水画的变化大的现实状况。当然，画什么，怎么画，形式处理怎么样，变化还是有的，尤其在世纪末，时代风格还是相当鲜明的。明乎此，我们在考察20世纪花鸟画各阶段的演变时就更容易理解一些。

20世纪花鸟画在发展阶段上可以分成以下三个阶段：即20世纪初至1949年中华人民共和国成立；1949年中华人民共和国成立到“文化大革命”结束及其过渡到“新时期”的酝酿与准备期；

1978年至今的改革开放新时期。

20世纪初至1949年中华人民共和国成立

从20世纪初到1949年，这是一个承前启后的阶段，亦即结束了古代花鸟画阶段并进入现代花鸟画发展的时期。此前的海上画派赵之谦、任伯年、虚谷、蒲华、吴昌硕等，除任伯年外，都属文人花鸟画一派，即都是以笔墨入画，尤其讲究金石味。赵之谦以北碑书体入画，吴昌硕以石鼓文体之篆籀意味入画，吴昌硕因此而特别钟情于紫藤等线条复杂的花卉。因此，从某种角度上说，吴昌硕与其在画花，莫如说在写书，是以花代书而已。因此，海派花鸟大都讲究笔墨，这其实又与董其昌、“四王”们以山水表现笔墨的美学观念是一脉相承的。但花鸟画毕竟是花鸟画，它与哲学味太浓的山水画毕竟不同，它在讲究笔墨的同时，花鸟自身的形色趣味不能忽视，尤其在工笔设色或小写意一类花鸟画上，这些视觉趣味的东西经常是绘画目的之所在。这从任伯年、陆恢、倪田、程璋等的花鸟画上可以分明感受得到。

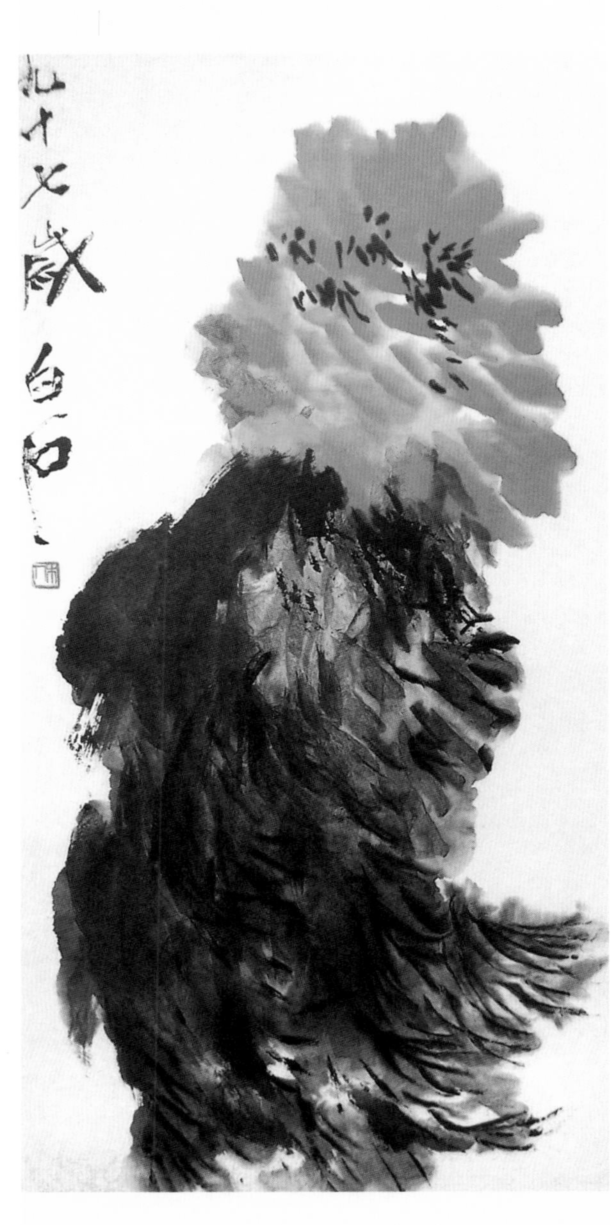

牡丹图　齐白石

尽管齐白石学的是吴昌硕，“衰年变法”就是想从吴昌硕的笔墨中汲取营养，但齐白石与吴昌硕在花鸟画上却又有着本质性的差异。首先，齐白石从来只画他自己亲眼所见的东西，这就不仅仅是写生写实与否的问题。其次，作为一个农民出身的画家，他那些普通而又普通的花鸟鱼虫，那些通常不入文人画，当然更不入宫廷画的普通花鸟鱼虫，他引以为自豪的“蔬笋气”，体现的却是古代文人画家从来没有过的平民百姓情趣。而这点，恰恰是20世纪属于民主思潮的大众化艺术的先声。这样，齐白石那归属于民主思潮的平民趣味，把这位本来出生于清末（1864年），只比吴昌硕小20岁，应该划在古代的农民画家，带入了真正属于现代的20世纪。他那幅燃烧一般龙飞凤舞的火红牡丹花，恰是20世纪花鸟画的世纪性象征。齐白石只该属于20世纪。

岭南派诸家留学日本，学得一套科学写实的本事。他们的作品，不仅从写生写实而来，而且带来了一种古代中国花鸟画上从未有过的光影氛围渲染方法。高剑父、高奇峰那些质感真切、光影灿然的鹰、马、猿，陈树人的红木棉花和绿柳，何香凝的狮与虎，用的都是古代中国画家们从未见过的一种“中西融合”方法。还有使用同样方法画走兽飞禽的天津刘奎龄，全都在宣示着新的20世纪绘画的诞生。

徐悲鸿是20世纪初期批评传统中国画最尖锐的画家之一，他留学法国，学得一手精确描绘对象的本事。回国后他在油画人物、风景，国画人物、山水上都有突出的贡献，但他最著名的却是画水墨马。徐悲鸿画马是以他数以千计的马的素描速写为基础而进行的。他教画马，甚至让学生默写马的上千块骨头，可见他对马解剖结构的重视与精熟。他以传统的水墨，以简练精确的用笔去画马，形成一种中国古典鞍马画中从未有过的全新水墨画马范式。让徐悲鸿家喻户晓的不是他自己最看重的人物画，也不是他的山水画，恰恰就是这种水墨画马，这或许是20世纪花鸟动物画中，除齐白石的水墨画虾以外最著名的一种绘画范式。

随着世纪性造型能力的提高，古典文人墨戏似的水墨大写意绘画的格局被严谨造型、复杂组合的“画家之画”倾向打破。这种倾向不仅在中西融合形态的花鸟动物画中存在，在工笔设色的花鸟动物画中存在，就连传统水墨写意花鸟动物画中也同样存在。在古代，文人墨戏一般就“戏”在花鸟上，“戏”在梅兰竹菊“四君子”上，“戏”在这些造型相对简单的形象上。这在文人画占据绝对统治地位的明清时期是十分普遍的，八大山人或许是典型。但这种情况在清末海派绘画中已有所改变，学过素描的任伯年花鸟画即此种倾向的代表。没学过素描但懂得造型的吴昌硕，其造型的复杂性与结构的复杂性也非扬州画家可比。这种情况在程璋、倪田等同时代画家那里普遍存在。到了民国年间，随着新式美术学校的兴建，造型严谨的西方素描成为画家的造型基础，传统花鸟画开始发生重要变化。高剑父、高奇峰、刘奎龄等人不仅将鹰、孔雀、狮、虎等动物的羽毛、皮毛、眼睛等细节画得惟妙惟肖，他们还可以画出毛羽、石头、树木的些微凹凸起伏的细枝末节及毛皮质感，甚至还在精微的渲染中，画出了若干细节的光影及各种折射与反光。同时，种种这些充满复杂细节的形象又在一种复杂的结构中被组合在一起，由此而构成复杂的画面。这种造型的复杂性与画面的复杂性，又归结到技巧的高难度。这就不再是以业余自炫的古代文人画家的技巧，反倒有古代宫廷画家的本事了。但画面上那种中西融合的诸多特征，又使这些作品充满了20世纪的时代特征。

甚至，连一向以简率放逸著称的水墨写意也同样如此。在海上画派吴昌硕、王震的大写意的水墨花卉中已经有大型复杂的结构存在，在20年代之后出现的著名画家那里，这种特征更明显。例如在张善孖画虎的画上，更有着古代写意画家难以想象的造型复杂性。他画的虎，不仅虎纹的复杂变化可以通过笔意的轻重粗细一笔而成，有生动真切之感，而且他的背景处理，也颇为复杂，远非文人墨戏可拟。张善孖甚至画群虎，大尺幅的作品中一大堆虎下山造成的气势亦属前所未有。这种复杂性甚至在齐白石画的虾上也可以体现。齐白石画虾，不仅可以一口气画几十只，而且每一只虾的虾体那一笔或数笔下去达到的那种透明、那种硬挺、那种平滑、那种复杂的生理结构的细节表现，叫人叹为观止，也绝非古代文人墨戏可拟。而且齐白石还挺喜欢这种密集满实的构图。他的虾、鸡、牵牛花都可以满满实实地挤满画面，他甚至在“残荷”这种萧条没落的题材上，也可以画得满实密集而表现某种昂扬亢奋的精神境界来。他这种水墨写意在造型上的特点当然也在诸如徐悲鸿的水墨群马、群狮之类大型作品上反映出来。这些作品中那复杂的结构，准确的用笔，精到而又豪放的笔触，严谨而又潇洒的造型，显示的是在科学光环笼罩下的20世纪中国绘画的世纪性特征。

即使是工笔重彩画一类，也与古典时期有所不同。时代风气就是如此，所以以工致严谨著称的工笔设色绘画自然朝更复杂造型与更复杂结构特征方面发展。尽管在水墨大写意盛行的时代里，以工笔花鸟著名者不多。这方面，我们可以以王师子、卢振寰、于非闇、陈之佛等人的作品为例。他们的作品不仅在花鸟的若干细节上精细入微，而且在多种形象的组合、复杂背景的处理上也同样显示20世纪科学写实的世纪之风来。

这个时期，也正是中国社会内忧外患的时期，内有军阀割据，外有列强欺压，花鸟画传统中的托物寓意、比兴传统也因此有所表现。张善孖画群虎以寓抗战期间中国的愤怒，何香凝的狮、虎，高剑父、高奇峰昆仲的鹰都以这种政治性的寄寓显示这种时代特征。当然，徐悲鸿当算更突出的一位。他在1943年端午节绘制的《会师东京》，竟以一大群狮子象征战胜日寇的坚定信心。题跋中有揭示画此图的目的，“略抒积愤。虽未免言之过早，且喜其终须实现也”。事实上，绘此图不到两年，日寇即投降，徐悲鸿亦言而有中。他在他的一系列画鸡画马的动物画中，也表明了他对民主的希望，对光明社会的向往等政治理想。花鸟动物画的这些全新的特点，在1949年中华人民共和国成立之后还有更突出的表现。

1949—1978年：中华人民共和国成立至“文化大革命”结束及其过渡到“新时期”的酝酿与准备期

1949年中华人民共和国成立，中国社会发生了翻天覆地的变化，社会政治制度陡然变化，意识形态也全然不同，属于意识形态及文化领域的绘画当然也受到了巨大的冲击。在一切艺术都要作为阶级斗争工具的时代，无法有此功能的花鸟画陷入一种尴尬的境地。如果说，传统形态的山水画必须要在其中添加社会主义建设的场面以示内容的革命的话，那么，除了极少数可以直接与此种革命内容对接的花鸟画，大多数花鸟画也差不多只剩象征寓意这一条路了。因此，花鸟画中的革命象征

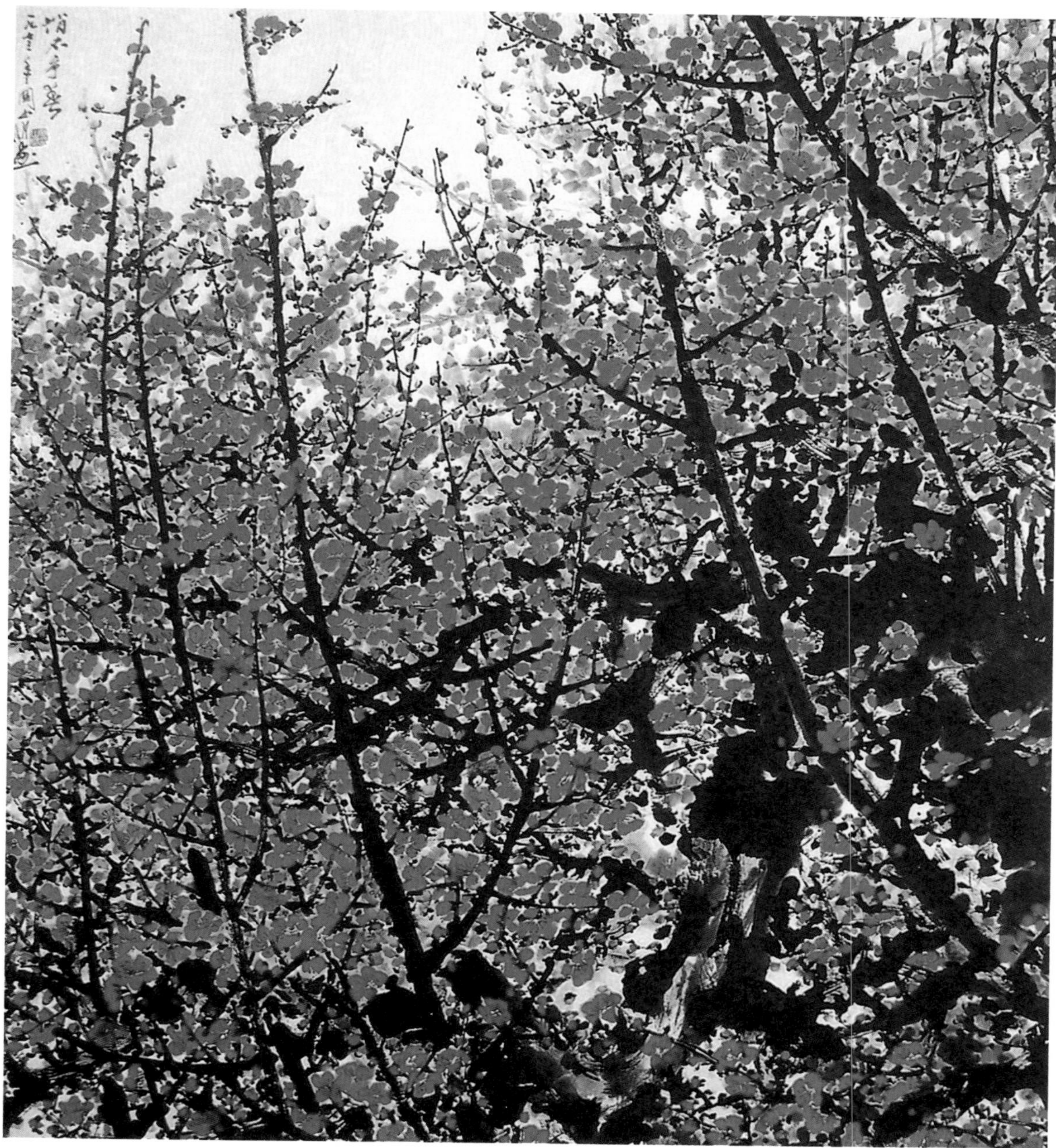

俏不争春　关山月

性成为这一阶段花鸟画的重要特征。

张大壮的《水产丰收》是1958年“大跃进”期间的产物，画中的鱼虾是为了“渔民干劲大，水产庆丰收”而作的。俞致贞的《蔬菜丰收》直接描绘温室里的黄瓜、辣椒，且有长题谈到温室栽培以达到“称赞人民公社好”的革命主题。她表现人民公社的“沼气堆上种的萝卜肥硕可爱”，亦属此类作品。卢坤峰、方增先、姚耕云创作于1972年的《毛竹丰收》印成画片出售供人张贴，弄得也近家喻户晓。这些当然是一些较突出的例子。农作物可以“丰收”，其他花鸟题材的作品更多的则只能是充分利用花鸟的象征作用，以突出革命的意义了。此类作品，以关山月创作于1973年“文化大革命”期间的《俏不争春》为代表。这幅在“文化大革命”期间差不多家喻户晓的梅花图，是以毛泽东的诗词《卜算子・咏梅》为题材而创作的，为了表达“山花烂漫”“她在丛中笑”的革命主题，这位曾经因与傅抱石共同创作毛泽东诗词画《江山如此多娇》而闻名全国的著名山水画家，再次以一幅满密的红梅呼应了红色革命的时代。创作于1961年的曾杏绯的《明花映日》是“为庆祝中国共产党成立四十周年而作”，此画以烂漫红榴花象征“百子千孙红不尽，神州榴火已燎原”的又一革命主题。而陈大羽所作《雄鸡图》则把红梅铺满幅，中间一昂首挺胸迈步向前的大公鸡，也是革命的象征。只是这一次是对1976年一举粉碎“四人帮”的欣喜，题词道：“红梅竞放春先报，阔步高歌迎朝阳，一九七六年全国大喜日。”以如此手法创作的作品还有崔子范的以红高粱、“青纱帐”为象征纪念抗战的《艰苦岁月》等。另一类型的象征之作，可以赵少昂《自有雄风藏草泽》为例。此时的虎已是“城社倘教狐鼠少，不须草泽起英雄”，这是对美好人世、社会的象征，如此等等。

上述这些具有强烈革命色彩的象征性花鸟画，在这段以革命为主题的历史年代中，或许就是花鸟画最好的出路了。我也相信，此种类型的花鸟画在那个无处不革命的年代里，或许也就是画家们真诚的革命情感的真实流露，我们也可以借此而一窥此种时代之革命风尚，这当是此类花鸟画不可取代的难得价值。

在中华人民共和国成立以后，尽管“左”的“革命”时段不短，其中甚至有“花鸟画的阶级性”之争，到“文化大革命”“扫‘四旧’”时，花鸟画就在被“扫”的“旧”之列，那时就真只有极少数如《俏不争春》一类革命型花鸟画可以幸存了。但这个时段中也有些诸如提倡“百花齐放、百家争鸣”，以及以创作自由为核心的文艺政策出现，所以中国画在这个以“左”为基本倾向的时代里也有它一定的发展空间。

在传统水墨写意领域里，潘天寿算是此阶段中国美术史产生的一位大师级画家。潘天寿早年受吴昌硕指导，绘画自成风格。善把花鸟画与山水画熔为一炉，在一个小境中，把山水意味与花鸟特色发挥得淋漓尽致。潘天寿针对美术界某一领导蔑视国画的情况，画了一批尺幅极大以骨线为主的花鸟画。他从国画教育出发，把千余年来没有多大变化的中国画章法做了总结与发展，形成了传

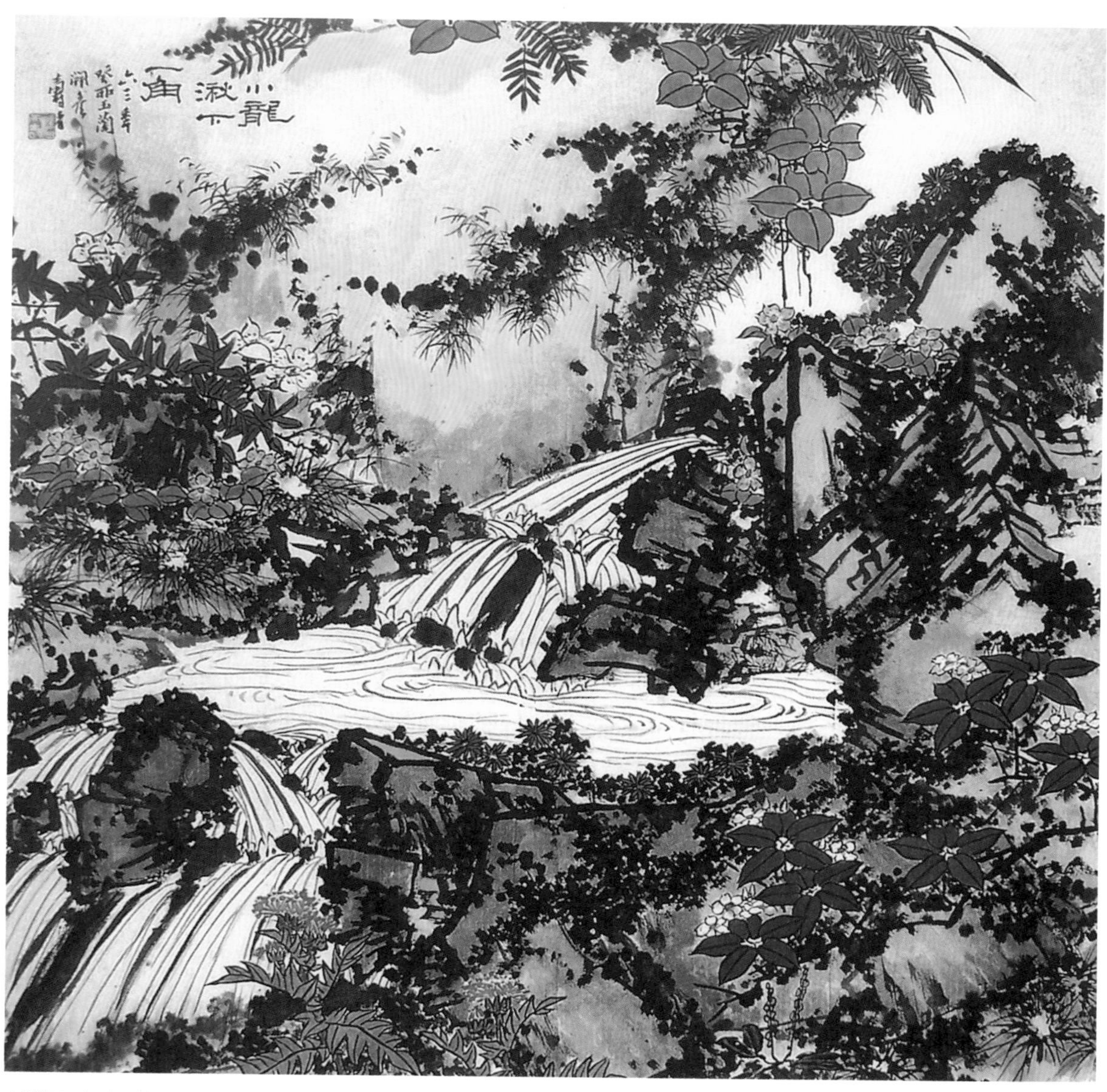

小龙湫下一角　潘天寿

统结构观念、现代构成意识相结合的现代结构模式。这是一种既有实践意义，又有教育模式意义的现代创造。潘天寿还长于指画。他把传统指画的简单墨戏技法向指、甲、掌、侧多方向发展，使传统指画形成有丰富表现力的新格局。他最好的一批作品，有不少就是这种指画。《小龙湫下一角》《雨霁图》《露气》等都是其代表作。

李苦禅亦为此期水墨大写意花鸟画的代表人物。李苦禅作画用笔劲健有力，和潘天寿一样，多以浓墨为之，不在墨色丰富、墨法多变上下功夫，而有一种苍茫深厚、老辣雄肆的意蕴。刘海粟山水学石涛，花鸟则多受徐渭水墨大写意花卉画的影响。喜以狂放笔法与淋漓墨法而为之，但其风格却未能出徐渭之外，或许因其着力不多之故。值得一提的是西安的石鲁。五六十年代的石鲁画风虽然有豪放一面，但也颇有控制。“文化大革命”期间石鲁被批判，传说此期石鲁积郁致狂，他以大写意狂写墨花墨荷一路，随意纵横，具前所未有之气概，时人颇为宝重石鲁此期之作。写意一路，还有在水墨上增加色彩比重而以彩墨为之的，例如朱屺瞻晚年的水墨大写意伴有浓重的色彩，江寒汀的花鸟也有明丽的色彩。李可染画山水，但对牛情有独钟，其斋名为“师牛堂”，曾画《五牛图》。此图以五只水墨水牛为题，以牛喻人，象征“俯首孺牛”“稳步向前，足不踏空”“气宇轩宏”等品性。岭南派传人赵少昂放弃了前辈光影渲染的日本画法，以其参差淋漓、破笔破墨的意味自创一格，也颇具影响。笔墨写意一路较有成就者还有王森然、王个簃、汪慎生、钱瘦铁、邱石冥、吴茀之、诸乐三、来楚生、董寿平等。

小写意一路以写意手法而为之，但注重细节刻画，造型有严谨一面，介于大写意与工笔之间。使用此种手法的有王雪涛、郭味蕖等。王雪涛作画虽写意为之，但局部勾勒点染都颇为细致周到，尤其在对鸟的头、羽翅描绘，花朵形色的经意点染上都一丝不苟。郭味蕖的花鸟画也喜欢与山水的局部相结合，画点石头、泉瀑，往往用笔粗放，对山石中的花花草草却认真勾勒点染，尤其是花朵叶瓣，多以勾勒法为之；或者树干用笔豪放，而花叶却又细细勾画。这些都令人想到周之冕的勾花点叶，齐白石的点叶勾虫画法。

在中西融合一路上，此阶段表现也颇丰富。20世纪上半叶，才气横溢的张大千在海外曾以“旧派”画家形象出现，其艺术以集古代诸家之大成为特色。但50年代末以大泼墨，60年代以大泼彩而为之，尤其是其巨幅荷花大泼彩震惊中外画坛，与其泼彩山水相映生辉。他甚至以泼墨法画哈巴狗。张大千泼彩虽自称并非受西方影响，但受西方表现主义之启示是有可能的。刘海粟也泼彩，也有泼彩荷花，色彩则浓重，与张大千色不碍墨的素雅风格大相径庭。在国内的林风眠虽在40年代开始画他的彩墨花鸟画，但五六十年代影响益大。60年代初他虽被批判为“形式主义”，但其彩墨花鸟的特殊风格，那种静物式处理，那种方形结构，那种彩墨效果，及其浓郁天真的东方诗情却给人以深刻印象，代表作有《秋鹜》《小鸟》等。张书旂的花鸟则以用粉为特色，他在深色纸上作画，以白粉提亮花卉及鸟身的局部，造型颇为别致。此外，还有岭南派后学之方人定，继承其师高剑父风格，及借鉴日本画因素，造型严谨，注重光影表现，也自成一路。在香港的丁衍庸受西方现代艺术影响，花鸟画结构简洁，以艳丽的色彩直接点染而成，也独具风格。

工笔设色花鸟画朝更精致富丽的特色上发展。于非闇在40年代之前已有成就，在50年代后，其工笔花鸟愈发精美，不仅画面尺幅大，构形复杂，而且勾勒精致，设色富丽，加以适度地引入光影晕染，画面复杂而层次分明。陈之佛工笔花鸟画的当代感或许更强。他的作品如1953年创作的《和平之春》，画幅尺寸为169厘米×86厘米，画面满布十余只鸽子与满幅红艳的碧桃花，金碧的山石，呈现花鸟画中从未出现过的欢快热烈鲜明美好的崭新形象，一种真正的“新社会”气象。他在1959年为庆祝中华人民共和国成立十周年作167厘米×93厘米的《鸣喜图》，画中画了十只传统

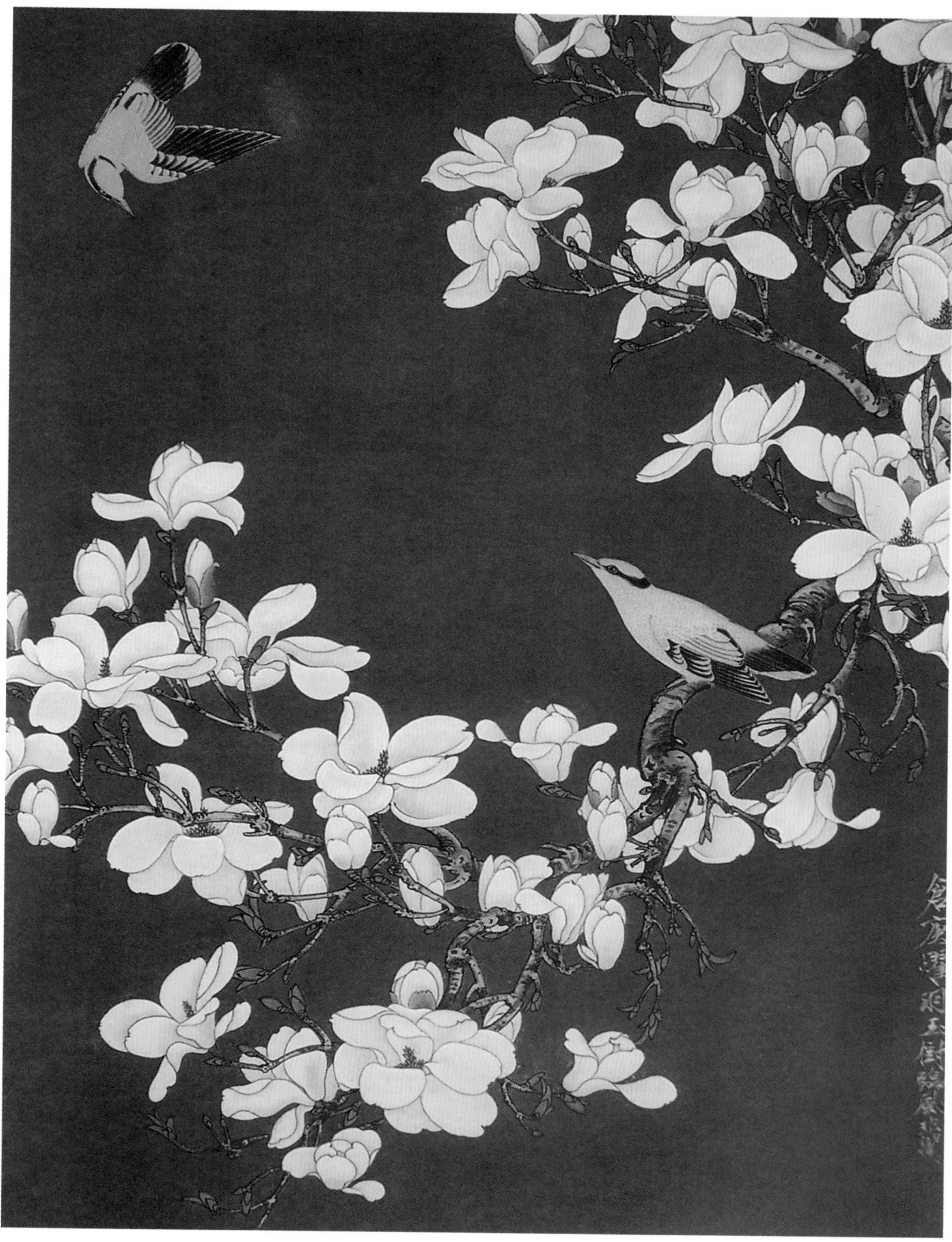

玉兰黄鹂　于非闇

中象征“喜事”的喜鹊，以象征“中华人民共和国成立十周年”，以充满喜庆气象的红梅、红山茶为背景，加之众鹊“鸣喜”的喳喳之声，把欢快祥和的节日氛围表现得相当充分。陈之佛的工笔花鸟画作品制作精美，色彩明丽，氛围感强，在五六十年代的工笔花鸟作品中是很有代表性的。谢稚柳的工笔花鸟则以清丽雅逸的风范与其他工笔画家的作品相区别。他的作品多无社会性象征，更多的是在自然中体会某种清丽平和、淡雅明洁的意趣。尤其是他以工笔的手法画竹丛，更是独到。田世光的工笔花鸟则在极尽繁复富丽的手法上独占鳌头，他的一幅堪称巨幅（365厘米×190厘米）的工笔花鸟画《丽日》，以美丽的孔雀为中心，孔雀周围有多种鸟类和花树竹藤，整幅画充满着自然的盎然生机。这在同时期工笔花鸟作品中是不多见的。其他如卢振寰、赵梦朱、朱佩君、马晋、郑乃珧、张其翼等也有优秀的工笔花鸟画作品。

1978年至今，为第三个时期，即改革开放时期，亦称“新时期”

在此阶段，改革开放的春风吹遍中国大地，整个国家呈现前所未有的自由与勃勃生气。在这个阶段中，国家的一切都在发生巨大的变化，文学艺术当然也在变化之列。作为中国画重要画科的花鸟画，第一次可以在没有任何非艺术因素干扰的情况下自由地发展。由于“开放”而打开了国门，许多前所未有的东西涌入中国大陆。西方的现当代艺术进来了，港台的艺术也流进内地，使内地的画家开拓了眼界。西方讲究形式的艺术影响中国的一个最突出的事例就是1980年前后吴冠中引发的，关于对内容决定形式的所谓马克思主义艺术原理的质疑，由此形成了对形式表现高度重视的时代倾向。对构成、对抽象表现、对形式自身审美的兴趣开始影响花鸟画坛。随着开放而来的是对传统的质疑，对“中国画穷途末路”的警惕，传统的花鸟画技法受到忽视甚至批判，对外来艺术，例如日本花鸟画艺术的引入，对笔墨的批判，对台湾画家刘国松绘画制作手段的兴趣与尝试，都在引起中国大陆花鸟画坛的深刻变革，同时也因此而引起对工笔设色花鸟画的兴趣并引发此种绘画大规模的出现。当然，相反地，在此种倾向愈演愈烈之时，又引起重视传统者的反感，他们以向传统回归，向文人画模式回归的方式再引出讲究笔墨的另一股花鸟画倾向，甚或“新文人画”倾向。这样，“新时期”花鸟画坛因此而真正形成了前所未有的“百花齐放”诸派并存的繁荣局面。

讲究笔墨的传统型水墨写意花鸟画在“新时期”仍在发展。如孙其峰，其仍在传统笔墨的诸般讲究中运作，或在其中糅进某种形式构成因素。陈佩秋则以浓墨满纸，在结构上突破前人规范。黄胄以画驴著称。他写生很多，其画驴善用笔痕交叠，在浓浓淡淡中根据驴的解剖结构自然写出，既有笔墨的意味，又有形的准确，其画生趣盎然，很有特色。汤文选以八大山人似的简练，出以浓墨焦墨画虎画鸟，自有特色。赵梅生也以浓墨简笔而为，只是更自觉地追求平面构成的形式感。赖深如长于在水墨层次中铺排，浓淡焦墨无不有，泼破积渍无不到，其画面墨色丰富，水意盎然。张立辰花鸟画的笔墨也特别讲究。他作画大刀阔斧，不拘泥于形，用笔动感强烈，又注意水的运用，在

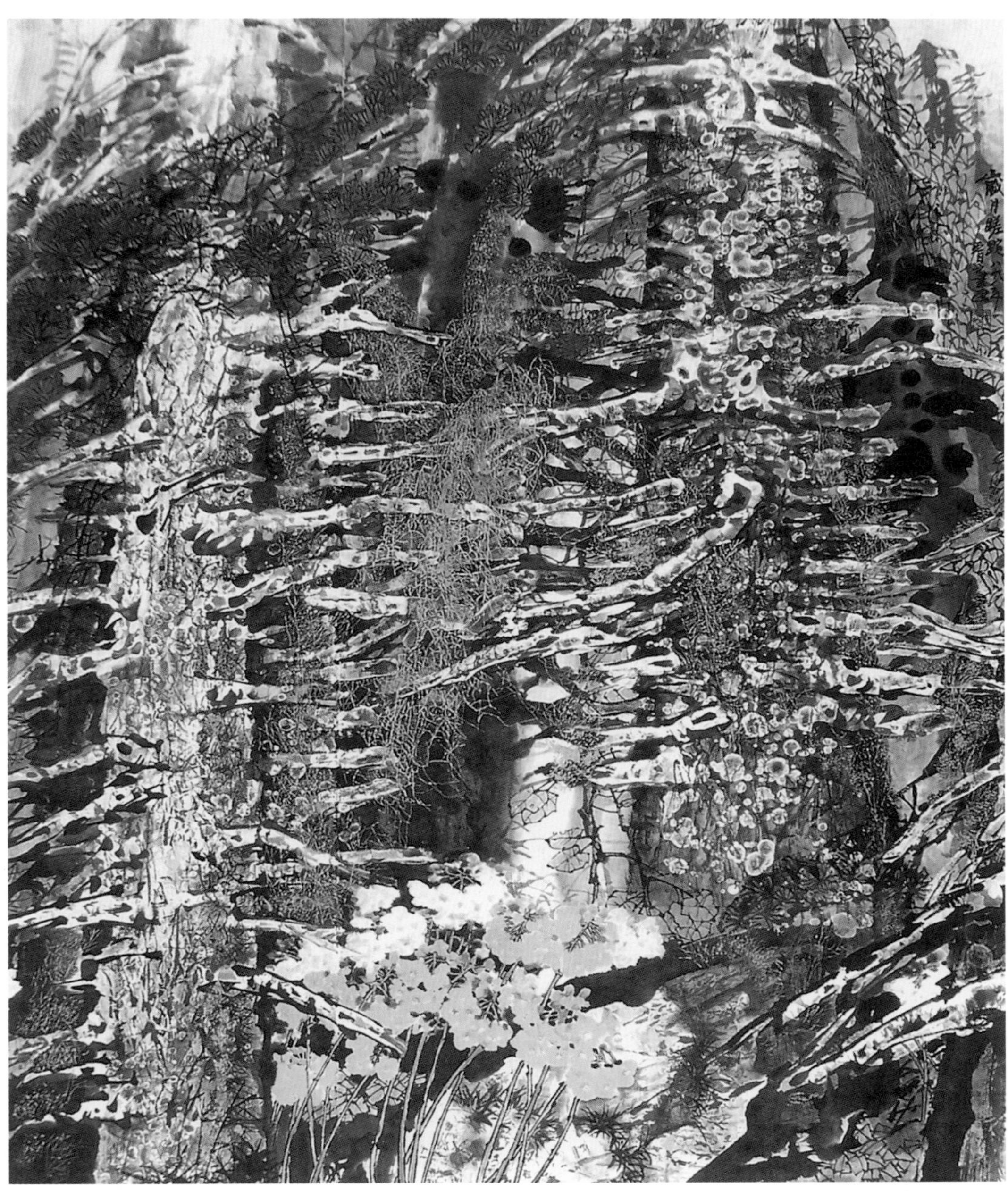

岁月蹉跎　王晋元

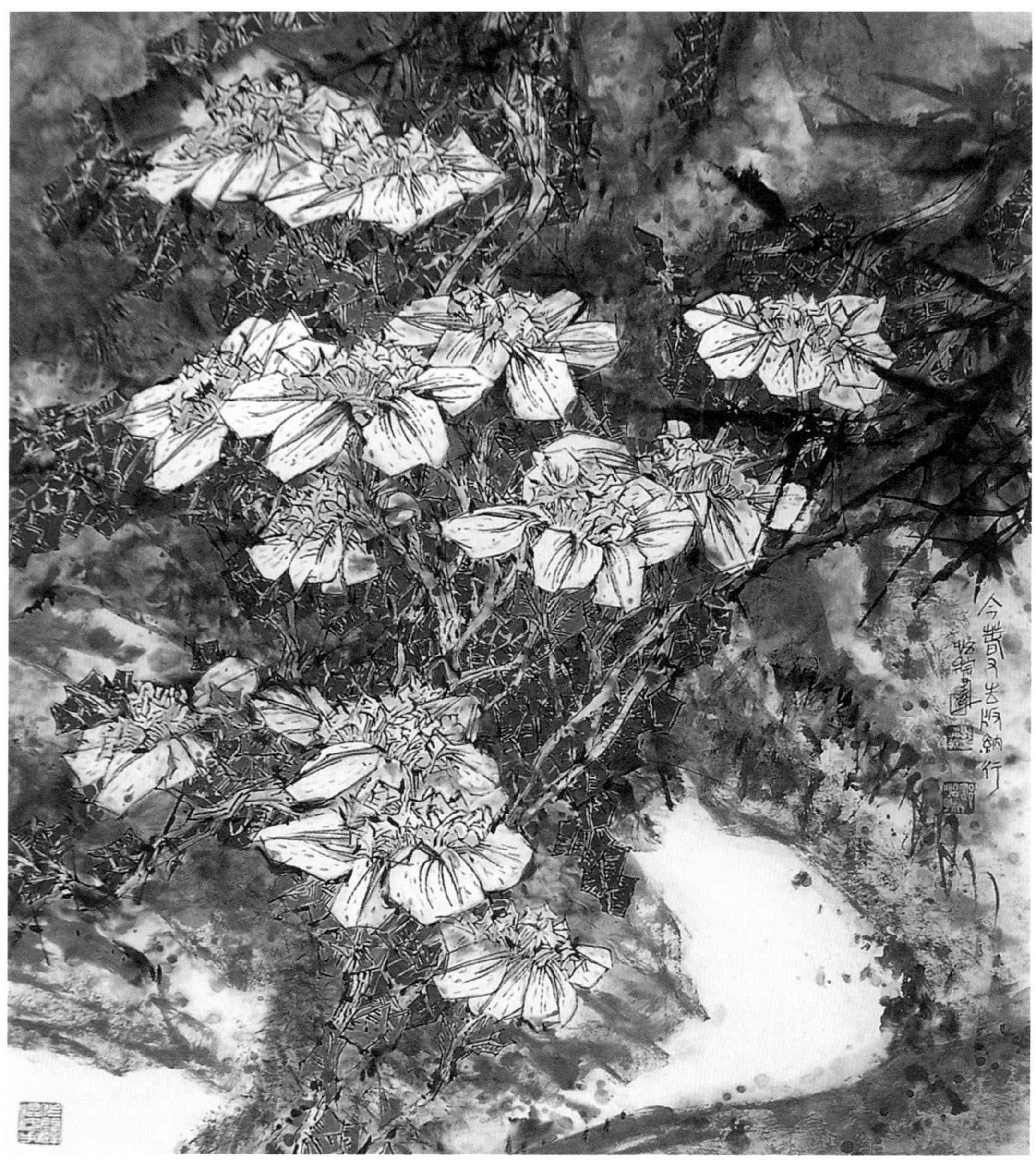

版纳行　郭怡孮

当代花鸟画坛笔墨效果十分突出。潘天寿的老学生刘伯骏以八十余岁高龄异军突起，其花卉毫飞墨喷，豪气逼人，颇具杭州艺专创造传统，近年来备受画坛关注。何水法画花卉，喜欢选择一些小叶子的植物，他善于用精到的笔墨处理及丰富的水意运用，在随意天成中达到笔精墨妙的水墨效果。刘巨德以水墨形式进行西式构图，盘中之《鱼》竟有几分神秘。周京新利用宣纸用笔之水痕画鸟，其重重叠叠的笔痕构成笔墨的新意趣。其他如王乃壮画水仙，笔墨厚重斑驳；朱颖人画梅，淡雅清新；舒传曦以化石入画，古朴拙厚；霍春阳画荷，笔墨参差陆离；而王金岭也画荷，却淋漓恣肆；高卉民画花，在笔痕水迹中自然成形；徐希则以画布画花，白粉提之，也都各具特色。

在传统笔墨关系中加入较重的色彩，构成彩墨效果，是又一种较普遍的倾向。此期纯水墨的花鸟画已不太多。黄永玉、袁运甫都喜欢在大泼墨的满密画面中再泼彩，再以色彩直接画花点蕊，他俩的彩墨荷花都是如此画成。鲁慕迅水墨花卉中时常糅进色彩，有时他以色为主，构成画面热烈响亮的效果。王晋元的水墨花卉以满构图为之，实则是场景式处理，笔墨厚重有力，辅以色彩和肌理制作，在当代花鸟画坛颇具影响。郭怡孮喜欢在大写意水墨风格中糅进小写意用笔之勾勒花叶，再以重彩为之，风格颇为独特。江文湛花卉喜以奔放的焦墨线条为之，但也重视色彩的运用，疏朗之中，色彩鲜明。梅忠智作画仍是中锋用笔，笔线粗重，用墨也十分浓重，但他长于用色，重墨为衬，重色压之，醒目而不乏厚重。陈永锵也是以豪放的用笔、恣肆的泼墨去画花卉的一位，他还喜欢以重色入画，色墨交融，表现性同样很强。

强调构成关系，强调形式美，是此时段花鸟画中一种较为普遍的倾向。这种倾向中既包括水墨写意，也包括工笔设色，甚至也包括以制作为倾向者。领衔人物当是倡导形式美的老画家吴冠中。吴冠中有时以水墨，有时以彩墨，但大多是在点、线、面的结构关系中处理画面，其中也考虑色彩构成的关系及疏密黑白关系。吴冠中作画，形式关系是他的重心，抽象因素也较多。吴冠中首倡形式美，自己又身体力行，影响很大。冯今松画水墨，也在大笔落纸中考虑点线面的关系，既不失水墨写意之趣，又糅进形式构成之意。贾平西特别在意画面点线面的分布，他以花鸟画中的具象因素为画材，提炼成点线面的形式构成关系。周思聪偶以淡墨画荷，注重更多的是构成面（叶）、线（茎）、点（莲蓬）的关系。张桂铭的花鸟画善把物象提炼成几何形，并以点线连缀，辅以明艳的色彩，在平面构成与色彩构成中完成作品。陈家泠以彩墨水渍成形，再结构成点线面的关系。尚涛作画浓墨直写，属大写意手法，但也注意形式构成关系，点线面因素突出。这种手法在工笔设色一路中被运用得十分普遍。周彦生工笔细腻，但画面基本处理仍在构成：满密画面或由横竖关系，或由中心放射关系去结构。陈运权的花鸟斗方虽以工笔设色为之，但主要思路仍是构成关系，是横线与点面，竖线与横点，曲线与弧线，散线与点等。林若熹也是工笔，他也特别注意用不同角度不同色彩的大块面（例如横块面与竖块面）来结构其基本关系。贾冕画的鹤，也是垂直线与弧线，线与面诸关系构成。这种倾向极为普遍，在相当比例的用不同手法绘制的花鸟画中都有不同程度的体现。可以说，这是改革开放引入西方形式构成手法，在花鸟画中形成的与此前最大的不同点之一。

加强制作手法，运用多种制作手段，是此阶段另一普遍倾向。而这种手法在水墨写意与工笔设色两种类型中都是有体现的。20世纪初，岭南画派所使用的撞水撞粉法，为制作法之先驱。台湾刘国松60年代初开始研究制作手段，到80年代已积累百余种。刘国松的画法对大陆影响很大，20余年来，这种制作之法在国画界已极普遍。这种制作，包括揉纸、拓印、水拓、渍墨、贴箔、撒某种材料以形成特定肌理等。由于此种制作肌理之法打破了古代以来已成程式的笔墨皴法，故新意盎然。一些在国外的中国画家如赵春翔等，有时以“硬边”切入画面，采用剪贴，纸与布的结合，图像间的叠压，多种颜料如水彩、水粉、丙烯、荧光颜料、岩彩等的综合使用，给中国画的发展打开了广阔的天地。赵春翔自己的花鸟画创作就是综合使用这多种技法的典范。这方面的运用是那样广泛，我们甚至很难说哪一些画家是专门使用上述技法的。这些技法或多或少已经遍布在写意、工笔、水墨、色彩等全部花鸟画创作的领域。这当然也是“新时期”与20世纪前两个阶段在创作手法上最突出的区别之一。

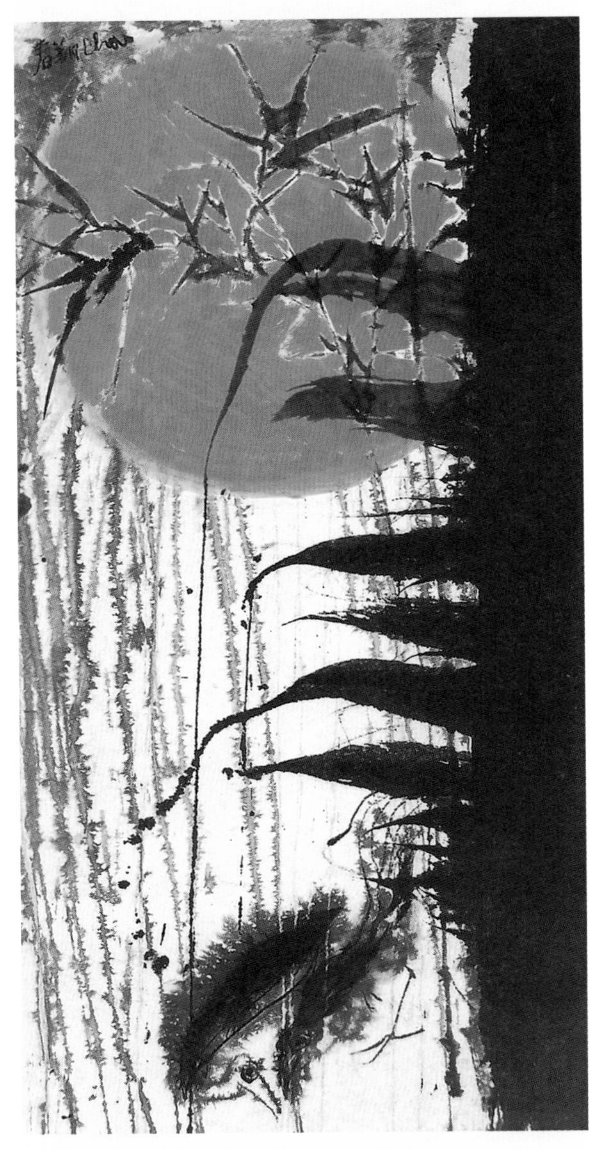

美丽的日落　赵春翔

在此阶段中工笔设色一类仍占有很大比重。“新时期”之前，由于文人画笼盖一切的传统态势的惯性使然，写意花鸟占了绝大的比例。但进入“新时期”以后，由于西方艺术的冲击，学院派在造型上的严谨，色彩语言在视觉艺术上重要性的重新强调，平面构成、色彩

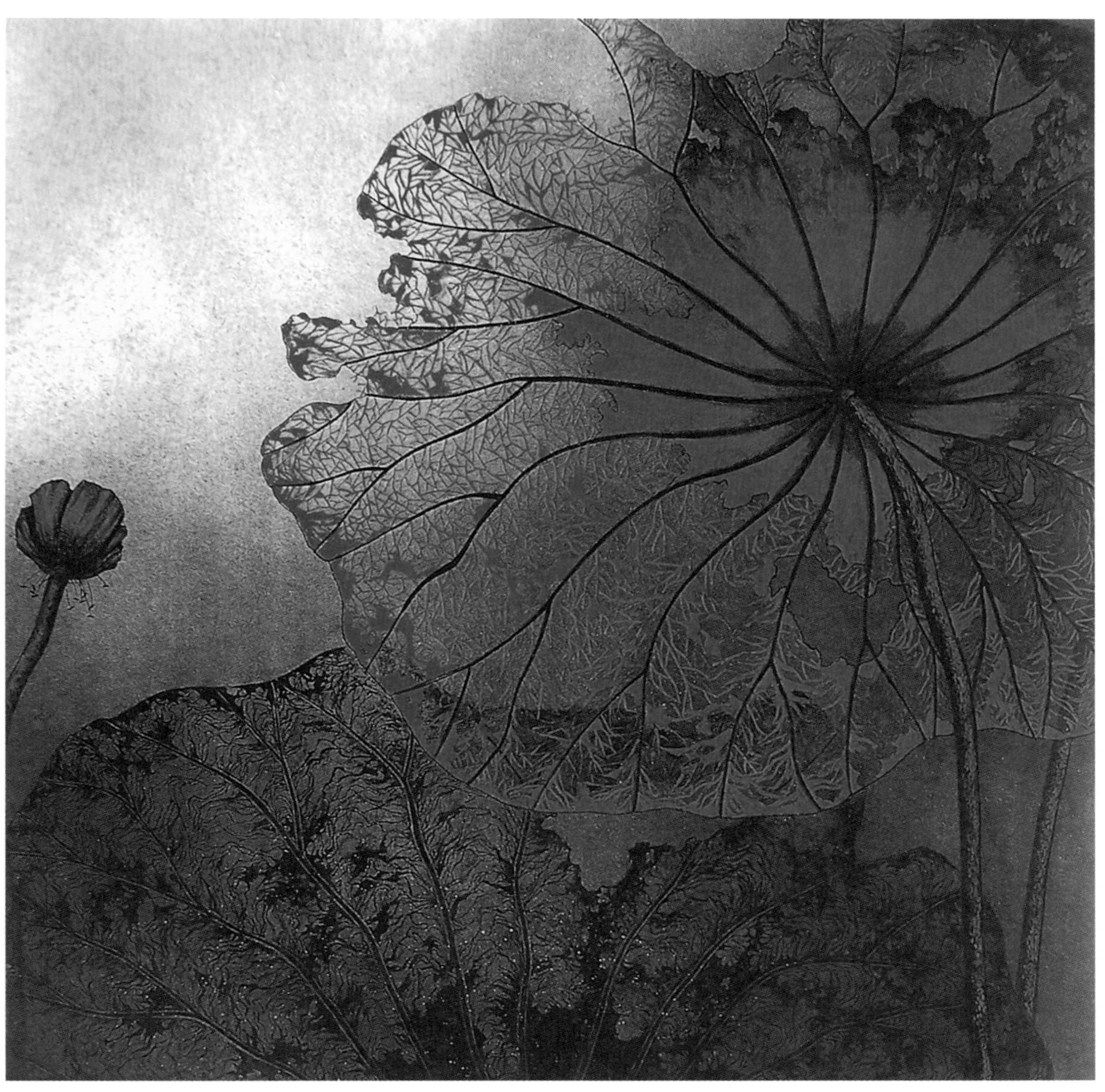

筛月　蒋采苹

构成在中国画中的运用日益普遍，多种制作手法和新材料的大量涌现，所有这些，都严重地冲击着以“自然”为最高境界，以水墨为基本形态，以笔墨为基本语言，以水、墨、宣纸为基本材料的文人水墨画。而应和着上述潮流的，却是工笔设色画的重新崛起。

在工笔设色领域中，画家们已经非常多了。蒋采苹学习日本画，把若干制作与岩彩画的方法运用到工笔花卉画中，给中国花鸟画带来一股新风。李魁正强化色彩在工笔中的表现力，他的作品往往因色彩的运用而获得特殊的意境。陈新华以满密的构图、复杂的色彩及将物象分解至小斑块的创作特色在当代工笔花鸟画坛中独树一帜。李蒸蒸画花鸟，与陈新华异曲同工，全画由无数的小色斑块构成，也自有其趣。江宏伟的工笔花鸟以刻画精细入微著称，但其用色却在同一调子中做微妙

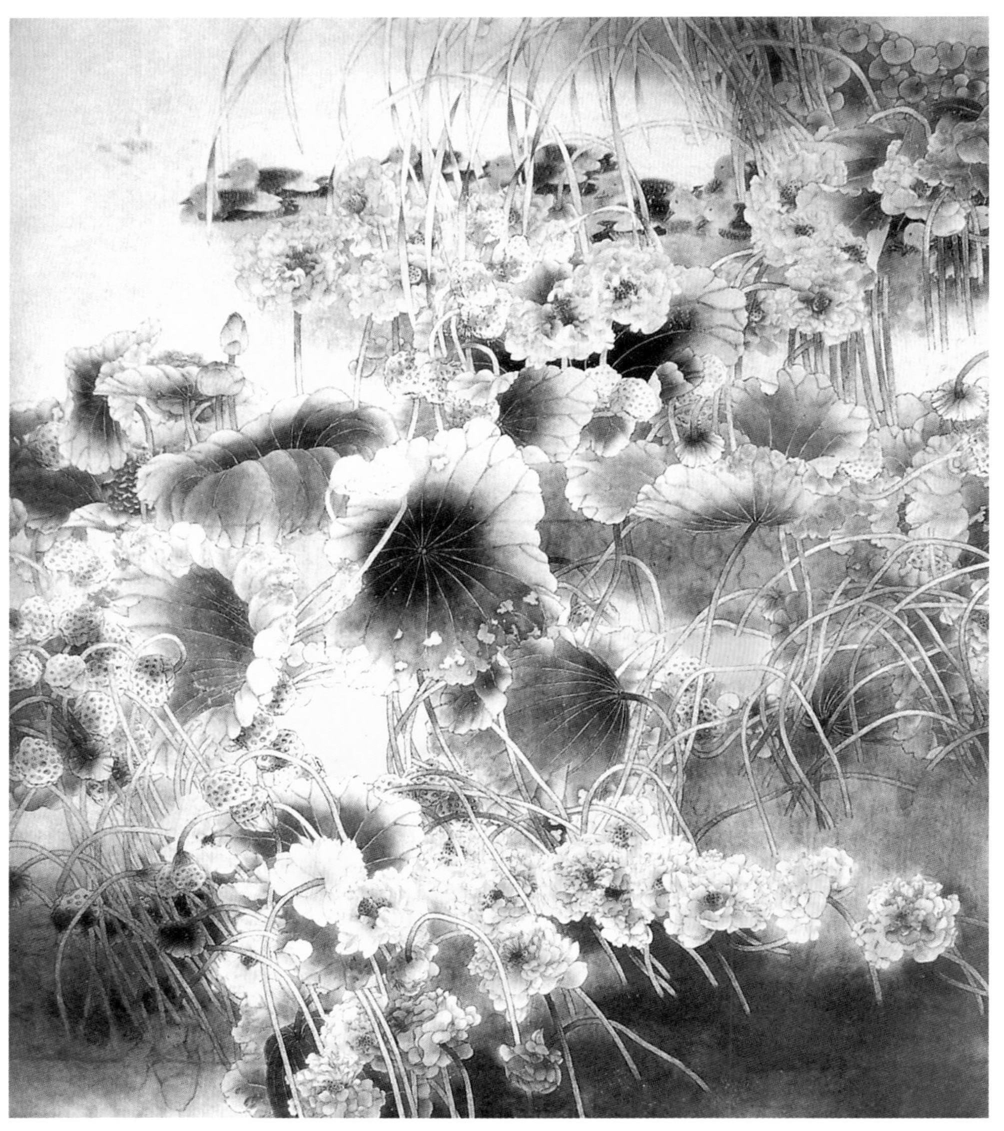

寒河晴晚　贾广健

的变化，这是一种具当代意味的古雅境界。年轻的贾广健近年以画荷名噪画坛。他的工笔荷花，场景大，多满塘为之，重重叠叠，描绘极精工细腻，色彩无大冲突，亦在同一调子中做复杂的色彩变化，使其工笔荷花有某种高贵典雅华美的品格。贾广健这种当代色彩的微妙处理是古代工笔设色所不可能达到的。姚思敏近年来把山水之局部与花鸟相结合，辅以特定的肌理，出之以热烈明快的色彩，其意境之独特鲜明在工笔设色花鸟中亦自树一帜。喻慧的工笔花鸟亦严谨精致。第十届全国美展中她的《掠影》一画别出心裁，以水墨画太湖石，精致复杂的石头结构与飞掠而过的黑色飞鸟组合形成工笔花鸟画冷峻清悠的境界。近年来，一批画家把工笔花鸟朝繁复工细的极致上推进，画得有舍有取有张有弛，格调古雅，实为难得，如姚大伍、张龙彪、程健、李君琳等。

第五节 20世纪山水画

山水画自五代两宋以来，一直是中国古典精英绘画的主流。这种态势，一直发展到明末及清代初年，由于董其昌大倡笔墨，清初“四王”以山水画发扬笔墨之精蕴，“四僧”又以自然、以自我创山水画之新境而使山水画得以辉煌发展。或许正因为对笔墨自身的强调过甚，与真境的联系过少，到清代中期，已严重套路化的山水画日渐式微，随之而起的花鸟画反倒以扬州画派的兴旺而崛起。继之而来的海上画派，也是以花鸟为主要模式。“四王”模式的山水画尽管还在继续，画的人仍不少，但已成强弩之末。从“前海派”的赵之谦，到海派任伯年、蒲华、虚谷、吴昌硕，名家大师都是以花鸟画为主。持续一千余年的山水画到清末彻底地衰落了。如果没有新的变革，山水画这种僵化的格局是难以改变的。

进入20世纪后，由于落后挨打的中国人开始对传统文化进行反省，开始引入与学习西方文化。随着洋务运动、戊戌维新、新文化运动、五四运动接二连三的开展，“科学”与“民主”两面大旗成为20世纪最具标志性，影响也最为深远的两大文化倾向。也正是在这种深刻的文化倾向影响下，一度衰微的山水画逐渐开始复苏。

这种复苏是以对已成僵化模式的“四王”的批判开始的。戊戌维新的领袖康有为率先发难，1917年他在《万木草堂藏画目》中发声：“中国画学至国朝而衰敝极矣。岂止衰敝，至今郡邑无闻画人者。其遗余二三名宿，摹写‘四王’‘二石’之糟粕，枯笔数笔，味同嚼蜡。”可见所指即“四王”类山水画。而到1918年，新文化运动领袖陈独秀亦在《新青年》上以《美术革命》为文，指出“王石谷的画是倪黄文沈一派中国恶画的总结束”“若想把中国画改良，首先要革王画的命。因为改良中国画，断不能不采用洋画写实的精神”。徐悲鸿对自然山水“奇美之景象，中国画不能尽其状”[1]也是大为不满。对传统山水画的批判是20世纪初山水画坛的重要现象。

在此种风气中，以西方式“科学”写实精神变革中国画成为具革新精神的画家们的普遍追求。亦如1919年陈师曾所说，“我国山水画，光线远近，多不若西人之讲求。此处宜采西法以补救之”“如投影画、透视画，亦皆此画中之一种。对实物而写其形象，其阴阳向背凸凹诸态，无不惟妙惟肖”。[2]用科学写实之素描法、写生法、透视法、光影法来处理山水形象，成为一时的风气。此种风气的直接运用，就是在山水画创作中强调写生。亦如汪亚尘所说，“欲挽颓风，不得不依自然而发挥作家之心灵，欲发挥自己之心灵，当宜以写生入手。庶几吾国今后之艺术，有复兴之

1 徐悲鸿：《中国画改良论》，《绘学杂志》1920年6月。
2 陈师曾：《陈师曾讲演对于普通教授图画科意见》，《绘学杂志》1920年6月。

望也”。[1]写生成为一致公认的复兴中国山水画的最重要途径。胡佩衡论过《中国山水画的写生问题》，贺天健专论《中国山水画今日之病态及其救济方法》，俞剑华也专论过《中国山水画之写生》，指出“写生乃为中国山水画之根本方法”。而教育部在艺术科纲要中也把临摹改为了写生。[2]

的确，立足于科学的写生写实在20世纪初的中国画坛确实是代表着革命与先进的时代性潮流，20世纪号称名家或大师的山水画家无不与写生写实相关：刘海粟办学之初，1913年就率学生到野外写生，1918年更创“野外写生团”；尽管他本人画山水是在1923年之后，但也都与写生相关。北京的陈师曾自己就参用种种西方画法画过不少庭园写生。徐悲鸿自始至终是靠写生来完成他的山水画的。黄宾虹画了上万张的写生以做创作基础。林风眠干脆在杭州艺专办起了动物园专供写生。广州的“岭南三杰”也都在写生。

但总的来说，20世纪上半叶，写生之于中国画中的山水画，似乎并未引起革命性的变化。原因也很简单：任何绘画，都有自己的一套语言系统，这套语言系统是联结艺术家的情感精神内涵与表现这种精神现实图像的中介。准确地说，艺术本身就是这种主客观联系的媒介。而各种艺术语言系统又都是人类各民族在成千上万年的历史沿革中逐渐积累的传达方式。要改变这个系统，绝非一蹴而就的革命方式所能为。影响20世纪上半叶美术变革的主要因素，是属于西方文化体系中的西方美术系统。而西方以面、以体积的真实再现为特色的一套语言传达系统，又与中国以线、以虚拟性的非真实表现为特色的语言传达系统大相径庭。因此，康有为、陈独秀、徐悲鸿们以西方美术变革中国传统美术的号召，在整个20世纪上半叶并未取得实质性的成就。所有试图以西方写实语言来改造中国山水画者，都没能产生有重大影响的公认成就。在这方面，身体力行的徐悲鸿以西方素描为改造中国画的法宝，但不懂中西艺术区别的他，只能把西方的水彩画语言以宣纸水墨做硬性移置，以单色水彩的意味在宣纸上画他的水彩风景画，这可以他的《漓江春雨》及他在印度大吉岭画的一批喜马拉雅山风景为例。后者与其用油画画的同一题材同一构图的油画风景相比，其不同之处仅仅就是改用了宣纸、水墨、单色而已。故徐悲鸿此种改良型山水画在中国画界几乎没有任何影响。另外的代表即岭南派高剑父、陈树人。两位在日本习过画，高剑父把强调光影渲染的日本朦胧体风景画移置到中国，画过一些改良型的山水画，如《五层楼》《渔港雨色》等。至于在水墨山水里糅进其自称的“飞机、大炮、战车、军舰，一切的新武器、堡垒、防御工事”的想法就有些滑稽了。亦如加拿大史论家郭适所评：“如果这两个机械怪物也如那辆汽车一样，安置在水墨山水的背景上，他们像是要预示着摩登时代来临的一项奇特的征兆。”[3]这无疑是传统语言系统在表现新事物上的矛盾所致。这种滑稽与尴尬的处理，在50年代之后的山水画中还继续存在。当然，高剑父首创新画法，并首开个人画展先河，在全国影响仍相当大。晚年回归传统，干笔渴墨，老辣厚重，自称“新文人

1 汪亚尘：《论国画创作》，载姚渔湘编著《中国画讨论集》，立达书局，1932。

2 汪亚尘：《近代艺术运动与艺术教育》，《民报》1933年7月17日。

3 郭适：《岭南派：风格与内容》，迟军译，载《岭南画派研究》第2辑，岭南美术出版社，1990。

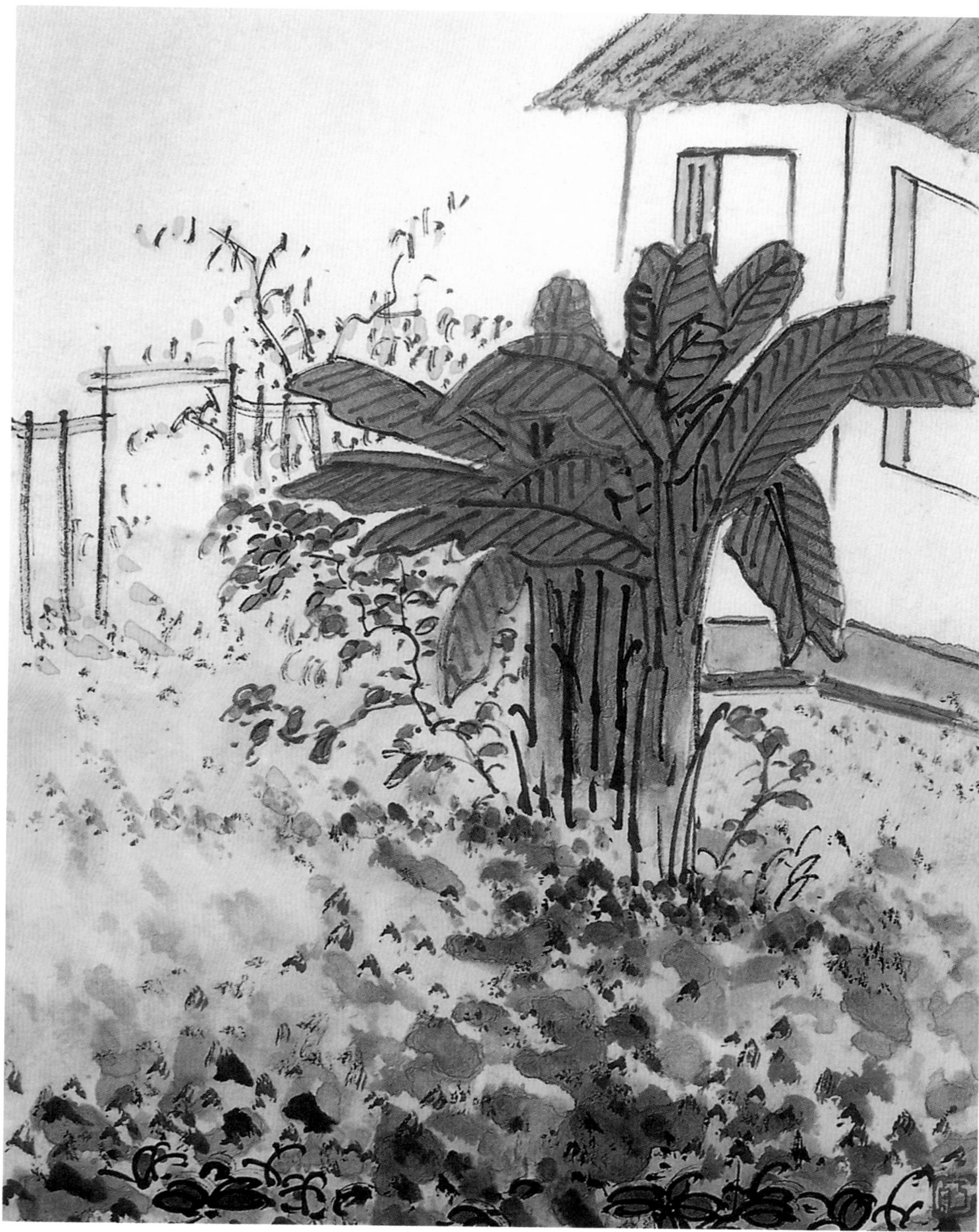

蕉林幽居　陈师曾

画”。而陈树人的变革则更简单，他是用铅笔直接面对风景作速写的，回去后仍用铅笔将速写放大于宣纸，然后用毛笔照铅笔痕再勾一遍，故完成后的山水画仍像铅笔画，其自称“树人抄景”。岭南派的两位继承人，高剑父的学生关山月和黎雄才在40年代抗战时期倒颇有创造。两位都运用西法造型，又糅进笔墨的特征，对中国西南和西北的写生倒独具特色。两位都注重笔墨，关山月强调笔墨与造型的准确性相结合，黎雄才更注重糅合光影与渲染氛围。两人在50年代以后影响更大，成为岭南派在20世纪下半叶的领衔人物。另一位是被宗白华批评为不懂东西方各自“宇宙立场”，任意拼接东西方绘画特征，以西法画山水画的画家陶冷月，他也是直接用西画风景画的光影体积画法以国画工具材料画山水画。陶冷月曾以月光山水而著名，西画国画都画。但他的月光山水画法仍偏西方风景水彩一类，虽然他往往以立轴的方式而为之。这些都是融会中西的画过山水的画家。尽管他们不同程度地有些名声，有一定的影响，但对后世山水画又都缺乏真正的影响，其后继无人就是证明。此种倾向中有一人是例外，就是傅抱石。傅抱石本来习传统，学石涛，去日本留学后，也注意表现现实的光影和面，但对中国美术传统有深刻研究的美术史家傅抱石，却以散锋成面的散锋笔法，糅笔墨的表现性于面的再现中，巧妙地解决了中国绘画笔墨表现与客观再现的矛盾，创造出一套全新的山水画语言系统。其40年代的一批山水画作品成为他一生最优秀的作品，他成熟的绘画新语言也开启了后世山水画的一代新风。

当然，在20世纪上半叶中国画山水画领域，还是在传统继承与集大成方面影响更大，画家也更多。这种倾向与20至30年代面对西方文化的冲击展开的一系列关于中西文化比较的讨论有关。比较普遍的倾向是，大家认为西方文化固然有其长处，但东西方文化呈现体系区别，故差别应是合理的。20年代初期的陈师曾以《文人画之价值》一文首开此风，且以具有虚拟、象征诸特征的中国画与当时正方兴未艾的西方现代艺术相比较而感觉更为自信。这种倾向，在中国画三大中心上海、北京、广州都是存在的。上海的中国画会专门讨论过中西山水画比较；北京的金城留学西方，也进行过此种比较；而广州的中国画研究会黄般若等更以强调中国画东方的独特性与高剑父、方人定等进行过20余年的尖锐交锋。其结果是，大家都对古典传统有相当的认同，研究传统，整理国故，集其大成，借古开今成为另一股思潮。研习传统之热，在北京有陈师曾、金城的提倡，在上海有黄宾虹等的影响，在广州则是中国画研究会诸君。在这股思潮中，有一股石涛热在二三十年代兴起，一直持续了大半个世纪直至20世纪末。这股“石涛热”与对“四王”的批判，又与西方之民主思想的引入有关。1923年，刘海粟的《石涛与后期印象派》一文把石涛与西方现代艺术相比较，认为在“人格”“主观情感”“个人生命之表白”上，不仅与之“完全契合，而陈义之高且过之”，即为此种思潮的代表。当然，“石涛热”所涉及的，还有被称为“个性派”的清初非正统派之八大、石谿等。亦如李寓一在1929年《教育部全国美术展览会参观记（一）》中所说，“以全部之作品而统述其概，则‘四王’、八大、石涛、石谿上人，及倾向于西洋之折衷画法，实于无形中占最大之势力……其法八大、石涛者，尤为时新之品”。可见世纪初中国画坛的基本倾向。

上海是20世纪上半叶的文化中心，也是中国画的中心。上海的中国画会囊括了全国所有著名国画家。山水画又是中国画的绝对主流。加之上海美专、杭州艺专先后在上海、杭州建立，且与不远的南京中央大学艺术系相呼应，构成了以上海为中心的中国画中心。在上海，20世纪初一批海派画家中能画或长于山水的画家有蒲华、杨伯润、高邕、陆恢、吴庆云、倪田、黄山寿、吴观岱、俞原等。一些花鸟画大家如吴昌硕、虚谷等也偶尔画过一些山水画。这些画家，或学“四王”，或宗“四僧”，功力不错，创意则不够。此后长于山水的画家有何维朴、顾麟士、黄宾虹、王一亭、吴待秋、冯超然、吴湖帆、吴子深、郑午昌、贺天健、刘海粟、张大千等。其中黄宾虹以研究美术史起家，在笔墨上颇有心得，其以黑密深重的积墨之法崛起于画坛，在当时尚未受人特别重视，倒在世纪末产生重大影响。刘海粟以创办上海美专起家，在中国山水画上倡导石涛画风，一生创作以石涛为楷模，笔墨老辣，但个人风格有限。吴湖帆以鉴古著名，曾应邀在故宫鉴定古画，广学历代名家，尤长于青绿山水。贺天健曾创办著名的中国画会，又主编《画学月刊》《国画月刊》等，影响颇大。其画从“四王”入手，转学石涛、石谿，且上追宋元，为上海画坛中坚。上海画家中最富才气者当数张大千。张大千本为蜀人，留日学染织后返沪，拜李瑞清、曾熙为师，广学历代各家各派，尤以学石涛、八大山人、王蒙、董源、巨然著称，以摹古乱真闻名于世。40年代初又赴敦煌研究佛教艺术近3年，且以此为界，集古之大成而自成一格，为20世纪上半叶特别有影响的中国画家。

北京为20世纪上半叶又一中国画中心。这里承前清皇室之收藏，又因古都而聚集一批名家，故自成中心。但又因此而与引入西方文化最直接的上海大有不同。上海较为新潮，即使习古者也有求变之思，而北京则相对保守一些，且受上海画风的影响。北京的画家以画山水而著名者有金城、陈师曾、姚华、陈半丁、胡佩衡、林纾、汤定之、萧俊贤、贺履之、齐白石、余绍宋、萧谦中、吴徵、陶鉴泉、溥心畬、秦仲文、吴镜汀，以及天津画家刘子久、陈少梅等。金城曾留学英国，归国后任国民政府众议院议员、国务院秘书等要职，又与周肇祥创办中国画学研究会，为北京画坛领袖。他建议成立古物陈列所，倡导研究传统，临摹古画，带动了北京画坛习古风气。金城多画科兼长，山水尤能，南北兼融，且以工笔见长。陈师曾曾留学日本学博物学，归国后随吴昌硕、萧俊贤学画，各科兼长，山水亦能，从沈周、石涛、石谿出而自成一体。他的一些笔墨不错的写生小景清新自然，在20世纪初为很难得的新体。其20年代初期的《文人画之价值》一文，推动了世纪初由全盘西化之风转而向传统回归思潮的形成，陈师曾亦为北京画坛领袖人物。齐白石，因避湖南乡间匪患而寓居北京，本以花鸟见长，偶画山水，却质朴清新，独具一格，不随人后，显示了齐白石的非凡才气。陈半丁早年学画于任伯年、吴昌硕，后居北京，任教于北京艺专，长花鸟，山水学石涛，也颇具特色。姚华，号茫父，留学日本学法律，曾任京华美专校长，山水不拘门派，以勾勒见长。胡佩衡，蒙古族人，幼年习画，任北京大学画法研究会导师，主编该会会刊《绘学杂志》，亦曾学习西画，山水画风苍劲厚重，风格突出。溥心畲为清王室成员，曾任中国画学研究会评议，山水多宗马远、夏圭画风，雅逸清隽，与上海张大千有“南张北溥”之誉。

广州为中国画三重镇之一，除了前述岭南画派诸家，还有以国画研究会为代表的一批传统派画家。国画研究会前身为成立于1923年的癸亥合作社，1926年重组为国画研究会。初由潘龢、黄少梅、张谷雏、卢观海、何冠五、黄君璧、黄般若、李耀屏、赵浩公、卢振寰、卢子枢、邓芬等人发起，后有温其球、潘达微、李凤公在癸亥合作社基础上再建国画研究会。该会以培养国性、发扬国光为宗旨，画家中大多为山水画家。20世纪20年代出版有《国画月刊》，建有国画图书馆，经常举办展览，活动直至40年代末。其中亦有一些活跃而有影响的人物。黄君璧参与组织癸亥合作社，后活跃于国内画坛，担任过广州市立美专、中央大学艺术系、国立艺专、台湾师大艺术系等多个学校的教授。其画风宗石涛、王蒙，笔墨苍润劲健。卢子枢笔墨学元人，清丽秀润。黄般若山水初学石涛、花鸟师华新罗，为中国画研究会活跃人物。黄般若后写生描绘现实，画风大变，成为香港新派

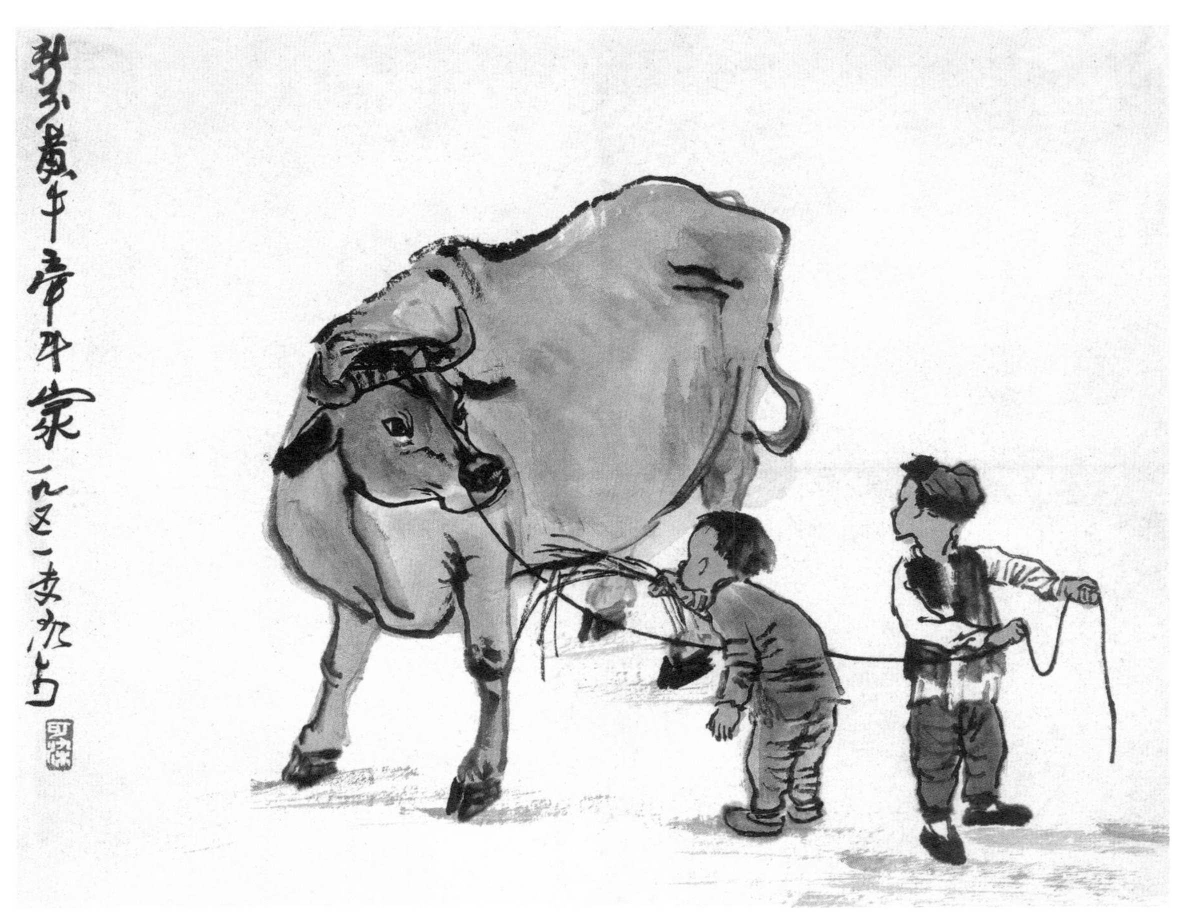

新分黄牛牵回家　李可染

国画的领军人物。

应该说，20世纪上半叶的中国画坛虽论争不断，矛盾纷纭，但各家各派仍自行其是，互不干扰，加之传统市场尚在，评论标准也多样，中国画山水亦风格多样，较单一的清代画坛，自有其不可同日而语之丰富与活跃。当然，我们也应看到，20世纪上半叶的山水画创作总体倾向还是在古典形态之中呈现。整个山水画坛因古意笼罩而单调与沉闷，这只要翻翻当时无论是北京、上海，还是广州，那种徘徊于“四王”“四僧”“元四家”“明四家”风格的大同小异的画报、画册、作品集就不难了解了。而在已推翻了古代帝制，且有对民主与科学的追求的20世纪，社会形态与社会生活也发生了相对于古代帝制社会的重大变化，但我们在这种古意盎然的山水画坛上却很难寻觅到这种社会演进的痕迹。如果说，古代的山水画或者“以形媚道”（宗炳），或者“可居可游”（郭熙），或者“墨戏”之作（米芾），或者“一画”（石涛）之体，或者干脆为笔墨表现的载体（董其昌、“四王”们）……古代画家们所有的这些观念或体验都有其历史的真实依据，那么，20世纪上半叶这些已进入现代社会的画家，他们追求的又是什么呢？尽管五四新文化运动可谓轰轰烈烈，科学主义思潮、左翼文艺思潮也在风起云涌，但这股新风却很难吹进山水画坛。中西融合之风或者因为自身难以完善而显底气不足，如徐悲鸿、陶冷月；或因模仿太多而受批评，最后干脆直接向传统回归，在笔墨的讲究中从事山水创作，如晚年之高剑父。所以，20世纪山水画坛仍然是古典画风的天下。

尽管如此，20世纪上半叶的山水画家们的创作是自由的，心态是平和的，艺术上的争论是学术的，至少是非政治的。50年代后艺术界的政治性因素陡然增加，山水画这种向来以超然出世为基本格调的画科，在政治第一位的社会中顿时处于毫无用处，且与政治消极对抗的尴尬处境。李可染在《人民美术》1950年创刊号上以《谈中国画的改造》一文生动地描述了“中国画的厄运来了”，中国画家已进入失业而衣食无着的可悲状况。这种厄运不仅反映在山水题材的出世上，甚至在对笔墨——这个中国画最重要的表达方式或表达对象的讲究中，也多了一分“形式主义”——与中国传统艺术本不相干的纯然来自欧洲的术语——的政治危险。中国画从画什么到怎么画全出了问题。中国画，尤其是山水与花鸟画，作为画种和画科，它的厄运真的来了。

1949年，政府发布了《关于开展新年画工作的指示》。1950年，新年画运动正式开始。这种以民间年画为形式，以人物故事为内容的新绘画样式把一切国画山水与花鸟画都淘汰了下去。1958年又有“新壁画运动”，其他时间则有各种层出不穷的政治运动需要配合。另一严重问题是在20世纪上半叶尚为学术之争的写生写实问题。由于此时在苏联已经运作多年早成系统的“社会主义现实主义”成为中国文艺界的楷模，这样，以前属于学术之争的唯心主义、唯物主义，以及与之相关的写意、写心及笔墨、形式等艺术观念，均带上了强烈的“社会主义”政治性，乃至与阶级性挂钩而与“路线”“敌我”这些可怕的社会性问题相联系的特性。在此状态下，写实主义已成为带有强烈政治色彩的创作方法。“封建主义”的传统中国画立即被作为陈腐落后的艺术而打入了另册。中央美术学院院长、中国美协主席徐悲鸿在世时已经不太看得起这种传统的民族艺术，而徐悲鸿去世后，代理院长和中国美协负责人江丰更干脆要废除中国画。中国画的厄运真的来了，山水画的厄运当然就更严重。甚至，连“国画”这个概念都要被取消。浙江美院的江丰已把国画与西画合并成绘画系，绘画系里山水、花鸟儿被取消。“在批判非无产阶级文艺思想的时候，中国文人画中经常流露的隐逸遁世、自命清高的思想和逸笔草草、追求笔情墨趣的技法受到批判。独立的山水、花鸟画几乎销声匿迹；中国画教师大都无事可做。”中央美院的国画系已变成了彩墨画系。徐悲鸿1953年去世，江丰到北京代理中央美院院长，中央美院华东分院才在江丰走后的1954年于绘画系中分出彩墨画科来，1955年又成立彩墨画系。[1]这时候的全国，除了傅抱石执教的南京师大艺术系还在教“国画”外，偌大一个中国，已安不下一张国画画桌了！这以后，虽有1956年的“百花齐放，百家争鸣”的文艺方针出现，但1957年的反右派运动，把整个知识界弄得噤若寒蝉。这以后，国画界虽在20世纪50年代中后期逐渐恢复，1957年北京、南京、上海还成立了国画院，但山水画的发展仍然十分艰难。到1966年“文化大革命”开始之前，仅1955年、1962年两个短暂的时间里有对笔墨问题浮光掠影的讨论，从1949年底到1966年中“文化大革命”开始前这段时间，对山水画的发展来说，大概有如下几个方面的影响：一是伴随各种此起彼伏的政治运动以山水画的方式做相应的配合；二是对革命题材（包括革命传统、生产建设、毛泽东诗词等在内）做山水画形式演绎；三是强调写生写实的现实主义创作方法，号召“师法造化”“深入生活”，把山水画朝写实性上发展。在这个阶段，对笔墨等中国画因素的强调是犯忌的，是“唯心主义”“主观主义”的“形式主义”。因此，这个阶段要在中国画语言要素——尽管笔墨问题还不仅仅是语言——上做探索是危险的。60年代初的林风眠就因此而被人批判过，同时期的傅抱石也因此而自我检讨过。但丧失了语言探索的艺术又能怎么去发展呢？尽管如此，在这个阶段，由于强调艺术与生活的关系，强调艺术与现实与自然的关系，强调写生写实，仿古习古集古之大成的风气减弱，山水画艺术也多了许多清新活泼的因素，相对沉闷的山水画坛也呈现一股活泼的全新的风气和一种全新的气象。一些此前以仿古著名的老画家，也在写生写实直面生活中一改古风而有生气。如刘子久、贺天健、卢振寰、吴镜汀等的山水画不仅有现代社会生活内容的体现，而且画风也改变了许多。

这一时期继承着20世纪上半叶的画家分布，在北京、上海、广州过去国画实力的基础上，又增加了因傅抱石而重要起来的南京，因浙江美院浙派国画实力崛起而重要起来的杭州和诞生了被后人称为“长安画派”的西安。

1 浙江美院此种情形，见郑朝《我院中国画历史上的几个重要阶段》，载《浙江美术学院中国画六十五年》，浙江美术学院出版社，1993，第81—82页。

由于北京成为中华人民共和国的首都，宣传部、中国美术家协会及《美术》杂志都设在北京，过去的北平艺专此时已变成了“中央美术学院”，北京的重要性开始盖过了过去的文化中心上海。北京的齐白石、徐悲鸿二人去世后，吴镜汀、秦仲文、刘子久、陈少梅、胡佩衡仍在传统的道路上发展，内容上则填上新的东西。中央美院国画偏重人物，而李可染则在山水写生中另辟新路。曾经是杭州艺专油画研究生的李可染到北京后拜过齐白石为师，也学习过黄宾虹。他以对景写生之法为主，以光影块面为造型特色，又以积墨之法为手段，创造了一种具有逆光特色浓黑深重的新型山水画，个性风格强烈。上海的地位则今不如昔，不仅一度辉煌的中国画会风光不再，上海美专连同其校长刘海粟也一并去了南京。昔日一批著名山水画家则被收进了上海中国画院。上海中国画院1956年开始筹备，1960年正式成立，参与者大多为昔日画坛名家，以山水画家论，有潘天寿、吴湖帆、傅抱石、贺天健、林风眠、刘海粟、张聿光、陆俨少等。这些人其实大多为三四十年代时驰骋中国画坛的风云人物，只是在失去文化中心地位的上海，他们中大多数的作用与影响力都远不如昔了。这些人中，后来回到上海的原上海美专校长刘海粟在五六十年代画风变化还不大，但是原杭州艺专校长林风眠却在上海把他中西融合的斗方山水发展成颇具影响力的艺术。这种画在宣纸上，偏重色彩和意境的意象式山水由于吸收了大量的西画风景因

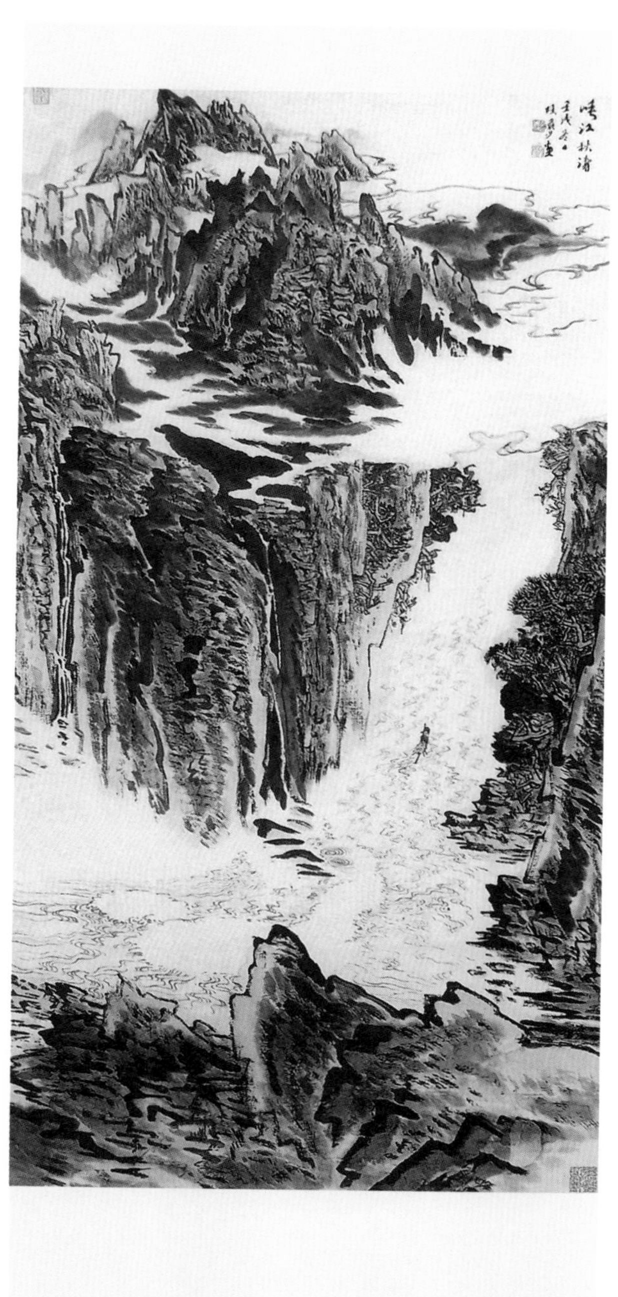

峡岳秋涛　陆俨少

素，其形态与传统山水画大相径庭，对中国画创造的启示也较大。尽管林风眠因此而受到宣扬形式主义的批判。1955年，杭州的黄宾虹去世。直到他去世时，他的绘画风格仍令人敬而远之。黄宾虹的真正影响，一如他自己所说，要50年后，即在20世纪末的90年代才产生。潘天寿虽以花鸟为主，但其糅花鸟与山水为一体的风格使这位重量级人物的许多作品可以列入山水画之列，一些山水作品则铁画银钩，雄肆劲健，自成一体。潘天寿的成就也主要是在五六十年代中期获得的。陆俨少以其云水流动的韵律感与王石谷干笔渴墨之运线相结合，亦自成一体。南京因傅抱石而重要起来。傅抱石的成就在40年代的重庆早已奠定，且形成风格，但50年代的他由于大规模长时间

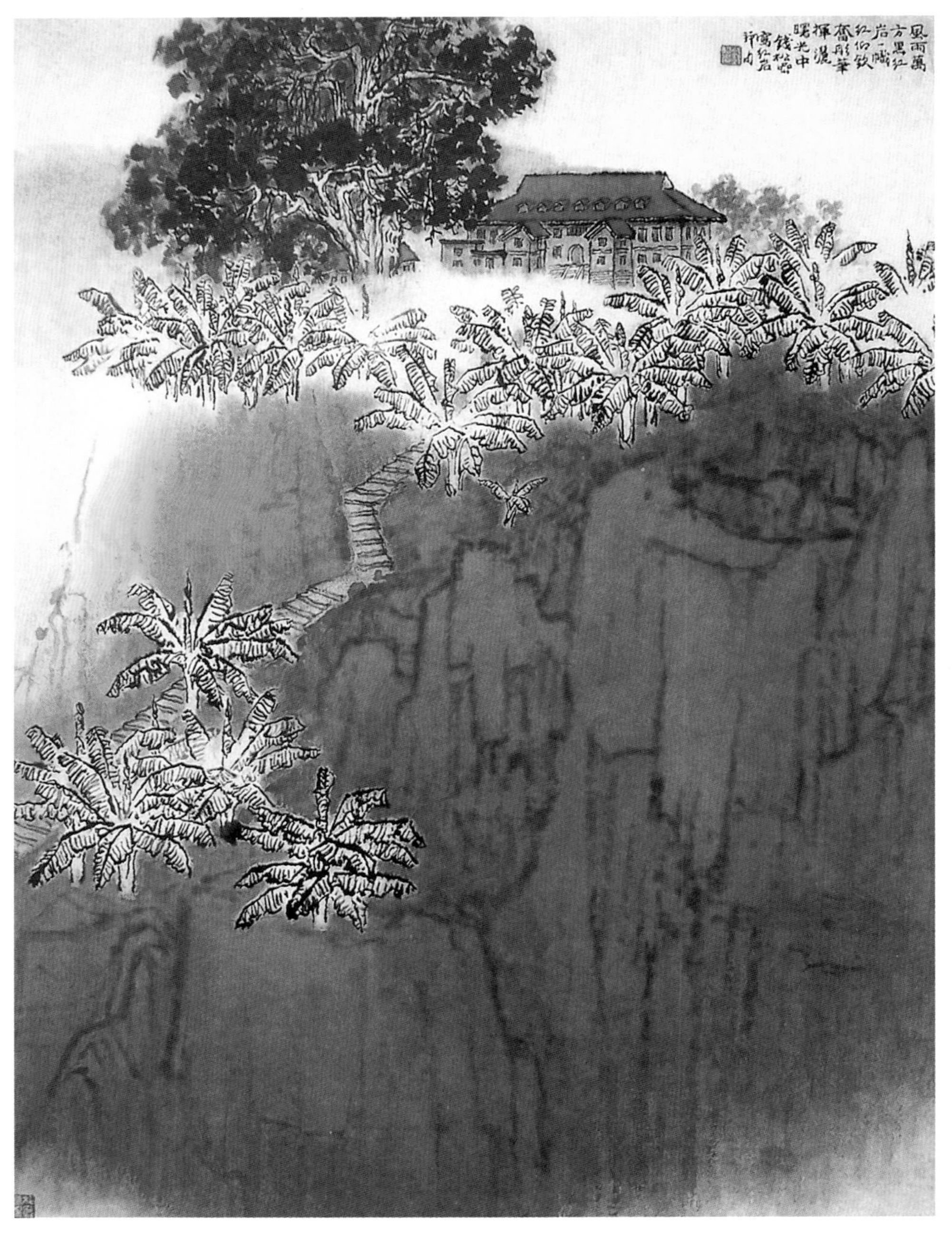

红岩　钱松喦

的写生活动，也产生过一批生活气息浓郁，形式也别具一格的作品，他与关山月创作的《江山如此多娇》，更使其成为家喻户晓的人物。傅抱石特别重要的贡献在于，他以散锋、以面的方式从事的山水画变革，打破了以线、以勾勒为主的传统山水画主流格局。五六十年代以来在山水画坛渐成主流的那种以散锋侧锋之面，而非线条勾勒的山水画，或多或少与傅抱石的山水画创作有关。他领衔的江苏省国画院，更聚集了包括钱松喦、林散之、宋文治、亚明、魏紫熙在内的一批著名山水画家。他们于1961年进行的两万余里壮游写生，在画坛产生了重要影响，也出了一批好作品，其中钱松喦的一批作品笔力雄健，皴法别致，结构奇崛，影响很大。广州以关山月、黎雄才为核心，使岭南派在五六十年代仍具影响力。尤其是关山月，《江山如此多娇》同样使他成为重要的山水画家。异军突起的另一支山水画力量在西安。西安以赵望云和石鲁作为领军人物，主要画家还包括何海霞、方济众等。赵望云在三四十年代就是美术大众化的主将，一批描绘灾区民众疾苦的作品以及与冯玉祥的诗配画联袂创作，使赵望云名声大震。50年代以后，赵望云在西北地区以写生为主进行山水画创作，其以淳厚朴质的西北风格，不落套路的写生结构，为后来的长安画派奠定了基础。石鲁原名冯亚珩，四川著名画家冯建吴的兄弟，因投奔革命从事革命艺术创作，后从延安到了西安。石鲁作画讲究笔墨，风格劲健强悍，善于思考，一反“以形写神”

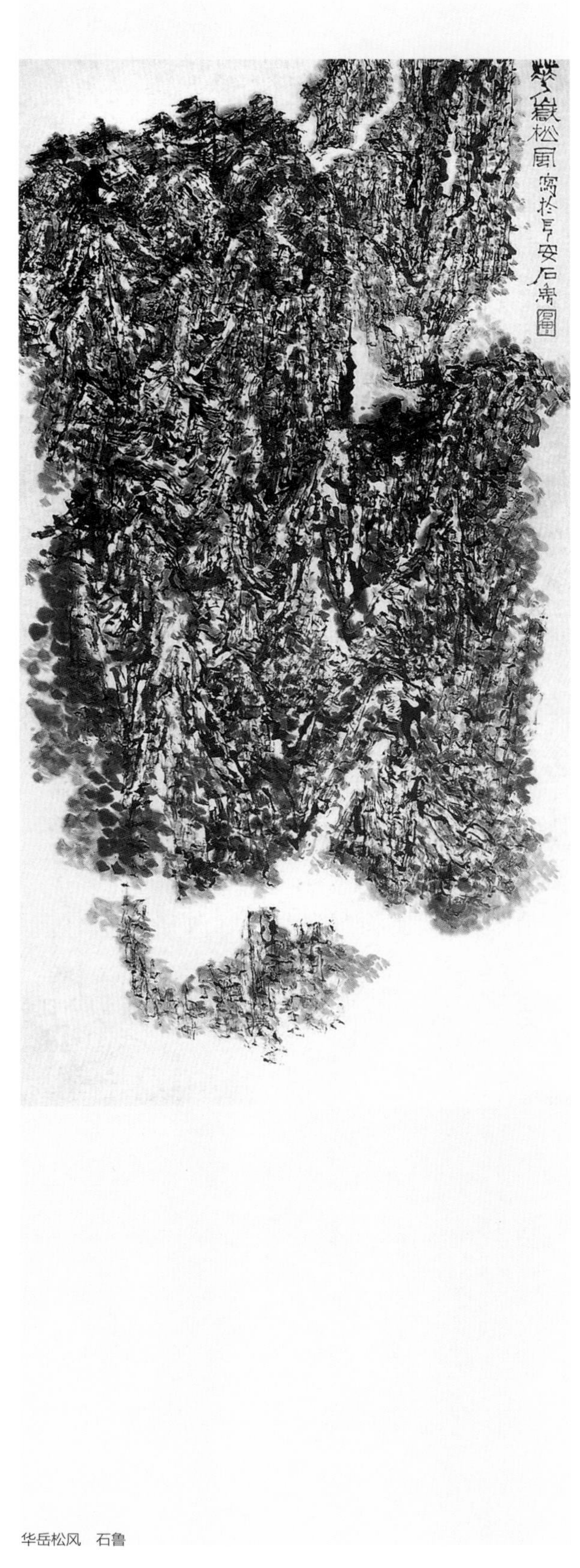

华岳松风　石鲁

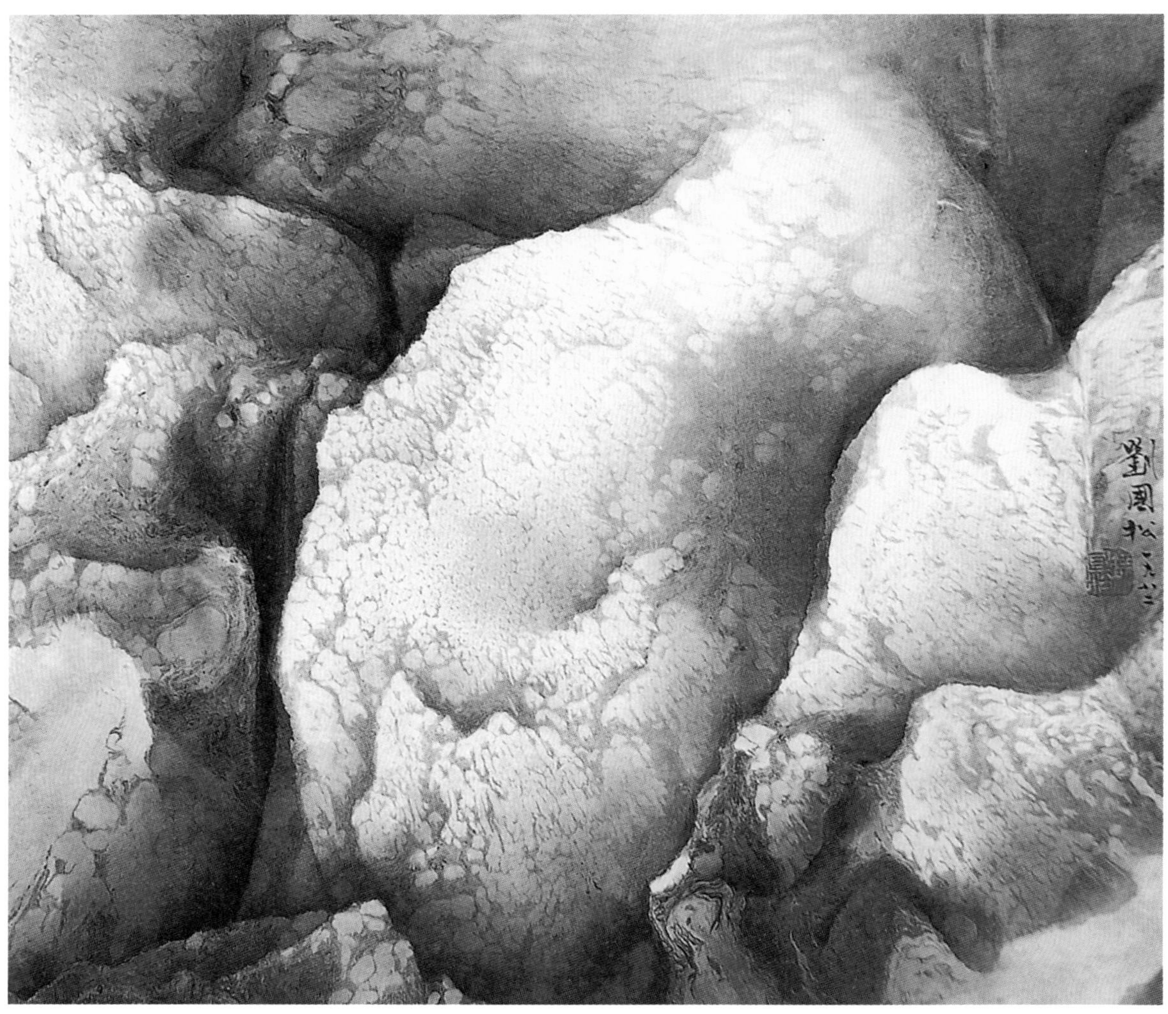

白雪是白的　刘国松

之说而提出“以神写形”的全新见解，“文革”期间他遭受迫害，后期画风反而更雄肆、强悍、野霸、怪奇，不拘常格，对当代画坛影响颇大。这段时期，值得一提的是张大千。这位以习古仿古之本事震惊画坛的天才画家，在40年代还被当成“旧派画家”。五六十年代在阿根廷、巴西、美国的旅居生活中，在与毕加索等西方画家的交往中，他竟发展出一套大泼彩的山水画风格来。他在国内“文化大革命”的年代里，把传统山水画风变革到一种全新的形态。还值得一提的是台湾的刘国松。这位在60年代初期就提出“革中锋的命”的画家，在“笔墨”这股最敏感的神经上向传统中国画提出了挑战。也正是在“文化大革命”十年的时期里，刘国松在台湾试验出了许多非笔墨的中国山水画表现方式，并形成了一套全新的山水画语言表现系统，在一以贯之的传统山水画领域刮起了一阵具真正革命意味的变革旋风。然而，张大千、刘国松这些山水画的创造都是在80年代才真正产生影响。

从1966年到1976年，被称“文革”十年，这是中国文化史上最为荒唐的十年。这十年的中国美术，除了极具“文革”特色的“红海洋”，和以宣传画领袖像为内容的人物画外，自然不可能有山水画的任何位置。这是中国画史上山水画缺席的唯一十年。

“新时期”，一般指从1978年开始至今的改革开放时期。这个时期应当是中华人民共和国成立后最为开放、最为活跃的时期，也是艺术创作上最为自由的时期。70年代末，吴冠中对一个带有强烈政治性的学术问题“内容决定艺术形式”提出质疑，引起了对艺术创作有着重大影响的有关艺术本质的大讨论，这场大讨论持续了数年。讨论的直接结果是画坛对这几十年来被视为金科玉律的许多艺术原则的搁置乃至蔑视，而对刚打开国门所见的西方当代艺术则充满着十足的好奇。吴冠中在山水画上的实践是偏重形式美的追求，画面多以点线面的关系形成构成关系。在此类型上，北京的杨延文学吴冠中注重形式感，虽然更写实一些。苏州的刘懋善在点线面的结构中糅进色彩的表现，风格十分突出。80年代的周韶华曾以《大河寻源》轰动画坛，近些年也多在现实中去寻找结构美，新疆石油工地的机械结构也上了他的水墨作品。浙江的姜宝林则在水墨中铺排颇具抽象形式感的山水。深圳的董小明画“城市山水”也有这种对抽象形式的表现。

从80年代初期到以“八五新潮”为代表的全面模仿西方现当代艺术的思潮，对中国画形成了重大冲击，有人干脆喊出了“中国画穷途末路”的话来且受人喝彩。一时间中国画似乎真的穷途末路了。这时候，为了对抗这种西方艺术的狂潮，中国画界开始了反拨与对抗，其结果是推出了两个传统功底深厚、意境古雅的老画家：一个是江西的黄秋园，一个是成都的陈子庄。黄秋园如果在30年代出现是绝不会引起轰动的。他走的其实不过是20世纪以来“石涛热”的老路，是无数仿石涛画家中成就很高的一个。黄秋园的山水学石涛，笔墨繁密厚重，构图满密。可是80年代的黄秋园却从一个普通银行职员陡然成为明星般的著名画家，且享受到关注笔墨的李可染的尊崇和去世后被追认为中央美院名誉教授的殊荣。黄秋园的成功离不开运气，而黄秋园的运气与李可染的尊崇有关。50年代的李可染注意写生，注意以水墨相积表现逆光效果，对笔墨自身重视不够。70年代中期李可染开始关注笔墨，故笔墨精到的黄秋园受到他的推崇是很自然的。另一位有此运气的人是成都的陈子庄。这位以学八大山人起家的画家，其实也是20世纪画坛“八大热”的一分子。其生活穷困潦倒，与八大山人近，故以画自娱，不求闻达，笔墨简逸，境界高蹈，古意盎然，故也受到复兴传统者们的推崇。二人之所以被推出，其实是因为大家有对抗西方复兴传统的需要。属于此种思潮的还有“新文人画”倾向。一批对年轻画家崇拜西方、模仿西方倾向十分反感的国画家，以回归传统相标榜的方式，打出“新文人画”的旗号。他们仿效古代文人的生活方式，仿效古人的生活情趣，模仿古代文人画的笔墨境界，但又以绝对现当代的宣传方式运作自己的艺术，利用媒体宣传，办展览，开研讨会，出画集，运作还算成功。

这种复兴传统的思路还体现在对笔墨、对“写”的再倡导上。由于受西方艺术的影响，尤其受

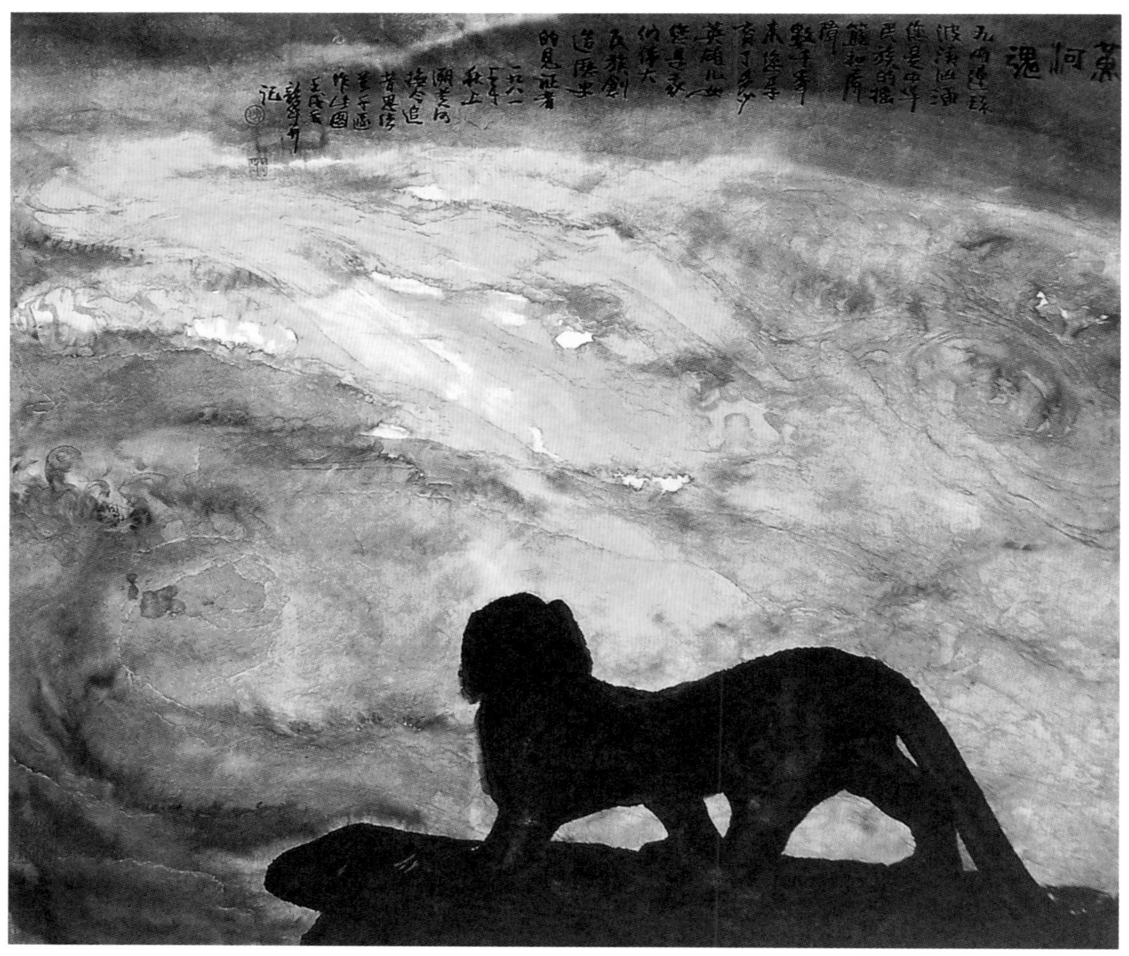

黄河魂　周韶华

80年代初以来台湾画家刘国松于60年代试验运用的多种非笔墨的制作技巧的影响，到90年代初，国画界中已形成一股强大的制作风气。1994年的第八届全国美展堪称此种制作风气的大检阅。对笔墨情有独钟的国画家们对此种风气十分不满。此时，吴冠中的又一篇文章《笔墨等于零》终于激怒了一批崇尚笔墨的画家与论家，并引来一场对吴冠中的尖锐批评。这样，对笔墨问题的大讨论终于引来对专情于笔墨的黄宾虹的重新重视，山水画坛掀起一股与20世纪上半叶“石涛热”类似的风潮，中国各地、各媒体报道中到处都可以看到学黄宾虹风格的画家，黑密深重，点子积墨比比皆是。2004年北京召开的一次规模盛大的黄宾虹国际学术研讨会，可看成是此种朝传统回归倾向的一个重要标志。同时，对制作风的批评，对笔墨的再倡导以及评委们的笔墨标准的再确立，使1999年的第九届全国美展上国画制作风被抑制，笔墨风的作品再占压倒性优势。讲究笔墨的山水画家中，有传统味浓些的，有变革味多些的，总之可以“笔墨”概之。这些山水画家有北京的龙瑞、贾又福、李宝林、陈平、赵卫、王镛，天津的刘止庸、孙奇峰、孙克纲，浙江的曾宓、童中焘、卓鹤君、陈向

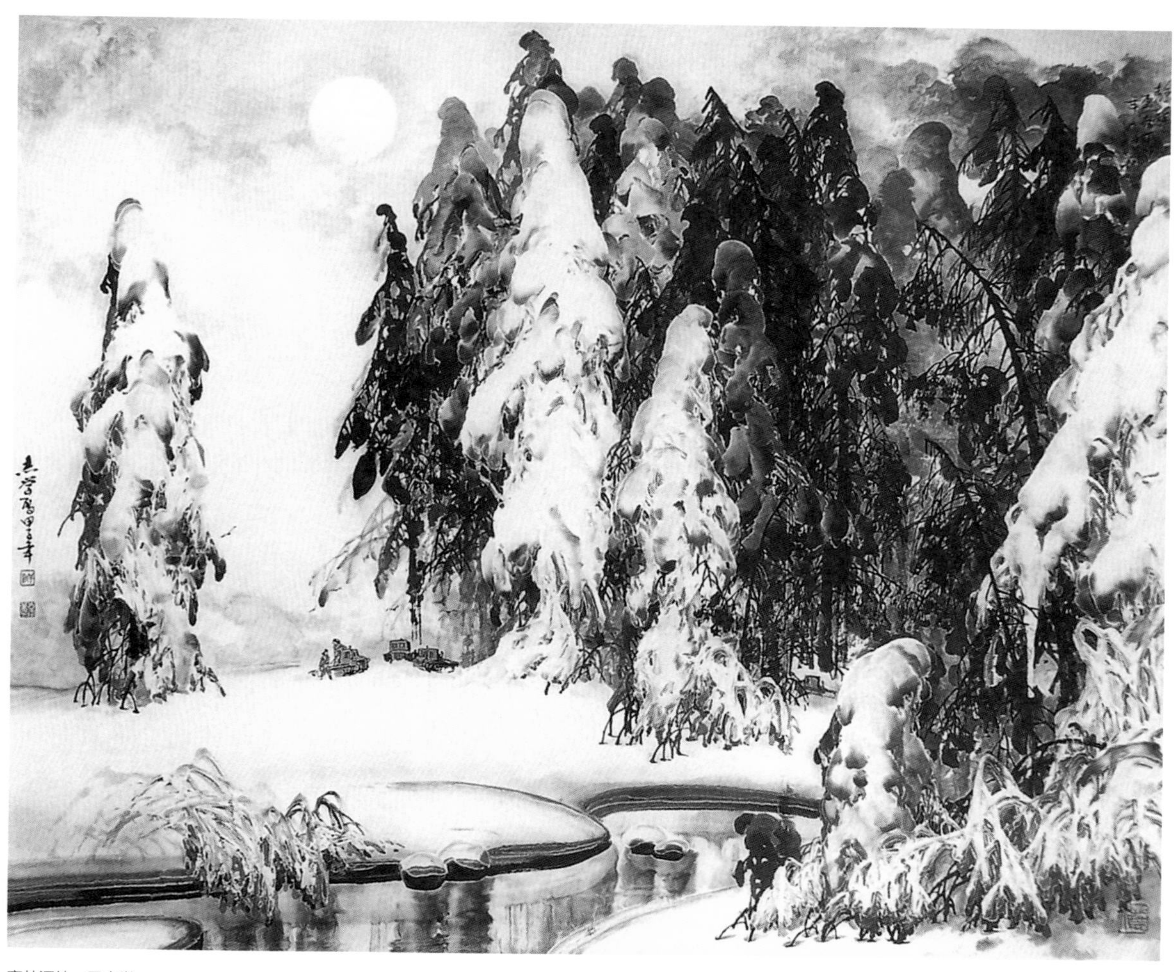

密林深处　于志学

迅、张谷旻，南京的董欣宾、朱道平、常进，西安的方济众、苗重安、崔振宽、赵振川、罗平安、陈国勇，福建的洪惠镇、寿觉生，广东的梁如洁，四川的冯建吴、萧建初、李琼久、李文信、唐允明、邹文正、刘朴，以及台湾的江兆申、何怀硕，香港的饶宗颐、万青力，等等。

国画中的另一思潮即从崇拜西方现当代艺术，或者从视西方现当代艺术为人类先进艺术楷模的思路出发，引出的“现代水墨”或称“实验水墨”的倾向。这种倾向以西方现当代艺术的样式、观念为楷模，糅进中国的水墨、宣纸等材料，以示中国传统艺术的现当代形态，其出路如办展与收藏也主要面向西方。此倾向思路有些简单化，但也有一些有成就者，并形成一批核心队伍。“现代水墨”大多为“抽象水墨”，抽象符号构成的因素多一些。真正标有“山水”说法的作品也是带有抽象符号的，如张进。这些年他们扩大了成员领域，然而一些原本真正画山水的画家一旦进入，也遵守其行规临时改用抽象符号，如肖舜之。

与此种现代倾向相关的就是上述制作风。最先从事“现代水墨”活动的刘国松，他的思路与他的后继者们全然不同乃至全然相反，熟悉中国艺术史与传统的他认为中国画的精髓不在笔墨宣纸而在中国艺术的精神境界。因此，他放弃文人笔墨而走极端，试验出百余种制作方法，并在大陆各地办展及传授制作方法，终于使中国画坛形成制作风潮。这股思潮又与这20年来影响中国颇深的、制作感很强的日本绘画及其材料、方法的引进相关，它们共同影响了制作风的形成。同时，这股制作风又与这些年颇为盛行的造型严谨、设色浓重的工笔画风相结合，形成了一股强大的合力。尽管笔墨思潮再度崛起，但重彩工笔制作风仍在蓬勃发展。2004年的第十届全国美展上，在评委们宽容倾向的影响下，这股在画坛势力本就很大的工笔制作风又卷土重来且在展场上再占压倒性优势。值得指出的是，像刘国松那样非笔墨方式的肌理制作在大陆也少见，大多数追随他的画家只是在或意笔或工笔的作品中或多或少地加入一些制作因素。值得一提的是东北画家于志学，他以特殊技法画冰雪山水，既见笔见墨，又冰雪味十足，自成一派。这股风气中工笔设色制作的山水画也占相当比重。此类型著名画家有牛克诚、许俊、林容生、尼玛泽仁、方骏、郑力和卢禹舜等。

随着许多新观念的涌入，山水画上还出现一些新的样式。例如，青年画家吴松画《长江万里图》，就真是从长江上游之宜宾起，乘船到上海长江入海口，边走边画。其长卷中既有山水，又有风情感受之细节，同时展出的还有沿途所摄之影像，另开一体。

此外，在台湾和海外还有一批山水画家对当代画坛也有影响。除了前述刘国松，还有王季迁、曾幼荷、赵春翔、余承尧、陈其宽、徐希等。这些画家接触的环境大多与国内（大陆）画家完全不同，中华文化传统的影响与海外文化环境的交融，使他们的山水画自然呈现与国内（大陆）同行全然不同的格局。因此他们的艺术对国内（大陆）画家有特别的启示意义。

第六节　20世纪中国美术革命的策源地

——论20世纪初期的广东画坛

20世纪的美术革命是隶属于社会革命的，20世纪的美术革命最重要的倡导者不是美术家而是革命家，这是认识20世纪初期美术革命的一个基本观点。

广东本为辛亥革命及国民革命的策源地，岭南画坛的领袖恰恰又是一批社会革命的领袖，两者的结合，加之广东的发展易得海外风气之先，种种因素使广东成为20世纪中国美术革命的策源地。

广东美术的革命性在20世纪二三十年代便具有毋庸置疑的重要影响，起到了现代中国美术革命策源地的作用，并为30年代以后中国现代美术京沪粤三足鼎立的格局奠定了基础。

20世纪初，结束了古代帝王制社会，中国社会由此而进入了现代民主政体时代。无论此路走得如何艰难，社会革命都已经开始，由社会革命而导致的美术革命也因此而开始。

1913年写《拟播布美术意见书》的鲁迅不是美术家；1917年大呼“中国近世之画衰败极矣”，主张“合中西而为画学新纪元”的康有为不是美术家；1917年倡“以美育代宗教”的蔡元培不是美术家；而在1918年以《美术革命》与吕澂的《美术革命》相呼应的陈独秀，同样也不是美术家……这些人大多为思想家、革命家，但都不是美术家。这些革命家、思想家大多分布在北京和上海两处，所以，美术革命也的确与这两处相关。他们虽也倡导美术革命，但毕竟都不是美术家，所以倡导归倡导，要拿出令美术界信服的革命方案，却是不行的。例如大倡“合中西而为画学新纪元”的康有为就只知拿形似这把简单化的西方尺子去衡量一切，被潘天寿说成是根本不懂画。需要注意的是，这两处地方，北京虽是新文化运动的发源地，第一个国立艺专也在北京，但北京是军阀据守之地，五四运动在北京被镇压，1927年李大钊也在北京被杀害，同年，在北京大搞艺术大会的美术革命家林风眠也差点因“赤化”之嫌而被张作霖抓起来，后来逃到南方才又办起第二个国立艺专——国立艺术院。南方的上海有租界，似乎“开放”，但同样有专制保守势力，如刘海粟画模特儿，就被孙传芳弄上了法庭。所以在这两处美术重镇，美术想要革命，所受干扰实在不小。加之倡导美术革命的领袖本身非美术界中人，也给美术革命带来某些制约。

但广东却有些例外。在广东倡导美术革命的领袖既是革命家，又是美术家，集二者为一身。“岭南三杰”首先是革命家。高剑父去日本留学是去学画，画学成了，却又因留学而认识了廖仲恺、何香凝，继之又认识了孙中山，并由孙主盟加入了同盟会，为同盟会元老之一。继之这位画家回国任广东同盟会会长，主持中国南部的革命事业。高剑父此中曾任敢死队队长、暗杀团团长、东路军总司令等革命要职。辛亥革命成功后，他是婉拒再三才未担任广东都督之职务的。

陈树人于1905年办报纸《广东日报》，以“猛进”为名鼓吹革命，同年认识孙中山，加入同盟会，为加入同盟会之第九人，此时该会还未正式成立。以后又任国民党总干事等要职。高奇峰亦因兄剑父关系去了日本，并在日本加入同盟会，同为同盟会元老之一。他们或暗杀清朝政要，或办报办刊物宣传革命，或组织军队大刀阔斧地战斗，为辛亥革命立下了不朽功绩。三位画坛领袖均为政治革命的元老与领袖。就是与高剑父在艺术观上不同的国画研究会的领袖潘达微，也是广东同盟会的副会长，同为革命同志，“辛亥”元老之一。广东画坛与政坛的这种密切联系，在全国画坛尚无他例。

然而这些政治革命元老在政治革命前后又偏偏都在从事美术活动，这又无他例可援。这三位革命元老在投身政治活动之前本来就是画家，高剑父与陈树人同师于广东名画家居廉，二人又分别在1906年和1907年赴日本东京美术学校和京都美术学校学习美术，高奇峰随兄赴日学习的也是美术。早在20世纪初，徐悲鸿、林风眠等人开始大批赴欧学习之前十余年，广东的“岭南三杰”早已赴日领受明治维新之后日本美术中的现代欧洲画风的洗礼了。事实上，20世纪中国的新文化运动，包括新文艺、新美术之风，的确是从日本刮过来的。向西方的借鉴，日本又是中转站。“岭南三杰”无疑又是我国得此风气之最早的美术家，也是此种现代美术风气最早的传播者。

由于有从事政治革命的辉煌经历，又有从事美术革命的强烈愿望，加之留学日本得现代美术风气之先，所以“岭南三杰”具有其他任何从事美术革命的人所没有的极为有利的主客观条件。

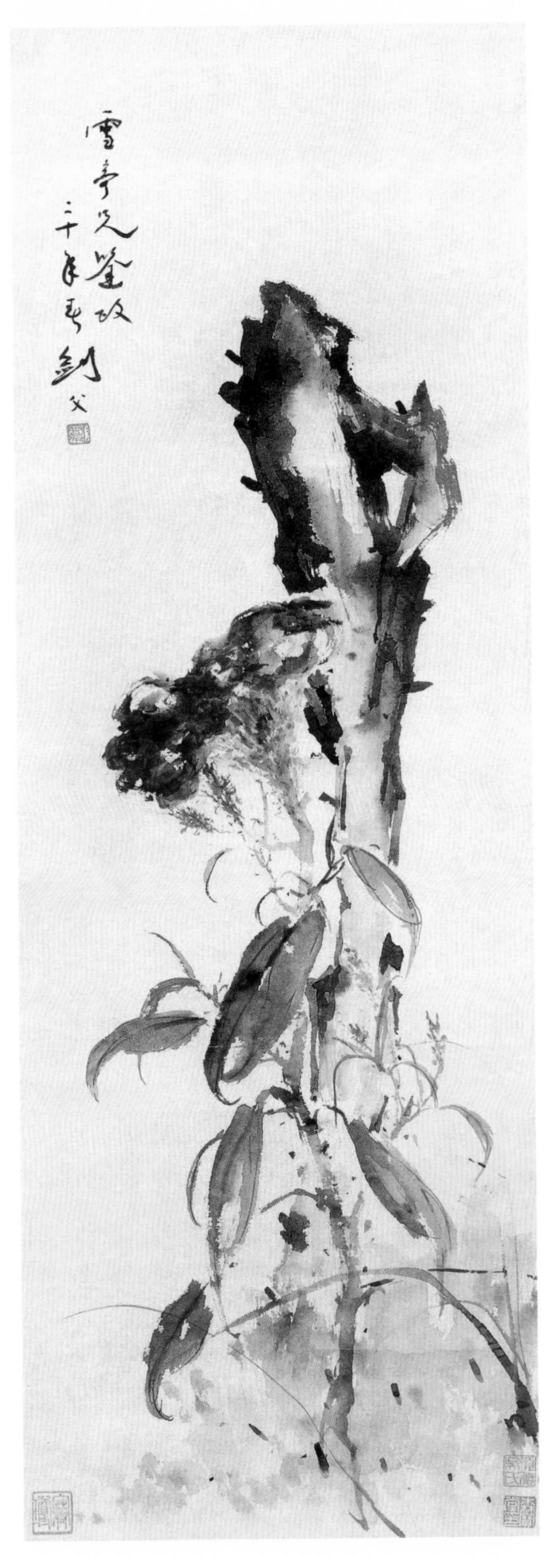

鸡冠花　高剑父

由于辛亥革命元老的身份，“岭南三杰”从事美术活动比之其他人具有不可比拟的先天优势。而广东美术活动在受到政界的支持方面也独具优势。例如，广东的美展很多，有时竟以省长直接作为美术展览会的会长。如1921年12月的广东省美术展览会会长就是省长陈炯明。而政府要人如汪精卫等甚至要亲临挥毫。国民政府及蒋介石等政要亦经常购画。如高奇峰之代表作《秋江白马》《海鹰》《雄师》诸轴，就由国民政府重金购藏，陈列于中山纪念堂。国民政府这些绝无仅有的对画界的支持和偏爱，无疑对广东美术的发展有着极大的推动作用。仅以第二次全国美术展览会为例。此次展览，国民政府为此拨款1万元，而广东省仅本省作品参展拨款就达9000元之多，广东作品参展势头也无与伦比：“广东在二次全美展各省市中算是第一位的。因为南京的会场关系没能够充量陈列，闭会后特在上海全部公开展览数天。”[1]就连高氏兄弟在上海所办审美书馆及《真相画报》，也是由经高奇峰介绍方加入同盟会的广东省省长陈炯明拨款10万元于1912年办起来的。[2]当时广东政府对美术活动的支持，显然是国内任何一处地方都不可比拟的，且不说北京、上海对美术革命活动的打击了。由此可见，广东在20世纪初期的确具有美术活动方面无可比拟的优势。当然，这又与“岭南三杰”辛亥革命元老的政治身份直接相关。

从美术革命自身的角度来看，20世纪初的美术革命，当然是以引入外来的艺术，并以此冲击乃至否定古典传统为特色，亦如当年的新文化、新文学运动一样。而从这个角度看，20世纪初的广东显然在全国又独领风骚。由于与首先开埠的通商口岸香港关系密切，这使得广东更易接受新的思想与外来影响。的确，从鸦片战争以来，广东的发展得海外风气之先也是事实。20世纪一二十年代，受西方文化影响较深的香港对广东文化就有多方面的影响。20世纪初的粤剧中已出现包括大小提琴、黑管、吉他等西洋乐器，而广东音乐在20世纪初也已出现把多种西洋乐器，如小提琴、吉他、黑管、手风琴及口琴集合在一起的合奏。当时的广州无论是城市楼房的天台上，或农村的大榕树下，到处都可以看到这种“中西融合”的乐队在演奏。20世纪初的广东艺坛，的确有着与全国其他地方迥然不同的文化特色。你想一想，那时已明显英国化的香港和明显葡萄牙化的澳门就近在咫尺，况且可以随便进出，岭南画家们就在这几处自由来往和居住，则上述广东的中西文化融合的情况就容易明白了。

如果以中西融合，反叛传统，发展中国现代绘画为20世纪美术革命主线的话，那么，说这个革命之肇端主要在广东是不过分的。

上述几位以前学过美术的辛亥革命元老在辛亥革命成功之后，又重新拾起一度放弃了的画笔，再度进行美术界的革命，这对中国现代美术史来说无疑是幸事。“岭南三杰”在革命成功后，并未贪恋政治高位，而是再以美术革命为己任，意欲从文艺教化角度再行革命。高剑父就有“艺术救

1 上述情况见简又文《第二次全国美术展览会》，载《逸经》1937年4月20日第28期。又见陆丹林《广东美术概况》，载1937年第二次全国美展广东出品专刊《广东美术》。

2 黄大德：《广东丹青画五十年：1900—1949广东美术大事记》，《广东美术家通讯》1994年第28期。

国”的思想。他住家的门楣上就高悬“艺术救国”的匾额。[1]后来，高剑父在《我的现代绘画观》一文中曾明确地说过：

愚要引导一般素来过着低级趣味的生活之人们，把艺术之思路打开，使他们变作优美高尚的思想。

兄弟跟随总理作政治革命以后，就感觉到我国艺术实有革新之必要。这三十年来，吹起号角，摇旗呐喊起来，大声疾呼要艺术革命，欲创一种中华民国之现代绘画。[2]

这是辛亥革命成功后在知识分子中较为普遍的一种思潮，即要从文化、从心智上根本改变国人的思想，这也是新文化运动诞生的动因，是鲁迅、郭沫若们弃医从文，黄宾虹弃政从艺的深层原因。高剑父从革命元老改从艺术革命，也属同一原因。丁衍庸就曾称高剑父为“革命的画家”：“素称岭南派画宗高剑父先生，是一位革命的画家。”[3]还有人称高剑父为“革命画师”[4]。这位身兼政治革命与艺术革命双重使命的革命家，当之无愧。陈树人对美术革命的任务亦从不含糊。他明确地说过：

中国画至今日，真不可不革命。改进之任，子为其奇，我为其正。艺术关系国魂。推陈出新，视政治革命尤急。予将以此为终身责任矣。[5]

高奇峰变革中国画的精神也是明确的。他曾说过：

画学不是一件死物，而是一件有生命能变化的东西。每一时代自有一时代之精神的特质和经验。[6]

这种自觉的艺术革命观使岭南诸家在20世纪初中国画坛的革命风气中首开其端。亦如高剑父所说：

高举艺术革命的旗帜，从广州发难起来。

广东为革命策源地，亦可算是艺术革命策源地。[7]

“岭南三杰”的“艺术革命”，主要内容其实就是后来流行一个世纪，以迄于今的中国美术主

---

1 黄宾虹1935年到广州，就见过高剑父家门上“艺术救国”的匾额。事见《关于黄宾虹钤赠高奇峰印谱》，载《岭南画派研究》第2辑，岭南美术出版社，1990。

2 高剑父：《我的现代绘画观》，载《岭南画派研究》第1辑，岭南美术出版社，1987。

3 丁衍庸：《中西画的调和者高剑父先生》，《中央日报》1935年6月5日。

4 大华烈士：《高剑父》，载《文人画像》，晨光出版公司，1947。

5 陈大年：《陈树人小传》，《良友》1927年10月第20期。

6 高奇峰：《画学不是一件死物》，《社会月报》1934年第1卷第2期。

7 高剑父：《由古乐说到今乐》，《市艺》1949年第2期。

潮——中西融合，他们当时则称为“折衷”。亦如高剑父所说：

西画能够参些中画成分于其中，带点东方色彩，一如天足女子穿上尖头高跟之西式鞋，与旧式缠足那样虽不同，却是一种摩登缠足之变相的，比旧式之圆头平底或什么“学士鞋”好看得多。

美的混合，即综合的绘画，譬如一个“手饰箱”，把各种珍宝纳入其中，是集众长于一处；又如一瓯“杂烩汤”，杂众味于一盘，可谓集各味之长，就会产生一种异常的美味。故我们对于国画之改进，也不妨体会着这个意思。[1]

这就是“岭南三杰”美术革命的主要内容。当然，具体而论，则包含多个方面，如改变传统题材，主张写实主义，提倡中西融合，改变传统画法，引入美术展览，进行媒体传播，实现美术大众化，兴办现代美术教育等。

在题材上，高剑父们改变古代美术只画古样式的山水、花鸟的做法，主张“现实的题材，是见哪样，就可画哪样”，“飞机、大炮、战车、军舰，一切的新武器、堡垒、防御工事等。即寻常的风景画，亦不是绝对不能参入这材料”。[2]对这位当过司令、作过战的革命家来说，想把这些身边的现代事物画进绘画作品中去的想法是可以理解的。直接表现当代生活、当代体验当然应该是“现代绘画”的核心内容之所在。

写实主义，以及由写实的需要而来的写生，来源于西方的“科学方法”，这也是由“岭南三杰”最初从日本借鉴过来的。高剑父对此说过，“旧国画之好处，系注重笔墨与气韵，所谓‘骨法用笔’‘气韵生动’。……可是新国画固保留以上的古代遗留下来的有价值的条件，而加以补充着现代的科学方法，如‘投影’‘透视’‘光阴法’‘远近法’‘空气层’而成一种健全的、合理的新国画”[3]。毫无疑问，这些1906年至1907年就留学日本，学习过些西方写生、写实、透视、解剖等科学技巧的岭南画家，是20世纪最早引入西画技法并深刻影响中国画坛的中国画家。“岭南三杰”都能熟练地掌握和运用这些方法。他们自己的作品，大多是运用这些西式方法写生写实的结果。高剑父画过汽车（《汽车破晓》）、坦克与飞机（《摩登时代两怪物》）、有电线杆的风景画（《斜阳古塔》）、现代高楼（《五层楼》）等现代“摩登”题材的作品，他甚至在1920年时破天荒地乘飞机临空写生。1927年，他的一个画展中光画飞机的作品就摆了一屋，并因此获得孙中山“航空救国”的题词。陈树人的作品差不多是“纯从自然来”、对景直接写生而成的，所以现实感特别强。当然就写实能力而言，或许高奇峰在三人中最强。他对形的描绘，对光线的变化、空气的迷蒙的表现可谓淋漓尽致。

或许，办展览这种现代传播手法也是岭南画家们首先引入中国的。1906年9月，他们在香港创

1 高剑父：《我的现代绘画观》，载《岭南画派研究》第1辑，岭南美术出版社，1987。

2 同上。

3 同上。

办了或许为20世纪中国第一个美术展览“美术赛会”。此次美展，全部“美术展品分七大类：摄影画，油画，织绣品，木器，金银器，窑器、玉器、象牙器，中国画及日本画”。1908年，高剑父与潘达微以广州《时事画报》《时谐画报》同人之名在广州城西下九甫兴亚学堂举办了“广东图画展览”。1909年，“广东第二次图画展览”在香港举行。1911年，高剑父又在广州举办了20世纪中国第一个个人画展。此段时间，高剑父的个展甚至还办到了日本的东京和神户、朝鲜以及中国的上海与杭州。此后，广东的美术展览可谓层出不穷。

论美术刊物之多，广东在20世纪初的中国也算第一。报纸、刊物这种现代媒体的出现当然亦归因于西方文化的输入。20世纪初，除广州十余家报纸均有艺术专栏外，专业的美术刊物也很多。如潘达微1905年创办《时事画报》，1906年又创办《赏奇画报》《滑稽魂》，高奇峰在上海创办并在广州设分销处的《真相画报》，广州国画研究会创办于1927年并坚持十余年的《国画特刊》，以及《时谐画报》《平民画报》《天荒》《广东美报》《画室》……美术专门刊物之多，难以尽举。以至有人评价，广州美术刊物及美术专栏已多至滥的程度：“但会得摇笔杆的人居然也有冒充内行，不就证明美术在广州逐渐为民众注意了吗？就量而不就质说，广州的美术刊物占全国第一位，美术展览会之多呢，恐怕除了上海，再没有什么城市比得上。”[1]

提倡艺术的大众化，几乎是这些政治革命元老从事艺术革命的必然选择。这也是传统儒家教化伦理观念的反映。高剑父及其弟子关山月、方人定等都强调表现现实生活，反映民众疾苦。高剑父在《我的现代绘画观》中主张“现代化，不是个人的、狭义的、封建思想的，是要普遍的、大众化的”。“艺术要民众化，民众要艺术化，艺术是给民众欣赏的。”他要表现“以血肉作长城的复国勇士”，表现“民间疾苦、难童、劳工、农作、人民生活，那啼饥号寒、求死不得的，或终岁劳苦、不得一饱的状况，正是我们的好资料”。关山月以平实的民间化写实手法去表现民间生活，表现战争中逃难的难民，如《从城市撤退》《渔民之劫》。方人定则更专注于人物画，又特别专注于表现普通民众的生活，他主张“一切被压迫的、抵抗的、建设的，都会的繁杂生活，农村的单纯生活，都是我们绘画的最好题材”[2]。而他也的确画了许多如《雪夜逃难》《秋夜之街》等反映普通民众苦难生活的作品。在岭南画坛，还不只是高氏及其弟子如此，就是国画研究会诸家也有同一倾向。如广东同盟会副会长潘达微在民国初年就画过《流民图》，黄少强1932年画过《洪水流民图》，叶因泉画过《抗战流民图》102幅等。广东画坛的艺术倾向可见一斑。除了表现民众生活，岭南画家还提出“美术下乡”“艺术大众化”等口号，进行过一些普及美术的宣传活动。高剑父的春睡画院举办展览，就“不收门券，科头跣足者亦一体招待，更有好几家学

1 王益论：《现阶段的美术教育运动》，《中山日报》1948年2月14日、24日。

2 方人定：《国画题材论》，《大光报》1949年3月30日。

校的学生列队而至，益见是会之平民化和普遍化”[1]。对这种贯穿整个20世纪中国画坛的大众化思潮的贯彻，广东这批先知先觉的画家，是走在时代的前列的。

在本文中，笔者着重强调了“岭南三杰”的情况。其实，20世纪二三十年代，尤其是20年代之前，广东地区在美术革命，或称美术的现代化方面，的确堪称走在全国前列。以留学者论，除了“三杰”留学日本，同样留学日本、洞悉西方美术而刻意工笔的第一任国立艺专校长郑锦是广东人；1919年留学法国，回国后任国立艺专第二任校长，创办国立艺术院并任首位校长的林风眠也是广东人。换言之，中国的两个国立艺专，即后来的中央美院和中国美院，都是广东人创办的。这绝非偶然。广东鹤山的李铁夫1887年赴加拿大阿灵顿美术学校习油画，以后又在纽约艺术大学、国际艺术设计学院等学习油画，为国内留学学习油画第一人。其他广东美术家，如1906年，冯钢百入墨西哥皇家美术学院学习油画；1914年，胡根天赴日留学于东京美术学校学习油画；1917年，关良留学日本，于东京太平洋美术学校学习油画……在20年代国人如徐悲鸿等大批留欧学习艺术之前十余年乃至几十年，广东就已有多名艺术家留学海外，他们无疑是国内引入西方艺术一股最主要的艺术家力量。

同时，这批留学海外归来的艺术家大多又是现代美术教育家，他们在广东大办具

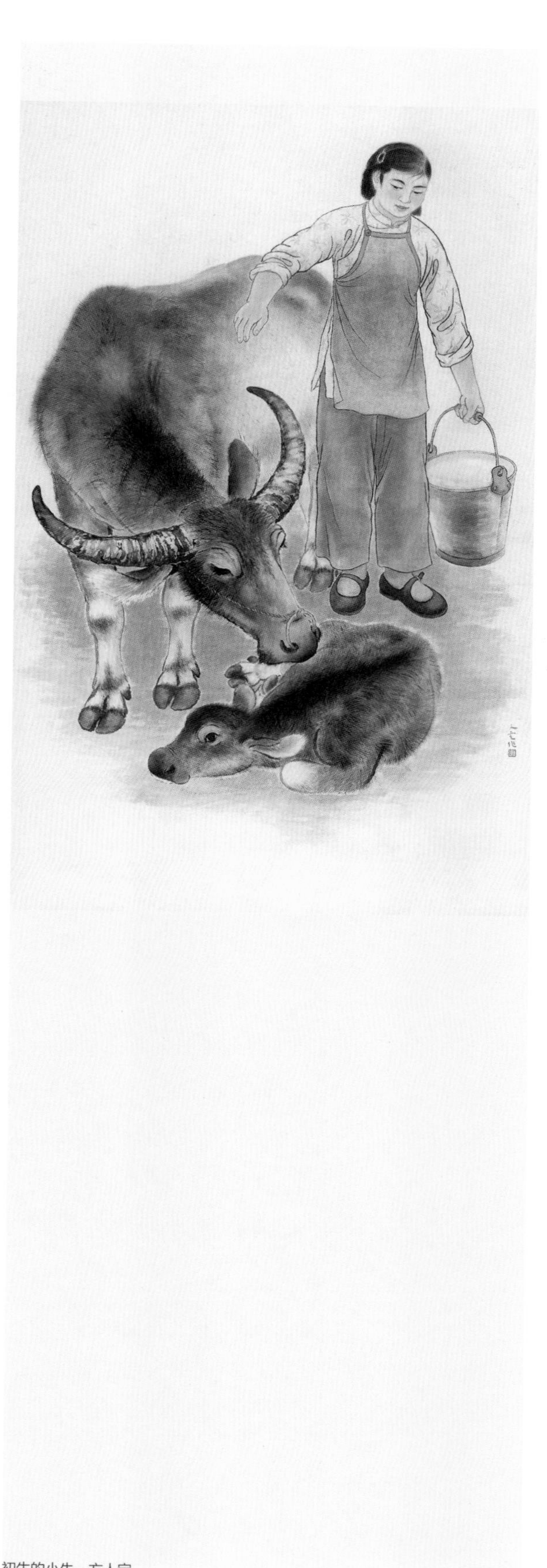

初生的小牛　方人定

1 简又文：《濠江读画记》，《大风》1939年第41、43期。

萧疏花影着烟笼　赵少昂

现代性质的美术学校，这使得他们的影响绝不局限于个人。例如，属于变革传统中国画之“新派画”，“就由高剑父、高奇峰、陈树人等从事研究绘制而且努力倡导”，“尚美美术研究社、缤华女子美术学校、美学馆、春睡画院、岭南画苑等，都是公开招生教授新派画。主事的异常努力，常常集合同志们举行画展，在吾国艺术界已造成一种新的势力”。这里还漏掉了高奇峰的天风楼。在西画教育方面，民国前一年就有竞美美术会教授西画，此后不久，撷芳美术馆、尚美研究所也陆续出现。梁銮、陈丘山又分别从美、日归粤，开办了楚庭美术学校。尺社（原名“赤社”）、博文美术学校、主潮美术学校、东山美术学校也都是教授西画的学校。成立于1922年的广州市立美术学校，更是美术教育的中坚。[1]这样，广东画坛这些先驱人物的影响就不只局限于个人。例如，以高剑父、高奇峰之春睡画院、天风楼学生为例，其著名者就有关山月、黎雄才、方人定、赵少昂、黄少强、何漆园等。加之“二高一陈”不止在广东一隅活动，他们频繁活动于南京、上海一带：高剑父任教于中央大学艺术系；高奇峰设审美书馆并办《真相画报》于上海；陈树人更游历写生创作于全国各地。故20世纪初岭南绘画的影响范围就绝不局限于广东了。

在论及20世纪初的广东画坛时，当然还应该提到广州国画研究会。那么，在以“美术革命”为主题的本文中，这个非常古典、非常传统，且经常被认定为保守的国画组织，还能够在此中占一席之地吗？回答是肯定的。事实上，在“二高一陈”们赴日留学带回大量新知识、新观念、新技法的时候，他们对中国传统艺术的理解是有其局限性的。然而，成立于1923年的国画研究会却以其对传统的精深研究、完善的组织机构及其复兴民族文化的理想，构成了对岭南美术革命的较强的补充势力。时间持续长达20余年的国画研究会与岭南派的激烈争论，就是一种在争论中互补的明显例证。高剑父说，“他们每骂我一次，我便刻苦一遭”，高剑父承认“自日本归国后，对国画传统笔墨，曾作长期补课”，就与这种争论有关系。而国画研究会诸家也在争论中研究西方现代艺术，其论战主将，“旧派”之黄般若，不仅自己研究西方现代艺术，后来干脆成为香港“新派中国画”的奠基人，这都是广州美术革命过程中的佳话。恰恰是这种对传统的精深研究，与对东西洋的广泛借鉴，以及这两种势力的深刻冲突及其矛盾统一，保证了广州美术革命的健康发展，构成了为其他地区所罕见的美术革命的又一动人景观。

既然我们强调岭南画坛20世纪初在全国美术革命中的先导作用，那么，岭南画坛在全国的实际影响又究竟怎样呢？

事实上，岭南诸家是以“新国画”（高剑父1911年办个展时用语）、“折衷派”（高奇峰1913年在《真相画报》第11期上用语）以及“新派”“新派画”“折衷画”“春睡画院派”等“新”的说法同时在二三十年代里出现的，而“岭南派”一词，则出现在30年代初。[2]此种学习于

---

1 广东美术教育情况亦见陆丹林《广东美术概况》，1937年第二次全国美展广东出品专刊《广东美术》。

2 关于岭南画坛及“岭南三杰”画派的称谓情况的考证，请参看本书上册第二章第四节。

日本，注重光线色彩与空气感的写实性绘画，与中国当时流行的或“四王”，或“四僧”，或海派，或京派等水墨写意的传统型绘画的确大相径庭，以致在二三十年代的各类美术展览中必须单列一类以展览或评论。当然，这种影响是逐渐形成的。

当高剑父、高奇峰1912年去上海办审美书馆和《真相画报》时，上海一带“风气为之丕变”，岭南画坛的影响开始出现。1913年从江苏宜兴农村去上海的徐悲鸿就曾投靠于高氏门下，并在《真相画报》上发表作品，这给徐悲鸿的艺术生涯造成重要影响。徐悲鸿在其自述中即称“吾慕高剑父兄弟”。1919年，天马会在江苏省教育会举办第一届绘画展览会，“展览分中国画、西洋画、图案画、折衷画四部”，可见在徐悲鸿、林风眠们还未赴法留学之前，岭南绘画的影响已及江苏地区了。由于高剑父为中国现代最早一批美术展览的发起、参与者之一，他又特别重视这种现代宣传手段，1911年前后已在国内外办了许多展览，“二高”后来屡屡参加历次全国重要美展及国家赴外展览的组织、审查工作（这也是其学术地位的又一证明）。当然，更重要的是，他们这种科学的，写实的，表现现实生活与现实体验、现实情感的“新派”的画法，符合20世纪初新文化运动的文化思潮，加之他们最早学习日本、引进当时已将东西方融会得较为成熟的日本画法，其在20世纪

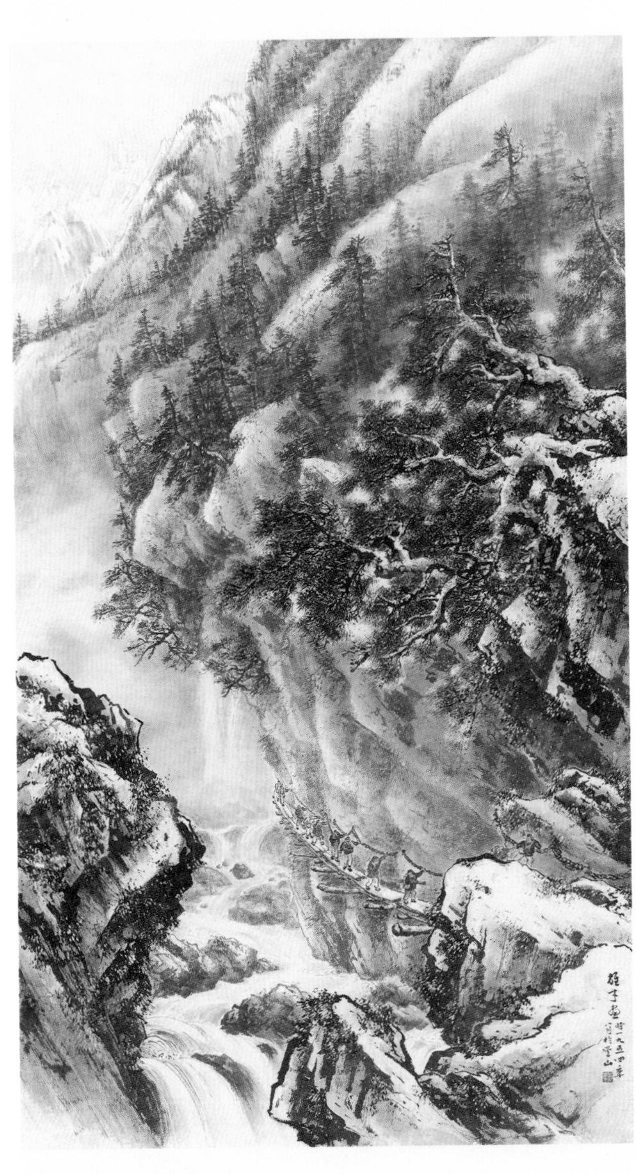

为祖国寻找更多的资源　黎雄才

早期中国画坛上产生重要影响是理所当然的。事实也的确如此。“岭南三杰”是20世纪初期“新派画”中公认的前辈，其影响的范围也绝不局限于岭南一隅。亦如高剑父自称要“高举艺术革命的旗帜，从广州发难起来”那样，傅抱石在30年代的确就真的认定“中国画的革新或者要希望珠江流域”[1]。而陆丹林则更肯定地说，此种美术新风“发源是在珠江流域，最近两年流到长江流域来了”[2]。事实上，岭南派对全国的影响在20年代时就已非同小可。李寓一在1929年《教育部全国美术展览会参观记（一）》中说：“以全部之作品而统述其概，则‘四王’、八大、石涛、石谿上人，及倾向于西洋之折衷画法，实于无形中占最大之势力。……高氏（注：指奇峰）陈于会中有水牛、白马、清猿等幅，皆其旧作。其笔力之遒劲，轮廓之准正，晕染之淡和，光暗之明确，在有志于中西画法合并之画幅中，除往年之金拱北而外，无有出其右者。现设教于岭南，岭南之学子，望风景从，蔚然自成一派。”由此可知，在1929年第一次全国美展时，与当时时髦的学石涛、八大山人等传统

1 傅抱石：《民国以来国画之史的观察》，《逸经》1937年7月20日第34期。

2 陆丹林：《广东美术概况》，第二次全国美展广东出品专刊《广东美术》，1937。

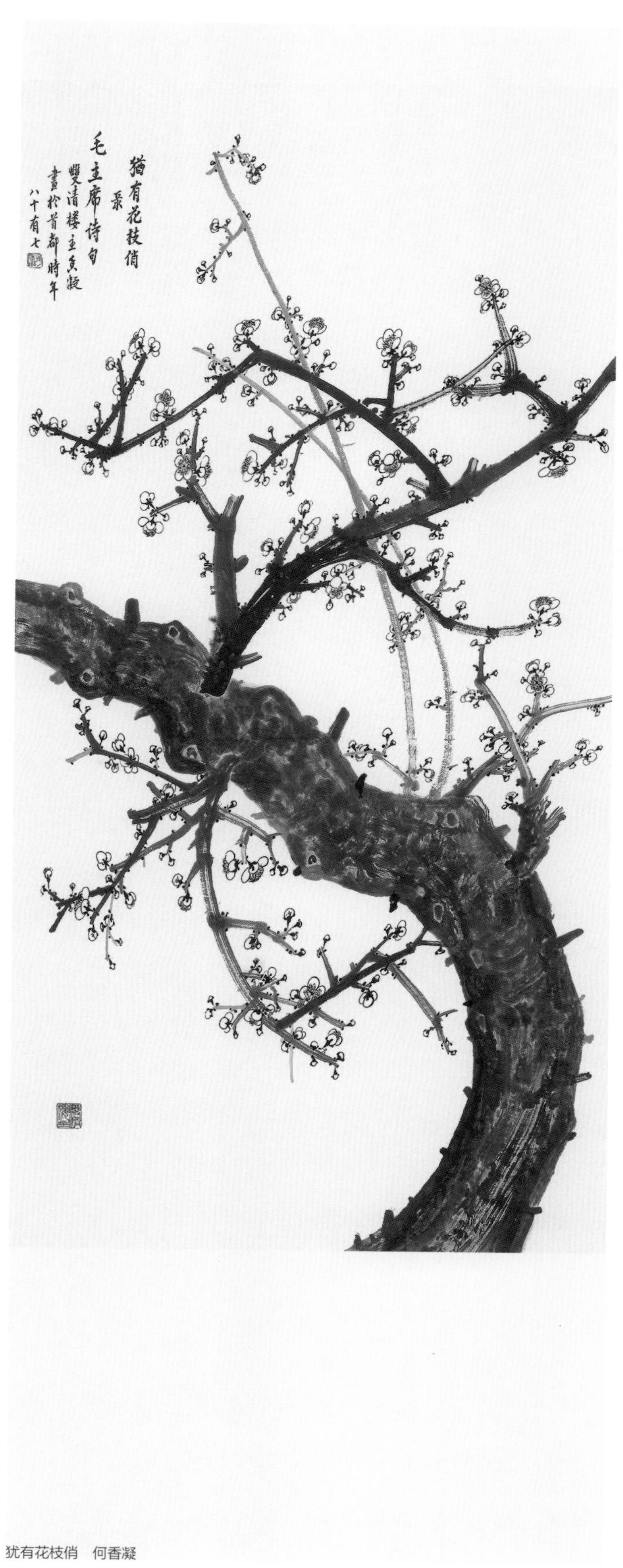

犹有花枝俏　何香凝

画法的个性派旗鼓相当的，就只有包括高剑父、高奇峰、方人定、何香凝、赵少昂等“折衷派”及受此画风影响的这个参展作品群中势力最大的群体了。“此外，模仿吴昌硕、陈师曾者，其迹不如上述之显著。”[1]可见，领导上海中国画坛的吴昌硕一派，以及领导北京中国画坛群彦的陈师曾一派，其势力都不如来自广东，影响全国的“折衷派”。到1934年，连对“折衷派”大不以为然的论家，也不能不看到它的强大影响。例如，山隐在《中国绘画之近势与将来》中把“折衷派”斥为“立意固善”，却不顾中外有别，“徒务皮毛，不求神髓，金玉其外，败絮其中”。但不能不承认这是流行于中国画坛的三大画派之一。[2]到1937年4月1日至23日，在南京新建成的美术馆中举行第二次全国美术展览会时，在20年代一度独领风骚的“折衷派”虽已被融入新旧两大分类之“新国画”中，而直以“岭南派”呼之了，但“岭南派”中人在“新国画”中仍具相当势力。简又文在论及“新国画”时就明确地指出，“此派国画在清末民初之际，即有广东陈树人、高剑父及高奇峰三氏为之倡，即时人所称为岭南派者是。其后海内画人亦有不谋而合，异轨同归，而共趋一目的者”。简又文在文章中详述了高奇峰一批弟子“皆大有可观之新派国画”，高剑父其“创造写动力之新画法，无怪其翱翔艺苑而中西艺人咸为叹服”，而他的又一批弟子亦“各有甚优良成绩”。甚至，包括高剑父任教的中大艺术系及广州市立美专学校学生作品，“得中西精华，达折衷美境，是皆剑父再传弟子，足称‘后起之秀’”[3]。这一批由“二高”及其弟子、再传弟子共同构成的“折衷”队伍在全国美展中之显赫地位是可想而知的，岭南派在全国画坛的影响就不难估计了。

此后，到30年代，由于大批海外留学生不断归国，中西融合已成风气。中国画坛由于上海画家队伍的不断云集，刘海粟上海美专力量的增大，左翼美术尤其是鲁迅所领导的左翼木刻的崛起，林风眠在国立杭州艺专已成气候，徐悲鸿在南京中央大学艺术系羽翼渐丰，北京国立艺专亦今非昔比，广州画坛在20世纪初美术革命中一枝独秀的态势为京沪粤美术三足鼎立的局面所取代。但是，高剑父当年所倡导的中西融合、写生写实、艺术大众化等艺术革命目标，已然成全国美术界之风气。他当年视“广东为革命策源地，亦可算是艺术革命策源地”的艺术革命宏愿至此算是画上了一个完美的句号。难怪王益论在1948年，即高剑父逝世前三年就十分肯定地预言：“写现代美术史，高老先生不免要被赞扬几句。”[4]这是毫无疑义的。当然，要赞扬的不仅有高老先生，还有20世纪初掀起中国美术革命高潮的“艺术革命策源地”——整个广东画坛。

1 李寓一：《教育部全国美术展览会参观记（一）》，《妇女》1929年7月第15卷第7号。

2 山隐：《中国绘画之近势与将来》，《美术生活》1934年5月1日第2期。

3 简又文：《第二次全国美术展览会》，《逸经》1937年4月20日第28期。

4 王益论：《绘画上的派》，《大光报》1948年2月27日。

第七节　中华人民共和国成立六十年中国画坛的写实思潮

中华人民共和国成立六十年来，反映生活、写实、写生、现实主义一直是中国画坛贯穿始终的突出的主题。“文化大革命”之前，这就是唯一的倾向。但用西方传来的现实主义去取代中国传统中的写实倾向也带来不少的问题。新时期以来，中国画坛的写实倾向仍在继续发展，但已出现了向表现民族精神、天道哲理、意境及形式意趣多方向深化的倾向。

要总结中华人民共和国成立六十年来的中国画问题，角度可以很多。例如，就大一些的问题而言，可以有传统继承与创新问题，中国画的中西融合与保持中国画的纯粹性问题，中国画的封建性与现代性、当代性问题，即中国画的时代性问题，中国画的科学问题，中国画的现实主义问题，中国画的为人民服务，亦即大众化世俗化倾向问题，等等。小一些的问题，如怎样看待笔墨及对笔墨的忽视与重视问题，日本画的借鉴与肌理制作问题，水墨与色彩的关系问题，等等。影响不论大小，时间不论长短，均为思潮性现象，每个现象均可作长篇大论。下文仅就这六十年中国画的写实倾向做梳理。

笔者曾对世纪性中国画问题有过提纲挈领的分析，认为世纪性中国画涉及的所有问题均与“五四”两面大旗“科学”与“民主”相关。仅与“科学”相关与否，就涉及东西方艺术关系，写实写生与写意关系，中国画的现实主义倾向，中国画传统的现实主义性质，素描与中国画教学等问题。概而言之，在20世纪上半叶，这些问题尚局限在学术争论中而无政治的偏向，故问题的两方面均有相当的势力，亦各有各的实践与影响。但中华人民共和国成立以后，这些问题上升到先进与落后、唯物与唯心乃至革命与不革命（个别时候会到“反革命”）的政治性问题上而呈现写实一边倒的趋势。当然，这种极为鲜明的倾向性也给中国画坛带来了全新的气象。

20世纪50年代初，中国画被打入冷宫，美术院校里不设国画系，市场上也取消了绘画的买卖，国画家或失了业或改了行。李可染在1950年写的一篇文章中称：“自从人民以掀天动地的欢欣热情，欢迎人民解放军进入了北京，这座历史的名城——封建王朝残余思想的堡垒，一切一切都在起着空前急遽的变化；曾经被买办官僚支持着的中国画市，突然断绝主顾。不少画铺改业了，很多中国画家无法维持生活，使中国画受到了从来所没有过的冷落，因之助长了某些人对中国画命运的忧虑，认为‘新的社会到来，中国画的厄运也跟着来了’。”[1]那时，具进步思想的李可染反省中国画而称：“反对封建残余思想对旧中国画无条件的膜拜，反对半殖民地奴化思想对遗产的盲目鄙弃，我们要从深入生活来汲取为人民服务的新内容，再从这新的内容产生新的表现形式；我们必须尽量

1 李可染：《谈中国画的改造》，《人民美术》1950年创刊号。

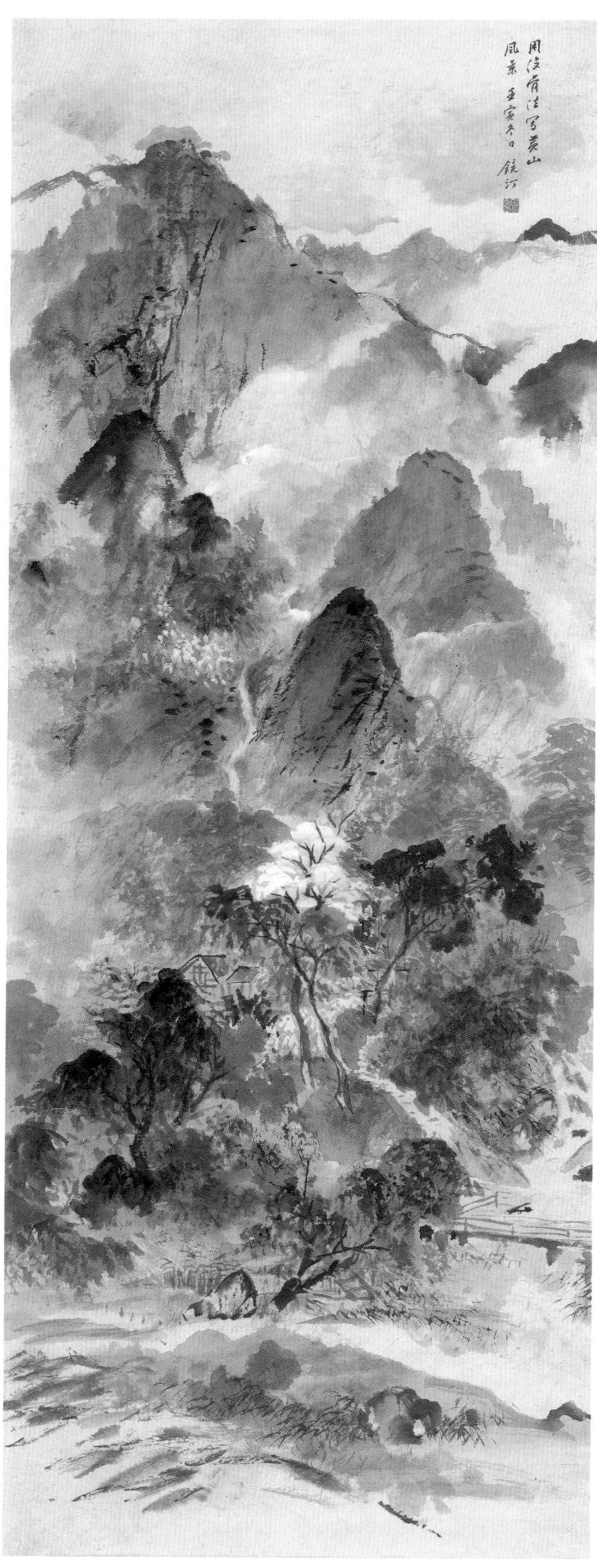

黄山风景 吴镜汀

接受祖先宝贵有用的经验，吸收外来美术有益的成分，建立健全进步的新现实主义，同时还要防止平庸的自然主义混入。”[1]“深入生活”，成为50年代中国画发展的关键词。

“深入生活”直接来自毛泽东的文艺思想。毛泽东《在延安文艺座谈会上的讲话》中说：“作为观念形态的文艺作品，都是一定的社会生活在人类头脑中的反映的产物。”“人民生活……是一切文学艺术取之不尽、用之不竭的唯一的源泉。”[2]毛泽东在1942年的文艺思想，终于在中华人民共和国成立后得以全面实施。这里的“生活”与“反映”，成为包括中国画在内的全部中华人民共和国文艺创作的核心思想。而这个文艺观在中国画上的实现就是写生与写实。从一定程度上可以说，“生活”“反映”与“写生”再加上包容这三方面的“现实主义”，就是50年代关于中国画变革的全部内容。

经过50年代最初两年的严冬之后，1953年，中国画开始从写生中复苏。北京中国画研究会多次组织画家到京郊写生。1954年第7期《美术》杂志报道说，中国美术家协会创作委员会“为帮助国画家深入现实生活，创作表现祖国新面貌的新作品”，于1954年4月组织吴镜汀、惠孝同、董寿平等到安徽、浙江作旅行写生。6月9日，写生座谈会在京召开，从黄山归来的吴镜汀、惠孝同、董寿平、周之亮等以及在京画家徐燕孙、胡佩衡、吴一柯、溥松窗、陈少梅等出席会议。同样是1954年，李可染、张仃和罗铭，用了三个月时间到上海、江苏、浙江和安徽写生，9月19日到10月15日在北海公园举办“李可染、张仃、罗铭水墨写生画展”，展出作品80件，以其崭新的艺术风貌，引起轰动效应。1956年李可染再次外出写生。这次写生历时八个月，行程万余里，溯长江，过三峡，入川蜀，深入大自然，作画近两百幅。1957年李可染赴东德写生。当时，执金陵画家群牛耳的傅抱石早就是个写生大家，他本在40年代初就以在重庆歌乐山写生而成“散锋皴”，50年代以后，在写生风气中，更是大显身手。1957年他到东欧写生数月，后来又到山西大同写生，1959年到韶山写生和在长江沿岸写生。1960年他率江苏省国画院的钱松喦、亚明、宋文治等画家写生，全部行程共二万三千里。1961年到东北写生，1963年到杭州写生。直到1965年去世，傅抱石在我国的全部艺术生涯都是在写生中度过的。岭南和长安的画家们也要写生，50年代之前就靠写生起家的关山月、黎雄才形成后岭南派，西安更有早在二三十年代就以“农村写生”闻名于世的赵望云，及其周围无不写生的长安画派石鲁、何海霞、方济众、徐庶之。就山水画而言，中国画另一重镇的上海、浙江一带，刘海粟以“十上黄山”——当然是去写生——闻名画坛，陆俨少的画风源于其长江三峡写生，就是不太长于写生的贺天健，也写起生来。就是一些坚持传统套路实在不太会写生的画家，如陈半丁、秦仲文、刘子久、溥松窗，也纷纷在古意盎然的传统山水画中加进红旗、公路、

1 李可染：《谈中国画的改造》，《人民美术》1950年创刊号。

2 《毛泽东选集》一卷本，人民出版社，1964，第817页。

电线杆、高压塔、铁索桥乃至毛泽东形象以示“反映”了“生活”，“反映”了“革命”。其中又以岭南派笔战的主将，号称“旧派”健将的黄般若最为典型。50年代去了香港的他，竟也以香港写生为特色，成了香港的“新派”领袖！当然，在国画人物画系统中，更是不论东西南北各家各派各位画家，均写生写实。例如，以蒋兆和及其学生群为代表的北方人物画派，就是以素描写生为基础而发展起来的。而以李震坚、周昌谷、方增先为代表的浙派人物画，是以学习西画造型再结合国画笔墨的特点而确立的。其他如叶浅予，赵望云的弟子黄胄则以娴熟的速写式写生创作国画人物而闻名于世。广州王玉珏的工笔人物，杨之光的水墨人物亦是造型严谨。至于花鸟画，古代就以“写生”得名，写生是其传统，齐白石从不画自己没见过的东西就是例子，不再赘述。在这种氛围中，京派、浙派、海派、金陵派、长安画派、后岭南派及全国各地所有的画家，可谓东西南北中，无处不写生。

上述中国画的写生写实，对中国画产生的主要变革体现在以下几个方面：第一，用西方的观察方式和造型方式，乃至形式特征去结合中国画的宣纸、水墨或笔墨等工具、材料和个别技法。这种方式最大的好处在于取材直接来自生活、来自现场直观而生动的现实印象，故画面清新、活泼、生动、自然。一下子改变了积弊

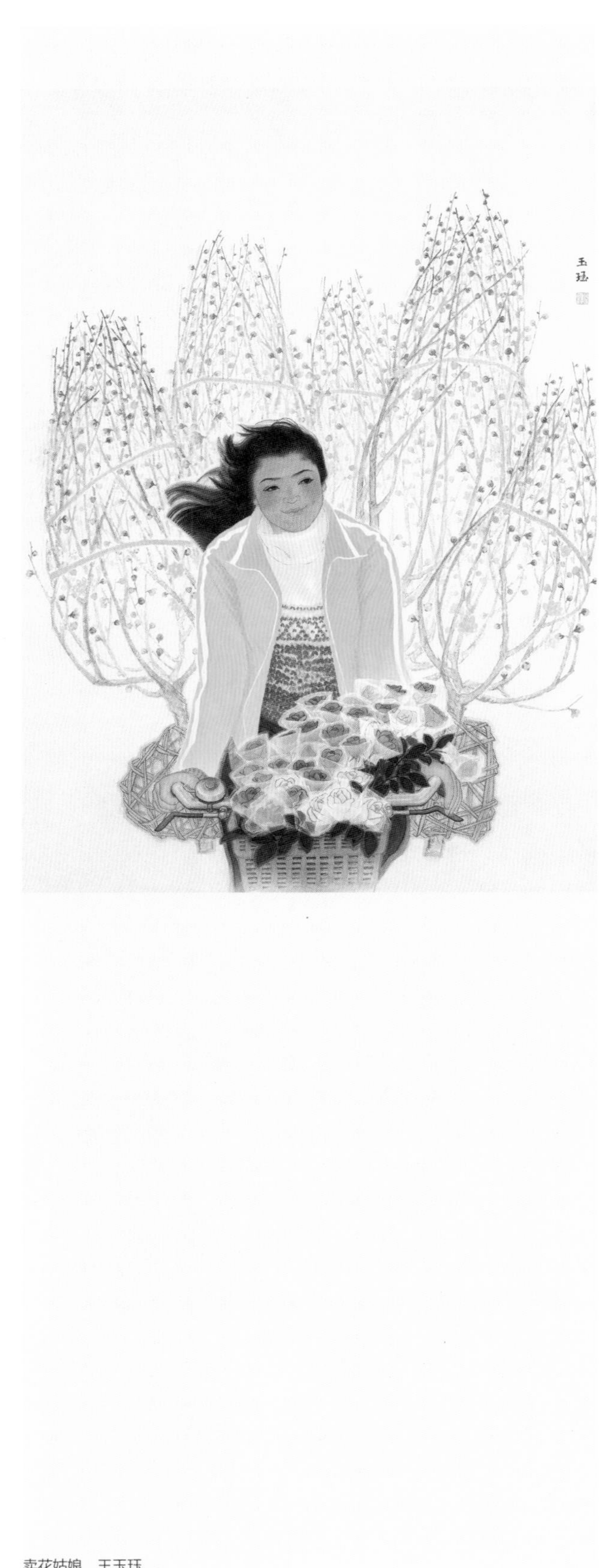

卖花姑娘　王玉珏

数百年已成严重套路的传统绘画的陈旧面目，让人耳目一新。第二，避免了传统中国画造型不准的缺点，尤其在人物画上，比例准确、造型生动的现代水墨人物画与造型严重不足的古代传统人物画形成鲜明的对照。第三，这种新国画造型样式和形式感与传统国画完全不同。例如李可染、张仃、罗铭那次江南写生，除了用水墨积染模仿素描光影明暗，他们还有意避免使用传统的笔墨程序和皴法，以求变革效果。因为观察方式和造型方式，乃至形式特征都是西方式的，对中国的造型方式和程序特征又有意避免，当然就有了全新的样式。在“其命唯新”（傅抱石印文）几乎贯穿整个20世纪唯新是求的时代风气中，这种方式受到了画坛的欢迎。第四，这种直接“反映生活”的艺术被认为具有“现实主义”的性质，这种创作方法也因此而具有一种文艺思想和政治上的正确性、进步性与革命性。因为整个新中国的文艺界正在奉行现实主义和苏联的社会主义现实主义，这被认为属于正确的文艺方向路线。

但问题亦接踵而至。“现实主义”在大半个世纪以来的文艺界，一直是与革命的先进的乃至社会主义这些政治性概念紧密联系在一起的文艺概念。其实，“现实主义”本是个纯粹西方文艺学的概念，它是从属于西方文艺大体系的一种创作方法，无所谓革命，它与西方的科学理性传统有着天然的联系。按在现实主义领域影

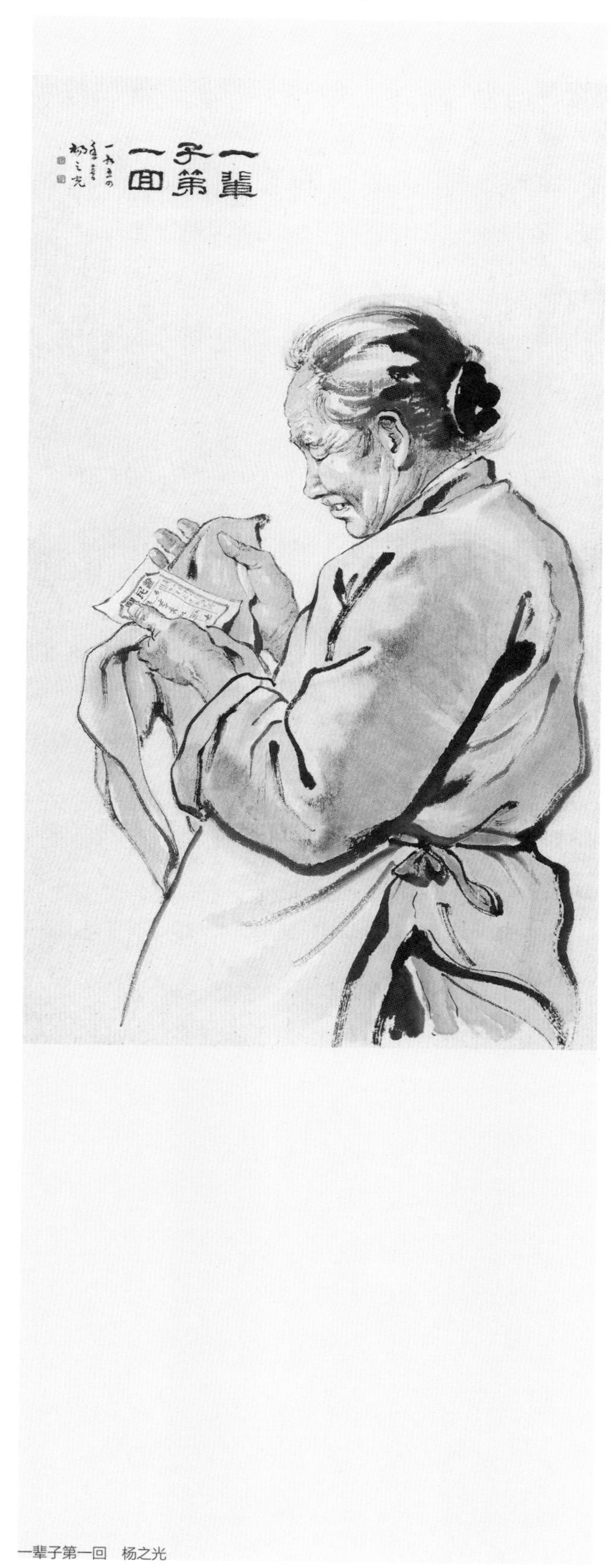

一辈子第一回　杨之光

响中国最深刻的恩格斯给“现实主义”所下的定义来看，“现实主义的意思是，除细节的真实外，还要真实地再现典型环境中的典型人物”。由此可见，照恩格斯看来，“现实主义”不仅要看上去有细节的真实（这仅仅是“自然主义”的左拉们提倡的表象的真实），更需要反映出历史规律发展“必然性”的本质真实。而且，对这种历史本质真实的追求，甚至可以违背作者的见解而表露。犹如恩格斯所欣赏的巴尔扎克“不得不违反自己的阶级同情和政治偏见”看到贵族的灭亡一样。[1]因此，这种“现实主义”具有“不以人的意志为转移”的“客观规律”研究性质。这样一来，库尔贝称自己作画为“研究现实”就不难理解了。

这样，我们就可以弄清楚恩格斯称赞巴尔扎克的由来，也可以弄清楚恩格斯“现实主义”及其“必然性”论述的由来。恩格斯对“现实主义”的论述是清晰而准确的。事实上，全部西方的艺术流派，从现实主义、印象主义、社会主义现实主义，到似乎稀奇古怪的立体主义、达达主义、超现实主义，所有的论述者，不论是恩格斯、列宁、斯大林，还是席勒、库尔贝、别林斯基，乃至康定斯基、贝尔，我们都不难找到这种立足于科学理性文化和普遍性、本质性基础上的客观性追求。

然而中国的艺术不是这样，中国也有写实艺术，但中国的写实艺术也不是这样。作为以“诗言志”开山和以“气韵生动”为最高标准的中国文艺来说，一开始就注重主观之情之意的表现。我们有“大象无形”的老子，也有倡导“惚兮恍兮”的庄子，还有指出“论画以形似，见与儿童邻”的苏轼及强调“似与不似”的石涛。中国的写实艺术绝对不是以“研究”客观现实的细节真实性、典型性（不论是环境还是性格）或历史必然性、历史规律等客观因素为目的，中国的写实艺术绝对地受画家主观情志表现的支配。这就是《淮南子》所谓“君形者”之意。“君形者”，即形的统领与支配者。即使在中国写实艺术经典理论的王履《华山图序》中，开篇第一句也是“画虽状形主乎意，意不足，谓之非形可也”，强调的仍然是画家的主观之意。所以，以缘情言志为特征的中国写实艺术绝不会“违反自己的阶级同情”而去做绝对客观的“研究现实”科学探索。正因为这样，在套用西方术语的时候，毛泽东、周扬、郭沫若等也觉不太妥，60年代初曾用“革命的现实主义与革命的浪漫主义相结合”，即“两结合”的创作方法取而代之。原因也是熟悉中国艺术的他们，知道缘情言志的主观中国艺术与西方的“现实主义”区别太大，所以毛泽东要说，“太现实了就不能写诗了”[2]。

从1966年到1976年的十年“文化大革命”造成了中国文化几近“真空”的时代。到70年代末，“文化大革命”结束，整个文化界进入反思阶段。从1979年开始，吴冠中以内容与形式关系的

---

1 《马克思、恩格斯选集》第4卷，第461—463页，转自北京大学中文系文艺理论教研室编《文学理论学习资料》下册，北京大学出版社，1980，第341—344页。

2 周扬：《新民歌开拓了诗歌的新道路》，《红旗》1958年6月创刊号。周扬在该文中传达了毛泽东1958年3月在成都中共中央政治局扩大会议讲话中关于诗歌“内容应是现实主义和浪漫主义对立的统一。太现实了就不能写诗了”的意见。阐述毛泽东这一观点的，还有同年《红旗》第3期上发表的郭沫若的《浪漫主义和现实主义》。尽管把两个西方术语凑成一个当中国术语使用也不准确，但的确比只使用一个要好些。

大胆言论，向强化内容进而强化造型的“现实主义”流行观念挑战，引发了持续数年的大讨论，也因此而顺理成章地引发了1983年由《美术》组织而开始的关于抽象艺术的大讨论。这个抽象艺术的讨论持续了一年多直至1984年年中才停止。这些，都对“现实主义”构成严重挑战。同时，国门的打开和“改革开放”的社会思潮，又诱发了对西方现代艺术，接着是后现代艺术、当代艺术的模仿性狂潮。这些，也都对中国画的写实倾向造成重大影响。

80年代之后，此前那种“反映生活”倾向的中国画写实思潮的确大受影响。如果简单地说20世纪以来的写实思潮中断，那是不正确的，“新时期”的写实倾向应该说在摆脱了简单化的“反映生活”之后，朝着感悟现实的方向做了更深层次的拓展。

事实上，艺术对现实的反映绝非简单化的照镜子般的反映。艺术与现实的关系中，一个最重要的中介环节就是艺术家本身。艺术家正是在感悟生活感悟现实的过程中，以自己的感情、思想、观念及种种精神性因素，对现实进行融汇、变异、重组、再造，方有真正的艺术出现。因此艺术创造可简单概括为“现实—艺术家—艺术”三位一体。宗白华所谓中国艺术精粹之“因心造境”观念，其实质也在这里。在艺术创造过程中，将现实生活点石成金而为艺术的，恰恰就是艺术家的情感与心灵。而后者，又偏偏在五六十年代因“唯心”而被否定。在改革开放思想解放的新时期，重新认识艺术的本质，恢复中国画的真正传统，使中国画的写实倾向有了更深层次的发展。

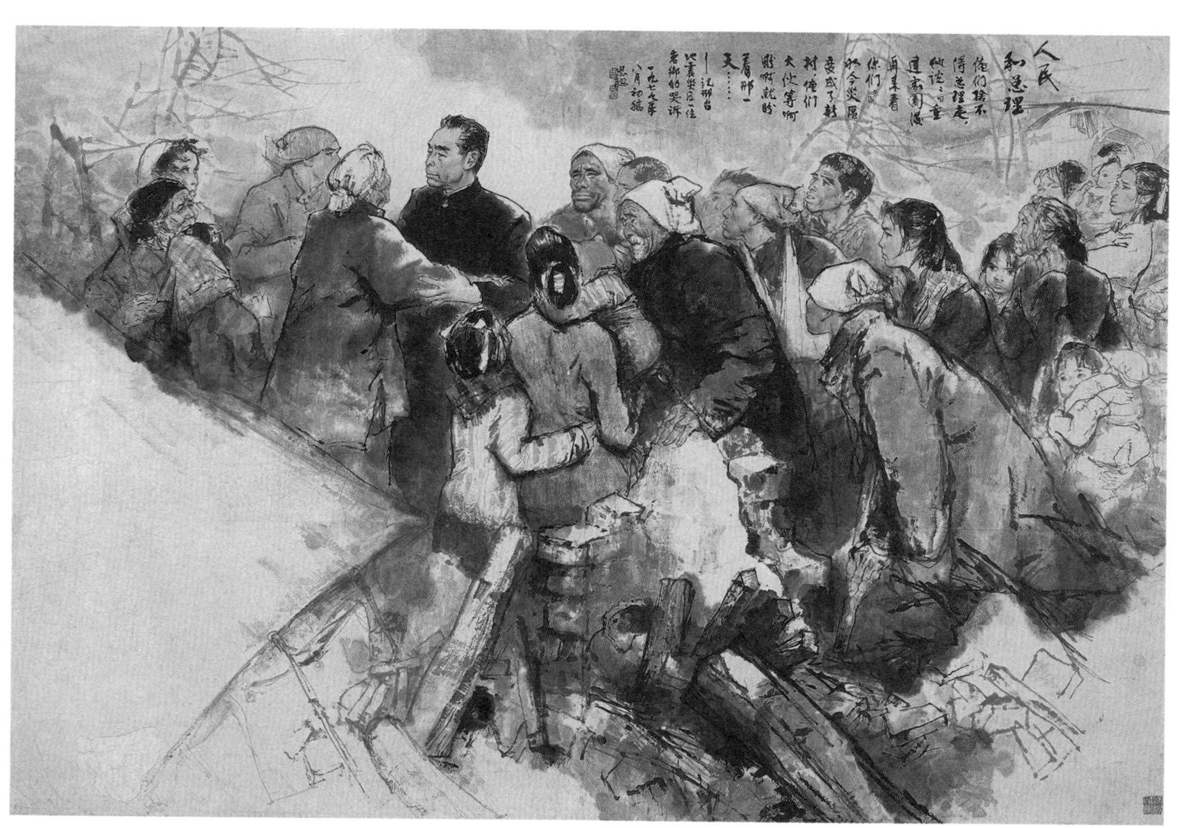

人民和总理　周思聪

在新时期，强化写实的、“反映生活”的现实主义中国画作品仍然存在，尤其在各届全国美展上，特别是在政治性重大题材、领袖题材、民族风情题材上，在一些人物画以及山水、花鸟画上都有存在，数量还不少。一个流行了大半个世纪的思潮当然有它继续存在的理由，一些题材需要正面地使用，这也是一种优秀的创作方法。黄胄、刘文西、周思聪、马振声、朱理存、韩国榛、毕建勋、赵奇、史国良等人的作品都属这一类型。有的写实作品似乎也在正面反映生活，但仔细一琢磨，则既不是要展现“典型环境中的典型性格”，也不是要去研究历史规律。你看刘大为画邓小平的《晚风》，画得也写实，面对这位叱咤风云的伟人，画家却表现他平和普通的非典型一面。邢庆仁的《玫瑰色回忆》对延安时代女战士们情感生活的表现，却在80年代末引来一番争议。为何要争议？不也是因为习惯西方“现实主义”思维的同行们把传统的情感思维、意象思维忘到九霄云外去了！同样地，何家英《秋冥》那深远幽微的冥思和对超现实氛围的营造，袁武浓黑的铁塔般的人物，王迎春、杨力舟大山一般的《太行铁壁》……这些带有明显新时期变化的写实性作品，的确也把写实艺术推向了象征表现的一端。

感悟现实、升华精神是此期写实倾向中给人印象深刻的一种倾向。其实，所有的精神与情感

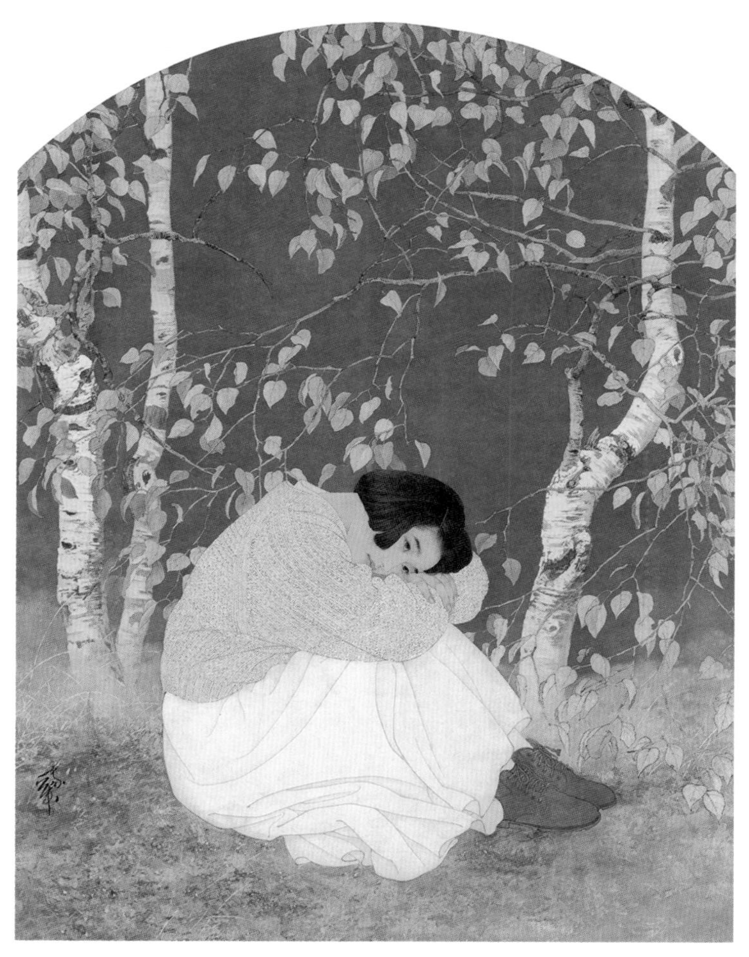

秋冥　何家英

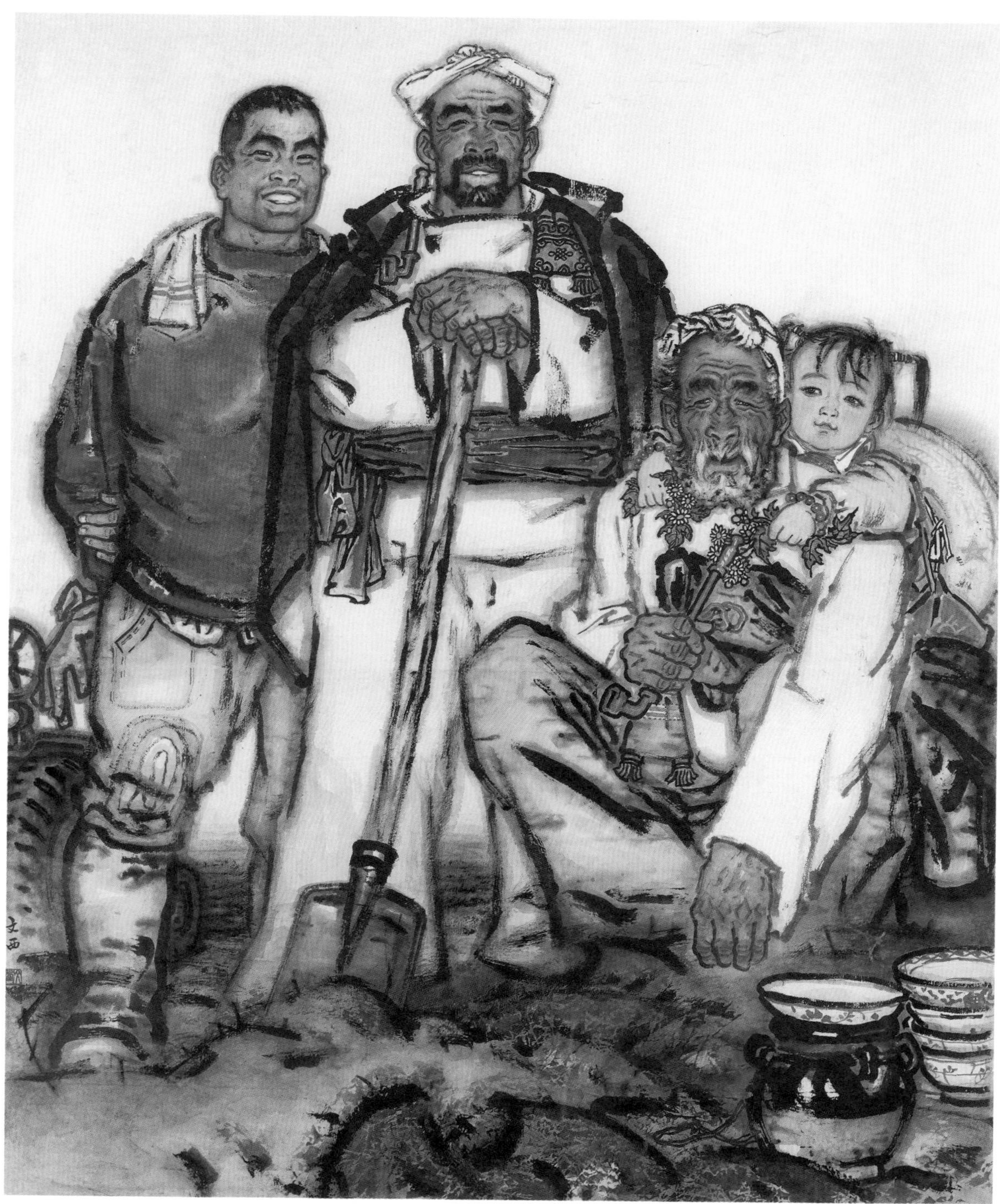

祖孙四代　刘文西

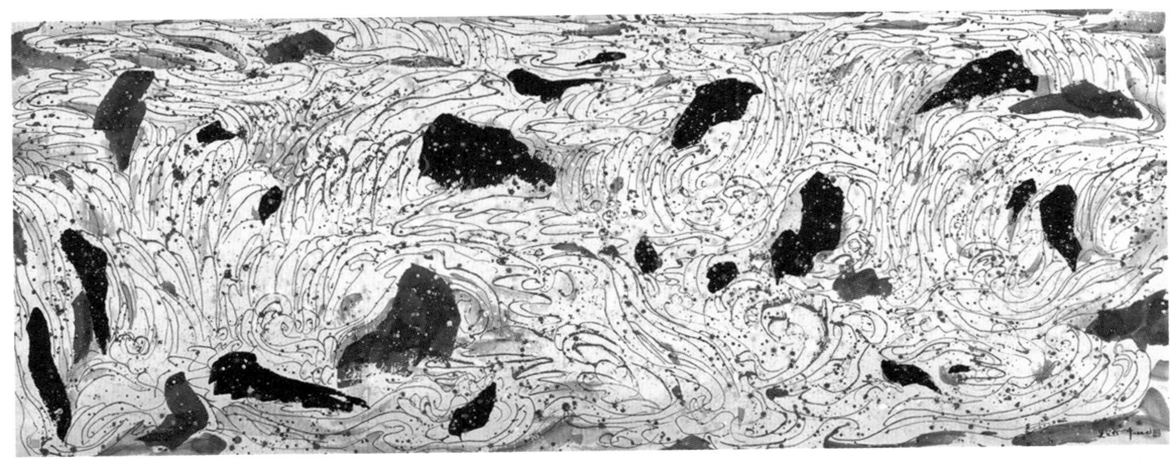

黄河　吴冠中

无不是现实所激发。此即《礼记・乐记》所说："凡音之起，由人心生也。人心之动，物使之然也。""乐者，音之所由生也，其本在人心之感于物也。"艺术家们也到现实里去，他们也写生，但目的已经不再是"反映生活"，而是表现由现实引发的感悟与思考。80年代初，周韶华沿黄河溯流而至大河之源，一路画了很多写生作品，他根据这些写生作品画成的《大河寻源》组画于1983年展出，在国内画坛引起轰动。他的画作已不再仅仅是反映生活，而是通过气势宏伟、雄浑壮阔的场面，呈现对中华民族精神的思考。无独有偶，河南画家李伯安的百米巨幅长卷《走出巴颜喀拉》，同样以黄河为题材，却是以大河之源的人物群像为对象，歌颂的却是中华民族艰苦卓绝、崇高伟大的精神。这是什么创作方法？现实主义，浪漫主义，现实主义加浪漫主义？都不是。有人说周韶华这是东方新象征主义，其实，从"关关雎鸠"，不，从仰韶纹饰开始，中国艺术不从来都这样吗？梅兰竹菊是植物吗？不是，是"四君子"！山水画是风景吗？也不是，"山水以形媚道"（南朝宋・宗炳）。这就是中国的创作方法。此类中国画创作，还可举出在太行山中悟得宇宙历史哲理的贾又福，在《昆仑系列》中体会天道时空的吴毅，在祁连山体会到《祁连风骨》的李宝林……

新时期写实思潮中的又一较大倾向，是加强了笔墨的因素。在此前，讲究笔墨是要犯"资产阶级""形式主义"政治错误的。但中国画本来就是要讲笔墨的，不讲笔墨也的确不太像中国画。80年代初期的西化倾向引来画坛的逆反，中国画界推出了黄秋园、陈子庄两位具古典思维和古典笔墨形态倾向的老先生以正传统之视听。过去偏重写生而忽略笔墨的李可染，在笔墨似石涛的黄秋园作品前看了半天，似乎寓示着笔墨时代的到来。再经过90年代"笔墨等于零"的大争论，国画界形成两股倾向，一是强化笔墨，二是强化肌理。但两者都并不忽视写生写实。浙派水墨人物诸画家如刘国辉、吴山明、冯远，皆长于写实，其笔墨的处理与写实造型的紧密有机的结合，实为该画派最主要的特色。而浙江山水画家如童中焘、曾宓、孔仲起、何加林、张谷旻，花鸟画家如何水法等，都写实写生，但重点已不在"反映生活"，而在玩味笔墨。此种类型在国画家中最为普遍，甚至普遍到少有人不在自己的山水、花鸟、人物画中讲究笔墨。相当比例的画家甚至不过是在以山水花鸟为依托，传达自己的笔墨修养而已。这当然是明末以来的传统。

一部分不以笔墨为皈依的画家则加入了肌理制作。这是以刘国松为代表的肌理制作和对日本画肌理的学习借鉴，形成的中国画肌理制作的倾向。此类画家也注意写生与写实，其中大部分也不排斥笔墨，但其造型的主要手法却并非笔墨，或者在笔墨的基础上糅进了肌理。这部分画家比例也相当大。山水、花鸟、人物画家中比比皆是。著名者除刘国松外，还有香港王无邪，黑龙江于志学，深圳董小明，北京胡明哲、裘缉木，上海陈家泠。此类画家也写生。例如，姚思敏源自九寨沟秋色的写生使她的山水画形成了色彩斑斓的独特风格。

还有从现实写生中寻求节奏、韵律与形式表现者，如吴冠中的点线面山水。吴的山水画并非抽象，他强调“风筝不断线”，这不断的线就是“生活”。但他并未关注对象之造型明暗，而是从现实对象中提炼形式元素与结构组合。这是对写实倾向的一种别致开拓。田黎明在泳池中捕捉到光影情趣，唐允明则在《野山》《红岭》中以笔形变化独树一帜，且为大山定下了节奏与旋律。

对意境的塑造，是20世纪末中国画写实倾向的一条重要发展线。意境本为中国山水画重要传统。从山水画出现之始，一直到明代中期，对意境的表现一直是山水画的创作的目标，此后，才为对笔墨的追求所取代。对意境的追求，也是古典山水画一直师造化、重写生、重造境的重要原因。在经历了50年代以真实写生反映生活为目的的阶段之后，对意境的追求重新成为山水画创作的目标。50年代末的李可染已经开始注意意境塑造的问题了。到80年代之后，山水画中的意境表现更成普遍倾向。刘懋善的水乡情调、赵振川的黄土意趣、李文信的巴蜀丘陵、杨长槐的瀑布意象、贾广健的荷塘清风、郑力的文房清供，都是重意境表现的例子。

本文所论，主要是中华人民共和国成立六十年中国画中的写实倾向。当然，当代中国画的类型很多，有偏重意象的，有偏重抽象的，有纯抽象的，有夸张变形的，有形式主义的，有多从古代图像生发的，有画简笔漫画的，有讲究笔墨而不太管造型的，有从西方现当代艺术中直接照搬与之“接轨”的……总之，那些与写实写生倾向关系不大的中国画类型，不在本文讨论的范围。

不过，在文章结束之时，有必要指出，尽管用现实主义来规范中国传统的写实艺术不尽准确，但中国艺术传统从来是注重“行万里路”或“搜尽奇峰打草稿”的，无论是因此而写生，或陶冶胸襟，中国艺术家总是保持着与自然造化的密切联系。五六十年代的写生思潮尽管有其机械写实的一面，但清新自然、生动独到的宝贵特点是有的。而在新时期，形式感多了，笔墨也被重视了，技法复杂了，材料也更讲究了，来自现实来自生活的艺术感受却反而弱化了，艺术的意味也淡薄了，在套路化的笔墨程式流行中，艺术的个性风格也减弱了，“假大空”的历史积弊又重新钻了出来且愈来愈突出。看来，今天重温中华人民共和国成立以来的写实倾向是有其特殊意义的。而“外师造化，中得心源”，也的确是中国绘画永远的话题。

第四章

20世纪中国画家教学论

第一节　中国画教学与创作中的素描

——素描与中国画系统特质漫议

20世纪初期素描经西式美术教育系统传入中国后，在徐悲鸿的强力倡导下，至今仍是所有美术教育（当然也包括中国画教育）的基础。在国画改革上，徐悲鸿更是大倡素描起衰救敝的功效："研究绘画者之第一步工夫即为素描，素描是吾人基本之学问，亦为绘画表现唯一之法门。"他的"双钩为中国画本原"之线条加"唯一法门"之素描，就是其改革中国画的万灵药方。徐悲鸿顺应20世纪科学主义在中国流行的大趋势，其科学之素描在中国画教学与创作中的影响十分强大。其中虽有秦仲文、邱石冥等人反对，甚至在1947年的北京，还为此闹出一场罢教风波，以后又有潘天寿等人的反对，但在中国画教学中，各校至今还在使用素描作为基础教学，画家们仍然在用素描作为创作的手段。看来这场公案仍然没有结果。在西化已经一百余年的中国，要把素描排除于中国画教学与创作之外，仍然是不可能的事。尽管如此，了解素描对中国画之利弊仍然不无益处。

素描引入中国画，好处是明显的。以前中国画讲"不求形似"，但真要去求似，还确实不行，素描一引入，形似的问题就解决了。以前中国画套路感太强，复古倾向严重，追"四王"的有"四王"的套路，追石涛的有石涛的套路，因不去写生，只在古人处讨生活，画也愈画愈有套路。但素描一来，素描、速写介入写生，写生风起，画面生动了，鲜活了，套路问题也迎刃而解。李可染的山水，蒋兆和、何家英的人物都受惠于素描。素描有成就者，造型能力也强了，20世纪人物画的成就非古代所能比。所以素描介入中国画，好处当然十分明显。

素描引入中国画，引发的冲突当然也不少，但大多是笔墨光影冲突，而素描引入中国画引起的体系不同的矛盾则比较深层隐晦，一般不太容易辨别。因为引入素描绝非引入单纯的某种画法，引来的是一个异质的完整的艺术系统。

素描是西方写实美术的基础，又是隶属于西方文化艺术体系的一个分支，它在其体系内自有和谐成分。但中国的艺术体系与之很不一样，素描介入中国画教学与创作，就恰如生物医学中的"异体植入"一般，弄得好，可以有用，弄得不好，就会出事。

例如，中国人的艺术思维是一种意象式的思维。所谓意象，即以主观感情心志去体悟现实，再造心象与情象。因此，中国的艺术形象是介于主观与客观之间的，不能太像，也不能太不像，中国人为此还有两个词之辨："似"与"真"。庄子说："真者，精诚之至也。不精不诚，不能动人。"（《庄子·渔父》）五代荆浩《笔法记》分别论"真"与"似"："似者，得其形，遗其气。真者，气质俱盛。"可见对"真"的看法，在中国人看来，精神性的因素大于外在的形似因

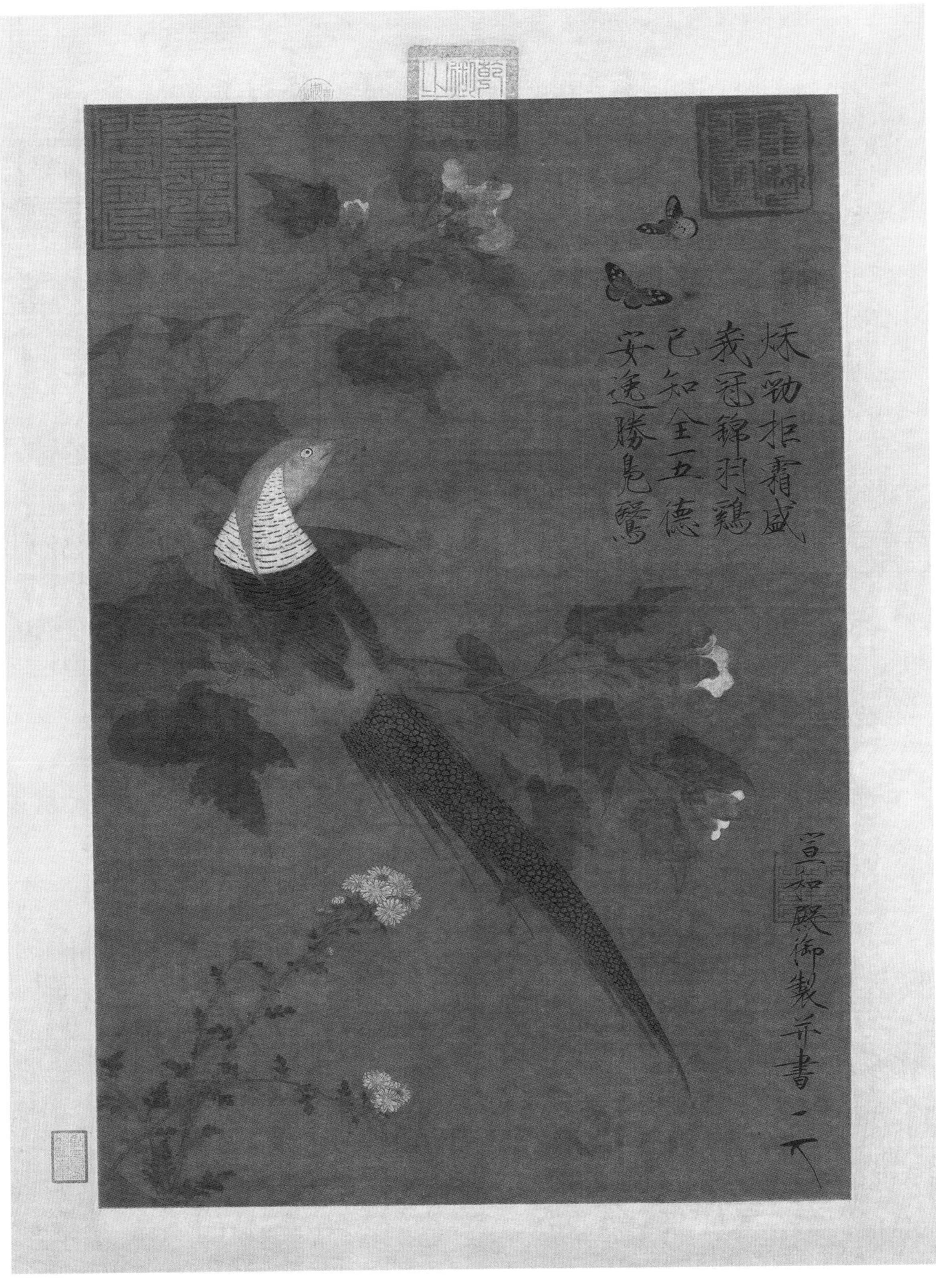

芙蓉锦鸡图　赵佶

素。这又有“形而上者谓之道，形而下者谓之器”（《周易·系辞上》）的道器之别。所以中国古人重道轻器（客观事物）。宗白华甚至认为，“整个中国艺术的精粹”就在“因心造境”一句话里。但是西方看上去是反的。西方人重客观，讲模仿，讲再现，讲理性，柏拉图认为艺术的本质就是对现实的模仿，亚里士多德也认为艺术是模仿，“史诗和悲剧、喜剧和酒神颂以及大部分双管箫乐和竖琴乐——这一切实际上是模仿。有一些人（或凭艺术，或靠经验）用颜色和姿态来制造形象，模仿许多事物”（《诗学》）。可见东西方在对待客观事物的态度上真可谓大相径庭。而素描就是西方这种用严谨的理性科学的手法，去再现视觉对象的最基本手段，视觉性及其准确性无疑也是西方文化中这种理性科学的写实思维最具标志性意义的特征。用中国人的话说，是讲究“器”物再现的方法。处心积虑去再现了“器”，“道”反倒丢了，对中国人来说，不啻丢了西瓜捡芝麻。难怪连倡导深入生活反映现实的毛泽东，也实事求是地说了句：“太现实了就不能写诗了。”今天的中国画，不要说道器，就是普通的精神性追求都算奢侈。今天中国的画家不要说哲理修养，普遍连文化素质都不高，只求手上写实功夫好，创作则讲究“新”，讲究大，追求“视觉冲击力”，弄出一些狂怪新奇的东西就叫好，这种现象无疑与包括素描在内持续已近百年的西方追求视觉再现写实式教育有关。

中国画的思维方式中象征性的因素很多。这又与《诗经》中赋比兴的文艺传统直接相关。宗炳说，“山水以形媚道”，可见山水画是道的直接呈现，所以它绝不是现实替代物的风景画。王维《山水诀》称“画道之中，水墨最为上，肇自然之性，成造化之功”，可见水墨绝非单色水彩，而是道的象征。至于花鸟，从宋徽宗的《芙蓉锦鸡图》到扬州画家的梅兰竹菊，哪一样是在单纯地再现事物自身？这也是中国人不太看重写实性的深层原因。画中的事物不过是象征思想、观念与情感的符号而已。中国画的符号特质也很强，随之而生的程式性也突出，皴法、叶法、线描样式都有。用素描去画符号，画程式？显然有些滑稽。所以素描一来，中国画的这些因素都得退位。各类特质都消失或退位，中国画的民族味当然就大打折扣了。

观察方式上东西方也是不同的。画素描时，画家必须待在一个地方，对象也不能乱走乱动。为了画准，尤其是建筑物的准确，甚而要借助数学公式的计算，此之谓焦点透视。再者，对人体的观察要借助解剖学，对色彩的观察要借助色彩学，画得倒是真像，但理性得很。中国的观察方式或者叫“以大观小”，或者叫“三远”。“以大观小”是沈括批评李成时提出的。沈括批评李成画得太写实，焦点透视般地去仰画飞檐，不懂“其间折高折远，自有妙理”之“妙理”。早在南朝时，宗炳就已注意到“张绡素以远映”（《画山水序》）的视觉透视现象，但以后没发展，原因也在这个“妙理”。中国人想要自由地看和画自己需要的一切，而不想受视点束缚。郭熙《林泉高致》称画山水要“山形步步移”“山形面面看”，有人称此为“边走边看”的画法。非此而不能理解中国的长卷山水画，也不能理解打破了时空关系的《韩熙载夜宴图》。“三远”有高远、平远、深远，又

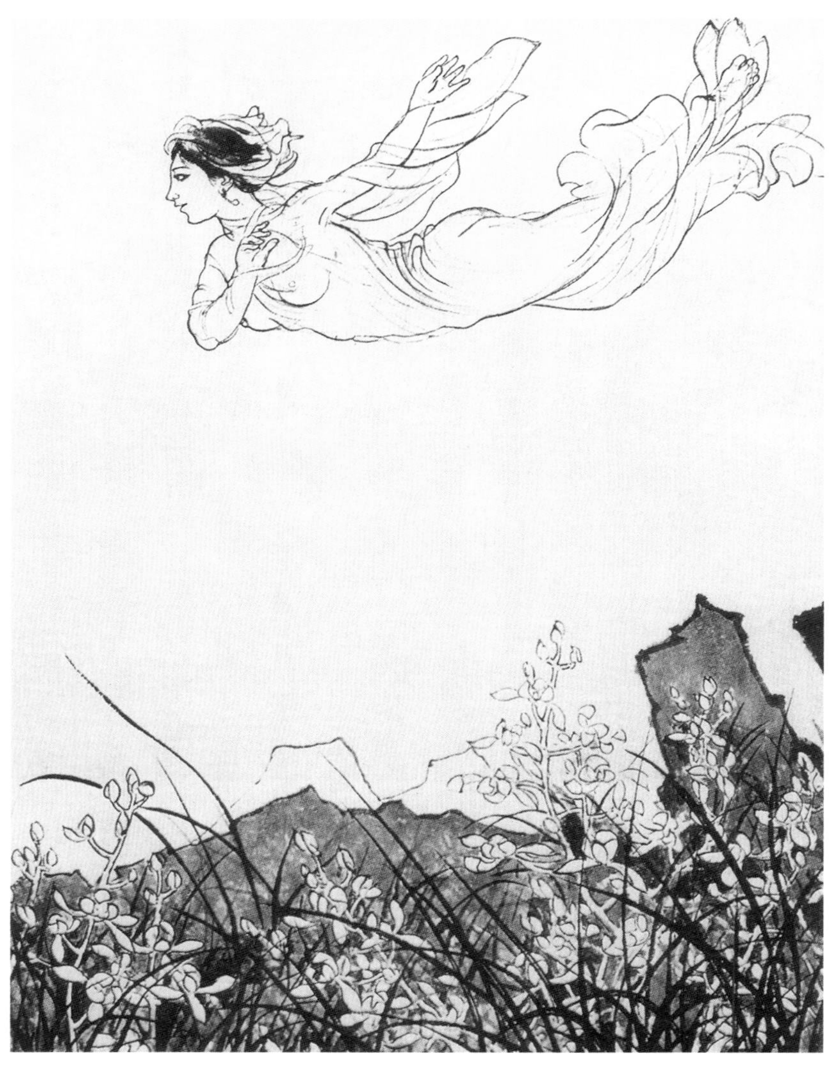

飞天　徐悲鸿

有幽远、阔远、迷远。何以非要“远”，这又与中国美学中那种仰观俯察、深究人生宇宙的哲学态度相关。就是画人像，中国人也不是让对方不动。元人王绎论画人像，“彼方叫啸谈话之间，本真性情发见，我则静而求之”（《写像秘诀》），可见不是要对象规规矩矩不动，反而要让他自由；自己之“静”，也不是“焦点”不动，而是静心求其神态情感之所在。这些做法受民族文化深层心理因素的影响，绝不是引入素描、引入焦点透视、引入科学能解决问题的。相反，引入一个素描的描绘方法，竟把民族艺术的系统都破坏了，真是有些不划算。

造型方式是另一个严重的问题。每个民族都有自己独特的造型方式，并以此形成民族艺术的基本风貌。中国绘画因为意象的、主观的“因心造境”思维方式，造型观就不可能是真实再现的，它反而追求虚拟的平面效果。董其昌说，“昔人乃有以画为假山水，而以山水为真画者，何颠倒见也”（《画眼》），亦即画就是画，画画要欣赏的就是画面本身，中国画家根本就不想造成“假山水”的幻觉，中国人对此自觉得很。我只是在我的画中摆布绘画自身需要的东西，例如笔墨、章法，分章布白、疏密穿插就行了。所以董其昌又说，“以蹊径之怪奇论，则画不如山水；以笔墨之精妙论，则山水决不如画”。中国人的造型意识说得清楚极了。但西方人不一样，他们就是要追求真实感、幻觉，甚至要与自然去比拼。倡导素描改造中国画的徐悲鸿说：“一切学术有一共同目的，曰：追寻造物之真理而已。美术者，乃真理之存乎形象、色彩、声音者也。”“科学之天才在精确，艺术之天才亦然。艺术中之韵趣，一若科学中之推论，宣真理之微妙。”而素描担当的就是此种重任：“科学以数学为基础，艺术以素描为基础，艺术为天下之公共语言。”[1]通过素描去研究现实，准确再现就是艺术的根本，甚至“韵趣”也在其中。所以画素描的人能把对象的体积、光影、质感、空间感表现得非常精确，就算优秀了。但中国人既然有虚拟的自觉意识，他就可以不去追求这种再现式的趣味，而去追求平面中的分章布白、虚实处理，去追求书法入画的笔墨变化情趣，又可以在水墨淋漓的泼洒中，去宣泄对天道的体悟。总之，中国人在这张平面的纸绢上去完成他的精神符号摆布与讲究就行了，画的人、看的人都没想要弄出个现实替代品来试图走进去。写到此，突然忆及徐悲鸿画的《飞天》。徐悲鸿是看不起水陆道场画般的敦煌壁画的。但徐悲鸿偏偏要去画飞天。他用素描的办法画的那个壮硕敦实的希腊裸女就这么无所依凭地横在半空，让看画的人为她担心，担心她抵挡不住地球的引力。你再去看敦煌的飞天，颀长、清雅、轻盈、灵动，裙带飘举，冉冉飞动。没学过素描的敦煌画工在自己的想象与理想中成就了如此千古绝唱。这或许是个典型的例子。画素描出身的李可染在50年代的写生中，笔墨就非他的关注点，追求对象外形特征的准确性造成了他对笔墨的忽视。形境都有了，但笔墨不耐读。与李可染一道写生的张仃，尽管还在因笔墨等于零否与吴冠中辩论，但他自己的焦墨山水，几乎就是换了毛笔工具画的炭笔风景写生，国画味从里到外都没有。对外形真实性、准确性的关注盖过了对画面笔墨意味、结构处理的讲究。素描对中国画教学与创作的消极影响，在张仃身上可以体现。

当然，素描作为西方造型手段的代表，引入中国应当有其合理的价值。但这种“异体植入”的因素必须与民族自身的特质进行有机融合。画家们必须知道中国艺术系统有哪些要素，要借鉴应从自身特质和需要出发，自主地选择吸收，一如“异体植入”前对身体应进行全面检查、配对，植入后要做协调、适应等后续工作一样。例如，蒋兆和曾信奉素描加线条的模式，后来发现平面虚拟的中国线条无法与具有体积光影的素描人物相协和，后从曾鲸处习得凹凸结构处理，蒋氏人物教学体系才算确立。浙派人物画把对光影素描的准确训练扩大为中国式同样准确的白描双勾式训练，同时注意结构，也是对素描进入中国画教学与创作的有益转化。知己知彼，素描也不是不能用。本文谈到的素描介入中国画教学与创作中，对中国传统绘画的思维方式、观察方式、造型方式等深层因素造成的消极影响，似还未受学界关注，然而这种消极影响是更深刻的，更值得关注的。

1 徐悲鸿：《画论辑要》，载王震《徐悲鸿研究》，江苏美术出版社，1991。

第二节 中国画现代形态的确立与美术院校的作用

20世纪80年代，当改革开放的时代风潮席卷中国大地之时，西方现代派艺术也涌入中国，在封闭的中国艺术家们眼中闪耀着炫目的光彩。以“八五新潮”为标志，全盘西化地模仿西方现代艺术和对民族传统盲目否定的民族虚无主义之风弥漫整个中国画坛。物极必反，10年的迷乱，促使中国艺术家们进行“反思”过后的真正反思。“新学院派”就是在这种背景下出现的。

1988年底，一群浙江美院的艺术家在杭州举办了他们第一次“新学院派”的展览，他们为画派的成立发表了宣言。1991年9月，“新学院派”的第二回展览又展出，一时间，引起了人们的关注。从杨劲松先生的《走向本土的“新学院派”》《“新学院派”艺术精神阐释》及《强化视觉特征的“新学院派”》[1]等文来看，“新学院派”的艺术家们主张：1. 回归本土，匡扶华夏美术文化正气；2. 回归艺术本体，纯化艺术语言；3. 融会中西，沟通现实主义与现代主义；4. 加强文化意蕴；等等。但“新学院派”是个泛美术的概念，亦即学院美术新的总体呈现。参展的有雕塑、油画、陶艺、版画、装置、国画等多个艺术品类。

无疑，作为对盲目崇拜西方的后殖民文化心态产物的一个有力反拨，“新学院派”的提出是及时的，它的主张也有一定的合理性，符合时代的需要。但是，在经过几次展览和一些著名学者毫无保留的集中讨论之后，“新学院派”却相对沉寂下来，近几年来在画坛影响十分有限。这里不无历史的缘由。

中国的美术学院从林风眠、徐悲鸿、颜文樑等引入西方的办学方式创建美术院校以来，一直是以西方院校作为楷模，但一则中国的美术学院一般不具备西方学院的权威性和“学院派”风格流派的定型性；二则，中国艺术如果也有一定程度的古典风、“新古典风”等“学院派”艺术特征的话，那也主要是出现在油画的范畴，在国画的概念中，“学院派”的提法是从未出现过的，因为从未出现过定型化的权威“学院派”中国画。无论是徐悲鸿的素描加双勾的中国画范式，或者是蒋兆和的结构加笔墨的画法，也无论是浙派人物画严谨的造型和水墨淋漓、笔意盎然的风格，或者是潘天寿那种融传统美学和技艺于规范之中的教学模式，都未能形成统一的、规范的、权威的、标准化的“学院派”中国画模式。如果说，中国画人物画科中或多或少还有这种模式化意味的话，那么，势力更为强大的山水、花鸟画科中则连痕迹都难以找到。从这种客观的角度上看，至少，在中国画领域，这种无“学院派”可作为其对象以修正或反对或发展的“新学院派”大有无本之木、无源之水的性质。

---

1 分别见《艺术广角》1992年第2期，《新美术》1989年第2期，《江苏画刊》1990年第8期。

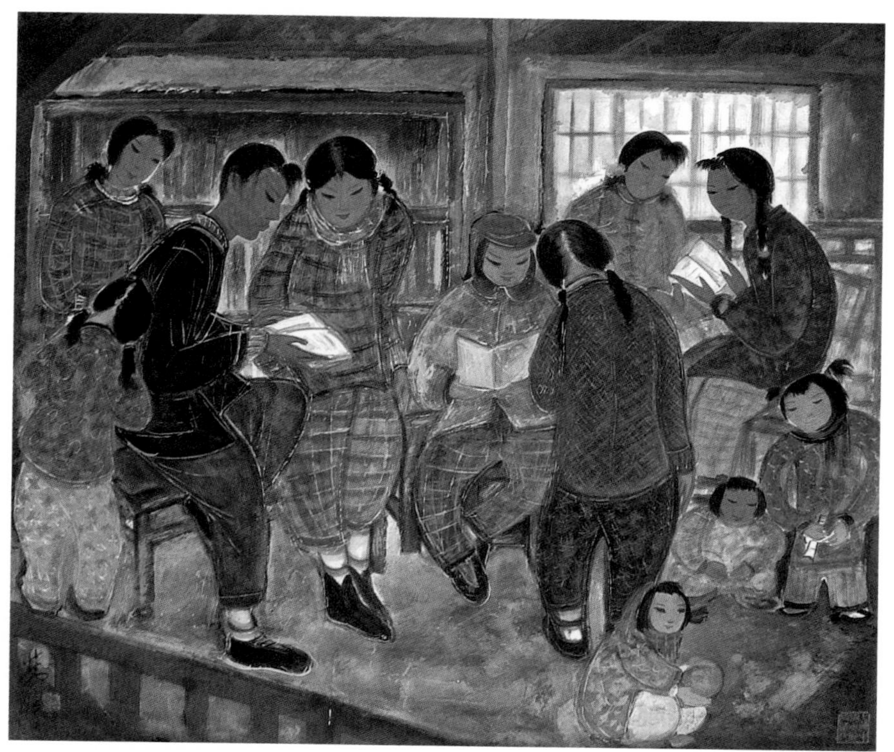

读书声　林风眠

从“新学院派”提倡者们的主观角度来看，这个流派不是在历史演进中自然形成的，而是带有太多人为设计的性质。它是在对“新潮”所带来的大堆问题逆反中，由人们理性地提倡，发表“宣言”，阐释其预设之“精神”，组织被认为与其精神大致相似的各美术品种之作品参展，乃至发表阐释性文章而形成的。正如杨劲松先生所称，“新学院派”“是在对‘新潮’美术作文化上的矫枉过正的基础上，开始了自觉地从上述不自在的文化状态中作挣脱出来的尝试”[1]。这种挣脱是困难的，我们不难在参展作品西方式的抽象处理、荒诞思维和装置的“现代”方式中看到这种挣脱的艰难。甚至连“强调视觉特征的‘新学院派’”之说，也被易英指出，“我们基本上还是能感到他所指的是现代艺术的语言特征”，因为“强调艺术语言的视觉特征应该是西方现代主义运动扯起的第一面旗帜”。这样，在易英看来，“新学院派”与“新潮”之间又具备相当的相似性，犯有同样的错误。把反学院的前卫艺术形式“作为重建学院文化的基础，恐怕也不会具有适合中国当代文化的效力”[2]。从“新学院派”参展作品的情况来看，易英的分析是有道理的。刚从“新潮”中挣脱的“新学院派”艺术家们还未能摆脱“新潮”的阴影，尽管二者有理性规范与情绪性盲目模仿的区别。这种源自现代西方的思维方式，与参展作品的价值观念，显然与“回归本土”的明确指向产生

1 杨劲松：《走向本土的“新学院派”》，《艺术广角》1992年第2期。
2 易英：《新学院派——折衷主义的选择》，《艺术广角》1992年第2期。

了一定程度的混淆。加上理论宣言良好愿望的提倡与相应作品的滞后，流派宗旨的个人提出与流派精神的众人解说都缺乏大量成功作品的实践基础，而形成了理论上的模糊与含混。一个没有强大的实践力量做基础的理论是空洞的理论，空洞的理论是无法影响实践的。“新学院派”以后几年的相对沉寂，与这种先天因素不无相关。

但是，“新学院派”的出现也有其必然性。盲目西化、民族虚无之后应该有回归本土的需要，粗制滥造、无复语言的非专业化之后应该有对技巧、语言、专业性功底的追求，浅薄浮躁地对西方形式进行简单模仿之后应该有对博大精深的华夏文化、现代文化的深刻把握，故对后殖民化心理反思之后重建中西融合的平和心态亦属势之必然。而所有这些新的追求已绝非“新潮”斗士们只凭激情，凭胆气，凭运动，凭宣传，凭政治，凭手段，凭花样翻新，凭词语生造，凭玄言秘语，凭一切非艺术的方式就能达到的。它需要的是对当代生活真实而丰富的体验，是深刻而全面的对东西文化知识的全方位把握，是扎实而训练有素的艺术基本功和强大的艺术创造能力。它需要大量令人信服的中国现代艺术精品和创造这些精品的时间，以及一种平和而沉静的真正艺术创造的心态。而这些条件，正是学院艺术家们之所长。学院艺术家们得天独厚的条件使得他们应该担当起建设民族现代艺术的重任。“新学院派”的提倡者们敏锐地把握住了这一点，但他们急躁了一些，他们在实践和理论上都尚未做好充分准备时就以“新潮”的方式对“新潮”发起了游击式反击。本来，他们是应该打“阵地战”的。

从“新学院派”第一次展览到今天，八个年头过去了，在第八届全国美展的中国画部分，我们可以看到一种令人耳目一新的现象出现，即古典形态的传统文人画呈全面退位之势，而具现代形态意味的新型中国画在“优秀作品展”中居绝对主导的地位，在42件中国画获奖作品中亦占绝对的优势。所谓中国画的现代形态，是指那些立足于民族的现代的社会生活，以自己真切的对现代生活的体验为基础，对某种特定的富于个性的艺术语言进行选择、提炼、创造而获得的，表达自我的、独特的形式创造。它立足于传统绘画又与之有质的区别，它立足于民族精神却又大胆地吸收外来营养。从情感内容上讲，它摒弃了传统文人画那种超然出尘，雅逸洒脱，冷冷不食人间烟火的古典审美典范性情趣，而呈现热情、美好、雄肆、浩大、深邃、冲突等现代意味的情感内涵。与之相适应，也带来了形式内容上的一系列变化：大山大水，茂林繁花，城市场景，大海宇宙……传统“笔墨”一统天下的局面被打破，而为形式趣味不同的其他线条或大量出现的晕染、肌理制作和色彩的广泛运用所淡化。同时，对笔墨自身的表现，也因技法、工具和观念的改变而变化。对笔墨的抽象性、构成性和表现性的刻意强调使之出现现代转化的可能。对逸笔草草的文人水墨的反拨，当代中国画向大、密、精发展。此类作品一般具备复杂的结构，严谨的构形，相应地，画幅尺寸一般也比较大，满密而较少空白（真正留白的虚空间）的构图极为普遍，就是在虚拟性极强的白描作品中也不例外。由于20世纪以来受写实主义、现代主义的影响，国画家们企图在造型的严密性、构成的新颖性和色彩的丰富性上去表现复杂而丰富的现代感受，因此普遍放弃了陈陈相因的水墨写意老套，而在造型相对严谨的工笔画上投入了更多的精力和热情。当然这种画法因与肌理、新技法、复杂色彩、光影体积的有限表现及对意笔的有选择结合，已没有古典的“工笔”意味，亦非20世纪五六十年代的“工笔”形式了。现代构成观念在普遍地使用，平面构成与色彩构成在当代国画中比比皆是，到处可见突破传统章法规范的结构形式。例如，形象的密集性排列，单纯的同一符号铺天盖地的重复性组合，规整的直线造成绝对的对称，冷热色块间的着意配合，块面（而不是线条）间单纯的分割与构成，蔚然成风。色彩的普遍使用也打破了流行一千余年源于道禅“水墨为上”的传统观念，这种强有力的一度被文人画所弃掷的视觉语言的重新加入，给中国画现代形态的确立注入了一股强有力的新风。[1]而在水墨的范畴内，水墨自身的形式表现亦出现某种极致的强化和对其哲理内蕴进行现代阐释的趋势。

值得指出的是，这股新形态的中国画思潮并非人为引导发宣言、搞研讨、成运动的“新潮”方式形成的，它是一种自发的潮流。从20世纪80年代中期初肇其端，到第六届全国美展上我们已能看到某些新的因素萌芽，如浑茫浩大的历史性反思、水墨语言的转换、现代构成的引入等。80年代末，第七届全国美展中，这些因素在质与量上有了更多的发展，今天所能看到的上述诸特征，在那时已经有所体现。而10年的积累，使中国画的变革终于在90年代中期，亦即20世纪快结束的时候，获得了丰硕的成果。第八届全国美展可以看作是中国画现代形态初步确立的标志。

不管你是否高兴，是否愿意，上述新形态的中国画，已在悄悄自发地发展而势力渐大，渐渐地成为一个不以人的意志为转移的客观存在。以第八届全国美展“优秀作品奖”获奖的42幅中国画作品为例。较为传统（包括20世纪五六十年代的传统）的水墨画和工笔画仅7幅，约占17%。其余的35幅全具上述“现代形态”的诸种特征：或色彩浓重，构成分明；或造型严谨，制作新颖；画幅一般长宽在150厘米以上，最大至290厘米。而其中新意较浓的亦有25幅，约占总比例的60%。把这个官方组织强手如林的最高层次全国性大展，与民间商业性的，参展随意且画家层次不一的1994年广州艺术博览会做比较是有趣的。后者参展的中国画家约217位，其中传统形态的水墨或工笔画家（包括所谓“新文人画”）约147位，占总数的68%，而新形态之画家仅为70人，占32%。博览会的这个比例与第八届全国美展各省中国画的初选中传统形态仍占多数的较为普遍的状况也大致相当。

这种情况是不难理解的。今天的传统中国画主要继承的是古代文人画传统，而文人画家论画，把绘画分成行家与利家（力家、戾家等）。行家者，在行之家，行家里手，职业画家，技术精通之人；利家者，外行之家，客串之家，业余画家。外行客串者为雅，内行专职者为俗，此为

1 有关中国画现代形态的这些新特征的详尽论述，请参见本书下册第三章第一节“中国画现代形态的初步确立——从第八届全国美展优秀作品展中国画部分谈中国画发展现状”。

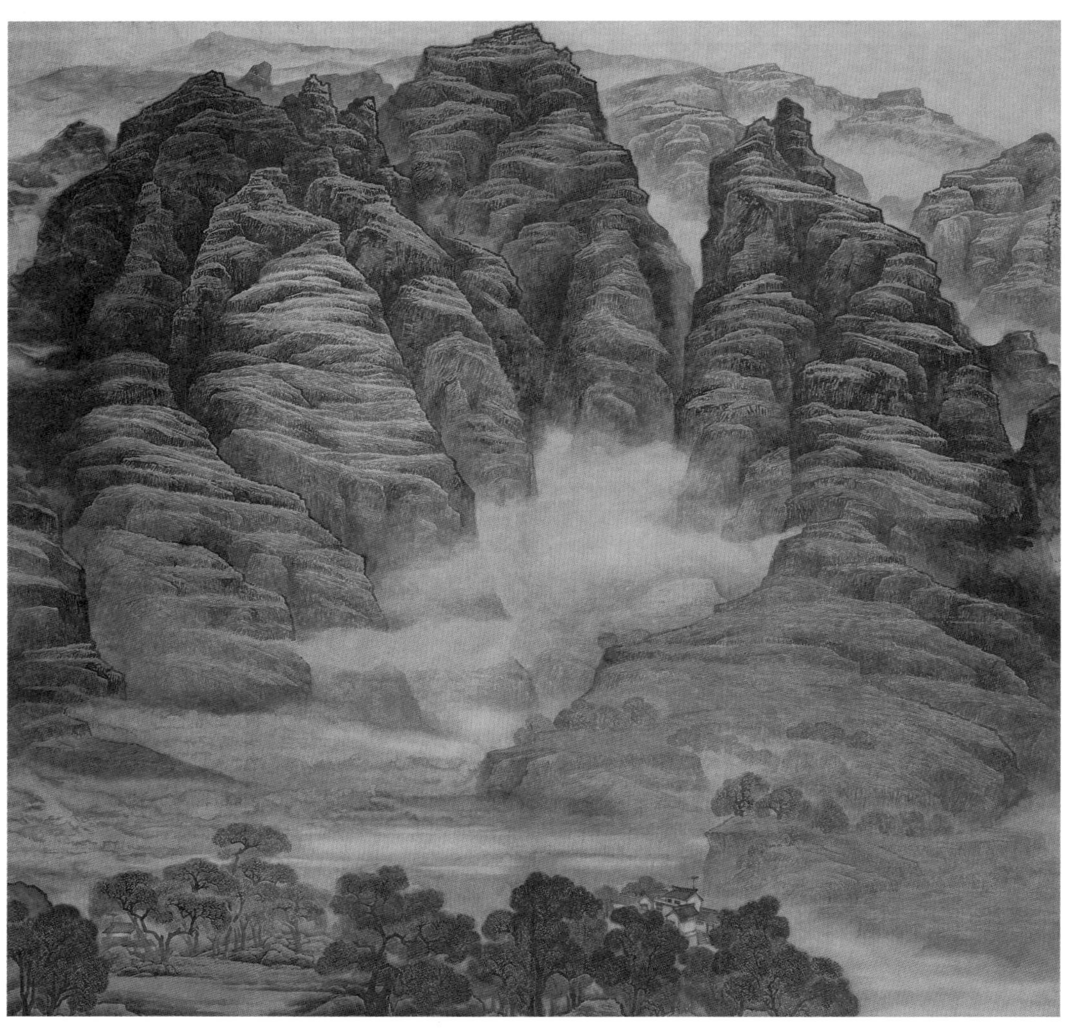

巍巍太行　孙本长

今日“墨戏”涂鸦之“新文人画”家尚能以仿古之名士“高蹈”自炫的原因。[1]古代儒家以齐家治国平天下为要务之思想形成的重“利”轻“行”观念今天已不复存在，但传统的惯性却依然留下了大量徒袭“文人画”皮毛，缺乏技术训练而以“逸笔草草”之“利家”“墨戏”的业余水准而谋生，而自炫，甚而欺世盗名者。这或许就是展览的水准越低越普及，这类业余性的简率传统文人画类型就越多，比例亦越高的原因。相反，在目前逐渐流行的现代形态的中国画，却因其严肃性、严谨性、复杂性、技术性、文化性与对生活体验的深刻性构成了令“利家”外行望而却步、望而生畏的严肃绘画本体专业性。这些，恰恰又是“新学院派”提倡者之初衷。

第八届全国美展优秀作品展中，新形态的中国画占了绝对优势，其中相当数量出自美术院校

1 参见林木《论文人画》第一章“文人画说”，上海人民美术出版社，1987。此文参加了1995年10月26—29日由香港市政局主办的“二十世纪中国画面面观”国际研讨会，又载于《文艺研究》1996年第1期。

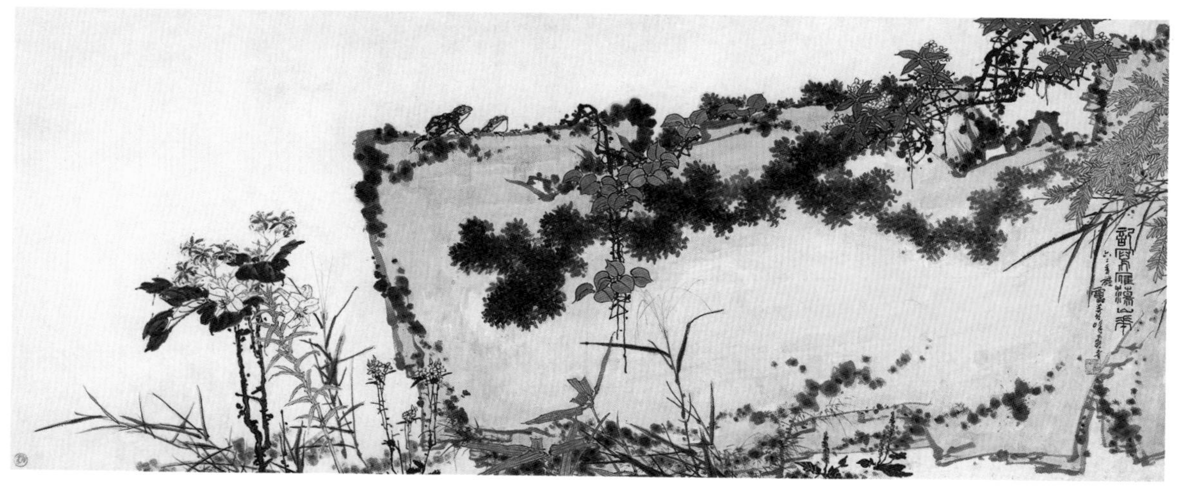

记写雁荡山花　潘天寿

（包括师范院校之美术院系）师生之手。而42件获奖作品亦主要来自美术院校师生。著名的得主如冯远、贾广健、赵奇、陈新华、尚涛、安林、卢禹舜等，均为全国各美术院校副教授以上的少壮派新秀。第七届、第八届全国美展“日中友好会馆大奖”的得主孙本长、唐允明亦为美术院校教授。随着中国画新形态的逐步确立与完善，“时流托士夫气，藏拙欺人”（清·笪重光）的时代必将一去不返，而绘画艺术严肃的专业性必将愈益受到人们的重视。这也正是美术院校的作用越来越重要的时代性原因。

如果说，古典绘画在封闭的农业社会中，在题材内容（如山水、花鸟）和形式特征（如笔墨）都大致相同，甚至连情感内蕴（如叹老嗟卑、孤傲清高）也有类型可依的情况下，尚可以依师徒相授的方式学习绘画而名世的话，那么，要表现现代社会复杂的生活内容和生活体验，那就必须依据现代科学的教育方式了。中国画现代形态所呈现的严谨、复杂与深刻性，实则就是美术院校专业教育优越性的体现。

当代中国的美术学院课程设置经过20世纪以来的长期实践与反复修正，已形成了一套严谨而科学的规定。以国家教委1993年新颁专业之规定，中国画专业的主要专业课程就包括中外美术史、艺术概论、美学概论、素描、色彩、速写、中国古典诗词、中国画论、透视、解剖、人物画、山水画、花鸟画、书法篆刻、创作等课程，4年的时间修完。这就已经基本包括了古今中外的相关美术知识、理论及绘画专业的自身知识及技能、技巧。而各个学校在具体的教学中，实际又远不止于此，除了国家教委规定课目，在中国画系选修课中往往又开设众多的课目供学生选修，如油画、版画、泥塑、壁画、文物鉴定、文史阅读、文献检索、外国思潮与研究，等等。这是一种纵观历史，横贯东西，浸润美术于深厚之文化氛围，研究中国画于各画种之交织，立足当代艺术前沿，洞察中外思潮起伏的全方位教学模式。这种学术氛围，对师生形成敏锐的感受，开阔艺术胸襟，丰富创作思路，增强创作个性，以及对教师引导学生把握中国艺术精神等都是有益的。美术学院众多美术品种之系科在同一学校内的并置，各画种作品的交互展出及各画种师生的频繁接触，这种唯有美术学院才有的特定条件也促成了打破画种界限，尽取各画种之长的现代开放思维的出现。至于内容广泛、形式生动的讲座的经常性举行，更是学院区别于其他绘画机构的一大特色。学有所长而名声卓著的国内外学者从不同的角度，不同的观点，不同的观照方式所阐述的有关艺术五花八门的看法常常引发师生积极思考。如美国高居翰先生在中国美术学院连续三天独具风格的“潘天寿讲座”演讲，不仅营造了热烈的气氛，也受到了学生们的尖锐诘难；四川美院对西方和中国前卫艺术热情赞美的讲座和弘扬中国艺术精神对传统实行现代转化的同样富于激情的讲座同时并举，在师生中引起的就不仅是极度活跃的思考氛围，更有深刻的对艺术观念的反省。一个接一个的讲座，一个接一个不同风格的展览，一年一度的大检阅一般的毕业作品展及相应的学术讨论会，使学院保持着浓郁的学术氛围。此类展览有校内的，也有校外的；有国内的，也有国外的；有教师的，也有学生的。四川美院甚至连续五年举办六届“学生自选作品展”，以学生自审、自选、自展，校方不加干涉为特色，在学生中掀起了空前的创造热情，也受到文化部的充分肯定。同时，学院特有的中外学术交流，校内选派师生到国外留学、讲学、进修以及外国留学生在国内学院的学习，也促成了一系列艺术观念的变化，以及多种新的材料、新的技法的引进。国内学院间频繁举行的学术交流、学术会议，也使学院师生能够经常及时地把握最新的学术动向，磨砺自己的艺术感受力。而学院所聚集的画坛之精英群与美术理论家、美术批评家群的密切结合，使艺术观念的变革与倡导，艺术活动的组织，艺术思潮和艺术流派的掀起、批判与总结，都变得更为容易。事实上，20世纪80年代以来的各种流派、思潮一个接一个地滚动一直到“新学院派”的提出，大多与美术院校有着直接的关系。而当代美术的中心与群落又都是以各地美术学院为核心形成的。上海以强大的政治、经济、文化和国际大都会的态势俯瞰着相邻的弱小杭州，可美术之影响却远不及杭州；成都以四川省省会的资格与不远的重庆相望，而“四川画派”却出现在四川美院所在的重庆而不是成都，这些都是能体现美术学院特殊重要作用的典型例子。

如果说有套路可循的简率一路的传统中国画可以不择地随处可画的话，那么，对于画法严谨，需训练有素之深厚功底，且构成、笔墨、制作、色彩、命意皆新颖独到，又富深厚学养与深邃文化内蕴之新形态中国画的建设，美术学院在其中承担之主导作用是毋庸置疑的了。可以预言，随着产生业余式古典文人画时代的过去，在社会已经进入工业文明的今天，恢复美术严肃的专业化地位已是大势所趋。在中国画现代形态的确立与发展中，不论画家们来自何处，具有学院式的专业功底和素养都是他们走向成功的必要前提。

第三节 国画成才与学院教育

最近，著名画家彭先诚在北京画院举办了个展，展览的效果极好。北京画院院长王明明感慨于彭先诚独特而优秀的艺术，专门撰稿《寂寞之道带来的惊喜》。彭先诚在陈述自己的习画经历时，说自己算自学成才，因为的确没有进过学校，也从未获得过文凭，拿过什么学位。我听后感慨之余，忽然想到，王明明自己不也是没进过学校，没拿过学位吗？再转念一想，现代美术史上的国画大师们，有几个是获过文凭拿过学位的？古代大画家们没进过学院，靠师徒相授而习画且不论，那时没有美院，现代史上不少大师也没进过大学。齐白石只读过两年私塾，后来跟胡沁园、王湘绮通过师徒相授学过画。黄宾虹年轻时进紫阳书院习文，画画靠自学成才。刘海粟办美术学院当院长，他自己那套本事却是自学的。徐悲鸿早年在农村时自学画画，进了上海美专却瞧不起水平不如自己的老师，后来干脆直接就去了北京大学画法研究会当导师。陈师曾留日学博物学，他的画虽受过吴昌硕指导，但其实也算自学。张大千留日学染织，回国后则拜李瑞清和曾熙为师，但跟曾李二师所学大多是书法，画画也算自学。潘天寿自学画画，本想去上海美专当学生深造，却冷不防被刘海粟聘去当教授。傅抱石去日本学陶瓷，学美术史，自己却当了画家。蒋兆和也是自学成才的，纯粹靠喜欢画画而成了大画家。黄永玉从小出去混生活，也没读多少书，若干年后无师自通当了画家，让他的表叔沈从文因此大吃一惊……今天的用人制度肃然森严，没文凭没学位的人要想出头几乎不可能，这让我们的社会丢掉不知多少如钱穆、沈从文等没学位、没文凭的天才与专才。但美术界却仍有王明明、彭先诚之类的人能够例外。

画画要有兴趣，而且要有特别强烈和偏执的兴趣才能成功。这种人往往偏科，也因此考不上或不想考学校。但这种偏执狂却偏偏是成为大画家的先决条件。相反地，“门门懂”的“好学生”可以考学士、考硕士、考博士，可以当讲师当教授当博导，却就是成不了大画家。这些年画画的硕士、博士、硕导、博导也多了，教授、“国务院政府津贴获得者”，社会上的人一听这些头衔就肃然而生敬意，但头衔再吓人，真到拿出作品来时，却往往让人失望甚至极度失望。因为后者是满足了多种框框条条后的结果，亦即循规蹈矩后的奖赏，而画家，却往往是偏才。才愈偏，愈不容易符合规矩，愈不容易当教授当博导，但特别适合当画家当大画家；精力愈分散，识愈博，就愈易当教授当博导，但就愈不适合当画家尤其不适合当大画家。你看当教授当博导的人“过五关斩六将”，那精力耗的：考英语，过政治，发论文（其中刊物还有“权威”“核心”“CSSCI”等若干要求），出专著，做项目，弄经费，获奖项，缺一不可。如此皓首穷经，教授、博导倒是当了，画又如何习得？且不说去“行万里路”，观察自然，写生，就是“破万卷书”也难以做到。常言道“正

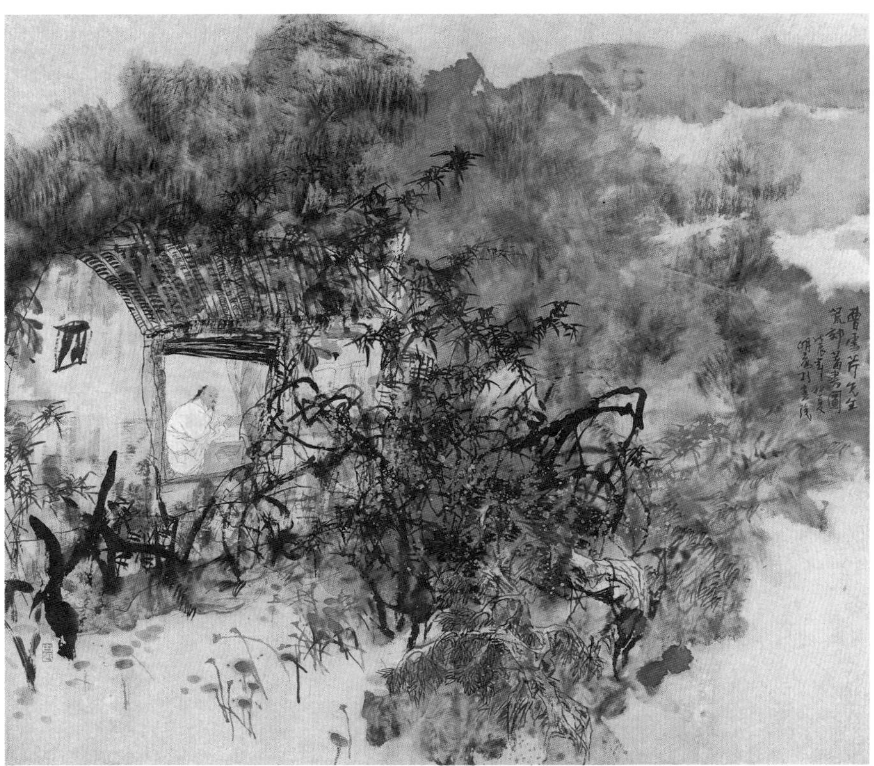

曹雪芹先生荒郊著书图　王明明

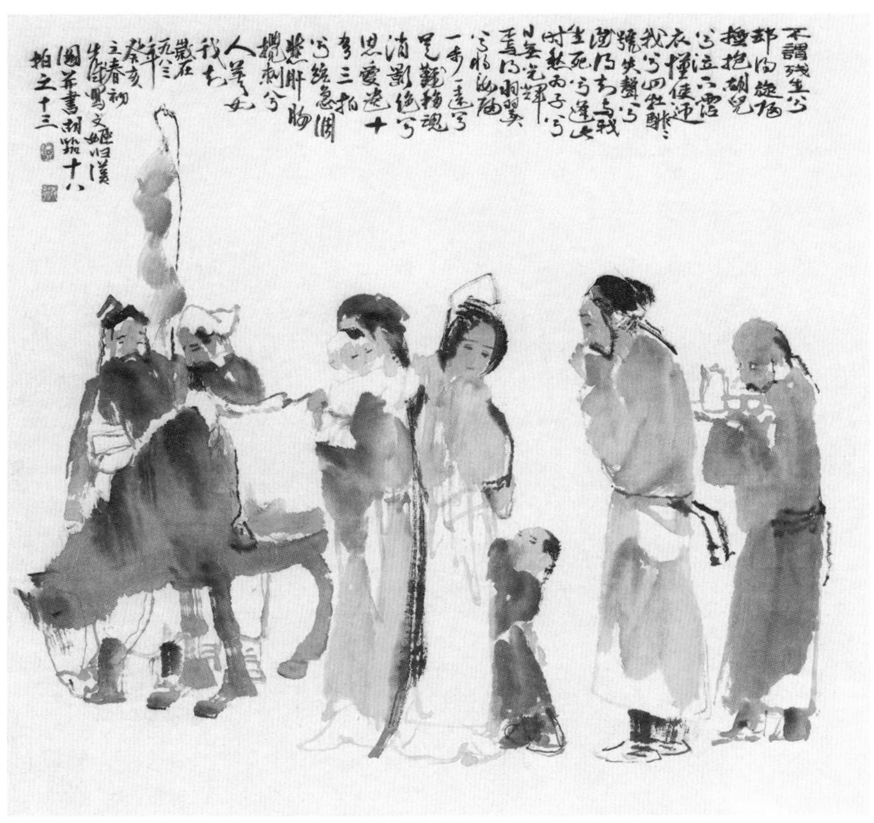

文姬归汉图　彭先诚

事不做，豆腐放醋”，这些高级头衔是“豆腐放醋”放出来的，与画家画画的正事反倒关系不大。

画家作画重在感悟。没有潜心诚意地生活过，也难有作画的热情。你看人家彭先诚是怎么当画家的。王明明说，“我十分羡慕他的生活方式。悠闲散淡，每天读书、画画、写字、逛公园、玩古董、游历名山大川……这种方式实现了他追求的‘养’”。彭先诚自己则说，“画家应是半个出家人，不为形役，不为世扰，除了我那两平方案桌，除了每天面对素白的宣纸，我别无所求”。彭先诚对我说过，每年夏天，他就到峨眉山住着画画，天天在山里面转悠，写生画画，一住就是一个夏天几个月，真可谓烟云供养啊！难怪其画画得水气淋漓。最近在媒体上走红的《富春山居图》作者——元代画家黄公望，就在“皮袋中置描笔在内，或于好景处，见树有怪异，便当模写记之，分外有发生之意。登楼望空阔处气韵，看云采，即是山头景物……古人云：‘天开图画’者是也”（《写山水诀》）。今天的画家大多时候“正事不做”，“天开图画”隔得也远，如何能有感悟，没有感悟，又哪来艺术？

再者，以前师傅带徒弟，临摹古画也好，习书练笔墨也好，外出写生写意也好，总做些与画画相关的事。但现在的美术学院，一个英语就要把学生从本科折磨到硕士、博士，再把老师从讲师折磨到副教授、教授，噩梦般缠住学院中的美术家大半辈子几至退休。再加上各种名目的政治课、时事课、政治学习，已把学生弄得很累，及到了美术自身的课程，一些从西方来的素描、色彩、解剖、透视又把你整个人塑造得特别“科学”、理性，当你再进入本该是情感的、意象的、虚拟的、幻想的、东方的绘画中时，你的思维方式、观察方式、造型方式乃至欣赏方式便很难扭转回来。加之当今各大美院又在大搞“当代艺术”，光堆东西、脱衣服、玄想观念、装怪就可以毕业，更把学生弄得丈二和尚摸不着头脑。现在的美术学院教学好像存心与美术过不去，存心与美术学生过不去。经过上述各道鬼门关后，热情洋溢地进入美院的年轻信徒们开始打退堂鼓，所谓“一鼓作气，再而衰，三而竭”：一年级热情非凡，二年级余息尚存，三四年级已几无作画愿望了！如此学院，焉得不衰！如此学生，焉能成才！

王明明在为彭先诚展览作的序中说：“在当今浮躁的氛围中，我很茫然。中国画如何保持固有特色又能令人耳目一新呢？中国画家特有的成才规律又是什么？……先诚的艺术使我眼前一亮，他给我们带来诸多的启示与思考。”的确，我们从彭先诚的艺术推想开去，再联系上述那些没文凭没学位的优秀画家们，或许真能有所启示与思考。因为并不是所有的美院都没有培养出人才来。

第五章

20世纪中国画名家专论

第一节　时代选择中的科学与艺术
——徐悲鸿与林风眠异同辨析

徐悲鸿与林风眠是现代中国美术史上的一对双子星。提到中国现代美术史，这两人都是绕不过去的核心人物。的确，二人都太重要且都太相似了，怪不得人们要时常拿二人来进行比较。

二人的相似之处的确太多，随便就可以举出一大堆：

二人都出身贫寒。徐悲鸿父亲是宜兴农村画喜容的穷画工，林风眠祖父则是广东梅县农村的石匠，两人都是农民的孩子。两人都于1919年留学法国，也都学绘画，两人在法的成绩都优秀，对西方艺术都有较深的造诣。两人都与大教育家蔡元培有很深的交谊，都受过蔡元培的栽培与恩惠。徐悲鸿留学法国前就在没有任何学历的背景下，仅凭自己的写实本事，被蔡元培聘为北京大学画法研究会的导师。而林风眠则因在法国留学生中的影响与成就而被蔡元培看中，不仅在法留学期间受蔡元培资助，回国后又受蔡委托，执掌北京艺专和组建国立艺术院。林风眠担任过北京艺专的第二任校长，徐悲鸿也两度出任北京艺专校长。两人又都是中国现代美术教育的开拓者，都是引入西方现代教育系统，建立中国现代美术教育的重要领袖人物。林风眠执掌过今天中国两大美术学院（中央美院、中国美院）的前身，而徐悲鸿则执掌过中央大学艺术系（今南京师范大学艺术学院）和中央美院及其前身北平艺专。两人都喜欢齐白石，支持过齐白石，还都是齐白石的忘年交。齐白石1927年在北京艺专任教最初是由林风眠邀请聘任（不是发现，发现齐白石的功劳归1917年的陈师曾）的，而不是如徐悲鸿夫人及普通百姓误认为的那样，是由徐悲鸿发现及提携的。两人又都主张改造中国画，主张中西融合，以致许多美术史著作又都把二人列为中西融合的同一类型。甚至两人都极具个性，都顽强坚持自己的主张：一个坚持写实主义，要“独持偏见，一意孤行”；一个则抱着“我入地狱”的信念，为自己的艺术不惜坐牢数年而不改初衷。还有，作为两大美术教育家，他们都培养了很多学生，都爱自己的学生，学生们又都爱这两位老师。这些学生写他们老师的文章都让人感动不已。当然，两人在中国现代艺术史和现代艺术教育史上都有崇高的地位，都是特别重要的人物……你如果愿意比下去，你肯定还会找到更多的共同之处。

当然，不同之处也是很多很明显的。徐悲鸿坚持写实主义，坚持用写实主义来建设中国的现代美术教育，坚持用写实主义来改造中国画，所以中央大学艺术系成为写实风气的源头；而林风眠虽赞成写实主义，但更喜欢现代艺术，所以杭州艺专成为现代艺术的堡垒，遗风延续至今天的中国美院。在人际关系上，徐悲鸿长于人际关系，在各政要间游刃有余，故无论谁掌权他皆能左右逢源、

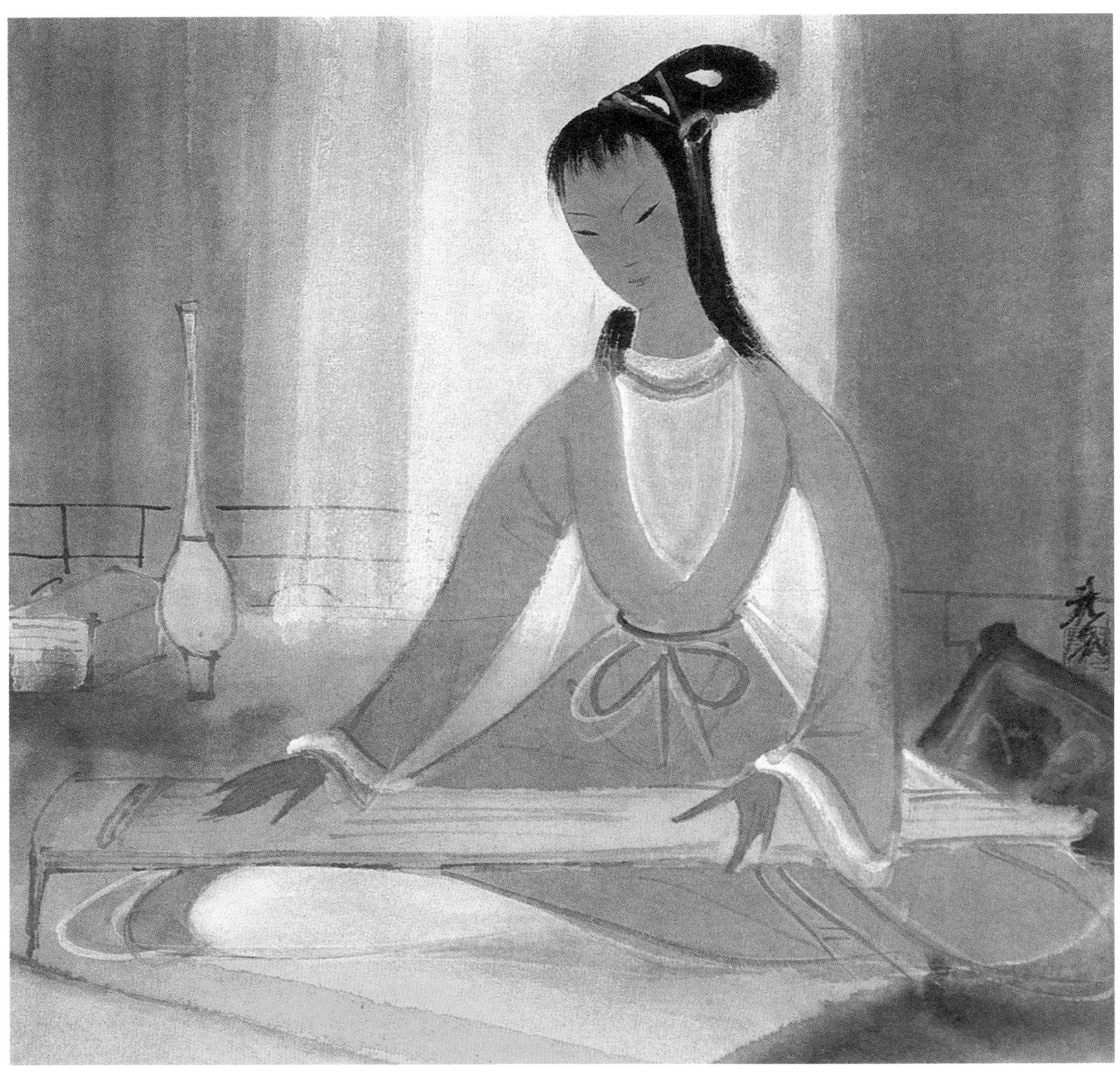

仕女　林风眠

如鱼得水；而林风眠则纯属一介书生，木讷内向，稍有人际麻烦，则主动退让，回到艺术中独享艺术的抚慰，故不论谁执政，大多时候皆倒霉有加。徐悲鸿生活浪漫风流，他个人的情爱故事就有一堆；而林风眠忠厚老实，在爱情上为悲剧人物，第一位法国夫人早早去世，第二位夫人也因环境险恶而离家出走。徐悲鸿去世得太早，1953年他58岁时就去世了，但关于他的回忆、评论却多得难以尽数，徐悲鸿纪念馆赫然屹立于北京显要位置，死后的徐悲鸿连同其夫人一直享受着至尊至贵的声名。而林风眠虽然寿命很长，但抗战初期的1938年，他年仅39岁，却在南北艺专于湖南合并时就因麻烦而自动退却。1951年52岁时，他又在反对形式主义和“现代艺术”之风的麻烦中再次从杭州艺专惶惶然主动退却，且在连妻儿都远走他乡的狼狈尴尬之中弄得衣食无着。更有甚者，这个纯粹得不谙人世更不懂政治的艺术家，69岁时竟被弄去坐了4年多的牢！风烛残年的林风眠最后被迫在78

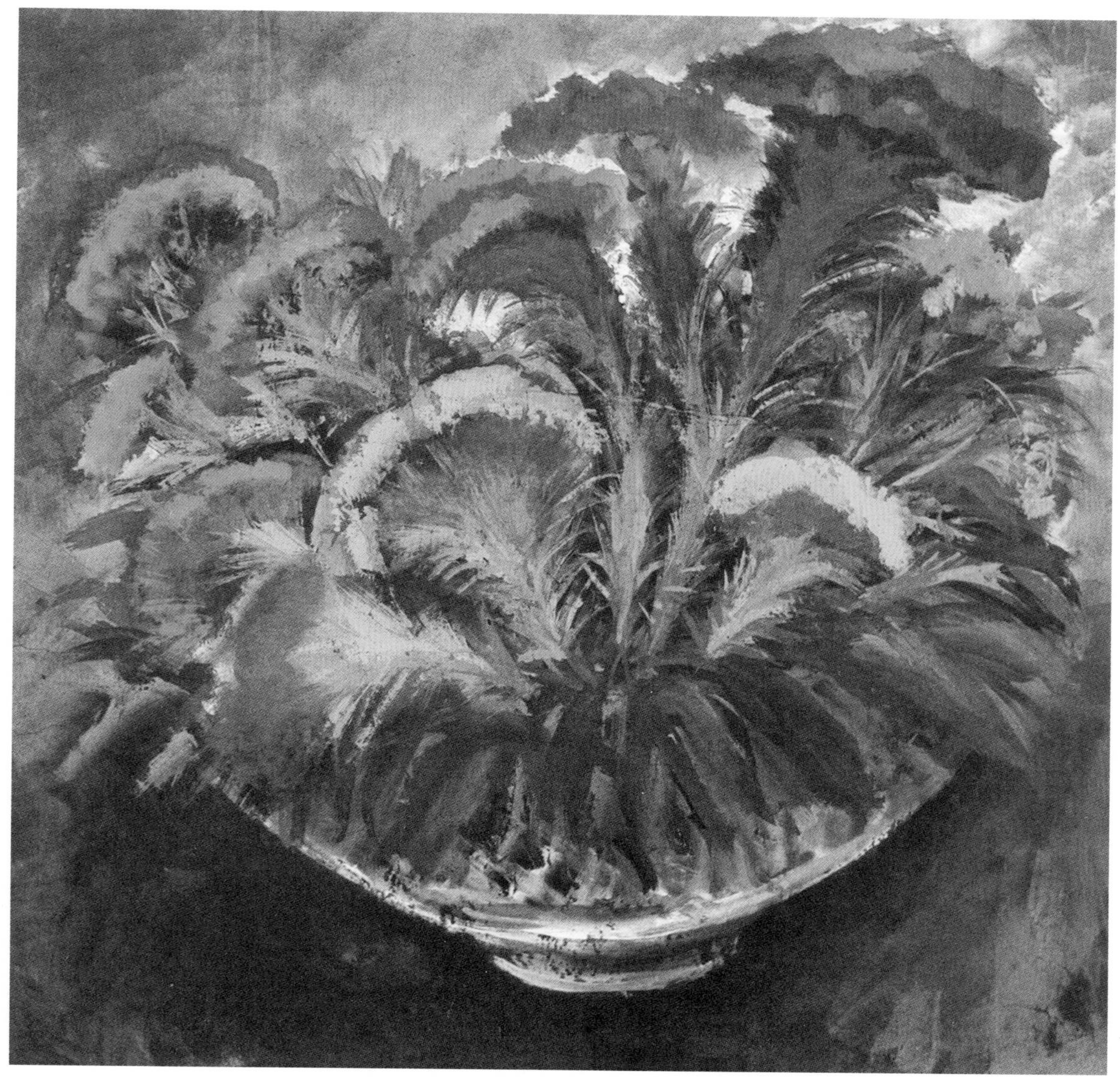

鸡冠花　林风眠

岁高龄时离乡背井，形影相吊而终年。没有专门保存林风眠原作的纪念馆，他的故居纪念馆也是近年来才勉强在西湖边树林里他自己的老房子里建立的。高贵尊荣与寂寞倒霉，或许是这两位中国现代艺术史上地位相当的大师最让人感慨的不同！而且，这两位中国美术界的领袖人物同在抗战的重庆却几乎没有任何交往，尽管李可染曾想从中撮合，但似乎他们自己也认为道不同不相为谋……

其实，上述那些徐悲鸿、林风眠的异同，是大家都普遍知道的老生常谈。有些有人写过，有些是知道而不愿写，有些是不能写不敢写。但还有些异同，一些更具有美术史学意义的异同却并未引起人们的注意。

如果说，徐林二人都同时怀抱着改革中国艺术使之更加发展进步的崇高理想在建设中国现代美术教育体系的话，那么，徐林二人在怎样去建设，怎样去改革上却有着全然不同的解决办法。亦即二人对中国传统艺术，引进西方的方式，乃至艺术本身这些关键的原则问题上态度都是完全不同的。

徐悲鸿因受其在农村给人画喜容的父亲教导，从小以临吴友如《点石斋画报》新闻画片一类作品为学画手段，从小形成以形似为务的写实趣味，故受同样强调写实形似的康有为和强调科学理性精神的蔡元培的赏识。他去法国留学时又在古典写实的历史画画家达仰处学习，且受其“无慕时尚”的教导，故不仅对西方现代艺术极为反感，对不求形似的中国传统绘画亦大不以为然。再加上对西方科学理性精神特别崇尚，因此他十分看不起不科学、不理性得连形似都不讲究的中国传统艺术。而且他的这种轻视是整体性的轻视，是一种根本没有研究就对整个中国传统美术全盘否定的轻视。徐悲鸿说，“念吾五千年文明大邦，惟余数万里荒烟蔓草，家长无物，室如悬磬”[1]。而他眼里的欧州艺术则连清代郎世宁的画也是“其精到诚非吾华人所及”，至于“今之欧画已完美至极度”。[2]在徐悲鸿看来，中国艺术比之西方艺术，就差得一塌糊涂，甚至与徐悲鸿去过的日本相比，中国艺术也是落后至极：“以高下数量计，逊日本五六十倍，逊法一二百倍。”[3]可见在徐悲鸿眼里，中国艺

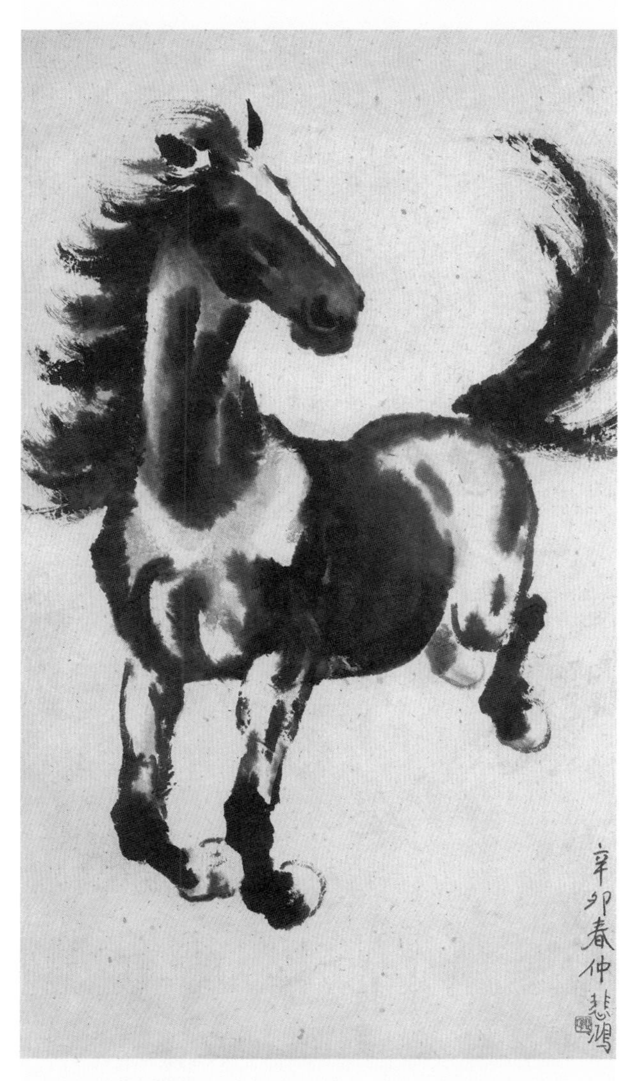

奔马　徐悲鸿

1 徐悲鸿：《悲鸿自述》，《良友》1930年4月第46期。

2 徐悲鸿：《评文华殿所藏书画》，《北京大学日刊》1918年5月10日、11日。

3 徐悲鸿：《古今中外艺术论——在大同大学演说词》，《时报》1926年4月23日。

术就落后陈旧得完全不具备与西方，乃至与日本艺术有任何可以比较之处。其实，在对徐悲鸿的研究中，不少人认为徐悲鸿对传统还是喜欢的，他不是收藏过《八十七神仙卷》等古代作品吗？他不是还喜欢过任伯年、吴友如等画家吗？请听徐自己怎么说："如阎立本、吴道子、王齐翰、赵孟頫、仇十洲、陈老莲、费晓楼、任伯年、吴友如等，均第一流（李龙眠、唐寅均非人物高手），但不足与人竞。"[1]在中国艺术传统中，中国之"第一流"的艺术家也是无法与西人相比的。徐悲鸿对中国传统艺术的基本态度大致可见。当然，在20世纪，这种民族虚无主义的悲观倾向不只是徐悲鸿一个人有，那是一股世纪性思潮。至今亦然。

但仍有不少人不这样看。林风眠对中国传统艺术的态度就与徐悲鸿完全不同。如果说徐悲鸿这种倾向有他自己的原因，但更多应归结于他的中外导师。而林风眠就幸运地遇到了一个热爱中国艺术的导师。当1919年徐悲鸿去法国的时候，19岁的林风眠也在同年12月去了法国。林风眠刚去法国时与徐悲鸿的想法是完全一样的："自己是中国人，到法后想多学些中国所没有的东西，所以学西洋画很用功，素描画得很细致。当时最喜爱画细致写实的东西，到博物馆去也最爱看细致写实的画。"幸运的林风眠遇到了一位睿智的老师，第戎国立美术学院院长耶希斯。当这位法国老师了解到对自己民族艺术一无所知的林风眠的情况后，告诉他说："你是一个中国人，你可知道，你们中国的艺术有多少宝贵的、优秀的传统啊！你怎么不去好好学习呢？"耶希斯希望林风眠从研究东方艺术、研究自己的民族传统艺术做起。他还告诉林风眠，艺术不能盲目写实而应该是创造。耶希斯指出的回归东方与艺术的创造性这两个要害，奠定了林风眠艺术今后发展的基石。林风眠后来回忆道："说来惭愧，作为一个中国画家，当初，我还是在外国，在外国老师指点之下，开始学习中国的艺术传统的。"[2]徐悲鸿就没有这种幸运了。在法国巴黎，在东方博物馆、陶瓷博物馆中陶冶出的审美情感，形成的价值标准，使林风眠走上了一条与徐悲鸿截然不同的艺术之路。值得指出的是，林风眠的"回归东方"不仅仅是一句话而已，而是孜孜以求大半个世纪的刻苦考察、研究，是"奋其全力，专在西洋艺术之创作，与中西艺术之沟通上做工夫"[3]的结果。在对中国传统的研究上，林风眠认为不仅仅应注意一时一事，还"应该知道什么是所谓'中国画'底根本的方法"[4]，他从远古研究至今，把中国文字、青铜、汉画像砖石总结为"似倾向于写意方面多"，"中国人富于想象，取法自然不过为其小部分之应用而已"，"中国艺术之所长，适在抒情"，最后，林风眠把中国艺术之特质归纳为"东方艺术是以描写想象为主，结果倾于写意一方面"。[5]如果你知道这些论断是林风眠在1926年，即民族虚无主义正时髦走俏，民族特性研究几近空白时的论断，林风眠思想之深邃

1 徐悲鸿：《古今中外艺术论——在大同大学演说词》，《时报》1926年4月23日。
2 林风眠：《回忆与怀念》，《新民晚报》1963年2月17日。
3 林风眠：《致全国艺术界书》，载《艺术丛论》，正中书局，1936。
4 林风眠：《艺术丛论·自序》，载《艺术丛论》，正中书局，1936。
5 林风眠：《东西艺术之前途》，《东方杂志》1926年第23卷第10号。

广阔与先知先觉就足以让人慨叹万端了。林风眠对中国传统艺术深入而系统的研究，在其1929年的《中国绘画新论》中有更详尽的论述。而徐悲鸿则从未对中国传统有过如此的专门研究。林风眠这一系列的研究文章，后来结集为《艺术丛论》，在1936年由正中书局出版。毫无疑问，在如何创建中国的现代美术教育与如何从事中国画的改革上，从一开始的起点与基础上，从观照中国艺术自身的特点与标准上，林风眠与徐悲鸿已是大相径庭，二人观念之异属本质上的区别。

由于价值观、价值标准的明显区别，徐悲鸿与林风眠对待艺术的观念也全然不同。

由于受家庭教育和康有为等中外导师的影响，以及留学后受西方科学主义与理性主义的影响，加上这种科学主义在中国的盛行，徐悲鸿始终极为坚定地认为，艺术就应以“绝对精确”地再现现实为根本目的，艺术与科学本质上都是一样的，都是对客观之“真”的表达。他说，“艺术家应与科学家同样有求真的精神。研究科学，以数学为基础；研究艺术，以素描为基础。科学无国界，而艺术尤为天下之公共语言”“科学之天才在精确，艺术之天才亦然。艺术中之韵趣，一若科学中之推论，宣真理之微妙”。在徐悲鸿看来，“艺术以‘真’为贵，‘真’即是美”。当然，徐悲鸿所说的“真”，就绝非中国传统艺术中的“真”，中国艺术之“真”，是一种“真者，气质俱盛”（五代・荆浩），“真在气不在姿”（清・石涛）的精神境界。徐悲鸿的“真”，纯乎一种物质再现之真。徐悲鸿从不掩饰这一点。他说：“一切学术有一共同目的，曰：追寻造物之真理而已。美术者，乃真理之存乎形象、色彩、声音者也。”“画之一道，无中外，唯‘是’而已。”而且，徐悲鸿甚至有与造化争胜的幼稚想法，如“吾人研究之目标，要求真理，唯诚笃，可以下切实工夫，研究至绝对精确之地步”等。艺术创造既然有这种“绝对精确”的纯物质再现本质，便可以使用和科学一样的研究物质世界的手段，因此，艺术中本应该有的自我、情感、精神等主观因素在徐悲鸿这里自然就变得可有可无了。因此，徐悲鸿干脆说出了让人瞠目结舌的话来：“宁愿牺牲我以就自然，不愿牺牲自然以就我！”这样一来，连中国画中纯粹主观意味的“气”“韵”，在徐悲鸿看来，也可以进行物质性的处理：“韵乃象之变态，气则指布置章法之得宜。”如此等等。徐悲鸿这些观点应当说已经不无几分反艺术的性质了。尽管我们不便对徐的这些观点做“绝对”的理解，但这些观点对徐自己的艺术实践已造成伤害是毋庸置疑的。了解徐悲鸿的这种唯科学、唯物质的艺术观，我们就可以了解徐悲鸿何以会把现代模特儿放到古代题材的《徯我后》中，又何以会把同一印度厨师翻来覆去地放在中国题材的《愚公移山》中，徐悲鸿太忠实于眼前的模特儿了。徐悲鸿曾对不得其解的学生艾中信承认，没具体的模特儿他无法作画。这也可以解释为何徐悲鸿让全中央美院的学生在大礼堂集体背马的解剖结构而遭到学生们集体抗议，当然，这更是徐悲鸿对“不能尽术尽艺”的不科学的中国传统绘画何以看不起的方法论上的原因。[1]

然而林风眠的艺术观与徐悲鸿完全不一样。林风眠认为，“绘画底本质是绘画，无所谓派别也无

1 王震：《徐悲鸿研究》，江苏美术出版社，1991。

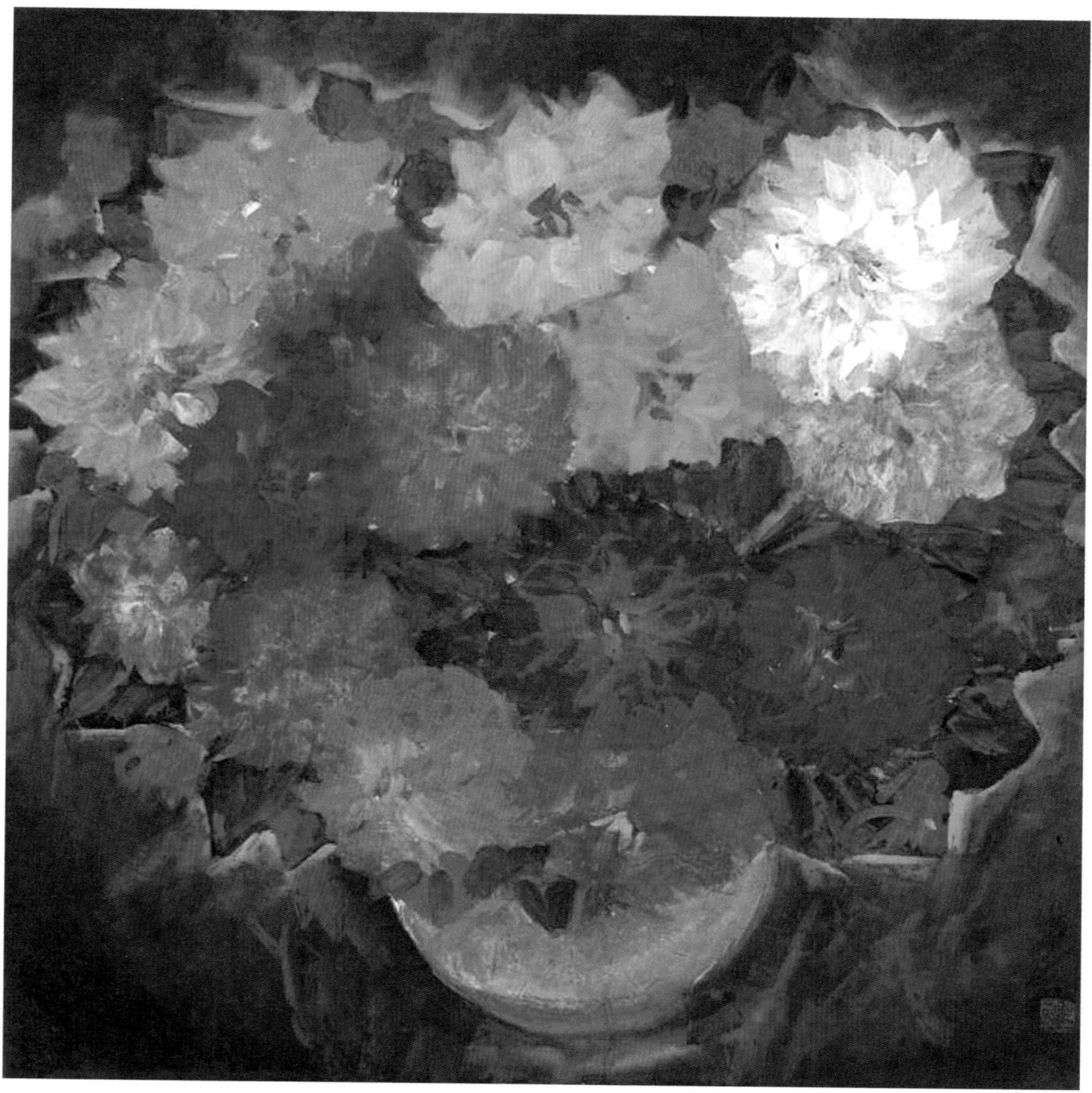

绣球花　林风眠

所谓‘中西’，这是个人自始就强力地主张着的”[1]。“绘画底本质是绘画”，即绘画的根本问题不在外在事物，而在绘画自身。那什么又是绘画自身呢？林风眠说得也很清楚，“依照艺术家的说法，一切社会问题，应该都是感情问题”，因为“艺术根本是感情的产物”。[2]“艺术根本系人类情绪冲动一种向外的表现，完全是为创作而创作，绝不曾想到社会的功用问题上来。如果把艺术家限制在一定模型里，那不独无真正情绪上之表现，而艺术将流于不可收拾。”“研究艺术的人，应负相当的人类情绪上的向上的引导，由此不能不有相当的修养，不能不有一定的观念。”[3]同时，“绘画底本质是

1 林风眠：《艺术丛论·自序》，载《艺术丛论》，正中书局，1936。
2 林风眠：《致全国艺术界书》，载《艺术丛论》，正中书局，1936。
3 林风眠：《艺术的艺术与社会的艺术》，《晨报·星期画报》1927年第85期。

绘画”还有当时西方现代诸流派中流行的形式自律表现的因素，即绘画之所以不同于其他艺术形式对情感的传达，是因为绘画是靠绘画独特的形式语言系统，用色、线、形、结构等视觉形式去表现感情的。对此，林风眠说道：“艺术自身上之构成，一方面系情绪热烈的冲动，他方面又不能不需要相当的形式而为表现或调和情绪的一种方法。”[1]对艺术的这种认识，照今天的话来说，即负载着主观情感的形式语言的创造，应该是艺术最根本的问题，也是艺术的自律性问题。林风眠要解决的其实也就是艺术的本体问题。林风眠对徐悲鸿所依赖的那种自然主义的写实倾向有过直率的批评：“西方艺术，形式上之构成倾向于客观一方面，常常因为形式之过于发达，而缺乏情绪之表现，把自身变成机械，把艺术变为印刷物。”[2]与徐悲鸿离开模特儿无法作画的尴尬相比，林风眠的作画方式大不相同。林风眠作画也是源自现实，“我的绘画题材主要来自生活，要画画总要有材料……想办法研究它，清楚以后，熟悉了某一类东西，再把自己的感情放到那轮廓里，那么画出来的东西，很自然流露了你个人的感情”[3]。林风眠作画虽取自自然，但他真正创作时又很少面对现实直接写生，“我作画时，只想在纸上画出自己想画的东西来。我很少对着自然进行创作，只有在我的学习中，收集资料中，对自然做如实描写，去研究自然，理解自然。创作时，我是凭收集的材料，凭记忆和技术经验去作画的”。他还用记忆去淘汰与概括对象。[4]林风眠与徐悲鸿艺术创作上区别之巨大，于此又可见一斑。

徐悲鸿、林风眠二人在改革中国画的方式上也各有不同。

对艺术的观点与态度既然如此，徐悲鸿要贬低乃至蔑视不科学不写实的中国传统写意性艺术，其原因就十分明白了。他接下来的改革中国画的方式自然有些居高临下，有“以西拯中”的救世主姿态了。人们一般笼统地把徐悲鸿、林风眠二人都称为“中西融合”，但其实二者差别极大。在徐悲鸿眼中，既然中国传统艺术已是“满天的黑暗”，那么，用西方先进的科学方法去拯救一塌糊涂的中国传统绘画就是当务之急了。徐悲鸿开出的拯救方案十分简单：素描加线条。在徐悲鸿看来，“研究绘画者之第一步工夫即为素描，素描是吾人基本之学问，亦为绘画表现唯一之法门”。在论及绘画传统与素描关系时，徐悲鸿说：“我把素描写生直接师法造化者，比作电灯；取法乎古人之上者，为洋蜡，所谓仅得其中；今乃有规摹董其昌、四王作品自鸣得意者，这岂非洋蜡都不如的光明么？”[5]素描成了徐悲鸿改革中国画“唯一之法门”。素描作为西方式观察与表现现实的方法固然有它的独特价值，但在观察方式与表现方式都与西方有着体系性差别的中国传统绘画那里，盲目引入素描，无疑有着改变中国画基础或林风眠所谓中国画“根本的方法”的危险。但在说出“古人之上者，为洋蜡”的徐悲鸿这里，他是看不到这种危险的。同时，对传统艺术不屑研究的徐悲鸿，

1 林风眠：《东西艺术之前途》，《东方杂志》1926年第23卷第10号。

2 同上。

3 《林风眠台北答客问》，台湾《雄狮美术》1989年第11期。

4 林风眠：《抒情·传神及其他》，《文汇报》1962年1月5日。

5 徐悲鸿：《在中华艺术大学讲演辞》，载王震《徐悲鸿研究》，江苏美术出版社，1991。该文原载《申报》1926年4月5日，原题为“徐悲鸿在中华艺大讲演”。

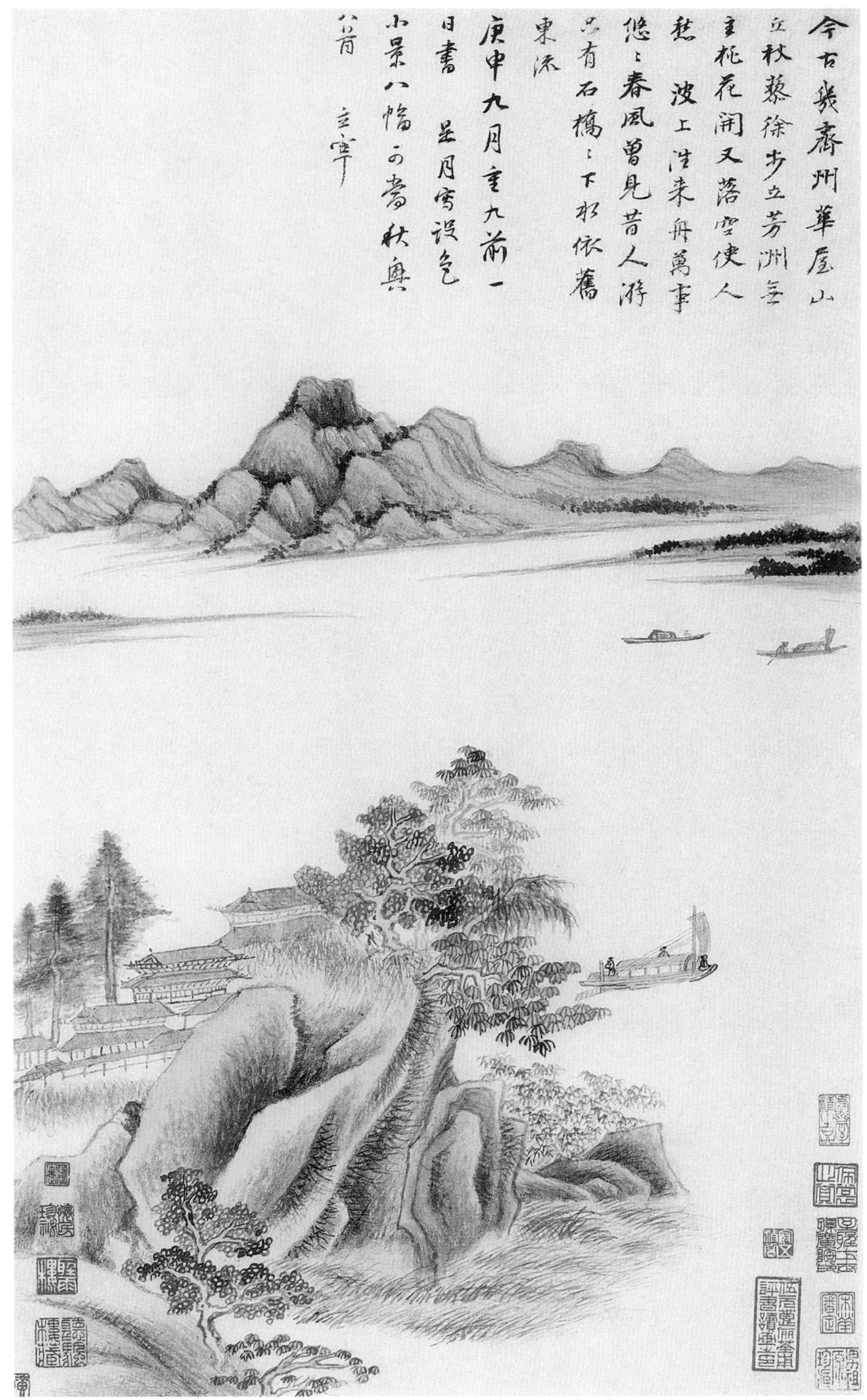
今古幾齊州華屋山
丘杖藜徐步立芳洲無
主桃花開又落空使人
愁 波上往來舟萬事
悠悠春風曾見昔人游
只有石橋橋下水依舊
東流
庚申九月重九前一
日書 是月寫設色
小景八幅可當秋興
八首 玄宰

山水小品 董其昌

却一口认定，“双钩为中国画本原”，即认为中国画基本造型方式为线，改造的既然是中国画，总得保留其基本，于是传统之双勾加科学之素描，成了徐悲鸿改革中国画的基本公式。但徐悲鸿忽略了三维立体造型的素描与二维平面的虚拟线条间有着难以调和的矛盾，一如西式观察方式与中国观察方式也大有区别一样。潘天寿不指名地反对“有些留学西洋回来的先生认为‘西洋素描是一切造型艺术的基础’”的说法，也反对徐的素描加线条的公式，以为“中国的笔线与西洋的明暗放到一起，总是容易打架。中国画用线求概括空灵，一摸明暗，就不易纯净”。[1]徐悲鸿改革中国画本想以人物画为突破口，但他的人物画却很不成功，原因之一也有这种形式上不谐和的尴尬。蒋兆和是在抛弃了徐悲鸿素描加线条的公式后，才形成其重要影响的。20世纪水墨人物画的开拓领袖是曾经崇拜徐悲鸿的蒋兆和，而不是一心想在人物画上大展宏图的徐悲鸿。徐悲鸿最后以小画科的水墨画马（他的马不是用素描加线条的方法）成名，或许可为他的一生及其追求做一戏剧性注脚。

再看看林风眠。林风眠有他相当睿智的中国画改革思路。他首先注意研究中国文化的基础和中国画的“根本的方法”。例如他说，“一民族文化之发达，一定是以固有文化为基础，吸收他民族的文化，造成新的时代”[2]。因此，林风眠研究中国绘画传统，就比较注意一些更深层次的本质性因素。例如他注意到了中国艺术精神，即他所称的想象性、写意性、情感性和造型的基本原则，即他分析研究的图案化、曲线美与单纯化，并善于从这些相对稳定的基本民族艺术特征出发，大胆地抛弃文人画一些陈腐的表面套路，从清新活泼的民间艺术——如瓷器艺术——去选择。在对西方艺术的借鉴中，林风眠又主动选择了西方现代艺术作为借鉴参考的因素。西方现代艺术由于自身已大量吸收了东方艺术的因素，具有与东方艺术的某些相似之处因而有着自然的亲和力。林风眠深入的研究，睿智的抉择，给他的绘画带来了全新的风貌。他的绘画中浓郁的中国诗情，热烈鲜明的色彩、飘逸轻快的线条、东方味十足的造型、具现代构成感的作品结构，在种种熟悉与陌生之中，以民族“固有文化为基础”的中西融合独特创造，为中国画的现代改革提供了一个富于启示性的成功范例。

林风眠1900年出生，1991年去世，活了91岁，这位世纪老人大半生都在寂寞中度过。在他晚年的时候，人们逐渐意识到他那独特而重要的价值。林风眠去世后，他在现当代美术史上的地位愈发重要起来，他的艺术给人的启示也愈来愈多。数十年前，人们在谈到叱咤风云、名重一时的徐悲鸿时，总喜欢说，那是时代选择的结果。是的，在科学主义盛行的时代，或许是那样。但在今天，那个宁肯不要自我，也要抓住物质不放的科学徐悲鸿离我们却愈来愈远，离我们今天的美术教育也愈来愈远，而那个在孤鹜闲花中踟蹰流连、多愁善感的艺术林风眠，却让我们感到愈发的可爱与亲近。历史还在选择吗？

1 潘公凯编《潘天寿谈艺录》，浙江人民美术出版社，1985，第194—195页。
2 林风眠：《中国绘画新论》，载《艺术丛论》，正中书局，1936。

第二节　中国绘画史上的张大千

在20世纪中国绘画史的研究上，对张大千及其艺术的研究有个奇怪的现象。张大千成名很早，20世纪20年代就已在上海崭露头角，30年代享誉北京，蜚声全国，今天已是具有世界巨大声誉的重要中国画家。但这么一位给中国现代艺术带来如此重大影响的画家，中国除了文学领域、传记领域、影视领域和收藏领域，在张大千艺术所属的中国美术史领域、现代美术史领域、中国画本体领域，没有人对张大千做过有规模、成系统、具深度的专业性和本体性的研究。研究张大千当然可以有很多角度，如生平传记角度、资料汇集角度、美术评论角度、美术史定位角度。现在关于张大千的文学传记、传奇、演义、电视剧、电影、专题片很多，传记领域大陆有李永翘、杨继仁、汪毅，台湾地区有谢家孝、黄天才、王家诚等，他们从传记史料角度收集梳理，做了大量扎实而重要的工作，对张大千做了有力的基础性研究，给出了“画坛皇帝”“画帝”“画王”一类极高的文学式评价。但在美术史和美术评论领域，除了台湾的巴东和傅申的系统性研究属于原创，大陆没有学者对张大千做过系统性的学术性质研究。由于大陆美术理论界和美术史界没有这方面的专家，在大陆20世纪大画家排名中竟然没有张大千！例如20世纪“传统四大家”吴昌硕、齐白石、黄宾虹、潘天寿中没有张大千，高剑父、林风眠、徐悲鸿、刘海粟等融合派诸家中也没有张大千！这是让人十分诧异的学术现象。尽管没有人否认张大千是大家，但张大千在20世纪美术史中到底该有怎样的位置仍然没有定论。这里固然有对张大千的偏见。大陆美术史同行对张大千的了解往往停留在20世纪50年代之前张大千对传统之研究和集大成的阶段而认为其艺术是复古的、缺乏新创的认识上，或停留在张大千摹古乱真阶段而判断其是复古模仿的高手，或者停留在张大千破坏敦煌壁画的道德批判上。当然，对张大千50年代至80年代长达30多年的旅居国外及中国台湾地区期间的艺术创作缺乏足够的资料和了解是造成这种偏见的原因之一。同时，对一生不问政治且有意回避政治的张大千在看法上有某种误解也不无可能。

张大千的地位本来很高。20世纪上半叶，张大千已是美术界——不只是国画界——的核心人物，担任了第二次全国美展（1937年）和第三次全国美展（1942年）的审查委员和筹备委员。张大千又是当时最重要的若干美术组织如蜜蜂画社、中国画会的组织者和核心成员。张大千在画坛重要之影响与名声还可以徐悲鸿早在20世纪30年代给出的“五百年来第一人”的著名评论为证。应该说，那时张大千的主要艺术成就还没出现，敦煌还没去，还没开始世界的游历，他的大泼墨、大泼彩还没出现，巨大的国际声望也还未具备，那时徐悲鸿评论的依据还只来自张大千临古画中呈现的让人惊叹的天才绝技和集古之大成的优秀创作，张大千尚未进入真正自我创造的成熟阶段。一向自

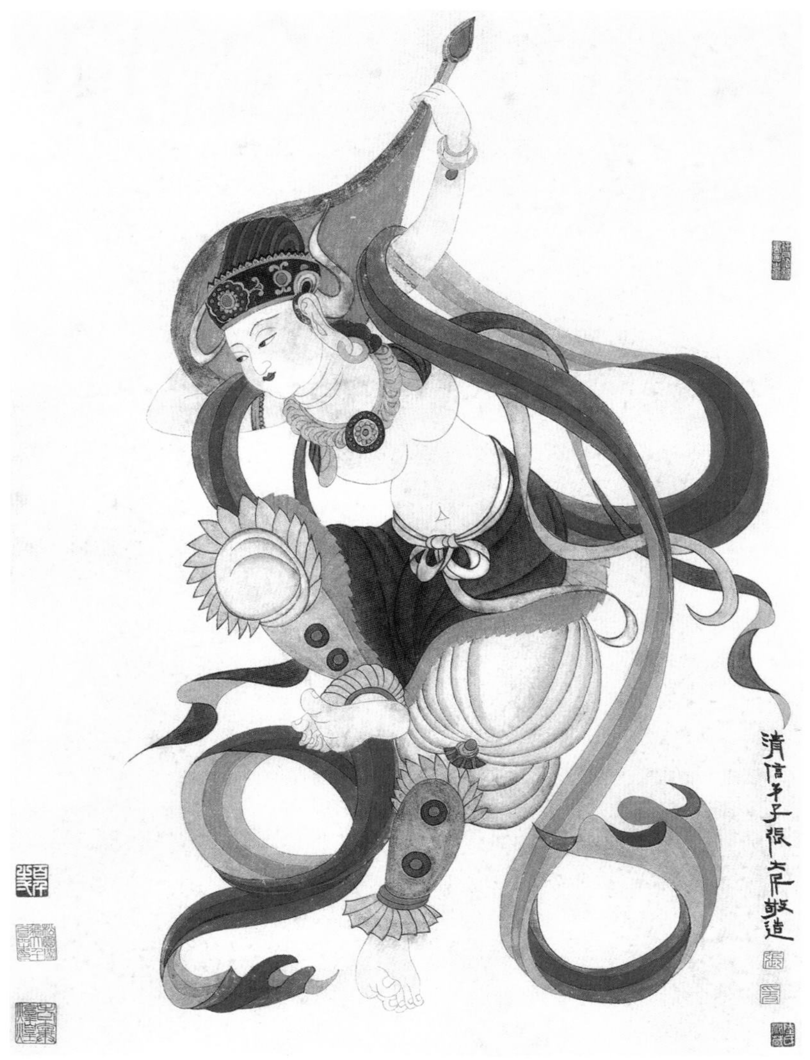

仕女　张大千

负的画坛领袖徐悲鸿能给予张大千如此崇高的赞誉，可见张大千在当时画坛的地位早已是公认的顶尖级别。笔者曾在中央电视台所摄纪录片《百年巨匠——张大千》中表示：张大千其实还不应只是“五百年来第一人”，他是两千年中国绘画史上特别伟大的画家，是20世纪现代中国画坛奉献给中国绘画史的一代伟人。

何以如此说？我们可从以下十一个方面来看待这个观点：

一、集传统之大成

在承传传统的丰富性上和集传统之大成以再创造上，两千年中国绘画史上罕有人可与张大千相比。除了自身在摹古上那种卓绝的惊人才气，张大千所处的时代和他个人的客观条件都是古人难以比拟的。首先古人很少有条件能看到如此多的古画，而现代社会宫廷藏画向民间开放，故宫聘张大千鉴定古书画，张大千饱览民间收藏，临摹研究近五万平方米敦煌壁画等，加上古人中亦罕见仿古上有如此才气的天才，以致今天在全国各大博物馆及全世界各大博物馆里都有被当作古代真迹收藏的张大千所临仿的古画。由于这种具鲜明时代特征的视野，加上张大千本人包容的胸襟，使他对古代传统的继承，摆脱了文人画一家独大的历史偏见，扩大了自己的艺术视野，开始研究宫廷画、民间画、宗教画，后来又有亲临现场了解西方绘画的经历，这从传统承传的范围上当然可以说是前无古人的。当全体中国画家都把眼睛死死地盯在仅有一千余年的狭窄文人画传统上时，只有张大千，把自己的眼光辐射到除文人画以外的宫廷画、民间画、宗教画，乃至风俗画、月份牌……他开阔的视野使他的传统观包容了中国古典绘画传统应有的一切！这是至今我们仍然缺乏但却应该具备的对待真正中国古典绘画传统之大传统观。

张大千通过摹古和集传统之大成，已成就其两千年中国绘画史上无与伦比的研究传统第一人的地位。他那无所不摹、无所不似的超人本事，连史上公认的头号摹古大师清初“四王”之王石谷都根本无法与之相比。本来，仅从此一角度，张大千就可辉耀于整个中国画史而无愧色。但令人极为奇怪的则是，张大千如此罕见的研究传统的巨大才气与成就，竟被以“创新”为标榜的大陆画坛某些人极为轻率地以“摹古”一言以蔽之，此岂非应了徐悲鸿早说过的一句话吗：“徒知大千善摹古人者，皆浅之乎测大千者也！”的确，天才张大千的才能又岂止仅仅在“摹古”上！

二、全方位的画家之画

张大千是主张 “画家之画”的。他主张画家应能什么都画，应能画有高技巧、高难度的画，还应能画大画。张大千有罕见的形象记忆能力，有组织复杂场面的本事，有高超的笔墨修养，有为包括徐悲鸿在内全体同时代画家所钦佩的，画家应有的过人本事与非凡才气。在技法系统上，张大千对中国传统技法的方方面面都进行过学习、研究和继承，比如文人画、宫廷画、画工画、民间画、宗教画。一人集中国绘画传统技法之方方面面于一身，在中国绘画史上也罕见。这种开阔视野也使张大千形成了广泛的兴趣。张大千是个无所不画、无所不精的画家。他画大写意、小写意，工笔画、青绿山水，又有大泼墨、大泼彩……在当今画史上，不！甚至在古今中国画史上，又能找到几人有张大千如此的广泛兴趣与全方位高品质的技艺?

直到张大千84岁生命结束的前一段时间，超人般的张大千甚至还以复杂技艺创作了一幅长10.8米、高1.8米的巨幅大泼彩山水《庐山图》，给自己天才而辉煌的艺术人生画上完美的句号。以84岁高龄，以此巨幅杰作为一生之绝笔！中国美术史上又岂有第二人！

三、多画科并举

张大千是个技法全面，各画科无所不画的天才画家。中国绘画画科中山水、花鸟、人物、仕女、鞍马、走兽、蔬果、神鬼、仙佛，他无所不画。这与他鄙夷文人画题材狭窄有关，当然更与他自己兴趣广泛、技法全面相关。这种各种画科皆画，且无所不好、无所不精，史上或许只有明代仇英勉强可比。

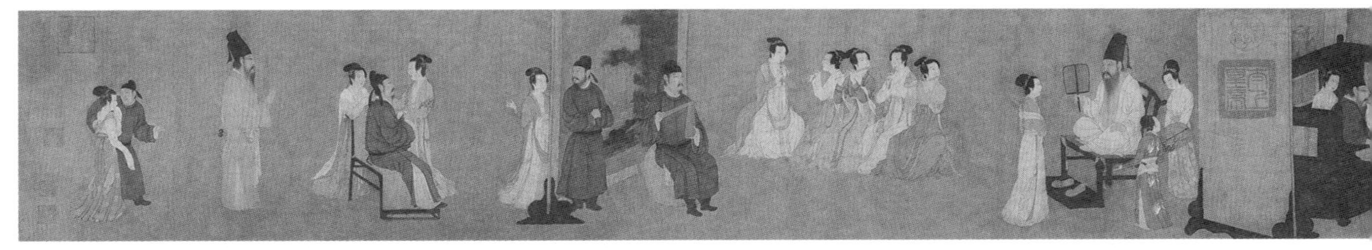

韩熙载夜宴图　顾闳中

四、富可敌国的收藏

在收藏上，张大千收藏之五代宋元明清以来的精品达到一千多幅。其藏品如五代顾闳中《韩熙载夜宴图》（后藏北京故宫博物院），五代董源《溪岸图》（藏美国大都会博物馆）、《潇湘图》、《夏口待渡图》、《江堤晚景图》（藏“台北故宫博物院”），宋黄山谷书《经伏波神祠诗卷》（藏日本永青文库）……元明清的藏品则更多。这种富可敌国的个人收藏在历代画家中也是罕见的。

五、无与伦比的鉴赏才能

张大千是个很谦逊的人，曾对徐悲鸿所称“五百年来第一人”谓之不敢当，以为画之标准，各有其异，主观之性质，难分高低，唯鉴赏有客观标准，对此颇为自负。其在《大风堂名迹》第一集自序：“世尝推吾画为五百年所无，抑知吾之精鉴，足使墨林（注：项元汴）推诚，清标（注：梁清标）却步，仪周（注：安岐）敛手，虚斋（注：庞虚斋）降心，五百年间，又岂有第二人哉！”当然，从张大千被聘为故宫书画做鉴定，北京琉璃厂的字画鉴定也要大千说了算，大千的鉴定水准在书画鉴定界早有公论。加之前述时代性特征，今人见古字画的机会是前人不可想象的，同时大千不仅游历全国，还游历包括日本在内的诸多国家和地区，各国各地公私收藏又都愿意请大千鉴定，再加上他自己大量的古字画精品收藏和对古人名迹之精深研究和惊人记忆，这又使大千的鉴赏能力前可以无古人，后亦再难有来者。

六、各方游历

古人云，要行万里路。在国内时，大千就居无定所，终年漂泊各地，四处游历，四处作画，这与大千自身那种浪漫活跃的艺术家气质分不开。他一会儿住上海一会儿住苏州，一会儿又去了北京，抗战时往四川西部之西康，西北之祁连、青海、兰州、敦煌，无处不去。20世纪50年代以后，又去印度、日本、巴西、阿根廷、美国及欧洲各国，且不断地来往于这些国家与地区之间，近80岁才落脚台湾阳明山下外双溪旁之摩耶精舍，且又游历于全台湾岛之各地。在20世纪大千同辈画家中，就游历之广，无人能出其右。齐白石在国内西至西安，北至北京，东至上海，南至广州的“五出五进”就已为人津津乐道，张大千这种全球之游当然无人企及。古人限于交通之阻，就更难与之比肩了。

七、创造上自创大泼彩

国内的美术史家和美术评论家们，往往根据张大千20世纪40年代之前习古仿古之作为其定

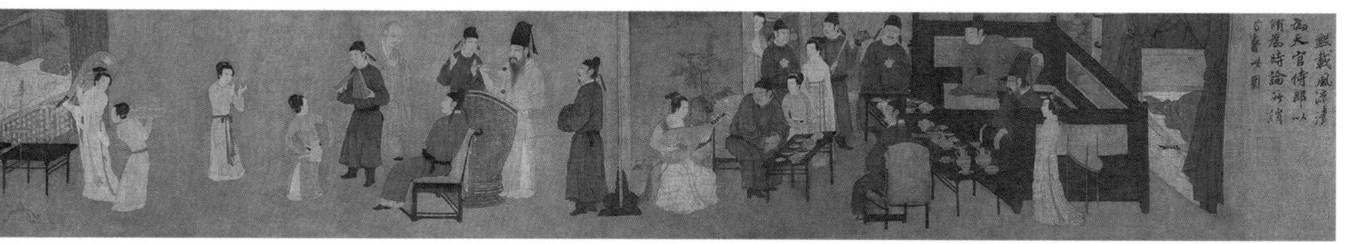

论，殊不知，在张大千84年人生生涯中，40年代之前仅为其人生的学习研究准备之阶段，虽因此获"五百年来第一人"的至高荣誉，但对天才卓绝的张大千来说，他艺术创造的顶峰还在后头。这以后，60年代的大泼墨大泼彩及一大批尺幅巨大、场景复杂、技法新颖、风格豪放的作品，才使张大千开启了艺术人生的辉煌时代。以此观之，某些国内美术学者以张大千前半生为其定论之态度，显然太显片面。

八、敦煌研究之中国第一人

张大千乃敦煌研究之中国第一人，亦为使敦煌引起中国政府及文化界重视之第一人。张大千当年含辛茹苦用了近三年的时间研究敦煌艺术，成为敦煌学研究之中国第一人，更把被人当作水陆道场画的敦煌艺术提升到中华艺术瑰宝的高度。作为画家的张大千完成了一个中国文化学者复兴中华文化的伟大使命，也弥补了研究中国绘画传统却丢掉了重要宗教画领域的严重历史疏漏。仅凭这一点，张大千也可驰名于中国现代文化史。

九、多才多艺之艺术天才

张大千是中国艺术史上罕见的多才多艺的艺术全才。张大千博闻强识，技艺超群，兴趣广泛，涉略面极广。他在绘画、诗词、书法、篆刻、园艺、园林、美食诸方面都有超人的表现。即使是在张大千的诗词、书法乃至园林、美食方面，都有专项深入研究的相当空间。张大千有极好的记忆力，尤其是形象记忆的才能超群，其一生事迹浪漫丰富，好交际，多朋友，为人谦虚，其富时可敌国、贫时无立锥之地的生活状态，潇洒不羁、豪爽洒脱的人生态度，呈现了一个艺术天才难得的诸多宝贵品质。张大千也因此成为20世纪最具传奇色彩的人物之一，成为颇受传记、小说、演义、戏剧、电影、连续剧、专题片等流行文艺载体欢迎的具有巨大吸引力的传奇人物。

十、中国美术的对外传播者

张大千1949年离开国内之后，在他一生中最辉煌的阶段，在他后半生最成熟最具创造性的30多年时间里，他在国外，在坚守与开拓中创造，完成了一生的蜕变，完成了大泼彩的绘画变革，也完成了在国外推广中国艺术的宏愿。今天，国际上对当代中国民族绘画的了解，大多是从张大千开始的。张大千无疑又是在国外推广中国民族绘画艺术之第一人！

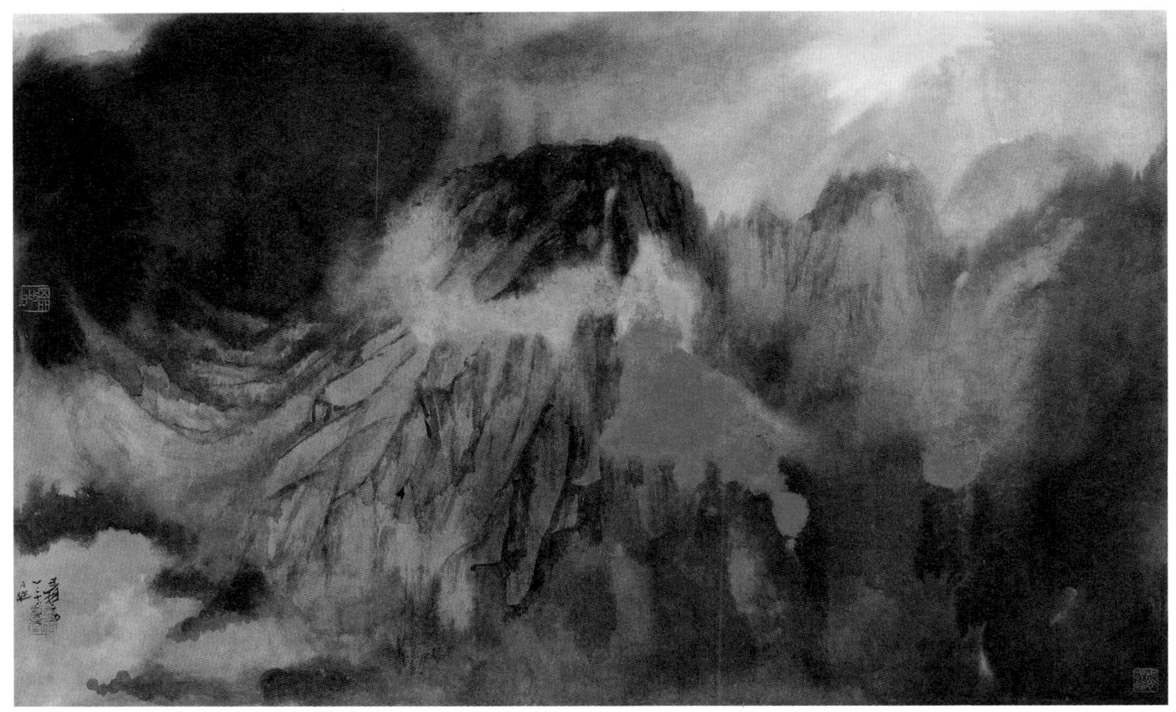

泼墨国画山水　张大千

十一、20世纪美术的典型代表

张大千是中国绘画史上百科全书式的巨人。他对20世纪美术有着全方位的立体贡献，他的成就呈现了20世纪美术的总体风貌，他当然也是20世纪绘画史上最杰出的代表人物，在他身上集中体现了20世纪美术的写实倾向，体现了传统绘画集大成的总结性倾向，也体现了贯穿整个20世纪的大众化倾向，雅俗共赏的倾向，中西结合的倾向。总之，张大千的艺术集中体现了20世纪美术所有的世纪性总体特征。以此观之，张大千的艺术是20世纪中国美术史上毋庸置疑的典型代表。

张大千以其卓绝的才情在现代中国画史上做出了辉煌的贡献。他以其才情之丰，游历之多，鉴古之深，习古之全，收藏之富，题材之广，技艺之精，风格之变，结构之繁，气象之大，为中国古今画史所罕见。张大千突出的成就、无穷的故事及附会、演绎引来大千传记文学兴旺的“大千现象”，传记、传奇、演义铺天盖地，这在20世纪画界亦属第一人。张大千在中国绘画史乃至中国文化史上注定要成为代代相传，与顾恺之、吴道子、王维、苏东坡、赵孟頫、唐伯虎、“四王”、石涛齐名的代表性人物。历史上的人物大多只留下故事与历史评价，画迹则只留下想象的空间，如顾、吴、王、苏，有的有传统与画迹并存如元以后之赵、唐、王、石。张大千则是现代画史上一个最为生动而真实的伟大存在，是20世纪画坛奉献给中国画史的最伟大的画家。

还是恭维张大千为“五百年来第一人”的徐悲鸿说得对：“大千潇洒，富于才思，未尝见其怒骂，但嬉笑已成文章，山水能尽南北之变……夫能山水、人物、花鸟，俱卓然自立。虽欲不号之曰大家，其可得乎？”

第三节　朱屺瞻的艺术

我一直对朱屺瞻的艺术好奇，觉得这位年过百岁的老先生不仅年岁为画坛之最，画风也很奇特，但一直没弄清楚他这种风格形成的原因。老画家一生低调，后来又没在著名高校任教，没有大群的学生捧场，名声也不如林风眠、徐悲鸿、刘海粟等人。但我总觉得这位老画家与他们都不一样。至少，画确实是很不一样的。借着朱屺瞻120周年诞辰的事由，我对这位老画家的艺术做了一番初步的了解。

朱屺瞻出道其实很早。因朱屺瞻出生早（1892年出生），他甚至比徐悲鸿（1895年出生）大3岁，比刘海粟（1896年出生）大4岁，比林风眠（1900年出生）大8岁。在刘海粟办上海图画美术院时，朱屺瞻先当学生紧接着就当了老师，那是1913年他21岁读该美术院二年级的时候。那时上海是中国的文化中心——亦如今天的北京，而朱屺瞻在如此早的时候就介入了这个中心中的很多重要事件。他在这所最早的美术学院任教，参加过著名的天马会、默社、白社这些20世纪带有现代性质的画会。他参加过20世纪最早的画展，如1918年由颜文樑组织的苏州赛画会，又以多幅国画、油画作品同时参加1929年第一次全国美术展览会，也参加过1937年第二次全国美术展览会。他所结交的均为美术界之精英，如齐白石、黄宾虹、刘海粟、徐悲鸿、颜文樑、王济远、汪亚尘、潘玉良。以朱屺瞻的资历与成就而言，他早就应享大名。但他的资本家出身，或许是他20世纪50年代后半生坎坷的重要原因，当然他一生平和低调的性格也影响了他的画坛地位。

朱屺瞻的艺术带有20世纪中西融合美术思潮性质。或许，朱屺瞻注定成为这股大潮中之佼佼者。与其他弄潮儿相比，朱屺瞻有幸从小就受到良好的中国文化和中国绘画的正规教育。他的爷爷、父亲辈就有收藏古代名人字画的习惯，家里有大量的明清大师名家字画，耳濡目染，深受熏陶。因收藏，朱屺瞻和他的父亲还经常出入上海一带的字画古董店，外面的古典字画见得也很多。他9岁读书的私塾教师童颂虞先生，不仅饱读诗书，而且是一个擅长梅兰竹菊文人画、长于盆景制作、喜爱昆曲的古雅文人，这对朱屺瞻日后成为画家，对中国文化艺术有浓厚兴趣，产生了深刻的影响。而他在私塾五年后进入的新式宝山学堂，校长潘翰林是他的舅舅，他在那里不仅汲取到“新学”的多种营养，而且看到不少上海、广州等极少数大城市才有的新式画报，喜欢画画的朱屺瞻甚至在十五六岁时就向这些画报投过稿。通过这些新式学堂和现代画报，朱屺瞻不仅学习了西式绘画，还发现了西方多种多样的美术。他17岁后考入上海实业学校（上海交大前身），校长唐文治是朱屺瞻的表叔，是一位著名经学家，且对中国书画有深刻的认识。例如“作画作字，点画皆须着力，切忌浮滑”，就是这位表叔校长对少年朱屺瞻的告诫。这也可以解释这

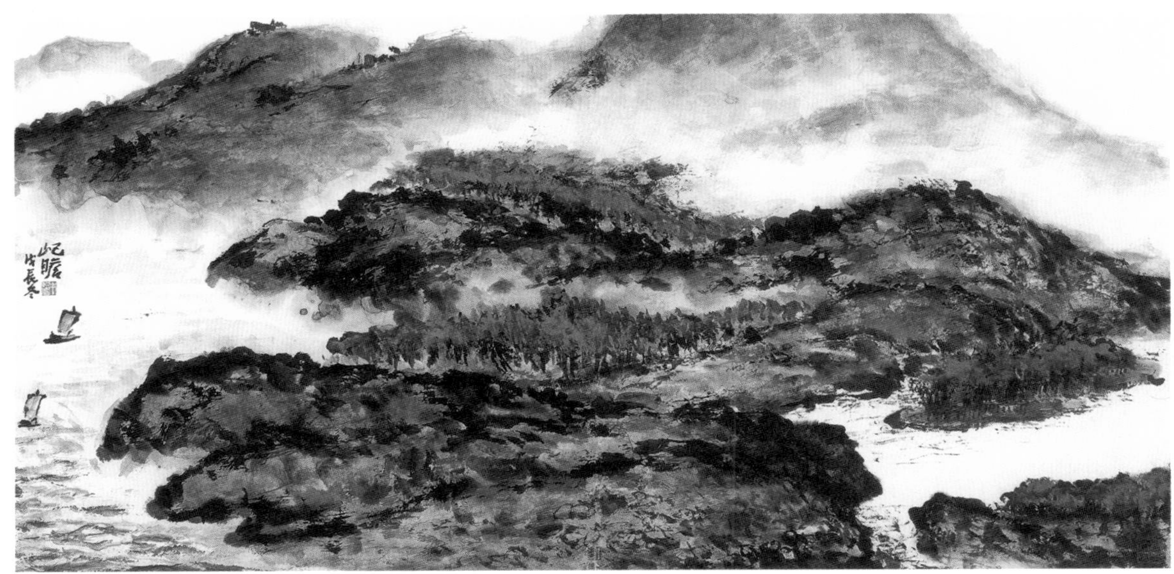

松排山面千重翠　朱屺瞻

位喜欢美术且有基础的年轻人，何以在21岁考取上海图画美术院才一年，亦即二年级时就干脆被学校聘为教师。而这段时间，朱屺瞻已经在通过西画印刷品研究西洋画了。到他1917年赴日留学时，他在中西画方面已有可观的基础。可见在出国留学之前，少年朱屺瞻的中西画学知识远在他的一些也留学学美术的同辈如徐悲鸿、林风眠等人之上。了解朱屺瞻青少年时代同时学习和研究中西美术的经历是非常重要的。朱屺瞻少年时期习国画，青年时期国画油画兼习，20世纪50年代后专心习国画，晚年又是国画油画兼之。朱屺瞻这种人生经历，不仅可以帮助我们了解在他一生中几乎交替进行的国画和油画的创作，也可以帮助我们了解朱屺瞻的中西融合在立足中国画精神上何以会那么深。

立足中国精神，借鉴西方艺术。

或许从小就受到文人画艺术的熏陶，青年朱屺瞻从一接触西方艺术始，就没有对当时流行的科学写实那一套感兴趣，而是对具有强烈主观表现性质的西方现代艺术感兴趣。这是他和同辈留学学西画的人的不同（徐悲鸿一生坚持写实艺术，林风眠、刘海粟最初都喜欢写实艺术）。甚至他学习西画的动机就在于融合中西。他说，“我学西画三十多年，动机不限于好奇，目的是求中西画法的汇合”。他甚至认为，他学习西方现代艺术，就是因为这些艺术曾学习过东方。例如他喜欢野兽主义，是因为“马蒂斯的设色与图案，受到东方艺术趣味的启示”。而后印象主义之“凡・高重线条，与国画可通。塞尚的画重块面，他的静物画形体概括而提炼，有厚重感。他晚年亦喜用线条……有些近似于国画的不似之似”。[1]朱屺瞻的这种观点，在其他早期的中西融合者那里是很难听到的，因为这要求在学习西画之前必须得熟悉中国艺术才行。也正因

1 转自张纫慈《大道存真 丹青异彩》，载朱屺瞻艺术馆编《朱屺瞻艺术研究文选》，2001，第153—154页。

为此，朱屺瞻画油画，也主张应是民族化的油画。早在20世纪40年代时，朱屺瞻已系统地研究了油画民族化在造型、色彩处理方面的可能并做了大量的实践。而在国画方面，西方现代艺术从形式主义出发的色彩关系、平面结构关系、张力关系都对朱屺瞻中国画面貌独特性的形成有着重要的影响。例如朱屺瞻自称：“我施色彩用强烈对比法，迟到60年代才开始……使色浓厚鲜明，在我几乎是心灵上的渴求，情难遏止。马蒂斯的风格过去忽略了，到此时，才被唤回。”在现代中国画坛，色彩运用最大胆最强烈的非朱屺瞻莫属。朱屺瞻对西方色彩观念的运用，还表现在使用复色上。“画面的和谐，有时可借助中间色。调色盘上残留的复色最有过渡性，看上去邋遢，到画面上就有了色彩倾向。”“黑墨与白纸是两个极色，其本身就有调和作用，此两色与任何色彩都能协调。如果在两个对比色间留出一道白线（白纸的本色）或勾上墨线，则可起到同样的作用。”[1]如此等等。由此可见，对由野兽主义而来的色彩视知觉规律的把握及其运用，朱屺瞻是十分自觉的。而在国画界，限于对笔墨、水墨的迷信，没人敢如此放肆地接纳强烈的色彩。唐人张彦远早就警告过，“具其彩色，则失其笔法”。“意在五色，则物象乖矣。”（《历代名画记》）在张彦远看来，色彩与笔墨是对

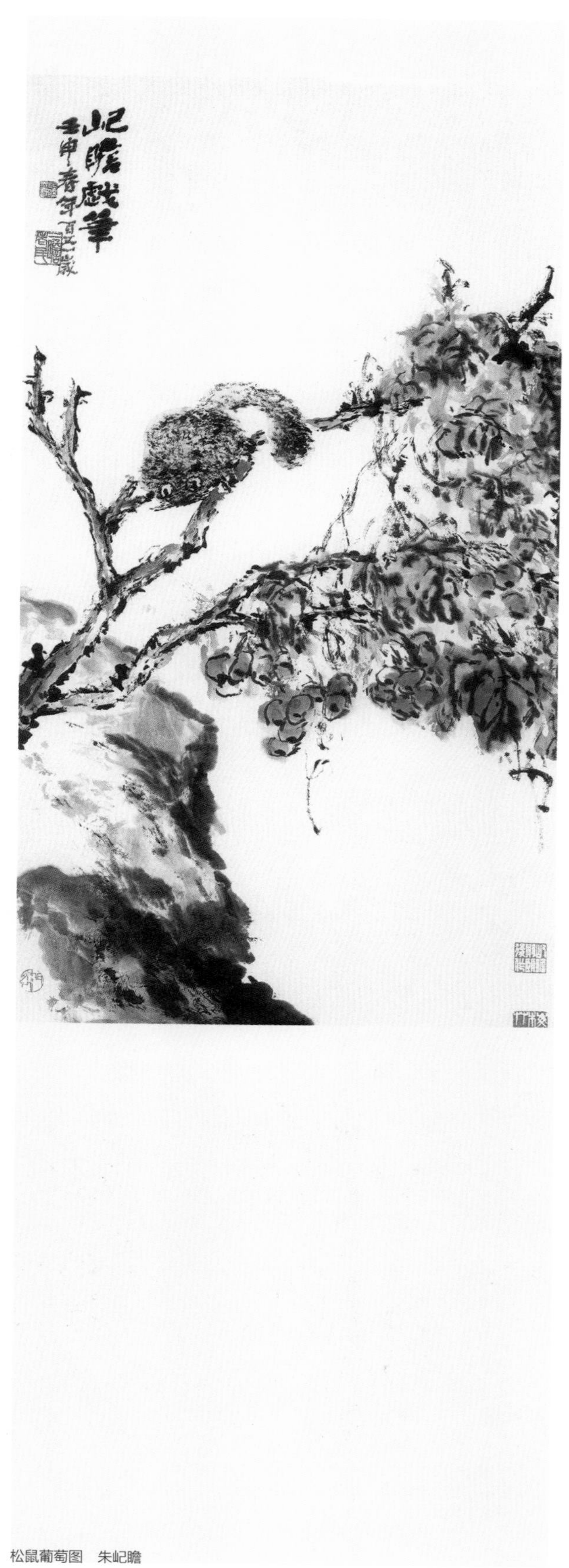

松鼠葡萄图　朱屺瞻

1 转引自朱锦骞《艺术的探索者朱屺瞻》，载朱屺瞻艺术馆编《朱屺瞻艺术研究文选》，2001，第280页。

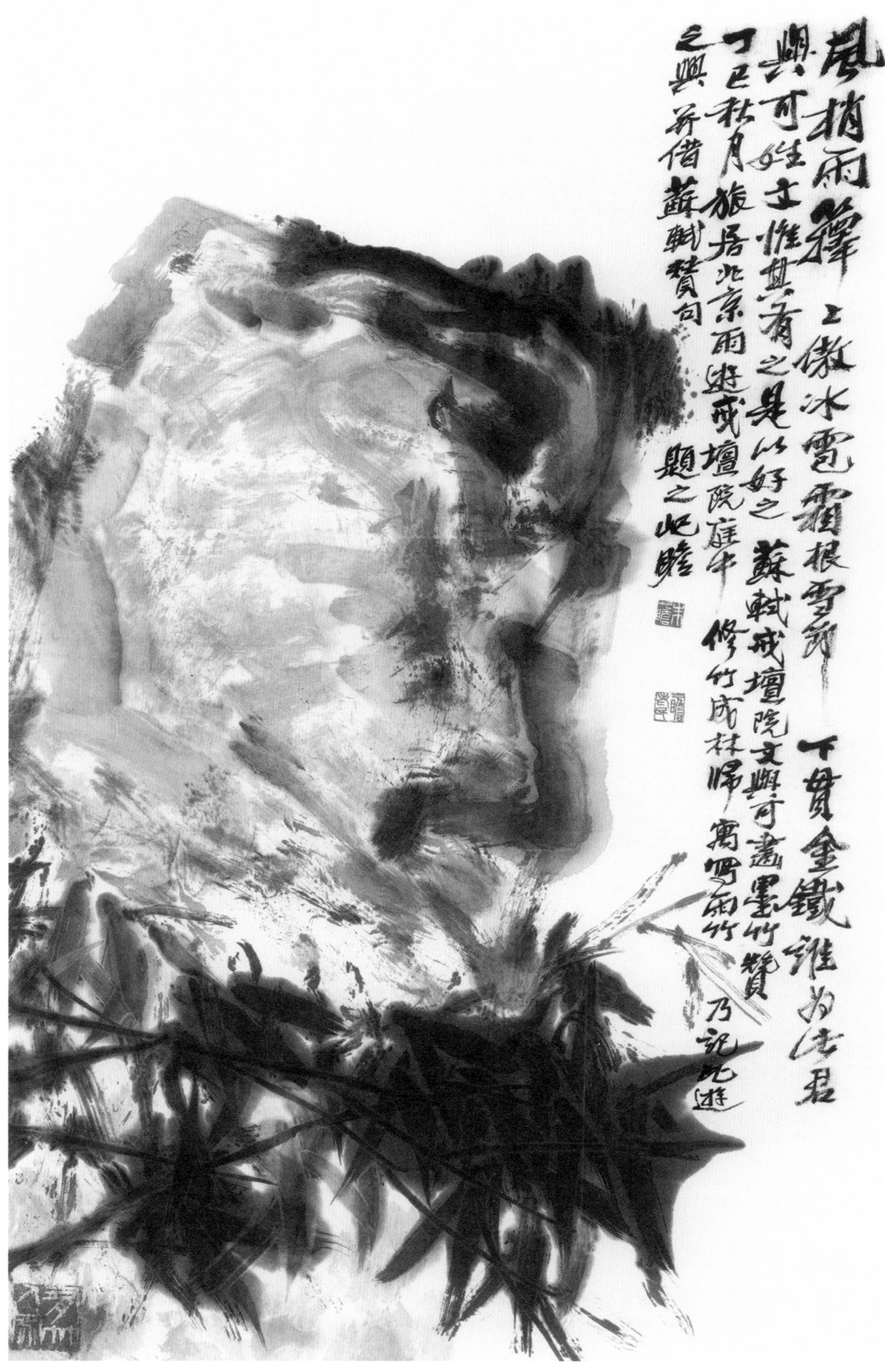

风梢雨箨　朱屺瞻

立的。这也是在中国传统文人绘画（民间绘画、宗教绘画除外）中色彩经常缺位的重要原因。即使在张大千的大泼彩中，也以墨和色、以色破墨却没有超越此种规范。但有趣的是，朱屺瞻尽管大胆使用这种对比强烈的色彩，却又在浓烈的中国绘画美学的范畴中去融会贯通。我们在朱屺瞻的此类作品中，往往可以看到浓黑粗重的运笔。朱屺瞻从小临古画临字帖，以后也坚持一生从未中断，故有很好的传统书法功底。但他在国画创作中那种粗重浓黑至于野霸的罕见用笔，除了体现他对雄浑气势的追求，还体现了他在强烈色彩的对比处理中善于借鉴西画色彩研究中协调色彩关系的手段。这与他上述学习塞尚等有关。当然，传统书画功底深厚的朱屺瞻，比之一些缺乏此种素养的中西融合者，其传统运笔之讲究仍然十分到位。例如其绘画再浓再黑再野霸，书法意味却是纯正的，而且在施色施墨之中，亦处处见笔。亦如其自称："烘染不可平涂，要见淡墨笔痕。"中国绘画美学的深厚根基，保证了朱屺瞻学习西方而又坚定地立足于东方。

如何对待现实，是朱屺瞻学习西方而不失东方的又一精彩之点。

20世纪，中国画坛最热门的一个题目就是"科学"旗帜下的"写生"。中外都有"写生"。西方写生有"模仿"现实的传统，素描即为"不二法门"（徐悲鸿语）。但中国之写生，除"行万里路"之陶冶心胸外，那是"外师造化，中得心源"（唐·张璪），是主客观的结合，是主观传达的手段，是似与不似之间的"意象""心象"与"情象"。其中超越意识是关键。在20世纪科学主义思潮中，很多画家以为写生了，科学了，就先进了。这种幼稚的想法断送了很多画家的艺术。朱屺瞻则不然。深厚的传统修养，使他知道有比写生写实更重要的东西，那就是立足现实而又超越现实的对精神境界的追求。朱屺瞻画过很多很多的写生，但他更愿意借大千世界表现自然的生气生机与自我的体验。朱屺瞻是把表现大千世界呈现的宇宙感、生机与"气、力、势"作为自己的艺术准则的。朱屺瞻说道："画出一山一水，一景一物，究竟停留在个人情趣平面，还是能进入历史的范畴，而更超入宇宙范畴？要写出生化天机的微妙，我确曾向往，要表达无穷时间的'微茫'。"[1]他在1977年完成的《浮想小写》十二图册页即此代表。如其第一幅为《宇宙》，画面空旷辽阔，云水淼然，左下角有一小山，点缀飞鸟几许，全画空寂寥廓，浩然生思。朋友林同济题诗道："大江扬白际天高，白云乘风鸟趁涛。如许流行成化趣，浩然万古一滔滔。"读画让人想到陈子昂《登幽州台歌》"前不见古人，后不见来者。念天地之悠悠，独怆然而涕下"那种把个人之身世感怀化为对无限之宇宙时空的探究与慨叹的中国美学之极致。

朱屺瞻还为这种超越现实的中国式表现在古人那里找到依据："'画意重生机'石涛曾言之矣。石涛云'天以生气成之，画以笔墨取之。'又云：'必须笔墨之生气与天地之生气合并而出之'。"[2]对这种天地宇宙之生气，他更多的是以中国文人之"气、力、势"与"厚、朴、拙"的方

1 转自章涪陵、张幻慈《世纪丹青：艺术大师朱屺瞻传》，上海三联书店，1990，第256页。

2 转自张幻慈《大道存真 丹青异彩》，载朱屺瞻艺术馆编《朱屺瞻艺术研究文选》，2001，第158页。

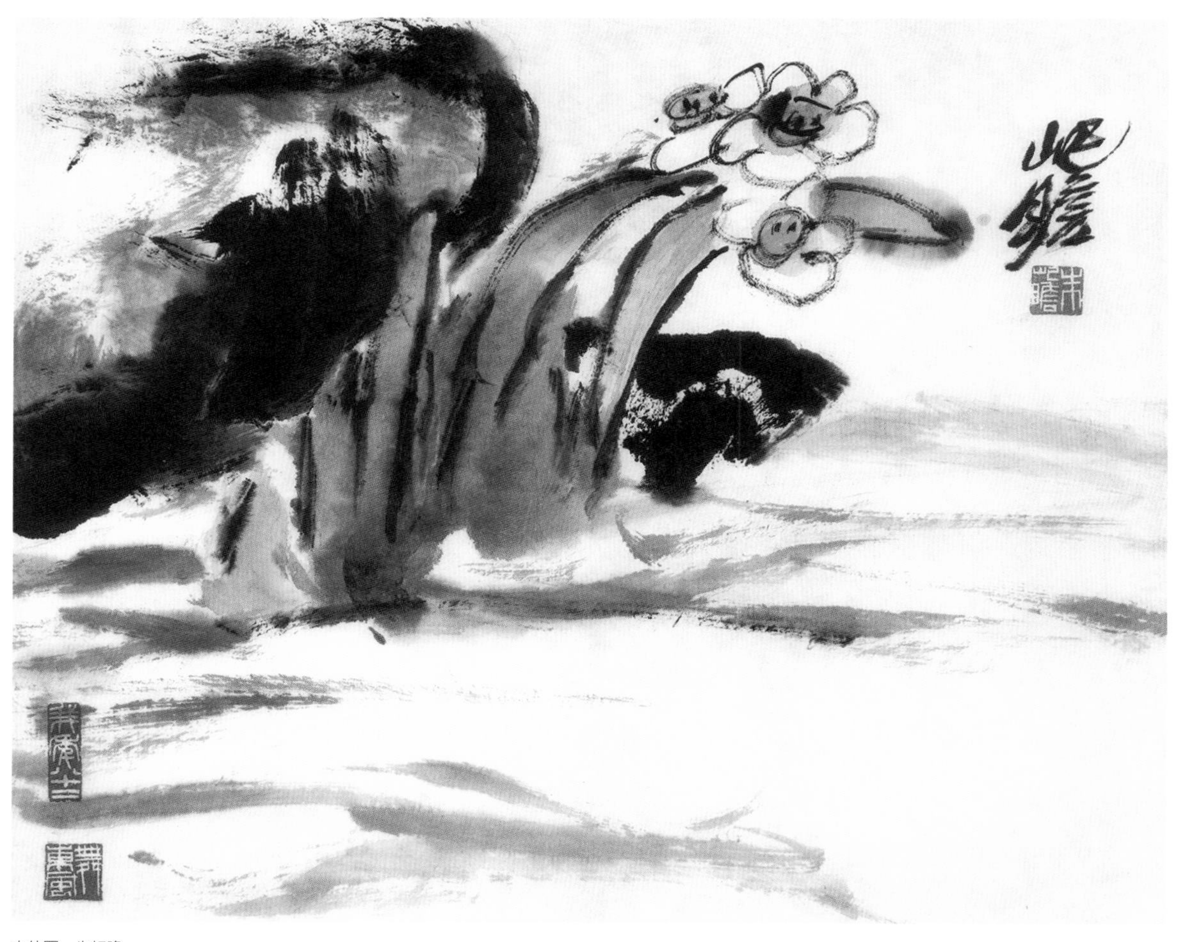

水仙图　朱屺瞻

式去传达。与西方追求崇高的美学境界往往是以巨大的物质体量引人惊赞不同，中国人是以含蓄内蕴的方式去表现雄浑与气势的。例如，朱屺瞻在造型上往往浑圆朴实不装巧趣。他的山水没有奇峰峭壁，往往圆丘缓坡，或方块式叠积。但那种饱满的团块式结构却内蕴无限的力量。甚至就是表现如三峡这种奇峰突起的大自然造化奇观（如《巫山晴雨》），朱屺瞻也尽量避免以奇取胜，而把它处理得平易朴实。在造型上，他还力求现代艺术的单纯化处理。朱屺瞻的山石大多没有繁皴复染，甚至几无传统皴法，只是用焦墨般的粗重干渴用笔直接勾勒或稍以点子横皴几笔，甚至他的兰竹花卉也用的是这种朴拙粗重的方式。的确，他的这种平易朴实的造型，却是用厚重浓黑、老辣纵横，充满着气势与力量的笔法完成的。他自称："作画要善变，不要千篇一律。我内心总有此希求。章法有变，用色有变，然而观其笔意仍可于百变之中看出自己的面目，笔意是主要特征。"（《癖斯居画谈》）颜体魏碑一类雄强浩大、朴拙老辣的字体笔法，再加以浓墨重笔顿挫的强化夸张，更显出力、势之强悍与笔意之朴拙。如此之笔势加上前述对比强烈之色彩，朱屺瞻作品中东方式沉雄浑朴的风格就十分突出。

我想，这或许就是朱屺瞻中国画独特价值之所在：朱屺瞻带给中国画坛的，是文人画中少有的沉雄浑朴力量之美。

朱屺瞻这种风格在传统绘画系统中是罕见的。中国传统绘画中比较少见沉雄一类风格类型。范宽有气势与力度，但沉着含蓄不够；石涛有气有势有力，但朴拙内蕴较少；吴镇、龚贤沉着厚重，但力度气势较乏。或许石谿是厚重与气势兼之者。朱屺瞻似乎也较喜爱石谿。他曾临石谿画且题曰："石谿道人使笔苍茫沉厚，力透纸背，此帧余自单色印本临出加以颜色，岂我平凡者笔所能追随也。"看来苍茫沉厚，即朱屺瞻向往的"气、力、势"加"朴、厚、拙"境界，的确是他的艺术要害，是其贡献之所在。但有趣的是，这种似乎纯中国的民族美学境界，朱屺瞻却是通过中西融合去完成的。

朱屺瞻这种独特性在与中西融合思潮中其他名家的比较中或许更清楚：高剑父、高奇峰等人是以日本画轻柔明丽的色彩和氤氲朦胧的空气氛围创造为特点；徐悲鸿则因素描加线条的大力倡导带给中国画一股强烈的写实之风；林风眠以其对中西美术的深刻洞察，在现代艺术形式感的讲究与丰富的色彩运用中创造出一片东方诗情的境界；傅抱石以光感与面的呈现，在散锋的疾扫中打破以线造型的中国画格局；李可染以逆光的感受在积墨的深厚中开拓出全新的水墨意境；吴冠中则以点线面的形式美丰富了中国画的语言……而朱屺瞻却因执着于中西艺术之精髓，以西方现代艺术浓重的色彩、强悍的团块结构和单纯有力的造型，融入老笔纷披浓墨重笔之中，在中国仰观俯察苍茫深沉的宇宙感中创造出一种以"气、力、势"和"朴、厚、拙"为特色的现代中国画，创造出以阴柔静美为基本特征的文人画中少有的浑朴与雄肆之美。朱屺瞻在20世纪中西融合的美术大潮中这种不可取代的特色，无疑也是这位跨越了两个世纪的百岁画家不可取代的美术史价值之所在。

第四节　傅抱石徐悲鸿关系谈

——从傅抱石何以要办壬午画展谈起

傅抱石是经徐悲鸿发现提拔，才得以从江西南昌一隅留学日本，后又任教于中央大学艺术系，由此而走上名家大师的道路的。这之中，徐悲鸿无疑是傅抱石的大恩人。没有徐悲鸿，可能就没有傅抱石。受恩于徐悲鸿的学生很多，徐悲鸿对这些学生大多称赞有加，而学生们对徐悲鸿，更是感恩不尽。成百上千篇称赞徐悲鸿之文，大多出自这些学生之手。唯独作为史论家与画家的傅抱石有些例外。徐悲鸿、傅抱石二人间的相互评价几乎没有，如果有的话，也极少或影响小得没能让人留有印象，以致徐悲鸿、傅抱石二人关系颇有悬念，引人探究。徐傅二人关系可从傅抱石1942年的壬午画展谈起。

傅抱石何以要办这次展览？著名艺术考古学家常任侠与著名作家包立民曾说起过办壬午画展的缘由。常任侠当年在重庆国立艺专任教，与傅抱石交往甚多。一天，傅抱石非常慎重地请常任侠向刚从南洋回国的徐悲鸿转告，下学期他想从中国美术史改教中国画。但当常任侠向当时正任中大艺术系主任的徐悲鸿转告时，徐却以“抱石先生的课不是教得蛮好嘛，为啥要改课呢”一语婉拒。而常任侠把此话转告傅抱石时，傅听后长叹一声，颇为失望。而常任侠劝傅抱石干脆办一次画展让世人看看，他则给傅画展写文章捧场，或许届时徐悲鸿会转变看法。但画展开办了，常的文章也写了两篇，其他人写的也很多，然而谈到徐对傅画展的观点时，常任侠却很干脆地说：没有听说。尽管常任侠说了一则徐悲鸿喜欢傅抱石《江东布衣》一画的故事，但徐对傅展的评价，常任侠却没有一点印象。而据包立民考证，徐其实也对傅抱石有所称赞，但没让其教中国画一事看来也是事实。而傅抱石对徐悲鸿的评价则颇为吝啬。

这件事或许是现代画史上一件非常有趣的事：傅抱石是被徐悲鸿提携而赴日留学的，尽管我们在今天的徐悲鸿纪念馆还可以看到徐悲鸿题有“元气淋漓，真宰上诉”诗塘，并且还附记有跋语“八大山人《大涤草堂图》未见于世，吾知其必难有加乎此也。悲鸿欢喜赞叹题，壬午之秋”的《大涤草堂图》，但两人间的关系似乎还有些微妙之处。

徐悲鸿是傅抱石的大恩人这无可怀疑。傅抱石能够从南昌之隅而赴日留学，归国后又得以在中央大学艺术系任教，这都是徐悲鸿提携的结果。因此，傅抱石办展览要请徐悲鸿写评论文章，而徐悲鸿的确也为傅抱石壬午画展写过评论（见后），另外，徐悲鸿还帮傅抱石题过《画云台山记图》长卷（其他题字的还有郭沫若、汪东、沈尹默、滕固等），傅抱石的《丽人行》也有徐悲鸿题字。徐悲鸿还曾为傅抱石《拟倪云林洗马图》补马。从两人这种特殊关系来看，应该是十分自然的，应该的。徐对傅的评论虽然也不错，但如果你知道徐悲鸿为人评论有爱夸张的习惯，则他为傅所写的嘉评也不难理解。但徐悲鸿

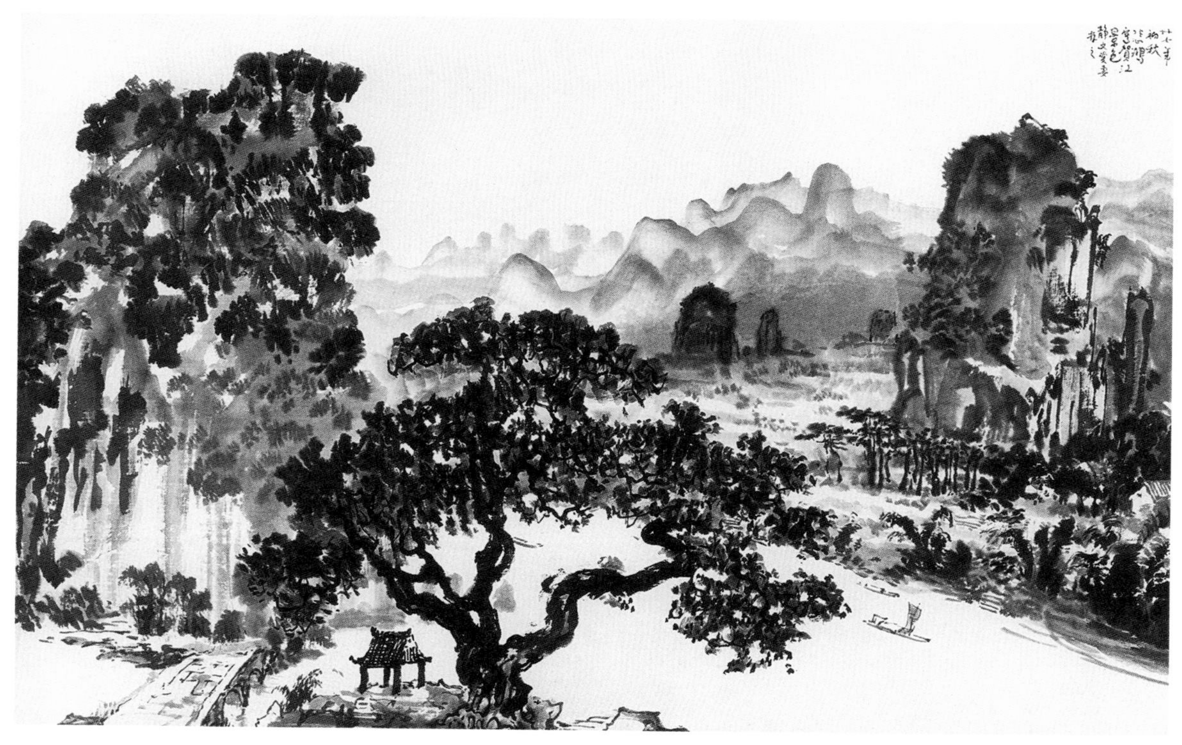

贺江景色　徐悲鸿

在肯定傅以大块体积造型，风格豪放不羁外，还含蓄地提到了“倘更致力于人物、鸟兽、花卉，备尽造化之奇，充其数，未可量也”，在希望的表述之中也有对其未能“尽造化之奇”的含蓄批评。而持极端写实主义，“其他概可称投机主义”偏激且具强烈排他观念，极有原则的徐悲鸿，对傅抱石的画不太感兴趣是正常的。他婉言谢绝傅抱石的换课请求也在情理之中。

而事实上，原则性同样极强的傅抱石与他的这位恩人在一系列原则性问题上的确有着重大的分歧：一、徐悲鸿是个强烈的反传统主义者，他对传统总的来说是持否定乃至蔑视的态度，而傅抱石却是个强烈的传统主义者，他极端地珍视传统，以致其前期甚至有民族主义倾向。二、徐悲鸿强烈崇拜西方，并欲以西方拯救东方，而傅在江西认识徐时就已坚定地反对中西融合，赴日以后态度虽有缓和，但其东方立场和民族立场却同样坚定。20世纪50年代之后民族虚无主义强硬之时，傅抱石仍顽强坚持其维护民族艺术的立场，同时，他反对以西方艺术做标准来评价中国艺术。从这些方面，就可以看到徐、傅二人的区别应是原则立场上的区别。三、徐悲鸿是个偏执的唯写实主义者，而傅抱石却一度持顽强的反写实主义观点，后虽因赴日而有所变化，亦有写实倾向，但此种写实亦绝对服从其“写意”的要求，是“似与不似之间”之似，与徐悲鸿的唯写实主义仍有相当距离和原则性区别。四、徐悲鸿的中国画改革方案是素描加线条，而傅抱石在1942年的中国画创作中却以散锋笔法，以面的造型（即徐所谓的“大块体积”）取代了线的表现，而且从观念上对线的作用开始怀疑，同时其“面”亦是用散锋成面而构成，与徐悲鸿素描表现体积而成之面亦大相径庭。五、

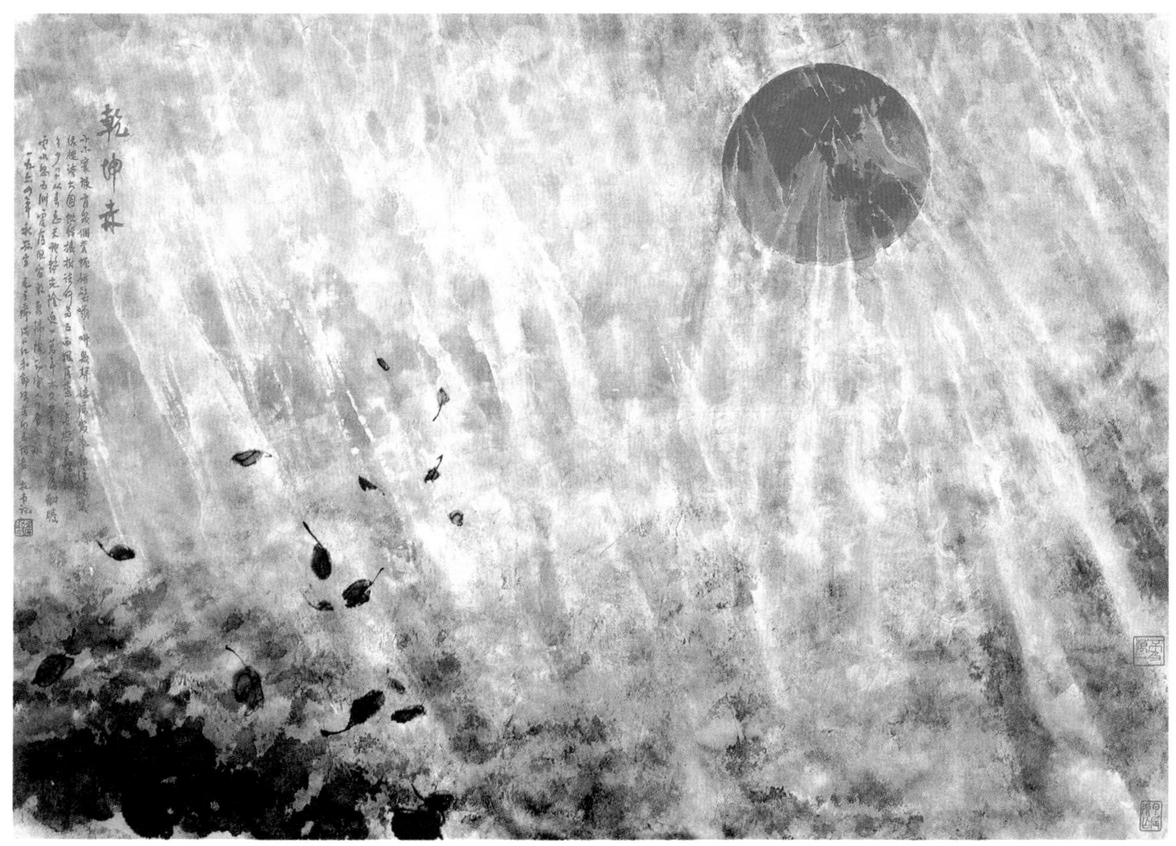

乾坤赤　傅抱石

徐悲鸿看不起中国古代画论，以为“自来中国为画史者，惟知摭拾古人陈语，其所论断，往往玄之又玄，不能理论”。他是整个否定中国古代画论的。而傅抱石不仅专门研究中国古代画史画论，且极端崇拜这些理论，对徐悲鸿这种言论，他应该不太赞成，甚至有些轻蔑不齿。六、徐悲鸿在中国古代传统中只对院画系统感兴趣，对文人画乃至元明清以来数百年的画史几乎整个持否定评价，而傅抱石又偏偏差不多只对南宗文人画感兴趣，尤其是对明清绘画给予了极高评价，以为“如日中天，无所不妙”；徐悲鸿把董其昌、“四王”骂得狗血淋头，而对傅抱石来说，不仅董其昌“厥功不可说不伟大”，是“画坛的中兴健将，画坛的唯一宗匠”，而且“四王”也“足以光耀清的全时期”，至于整个“清代的绘画……片纸寸楮，也就够人倾倒了”“射出过去从未有过的光芒”，就是元明以来的整个时段，“我们似乎不忍加以什么‘衰退时期’或‘停滞时期’的帽子的”。傅抱石此种观点引来的应该是徐悲鸿的反感才对。七、在徐悲鸿看来，“笔墨”是以人殉物的形式主义的东西，这是他从其西方内容形式关系出发得出的结论。而傅抱石则以为中国画“艺术情趣全靠笔墨来体现”。这里，徐悲鸿伤着的又是傅抱石的一根神经。八、更为重要的是，傅抱石把整个中国绘画的核心划归于“我”与“人”，“伟大的画人，是时代的中心，他的‘脑’，是一座晶亮亮的时代之灯”，因此傅抱石主张“以‘情’入画”，主张“对景造意”，而徐悲鸿则把“自然”与物放在艺术的第一位与中心，“宁愿牺牲我以就自然，不愿牺牲自然以就我”，这又是原则立场上的尖锐对立……

你如果愿意继续比较下去，会轻而易举地发现，傅抱石与他的这位恩人之间，似乎从思想观念系统到形式技法、价值评价体系竟都全然相反。在徐悲鸿帮助过的人和他给予过恩惠的学生辈中（傅虽然与徐并非师生关系），可能也只有傅抱石一个人与徐悲鸿的艺术观念不仅毫无关系且完全相反。徐悲鸿这些观点，如果不是徐悲鸿，而是另一个什么人，傅抱石会不用“还有大倡中西绘画结婚的论者，真是笑话”的嘲弄和反对态度去对待吗？我们可以设想一下，在你身边的同行之中，有一个一切看法与做法与你全然相反的人，你们之间要维持一种亲密和谐的朋友关系容易吗？即使那人曾是你的恩人。

著名作家包立民先生撰文《傅徐之交》专门研究二人之关系，虽也找到了徐悲鸿给傅抱石写的一些称赞文字，但找起来相当困难。包先生甚至怀疑：“傅徐相交这么多年，为何彼此在艺术上不加评说，是道不同不相评说，还是另有缘故？”的确，傅抱石这个画家可是专业的美术史家和评论家，他也给别人写过不少评论。当包立民提到自己问常任侠，徐对傅画展的评价时，“常老反复回忆，怎么也想不起来，常老已过望九之年，要一个九旬老人回忆半个世纪以前的评语，未免有点苛求，不要说九旬老人，即使是七十上下的廖静文、沈左尧、艾中信也想不起多少评语”。包先生怀疑是常任侠年纪太大，记不起的缘故。但其他与傅、徐关系较近的人也都没印象，可见二人间对彼此恐怕真没有太多的评价；或者虽然有，也没到可以让人留有印象的地步。但包先生的这篇文章中还引用了常先生在壬午画展的专论《徐悲鸿与傅抱石》。虽然常任侠真的想帮傅抱石调和与徐悲鸿的关系，但在此文中，常先生也是各论各的，并未对两人关系做任何评价。可见即使在1942年，当时的常任侠仍然不了解傅徐二人相互有过什么评价。联系上述二人间的分歧，以及常任侠在1942年时的文章，可见常先生对傅徐间关系的印象应该还是准确的。尽管包先生后来也勉强收集到两人相互评价的个别文字，但他也难找到傅抱石称赞徐悲鸿的话。倒是有一段傅抱石对徐的泛泛而论，即在1945年徐悲鸿50周岁时，傅抱石为恩人所作的《仰高山图》一画中题“先生拯时代，负高艺，倾精力于无限。方之近代，明之白石翁与衡山，清之香光与烟客，其承启之功，未足拟也”（此四人分别是明吴派之沈周、文徵明，松江派之董其昌和清初“四王”之王时敏）。你看，就连傅抱石想夸夸徐悲鸿，其抽象评论比拟者，也全是徐悲鸿所蔑视乃至痛恨的人，二者思想观念距离大到何等程度由此可知了。不知当时的徐悲鸿看后感想该是如何？徐傅二人思维方式、价值标准截然相反，由此也可见一斑。

傅抱石在《民国以来国画之史的观察》中有一段较为正式的对徐悲鸿的评价：“徐先生的画，创造了一种新的样式，又将写树叶的皴擦等，予以革命，而代以西洋画技法，所以每张画都有一种新面目。”然而，傅抱石客观地、不带褒贬评价地描述这种“代以西洋画技法”的“新面目”的

“革命”，不仅是傅抱石深恶痛绝的那种“拿非中国画的一切，来研究中国绘画，其不能乃至明之事实”，甚至连傅抱石所嘲笑的“中西绘画结婚”都不如，在艺术上原则性极强的傅抱石内心应该是什么态度就可想而知了。只是碍于恩师的名分，不便批评，当然也不便褒扬，中性地描述罢了。所以傅在此文中还有一段倾向性十分明显的话：“徐、刘两位分在京沪从事艺术的教育，都有若干青年所愿意景从，但本文不欲越出题外说什么话。”[1]傅抱石心里会对这位恩人有什么评价是不难揣测的，只是他从不评论罢了。而包立民先生研究二人关系最后得出的结论是“应该说，傅抱石对徐悲鸿的高度评价，与其说在艺术创作上，不如说在艺术教育上更为确切”。据包文所举，倒有徐悲鸿向其得意门生艾中信私下说的一句话“抱石的画是浪漫主义的”。“浪漫主义”这句话出自除写实主义外，“其他概可称投机主义”，并且“独持偏见，一意孤行”的徐悲鸿之口是罕见的，我臆测这是艾先生在二人关系中打圆场的一句话。但包先生由此得出“一语道破天机，道破了傅抱石艺术创作上的流派倾向，也道出了他俩在创作上所走的不同的道路”，这倒是真的。[2]也正是这个原因，仅以写实主义为正道强烈排他的徐悲鸿1942年时不让傅教国画，从其立场上看是理所当然的。不仅如此，1946年，徐悲鸿在离开南京赴北平任北平艺专校长时，还告诫当时中大美术系的负责人，“傅抱石只宜教美术史，他的画虽好，但不宜教学”。[3]此事可作徐悲鸿与傅抱石微妙关系的又一个注脚。不过，徐悲鸿可以欣慰的是，他从江西南昌提携起来的，这个处处与自己格格不入，不适合讲授国画课的后辈，真正成了艺术成就绝不亚于自己的现代中国画坛大师！做前辈的还有比这更让自己愉快且宽慰的事吗？

傅抱石虽然在徐悲鸿的中大艺术系换课未成，但画家而且是名画家倒的确稳稳当当地当成了。1943年，傅抱石虽没有在中大艺术系当成国画教师，却在陈之佛当校长的国立艺专当了中国画科主任。[4]他一生中由理论家而至画家的转折点也就是1942年这次为换课而办的壬午画展。壬午画展也成了考察傅徐关系的一个关键史实。

1 傅抱石：《民国以来国画之史的观察》，《逸径》1937年7月第34期。

2 此段论傅徐关系，参阅包立民《傅徐之交》，载香港《名家翰墨资讯》1995年第4期。此段论傅徐间区别的内容，请参看笔者2009年出版的《傅抱石评传》各节有关傅抱石理论及艺术相关观点。徐悲鸿及傅抱石相关观点亦请参看本书上册第二章第五节“徐悲鸿”，第十一节“傅抱石”。

3 陈传席：《傅抱石》，河北教育出版社，2000，第21页。

4 秦宣夫：《回忆傅抱石先生》，载纪念傅抱石先生逝世廿周年筹备委员会编《傅抱石先生逝世廿周年纪念集》，第13页。

第五节　意境、意匠、笔墨

——李可染艺术观念辨析

李可染是当代山水画大家，世人对其艺术的评价一直都很高。但其中也有人有不同看法。这之中，在80年代中期声名鹊起的陈子庄就以“李可染之画，刻、结、板”对这位画坛大家做出语惊画坛的评价，至今仍有影响。这就涉及我们该用什么标准去评价李可染等20世纪中国画坛的探索创新者的问题，当然，这也涉及对当代中国画各种探索倾向评价标准的带有普遍性的问题。在中国画发展呈现多元倾向的今天，弄清楚一个画家观念、风格的来龙去脉，我们的评价标准或评价或许会更准确，更有针对性。

一、“板、刻、结”的批评标准是古典艺术尤其是文人画笔墨的批评标准

“板、刻、结”一语源自北宋韩拙《山水纯全集》中《论用笔墨格法气韵病》篇，文中说：“古云：用笔有三病，一曰板，二曰刻，三曰结。”说的都是“用笔”的问题。韩拙是北宋画院的画家。当时的绘画以造型为手段创造意境，用笔也主要服从造型，尽管也有其自身的讲究。且看五代荆浩《笔法记》解释“笔”的意义：“笔者，虽依法则，运转变通，不质不形，如飞如动。”即要依造型规律而变化。当时的“墨”，也是“墨者，高低晕淡，品物浅深”，作用主要是造型。这个主要通过塑造意境传达感情的过程一直持续到绘画史的明代中期苏州吴派。明代晚期，以董其昌松江派为开派，笔墨的独立审美思潮开始。此即明人唐志契《绘事微言》所说：“苏州画论理，松江画论笔。”这以后，以董其昌为一代宗师，其后学“四王”发扬光大，“作画第一论笔墨”（王学浩《山南论画》）的笔墨至上的笔墨独立审美时代开始了，至今仍红火。如果说，韩拙的“板、刻、结”之论在北宋仅仅为对辅助造型手段的评论的话，那么在清代以后，其则成为判断绘画品格高低雅俗的关键因素了。

二、李可染山水画的最高标准不是笔墨而是立足自然写生之意境与意匠

在20世纪的中国画坛，除了清代笔墨至上观念的延续，还有一股更为强大的思潮，这股思潮试图纠正笔墨至上的偏向，使绘画回归自然，再倡意境与境界的表达。山水画中之林风眠、徐悲鸿、傅抱石，“岭南三杰”之高剑父等都属于这一思潮的提倡者，李可染则是20世纪后半叶山水画这一思潮最杰出的代表。

与20世纪初的吴昌硕以及李可染的老师黄宾虹对笔墨的高度强调（他们在笔墨上有杰出贡献，此为另一话题）不一样，李可染在其一生的山水画实践中，笔墨从来就不是他要解决的最主要最核心的问题。

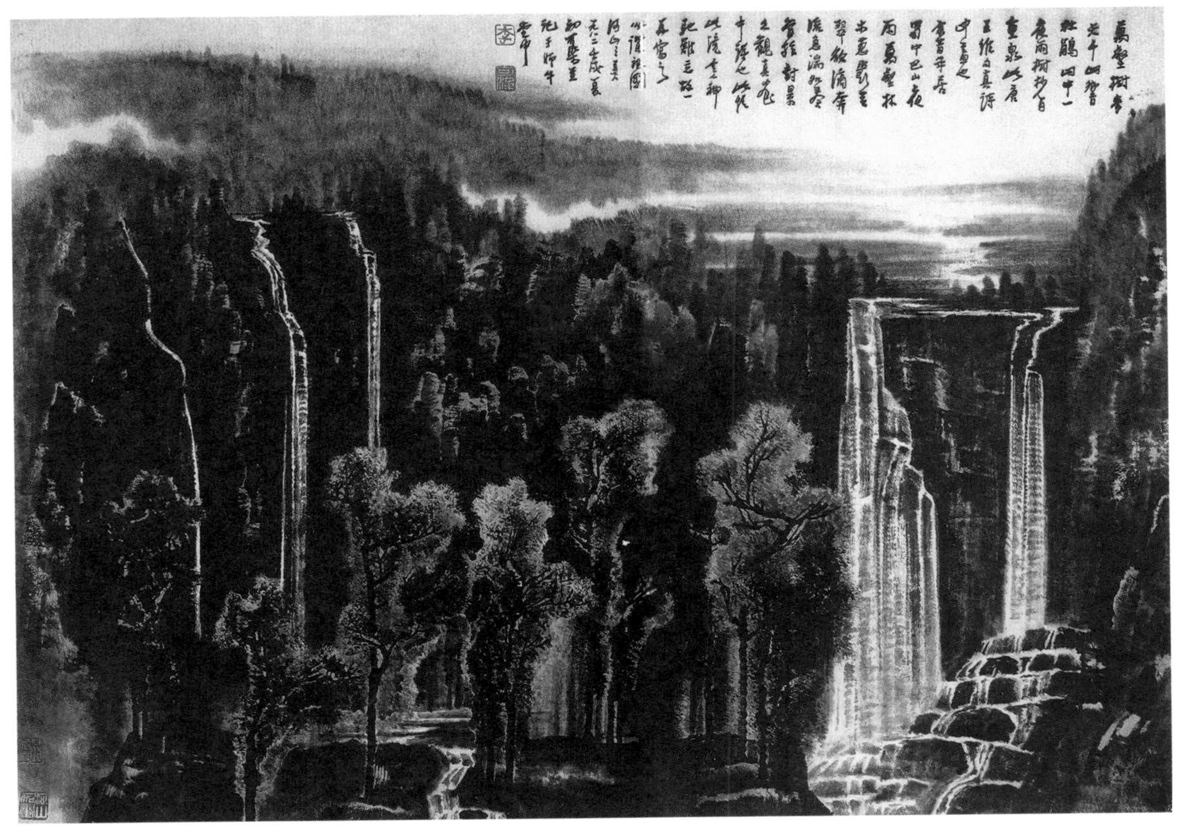

树杪百重泉　李可染

作为林风眠的学生和法国画家克罗多的油画研究生，李可染从一开始就受到写生写实素描一类绘画影响，在后来拜师齐白石、黄宾虹的十数年间，加上其学画之初受到的国画影响，李可染的国画倾向始终在中西绘画多种观念的杂糅中发展。他的知识结构与坚守纯笔墨传统的画家全然不同。

李可染对他的绘画追求有过非常明确的表述。他在晚年1979年有个关于《谈学山水画》的长篇谈话，其中归纳为："学习山水画，要做到三点：第一是学习传统，广泛吸收中外艺术的长处，要有读遍天下名迹、名著的气概。第二是到生活中去，到祖国的壮丽河山中去写生。第三是集中生活资料，进行创作……在基本功中最关键的一条是写生。"在这篇谈话中，他集中而详尽地谈到了写生的问题，尽管他也较为详尽地谈了笔墨的问题，指出了"笔墨是形成中国画艺术特色的一个重要组成部分"，但对李可染来说，"意境是山水画的灵魂。没有意境或意境不鲜明，绝对创作不出引人入胜的山水画"。[1]在70年代晚期，李可染特别关注笔墨的阶段，从整理的这段讲话中可以看出，笔墨已是增加了比重的。在1959年的《漫谈山水画》中，李可染同样坚持"画山水，最重要的问题

1 李可染：《谈学山水画》，孙美兰根据李可染在湖北省山水画学习班讲学记录以及平时谈画笔记综合整理，经李可染本人审阅、修改，《美术研究》1979年第1期。

是‘意境’，意境是山水画的灵魂”。在该文中，李可染详尽地谈到了创造意境，意境与意匠处理的若干问题，谈到了结构，对笔墨，则“暂时不谈了”。[1]李可染还更明确地认为“中国画的最高境界”，即“内容上，客观美的精粹集中，与人的精神境界融合，经过高度意匠加工成为艺术，最高境界是神韵。美的境界、诗的境界，人间至美，神而明之，非语言所可传达”。[2]从李可染创作的山水画如《山静瀑声喧》《枫林暮晚》《春雨江南图》《树杪百重泉》及在画中题山水诗如王维“万壑树参天，千山响杜鹃。山中一夜雨，树杪百重泉……”，而不是如“四王”不题诗题论笔墨之画理来看，就可了解李可染“意境”的意味。即使在李可染已开始重视笔墨的70年代后，他更关注的仍然是现实，是写生，而不是笔墨。例如他在1980年3月10日对山水研究班学生谈话中，强调的仍然是写生。“学绘画最重要的，要精读两本书，第一本是‘大自然’（包括社会），第二本是传统（包括历史）……大自然是第一意义的，要真正精读，两本不能偏废，传统是第二意义的。”在这篇认为“大自然是第一意义的”的文章中，他还特别提到“写生是最重要的一环，写生是对生活的认识再认识”。[3]到1986年，李可染对山水画

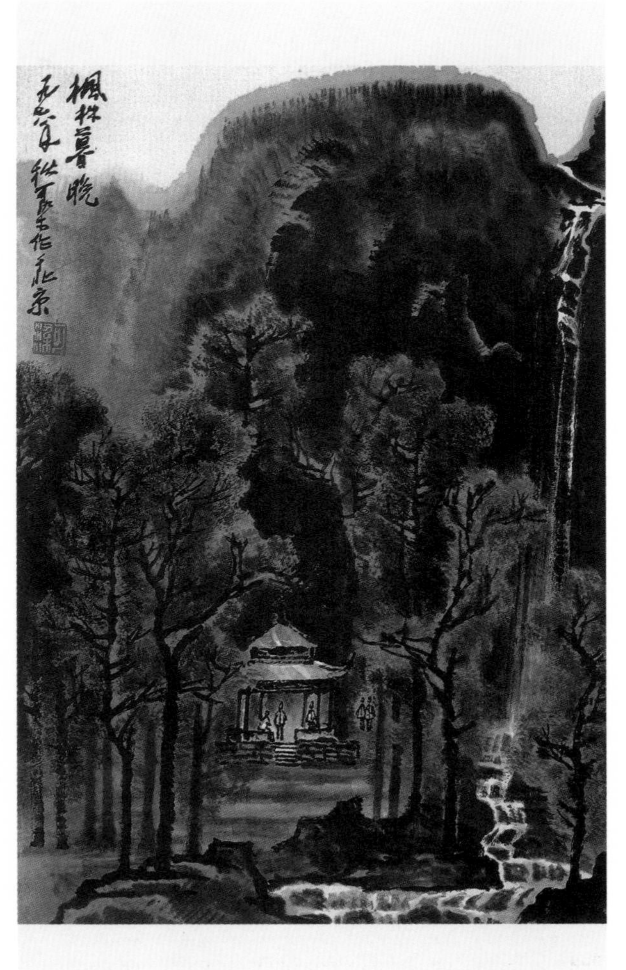

枫林暮晚　李可染

1 李可染：《漫谈山水画》，《美术》1959年第5期。

2 李可染：《札记》，载中国画研究院编《李可染论艺术》，人民美术出版社，2000。

3 李可染：《谈桂林写生——1980年3月10日对山水研究班谈话》，张凭整理，载中国画研究院编《李可染论艺术》，人民美术出版社，2000。

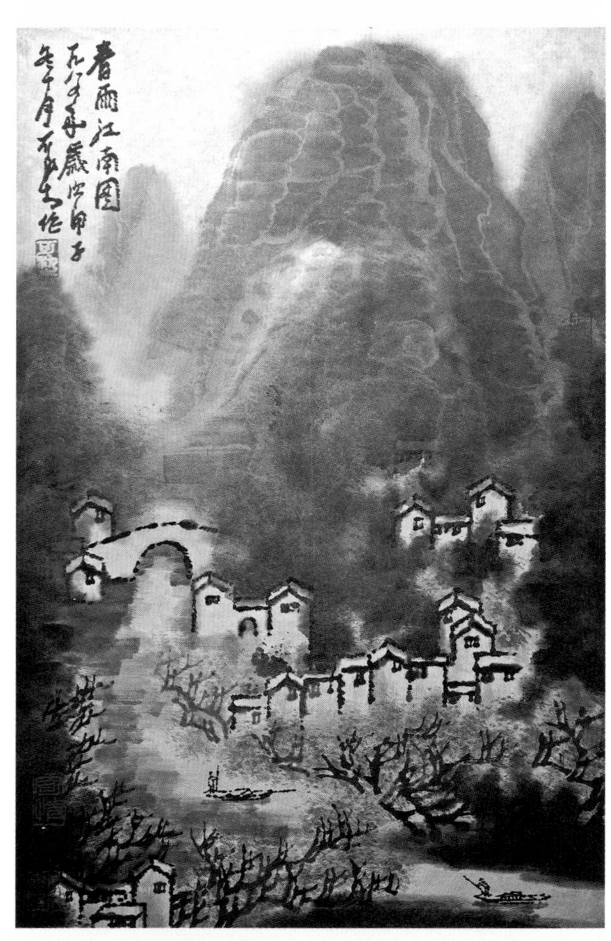

春雨江南图　李可染

总结出“五字诀”，即“气、含、笔、丰、大”。其中“气”（气韵）、“含”（含蓄）、“丰”（丰富）、“大”（大气）都与“意境”有关，而“‘笔’指笔墨，是创作的手段、方法。任何好的作品、好的构思、好的意境都需要用好的笔墨手段表现出来，这是基本功的一部分”。[1]从以上这些李可染对自己山水画创作的总结来看，“笔墨”在李可染山水画实践或山水画创作思想中从来就没有至高至上的神圣地位。

与“意境”观念紧密相关的是“意匠”。“肯定地说，画画要有意境，否则力量无处使，但是有了意境不够，还要有意匠；为了传达思想感情，要千方百计想办法。意匠即表现方法、表现手段的设计，简单地说，就是加工手段。”李可染认为，意匠大致包括剪裁、夸张、组织三个方面。[2]

李可染一生最崇尚的山水画境界不是笔墨而是意境，而且这个意境也已经不完全是唐宋时期的意境。这位不仅跟从留学法国归来的林风眠学习，而且还直接跟随过法国画家克罗多学习油画的山水画家，对自然的观照态度、观察方式与表现自然的手段，与纯古典纯文人画传统的山水画家是大不相同的。

三、对现场观察写生的高度重视

作为意境这种主客观结合方式中的客观

1 李可染：《山水画“五字诀”——1978、1986年在“师牛堂”谈话》，张步记录整理，载中国画研究院编《李可染论艺术》，人民美术出版社，2000。

2 李可染：《漫谈山水画》，《美术》1959年第5期。

之境，亦即唐人张璪“外师造化，中得心源”中的自然造化物象，在元、明、清以后是逐渐被弱化的。但在20世纪科学观的影响下，对现实的直接再现式描绘又重新占据了主流地位。这种再现思潮在绘画界表现为素描与写生。李可染是这种倾向在山水画方面最典型的代表。

与“因心造境”（清·方士庶）这个被宗白华认为包容了整个中国古典绘画精粹的说法不一样，李可染在意境的表现中不是因心而造境，其造型虽然也有主观超越再造的成分，但主要是在对大自然的写生中选择、剪裁、组合。李可染始终强调，自然是第一的。他认为在自然与传统关系中，自然当然为第一。“关于生活方面，说起来应该比传统更为重要。生活是艺术的唯一源泉，这是非常正确的。生活是无限的，比传统大得多。传统对一个人来讲是很大的，但比起生活来要差得远，有限的东西与无限的东西是不能比较的。传统要发展，还必须拿到生活中去考验。传统要变革，要发展，只有到生活中去，才是惟一的出路。”[1]

正因为这种观念，李可染的山水画与主张“论画以形似，见与儿童邻”的文人画完全不是一路。李可染是非常重视写生、非常重视造型的。他主张写生就是直接面对现实，“写生观察景物时，要把临摹前人得来的一套方法放下，要从对象中去挖掘新的表现方法”，而“元代以后脱离客观事物的画多无生命力”，就是因为太重传统古法之缘故。他认为“要成为大画家需要三个条件：一、观察深刻。二、搜集资料丰富。三、千锤百炼。观察对象要寻找发现它的规律，艺术的高低就是看谁对自然规律发现得多。要非常虚心、非常认真地去认识自然规律性”。他甚至要求“去认真地研究石头，画石头”。[2]正因为李可染这种对待现实自然的探索与研究态度，他把他所主张的这种倾向称作“苦学派”：“我不依靠什么天才，我是困而知之，我是一个‘苦学派’。每当我画完一张画，我常常问自己，我是在画画，还是在研究画，在学画？结论是，我是在学画和研究画。”[3]这种态度，又与业余画家“逸笔草草，不求形似”的“墨戏”文人画家态度俨然有别。

四、造型的严谨与素描的介入

与传统笔墨写生造型的手法不同，李可染这位学习过油画的画家对造型的严谨性特别在意。

他认为绘画的基本功有三条，第一条是一般的造型能力。“造型能力，指对形象、轮廓、明暗、层次、透视等的描绘能力，即对客观事物的刻画要准确。提高一般的造型能力，是艺术发展首要的前提。”为此，李可染主张学习和运用素描。他认为：“学中国画、山水画，学点素描是可以的，或者说是必要的。素描是研究形象的科学，它概括了绘画语言的基本法则和规律，素描的唯一目的，就是准确地反映客观形象。形象描绘的准确性，体面、明暗、光线的科学道理，对中国画的

1 李可染：《传统、生活及其他：与“河山如画”画展十位中、青年山水画家的谈话》，万青力整理，《文艺研究》1982年第2期。

2 李可染：《桂林写生教学笔录：1962年5月至7月》，李行简、王超整理，载中国画研究院编《李可染论艺术》，人民美术出版社，2000。

3 李可染：《谈桂林写生——1980年3月10日对山水研究班谈话》，张凭整理，载中国画研究院编《李可染论艺术》，人民美术出版社，2000。

发展只有好处，没有坏处。”李可染在现实中的写生，不少就是以素描的方式进行的。从李可染的素描写生与其作品的比较来看，李可染的国画创作不少就是其素描写生稿直接转化而成的。基本功的第二条是“专业的基本功，是指对于表现对象的深入研究和精确描绘的能力”。亦即用专业语言去学会精确描绘的本事。第三条是掌握绘画工具性能的基本功。[1]他把笔墨列在第三条之中，属工具性能。可见，李可染对造型准确的强烈关注。

由于这种对准确性的要求，李可染强调：“写生，首先必须忠实于对象，但当画面进行到百分之七八十，笔下活起来了，画的本身往往提出要求，这时就要按照画面的需要加以补充，不再依对象做主，而是由画面本身做主了。”他还说：“‘师造化’就是要把对象，把生活看作是你最好的老师。古人画画的笔法、墨法等无一不来源于客观世界，要把客观世界看成是第一个老师。”[2]这种高度写实的倾向，在李可染对去黄山写生的留学生交代的注意事项中体现得很清楚：“学习目的，不是搞伟大的创作。要画山、树的组织规律，一棵松树的穿插变化。山的构成不一样。山的关联、脉络、石纹，前山与后山衔接的关系，树干穿插变化，组织规律是根本。”“宁可画慢不要画快，‘慢’，不是松劲、懒，要从早到晚画，要踏踏实实画，一天画一张，一棵树五个小时都可以。”[3]他要求画对象肖似到百分之七八十，一棵树画五个小时，这就非但与传统文人画不求形似的倾向迥然不同，而且应该是文人画理论奠基者苏轼批评——亦如陈子庄批评一样——的对象。李可染的绘画与文人画不是一路。

李可染对造型准确的如此关注，是在走他认为的“正确的道路”——“中国传统的形神兼备论的道路”。[4]在中国美术史上，中国的绘画的确是一条形神兼备的路，在这条路上，文人画、民间画均偏重于神而轻于形，院画则偏重于形。但重形的李可染对形的表现与院画又若风马牛，他从西方造型的角度加强了造型在光影块面表达中的准确性，又吸收了文人画笔墨表现的意味，故与院画亦大不相同。

五、外光与调子的引入

李可染造型的又一特色是讲究外光与调子。

其实，光的表现在中国绘画史的早期如魏晋时期就已被充分注意。一则人类视觉经验的相似性当然会引起画家对光的关注，如顾恺之《画云台山记》中对光表现的记录；二则因佛教艺术的引入，导致张僧繇的“凹凸法”出现。这种对光的表现在五代两宋画中仍相当普遍，如董源的《潇湘图》中水面明暗不同的天光反射，郭熙《早春图》中的光影及空气透视关系，宋徽宗的《柳鸦芦雁

1 李可染：《谈学山水画》，孙美兰整理，载中国画研究院编《李可染论艺术》，人民美术出版社，2000。

2 同上。

3 李可染：《谈黄山写生——1979年4月18日对留学生谈话》，载中国画研究院编《李可染论艺术》，人民美术出版社，2000。

4 李可染：《谈艺术道路——1981年1月15日对山水画研究班谈话》，载中国画研究院编《李可染论艺术》，人民美术出版社，2000。

图》中分明表现明暗光影的圆浑树干画法。当然，到明清笔墨至上观念占上风之后，抽象、虚拟与平面性增强，光影的表现自然就消失了。研究过美术史的李可染知道古画有光影。他说：“中国的山水画，到宋代达到高峰，有了各种皴法，再加上渲染，是有明暗关系的。画山水，这地方亮点，那地方暗点，这就是明暗。有明暗，是由于光的作用，如果没有光，连形象都没有。这怎么能反对呢？”[1]当然，总的来讲，中国古代绘画并不刻意强调光的表现，比较平面，但毕竟有过光的存在。所以当20世纪引入西方光影画法后，当过油画研究生的李可染要画光影就理所当然。而且，不仅光影，因光而形成调子的观念也第一次被引入国画之中。

李可染把西方绘画的调子观念引入中国画是很有意义的。中国人在这个方面，一般是笼而统之地辩证地谈浓淡疏密的配合，作画全靠悟性，可操作性弱。李可染引入明度、调子，对此种关系就比较好理解。例如“山水画要讲求明度，画前要明确最亮的地方在哪里，最黑的地方在哪里，要在整体中求明暗，局部无法决定明暗，明暗不完全取决于对象，更取决于意境……画画时切忌一个局部画完了，才画另一个局部，要整体地画，整体地加”[2]。这种从西方素描式处理中得来，又结合中国思维的思路就既突破古人观念，又好理解，便于实践。这种观念李可染经常给学生说。如“画面哪一块亮，哪一块暗要注意。画得黑是为了亮。明暗交界，明者愈明，暗者愈暗”[3]。“物象的区分在明暗，不在色彩。房、山明度相同，单用色彩分不开。空间感在明度而不在色彩，明度相同，远看就消灭了，色彩不能真正解决空间问题。”[4]他还现身说法，以在四川万县（今重庆市万州区）画房、树，如何以纸的明度为0，以房、树的明度为5，在0与5中间加墨色至4的办法解决朦胧与清晰的关系。[5]这些带有西方素描和色彩学观念的说法，切入以水墨为基调的中国山水画中，是可以更好地帮助我们理解水墨画中的虚实浓淡、远近空间处理的。李可染独树一帜的水墨山水画图式，就是这种理论的成功实践。

与此相关的另一来自西方的概念是调子。对李可染来说，这是一个纯粹实践的问题。“不好的画，黑白太生硬，缺少中间调子，不丰富。中间色很重要，只有黑白两个极端就过于简单，初学画石膏的人，黑就黑，白就白，没有中间色调。中间色是调剂黑白的大片过渡色域，有无限丰富的层次。”“画应该有个调子，或深调子，或浅调子，调子要统一。调子不统一，只有一和三，没有二，就连接不起来……一张画哪些地方最重，哪些地方最浅，哪些主要，哪些次要，事先要有个设

1 李可染：《传统、生活及其他：与“河山如画”画展十位中、青年山水画家的谈话》，万青力整理，载中国画研究院编《李可染论艺术》，人民美术出版社，2000。

2 李可染：《山水画教学论语》，吴休整理，载中国画研究院编《李可染论艺术》，人民美术出版社，2000。

3 李可染：《谈黄山写生——1979年4月18日对留学生谈话》，载中国画研究院编《李可染论艺术》，人民美术出版社，2000。

4 李可染：《颐和园写生谈：1959年5月》，黄润华、李宝林、王超辑录，载中国画研究院编《李可染论艺术》，人民美术出版社，2000。

5 李可染：《谈学山水画》，孙美兰整理，载中国画研究院编《李可染论艺术》，人民美术出版社，2000。

计，把最美好的东西放在主要位置。山水画的好坏，整体感重要至极……画面脏的原因是黑白调子不明确，黑白对比不强烈，是画之前没设计好，同时不够肯定。初学者先应画得对比强烈，以后再注意黑白之间丰富的灰色调的变化。”[1]“一幅画要像音乐一样，要有自己的调子，有自己的旋律，或清淡或浓郁。过去有人画山水画，总用花青，但是客观事物是色彩丰富的，‘雨后山水似彩云’，为了表现一定的意境，一定要设计色彩。”[2]

调子的观念在李可染这里极其重要。他那些浓黑深重的山水画里，固然有水墨意境的成分，但也有直接从造型因素里获得的光的因素和对调子的设计。也正因为光影的表现要求有调子的观念，李可染从老师黄宾虹积墨法中习得的各种墨法，才有可能以深重浓黑的块面分割，构成既黑白强烈对比又层次丰富的光感效应和全新的山水画图式。从作品分析中我们可以分明地看到，李可染对光和调子的表现，是与他对老师黄宾虹墨法的学习与借鉴直接相关的，是其笔墨表现的独特方式，也是其意境表现的个性化基础，这与西方印象派对外光表现的视觉宗旨有根本不同。难怪李可染老说“有人说我的画像是中国画的印象派，我不同意”[3]。的确，从观念、从技法、从效果来看，李可染的山水画与印象派确实是毫不沾边的，这又让人想到黄宾虹，他也曾让人硬戴过印象派的帽子。

六、李可染的笔墨观

接受了大量西方观念的李可染对待笔墨的态度是变化的，了解这一点可以帮助我们了解李可染艺术观念的复杂性。

1946年李可染接受徐悲鸿的聘书去北京任教而未去母校杭州国立艺专时，尽管他表明过是因为齐、黄两大师在北京，但他的艺术观念与徐悲鸿接近，或许应是原因之一。尽管李可染多次说过，“我钻研民族传统仅仅笔墨一项就在齐白石、黄宾虹那里浸沉了十年之久”[4]“我13岁拜师学中国画，其间也学过几年油画和素描，但一生主要是和中国画的笔墨打交道”[5]。但从李可染在20世纪80年代之前画坛背景来看，当时一批学习或吸收西画因素的“中西融合”者，大多不太重视笔墨。徐悲鸿嘲弄笔墨，林风眠不屑于笔墨，20世纪50年代之前中国画坛关注的中心主要是写实写生科学，笔墨在当时根本就不是关注点。50年代之后，笔墨非但不是关注的中心，反而是带有强烈政治贬义色彩的资产阶级“形式主义”性质的危险概念。[6]

在那种时代背景下，李可染真要关注笔墨，才真有些反常。同时，从受徐悲鸿影响较多，自己

1 李可染：《桂林写生教学笔录：1962年5月至7月》，李行简、王超整理，载中国画研究院编《李可染论艺术》，人民美术出版社，2000。

2 李可染：《颐和园写生谈：1959年5月》，黄润华、李宝林、王超辑录，载中国画研究院编《李可染论艺术》，人民美术出版社，2000。

3 李可染：《札记》，载中国画研究院编《李可染论艺术》，人民美术出版社，2000。

4 李可染：《谈学山水画》，孙美兰整理，载中国画研究院编《李可染论艺术》，人民美术出版社，2000。

5 李可染：《我的话》，“李可染中国画展”前言，1986年4月5日，载中国画研究院编《李可染论艺术》，人民美术出版社，2000。

6 请参阅笔者著《笔墨论》第一章“二十世纪笔墨研究的历史回顾”，上海画报出版社，2002。

也强烈关注山水画意境表现，关注与意境的塑造有关的写实写生来看，李可染的确没有特别重视笔墨的理由。从李可染20世纪70年代以前有关中国画的论述中看，笔墨都从未占据重要地位。例如1950年《谈中国画的改造》，李可染就在文中大批倡导笔墨的董其昌“实可算是不小的罪人”，批评“形式主义的‘三王’”“离开古人不敢着一笔”，王原祁笔力如“金刚杵”，“可是这‘金刚杵’却是脱离了内容而单独存在”。李可染在指出许多古代社会的形式，在社会生活改变了的今天“也就没有多大价值”的同时，也指出如“线”等优良部分也当吸收利用。从这篇发表于1950年《人民美术》（即今天的《美术》）创刊号上的文章来看，联系以后李可染的以意境为核心已成系统的艺术观念，上述这些观点应当是符合他当时的真实想法的。在1959年由孙美兰整理的李可染在中央美院国画系山水画课讲课笔记《漫谈山水画》中，李可染就只谈“意境”：“画山水，最重要的问题是‘意境’，意境是山水画的灵魂。”此外，他还谈外光、谈写生、谈意匠，甚至从其谈意匠大体有“剪裁”“夸张”“组织”三个方面来看也没有包括笔墨。仅仅是在文章以再强调意境而结束之前，轻描淡写地提了一句笔墨：“在山水画的技法上还有笔墨的问题，这里暂时不谈了。”尽管1959年他也对学生专门就笔法问题讲过课，但也特别指出“笔墨是从客观事物来的，一定与客观事物有关，笔墨必须通过表现客观事物来发展自身。清代有些画家笔法抽象化，专门玩弄笔墨，脱离了客观来源，流于形式主义。王原祁的笔力被誉为‘金刚杵’，但缺乏意境。把笔墨看作中国画的一切，或者否定笔墨的作用，都是错误的。”他讲用笔，主要用的是黄宾虹“五字笔法”：平、留、圆、重、变。讲课中，有人批评他作画呆板时，他认为也对，但又认为“在某一个时期只能突出一个主要的方面。例如学画，在早期就不能脱离对象的真实性，过于求变化”。[1]这就又透露出一个确切的信息：那个时候的李可染全力集中于真实的造型上，并没有对笔墨问题太看重，尽管他是齐、黄的学生。只是到了70年代，李可染对笔墨问题的态度才有了重要的变化。对笔墨较为明显的关注，或许是从70年代中期开始。考之画迹，70年代初期及以前的作品，行笔较快，笔法较单调，变化不多。而中期之后，用笔积点成线，向下行笔经常变竖为横，圆厚凝重，顿挫毛涩，变化多端。与用笔的变化一样，70年代初期及以前的作品，墨法上其浓重风格固然已经形成，但浓黑调子中大多以皴染构成物象，而此后则浓淡穿插，积墨深厚，浓淡互破，墨法微妙灵动，明显地呈现了李可染对笔墨的关注、研究与实践上的探索。此后他在1979年为湖北省山水画学习班讲课时，就以专节去谈笔墨。从李可染对笔墨的讲述内容来看，黄宾虹的“五字笔法”中的“平、留、圆、重、变”与“七字墨法”中的“浓”“淡”“积”“破”都讲，他在谈黄宾虹最讲究“干裂秋风，润含春雨”的“苍润”时说，“黄宾虹论画、论笔墨，以我浅见所知是古今少有的……黄老师笔力雄强，笔重‘如高山坠石’，笔墨功力达到了很高的境界”。[2]我认为，李可染风格的形成，黄

1 李可染：《论笔法：1959年12月5日在中国画系讲课记录》，李松记录整理，载中国画研究院编《李可染论艺术》，人民美术出版社，2000。

2 李可染：《谈学山水画》，孙美兰整理，载中国画研究院编《李可染论艺术》，人民美术出版社，2000。

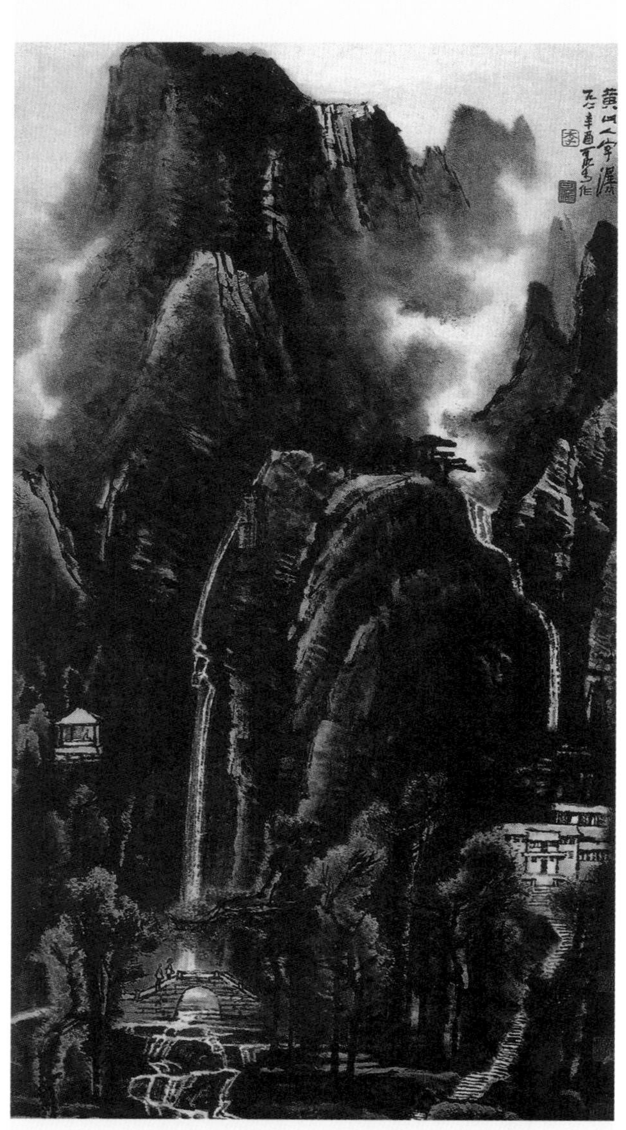

黄山人字瀑　李可染

宾虹墨法影响是一以贯之的，即使在不便大谈笔墨的时代，黄宾虹的积墨与破墨及“浓”“淡”等墨法对李可染的影响也是深刻的。80年代后，李可染对笔墨的态度有更大的变化，一方面表现为对董其昌看法的改变，一方面是对才发现的江西黄秋园的态度。

对一度被认为是“罪人”的董其昌，1987年时的李可染重新认识道：“中国画中确有非常宝贵的精华。开始，我对董其昌的画是不理解的，看不懂好在哪里。当然它的意境是没什么独到，但笔墨太精彩了。一开始，不懂它。我喜欢八大的画，后来慢慢从八大的画中看出了董其昌的影子，八大的画全是从董其昌来的。我才又细看董其昌的画，才看出他的用笔用墨妙极了，没有一点渣滓。‘清’极了，所有物象都像是月光下的世界，都是透明的，像水晶宫一样。”[1]直至李可染去世前的1989年11月24日，他还再次用了上述语言去称赞董其昌，说他“画上用墨是清墨，一点渣滓都没有，画得像月亮，极清”。[2]这就完全不同了。尽管董其昌绘画的意境李可染还是不以为然，但其笔墨的好处李可染是领会到了的。尽管董其昌笔墨那种意味也已经是一种纯净的精神境界了，但

1 李可染：谈《“苦学派”画展前言》，张凭记录，载中国画研究院编《李可染论艺术》，人民美术出版社，2000。

2 李可染：《让世界理解东方艺术：最后一课——1989年11月24日在“师牛堂”谈话》，李松记录，载中国画研究院编《李可染论艺术》，人民美术出版社，2000。

对李可染来说，他需要的不是这种抽象的独立的审美境界，而是另一种诗画般的主客交融的“意境”。至少，对李可染自己，笔墨仍然应该是塑造形象且为意境服务的。

李可染晚年对待笔墨的态度，还表现在他对江西黄秋园的极高评价上。李可染称：“黄秋园先生画展开幕，先后观看了两次，这些画使我震惊。”他为此题感想道：“黄秋园先生的山水画有石谿笔墨之圆厚，石涛意境之清新，王蒙布局之茂密，含英咀华，自成一家，苍苍茫茫，烟云满纸，望之气象万千，扑人眉宇，二石山樵在世必叹服。一九八六年丙寅元宵节可染拜观敬题于师牛堂。”[1]佩服及仰慕之情溢于言表。一代宗师李可染对名不见经传的黄秋园表现了这种罕见的仰慕，一方面有敬贤的意味，另一方面则是黄秋园的集古之大成的笔墨表现，震撼了正在思考笔墨问题的李可染，且有正中下怀的强烈针对性。但是，如果我们注意的话，除了笔墨，李可染还是一以贯之地在称赞他的“意境”与“布局”。其实，正如李可染客观地看到的那样，黄秋园的山水画本来不过集古之大成而已。但黄秋园仅仅集古之笔墨的那种完美，就已经让正在向往笔墨的李可染倾倒。

1989年，李可染还讲过一个有趣的事，他说一些台湾朋友喜欢他1956年的写生，对近期作品反倒疑惑，他认为“是因为我1956年的作品接近西方写生画，而现在就不同了”。[2]现在的不同在哪里呢？显然是更中国了，这其中，笔墨的讲究加强了无疑是一重要的因素。

1989年12月5日，李可染先生因心脏病突发而溘然逝世。从本文的研究来看，李可染艺术观念的发展就其趋势而言，在此阶段的确正进入另一个思考期，或许，正在进入一个实践转折期。李可染夫人邹佩珠女士也曾说过，李先生去世前也曾踌躇满志地说过他将有一个大变化。李可染心中的大变化是什么呢？真是向笔墨，向明清那样的笔墨全面回归吗？那么，他坚持了一生的“意境”又怎么办呢？而失去了“意境”表现去追逐纯粹独立表现的笔墨还是李可染吗？当李可染真的变成了黄秋园似的以笔墨为归宿的画家，李可染绘画的价值是更大还是更小了呢？当然，更大的可能，还是加强笔墨的修炼和借鉴，仍然让这种越发完美的来自现实创造性的笔墨构成其越发完美的“意匠”，让李可染为之追求了一世的心爱“意境”更加完美。

李可染在20世纪的中国山水画坛是个极有意思的画家，他一方面跟随林风眠与克罗多，两个学自或来自法国的西洋画画家，学习过法国味十足的油画，一方面又拜过20世纪传统型的齐白石和黄宾虹两个中国画大师习国画；他一方面受过林风眠与克罗多两位主要具现代派倾向影响的画家的教育，一方面又佩服与自己的老师有着完全不同倾向的欧洲古典油画风格的徐悲鸿。从李可染的艺术观念上看，他个人的主见是十分鲜明的。他拜齐白石为师，但根本不画花鸟；他是林风眠的学生，

1 李可染：《传统、创造和东方文化：1986年3月与“河山画会”中青年画家谈话》，温瑛记录整理，载中国画研究院编《李可染论艺术》，人民美术出版社，2000。

2 李可染：《让世界理解东方艺术：最后一课——1989年11月24日在“师牛堂”谈话》，李松记录，载中国画研究院编《李可染论艺术》，人民美术出版社，2000。

但却完全没有现代派倾向；他佩服徐悲鸿，也欣赏素描，却并非徐氏素描加线条改造中国画公式的拥护者；他尊敬崇尚笔墨的黄宾虹老师，自己却并不以笔墨为圭臬，反倒回归唐宋之意境。同时，老师辈中，徐悲鸿嘲弄笔墨，黄宾虹尊崇笔墨，林风眠喜欢现代艺术，徐悲鸿反对现代艺术……但李可染的艺术却谁都不像，他从观念相左的一批老师中，吸收各自的长处。他的绘画中有林风眠意境的清新，徐悲鸿素描的严谨，黄宾虹墨象的微妙，齐白石用线的圆厚。李可染走出了一条自我独立的道路。李可染从自己复杂的知识结构中吸收了西方造型的严谨，吸收了光的表现与调子的设定，又深入中国山水画传统的核心观念——意境之中，他用中国意象思维去自由地结构对象，把造型中光的运用、调子的设定与积墨破墨诸墨法相结合，形成浓黑深重而又墨象微妙的块面结构。在这种洋溢着浓郁中国诗情的意境塑造之中，李可染从现代造型的角度，从精神情感表现的角度，恢复了从唐宋至元明（明中期吴派止）时被明末清代笔墨独立审美断裂了的意境表现的传统，形成了中国美术史上独一无二的全新图式。李可染对从董其昌以来强大的独立审美笔墨传统有一个逐渐认识反省运用的过程，但自始至终，李可染一直坚持他意境为上的追求，坚持笔墨为造景服务的原则。正是这种执着一生的顽强追求，成就了李可染独一无二的杰出价值。对李可染的评价，也只有搞清了李可染艺术及其艺术观念的来龙去脉，搞清楚这种观念及创作方式与西方的关系，与传统与今天现实生活的关系，我们使用的评价标准及评价才可能更准确。

第六节　时代的脉搏，国画之曙光

——关山月中国画写生倾向中的时代选择

关山月是20世纪中国画坛时代倾向特别突出的代表画家。这与关山月继承其老师“革命画师”高剑父的“艺术救国”观念分不开，当然也是他自己一生追求进步的结果。

关山月的老师高剑父是20世纪初期最具影响力的画家之一。他既是同盟会和辛亥革命的元老，直接领导中国南部的革命斗争，又是一个“革命画师”，身体力行，把自己的绘画实践与革命与时代紧密地联系在一起。为了真切地表现现实生活，早在1915年，高剑父就开始画现代事物。如那时他画的《摩登时代两怪物》之坦克与飞机。1920年时他又曾乘飞机临空写生，对飞机这种现代产物表现过极大的热情。1927年，高剑父的一个画展，光飞机画就摆了一屋，室内还挂着孙中山“航空救国”的题词，与其“艺术救国”的思想相呼应。高剑父那时还画了大量关于现实的写生，且与古代水墨画大相径庭，题材有椰子、南瓜、仙人掌、乌贼、飞鱼及各类海鲜，当然，更有现代生活中的大量题材。高剑父曾说，“现实的题材，是见哪样，就可画哪样”“飞机、大炮、战车、军舰，一切的新武器、堡垒、防御工事等。即寻常的风景画，亦不是绝对不能参入这材料”。[1]当然，高剑父这种急切表现现实的要求与当时还未跟上的古典水墨山水画的语言系统是有着相当对立的矛盾的，以致高剑父当年的这类作品还显生硬，有时甚至生出荒诞奇特的印象。如加拿大史论家郭适（Ralph Croizier）所评：“如果这两个机械怪物也如那辆汽车一样，安置在水墨山水的背景上，它们像是要预示着摩登时代来临的一种奇特的征兆。”[2]尽管如此，高剑父蔓草荒烟中的《五层楼》，古老石桥上的《汽车破晓》，有电线杆的《斜阳古塔》，乃至《摩登时代两怪物》那些古代山水中的坦克与飞机，生硬归生硬，但“摩登时代”也的确在高剑父的绘画中来临了，尽管征兆是有些奇特。

了解关山月的老师高剑父对待现实、对待写生的态度，是了解关山月本人的艺术倾向的一条线索。1936年，24岁的关泽霈更名关山月，跟从高剑父入春睡画院当了入室弟子后，高剑父的艺术观念就直接影响着关山月的艺术成长。例如在绘画的艺术倾向上，高剑父教导关山月要使自己的艺术“与国家、社会和民众发生关系，要代表时代，随时代而进展”。“如民间疾苦、难童、劳工、农作、人民生活，那啼饥号寒，求死不得的，或终岁劳苦不得一饱的状况，正是我们的资料。”“尤

1 高剑父：《我的现代绘画观》，载岭南画派研究室编《岭南画派研究》第1辑，岭南美术出版社，1987。

2 郭适：《岭南派：风格与内容》，迟军译，载岭南画派研究室编《岭南画派研究》第2辑，岭南美术出版社，1990。

其是在抗战的大时代当中，抗战画的题材，实为当前最重的一环，应该由这里着眼，多画一点。”[1]关山月对老师的教导是时刻谨记的，甚至在广东危急、逃难的过程中，这位热爱绘画的画家也没有忘记观察现实。在逃难间隙，寻师澳门的几个月时间里，关山月在暂时栖身的普济禅院中，利用逃难中收集的写生素材，居然完成了一幅六张六尺宣的六联屏《从城市撤退》，自题长跋如下：“民国廿七年十月廿一日广州沦陷于倭寇，余从绥江出走，历时四十天，步行近千里，始由广州湾抵港，辗转来澳。当时途中避寇之苦，凡所遇所见所闻所感，无不悲惨绝伦，能侥幸逃亡者以为大幸，但身世飘零，都无归宿，不知何去何从！且其中有老有幼有残疾有怀妊者，狼狈情形不言而喻。幸广东无大严寒，天气尚佳，不致如北方之冰天雪地，若为北方难者，其苦况更不可言状。余不敏，愧乏燕许大手笔，举倭寇之祸笔之书，以昭示来兹，毋忘国耻！聊以斯画纪其事。惟恐表现手腕不足，贻笑大雅耳！二十八年岁阑于古澳，山月并识。”他在创作此画的前后，都一直在坚持写生，并且根据写生稿进行创作。[2]

关山月从事抗战作品的创作始于1932年，那时他在自己的家乡阳江画了一幅

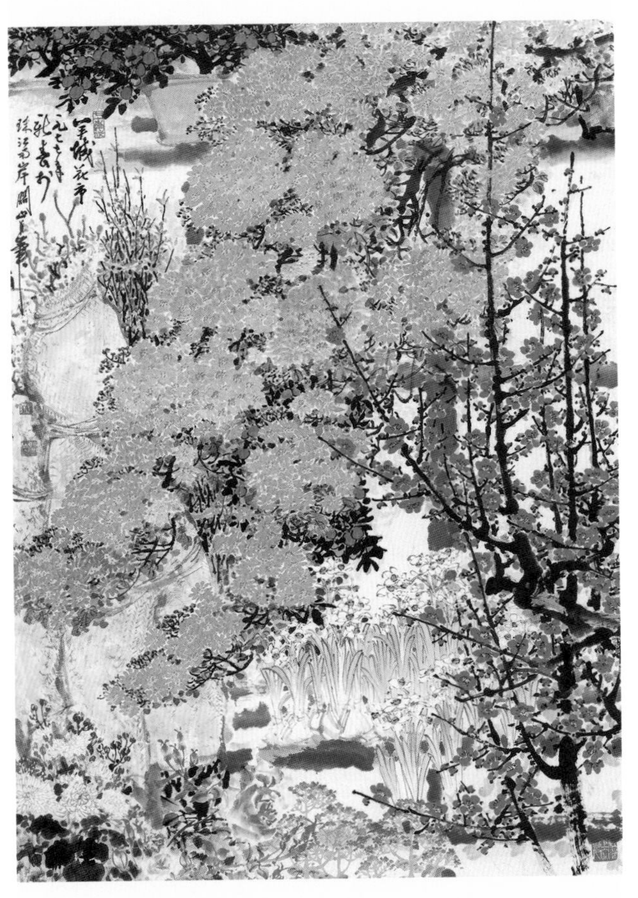

羊城花市　关山月

1 关振东：《关山月传》，澳门出版社，1992，第40—41页。本文内容大多参考此书，除特别重要者，不再一一注出。

2 关振东：《关山月传》，澳门出版社，1992，第53页。

《来一个杀一个》的抗日宣传画挂在县城最热闹的南恩路上。从概念上的抗日，到1938年亲历逃难，关山月其间一共创作了近百幅抗战作品，这位年轻的画家，从20岁艺术生涯之始，从事的就是一种革命的、进步的艺术创作。其中相当比例是在现实中的写生。例如他在被日军占领后的中山县和难民一起逃过难，目睹过被日机袭击的渔船和在三灶岛附近被日寇烧毁的渔船，于是有《中山难民》《渔民之劫》《三灶岛外所见》等巨幅的创作。

这些大量的具抗日倾向的中国画作品直接取材于关山月自己逃难的经历或亲眼所见的社会现实，来自现场直接的对景写生，故关山月的作品特别真切、生动、感人。这使得他的近百幅抗战题材的作品在1939年夏天于澳门濠光中学展出后，受到社会各界的关注，当时在香港编《今日中国》画报的进步画家叶浅予和在《星岛日报》做编辑的张光宇专程到澳门参观展览，并邀请关山月去香港办展。在叶浅予、张光宇二人的引荐下，关山月在香港的展览也获成功，并受到一批进步文化人士如端木蕻良、徐迟、叶灵凤、黄绳、任真汉等的关注与积极评价。他们在香港的著名媒体如《今日中国》《星岛日报》《大公报》等报纸上评价称关山月的作品“逼真而概括”“真实地描绘了劳苦大众在日寇铁蹄践踏下的非人生活”“有力地控诉了日寇的野蛮行为”“能激起同胞们的抗战热忱”。同时，他们也称赞关山月是“岭南画界升起的新星”。[1]

太平洋战争爆发后，香港也沦陷，关山月又向内地迁移，当时他面对一个最重要的问题，就是怎么让自己的艺术参与抗日，服务人生。当关山月参加战地服务团试图直接在战地写生的愿望被拒绝之后，除了继续描绘抗战题材举办抗战展览，行万里路，师法造化，面向自然，直接写生，成为关山月抗战期间最重要的目标。关山月那时为自己定下了目标：“人生最重要的事，必须有一个伟大的目标，以及达到那目标的决心。”而他的目标就是忠实地执着于绘画艺术，并且用这艺术服务人生。抗战期间到西南西北去，直接记录那里人民的生活，直接面对那里的名山大川写生，成为关山月一生艺术生涯的重要里程碑。

在西行的过程中，在桂林，他登山涉水，不停地写生，题材包括独秀峰、“南天一柱”、象鼻山，甚至自驾一叶竹筏泛舟漓江，在江上写生。面对祖国大好河山，兴奋的关山月带着干粮，带着画夹，在几个月的时间里，天天外出写生，再利用写生进行创作。在桂林期间，他结识了如黄新波、夏衍、欧阳予倩等进步文化人士。而作为中华全国木刻界抗敌协会桂林办事处负责人的黄新波对关山月的影响是很大的。两人的友谊持续了一生。一如黄新波在1979年为《关山月画集》写序时回忆所说：“那时候，山月是那么年轻，满怀抱负，浑身都洋溢着青春活力。我们一见如故，看画、论事，谈笑风生，开始了我们日后随着时光流逝而益加笃厚的情谊。”一个是革命画家，一个是“满怀抱负”的青年画家，两人一见如故，不都是因为共同的人生艺术理想吗？处在兴奋中的关山月在桂林期间刻了三方闲章：“古人师谁”“天渊万类皆吾师”“领略古法生

1 关振东：《关山月传》，澳门出版社，1992，第56页。

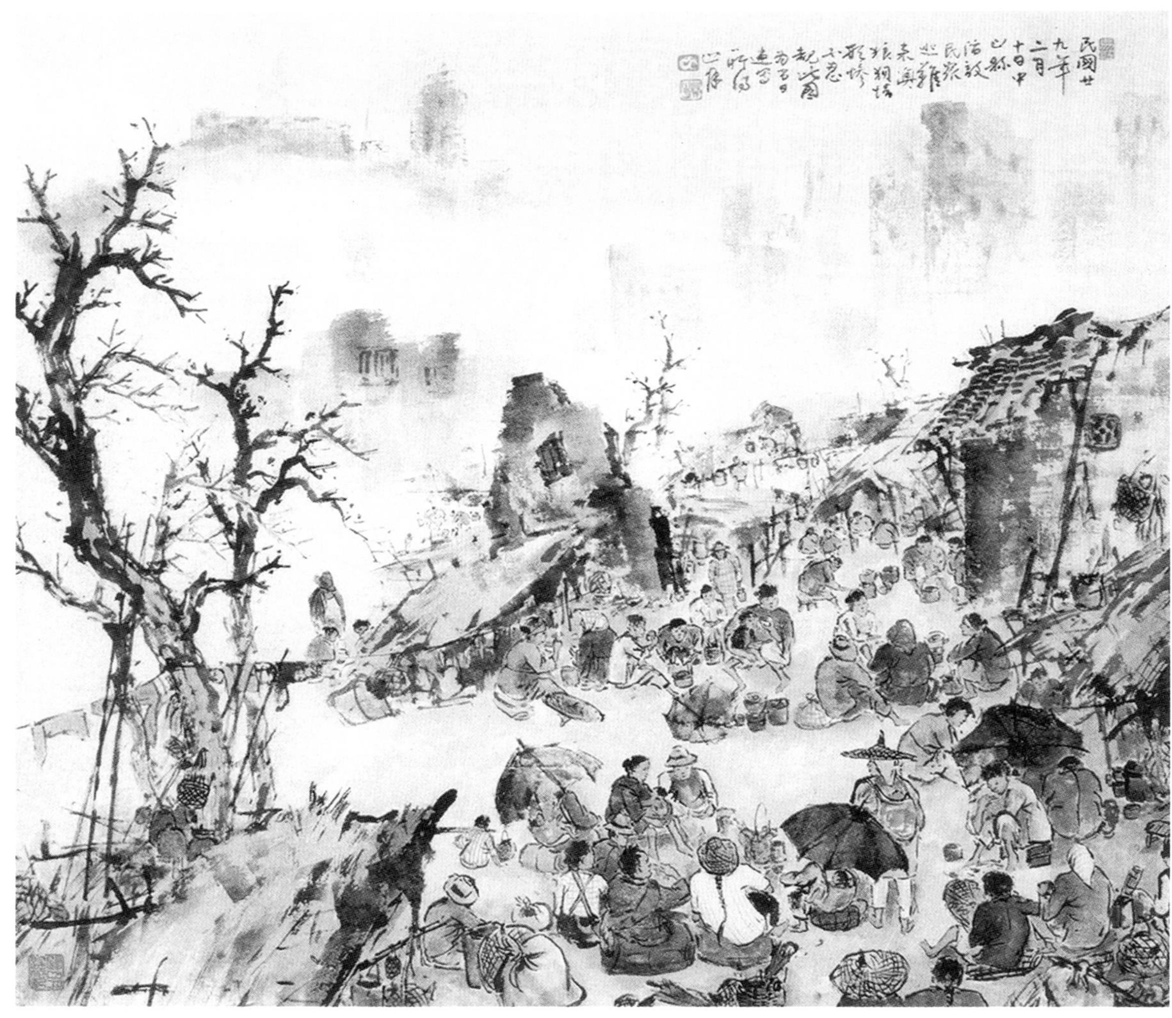

中山难民　关山月

新奇”。三方闲章都表明了自己外师造化、革故革新的抱负。果然，关山月把在桂林写生和根据写生创作的一幅32.8厘米×2850厘米的长卷《漓江百里图》与同时创作的一批桂林山水题材作品一并展出，也获得很好的效果。

从1941年始，关山月一直反复辗转于贵州、云南、四川各地，进行大量的写生创作，写生使关山月增强了对现实的感悟，也使他逐步形成了源自现实的全新而独特的国画语言。在各地不断举办的展览中，关山月认识了一批画坛大师，如在昆明办展认识了主动来看展览的徐悲鸿。作为老师高剑父的朋友，坚持写实主义的徐悲鸿对这个后辈源自现实源自写生的画风十分称赞：“不错，很新鲜。看来你跟你的老师学到了不少东西，开风气之先。”他特别鼓励关山月的新画风，“今天我们画国画就应该有新面目，给人新的印象”。他在重庆办展还结识了以写生直接报道社会现实、反映民众生活的大画家赵望云；在成都办展又认识了张大千，张大千也是个坚持写实的画家，关山月的画亦受大千先生的鼓励。

由于一开始从高剑父老师坚持的写生反映社会现实、反映时代特征入手，以后又一直与一批有着同样倾向的画坛朋友相互影响，关山月在坚持写生的艺术道路上逐渐形成了从写生入手反映社会现实、反映时代特征甚至带有进步政治色彩的艺术倾向。这使得关山月的艺术在中国画——这个相对古典，与社会现实保持相当距离，具有高蹈超越的个人境界的绘画类型——领域中显得十分别致和突出。写生写实在20世纪初中国画界本是一种时髦的思潮，画界凡是稍有进步倾向或自视为进步者，没有不写生的。但习国画者，从传统中学习者，大多以古人眼光观察自然，虽是写生，画来照样古意盎然；西洋留学归来画国画者，又大多画得像西洋风景写生。且写生又大多画风景、山水而已。加之中国画从来以高蹈超越为旨归，以贴近黏着现实为低俗，故国画中直接反映社会现实者不多，山水画家中这种倾向在中华人民共和国成立之前更为罕见。从画种的角度看，只有30年代初由鲁迅引进的木刻画，是所有从事木刻创作的版画家一致的追求，以致当时把版画家直接当共产党员看。但在二三十年代之国画界画社会性题材者十分罕见，更不要说画带革命进步倾向作品的人了。这种类型的国画家又长于写生者，恐怕只有梁鼎铭、赵望云、蒋兆和和关山月这不多的几位了。

关山月的这种艺术倾向，又因此后他著名的西北写生而得到强化。

赵望云这位旅居西安的画家对西北一带情有独钟。1943年，关山月与赵望云、张振铎从西安出发，到兰州进入河西走廊，深入祁连山牧区，又至敦煌临摹古代壁画。在数月的西北之行中，关山月一面观察西北那种雄浑壮阔崇高苍凉之景色，一面更深入西北少数民族牧民的生活中，深入藏族与哈萨克族牧民的生活中，观察他们的牧放生活，直接画出了诸如《祁连放牧》《牧民迁徙图》《塞外驼铃》《祁连牧居》《蒙民游牧图》等中国绘画史上前所未有的全新题材作品。到1944年冬，回到重庆的关山月又举办了“西北纪游画展”，展出了他在西北写生和在敦煌临摹的一百多幅作品。西北独特的景物与敦煌古壁画的熏染，使关山月逐渐摆脱了此前的画风而成就了一种全新的风格。文坛领袖郭沫若也来参观了展览，且主动要求为关山月的《塞外驼铃》和《蒙民牧居》两幅画题诗。郭沫若后来竟一口气为两画题绝句六首，并附一跋：“关君山月有志于画道革新，侧重画材酌挹民间生活，而一以写生之法出之，成绩斐然。近时谈国画者，犹喜作狂禅超妙，实属误人不浅。余有感于此，率成六绝，不嫌着粪耳。”在《蒙民牧居》诗塘上，郭沫若又题跋：“国画之凋敝久矣。山水、人物、翎毛、花草无一不陷入古人窠臼而不能自拔……关君山月屡游西北，于边疆生活多所研究，纯以写生之法出之，力破陋习，国画之曙光，吾于此喜见之。”[1]“国画之曙光”于关山月中国画写生中现之。此语出自当时文坛领袖郭沫若之口，可见关山月源自生活、源自西北牧区民众生活的写生之作的确为中国画的时代风气带来了一抹曙光、一股新风。

如果说，在40年代之前，关山月中国画写生中对劳苦大众、战争难民、牧民生活的题材选择，是受到高剑父老师“艺术救国”和艺术大众化时代选择的影响，那么，中华人民共和国成立之后，

1 关振东：《关山月传》，澳门出版社，1992，第123—124页。

关山月的中国画写生则是在社会主义革命精神影响下，在社会主义现实主义创作思想的指导下，对社会革命和社会主义建设的热情讴歌！

中华人民共和国成立以后，关山月比较集中也比较有影响的一次写生是所谓的“东北写生”。1959年，关山月与傅抱石合作完成人民大会堂大型壁画《江山如此多娇》后，因两人对该画不甚满意，相约于1960年返北京重画，而喜欢该画的周恩来总理婉拒了二人的要求，并安排二人去东北写生。

关山月、傅抱石二人在东北长白山、天池、镜泊湖，以及抚顺煤矿等多个地方体验生活进行写生创作。在长达三个月的写生活动中，关山月看到无数的自然社会景物时，会比较注意选择一些气象宏大崇高的自然景象予以写生，完成了如《林海》《长白飞瀑》《千山夏日》一类作品。而在这一片大好河山中，关山月又特别注意表现一些革命内容。如在长白山抗联根据地，他特意在刻有“抗联从此过，子孙不断头”标语的红松下对景写生，以顶天立地巍然屹立的红松象征抗联战士的不朽。他又在抚顺露天煤矿克服前无先例的困难，用水墨的画法画出前无古人的工业题材的《煤都》。面对这个既无山，亦无水，连树木花草都一应俱无的露天煤矿，这种传统中国画从未尝试过的题材，要如何用中国画的方式去表现？关山月“在时代使命的驱使下偏要碰硬”。经过反复的推敲试验，终获成功。关山月为此在该画上题一长跋：“余生平怕画方圆之物，作画前亦忌先在纸上打正稿子。一九六一年八月于抚顺露天煤矿写生，深感矿区规模之壮观，煤层通道之繁杂，纵尽谙前人皴染之法，亦无能为力，盖内容与形式关系之新课题也。今试图之，工拙不计，聊记其印象耳。”[1]亦如其面向现实画了许多新事物的老师高剑父一般，关山月在时代使命的召唤下，通过写生和对写生的选择，完成了一个又一个新事物的表现和新技法的探索，完成了其作为一个新时代画家应有的职责。

关山月的代表作《绿色长城》或许正是他这种与时代共振精神的代表。关山月从小随父在海岛上成长。他深知海岸荒漠般的沙丘给人民生活带来的麻烦乃至沙进人退的灾难。但当1973年，关山月在电白县（今电白区）博贺渔港的海岸沙丘上看到绵延十多里的栽植的木麻黄林带时，那一长排茂密厚实长城一般护卫着海岸，护卫着海边渔村的绿色林带，使熟悉海边生活的关山月震撼了。他知道，在海边的沙丘不要说栽种树木，根本连草都不可能生存。但眼前那茂盛的沙丘林带竟奇迹般地生长在那里。原来，那是政府引进的依靠海水生长的澳洲铁木。正因为这种特殊的海生树木的引进，海岸林带形成了。而有着强大生命力的海岸林带的形成，对防止沙侵、台风和海啸有着巨大的作用。关山月的《绿色长城》表现的就是这一人间奇迹，这亦是社会主义建设取得巨大成就的一个有力的证明。该画巧妙地解决了林带的宏观“阔远”，与见林见木的微观细节近景关系，把木麻黄林边缘棵棵具体可感之树木之近景，与迤逦远去连至天边的林带之远景一并绘出，加之惊涛拍岸翻

1 关振东：《关山月传》，澳门出版社，1992，第192—193页。

滚的海浪亦连天接海而走，林带内侧又白云翻卷远去天边，画面海涛拍岸，云海缥缈，绿色林带长城远去天涯，气势浩大磅礴，既有近景之细节，又有远观之气势，这就不仅有中国古典山水远观其势近察其质之观察态度，有“平远”“阔远”之“远”意，又有西画由近及远之焦点透视的特质，加之其中还有光映林带的阳光之感，及因此而来的林带色彩上的冷暖对比。此画真可谓师中西融合之“新国画”观念之创新实践与开拓。[1]该画完成后，即参加当年即1973年全国连环画、中国画展览，大获好评，该画成为关山月一生著名之代表作并被中国美术馆收藏。《绿色长城》是作者深入现实生活，从写生入手，选择具时代典型特征题材而创作的典型范例。

“文化大革命”十年期间，关山月被斗被整。十年过后，关山月又挟着他的画板，到现实生活中写生创作去了。其实，中华人民共和国成立以来，关山月在自己已融入其全部生活的写生中，从来都把注意力放在社会主义建设事业上，用全部的热情去讴歌新的生活。关山月一直认为，一个艺术家应该同时代脉搏感应，跟人民忧乐与共，呼吸相通。山水画家不应止于模山范水，而要画出新意，画我们时代新出现的新事物、新生活。所以，1954年他在湖北山区看到汽车开进古老的山区，便写生创作了《新开发的公路》。在武钢工地看到新中国钢铁工业基地热火朝天的建设，他又创作出《武钢工地》。在湛江，他画过《堵海》《鹤地水库》《南方油城》《向海洋宣战》等热烈壮阔的场面。到东北，他的《镜泊湖集木场》和《煤都》，都是这种与时代共振的产物。“文化大革命”十年结束后，关山月更把被压抑了十年的作画热情投到各地的写生创作活动之中。70年代末，关山月为完成毛主席纪念堂的稿约，又奔走于庐山、井冈山、韶山冲，还到长征路上之娄山关、延安写生，完成了《革命摇篮井冈山》《井冈山颂》《毛主席故居》《娄山关》等革命题材的山水画。1978年，年近70岁的关山月还重返青海、敦煌，他关注的仍然是山河新貌。如在青海东部的共和县，关山月怀着激情写生龙羊峡水电站，作《龙羊峡》，自题跋称：“一九七八年秋九月重访青海高原，在龙羊峡水电站工地抄得是稿，一九七九年春方图之，今想此河山又装点得更好看了。”此画参加当年中华人民共和国成立三十周年的全国美展，获三等奖且被中国美术馆收藏。1978年的西部写生，还值得一提的是三峡写生。从青海甘肃返归途中，在长江航运局的支持下，关山月一行从武汉上溯重庆，又从重庆直下武汉，沿途遍览长江沿岸风物，三峡名胜，不仅江上行舟，还登山攀岭，领略巫山烟雨、夔门险绝，归后作14米长《江峡图卷》，描绘胸中感受。亦题长跋：“一九七八年秋重访塞北后，与秋璜乘兴作长江三峡游，从武汉乘轮上溯渝州，又放流东返，回程奉节，改乘小轮，专访白帝城，既入夔门，复进瞿塘峡，全程历二十余天，南归即成此图。咀嚼虽嫌未足，意在存其本来面目于一二。因装池成轴，乃记年月其上。一九八〇年六月画成于珠江南岸

1 高剑父说：“旧国画之好处，系注重笔墨与气韵，所谓‘骨法用笔’‘气韵生动’……新国画固保留以上的古代遗留下来的有价值的条件，而加以补充着现代的科学方法，如‘投影’‘透视’‘光阴法’‘远近法’‘空气层’而成一种健全的、合理的新国画。”引自高剑父《我的现代绘画观》，载岭南画派研究室编《岭南画派研究》第1辑，岭南美术出版社，1987。

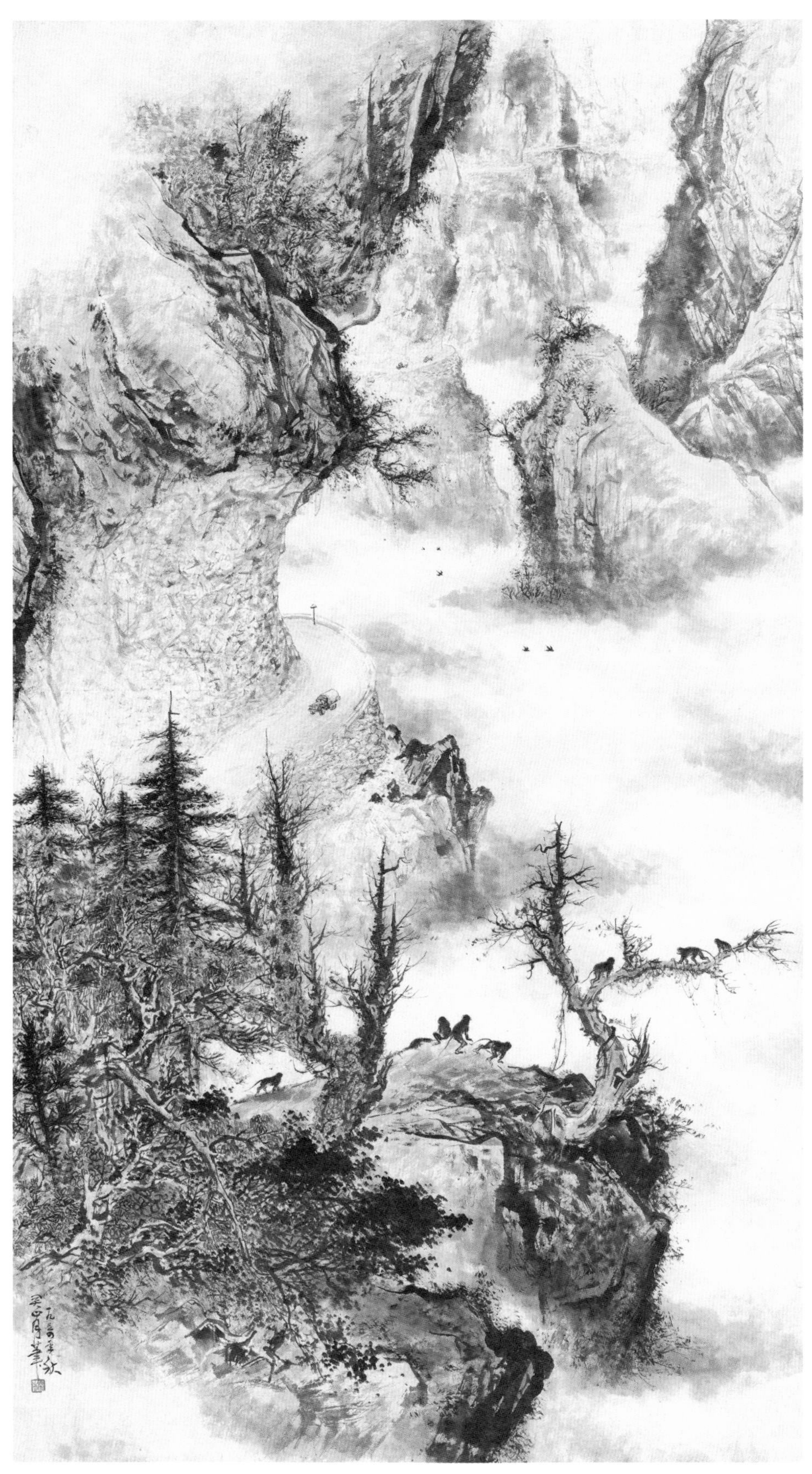

新开发的公路　关山月

隔山书舍。漠阳关山月并识。”且钤“平生塞北江南”闲章以志其平生志向于祖国山川之讴歌。此卷固然与其他画家所绘之《长江万里图》或三峡作品一样，也有感于峡江之奇险，烟云之变幻，河山之壮丽瑰玮，但关山月从自己的关注与选择角度，仍特别关注三峡之时代新貌。在他的《江峡图卷》中，除了长江风物，三峡奇境，汽轮飞驰，航标密布，红旗翻飞，现代化的桥梁、住宅和现代新城也于画上出现。或许将1978年关山月《江峡图卷》与1968年张大千长近20米的《长江万里图》长卷相比较即可一目了然。在张大千的泼彩山水中他关注的是长江的风物形胜，是思幽乡情，是古雅意趣，而关山月则是要从中体现时代精神和时代新貌来。

纵观关山月持续一生的写生活动，他一直遵循高剑父老师要使自己的艺术“与国家、社会和民众发生关系，要代表时代，随时代而进展”的教导，一直致力于让自己的艺术反映时代，反映时代精神。抗战时，本身尚在逃难的关山月画了逃难的人们，想上前线直接描绘战争现场未果后到了大后方，又把自己的画笔伸向西南、西北人民真实的生活场景。甚至在50年代初期参加土地制度改革工作队的时候，这位坚持反映时代精神的画家也未忘记以写生的方式直接记录这种社会革命的进程。这以后，反映时代变革，表现山川新貌，一直是关山月写生活动中一个自觉的选择。这就使关山月的艺术创作与中国画界普遍的以传统水墨笔墨处理花鸟山水，偏重传统意趣意境的中国画拉开了很大的距离。如果说写生写实是20世纪中国美术界一个持续近百年的美术思潮的话，那么，关山月在写生中坚持的这种反映时代精神、时代新貌乃至革命色彩的选择，或许更代表了这个由政治变革带来翻天覆地变化的革命世纪的真实面貌。

第七节　永远的吴冠中

如果要在20世纪最后的20年里，在中国美术界寻找一位最具影响力，亦对中国美术从观念到实践都产生过巨大的冲击力，并给整个中国美术风貌带来深刻变化者，这个人只能是吴冠中。

很难想象这位瘦小的老人竟有如此巨大的艺术创造魅力！

50年代以来，由于政治运动对艺术的过多干扰，各门艺术自身的独特性无法充分发挥，但在“四人帮”倒台，“文化大革命”结束，改革开放开始，文艺的春天到来的70年代末，这种情况必须突破！艺术必须由他律回到自律！这个要害必须解决！但有趣的是，率先意识到并提出这个要害问题以及首先发难的，并不是历次在革命中冲锋陷阵的青年，而是早年留学巴黎，此时已年过60岁但艺术感觉反而愈益敏锐的老翁吴冠中！1979年到1981年，吴冠中在《美术》上连续发表了《绘画的形式美》《关于抽象美》和《内容决定形式？》几篇强调形式在视觉艺术中重要性的文章，这无疑是时代的需要促成了吴冠中的思考与发难，而吴冠中的发难又引发了一场艺术的革命！此所谓时势造英雄，又可谓英雄造时势。正因为吴冠中在形式问题上的发难，引发了80年代初整个美术界连续几年的形式问题大讨论和对形式的高度重视及实践，视觉艺术的视觉性理所当然地重新得到了全体美术界美术家和美术理论家一致的认同，而那些只在主题、题材乃至“点子”上下功夫，专事投机、沽名钓誉的人们受到了前所未有的挑战。这个引导中国美术界回归正确之路的发难者就是吴冠中，吴冠中老先生的成就在这，他独树一帜的卓越历史贡献也在这！

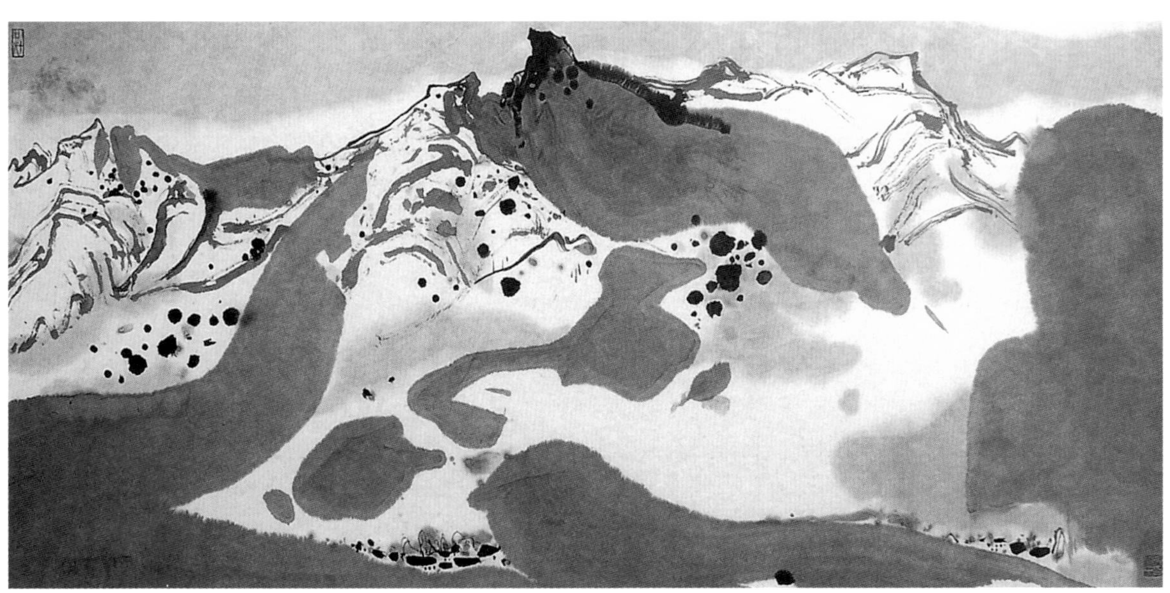

巴山春雪　吴冠中

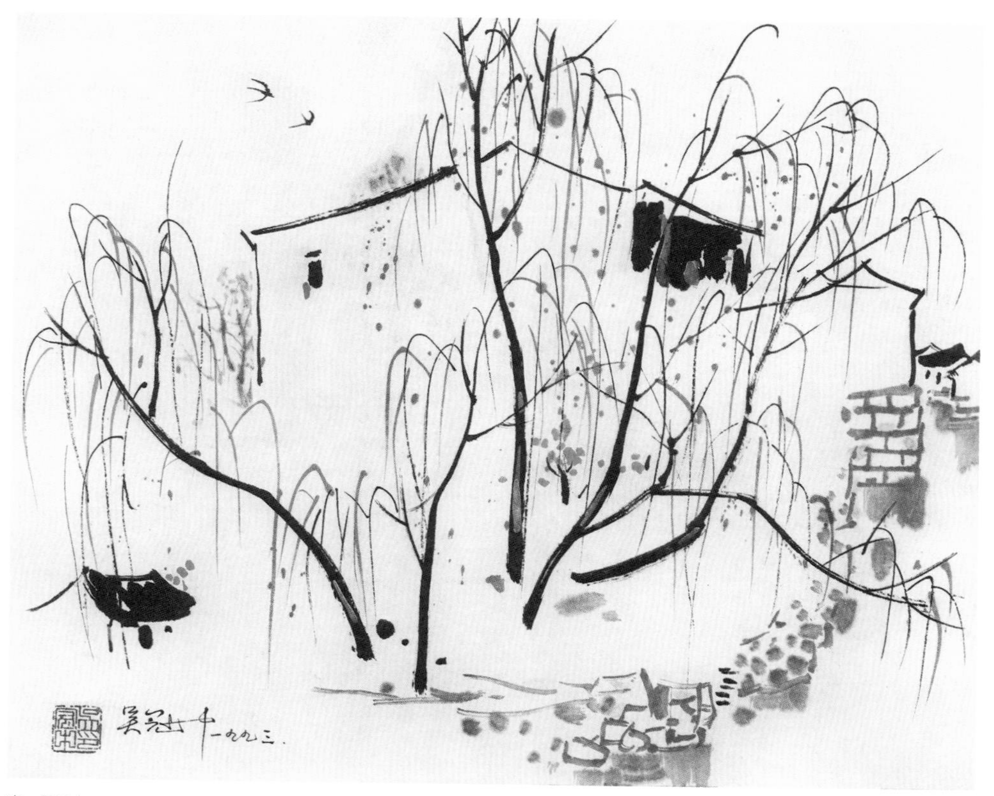

春　吴冠中

如果一位美术家做出了上述成就已足以青史留名的话，那么，在20世纪的最后一年，吴冠中又以笔墨问题的发难挑起了另一场同样重大的，事关我国“国画”这个极为重要画种的争论。

尽管吴冠中《笔墨等于零》这篇颇为惊世骇俗的文章是90年代初在香港与人争论后写成发表的，但引发时人的关注，却是在中国画的变革倾向愈趋激烈的90年代末。中国画的程式性是其特点、优点，同时程式本身也有缺点与局限。而笔墨又是传统绘画诸多程式中最著名也最具影响的一种，全体“国画”家对它一致近乎崇拜的认同，是造成“中国画”基本风貌千篇一律的重要原因。敢不敢向这个近乎神圣的“笔墨”挑战，是中国画是否能实现变革的关键。现代大师们如林风眠、张大千、傅抱石、“岭南三杰”都以自己优秀的创作默默地向传统笔墨挑战，开拓新的视觉形式而奠定杰出的画坛地位。但真正以挑战形式而触发论战引来普遍的对笔墨问题的关注和争论，一如80年代初对形式与内容发难引来大讨论一样，却又是这位吴冠中！正是这位在70年代末就大力提倡形式美与抽象美的艺术家，现在又在反对那种孤立崇拜笔墨的强大势力和有害倾向。他有力地指出，“脱离了具体画面的孤立的笔墨，其价值等于零”。吴冠中在这篇著名的文章中所指出的其实就是孤立崇拜笔墨的保守倾向，他认为笔墨是在画面各种构形关系中存在，在时代需要中变化，在情感内涵发展中发展，在材料媒体变化中演进的。这绝对不是错的。尽管大多数争论的人或许根本就没看过吴老这篇文章，仅仅是针对他那想引人强烈关注的轰动性题目而高谈阔论，但文章所提出的问

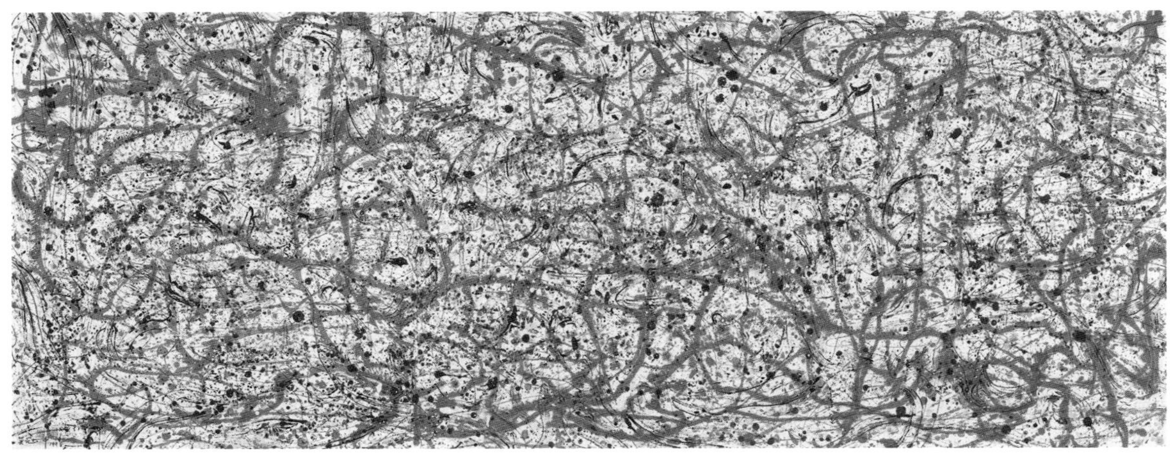

逍遥游　吴冠中

题已够引起国画家们的深思了：难道古代形成的笔墨真那么神圣，神圣到可以孤立地评价？难道全新的生活带来的全新体验真可以用古人创造的表达他们自身情感的笔墨去完美而真诚地表达？笔墨真可以以不变应万变且反映新时代风貌？如果笔墨不再那么神圣，那除笔墨之外我们不应再关注“构成画面，其道多矣”的其他手段？难道为了表达画面所需效果而“不择手段”哪怕背离笔墨的传统规范是错误的？如果媒体材料的变更可以带来全新的效果，国画家们难道应该因为古代的规范而拒绝？吴冠中的提法无疑是创造性十足的，是一种在故步自封的“中国画”领域中全面开拓的思维。吴冠中给“中国画”家们提出了这种传统绘画的无穷拓展可能。

在中国传统绘画发展与现代形态转化这个中国美术极为重要的问题上，吴冠中可谓以纲举目张之势，从笔墨的要害入手，在大争论中把美术家们领进了一个全新广阔的领域。这又是时势造英雄，英雄造时势。

作为一个画家，吴冠中凭借他多年正确的艺术教育、敏锐的艺术才情和从充满激情的数十年艺术实践中所得到的感受，总是走着正确之路，逐步走向充满灵光的神圣艺术殿堂。吴冠中似乎永远都是对的。而且对得那么重要，那么及时，那么典型，那么切中要害，那么具有强烈的时代气息，且具有引领时代风气之先的特殊重要意义！这不正是时势造英雄，英雄又造时势吗?

吴冠中无疑是20世纪美术界特别引人议论的人物。他“老夫聊发少年狂”的天真、直率及由此而来的大胆、无忌乃至狂肆，他的特立独行，标新立异，容易引来习惯中庸的国人的莫名惊诧。但毫无疑问，吴冠中对中西艺术的独特理解，中西融合的独特思维，身兼画家、理论家与散文家的敏锐感受、丰富才情、广阔知识结构，还有在耄耋之年却以如此敏锐与勇敢引领时代之风骚的独特贡献，都将引发人们无数的讨论。

毫无疑问，吴冠中在20世纪80至90年代对画坛所产生的积极而巨大的影响绝不会随着20世纪的过去而过去，我们将在21世纪看到这种影响的继续存在。吴冠中是永远的，因为艺术之树伟大且常青。

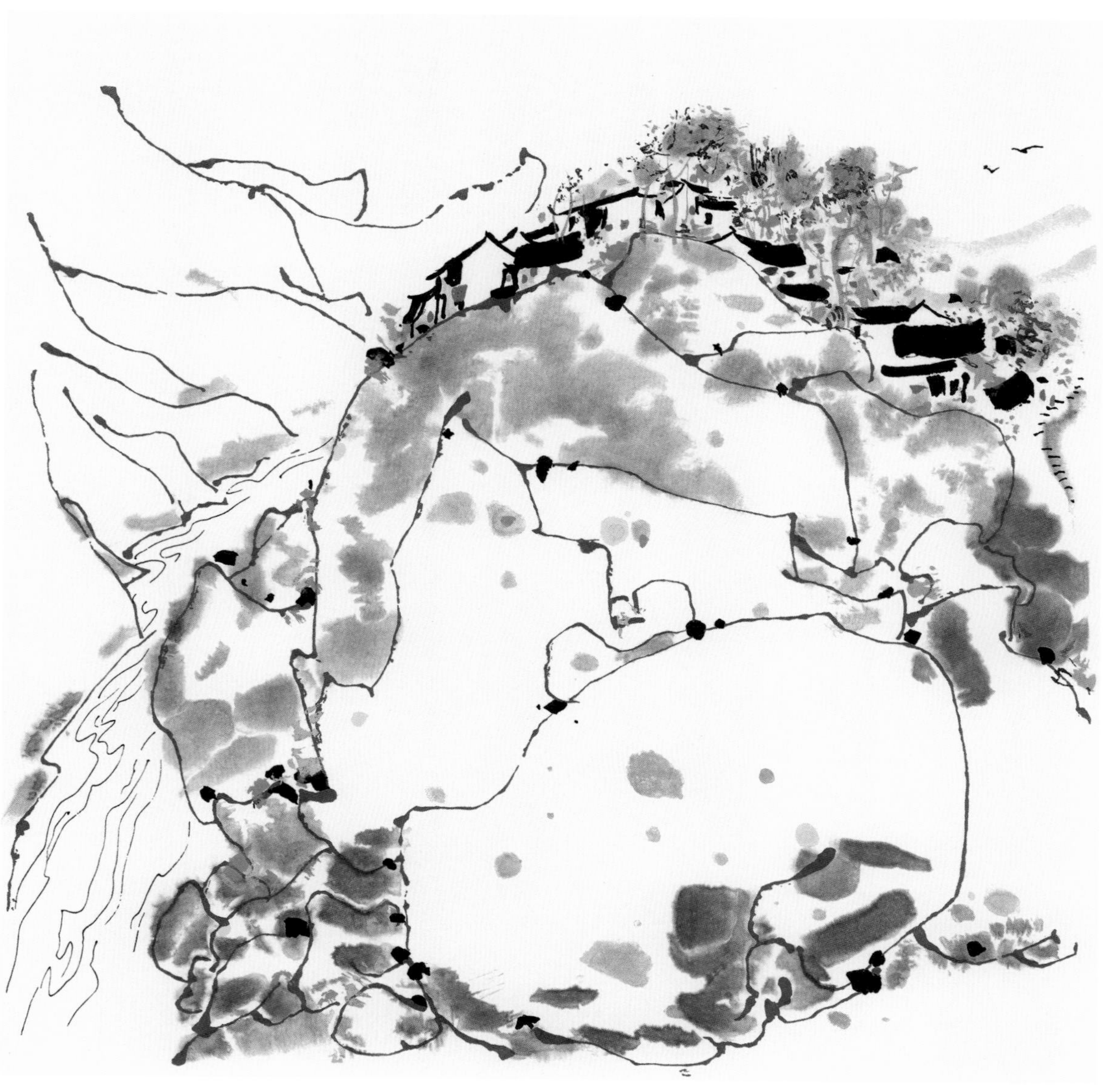

山村小景　吴冠中

第八节　欲佩三尺剑，独弹一张琴

——读赖少其的中国画

赖少其的中国画近年来开始受人关注，有人甚至认为他是20世纪最杰出的山水画家。的确，赖少其的中国画有着一望便知的独特性和新颖性，且气度确实不凡。但真的要说清楚赖少其的中国画何以会给人这种印象，或者说，他的山水画究竟好在哪里，着实不易。他的长处是别人都没有过的，纯属赖少其的独创。而且，这些长处还应该不是一般的长处。他具有深厚的文化和传统底蕴，这样，他的这种杰出性才可以有理性的基础。但对这些，人们好像也还说不太清楚。我最初在合肥赖少其艺术馆读其画，后来在北京中国画研究院再看其画，就有上面这种印象。

看来，赖少其的画光凭直觉是很难说清楚的。

中国画的变革经历了一个世纪，有了很多途径。齐白石、黄宾虹、潘天寿等人从传统自身吸收营养再变其法，他们从民间艺术、笔墨、结构上入手，自出手眼。林风眠吸收西方现代艺术特点，再结合中国民间瓷器艺术手法，也另创一格。徐悲鸿吸收素描写实；高剑父、高奇峰融会日本画；傅抱石受日本画及水彩画影响，吸收石涛艺术中的精华而具新貌；学油画的李可染融糅光的因素于积墨山水中，风格特色十分突出；吴冠中、刘国松都是习油画出身……可见，要变革中国画的面貌，从传统中自主生发是一路，从外来艺术中借鉴似乎路数更多。一如生物中的杂交优势一般。而任何艺术家所从事的艺术，其发展的途径都以其既有的知识结构为基础。有什么样的知识结构，就会呈现什么相应特色的艺术效果。以此观之，融版画特色于国画创作，就构成了赖少其的中国画创作基础。

赖少其是早期新兴木刻运动的直接参加者，他甚至还受到过新兴木刻运动发起者和精神领袖鲁迅的鼓励。一如新兴木刻运动的画家几乎无一例外都是革命者一样，赖少其也是用木刻做武器直接参加革命斗争的。他参加新四军的经历和他被国民党关在上饶集中营尚在坚持斗争的经历，他那顽强坚毅的革命精神，既在其木刻中有着成功而鲜明的体现，也在他的中国画创作中有着十分有趣的折射。

我们很难想象一个接受过新兴木刻洗礼，在木刻作品中表现过革命激情，又受过“文化革命旗手”鲁迅先生鼓励的革命画家的艺术，会如一般国画家的艺术那样古雅、冷逸、静谧，那样老气横秋。事实上，在赖少其的绘画中，不论是山水，还是花卉，的确都呈现了一种在中国画尤其在水墨画中难以出现的生气勃勃、阳光、清新、刚劲乃至色彩斑斓。总之，充满着一股撼人心魄的力量。

这种感受首先来自其让人过目难忘的画面结构。

赖少其的山水画是一种充满力量和动势的团块结构。任何人读画，第一印象首先是画面的结构。因为赖少其小时候就读于广州美专西画系，又因其老师是著名版画家李桦之故而习版画，直接投身于新兴版画运动从事木刻创作。新兴木刻运动中的版画属黑白版画，用刀劲健有力，黑白对比强烈，画面往往有大块的黑色块面，整体感相当突出。加上西方的版画本来就十分注重形式感，注重形式构成关系，在结构上注重视觉冲击力。这些黑白木刻的结构特征，我们可以很容易地在赖少其的中国画上看到。他的作品一个突出的特征是团块式结构，画面之山势造型多呈方形块状，且以块状结构相叠合。这种块状结构使赖少其的画面风格非常别致。这种方形团块又与赖少其作画喜用的斗方用纸相配合，与传统国画之立轴或横卷在视觉上拉开了很大的距离。就画面章法结构而言，也特别讲究，有一种从上往下压的动势，上面满实，呈浓墨的黑色团块状，一些粗壮的从上往下的直线或方形块面，构成上重下轻或干脆上重下空的不稳定结构，大有黑云压城般的强烈动势和力度。这个结构在其他画家的作品中是十分罕见的。赖少其的浓墨团块有时偏左，有时偏右，有出奇制胜之效。他的构图，还常常采取很多非常别致的处理。如有的团块从左上角（或右上角）斜着往下压，有的则浓黑粗重横亘在画面中间，又有以浓黑块面从四周向中间包围，外实内虚。这些结构都很别致。这些方形的黑色块面之中，又往往有很多的留白。这种结构方式有点像印章式的结构。印章式的结构加上团块式的造型，以及奇崛突兀的形式组合，形成赖少其非常独到的结构方式。这种结构方式在当代画坛是罕见的。赖少其的结构让人过目难忘，容易给人留下很深的第一印象。

我们再看赖少其的造型特征。除了上述方形直线的团块式造型方式，赖少其用笔多用浓墨焦墨，不论中锋侧锋，均以浓墨为之。且他喜用浓墨粗笔信笔为之，侧锋横扫，亦用浓墨为之，形成很强烈的力度。这种用笔方式，显然是从他多年擅长之黑白木刻的形式感来的。这种趣味倾向使他在传统的继承上，总是选择那些强烈有力度的画家来学习。赖少其身在安徽，又数十次去黄山，他不仅熟悉黄山画派的作品，而且还对原作做过多次临摹。赖少其对传统的态度是很有意思、很值得学习的。他喜欢黄宾虹浑茫深厚的境界，喜欢陈老莲奇崛别致的造型，学习过弘仁画黄山劲挺硬朗的用线意味，临摹过程邃枯涩凝重的中锋用笔，学习过梅清黄山造型的奇特和徽派篆刻书家邓石如古拙雄厚的篆刻书法，这些都给过赖少其直接或间接的影响。赖少其博采众家，在他的不少作品中都有反映。但赖少其从长期的木刻体验和经验中奠定的绘画基础和情趣倾向，却主要表现在他对多家风格中那些符合自己需要的特征的自主选择上。黄宾虹的苍茫，陈老莲的奇崛，弘仁的劲健，程邃的凝重，梅清的别致，邓石如的雄浑……不过，赖少其似乎特别钟情于扬州画派的金农。赖少其临写过不少金农剪掉笔锋写出的古拙朴厚的金农漆书，那种不无几分黑白木刻味的，没有墨色浓淡区别的用笔，特别受这位资深版画家欣赏。赖少其的书法受金农漆书的影响极大，他在绘画中喜欢直接用浓墨焦墨，而不太理会“墨分五彩”或“七字墨法”的复杂墨象，他在“笔墨”之中偏重用

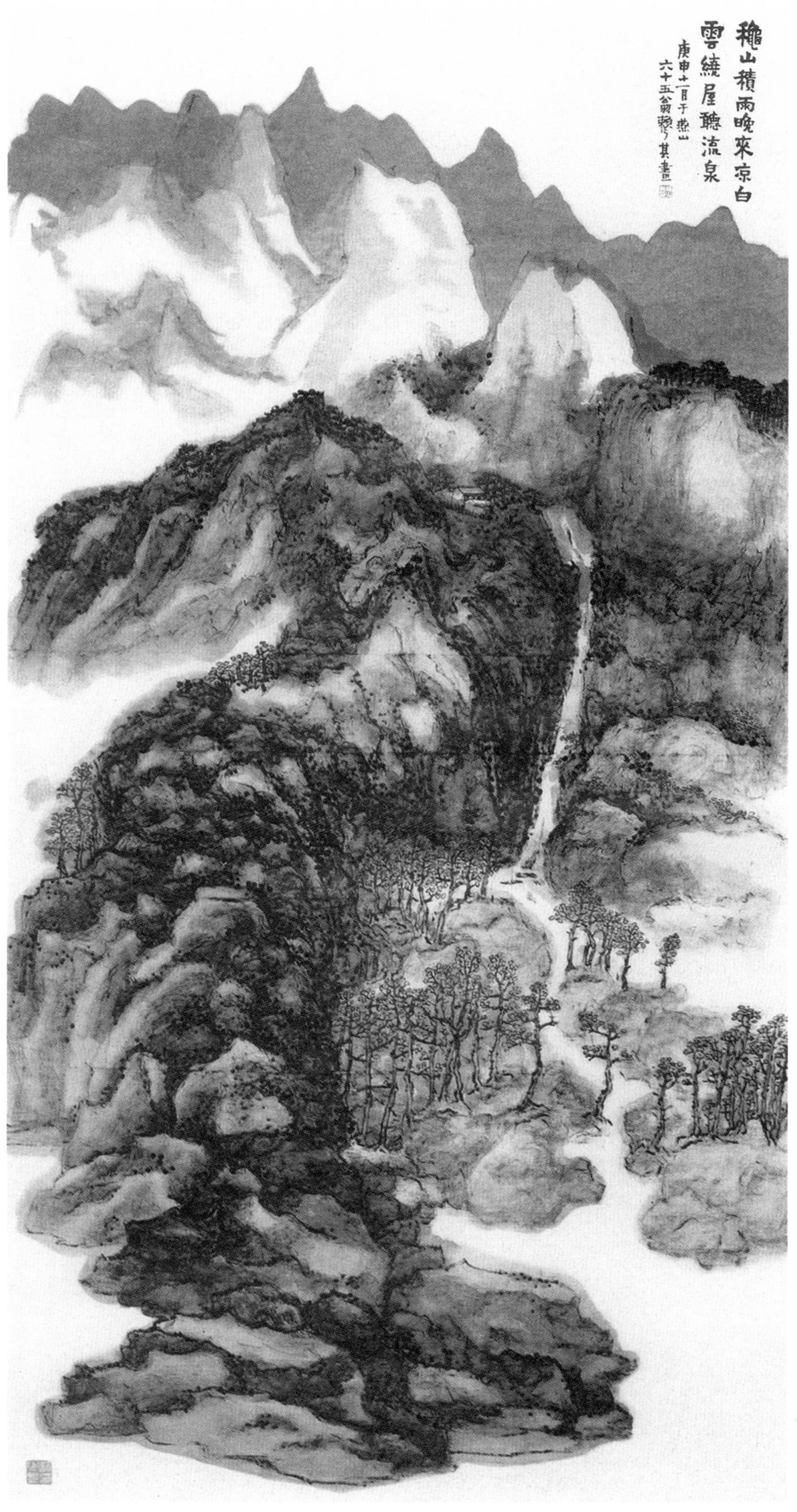

秋山积雨晚来凉　赖少其

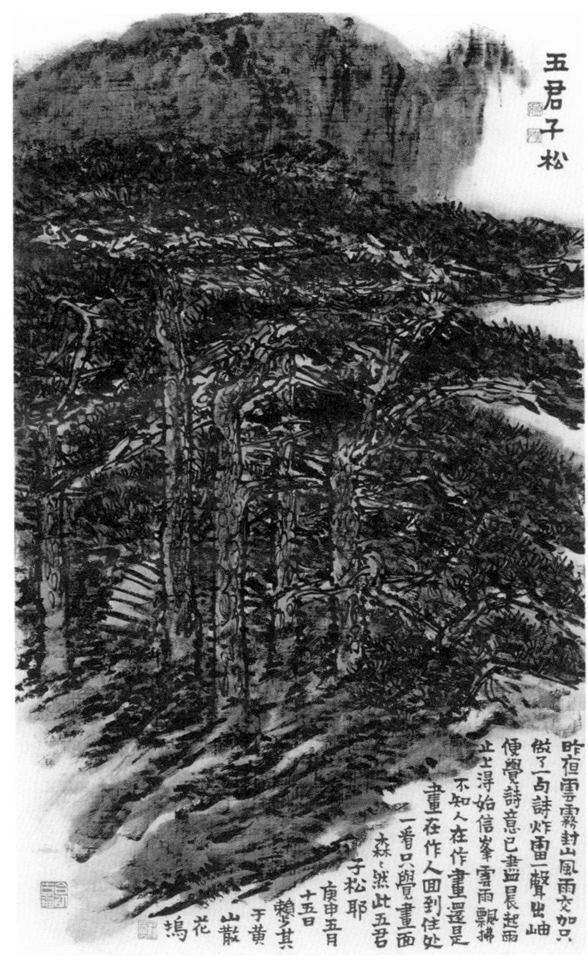

五君子松　赖少其

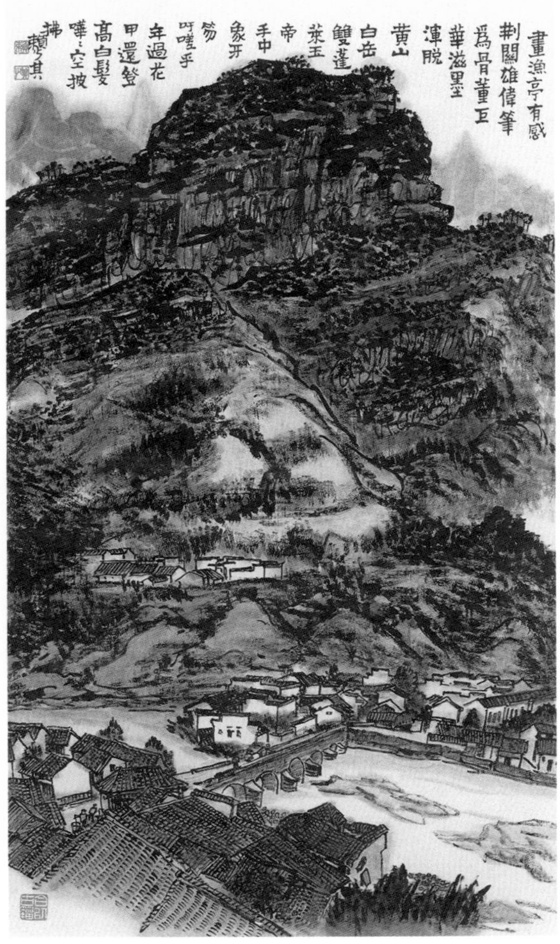
渔亭　赖少其

笔，而不太照顾“墨”，且用墨亦不过直接使用大块面的浓墨而已。这种常人不敢用的大胆强烈而又简洁单纯的画法，造成了赖少其与古人、与当代其他画家绘画风格的较大距离，给他的绘画带来了独特的风格。这是否也是这位一度叱咤风云的革命家大气豪放之个性使然呢？如果赖少其真的“五笔七墨”来些细腻精致的笔墨处理，那倒真的是前后不一、自相矛盾了，他鲜明的个性特色也会丧失。

与此种强烈单纯画法相适应的，还有赖少其独有的，同样强烈而明艳的用色习惯。传统水墨山水画是忌讳用色的。唐人张彦远有段名言：“具其彩色，则失其笔法。”可见色彩在古代文人画家那里是与笔墨对立乃至水火不容的。他们最多在水墨画法中糅进些许赭色，号称“吴装山水”。“四王”亦有“色不碍墨”之说。但赖少其是搞版画出身的，五六十年代他创作过一批套色木刻，在合肥赖少其艺术馆里，还有一批大幅面的套色木刻。套色木刻就是在黑白木刻的基础上，以几种单纯的色块套印在黑白木刻之中而制作的。套色木刻的特点就是黑白的线条与块面配上简洁而明快的色块。中国画里之所以少见这种类型的墨色搭配，一是因为上述传统色彩禁令，二是因为像赖少其这种从事过套色木刻的木刻家很少会从事水墨画创作。其实，版画家出身画国画的人也不少，但他们一旦拿起宣纸毛笔，立即将思维转换为国画思维，水墨、笔墨、留白、以书入画的一套国画讲究就来了。他们担心人家不承认他们画的是国画，所以“国画”的套路就接踵而至了。80岁以前的赖少其在用墨用色上似乎也是如此。80岁以后的他在用色上开始大胆狂肆起来。原来套色版画的一套色彩观念又在他的国画上恢复。加之赖少其从安徽回到家乡广东，南国花城姹紫嫣红、五彩缤纷，更给心境舒坦的他的晚年生活增添了浓重的色彩。赖少其开始重操旧业。好在他的画从来都是浓墨重笔，明丽的色彩加上去，因有大面积重墨衬底，色再重一些，墨也衬得住，反倒为自己的国画增添了特色。尤其是他晚期的花卉画，也以大块面的团块结构为之，用笔劲健，色彩明丽甚至浓艳，这是赖少其对南国的感受。他的感受十分独特，与广东其他画花卉的画家不同。林风眠和朱屺瞻也用重色，他们的色彩是由油画中来，用色用笔习惯多油画且是现代派油画意味。赖少其国画的用色来自版画，平面化一些，与本来平面的笔墨相协调，也自成一格。

赖少其存世作品中有多种风格，不少是他临习的古代画家风格样式。由此可知他在传统学习上下的大功夫。但赖少其最具个性特色的，还是上述那种由版画转化过来的风格样式。赖少其下功夫多的是山水画，但后来回到广东，他又画了不少花卉画。看来，赖少其是跟着自己的感觉走，他尊重自己的艺术感觉与判断。赖少其于其“木石斋”悬有一副漆书对联：“欲佩三尺剑，独弹一张琴。”“欲佩三尺剑”者，革命之豪情也，战士之雄风也；“独弹一张琴”者，艺术之心性表达，个性与自我表现也。作为革命者与战士的赖少其与作为艺术家的赖少其在这副对联中合而为一。赖少其所以为赖少其，也就因于此。

赖少其的艺术是纯粹的艺术。赖少其为表达自己的感受和情感而作画。他的版画是如此，他的中国画创作也是如此。画画是自己的事。这或许也是他身居高位却从不张扬、从不炫耀的原因。艺术之于他，就是生活本身，生命的本身。由此我们可以想象赖少其走到生命的尽头时，还克服着身体的极端不便乃至痛苦坚持作画的动人情景。在真正的艺术家那里，艺术与生命同为一体。赖少其用生命之火燃烧而成的艺术，向我们证明了这一点。

第九节　社会主义现实主义时代唯美抒情的现代艺术
——论周昌谷的人物画艺术

周昌谷是浙派人物画开宗立派之人物，被人们关注的他在写意人物笔墨造型上有杰出的创造，他艺术中唯美与抒情、传统与现代相结合的倾向，使他在20世纪五六十年代社会主义现实主义思潮中像一个超越时代的前卫另类人物。

目前研究浙派人物画者，大多谈对笔墨的处理，谈对传统花鸟画笔墨的借鉴，谈对西方素描的批判借鉴，谈光影与平面的关系，谈浙派与北派水墨人物画的区别等。这些对水墨人物画来说的确十分重要，大家谈得都很多，也很充分。浙派人物画的确在中国水墨人物画中不仅自成体系，且在继承中国画传统上有着重要而突出的贡献。

作为浙派人物画奠基者之一的周昌谷，无疑是上述诸特点的创造者之一。那么，周昌谷在浙派人物画诸大家中，在当时全国的水墨人物画家中，又有哪些属于他个人的艺术特点呢?

周昌谷艺术最大的特点是唯美与抒情。

其实，中国艺术最本质的特征也正是传情达意。中国最早的历史文献汇编是《尚书》，《尚书》之《虞书·舜典》有“诗言志”说。后人再发挥曰：“在心为志，发言为诗，情动于中而形于言。”中国以诗立国，诗是言情；以梦为小说，小说也是言情；画论中有以意为象，以心为象，以情为象者，故有意象、心象、情象之说。故言志缘情为中国艺术之核心，由此才生出若干技法风格来。但中国传统艺术这一重要特质，在一段特殊时期里被全然否定。那是一个强化现实主义的时代。西方反映社会现实的反映论成为革命的艺术理论，由苏联传入的“社会主义现实主义”，更要求艺术不仅要反映社会发展的现实，还要反映社会发展的规律、本质和典型。故60年代后中国的文艺思想又被改为“革命的现实主义加革命的浪漫主义”。这后面的概念比前边的概念好一些。但第一，立足于“反映论”的现实主义是必须坚持的，这关乎“唯物主义”的政治路线；第二，“革命”也是必须坚持的，这更是革命的政治路线要求。这个过程一直持续到“文革”结束。80年代以后，中国文艺才笼统地提出为人民服务，为社会主义服务，艺术家要画什么、要怎么画，可以随意。明乎此，我们对周昌谷艺术的观照或许才会多一个重要的史学背景角度。

在浙派人物画几位奠基者中，周昌谷或许是从一开始就坚守自己唯美抒情的艺术创作倾向的艺术家。甚至，他在1955年获第五届世界青年联欢节金奖的《两个羊羔》也属这类唯美抒情的非政治性作品。周昌谷这种严重不合时宜的作品，即使获得了当时属国际社会主义阵营颁发的最高文艺奖，也没能改变学院领导对他文艺创作倾向有严重政治问题的基本看法。[1]

周昌谷是个唯美的艺术家。他自小生活在风景优美的雁荡山下，家庭又属文艺世家。在风景如画的雁荡山水间，在饱读诗书临帖习画的传统文艺风气中，周昌谷早已形成了自己传统的文艺观。当1948年19岁考入著名的杭州国立艺术专科学校后，他又幸运地遇到潘天寿、林风眠两位中西艺术杰出的艺术家老师。当时的周昌谷在同学中已是博览群书成绩突出的优秀学生。据说，潘天寿曾私下对夫人何愔说，“解放后，我碰到有才华的学生，只有周昌谷一个人”。[2]周昌谷在第五届世界青年联欢节上所获金奖，是中华人民共和国成立以后整个中国画人物画界在国际上获得的第一个金奖。这也印证了潘天寿对这位优秀学生的评价。周昌谷与林风眠的关系目前记载研究都不多，但我认为，周昌谷在艺术观念上受林风眠的影响可能相当大。《周昌谷艺术年表》中记载，1949年杭州解放时，周昌谷在读预科二年级，“曾到林风眠先生家看画。当时的艺专领导由于艺术见解上的偏狭，把学习、借鉴西方绘画的人错误地称为‘新派画小集团’而加以批判，昌谷亦在其列。此时他开始接触西洋音乐，最爱贝多芬”。[3]喜欢表现主义、野兽主义的强烈色彩，还喜欢西方音乐，有着许多西方唱片的林风眠肯定对这个艺术气质浓厚的天才学生产生了极大的影响，这种影响的核心就是林风眠艺术中那种非政治倾向唯美抒情的纯艺术。

但当时，作为杭州艺专前校长的林风眠也正处于一个尴尬的时期。1950年，担任中央美术学院华东分院党组书记的江丰在《中央美术学院华东分院暂行规章》中规定了新的教育方针：“以马列主义和毛泽东思想进行政治教育，肃清封建的、买办的、法西斯主义的反革命思想，树立科学的观点和方法，发扬爱国主义和为人民服务的思想，以现实主义的、中国民族的和中国革命的美术，进行美术理论和实际教育。”[4]在这种政治氛围中，以林风眠纯艺术的一套艺术观为代表的杭州艺专教学体系被批判为“形式主义的大本营”，以林风眠为核心的师生群被打成“新派画小集团”。才气横溢的周昌谷也不幸被列在其中接受批判。从这个史实可以看出：第一，这个学习国画的学生是非常接近林风眠并受其影响的；第二，“新派画”和“形式主义”，亦即西方现代艺术，如林风眠所极为欣赏的野兽主义和表现主义的色彩自律观念是深刻影响过周昌谷的艺术的。但目前对周昌谷的研究中，对此基本没有涉及，只谈到印象主义对他的影响。虽然，印象主义艺术在当时也属形式主义的艺术，但“新派画”在当时一般指西方现代艺术。当然，当林风眠1951年被迫离开学校，“新派画小集团”被当成具资产阶级艺术观

1 张力、卢轶：《一个天才人物的探索与困惑：论周昌谷意笔人物的色彩艺术》，载卢炘主编《浙派人物画文献集》，中国美术学院出版社，2006，第288页。

2 《周昌谷艺术年表》，载卢炘主编《浙派人物画文献集》，中国美术学院出版社，2006，第290页。

3 《周昌谷艺术年表》，载卢炘主编《浙派人物画文献集》，中国美术学院出版社，2006。

4 转引自汪涤《林风眠之路——林风眠生平、创作及艺术思想评述》，载林风眠百岁诞辰纪念画册文集编辑委员会编《林风眠之路：林风眠百岁诞辰纪念》，中国美术学院出版社，1999。

的“小集团”批判时，周昌谷自己不愿提及这方面的影响是可以理解的。事实上，在“文化大革命”结束后的1981年，周昌谷写了一篇《东方绘画与马蒂斯》，表达了自己多年来受现代艺术影响的若干艺术观。卢炘在周昌谷家里找到过一份“已被剪裁得不成样子”的周昌谷亲笔遗言《自叙》。其中有一段让卢炘感到“震惊”的话：“从艺术上看，我的艺术在这个时期，又有新的变化了，西双版纳写生回来，一些风景画，我是想结合洋的。但当时得不到承认（如果30年后可能承认的话），但我自己也不能坚持，就放弃了与洋的结合，将林风眠先生的方法放弃了（这是与我们国家反对资产阶级艺术有关的）。放弃之后，所见不过是杭州的国画传统。1963年前后见闻更广一些，我开始要中的多些，洋的少一些，来试试结合出自己的画风。”[1]于此可见，林风眠及其现代主义倾向对周昌谷的影响有多大。如果不是政治的干扰，周昌谷本来是可以发展出一套结合西方现代主义色彩或者风格更突出、更具个性的画风的。尽管如此，30多年的时间里，周昌谷自己对西方现代艺术有严格控制的借鉴仍然没法避免在政治上受到的沉重打击。他1949年被打成“新派画小集团”成员，所作《傣人汲水》一画在1957年受到批判；1958年被定为“右派”边缘人物，下放绍兴柯桥劳动多年，进行“思想改造”。“文革”开始，周昌谷又被戴上“反动学术权威”“漏划右派”和“小潘天寿”等帽子，被抄家、批斗、关入“牛棚”、下放劳动，遭受种种迫害和摧残。1974年，全国掀起“批黑画运动”，周昌谷的《荔枝熟了》又被列为全国四大“黑画”之一，他本人被列为浙江省“黑画”头号人物，多次遭揪斗，直到去世前两年的1984年，才获得改正……所有这些来自政治上的迫害，不过是因为他的艺术中有那种与现实主义倾向格格不入的纯艺术唯美抒情倾向。

周昌谷的唯美与抒情倾向一方面表现在他国画中的色彩表现上。

中国画中本来重彩画是主流，但从南宋开始，因文人画的流行或影响，“水墨为上”的观点渐占上风，色彩虽未废，但已是如王原祁所论“设色即用笔用墨意，所以补笔墨之不足，显笔墨之妙处”（王原祁《雨窗漫笔》），色是绝对服从水墨主体的。尽管受现代艺术色彩影响而欲大变中国画风的周昌谷放弃了这种努力，但色彩的融入，仍给他的画风带来了重要的改变。他的许多作品都有浓重的色彩介入，尤其是后期，不少作品甚至以色彩为主。浓重的红色，明艳的黄色、紫色，以及黄紫的补色搭配，以及打破传统工笔勾勒填色而以色彩点厾直接造型，都给周昌谷的意笔人物带来了全新的风貌。周昌谷自称“色彩阔笔点厾为周昌谷人物画之一格”[2]。周昌谷中国画色彩上的突破在全国有着重要的影响。金浪对此评价道：“中国画对色彩讲得少，他在这方面闯出了一条路子，很成功。现在全国搞色彩的还不多。”黄苗子说，

1 卢炘：《西为中用，坚持特色——中国人物画的历史性突破》，载卢炘主编《浙派人物画文献集》，中国美术学院出版社，2006，第20—21页。

2 张力、卢轶：《一个天才人物的探索与困惑：论周昌谷意笔人物的色彩艺术》，载卢炘主编《浙派人物画文献集》，中国美术学院出版社，2006，第287页。

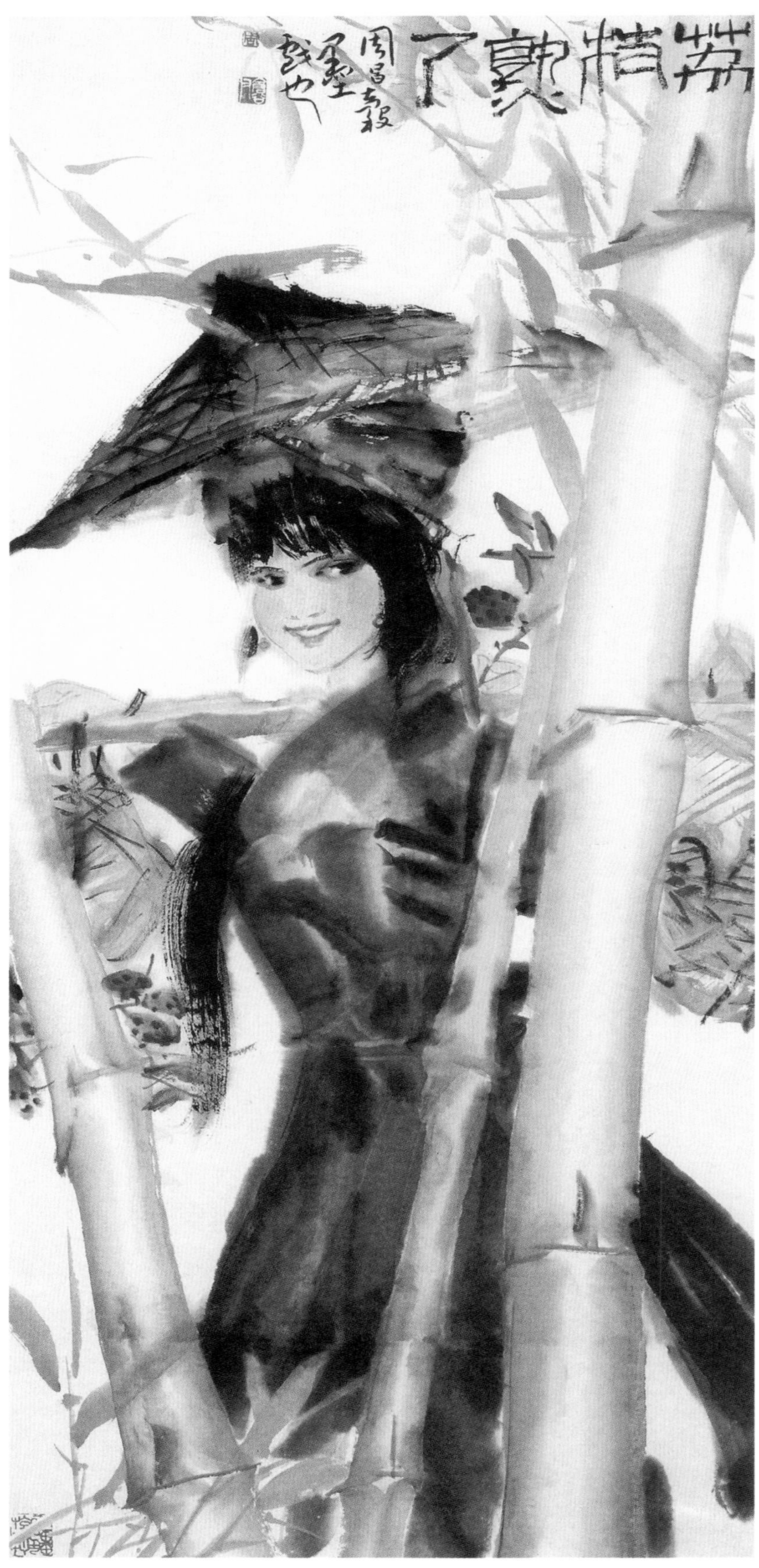

荔枝熟了　周昌谷

“他的作品色彩鲜艳，充分发挥了水晕的作用。他善于运用冷暖色的对比，黑衣少女和红花；墨干、红花和花青叶影（《春光烂漫》），这种对比色彩的变化，使画面产生新鲜感”[1]。从改革开放后他谈《国画的色彩》《东方人看马蒂斯》等文上看，他那股被压抑的对色彩的热情又重新焕发起来。我们从他的作品中也可以看出他对明丽色彩和色彩间对比关系的兴趣。周昌谷这种从突出色彩关系的西方现代艺术入手对中国画色彩的改造，其直接影响来源无疑是林风眠。但比之林风眠西画造型因素较重的彩墨画，周昌谷直接引重色入水墨画，且以笔墨处理的手法而为之，既打破了传统工笔画勾勒填色的套路，又打破了文人画以墨为主、色不碍墨的戒律，从西方之色彩表现，与中国传统工写两路三角度入手而共融之，这在当代中国画变革上是有重要的前瞻性和实践意义的。如果联系到中国画对色彩较成气候的大变革，和这种变革中西方现代艺术以及日本画色彩对中国画色彩的影响，作为思潮主要发生在20世纪80年代中期，则尽管干扰太多太大，周昌谷在50年代初期开始的中国画色彩的表现，在恢复中国画视觉性及重建属于当代意义的视觉语言上，无疑有一种先知先觉的先导意义。

当然，周昌谷的唯美与抒情倾向更多、更重要，也更深刻地表现在他对意境的塑造及相应的意象式造型上。

周昌谷的画很美，这是大家公认的。尽管在20世纪五六十年代，这种美也是周昌谷坎坷一生的根源。与当时现实主义大不相同的是，周昌谷当时的艺术竟令人诧异地、罕见地具有唯美与抒情的倾向，当然也具备一种超现实的意境美。周昌谷一生中很少画政治性题材，除了如1964年《紧握手中枪》等极少数政治性题材作品，周昌谷所画的都是一些美的人、美的景、美的生活、美的情趣。以1955年获第五届世界青年联欢节金奖的《两个羊羔》为例：画中美丽的藏族牧羊女平和而悠然地看着两只正在嬉戏的可爱羊羔，这只是一种对美的表现，对平和优美生活的赞美，对青春美丽的藏族少女的欣赏，以及对恬适娴静生活意趣的玩味。这幅单纯静谧、平凡优美、充满生活情趣的作品之所以能受到国际评委的欣赏，其实也是一种人类共有的人性美之使然，也可以看成是从国际社会角度对人类和平幸福、宁静美好生活的向往。当然，在50年代初期，周昌谷的艺术与当时在中国画坛正流行的新年画运动中那些热烈充满革命激情的现实主义作品是完全不同的，其意味甚至与之格格不入，这也是周昌谷为学校赢得巨大荣誉却仍然遭受冷遇的根本原因。但不知趣的周昌谷仍继续走他自己的路。1956年，他的《回家路上》表现的是母女亲情，这些同样来自生活的细节，以劳动妇女挑着幼子回家，母子间那种温馨亲爱的眼神交流，体现了一种温暖感人的人性。如果我们能够回到艺术为政治服务，人性也必须首先以阶级性为前提的20世纪五六十年代，你就应该知道如《两个羊羔》《回家路上》这些除了人性而看不到半点阶级性的作品，在当时会面临多大的危险！事实上，《回家路上》创作才一年后，他的另一幅只有生

1 卢炘主编《浙派人物画文献集》，中国美术学院出版社，2006，第293—294页。

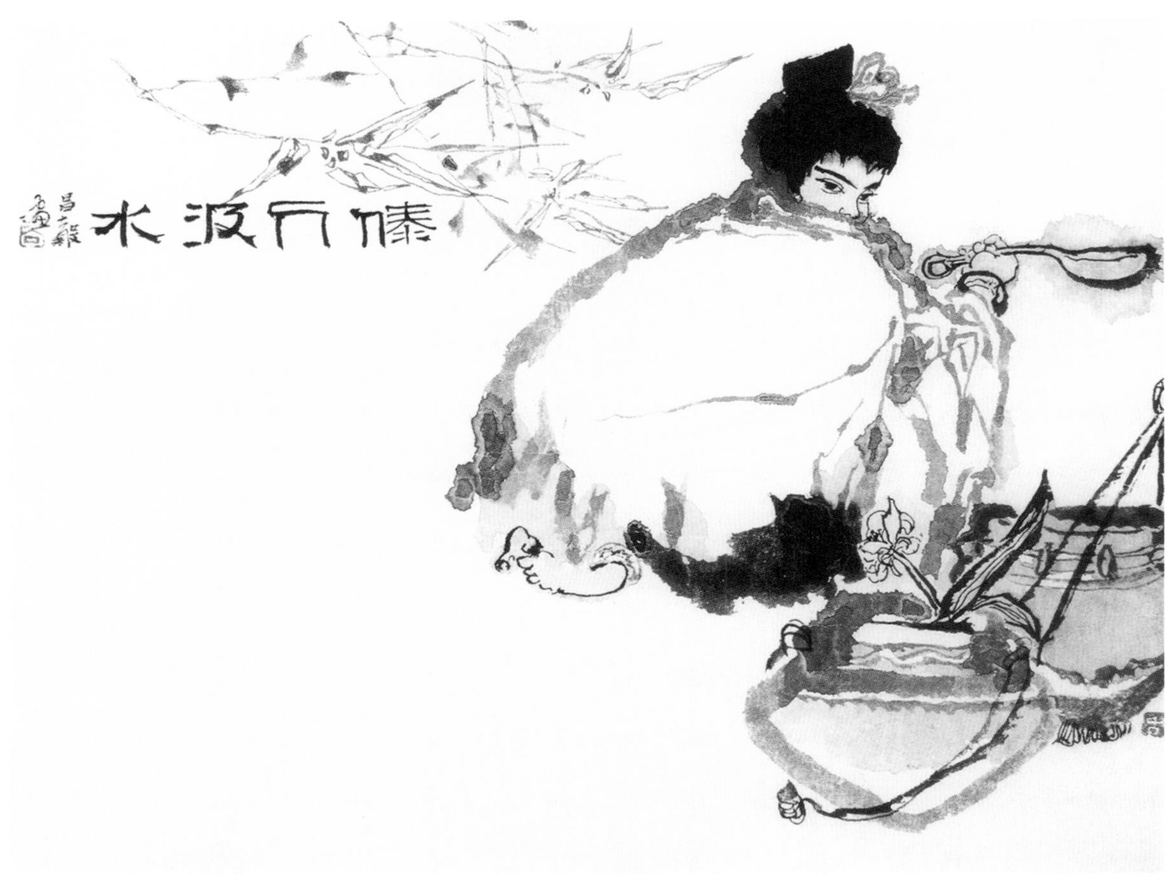

傣人汲水　周昌谷

活情趣而没有阶级性的《傣人汲水》在1957年反右派斗争中就直接受到批判；1958年周昌谷干脆被定为“右派”边缘人物，下放绍兴柯桥劳动多年，进行“思想改造”。周昌谷显然是当时画坛因美而被定罪的一批勇敢的坚持艺术良知的真正艺术家！尽管屡受打击，这位“虽九死其犹未悔”的艺术家却依然我行我素，在极端艰难的条件下从事真正属于自己的创作。1962年的《凉秋图》以杨万里“风不须多只是凉，穿花度柳到人傍”为境界，仍然不与阶级、政治沾边。1963年的《广西侗人纺纱图》中背孩子纺线的美丽侗族女性其情调与《回家路上》如出一辙。周昌谷在“文革”尚未结束的70年代创作的一批作品，人物造型更美，情趣更浓。1974年《荔枝熟了》堪称代表。这是一幅纯美的作品，有着水汪汪大眼睛的傣家少女，明洁墨绿的毛竹，清润红湿的荔枝，整个画面清新、优美、活泼、生动。但就是这么一幅纯情至美的艺术作品，却使周昌谷面临第三次，也是最严重的一次打击：《荔枝熟了》被打成资产阶级的“黑画”，而且是全国四大“黑画”之一！受尽了批判！这次他那位追求纯美的老师林风眠也是被打击的对象。师生俩同为艺术、为美而获罪！

其实《荔枝熟了》画面十分单纯：一个挑荔枝的傣家少女，一两根毛竹竹竿，加上荔枝挑子之局部……有什么可批的？除了女孩儿太漂亮，有什么可说！但在那个“宁要社会主义的草，不要资本主义的苗”的年代，漂亮本身就是错！而周昌谷画中的人物个个都漂亮！而且已形成了一种周昌谷人物程式。周昌谷画中的女孩大多有着丰满圆润的脸庞、弯弯的蛾眉、大大的黑亮眼睛、嘴角含情的红唇，他还会在配景中加上明丽的色彩。如作于1964年的《莲池所见》：漂亮的大眼睛女孩，配上与头部相邻的一朵红花黄蕊的荷花，加上蓝色头巾，黄色的斗笠，使整个画面十分漂亮，而人物程式性又十分突出。周昌谷在浙派人物画家中是唯一有着程式性人物造型特点的画家。现实主义创作方法是反对这种程式性造型的。现实主义创作讲究的是唯一性和在个性基础上的典型性。人物造型均要求从现实写生中来，个个都有现实根据而个性分明。但中国传统绘画却具备程式性，每个画家创作的人物都有着自己的特色，每个画中人物又都有其独特的程式。北宋郭若虚著《图画见闻志》有“叙制作楷模”之专节：“大率图画风力气韵，固在当人，其如种种之要，不可不察也。画人物者必分贵贱气貌，朝代衣冠。释门则有善功方便之颜。道像必具修真度世之范……士女宜富秀色婑媠之态。”这就是中国人物画之类型化。再加上每个画家的程式化，就形成每个画家造型上的个性特色。如陈老莲的人物、改琦的人物、“海上三任”的人物，均有一望而知的鲜明特色。中国传统人物画的个性在画家创作个性本身，而不是像西方现实主义那样，个性在创作对象身上。亦如恩格斯称赞巴尔扎克违反自己的愿望去服从对象一样，现实主义要求的是现实对象自身的个性与真实。当周昌谷用素描去表现对象时，当他要画某个具体人物如吴昌硕、黄宾虹时，他用的是写实之法。这与他从主观表现出发的理想主义人物画创作形成了鲜明的对照。在1981年周昌谷论《东方绘画与马蒂斯》时他清楚地谈到自己人物画倾向的由来：“马蒂斯所作人物，强调了人物形式的绘画性，而削弱了人物的社会属性（即人与社会接触所形成的人物性格等），也削弱了人物的自然性（即人的生长规律、解剖结构等）。社会属性与自然性已经服从于画面统一调和于夸张变形的绘画性。马蒂斯不强调画中人的情绪，就是强调绘画性的原因，他只着意于表现技法中流露作者的感情，却不在画中人物上表现感情，画中人物是作为色块、线、形体的绘画性而存在的。这与写实主义者以画中人表现强烈的感情，与抽象派画家脱离形体，以色彩直接向画面发泄感情，正好界乎当中。”[1]这当然也是提倡“绘画的本质就是绘画”的林风眠老师的观点。由此观之，周昌谷的人物形象是由自己主观的理想化而生出的富于个性化的创作。其创作具有非政治性与非现实主义特征，严重的不合时宜乃至反潮流倾向，他在政治挂帅的时代会受到压制与迫害也是自然的。

周昌谷艺术的唯美与抒情倾向，与那个以社会主义现实主义创作为正宗的年代格格不入，甚至，与以现实主义加笔墨为特色的浙派人物画——尽管周昌谷还是浙派人物画的开派宗师之一——也大相径庭。这又与他的两个重要观念直接相关。他在《笔墨创新有否标准——意笔人物

1 周昌谷：《东方绘画与马蒂斯》，《美术丛刊》1983年第11期。

画技法杂谈》上提到“意笔人物画必要创民族之新，应是创新的民族化，民族化基础上的现代化”[1]。可见，左右周昌谷创作思想最重要的就是“民族化”与“现代化”。“民族化”的方面，他受潘天寿老师的影响，在艺术的意境，在笔墨与造型，在写意人物画的中国式程式性等重要特质上，都坚持了民族性的特征。但在色彩的强化方面，在对现代艺术的借鉴上，他又试图实现他对现代性的理解。周昌谷比他人高明睿智之处，在于他对西方的吸收与借鉴是站在民族的立场，用中国人的标准去评价的。例如他将齐白石与马蒂斯做对比，说“中国人是能够欣赏齐白石，并且也能够欣赏马蒂斯的，虽然马蒂斯与齐白石之间艺术思想不同，创作方法不同，工具不同，但在艺术趣味和艺术见解上，很多是相同的，如色彩的大块原色对比，用笔恣纵泼辣，注重平面排列的装饰趣味，放弃立体、光影，注重线条，等等。尽管东西方艺术表现方法不同，但在艺术意境和艺术意趣却极类似，都在追求一个‘意’字，用中国画的俗语来称马蒂斯的绘画是‘油画中的大写意’，似乎是比较恰当的”[2]。周昌谷是从东方标准角度去理解马蒂斯的。从这里，我们也可以找到周昌谷自己绘画“用笔恣纵泼辣，注重平面排列的装饰趣味，放弃立体、光影，注重线条”等特征的说明。除了这些具体的技法形式上的比较，周昌谷还注意绘画思潮大趋势上的比较与联系：“近代从西方绘画技巧的发展上，可以看出时代的要求，即从工致的风格，逐渐趋向粗放的风格，从对内容的严谨描写，转向对形式的绘画性表现，从具象走向抽象。近代中国画与西方绘画的发展，道路的曲折虽然有所不同，但是现代东西方艺术都在追求‘单纯’和‘个性’，以及对艺术创造、意境、意趣和写意的追求中，并各有不同地渗入了一些抽象因素。现代欣赏者的兴趣，已由民族的古典风格——工致画和工笔画，转向国画的大写意了。所以虽然中西绘画的传统发展道路各不相同，但是，欣赏它的强烈绘画效果，追求个性意象，从复杂制作走向单纯表现，将抽象渗入具象，都是在现代气氛的影响下，发展趋向是相同的。所不同者，只是时间先后不同、渗入抽象多少不同和民族风格的不同罢了。”[3]从周昌谷的这种论述中，我们又可以了解到周昌谷绘画中那种简洁、单纯、粗放、大写意之渊源，了解周昌谷艺术观念中写实主义需要的工致、严谨、具象，偏重内容相对比的与现代艺术之写意、抽象、单纯与个性的区别，这是周昌谷从“时代的要求”，从“现代欣赏者”“现代气氛”角度出发的自觉追求了。这里，我们又可以看到喜欢现代艺术的林风眠老师“单纯化”[4]追求对周昌谷的影响，看到“新派画小集团”美学观

1 周昌谷：《笔墨创新有否标准——意笔人物画技法杂谈》，载卢炘主编《浙派人物画文献集》，中国美术学院出版社，2006，第91页。

2 周昌谷：《东方绘画与马蒂斯》，《美术丛刊》1983年第11期。

3 同上。

4 绘画的“单纯化”是林风眠对中国传统绘画特征的总结，也是他的艺术追求。但林风眠又觉得中国艺术在此方面走得不够。如其所称：“我们觉得最可惊异的是，绘画上单纯化、时间化的完成，不在中国之元、明、清六百年中，而结晶在欧洲现代的艺术中。”可见“单纯化”又被认为是现代艺术的特征。见林风眠1929年《中国绘画新论》，载《艺术丛论》，正中书局，1936。

念根深蒂固的深刻影响。

周昌谷的这些观点，无论是抽象，还是单纯，无论是唯美，还是抒情，在他的创作年代中，都与当时作为主流美术思潮的社会主义现实主义或革命的现实主义格格不入。但是，当这个革命的时代过去之后，艺术又重新回到艺术自身的轨道。艺术对美的回归，艺术对民族传统的回归，以及一大批画家（包括一度只画革命的老画家）改弦易张，向抒情性、艺术性回归或转向，中国画中色彩的运用在西方现代艺术和日本画的影响下逐渐形成一种创作思潮。五六十年前执着于美、执着于色彩、执着于个性情感、执着于传统境界和“现代气氛”表现的周昌谷的艺术，更像是今天时代的艺术。浙派人物画中的一些画家，在今天也开始重新思考过去那种执着于现实再现的创作方法之利弊，重新思考除笔墨以外的精神境界创造。在此种状态下，我们再去看看一些前辈对周昌谷的评价或许会有更深的感受。

黄苗子说：“昌谷同志作品的显著特点，就是青春的活力。在他的精神境界中，一切都是那么美好、善良、真实。”

陆抑非说：“昌谷艺术变法比人家早走了二十年。”

…………

其实，我倒认为，并不是说周昌谷更有才华，也不是他的艺术变法走得更早，而是他自始至终更真诚、更执着，守住自己的体验与情感，守住艺术的本质，且守得更痴、更紧、更玩命、更不顾一切，就像他的那位视艺术为生命的老师林风眠一样。当然，这或许也就是周昌谷具有超越时代的真正才华的体现。

第十节　自主创造的中国当代艺术的楷模

——论周韶华的艺术

周韶华先生的中国画于2005年在全国巡展。这位在20世纪80年代初就以其雄浑浩大的气势和历史感深沉厚重的“大河寻源”系列组画，震撼过中国画坛的著名画家，20余年来不断地推出新作，不断地在全国巡展。他的一个又一个充满激情而又新意盎然的系列性作品，给中国画坛带来了一个又一个的惊喜。

在这20余年的时间里，周韶华不停地在全国甚至全世界周游，观察、体验与思考。他到过欧美，领略过异国文化的奇妙；他也去过茫茫大漠、巍巍喜马拉雅山脉，还驻足过珠穆朗玛峰下。他不停地在空间中巡游，也不断地在时间中思考。他体验着当代的现实，也回溯过汉唐雄风的伟大，他甚至把自己的思绪带回到五六千年前仰韶文化的深邃与神秘。周韶华先生不仅在时间与空间中遨游，也在浩瀚书海中荡舟。周韶华先生是当代画坛为数不多的长于思考的学者型、思想型画家。他饱览群书，游心中外。他熟悉当代中西的理论，更对中国古代历史了如指掌。古人云，“行万里路，破万卷书”，周韶华先生就是这么一位实践者。那么，他是一位文人画家？不是。他是一位“新文人画家”？也不是。他不是古意盎然的古典“文人”，他是一位当代的知识分子，当代感十足的艺术家。他立足于当代的生活，体验着当代的世界，驰骋于中外，纵横于古今。如此经历、素养、体验与情怀，令周韶华先生具备了常人所不具备的思想、观念、胸襟与怀抱。难怪他再三强调，今天的中国画应该有“大视野、大思维、大格局、大气象”。他经常思考当代中国画的现状，思考着在中西交融中中国画的现代形态，思考着此种现代形态的渊源、形态之构成要素、形态之精神指向与传达手段。深邃的思想，丰富的阅历，真切的体验，精湛的技艺，成就了周韶华先生中国画独特的艺术风貌。

周韶华先生的中国画艺术是大气的，具有他所倡导的“大格局、大气象”。与古典文人画叹老嗟卑、怀才不遇的个人感伤不一样，周韶华先生多从民族、国家与历史的角度，从天道宇宙的意识“大视野、大思维”般地观照当今的世界。他用黄河去象征中华民族的历史，他在仰韶的彩陶中发掘民族的过去，他在大漠钻井的轰鸣中发现时代的强音，他也在对“汉唐雄风”的把握中，自信地展望着民族的未来。周韶华先生的中国画艺术立足于当代，却一头联系着古代，一头引申到未来。这使他的艺术既有着古代传统的深厚根基，又有着面向未来的激情与理想。因此，周韶华先生的艺术是当代的。

周韶华先生的艺术又是自主的、原创的。由于他的“大视野、大思维”倾向，他对现实的关

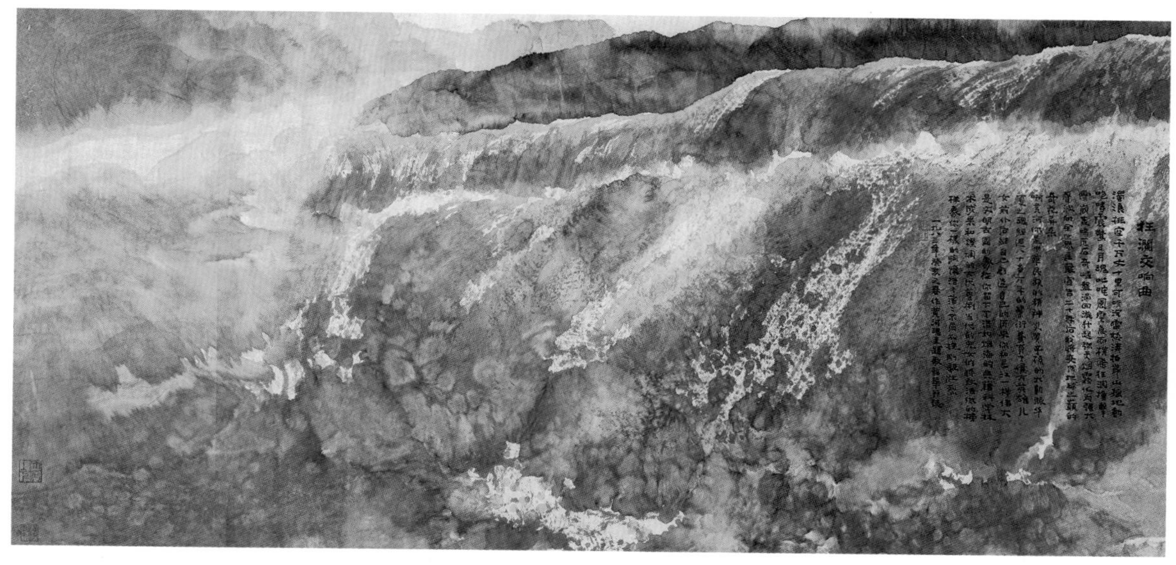

狂澜交响曲　周韶华

注点往往与常人不一样。他画黄河之源，不仅画出滔滔江河，也画出那些与黄河文明相关的各种事物；他注意大漠的辽阔，更关注着那大漠中轰鸣的石油机井与钻塔；他把半坡的鱼、庙底沟的叶与马家窑的旋涡纹样打散重组，把五六千年前中华民族先辈们的创造自由地组织进自己的作品并予以再造。在最近巡展的“汉唐雄风”系列组画中，周韶华先生集20余年思考与创作之大成，在汉唐历史文化中自由遨游，信手拈来，自由组合。他集合汉唐之历史，融会汉唐之艺术，选择出汉唐石雕、画像砖石、书法、篆刻、瓦当、帛画、壁画、唐三彩、铜器、漆器、建筑，应有尽有，或画、或写，或制，或拓，兴之所至，有时甚至把珍贵的汉画像砖石拓片也贴入画中。值得特别指出的是，他直接把古代艺术（画像砖石、青铜器物、碑版篆刻、岩画）拓片原本贴入画中，是一绝好的创造。古代艺术拓片那独特且不可取代的古雅造型，那斑驳古拙的久远历史感，那参差不齐的纸文褶皱，那深黑苍茫的复杂肌理，与周韶华先生画面同样恣肆淋漓的拓印肌理天衣无缝地结合在一起，成为完整有机的画面。这种直接源自古代作品的拓片介入，其平面、拓印、肌理与符号的性质，与周韶华先生的绘画结合成自由完整的全新画面，形成一种全新的开拓性图式。这是什么中国画？是山水画？花鸟画？人物画？博古画？文人画？宫廷院画？不，它什么都不是，它仅仅是周韶华先生自己心中的画，是为传达自我心绪而自主原创，又源于民族传统的中国当代之画，是具现代意味、现代形态的现代中国画。

周韶华先生的艺术是大胆的、开拓的。他的体验与众不同，他的心象与众不同，他的选材与众不同，他的表现当然也与众不同。在当代画坛，今年（2005年）76岁的周韶华先生是不太买“笔墨”的账的三位老先生之一，另两位是86岁的倡“笔墨等于零”的吴冠中和要“革中锋的命”的73岁的刘国松。周韶华先生年纪虽大思想却十分年轻，十分活跃而开放。他深知相沿成习的“笔墨”

并非中国画的“底线”与本质，他深知沿袭“笔墨”的老套必然给自己的绘画带来陈旧的面貌。并未抛弃笔墨的周韶华先生在自己的画中糅进了大量“面”的因素，况且，“面”的表现，本来就是汉代画风中的重要特色。正是大块的黑色“面”的呈现，给他雄强大气的画风再添一番浩然气象；也因为“面”的呈现，打破了“线”的千篇一律，给他的自主创造带来新风；当然，此种“面”的呈现，也使“点、线、面”的现代构成结构方式成为可能。

而现代构成又的确是周韶华先生突破传统风格直切当代意味的又一主要方式。这些年来，周韶华先生放弃对传统笔墨的刻意追求，在结构上狠下功夫。的确，古典绘画之所以古典，是因为无论是山水或是花鸟，相沿成习的套路性结构方式千余年来大同小异。周韶华先生一变古风，大胆引入现代构成因素，在点线面的辩证结构关系中，在黑白对比的冲突与交融中，在直线方正硬切的刚硬劲健中，在方圆直曲的几何意味中，在墨与色的交融中，为自己的绘画融入了鲜明的时代感与现代感。在结构处理上，周韶华先生善于挖掘传统的宝藏，他研究古典图像的原理与造型方式，在其中提取文化的符号，并对这些符号进行解构与重组，获得了一系列既古典又现代的全新结构及图式。同时，不迷信“水墨为上”的周韶华先生同样大胆地去拥抱色彩。他要恢复中国画“丹青”的传统。中国人为什么非要在远古道禅的虚无空寂、淡泊宁静中膜拜，非要以水墨为中国画之正宗？为什么非要放弃人类最重要的视觉语言之一的色彩语言？恢复中国人崇尚色彩的天性，成为周韶华先生绘画的又一特色。在浓黑的重墨块上添加明艳的亮色，在引入西方色彩规律的运用中，体现对人的视知觉特性的尊重。周韶华先生的绘画有着复杂而厚重的色彩，浓重的色彩与深黑的墨色产生了自然的协调，这构成周韶华先生中国画迥异于其他水墨画的又一特色。周韶华先生什么色彩都敢用，从国画颜料、水彩颜料，到亚克力颜料乃至各种染料。色彩的大胆而大量的运用，为周韶华先生的绘画再添创意与新意。在“汉唐雄风”系列中还有一大特色，即周韶华先生为了再现汉唐文物的风采，采用了一些素描式造型的方式，把一些颇具体积、明暗、光影、造型的文物样式直接与平面的水墨块面表现手段相组合，使作品显示了一种自由无羁的灵活风格。

不同的经历，不同的思维，不同的知识结构，不同的传达方式，形成了周韶华先生不同的图式意味。毫无疑义，周韶华先生“汉唐雄风”系列独特的中国画图式，给当代中国画坛的发展与创造带来了又一惊喜。

周韶华先生的艺术是自主原创的产物，是这位具“大视野、大思维、大格局、大气象”的大画家独具特色的创造。他的绘画具有十分突出的个人特色，是不可仿效的。但是，周韶华先生独具特色的创造及其之所以创造，给今天需要“自主创新”的当代画坛带来了可贵的成功启示，也给属于中国自己的当代艺术的建设提供了成功的范例。这或许就是周韶华先生以76岁高龄再次巡展全国的意义之所在。

第十一节 中国当代民族绘画的先驱
——论刘国松民族艺术新传统的创造

刘国松是个传奇！一个当代中国美术史上绝无仅有的传奇！

刘国松，一个当年举目无亲的孤儿，形单影只到了台湾，纯粹凭着个人奋斗，成为台湾“十大杰出青年”之一，数十年后，又成为名满中国、蜚声世界的艺术大家。

就是这个孤儿，孙悟空大闹天宫般大闹中国画神圣的殿堂，孤胆英雄一般独自问鼎整个中国画界，向功成名就的学术权威挑战，向无人怀疑的中国画神圣公理与定则的“笔墨”“中锋”“笔”“皴法”挑战。他竟然把“笔”说成是“点、线”！把“墨”说成是“色、面”！又居然把划派分宗根据的“皴法”说成是“肌理”！尽管四十多年一直“在太岁头上动土”，他却仍然取得了毋庸置疑的公认的成功。

他创造出大量中国画的新技法、新材料，创造出令人瞠目结舌的新形象、新画面——他自称为“现代水墨画”的“新传统”。他放弃了中国画几乎一切既有形式、工具与材料，却仍然在画中国画，仍然能画中国画，仍然画被愈来愈多的人承认的中国画。这种让人“做梦也想不到”（薛永年语）的、稀奇古怪的另类“中国画”样式，却“向人们表明，中国绘画也可以是另一种样子”（刘勃舒语）。然而，正是这种分明的中国画另类，深刻地影响着包括新工笔画、现代水墨、实验水墨、抽象水墨在内的当代中国画思潮。刘国松无疑是当代中国画这半壁河山的先驱。

刘国松无疑又是当代中国画坛最引人争议然而又最引人关注的人物之一。刘国松曾经是“全盘西化”的先锋，随后又是回归传统的楷模。他的双刃剑既伤了“国粹派”，又伤了“西化派”，他自称“把国粹派西化派，旧的新的，老的少的画家们都得罪光了”，他也因此同时受到“西化派”与“传统派”的猛烈攻击。他或许又是当代美术史上受到被称作“激进”“前卫”“先锋”，或是“保守”“稳健”“传统”等各种不同倾向的中外著名理论家、评论家——不论这些理论家之间观点又是如何对立——正面肯定（尽管有的是误读）的幸运儿。虽然他的确也随时受到各种各样人物的尖锐批评与责难。

刘国松提出了内容与形式在实践中不可分离，乃至形式就是内容一说。他对抽象的关注，他“现代水墨”的实验，各种中国画的“肌理”制作之法，对“笔墨”迷信的尖锐批判，他反对把西方当世界，把美国艺术当现代艺术的观念等，在三四十年后的大陆画坛受到广泛关注，产生重要影响。他犹如一个中国当代画坛的先觉先知。

他是画家，又从事大量深入的理论研究。他循着自己的理论导向，走出了一条画家的成功之

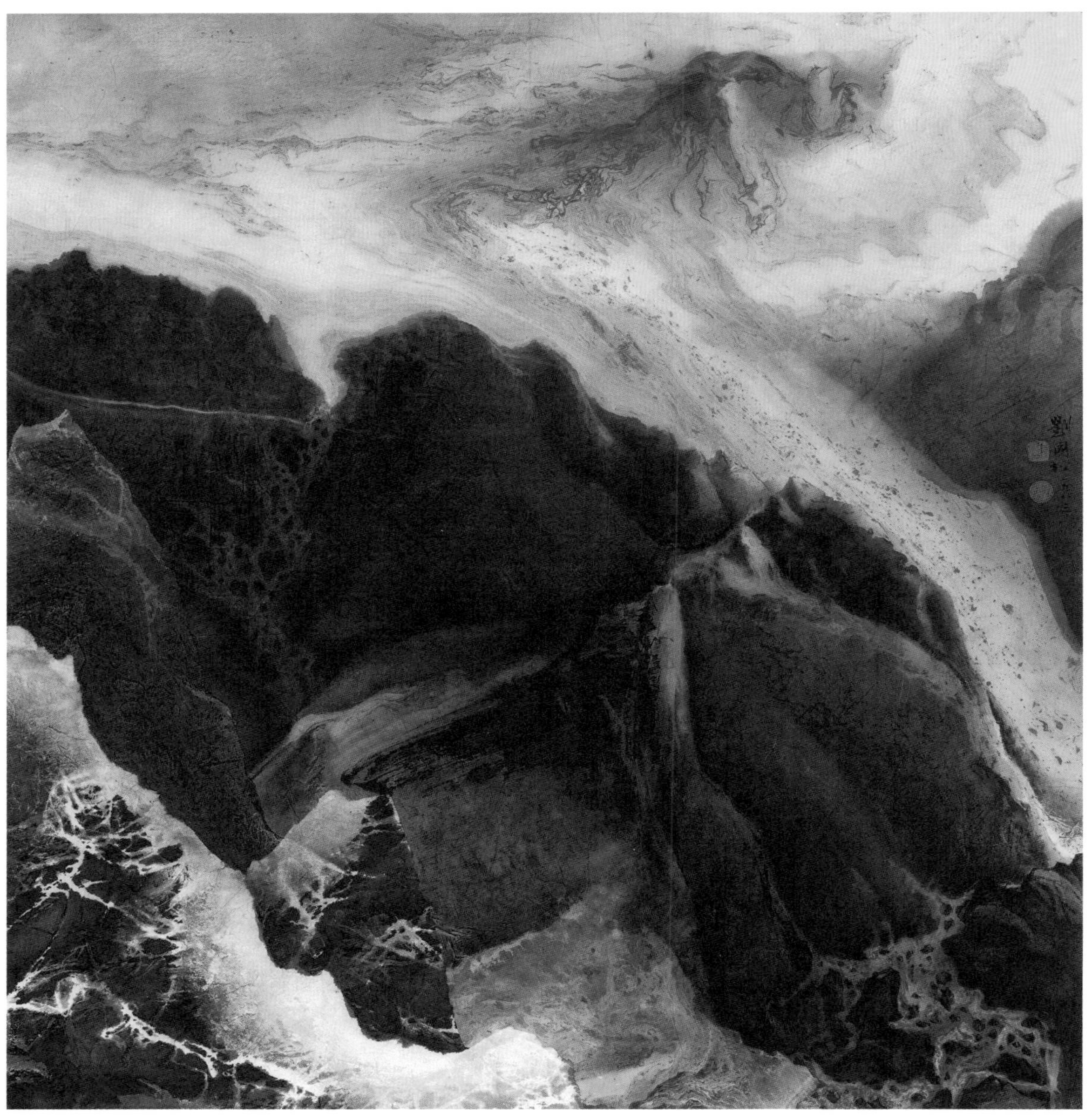

日暮的感觉　刘国松

路。但他不想当理论家，大多数人也不太知道他的理论，只知道他的成功。

刘国松是如此成功，影响是如此重要，但又是如此冲突、矛盾。刘国松有何魅力？刘国松艺术有何奇特？

刘国松传奇般的经历与艺术引来无数中外评论家的关注。

在论及刘国松及其艺术的数百篇中外评论中，人们打开了极为广阔的观照角度：有人介绍他那些奇特的方法，有人认识到他画中的境界，有人注意到他材料的别致，有人谈到他教育的观念，也有人分析他风格的独到，有人给他的艺术风格演变分期，有人论述了他原创性的新图式的创立，有人论及他作品中的天道、天人观念、抽象意识等诸多东方特色，有人比较了西方艺术与刘国松艺术的联系与区别，还有人论及了他的历史贡献、给他进行历史的定位……纵观这些论述，见仁见智，各具特色。但此中大多未深究造成刘国松艺术这种种特点及成就的创造性思路、变革的基础及其深层原因。而这些因素涉及刘国松的中外美术史研究、中国古画论、艺术理论、中外美术史论比较等多方面研究。然而大多数论家所论多从其风格奇特、画法别致的画面入手，少有分析其实践与理论的关系，甚至有人根本不知道刘国松有数十万字的美术史论著述，不知道刘国松还差点成为美国普林斯顿大学著名的中国美术史家方闻先生的中国美术史博士研究生，也不知道刘国松一切艺术实践都是在其缜密而系统的中国美术史论研究及中外美术史论研究比较中进行的，他的“中国现代画”“中国现代绘画”“现代中国画”“现代水墨画”及种种技法、材料的重大变革等最重要的提倡、实践及其艺术效果，也都是在这种理论研究的直接导引下进行的。如果不熟悉刘国松的理论研究，我们也就很难理解刘国松所进行的中国画全方位改革的思想渊源与理论基础及其变革思路。而且刘国松是自以为以理论研究为先导，去确立自己的艺术道路的。由于忽视其史论研究的成就，以致我们的一些理论家，甚至是颇为著名、颇为权威的理论家和批评家，以及无论是不喜欢、不赞成还是喜欢乃至崇拜刘国松的

未知的宇宙　刘国松

人，往往会得出一些与事实大相径庭甚至张冠李戴、南辕北辙的结论。例如，他们认为刘国松是以西方观念改造中国画的，或者以为他的中国画改革与传统毫无关系，等等。且刘国松与传统水墨山水画大相径庭、见所未见的奇特绘画技法及风格也容易自然地使人得出这种结论。对这位中国画现代化先驱的这些研究或观念，不仅有不准确不公正之弊，甚至会因对这位先驱的误解而有把当代中国画变革的思潮引入歧途的危险。[1]人们已经注意到刘国松艺术浓烈的中国民族特色，但这种特色怎么来的？何以与这种奇特的画法如此和谐自然？这种奇特的画法又如何产生？在论及刘国松时，人们往往因为忽视其理论研究的自我导向，而不容易把握其艺术的实质。对这位具深厚理论素养的绘画大家的学术性研究，亦如对同一类型的学者型大家黄宾虹、潘天寿、傅抱石等一样，只读其画显然是绝对不够的。刘国松不是被画家，而是被著名美术史家李铸晋先生所推崇、提拔而巍然崛起，绝非偶然。

毫无疑义，刘国松对中国当代画坛最重要的贡献是他在60年代初提出的创立“中国的现代绘画”，走“中国现代画的路”的主张。“中国的现代绘画”，即中国自己的“现代绘画”，而非西方的“现代画”。后来，刘国松又把“中国的现代绘画”直接称为“现代中国画”或“现代水墨画”。他在国内、国际产生重要影响的也大多是他这种“现代水墨画”。那么，刘国松是怎么设计他这种“中国现代画的路”的呢?

这位在1956年按心中向往的巴黎五月沙龙而成立台湾现代画会五月画会的画坛领袖，当时的观念是全盘西化的。那时的“现代画”当然也就是西方——主要是指巴黎的诸如野兽派、立体派等现代诸画派——的现代派绘画。但随着1960年“台北故宫博物院”一批赴美展出的作品在台湾预展，如北宋范宽《溪山行旅图》一类大气磅礴的作品感动了刘国松后，他的西化观点开始动摇。通过对中国古代美术史和若干中外艺术理论的系统研究后，1965年刘国松提出了走“中国现代画的路”的主张。在这本以此命名的著作中，昔日的西化派领袖旗帜鲜明地指出：

“中国现代画”的理想与主张，是一把指向这目标的剑，“中国的”与“现代的”就是这剑的

1 例如给刘国松以极热烈赞美，并以为继承了刘国松精神的某水墨艺术家在以长篇大论论完刘国松后得出的结论竟是“在我看来，刘国松的艺术是一种新形态艺术，同传统没有关系，如果说有关系，仅仅是在材料上”。并以为刘国松的影响就在这种对语言的“实验和制作作为特征的探索”上。另一位理论家也在一篇论述详尽的文章中给刘国松的艺术“定位”：“把他的艺术放在用西方观念改造中国画之下进行分析和定位，应该是最合适的，也最接近他本人的战略目标——建立新的中国画传统，与西方艺术进行平等的对话。”这种“六经注我”式的错误理解刘国松观点的看法是会直接将刘的后继者们的艺术追求引入歧途的。而另一位立场相反的理论家从刘国松实践中引出的则是对刘国松不无尖锐的面对面批评，“你现在的探索仍是以分离为主，你迟早要以你自己的方式回归，当然不是回到原点，而是更深地表现东方精神。否则，还不是深刻的突破”。结果，此批评引来性格直率而委屈万分的刘国松的当面反驳，以为自己的“突破不可能只在形式上。他是从内心出发，对美术史有自己的看法，这就包括内涵”。（第318页）刘国松的反驳与委屈是有道理的。这位理论家不知道，他们面对的刘国松，并非是个只会画画的鲁莽平庸之辈，而是一个在中国美术史论上颇具造诣，颇具“自己的看法”的人。见李君毅编《刘国松研究文选》，台北历史博物馆，1996。

两面利刃，它会刺伤“西化派”，同时也刺伤“国粹派”。

我们既非古时之中国人，亦非现代的西洋人，我们既非生活在宋元的社会，亦非生活在欧美的环境。我们抄袭中国古画是作伪，画西洋现代画又何尝不是？模仿西洋新的并不能代替模仿中国旧的。”[1]

后来，他还一再指出，正因为我们既非生活在宋元时代，又非生活在巴黎与纽约，“我们不可能画宋元的东西，也不可能画巴黎、纽约现代流行的东西。如果走以上两个极端的话，我们对将来世界文化是无法有所作为的”[2]。作为一个一度坚定的全盘西化者，刘国松以此类“前卫”人物中极为罕见的自我批判精神否定了自己的过去。在自我批判的基础上，他于20世纪60年代（1965年）提出了一个即使在21世纪的今天，以西方之“现代”“当代”或“后现代”为中国“现代”“当代”或“后现代”“同步”标准的中国当代画坛，仍堪称振聋发聩的崭新主张。此主张被当时的人们评为“对于中国现代画的规划”，可以为“迷失自我的中国现代画从事者，导引其去从方向”。[3]

为了“规划”这个主张，刘国松默默地进行了多年的理论研究和探索。他深知：

艺术的本质是创造，创造的基石在理论，理论的源泉靠思想。生活的艺术家中大部的人，还认为艺术即是手部肌肉的技巧熟练，无需动用太多的大脑，没有人肯研究理论，当然很难谈得到创作了。

作为一个画家，“画”是最重要的。没有画，一切的高调都成空架，一切争论亦变空谈。唯有作品与理论的一致，才有成为真正艺术家的可能。[4]

这是刘国松自1960年左右对美术史论缜密研究思考之后，在1965年至1966年两年的时间里，两部专著《中国现代画的路》和《临摹·写生·创造》得到台湾著名的文星书店连续出版并列入“文星丛刊”（当代文化丛书）的原因。将艺术创作与理论进行密切联系，在刘国松这里显然是十分自觉的。

这两部书涉及刘国松当时关于创造“中国现代绘画”，走“中国现代画的路”的全部思考。内容包括中国美术史研究，中国现代画的基本精神，对临摹、写生、创造的思考，对过去、现代、传统关系的研究，还有对绘画的本质、抽象、笔墨、空灵、批评、展览、教育、绘画与自然

1 刘国松在与人对话中谈到自己这段历史时，承认自己当时是“主张全盘西化。当时认为中国画没希望了”。“我在走中西结合之前的抽象画就是随着潮流画的，根本不能提，不要说深度，简直什么也不是。”见李君毅编《刘国松研究文选》，台北历史博物馆，1996，第310、319页。

2 卜维勤：《站在现代与传统的交叉点上：与刘国松先生漫谈中国画创作》，载李君毅编《刘国松研究文选》，台北历史博物馆，1996，第323页。

3 孙旗：《一个敢于独立思考的新传统——评刘国松著〈中国现代画的路〉》，台湾《文星》第92期。

4 刘国松：《临摹·写生·创造》，台湾《文星丛刊》1966年第198期。

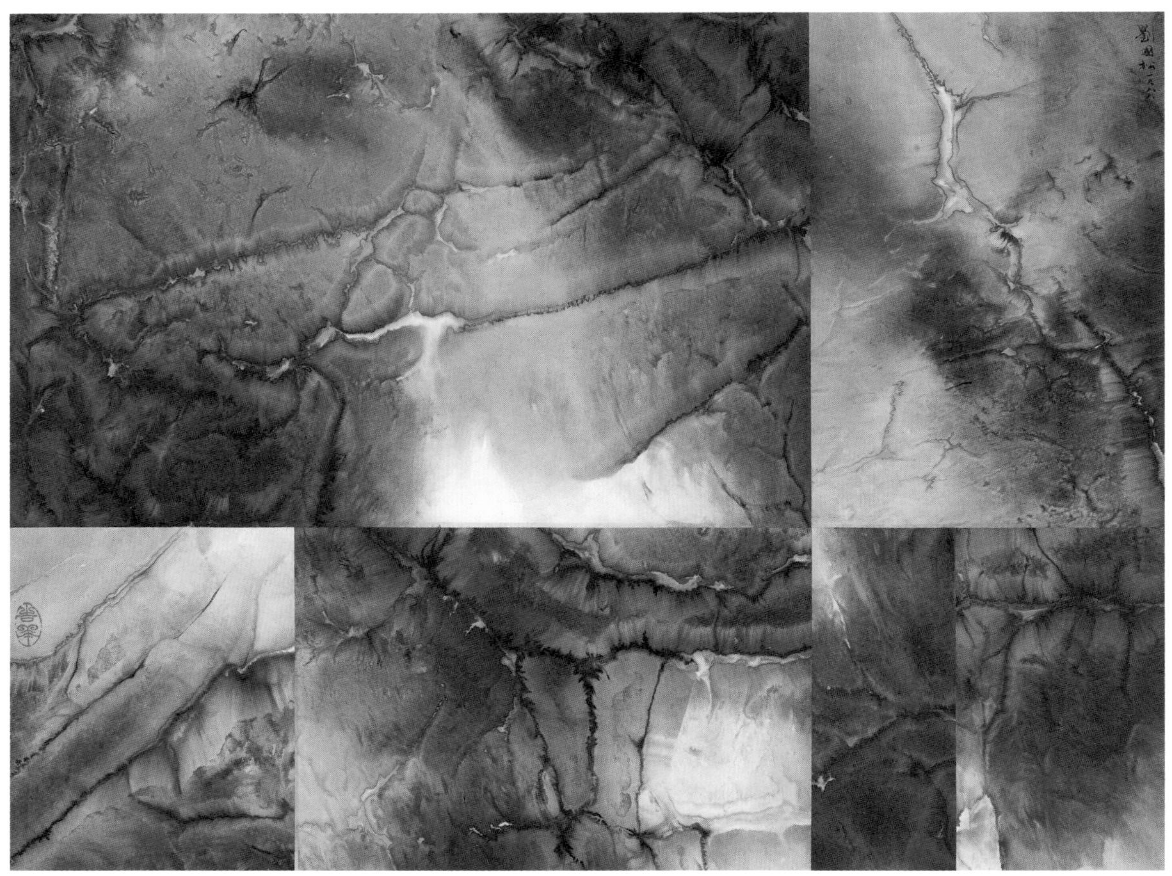

荷之蜕变　刘国松

的关系、技法的看法，以及对西方绘画的评价，中西绘画的比较，与徐复观辩论自己大占上风的诸多绘画史论问题。书中甚至包括刘国松对中国大陆、苏联的社会主义现实主义等详尽得让我辈惊诧不已的研究。

这个“中国现代画”的主张其实简单明了，包括上面提到的“中国的”与“现代的”两个方面。这把双刃剑除了要反民族保守的复古倾向与民族虚无的西化倾向，这个主张的实行更需要从这两个方面进行建设和创造。此亦即刘国松所谓“纵与横”的关系：

如果要想有所创造，走出一条新路来，建立一个属于二十世纪的中国绘画新传统，除了对那纵的，属于时间的绘画传统有了正确的认识之外，并且应该再把眼光转到横的属于空间的现实来。现代中国人的生活教养，是来自这两种纵横交织的四度空间中。[1]

我们先来看看刘国松关于“纵”，即关于传统的观念。

要创造“中国的”艺术，当然就应该了解什么艺术是“中国的”，或者，中国的艺术应当怎

1 刘国松：《回顾过去，开创未来》，香港《明报月刊》1985年7月第261期。

么样。这就需要去了解中国的传统，研究中国的传统。他曾说过，“今日在东西方文化交流激荡中，我们首先要保持清醒，不可迷失。要认清东西方艺术的优劣点之所在，必须对东西方美术史的发展作深刻的了悟”[1]。他还说，“为了挖掘祖宗埋在地下的宝贵遗产，以作复兴中华文化的投资，我阅读了大量历代的美术史籍和理论图书，以对中国美学思想的发展与民族精神之所在作更深一层的探讨”[2]。在我们画坛不少人心目中，刘国松似乎真就是那个要反传统、否认传统、抛弃传统，至少是要“分离”传统者。其实，你只要去读读他对传统的研究，你就会发现刘国松对传统一往情深，他“爱中国文化传统绝不亚于任何人”，只是他对传统的关注角度与众不同。刘国松关于传统的观点别致而新颖，即使从研究的深度上看，他的研究也可以给中国美术史论的专家们留下深刻的印象。

刘国松的传统观是发展的，变动的，而非今天大多数论家那样，把“传统”凝固冻结在古代不变的时段上。刘国松是以“反传统”著名的，但他在60年代就十分清楚地解释说：

我始终认为，反传统只是一句鼓励自己、督促自己的口号，用以时时提醒自己去避免重蹈古人的窠臼，或以抄袭模仿而代替了创作。事实上，我们所反的，只是那传统中不适合我们现代需要的，而并非全体，也永远不可能是全体。我们反传统的目的，是创建一个更新的传统，使旧有的优点发扬，并非仅是虚无的为反叛而反叛，它有着一种更积极的意义，那就是创造。[3]

其实，很多人不知道，这位给人深刻的“反传统”印象的画家曾以五六年的时间去专门研究传统，研究美术史。他做研究，绝不是走马观花，也不是断章取义，而是系统、深入、学术地研究。他研究美术史的方法，甚至可以让美术史专家耳目一新。他在美术史研究上的充分自信，也使他经常居高临下地藐视那些批评他不懂传统，自以为传统得很的人，那些“从不去读美术史”，“从不去看看历史的艺术理论，更不了解艺术最重要的是贵有创造。自以为抄袭剽窃古人的风格形式即可获得传统，岂不知其根本不知传统为何物”的人。[4]面对此类“传统”的批评者，喜欢挑战的刘国松甚至还专门写过一篇《看伪传统派的传统知识》。文章引经据典，信手拈来，使“伪传统派”们颇为难堪。刘国松称那些“自认为保卫传统文化的孝子、卫道者，实际上都是些坐吃祖宗遗产的败家子而不自知”，辛辣有趣而深刻。不熟悉古代美术史论者何以为之？集传统之大成的张大千表示中国画不应是一代仿一代的东西。1963年张大千在香港更宣布要画“一批从没有人写过的作品”的消息，使刘国松写出“使得关心发扬中国传统文化的人欢喜若狂”的句子。其对民族艺术发展之拳拳之心让人感慨。

1 刘国松：《中国现代画的路》，台湾《文星丛刊》1965年第152期。

2 刘国松：《我的思想历程》，《现代美术》1990年4月第29期。

3 刘国松：《中国现代画的基本精神》，台湾《文星丛刊》1966年第198期。

4 刘国松：《中国现代画的路》，台湾《文星丛刊》1965年第152期。

刘国松研究传统的方法的确与他人很不相同，与一般治史者不同，甚至与先专门研究美术史后再当画家的黄宾虹、傅抱石二位也不同。他说，“我也读美术史与理论书籍，可能与治史的专家们在出发点上有所不同，追求的目标也有所差异。我着重的，是想由中国绘画的发展史里，看出它将来的可能走向，作为自己创造的动力。我要找出那阻碍中国画继续发展的原因在哪里，以便唤醒我国美术界正视它的问题所在以及寻求解决之道”[1]。正因为此种目的，他不拘泥于个别史实，而善于在众多的史实画论中去发掘本质，寻觅规律，理出线索，找到特征。加之他游学于西方，同时研究西方美术史，在参照中观照中国美学与中国美术史论，所得自然更有独到之处。

例如他认为传统的本质就在于创造。他说：

传统必须在不断的衍变中方能保持其永恒的存在，变即是传统的特性，创造才是艺术不变的本质。

他还信奉这样的观念，认为“传统并不在使某一种形式继续流传下去，而是求得在过去的艺术中获取精神实质以作绘画的滋养”。这也就是他永远也不承认他在背叛传统、“分离”传统的根本原因：“如果一定要说我们背叛的话，那么我们也许遵守了艺术的创造，而背叛了艺术的抄袭。”[2]

请注意刘国松这些关于传统的睿智观念。与世人不同，他与同行发生矛盾冲突的原因甚至主要不是他那些离经叛道的技法、材料和风格，而是从所有这些外在因素中得出的这些深刻睿智却又极端不合时宜的观念。南梁时期刘勰《文心雕龙》专以《通变》章论这种“名理有常，体必资于故实；通变无方，数必酌于新声”，以及“变则其久，通则不乏。趋时必果，乘机无怯，望今制奇，参古定法”。其核心之处，不也正是在这种“常”“变”的“古”“今”辩证关系之中，以“乘机无怯”之勇，去创造变动“无方”的“趋时”“望今”之“新”之“奇”吗？我们不也可以此去解读刘国松趋时望今的新奇之画吗？

刘国松追求对传统的再创造，但他的创造观也与常人大不相同。绝大多数画家都不会承认自己是在模仿他人，模仿古人，他们每人都能谈出点自己的“创”意来。但对刘国松来说，这种微小差别的“创造”不具备真正创造的性质。[3]

后来，在回答别人提问时，刘国松说：

我有一个追求方向，就是要创造属于二十世纪的绘画，既非古的，也非西方的；既是中国的，又是现代的。为了达到这个目标，我认为要整个的在形式上改变传统绘画。

我是第一个从形式上整个改观，要重新创造一种语言的人。[4]

---

1 刘国松：《先求异再求好——从事美术教育四十年的一点体悟》，《荣宝斋》创刊号1999年10月。

2 刘国松：《过去·现在·传统》，台湾《文星丛刊》1965年第152期。

3 同上。

4 郎绍君：《一个现代艺术家的足迹与思考——与刘国松的对话》，《云朵》1990年3月。

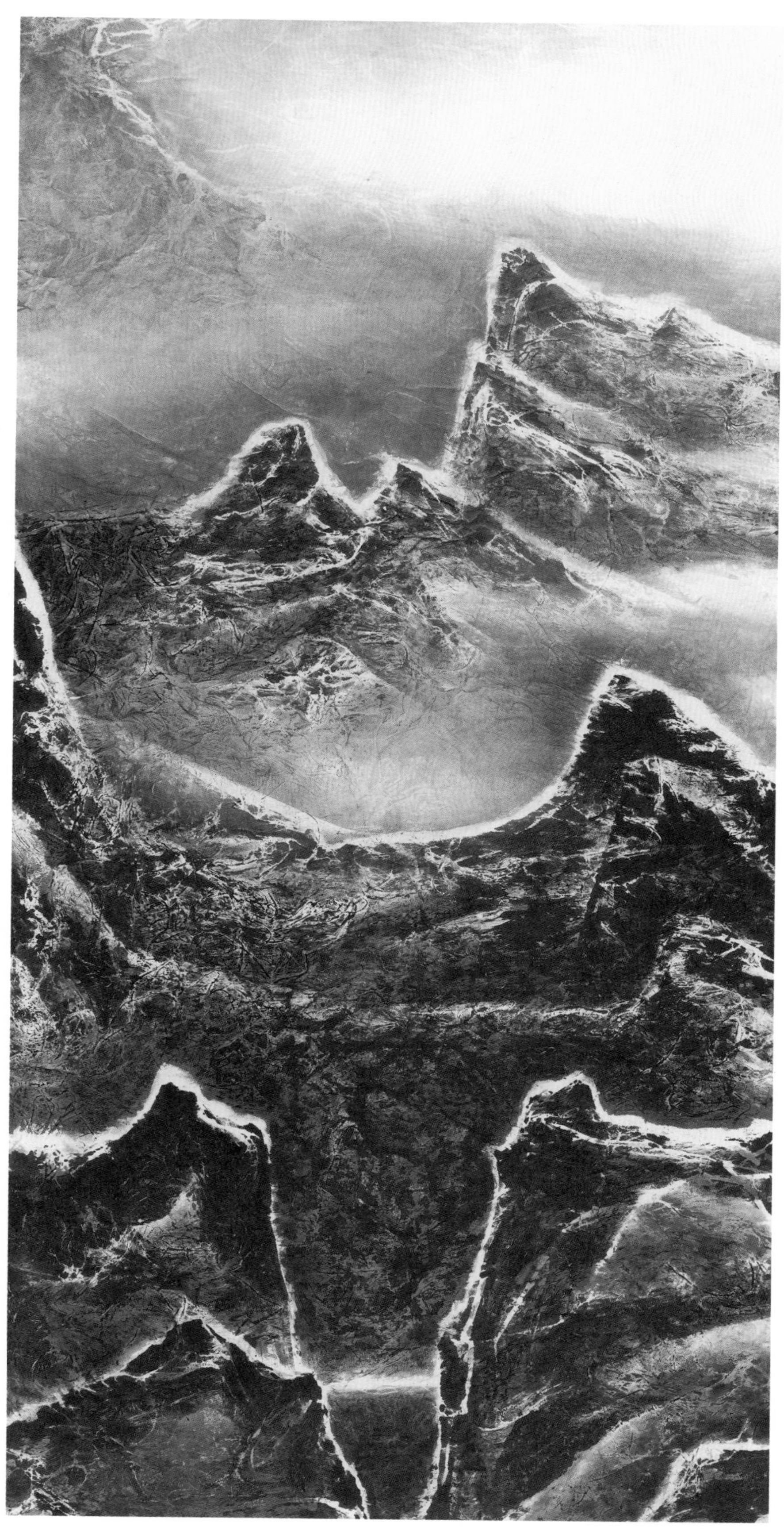

雪网山痕皆自然　刘国松

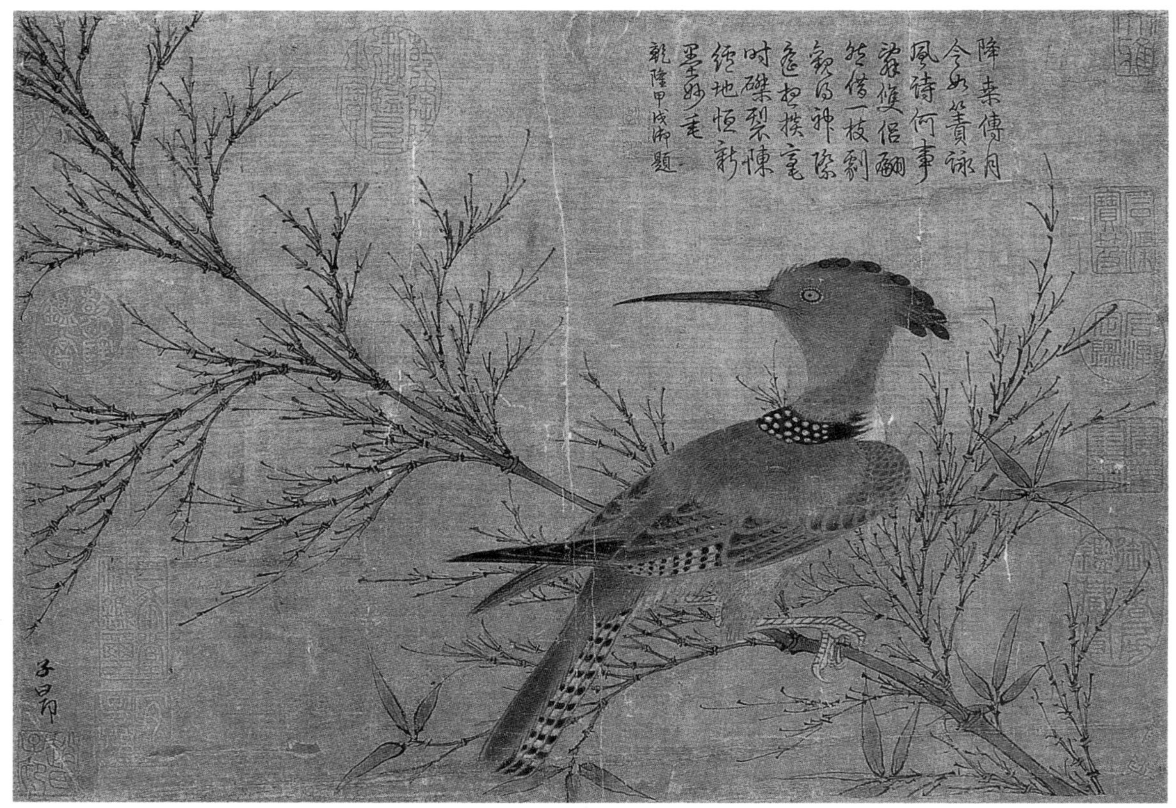

幽篁戴胜图　赵孟頫

请特别注意刘国松关于创造标准的这一说法，这是理解刘国松绘画的又一关键之所在。刘国松那种让人“做梦也想不到”的奇特绘画形态，那种连笔带墨带纸，连同所有中国画传统程序一并消失的“不择手段”的“中国现代画”“现代水墨画”，无疑就是对这种“整个改观”的“创造”观的实践。仔细研究他的艺术历程，他的技法历程与他的理论历程，可发现具有绝对统一的一致性，这也是我们研究刘国松就必须了解刘国松理论的原因之一。

正因为追求原创，刘国松才既反对复古，又反对袭洋，他认为“模仿西洋新的与抄袭中国旧的，只是五十步与百步之分，其抄袭模仿则一，都谈不上创作的”。他还自信地宣称，他所倡导的“中国现代绘画”将向西方宣示：

我们的画今后向国际艺坛进军，不再表示“你们会的我们也都会”，而要向他们发表我们的理论，宣示我们的目标，并且要告诉他们，我们的作品是我们中国人所独有的，是世界所新创的，也是西洋所没有的。[1]

刘国松20世纪60年代初这番铿锵有力、掷地有声，充斥着中国艺术家自信与尊严的语言，

1 刘国松：《无画处皆成妙境》，台湾《文星丛刊》1965年第152期。

在40多年后，将模仿西方当代艺术与建设中国当代艺术相混淆，将后殖民化思潮与改革开放倾向相混淆的中国大陆艺坛上容易听到吗？当然，刘国松的这番言论，不过是从他的“创造”理论中得出的结论而已。

刘国松于1956年建立五月画会时，不仅全盘西化，而且从西方的野兽主义、立体主义等现代艺术流派一直模仿到当时美国正在流行的抽象表现主义。当年刘国松是个坚定的抽象艺术信仰者。由此出发，待50年代末至60年代初刘国松开始回归东方时，也自然会关注民族传统中的抽象因素。这是一个自觉的回归与探索的过程。刘国松曾说，“透过抽象方式有意识地接近自然是接近传统艺术的目的”[1]。的确，中国传统艺术中具有太多的抽象因素。尽管受20世纪流行的科学主义的写实主义的影响，大陆对传统艺术中的抽象因素的研究，迟至80年代才开始，但只要深入研究，传统中的抽象因素可谓比比皆是。不能不承认，刘国松在此方面又走在前面20余年。刘国松注意到中国书法艺术中的抽象因素，也注意到中国写意画从唐代开始崛起，注意到王洽的写意，苏轼论不求形似，石恪、梁楷的草书用笔，赵孟頫“石如飞白木如籀”的书画结合观念，以及“写画”观念的出现，从而指出了中国传统中“写意画的最后目的即在使绘画摆脱一切外来的束缚而独立，换言之，即在求‘纯粹绘画’——抽象画的建立。世人不明于此，

1 刘国松：《画与自然》，台湾《文星丛刊》1966年第198期。

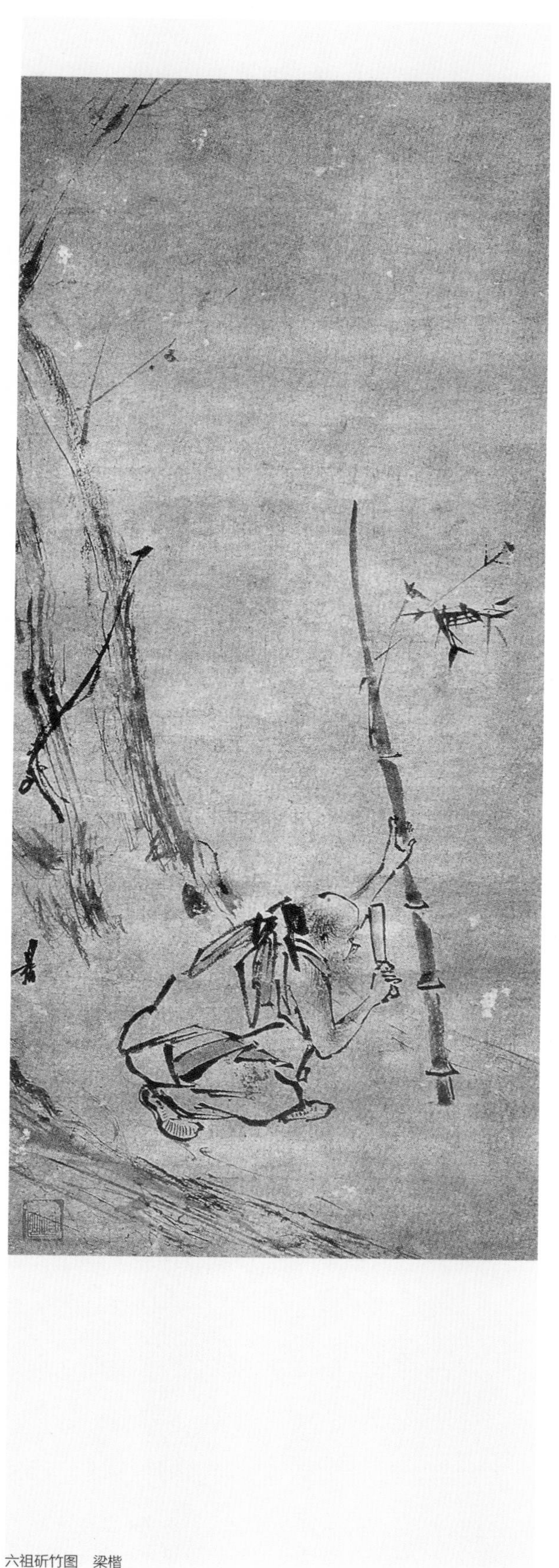

六祖斫竹图　梁楷

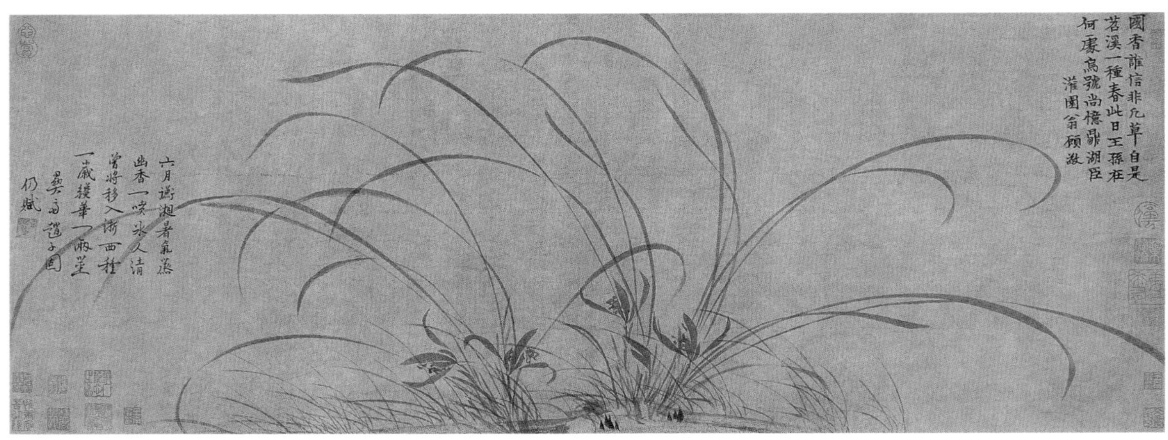

墨兰图　赵孟坚

反以为抽象绘画有违我国传统精神，真是贻笑于有识者”。[1]

其实，刘国松当时研究的主要是古人所写的中国古代绘画史和画论，他当时如果能从现代考古学角度从公元前六千年至前四千年抽象占绝对优势的彩陶时代，从前四千余年至前两千余年同样以抽象为绝对优势的青铜时代算起的话，则不仅抽象因素从远古开始就一直占据主导地位，这点毋庸置疑，且刘国松著名的论断，中国美术史是从写实—写意—抽象演进的公式都可以改一改了。这且不论。毕竟在40余年前，刘国松做出传统与抽象关系的论述就已经十分难得了。令从事美术史研究的笔者印象更深且慨叹的是，刘国松不仅认识到东西方艺术在抽象方面的某些共同性（这在林风眠时已有认识），而且还指出了它们在东西方美学体系上的重要差别。

在刘国松看来，中国艺术传统中的抽象因素深受中国传统哲学影响。“我们既然谈民族艺术的发扬，就必须先了解支配我国文学艺术的哲学思想；既然谈中国的现代绘画的创作，就必须先了解影响我国哲学思想的玄学”，要了解老子，了解玄学，了解唯道集虚，虚实相生，及画论中那些“无画处皆成妙境”“计白当黑”等。[2]还有禅的影响。禅“其宗旨清净简直，主张直指顿悟，重精神而轻形式；即使佛像、仪像等宗教画亦不再为传教者、信教者所重视，并渐废弃”。加之禅乃“动中的极静，也是静中的极动；寂而常照，照而常寂，动静不二，直探生命的本源”。这种纯精神的境界“既须得屈原的缠绵悱恻，又须得庄子的超旷空灵。缠绵悱恻，才能一往情深，深入自然万物的核心，也就是‘得其环中’。超旷空灵，才能如镜中月，水中花，羚羊挂角，无迹可寻，也就是所谓的‘超以象外’。色即是空，空即是色，色不异空，空不异色，这不但是盛唐人们追求的诗境，也是梁楷、苏米、马夏、倪黄以及石涛、八大山人等大家所追求的画境”。他欣赏明人李日华绘画的第三层次，亦最高层次，是“佛法相宗所云极迥色极略色”

1 刘国松：《过去·现在·传统》，台湾《文星丛刊》1965年第152期。
2 刘国松：《无画处皆成妙境》，台湾《文星丛刊》1965年第152期。

的“意之所游”境界。[1]你看，这位画抽象画的画家论得多好！尽管其中我们可以看到宗白华等的影响，但也可知刘国松绝非只知画画而胸无点墨之辈。本可以读美术史博士的刘国松事实上已经抓住了中国传统绘画的又一要害，也抓住了与西方抽象相区别的要害，而能认识到这种区别者即使在当今史论界学者中也是不多的。

与西方相比较，中国的抽象一则服从于中国哲学，服从于超旷空灵的道、禅观念，是因“得意忘象”“超以象外”之纯粹精神性追求而来，它的精神性内涵对抽象的外在形式表现起着决定性的支配作用，此即《淮南子》所谓“君形者”。同时，照刘国松看来，中国的抽象历来就与自然有密切关系。“那种趋向抽象的旨趣却无法完全与外界断绝。”此即《乐记》所谓“凡音之起，由人心生也，人心之动，物使之然也。感于物而动，故形于声”之著名的“物感”说。“物感”渊源，保证了中国艺术与自然万物不可切断的天然联系。此亦是唐代张璪虽“中得心源”却还得“外师造化”的原因。这位抽象画家还认为：

环绕在我们周围可见与可触的世界是艺术唯一的泉源。从这里面，我们能够吸取形式与彩色的知识。抽象艺术与自然是有一种深切与极有意义的关系。

当然，与自然的抽象关系仅是自然特性之大要，“完全是画家以其活泼泼的心灵对自然凝神寂照的体验中得来的”。“抽象就是蒸馏，蒸馏就是增加强度与浓度，使自然形象升华成为‘绘画’的‘禅’，是根植于一个活跃的，至动而有韵律的心灵。”[2]相对地，“西洋纯抽象画家认为艺术作品在本质上应该是一个完全理智的独立的个体，仅仅只有其美学上的重要性”。那只是一种诉之于泛人类的普遍视知觉经验基础的对视觉规律（如色彩规律、构成规律等视觉形式规律）的运用。难怪刘国松在回答关于对康定斯基与范宽的感受时说：“西方是形式方面，它们使你感到一大片一大片新鲜的情致，对我发生一种触媒作用；至于东方的，则给予我一种内在的感动，让我真正领悟到艺术的内涵和价值。”[3]

这样，就又涉及刘国松在中西比较中一个较本质的内容，即“反映”与“超越”。活跃在中国与世界之间的刘国松对东西方都十分了解，他能洞悉东西方艺术间微妙的差别。对波普艺术一类，他清楚地指出，这是“反映”的方式，“是直接反映，把枯燥无味的生活反映出来”；或者“是批判的反映”。过去中国革命味十足的“现实主义”和今天同样革命味十足的前卫艺术家们，仍在因袭此种西方式“反映”方式。而深研传统的刘国松却说，“这两种反映的办法，我都不采用。我采取一种‘超脱’的办法”。他认为，“艺术不应停留在极简单的反射作用上，我也不要在狭窄的感情上打圈子，在刺一下反应一下的那种反映上下太大的功夫，我觉得艺术不是那

1 刘国松：《画与自然》，台湾《文星丛刊》1966年第198期。

2 同上。

3 尉天骢：《一个画家的剖白——与刘国松的一席对谈》，《幼狮文艺》1969年12月。

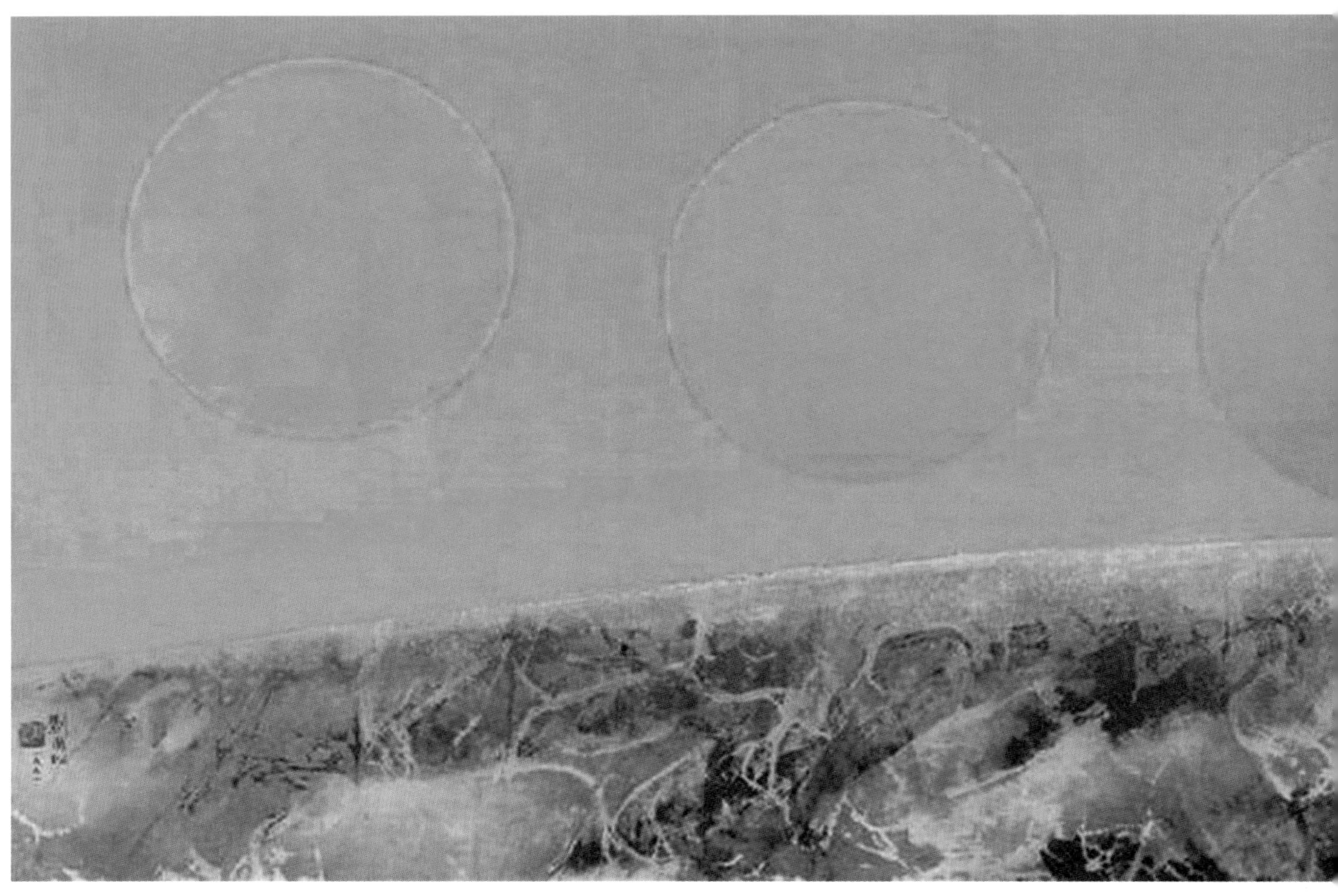

南极的午夜太阳　刘国松

么狭窄的”。而他要的，是“用一种超然的方法，把自己抬高了去看社会”，以取一种“不是‘煽动’，而是震撼心灵的美感”。请注意这些深刻的观念：既保持与自然的密切关系，又有超越现实的观照态度；既继承传统精髓，又超越传统形色；既学习西方之精华，又自我选择独立运用。刘国松那种似乎神龙见首不见尾的奇特画风，那种既异于古人又异于洋人的画风，即源于此种态度。

从刘国松艺术经历来看，自1956年成立五月画会全盘西化始，刘国松是以西方抽象表现主义为主的西方现代诸流派作为自己的楷模和标准的。在1958年、1959年之后，刘国松对西化的反思愈来愈深刻。尤其是1960年之后，他迎来了回归东方的转折，他的思想和观念都在变。如果说承认过去全盘西化的错误显示了刘国松尊崇真理，勇于自我批判的品质的话，那么，再一次在抽象问题上修正自己的观念，更给刘国松的艺术创作带来了根本性的转折。50年代末60年代初，受西方抽象表现主义影响的刘国松看到了东方中国古典传统中的抽象因素，并得出了中国传统绘画发展是写实—写意—抽象的结论。那时他的作品也的确与自然、与生活没有多大关系。但此后，

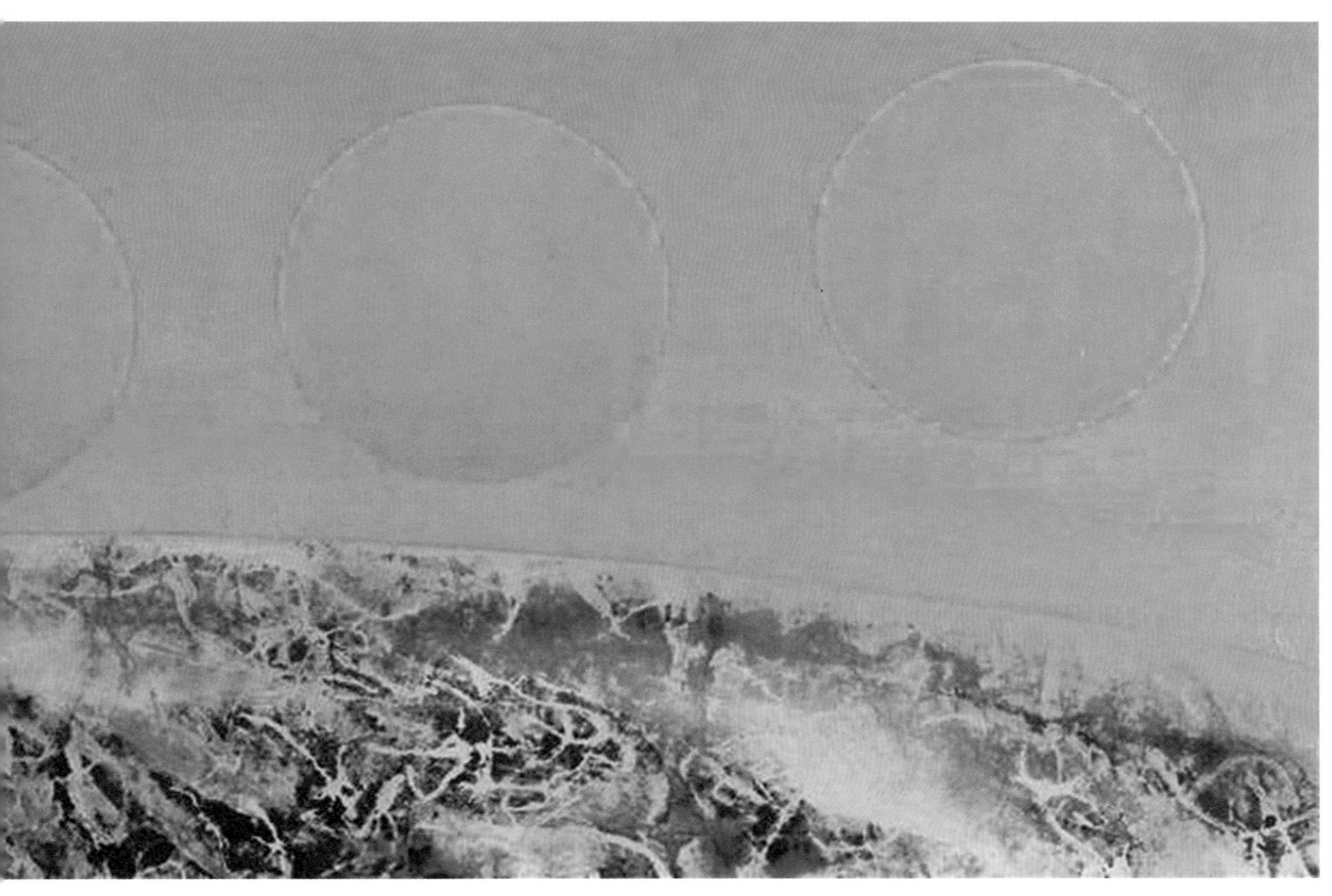

在对作品与自然的关系和中国传统艺术的精神性内涵了解增多以后，刘国松能认识到东西方在此问题上“有很大的差异”。在西方，自然与神的观念常常混合。自然是神的表现，所以自然尽善尽美。而中国的自然与人相默契，山水仅仅是特性之大要——抽象，而未必实指，“完全是画家以其活泼泼的心灵对自然凝神寂照的体验中得来的”，即张璪“中得心源”，范宽“师诸心”者。[1]于是，刘国松的看法发生了变化：

我对于绘画史发展的看法，早已由“写实、写意、抽象”而修改为“写实、写意、抽象意境的自由表现”，不再坚持“抽象”了。[2]

受过西方人本主义熏陶的刘国松特别注意发掘古代美术史中的自我意识。他说，“能够明了艺术的本质在创造，现代绘画的精神在表现‘自我’”。所以他对清代的石涛特别喜欢，尤其喜

1 刘国松：《临摹·写生·创造》，台湾《文星丛刊》1966年第198期。

2 叶维廉：《与虚实推移，与素材布弈——刘国松的抽象水墨画》，载李君毅编《刘国松研究文选》，台北历史博物馆，1996。

欢他那种“我之为我，自有我在”的精神。因为只有自我的存在，才有以表达自我为本质的艺术的存在，也才有以传达自我在其中的生活的存在。所以，刘国松非常注意艺术与自我、生活，与在生活中获得的独特体验的关系。他明确地说过，“艺术是生活的提炼，情感的升华”，这是常识，但二者关系，却又是“表现的应该是永恒的本质，不应是短暂的生活情趣”。这倒与大陆的“典型”论有些相近。他的这些观念，其实又都是艺术理论中的一些根本问题。只有根本解决这些理论问题，才有可能解决艺术创造的问题。这无疑也是刘国松反对模仿与自我生活环境不太相关的古代与西方艺术的又一原因。

如果你愿意去读刘国松研究传统的著述，即使你是研究美术史的学者，也会感服于身为画家的刘国松在60年代对传统研究的深度。例如刘国松研究传统画论中的“理”，就分别列出了“常理”（造化之理）、“丹青理”（技巧之理）及“造理”，天地之“真”、宇宙之“真”的形而上之“理”。又如内容与形式关系，刘国松在60年代初，便就石涛论笔墨问题说出了“这也就是我以前为何说艺术的形式就是其内容”。这些话，又显示了刘国松从画家立场研究艺术的特征，是一般光说不练的艺术理论家说不出也难以看到的。又如，刘国松以清人“点苔”的纯笔墨形式关系而非写实造型作用为例指出，“他们不问山石上到底该不该有苔，却只是斤斤于苔对于笔墨所发生的作用。从这里我们可以清清楚楚地看到，中国绘画中的反形似、反写实、反自然的再现，是由这里开始的”。刘国松对笔墨的研究角度与深度都让人诧异。例如他认为笔墨直接地等同于“气韵生动”，直接地等同于“士气”，以及他对明清绘画中笔墨与“繁简”、与“三病”乃至“南北宗”直接关系的认识，都十分难得。更有意思的是，笔墨的讲究，使得清人赞同古人“丘壑结构也还可‘采用’”。他甚至看到，明清时人已不是借笔墨画山水，而是“借山水、借人物或借花鸟，以表现笔墨”等，都说明了这“种种问题，都是以笔墨为中心”。当笔者联想到自己在1991年出版的《明清文人画新潮》一书中，用同样的论据、论述而得出同样的结论，而刘国松先生早我30余年时，我对他的这些论述所抱的钦佩之情可想而知。刘国松对传统的这些研究绝非等闲之论。难怪他可以对一些自称传统代表却又“从不去读读美术史”，“从不去看看历来的艺术理论”，对传统一知半解的人持轻蔑的态度。他是有此专业的学术资格的。[1]这又让人想到洛克菲勒基金要资助刘国松在方闻先生那里读美术史博士的事，绝非没有根据。读刘国松的文章，与他谈话，会发现他对中国古代美术史实、画论、作品，引经据典，信手拈来而头头是道，这充分显示了其深厚的传统史论素养。

在刘国松创立“中国现代绘画”的思路上，除了上述纵向的历史一线，还有一条即是横向的当代生活及其体验表达的一面。

在刘国松看来，所谓“横”，即当代生活，即充斥着西方文化强大影响的当代生活空间。刘

1 此段论述，参见刘国松《中国现代画的路》《临摹·写生·创造》。

国松是赞成对生活、对现实的“超越”，而不是西方式的对生活直接“反映”的。但不论怎么超越，其艺术所要传达的应当是对现代生活的体验，即由现代生活直接引发的感受，而非古典的，或对古典艺术大同小异的模仿。出于对太空登月的兴奋刘国松一口气画了三百多张具抽象情趣的太空画，即此现代体验之强烈触发。他的那些环球旅行，如临北极，登喜马拉雅山，接近珠穆朗玛峰，都能带给他绝不同于古人“行万里路”的特殊体验，带给他现代感十足的崭新体验。我们看到的刘国松的一些奇特的不合常规的画法，就与这种特定体验直接相关：“生活在20世纪的中国人，与古人所居住的环境有多大的差异，也必定有不同于古人的思想与感情。作为一个现代的中国画家，如果发现他的所见所思与所画的有着难于一致的苦闷时，那就说明了过去惯用的传统技法与现代特有的意境和情趣，在表达上产生了矛盾。”[1]刘国松喜欢这些源自生活的真切体验，喜欢表达这些体验。对这些体验的独特传达，构成其艺术现代感的重要基础，也构成其绘画绝不同于古人，且古人所无的基础。

在刘国松的“现代”传达中，当然也离不开他对西方艺术的学习与借鉴。由于20世纪50年代中期，刘国松就在全盘西化的氛围中开始研究西方艺术，加之后来考察乃至直接在美国大学任教，两年的环游世界，参观世界各地博物馆近百个，以及多年来一直在世界各地不停办展览，与世界各地的艺术家交流，参加美国主流艺术展和圣保罗双年展，等等，他对西方从古典到当代的美术了如指掌。他的著名印章“一个东西南北人”，就反映了他的这种特殊经历。西方的印象主义、野兽主义、立体主义、抽象表现主义、极少主义、硬边艺术等对他都有影响。而且，不管是对西方艺术的借鉴，还是对中国传统的继承，他更多的都是从精神本质的角度考虑问题。尽管西方的影响客观存在，但反思后的刘国松十分清楚，这“横”的“空间是中国目前的生活现实。这空间只是中国的，可以受到西方空间的影响，绝不等于西方”[2]。是的，“这空间只是中国的”。在理性中思考的刘国松有着严谨的判断尺度，加之有过从“全盘西化”反省而回归中国、回归传统的经历，他知道怎样去判断西方影响的比重。这与今天一在中国上网，就立即产生世界大同（全球化）幻觉的西化者，显然不可相提并论。找到自我的、民族的立足点的刘国松，客观评价西方影响的现实，知道自己需要什么。了解中国传统的他在吸收与借鉴西方传统时有着坚定的自我立场和明确的自主选择标准，这就与这一百年中唯西方马首是瞻、被动接受的西化派们有着原则性区别了。

刘国松在东西方传统理论研究和艺术理论研究上有着相当的深度，更有画家们少有的理论清醒。由于他多年来研习于东西方美术历史与美术理论之间，对二者的熟悉与深入，使其能达到通达自如，游刃有余，无可无不可的地步。例如对西方的学习，他越过了仅从形色图式上肤

1 刘国松：《郑明的十年耕耘》，《新亚生活》1984年9月。

2 刘国松：《中国现代画的基本精神》，台湾《文星丛刊》1966年第198期。

浅模仿西方的阶段，而选择从创造意识、人文精神、个性色彩等深层精神层面去学习。而对传统笔墨知其然又知其所以然，也使刘国松很通达地认为，笔就是点线，墨就是色面，而皴法就是肌理。如此一来，刘国松走出了神圣的笔墨圣殿，解放了自己而进入海阔天空的自由创造天地中。

建立坚实的史论研究基础并以此为创作导向，刘国松决定要“从形式上整个改观，要重新创造一种语言”，要创造一种“前人没有的，出来一个新的，而且在形式上一眼能看出来”的全新中国画。这是一种既全新又中国的画，刘国松在给自己出难题。从20世纪60年代初，这位说干就干的祖籍在山东的汉子开始了他后来持续数十年的对传统中国画的全方位变革实验。

与今天一些抛弃技巧、抛弃语言创造的时髦“当代”理论家、画家不同，刘国松非常注意对材料、技巧和整个艺术形式的实验与变革。他说过，“艺术的形式就是内容。故过去许多艺术理论家，不管怎样的努力，都不能像艺术家那样十分正确地把握住艺术的本质，就是因为他们没有体味过那最本质的技巧的缘故”。“不能了解真正技巧的人，就不能把握住真正艺术的本质；没有真正技巧的人，就不可能成为真正的艺术家。”[1]此话一针见血地击中了中国美术界那些从未与实践沾过边，只知纸上谈兵，不切实际的艺术理论家、评论家的要害，对我们今天大谈“观念”，而忽视技巧的“当代艺术”界也是当头棒喝。这位真正热爱艺术创作的画家，尽管在理论研究上做了大量工作，但这一切都是为了更好地画画。所以他谢绝了洛克菲勒基金主动邀请他到普林斯顿读美术史博士的好意，一心扑在自己的绘画实验与创作上。

刘国松在材料变革与技法探索方面的具体情况，他本人及大量评价文章中已有详尽的介绍。出于偶然，他在创造全新形式的必然中寻觅并制造了效果奇特的“国松纸”。他的与传统美术技巧不无关系的水拓法、纸拓法、板拓法、渗墨法、渍墨法、喷雾法、转印法、纸筋法、晕染法、裱贴法、色墨水中加入各种添加剂的办法（上述每种技法又有无数的变化方法），以及上述诸方法的综合运用，使得几十年来刘国松的绘画技法千变万化、迷离扑朔，呈现见所未见的奇特效果。[2]

所有这一切，除了因为要“从形式上整个改观，要重新创造一种语言”的“创造”思想，还依赖一个极重要的观念，即破除传统笔墨的迷信，破除中锋正宗论的迷信。事实上，这一千多年来，中国传统绘画之所以变化不大，与这个中锋正宗论关系极大。当千百年来成千上万的中国画家用一种统一的中锋笔法，再加上统一的正宗皴法（如披麻皴），画统一的图式（例如董、巨及学董、巨的黄、王）时，其大同小异的结果不言而喻。但由于中锋笔法又太正宗，几

1 刘国松：《谈绘画的技法》，《文星丛刊》1965年6月，第47页。

2 对这些技法的介绍参见萧琼瑞《在传统与现代之间——为中国美术现代化开路的刘国松》，载李君毅编《刘国松研究文选》，台湾历史博物馆，1996，第189—225页。又见周韶华《刘国松的艺术构成》，湖北美术出版社，1985。

乎无人敢反，一反就邪，就无可救药，甚至连人品道德都要成问题，故成了一大影响中国画发展的禁区。刘国松因研究传统偏重内在精神与本质，故容易超脱于枝节。加之刘国松转入国画之前一直在画西画，受美国抽象表现主义影响，故觉得中锋就更没有那么神圣了。这让人想到留学巴黎的林风眠对中锋的同样背叛。1971年刘国松去香港任教于新亚书院期间，就写出了《革中锋的命》的文章，正式打出了反中锋的旗号。以后他又提出“革笔的命”的主张。刘国松的想法是对的：“一定要从传统笔墨桎梏里解放出来，如果不解放，中国画发展的余地就太小了。”[1]“笔只是许多表现工具中的一种，中锋又是许多用笔方法中的一种，不用中锋就画不出好画来的论调，直接将中国画带到一条万劫不复的死胡同里。前面实在无路可走。即使再好的笔，它所用的语境与词汇，早已不够现代画家表现的需要了。所以为了我们的需要，必须另创新的词汇、新的语境。”[2]又请大家注意刘国松“另创新的词汇、新的语境”的思路。也正因为刘国松把中锋的神圣地位推翻，连同“笔”、“墨”、“皴法”、宣纸一并革命，他也真的给自己的艺术另辟出一片新词汇、新语境，一片可以自由翱翔的广阔天地。刘国松对此说道，“革笔的命的结果，使那早已定了型的传统绘画不见了，代谢而生的是一种崭新的绘画形式的创立”[3]。但极有意思的是，这套脱离了旧体系的新技法系统所创造出的境界却仍然还是地道的、中国的。

刘国松主要已不用传统毛笔，而改用一种粗硬的炮筒刷子了，但他仍然“用中国的书法强调线条，用渲染表达浓淡的感觉”。这种极富力量与速度的鬃刷笔路，仍具浓厚的书法感。刘勃舒领会到这一点，并且指出，刘国松的风格“依然不失大笔墨传统”，因为“他并不曾割断中国艺术的内在精神与形式美法则之间的联系”[4]。作为国画家的刘勃舒先生能够领会刘国松的苦心。

尽管刘国松的绘画已完全脱离了传统笔墨图式，但由于上述对传统深层精神的长期深入研究与领悟，他全新的形式技法系统同样能创造出一个相当地道而深邃的东方境界。

刘国松从学习西方的纯形式性质的抽象表现主义向东方式抽象意境回归，是他艺术发展中特别重要的转折。刘国松在研究传统，比较东西方之后，找到了东西方艺术与自然关系的区别，他也从中国文化的深层意蕴中，找到了回归意境表现的独特方式。他的意境并非宋元时期较实的写实性境界，而是传达在“虚实相生”“有无相生”之中，那种“万物”所“生”的自然本质之“道”，是传达“道之为物，惟恍惟惚。惚兮恍兮，其中有象；恍兮惚兮，其中有物”（春秋·老子）的东方式自然观。照刘国松看来，“中画以书法为骨干，以诗境为灵魂”“中国画

1 郎绍君：《一个现代艺术家的足迹与思考——与刘国松的对话》，《云朵》1990年3月。

2 刘国松：《先求异再求好——从事美术教育四十年的一点体悟》，《荣宝斋》创刊号1999年10月。

3 刘国松：《谈绘画的技巧》（下），《星岛日报》1976年11月19日。

4 刘勃舒：《天地玄黄鸿蒙再辟：论刘国松的绘画艺术》，载《宇宙心印：刘国松七十回顾展》，财团法人中华文化基金会，2002，第13页。

家终不愿刻画物象外表的凹凸阴影，以免笔滞于物，故舍具体而趋抽象，以表现全宇宙的气韵生命”“画幅中飞动的线形与‘空白’处处交融，结成全幅流动虚灵的节奏。空白在中国画里不复是包举万象与位置万物的轮廓，而是溶入万物内部，参加万象之动的虚空的‘道’”。[1]由于具有这种认识，刘国松突破了“似与不似”偏重“似”的古典造型思维套路，而以在具象与抽象之间偏重“抽象”的现代造型方式，重组中国山水画的当代意境。由于开创了独特技法材料体系，对中国古典山水意境做出了独树一帜的现代转化，重建了中国山水画的现代境界，刘国松使自己摆脱了一度崇拜的西方抽象表现主义，摆脱了那种偏重视觉形式而相对缺乏哲理诗情的西方抽象，而回归较之古典山水更富自然本质、更富想象空间的东方抽象意境。

刘国松的作品题材偏重于表现雄肆阳刚、天地浑茫的大宇宙意象。这无疑与他受范宽《溪山行旅图》那种雄浑浩大气象感动，才回转东方的初衷相关。刘国松与其他否定地、批判地看待传统者不同，人们普遍地认为中国文化是阴性文化、柔性文化，而刘国松却从中国文化中的另一面去接受，反以为“中国绘画更强调‘男性精神’”。加之当代视域因科技的变化而大变，难怪他的绘画也总是大山大水乃至直接面对宇宙天体以描绘。甚至可以说，在中国美术史上，景象之气势浩大雄浑，包容天地宇宙，罕见有过刘国松者。两千多年前庄子《逍遥游》那扶摇直上九万里的胸襟，那“无待”于物的自由逍遥，那天道的永恒、宇宙的无限、禅静的超然，所谓心骛八极，思接千载，我们可以从刘国松的从宇宙中看地球的太空画中看到。我们更可以从他的画中临空俯瞰喜马拉雅巍巍群峰，海流奔涌之莽莽昆仑，尖峰耸峙的迤逦冰川，乃至喷发流泻的熔岩，神秘的海底之晨……种种奇特神秘、崇高浩大、见所未见之境象。他呈现出的既是深沉宏大、神秘幽微的古典东方天人合一的胸襟，又是当代中国人从真实宇宙之无穷缅邈，日月之阴阳盈亏，天地之动静上下，引出的无限超然的东方哲理与玄思。这种既具象又抽象，既古典又当代，既东方又世界，既哲理又科学的境界，当代中国美术史上岂有二人哉！此岂是我们坐马车、骑毛驴以行路的中国先辈所能想象，又岂是西方抽象艺术奠基于视知觉之形式表现可以概之！

刘国松对传统的继承如此有机和谐，如此深沉内蕴，这得益于他数十年如一日对传统的学习研究，对传统本质、规律的探索与把握，得益于大多数画家很难具备的内练之功。刘国松放弃了局部笔墨的表现，在传统的章法结构上有相当的借鉴。刘国松对此说道，要“在传统中取它的优点。我放弃笔墨，便取其结构，取传统画中独特的空间安排。取结构与气势为指针”[2]。上面说到的阳刚大气之气势，就与他的这种对传统山水“远”结构的借鉴相关。50年代创建五月画会的刘国松当时正兴致勃勃地“同步”追逐西方正方兴未艾的抽象表现主义；60年代返归传统后，他的抽象水墨逐渐由西方纯形式主义之“抽象”过渡到东方“抽象意境”的表现。

1 刘国松：《从庞图艺展谈中西绘画的不同》，台湾《文星丛刊》1965年第152期。

2 叶维廉：《与虚实推移，与素材布弈——刘国松的抽象水墨画》，载李君毅编《刘国松研究文选》，台北历史博物馆，1996，第301页。

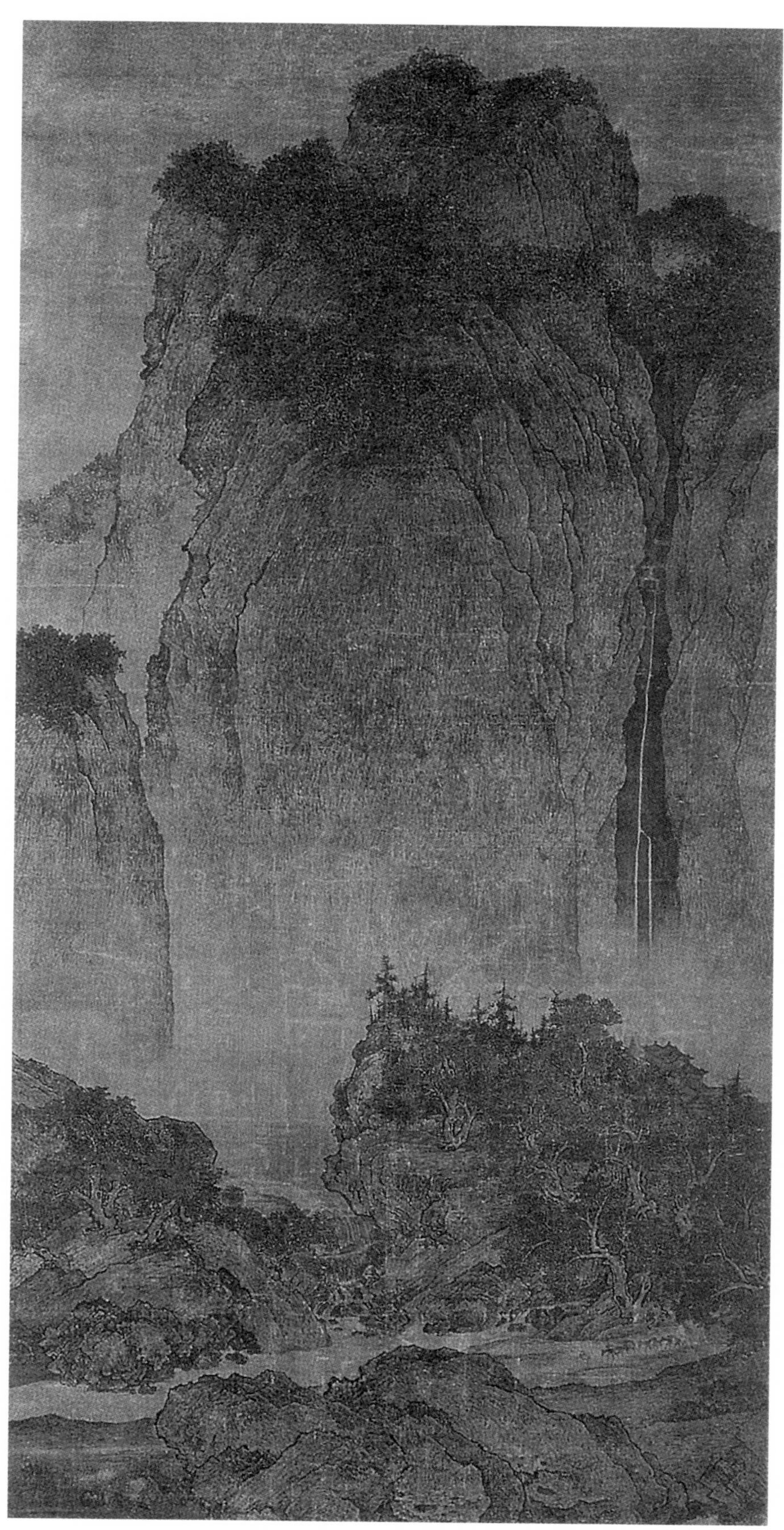

溪山行旅图　范宽

这使他开始接受传统山水画的意味。在一些作品，如《源》《四序山水图卷》《香江岁月》《桂林晚霞》等上，刘国松采取了立轴、横卷、团扇等多种传统结构样式，当然，更多的时候，他是在传统山水画的结构原则上做借鉴。因为除少量作品如《四序山水图卷》《香江岁月》等可以用传统山水之“三远”法结构而成外，刘国松绝大多数作品多取传统山水少有的临空俯瞰视角，这就突破了古典山水从常规视角（平视、远视、仰视）出发的平远、深远、高远（郭熙“自山下而仰山巅谓之高远”）的方式。而刘国松的作品更多地在虚实相生，疏密相间，大小、黑白、浓淡等关系辩证处理中去自由结构。而对气势的表现，则是他与传统山水精神相连的主要方式。他大多数作品中的那种临空俯瞰的雄浑视角，欲收喜马拉雅群山、昆仑群峰乃至地球星辰于眼底的宏大至极气势，使他对传统山水画的意境做出了重大的具现代意义的升华与突破。

此种气势又与其作品中的动势紧密联系。刘国松的画中处处充满动势：群山如海涛般在流动（这是石涛山水意象），树木在风中飞舞，云层在高空飞动，熔岩在喷涌流泻，冰川瀑布般流动，就是北极的太阳，也在不停位移中形成奇特的白昼……加之刘国松作画或以猪鬃排刷急速挥扫，或在风行水面自然成文一般的水拓肌理中拓印而成，其肌理的动变流转本身就动势显然。刘国松对此种动势的追求是自觉的，“我就觉得自然是动的，山可以走向你，树也可以走向你，一切都在变化，一切都在流动，一切都在生生不息。这是受中国哲学思想的影响而启发出来的。譬如儒家的‘苟日新，日日新，又日新’等生生不息的观念，以及庄子的‘时无止，分无常，终始无故’的看法，都启发我追求

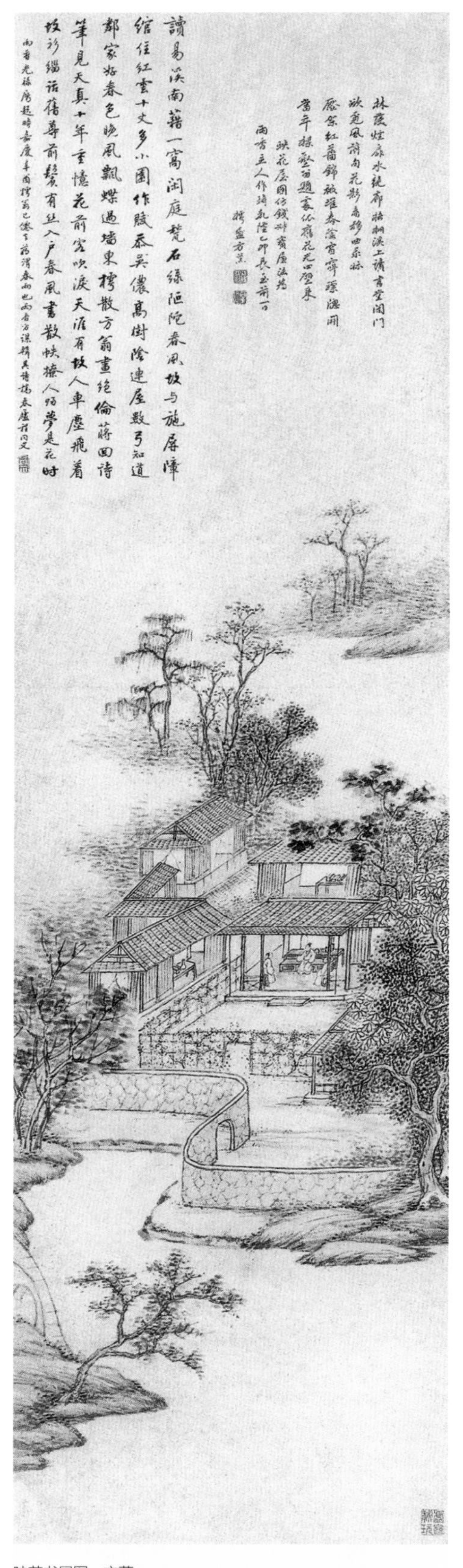

映花书屋图　方薰

‘动中之静’和‘静中之动’的企图”[1]。又说，“中国现代画家，在创作形式上是与《易经》以‘动’说明宇宙人生（天行健，君子以自强不息）的哲学精神互为表里的。以动的点线构成极平静寂淡的画面背后，却又蕴藏着宇宙极动的生命节奏。是静中之极动，是动中之极静”[2]。正是因为蕴涵着中国深沉哲理的对动势的追求，刘国松自认为西方形式味较多的太空画，也充溢着强烈的东方神韵。如果说，中国绘画史中的文人画因为禅静的追求而强调静的话，那么，我们的汉唐雄风中，动势的表现是非常突出的。要知道中国绘画追求的最高境界“气韵生动”，其六朝时的原义，本也是这个“动”，即“气韵”生于动势的意思。[3]这样，这位在传统中寻其“男性文化”特色，追求雄浑壮阔、崇高伟丽之风的当代画家，又在对动势的追求中，返归中华民族汉唐上升时期自信自强风范，而与中国传统绘画最高追求之“气韵生动”紧密地联系在一起。

刘国松作画，虽然排除了若干传统工具与材料，但他始终牢牢地把握住中国绘画的基本精神与神韵。如果说“气韵生动”为传统“六法”之首的话，那么对“自然”的追求，又是中国传统绘画风格之冠。岂不闻张彦远《历代名画记》中列“自然”为“上品之上”吗？此“自然”，即非人为的，非做作，自然而然之自然。对自然的追求，实则为尚自然的中国道家哲学之内核。“人法地，地法天，天法道，道法自然”（《老子》），道家哲学也通过“自然无为”而深刻地影响着中国艺术两千多年。

刘国松作画特别讲究这个自然。强调真切地表现对自然的感受，这是他既反对复古又反对袭洋的又一根据所在。他自己作画，就强调有感而发。正因为兴奋于人类进入真实的宇宙，登上月球，反观从未见过的地球，刘国松才画他的太空画；因为在北极地区见到日不落的永昼，才有他画幅中众多太阳在天宇中的排列；因亲临喜马拉雅山、天山、昆仑雪峰、冰川，刘国松画中才会出现中原或江浙古人大山大水中都不可能出现的天宇雄浑奇特之境象。或许正因为经常身处于非常之境，凝神于环宇的浩茫与无限，刘国松对大千世界的感受是真切的、自然的。传统的宇宙意识、天人关系、哲理意味，是他在真实的自然中真切地体悟出、自然地表达出的，这或许也是即使理论研究已达相当深度，却只想当艺术家而决不当理论家的刘国松在艺术中追求自然的原因。这也是刘国松与不少“为赋新词强说愁”的“当代”“观念艺术”家们的重要区别。

自然的感受要求自然的传达。刘国松一再反对古典绘画的“胸有成竹”，因其设计感太强，不自然。他舍弃了太空画中的设计感，也因为其不自然。他后来作画，一再强调的是随机性，不能预先设计小稿，就连给美国运通银行制作的1950厘米×360厘米之巨的作品《源》，他也给不出人家想要的设计小稿，也是因为要自然。他欣赏清人方薰《山静居画论》的观念：“画有欲作

1 尉天骢：《一个画家的剖白——与刘国松的一席对谈》，《幼狮文艺》1969年12月。
2 刘国松：《中国现代画的路》，台湾《文星丛刊》1965年第152期。
3 阮璞：《谢赫“六法”原义考》，《美术史论》1985年第3期、4期。

墨本，而竟至刷色，而至刷重色，盖其间势有所不得不然耳。沈灏尝语人曰：‘操笔时不可作水墨刷色想，正可为知者道也。’仆亦谓作画起首布局，却似博弈，随势生机，随机应变。”刘国松每次作画，在制作之前，并无特定不移之概念。拓印中，则随机应变。他总是在拓印之中，根据肌理的形态，依据充满偶然性的想象，随机引导，由此而自然生发出某种意味，或山，或水，或树，或石，江河湖海，一应齐备。拓印之后，他再依既成图像及图像意味，随机应变地辅以局部撕纸筋、裱贴、喷刷、渲染种种手段，使其更加丰富和完备，细节逐步呈现，境界亦渐完美。制作之前，画家并无定见；制作未完，画家也未必知道最终结果。刘国松每制作一幅画，都如下棋一般，每盘都有新局，每局都有新招，而不能预知其结局。此亦石涛所谓“一画落纸，众画随之；一理才具，众理付之”之意。在不经意中，随机生发，达到张彦远无为而作天机大化，上品之上的自然境界。此种无为而为、自然天成之法，具有极为鲜明的中国民族艺术特色，也是古代绘画上乘之境界。今天画界，又有几人能如此自然呢？刘国松用他自己实验、探索的一套办法，通过一条独创而新颖之路，同样能通往民族艺术的精神殿堂。

也难怪刘国松的画法虽然如此新颖奇特，与传统中国画技法系统如此大相径庭，但无论国人或西方人都异口同声地指出刘国松的绘画具有明显的东方神韵，且极强烈。人们纷纷论证他作品中的道家精神、儒家内蕴、禅学意趣、自然风范，那种太白遗风、东坡神韵。刘国松是当代中国艺术家中从传统精神内部打入，又从传统精神内涵中打出，而不斤斤计较传统外在笔墨形式因素的全新语言成功探索者和创造者。他对西方艺术的学习与借鉴，也更多的是从其精神实质入手。李铸晋先生说：

在二十世纪中，有无数的中国画家，不断摸索中西合璧的艺术表现，然而其中绝少像刘国松的现代水墨画创作那样，既保留了中国传统艺术的精髓，又把握住这个时代的精神，兼容中西文化之长而进入一个新的绘画境界。[1]

李铸晋先生的评价是准确的。这样的评价是刘国松积近半个世纪的艰辛研究、探索，经过难以计数的实验与实践而获得的。正是因为对“中国传统艺术精髓”的继承，使刘国松这种前所未有的奇特画法也获得了中国画界的一致承认。著名中国美术史家薛永年先生说，“我做梦也想不到有这样一种成功地刷新了中国水墨画面貌又表现了中国艺术精神却并非写实的艺术”[2]。而中国画研究院院长、著名中国画家刘勃舒则说：“刘国松的艺术实践，向人们表明，中国绘画也可以是另一种样子。也可以不同于李思训、王维、吴道子……不同于石涛、八大。他并不曾割断中国

1 李铸晋：《刘国松与现代水墨画》，载《宇宙心印：刘国松七十回顾展》，财团法人中华文化基金会，2002，第10页。

2 薛永年：《新理异态，华夏精神：读刘国松的水墨画》，载李君毅编《刘国松研究文选》，台北历史博物馆，1996，第237页。

艺术内在精神与形式美法则之间的联系。”[1]当然，或许还是苏立文先生来得直截了当，他认为，刘国松早已是一位以自己独特艺术享誉中国甚至世界的成功艺术家，虽面临历时多年的争议，然“时至今日，刘国松已经不再需要有人为他做出辩护了，甚至在北京也不必如此”[2]。

刘国松的影响的确是巨大的。这20多年来，大陆中国画坛的抽象风、制作风、肌理风、构成风、现代水墨风、实验水墨风，乃至因此而起的几至家喻户晓的笔墨争论，与来自台湾的这位刘国松或多或少有些关系。刘国松这种毋庸置疑的影响，在当代中国画史上是罕见的。是的，刘国松数十年艰辛的探索已获得了坚实的不可动摇的成功。但是这位一心走“中国现代画的路”的画坛先驱却至今仍经常面对错误的解读。而正确解读刘国松，是学习与继承刘国松已经创造的“属于二十世纪中国绘画新传统”的先决条件。事实上，这种误读，尤其是那种混淆西化与开放，混淆借鉴与模仿，混淆材料与传统本质的误读，忽视其立足传统的全新创造观念，已经给刘国松所开拓的“现代水墨画”运动及其后继者们带来了不小的伤害。这也是本文偏重梳理刘国松“中国现代画的路”的探索思路与实践路径关系，力图正本清源，而不仅仅肯定其画面风格技法特色获成功的原因。

如果说，刘国松以其卓绝的成就已经在中国当代画史上占据了不可移易的重要位置，那么，正确地解读这位“中国现代画的路”的开拓者，则将给建设中国画的现代之路的人们带来若干重要的启示。

刘国松艺术的成功实践给我们最重要的启示就是拒绝模仿，强调“创造”。他既拒绝模仿古代的中国，又拒绝模仿当代的外国。这在今天中国的画坛尤具重要的现实意义。时至今日，这位事实上不仅在中国，而且在世界艺坛上也有着毋庸置疑的成功的画坛先驱还在告诫大家：

> 我们早已被教育灌输得跟着西洋的调子唱，跟着欧美的拍子跳，现代艺术＝西方艺术，国际绘画＝欧美绘画。我们不要被西方优势的传媒和东方买办们的趋势吆喝而蒙住了眼睛，以耳代目，再也看不到本民族的优良传统和东方文化共同体的水墨画了。[3]

事实上，刘国松的成功，正是在他拒绝模仿、崇奉创造的观念中得来的。拒绝模仿，不意味着拒绝学习与借鉴。任何创造，无疑都是以学习为基础。但刘国松与他人学习借鉴的重要区别在于，面对东西方传统，比之仅模仿承袭其皮毛者，他都更偏重于对精神、本质与规律的总结，由此而生发出更为自由的自我创造。刘国松游刃于东西方传统而能有别于它们，这是关键

---

1 刘勃舒：《天地玄黄，鸿蒙再辟：论刘国松的绘画艺术》，载《宇宙心印：刘国松七十回顾展》，财团法人中华文化基金会，2002。

2 苏立文：《刘国松的艺术》，载李君毅编《刘国松研究文选》，台北历史博物馆，1996，第39页。

3 刘国松：《二十一世纪东方绘画的展望》，载《二十一世纪视觉艺术新展望国际学术研讨会论文集》，台北“行政院文化建设委员会”，1999，第574页。

之所在。

正是因为强调创造，刘国松既强烈地反对模仿他人，也强烈地反对他人模仿自己。刘国松艺术非常个性化的“在形式上整个改观”的原创性质，具有强烈的不可重复性，这使任何模仿者的模仿都会无可避免地失败。而这一点，恰恰又是强调个性的现代意识的表现，而与强化集体意识的古典艺术倾向——即使是此种总体倾向中的个性化代表如徐渭、石涛等——形成鲜明的对照。刘国松告诉他的学生，对学习，“一定要举一反三，联想艺变，由探索、试验，最后达到创造属于自己的新技法”[1]。请特别注意刘国松的这个“举一反三”。如果我们能从刘国松对传统缜密而系统的本质性研究中，能从他对艺术与生活关系、艺术与自我表达的本质理解中，能从他对艺术“创造”性质的特别独到而有价值的观念中，能从他对东西方艺术的关系及对西方艺术的态度中，能从他因上述种种史论研究和观念而设计、探索、实验、实践的总体艺术活动中“举一反三”，而不是胶着于刘国松具体的“国松纸”“水拓法”“撕纸筋”“贴裱法”等纯属刘国松的独特技艺，我们的学习者当然也可以像刘国松一样，“创造”出既源自传统又表现中国当代，既学习西方又非常中国，既非中国古代所有亦非与西方现代所似的，属于自我个性的原创中国当代艺术来。归结为一点：如果我们能从刘国松的“创造”中“举一反三”地学到“创造”之法，能如他那样个性化地探索，个性化地原创，我们中国的“当代艺术”方能真正独立自主地，真正个性多元地发展，方能真正在当今世界艺术中呈现鲜明的中国特色而独具其世界性价值与贡献。而刘国松先生近半个世纪以来为“中国现代画的路”和现代水墨画“新传统”的热切倡导与奋力拼搏，就可以有所告慰了。

1 刘国松：《二十一世纪东方绘画的展望》，载《二十一世纪视觉艺术新展望国际学术研讨会论文集》，台北“行政院文化建设委员会”，1999，第584—585页。

附录1

20世纪初的广东画坛

黄大德

【按】此仅为中国画部分的提纲。主要是把笔者所掌握的历史文献史料进行初步的归类梳理，并提出笔者根据史料所进行的初步的、粗浅的思考。有些章节（如“二高一陈和岭南画派”）则自以为尚需继续搜集资料，方可进一步加以研究，故暂略。

当今中国近现代美术史的研究，大多只侧重当时画风、画法的变革，或几位画家的研究，但是对该时期的整个画坛概貌、画人群体的活动情况，以及他们在特定的历史背景下的美术思想、生活、创作，都鲜有人论及。大概因为这个缘故，广东近现代美术史完全被史论家们忽略与遗忘。其实，翻开20世纪历史的篇章，广东的美术史无论横观纵论，都贯穿着“革命”二字，成为中国近代革命史中不可分割的一部分，是中国美术史上最骄人而又最辉煌的一页。

在19世纪末，世界列强对中国的侵略日趋激烈，而世界的民主潮流亦随之汹涌澎湃，中国的知识分子在这股潮流的推动下，也自觉或不自觉地投身到革命的洪流之中。广东是伟大革命先行者孙中山先生的故乡，广东的知识分子受孙中山的影响，亦可说是最早地、自觉地投身于民主革命运动的战士。潘达微先生就是其中的先进。

潘达微（1880—1929），小时患腿疾，后由孙中山先生治愈，并因此而受孙中山革命思想的影响，立下“一雪国耻，匡时济世”之志，走上了革命的道路，与史坚如一起参加了兴中会，因革命工作的需要，孙中山嘱他以世家子弟的身份，秘密从事革命活动。他广泛地团结志士，不断壮大革命队伍，如陈树人先生就是在潘达微的影响下参加革命的。

1905年8月，为配合革命斗争形势的需要，孙中山嘱潘达微办一宣传刊物，以鼓吹革命，潘达微遂以赞育善社的名义，筹款数千元，创办了《拒约画报》（后改名《时事画报》），“集同人，振其舌，摇其笔，高呼于五岭之南，而冀人民之及早醒觉”。画报筹备期间，传来美国总统的女儿及随员200余人准备来广东的消息，为此，潘达微与何剑士创作了《龟抬美人图》，制成揭贴（宣传画），遍贴大街小巷，号召轿夫罢抬美国人。这便引起美国领事馆的抗议，逼使当局以绘制揭贴的罪名诱捕拒约会的3位领导人，而《世界公益报》也因刊载此图而致使李大醒等两位主笔被港英当局驱逐出境。这两起事件引起了广东各地人民的极大愤慨，从而把拒约会反美斗争推向高潮。《龟抬美人图》初试啼声，美术图画首次在革命斗争中显示了它的战斗威力，而《时事画报》的创办，不仅在辛亥革命中发挥了巨大的作用，还在美术队伍的建设、美术理论及创作上，揭开了中国美术史上全新的一页。

《时事画报》创办时，鉴于上海所办的《点石斋画报》“随于风流自赏恶习。于国家观念，绝无斯须之影响”，潘达微明确提出“职司喉舌，唤起梦魂”，“寓褒贬于毫端”，“诛奸邪于纸上”，扫“中国素视艺术为游戏品”之观念，倡把绘画纳入“政治教育诸伟大事业”的轨道。他还提出了“以革命思想入画”的口号，这在中国美术史上是破天荒的大事。

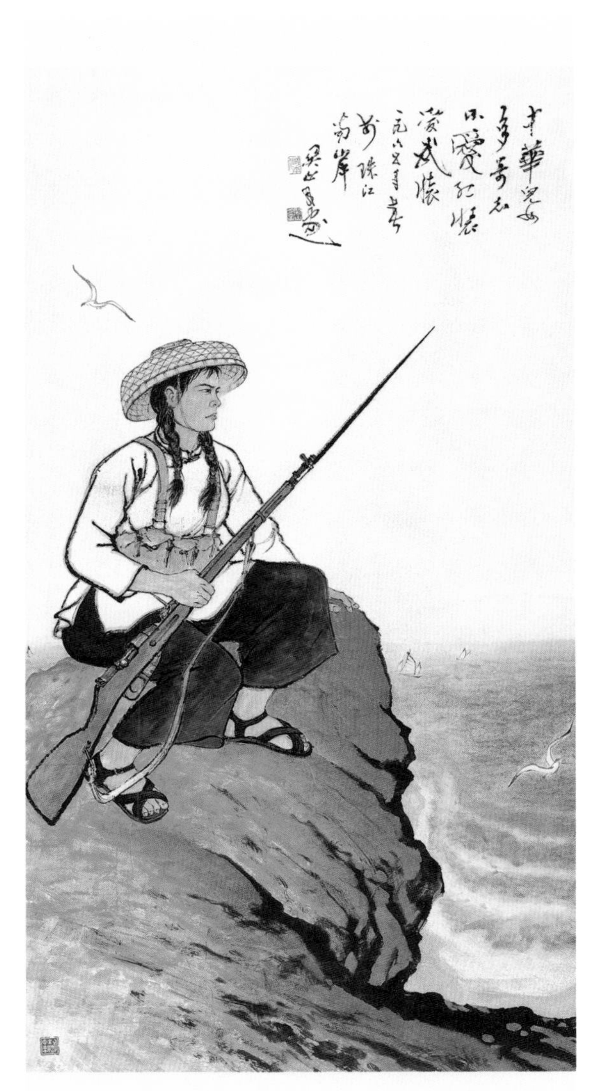

毛泽东《为女民兵题照》诗意图　关山月

为办好《时事画报》，潘氏与何剑士、陈树人、郑侣泉等一起，广泛团结了从清末的遗老梁于渭、画坛名家伍乙庄到初具革命意识的高仑（高剑父）等一大批广东省内外画家，使他们自觉或不自觉地参与报社的工作，各自发挥所长。广东画人大多数本来就生活在社会的底层，他们对劳苦大众有着深切的了解，更有着强烈的革命愿望，因此他们都自觉地团结在潘达微的革命旗帜下，用画笔来揭露晚清的腐败，写下民间的疾苦，呼唤革命的到来。考虑到画家各有所长，潘达微并不强求他们都画革命时事画，其他题材也可，“以梅兰菊竹图之飘逸不羁主义，枯木介石图之自立强硬主义，风尘三侠图之武士道主义……百鸟归巢图竞争之独立主义”。这便大大有利于团结广大画家，调动了他们的积极性。后来有一批画家加入了同盟会，壮大了革命的力量。

在画报出版前，潘达微组织了200多名画家、学者举行茶会，探讨“图画与社会的关系”，使与会者树立了艺术救国的理想，认同了以美术来宣传民众、鼓吹革命的方针，因而使画报一出版就受到读者的欢迎，销售量达4000份之多。

《时事画报》创办数年间，画家们绘制了不可胜数的揭示朝廷黑暗腐败、鼓吹革命的图画，更记录了时代的风云——从国内外的革命形势到孙中山领导的历次武装起义，均一一遣之于笔端。为此，画报从创办之日起，便被当局视为眼中钉，潘达微曾被当局传召、罚款，其后该报还被迫迁往香港出版，但清政府“日以七诏会使港督勒令停版”。然而，潘达微坚持“逆社会之狂潮，作中流之砥柱”，“独伸正义于天下”，几度易名出版。史学家们指出：当时广州地区人们的革命思想或多或少受到潘达微、何剑士、郑侣泉的绘画影响，他们的作品直接、间接地有助于辛亥革命。

其实，《时事画报》不仅为辛亥革命做出了重要的贡献，它对中国美术事业发展的贡献更是不可估量。

革命的美术，呼唤着美术的革命。由于《时事画报》的创办，绘画的题材大大地扩展：政治、军事、经济、民俗以及一切的新事物无不入画。以国计民生之题材为画家首选，更以民族命运写情寄意，历史人物、中西人物悉数入画图，并尝试以外国文学作品内容（《伊索寓言》）入画……

在样式品种上，广东更可说是开风气之先：

漫画：潘达微、何剑士、郑侣泉是最早以漫画为武器宣传、鼓吹革命的画家，并开创了趣味殊异“中国风漫画”的格调。

人物画：由于画报以时事画为主，促使人物画的创作出现了高潮。

宣传画：由于宣传革命的需要，宣传画应运而生。据所见，这些画多出自潘达微手笔，具有强烈的革命性，对传递革命信息、鼓吹革命起了重要作用。

广告画：《中国报刊史》说中国的广告艺术由李叔同于1911年始创，其实随着《时事画报》的创办，广告画即已问世，其作品不仅具商品性，而且具有革命性和艺术性，画家是以新颖的广告艺术，宣传国货，借以振兴民族资本工业，今观之仍堪称精品。

年历画：今人论月份牌画（年历画），皆以上海郑曼陀为始，其实广东在19世纪已有月份牌画的出现，但多为外国商行印制做广告之用。现存最早之年历画，系1909年《时事画报》随报附送的印件，由潘达微、何剑士、高奇峰、高剑父、郑侣泉等合作。利用年历画鼓吹革命，实属广东首创。而文献上亦有潘达微在民国元年（1912年）“旧历新年，罗列社会之各色人物，仿星君图例制成平民图，而易其例日‘贺农赏工，罚官罚富翁’以五色彩印成，随报附送”的记载。

国耻纪念画：随着民族意识的增强，著名的国画家潘致中首倡国耻纪念画。

为普及美术知识，培养美术新人，报社创办了图画研究所、撷芳女子艺术院，潘达微还在画报上开辟了“儿童滑稽画贴”，借美术教学宣传革命。在《时事画报》的带动下，《赏奇画报》《少年画报》《时谐画报》《滑稽魂》《平民画报》相继问世，画报出版业的兴盛，繁荣了美术创作。1908年，潘达微以《时事画报》《时谐画报》同人的名义，发起了广东图画展览会，此为中国美术展览会之始。

在潘达微的带动下，广东画坛形成了关心社会、关心民众、关注民族命运的风气。

为了适应美术革命的需要，《时事画报》有计划地开展中西画史、画学的探讨，并刊载西方美术理论的文章，活跃了美术研究的氛围。

在《时事画报》创办的年代，广东美术革命的成就是最为辉煌的。民国之后，“革命党消”，潘达微不满于昔日“同志侪友”在官场争权夺利，更遭龙济光的缉捕而远走上海，1913年《时事画报》停办。但以潘达微为首的广东画人所开创的“广东绘画精神”，对后来广东美术的发展产生了深远的影响。中国共产党成立后，在激烈的阶级斗争风暴中，广东出现了和工农运动相结合的革命美术。1926年，毛泽东在广州农民运动讲习所时，增设了“革命画”的课程，并且指出：“很简单的一些标语、图画和演讲，使得农民如同每个都进过一下子政治学校一样，收效非常之广而速。”而陈树人主持的国民党中央工人部，也公开招聘“富有革命政治思想”的绘画员，出版《工友画报》。在革命斗争的感召下，大批的美术青年投身抗日战争和解放战争的洪流，涌现了赖少其、关良、吴琬、黄新波、李桦、罗清桢、司徒乔、廖冰兄、符罗飞、陈烟桥等大批革命画家，使广东乃至全国的木刻、漫画创作走向全盛时期，并得到了鲁迅、郭沫若、夏衍、宋庆龄及国际友人斯诺的肯定、支持和指导。他们通过自己的美术作品，把革命的火种播遍全国，在革命斗争中立下了不朽的功勋，成为中国革命文艺的中坚，在中国革命史和美术史上写下了光辉的一页。

广东是对外开放的口岸，文化交流的通衢。特别是自鸦片战争后经历了“以夷制夷”“洋务运动”“戊戌变法”的历程，社会从封闭逐步走向开放，西方的政治、经济、文化以迅猛之势输入中国，不仅对人们的思维、生活方式以及价值观念，而且对中国的文化艺术都产生了深远的影响。如香港，从1902年就不断有西方的和日本的美术作品陈列、展览、拍卖，每周参观双会堂博物馆的华人少则1600多人，多则2500多人，根据统计，仅在1904年，参观的人数就达10万之众。这使画家们不仅有机会接触大量涌入的西方绘画艺术及其理论，而且开始了对西方艺术学习与研究的尝试。他们对西画的认识，有三条渠道：一是原随父母在国外生活的回国者，如何剑士，他的画法早已注入了西方的技巧和现代气息；二是潮流所致，不少画家走出国门或留学，或游学，或考察，如高剑父、高奇峰、林风眠、姚礼修、邓尔雅、何香凝；三是足不出洋，只在港穗接触西方艺术后进行研究与尝试，如潘达微、蔡哲夫、潘致中等，他们在痛感中国画日渐式微的反思中，面对西方艺术的冲击，为了吸取新的养料，进行着各种思考和抉择。

尽管当时有一些画家极为守旧，讲求笔笔有来历，笔笔有出处，作画更是出笔便合古人。但应该说，大多数传统派画家当年对西洋画法的态度是相当宽容的。在创办《时事画报》时，潘达微就是在研究了西方美术史后，吸收了实用主义、功利主义的特点提出“以革命思想入画”，用美术来记录时代风云的。而他在画友之间，也常以“新画理教育后进”，并开设介绍新画理的画课，在画报上经常刊登中西画论。可以说，在民国之前，广东的画家已经开始运用办学、展览、著述、出版、研讨会（茶会），对西方现代艺术机制，对西方的美术加以研究、推广、普及，以期达到思考、尝试改良、革新中国画的目的。

高剑父从日本游学回国后，对广东画坛产生了重大的影响。他不仅从日本带回了“折衷派”的旗号，并在潘达微创办的缤华习艺院中首先提出，而且还带回了受日本西化风熏陶的作品，同时也带回了开个人展览的风气。高氏的作品扩展了画的题材，给观众“以一点新的感觉”，同时也引起力守壁垒的中国画家们的喧动，从此画坛便有了新旧之分。但由于当时革命形势的关系，他们没有时间进行争论，以致被后人认为缤华习艺院为“折衷派的大本营”。民国之后，潘达微、高剑父都先后退出政坛而专心于艺术，于是，分别以他们为代表的传统派与新派之间的矛盾随之凸现和激化。这种矛盾，主要表现在对中国画何去何从和对中西美术的认识问题上。

部分画家性格使然，出现了知识分子趋新的狂热浮躁的心理，欲以“折衷派”作为艺术革命的样板来改造中国画。正如林毓生先生指出：要了解另外一种文化是非常困难的事，把另外一种文化的东西当作口号是相当简单的。但口号式的了解并不是真正的了解。这种口号是一种很做作的，不自然的，反映我们内心问题的假权威。这些随便把在外国环境当中因特殊的背景与问题而发展出来的东西当作我们的权威，实在是没有根据的。

在盲目崇洋趋新的狂躁中，严重的心理倾斜必然产生，一种迫不及待的功利，催生了民族虚无主义，一部分人走向全盘否定传统文化的极端。他们从“古之艺术思想”到中国的音乐、戏剧、医学都一概予以否定，更“视国画为亡国美术，虽摈弃国粹，亦所不惜”。

与之对立的传统派由于对传统文化有着深厚的根基，他们在孙中山先生革命思想的熏陶下，对西方文化的先进性与侵略性有了本质的认识，因而面对西方文化对近代中国的双重挑战和不可避免的感情与理智的冲突时，自然有着双重的回应和双重的调适。正因为他们对艺术早已进行了认真的研究，当全国都出现“全盘西化”的飓风，民族虚无主义的狂潮铺天盖地而来之际，他们仍能保持清醒的头脑、理智的感情，进行冷静的思考，并力图从保国保种的爱国主义基础出发，对陈独秀“美术革命”的主张毫不客气地指出：“吾国多数之思想界，最大之谬误，则为昧于近代各国画学之趋势，以为西方画学仍在写实主义之下。”他们大声疾呼：“艺术虽无种族与国界之分，然不当抛弃祖国最有价值之艺术而摭拾外来已成陈迹之画术。”

传统派反复强调：“近数十年来，西业东渐，美术上亦不能不受外来式样之影响，然而民族精神，不加扶发，外来文化，实亦无补。盖民族精神乃民族艺术之血脉，外来文化不过（是）民族艺术之滋补，徒将滋补品而不加自己锻炼，欲求自由自发，实不可能之事。邯郸装卸工步，失榛故态，亦何益哉。”“无论何国美术，皆有美恶之点，不能以彼国之美，衡较此国之恶，犹之不能以此国之美，而衡较彼国之恶也。”“以西洋画与东洋画之美而绳于吾国画之美者，是犹举如中国文化而置之西方文化之下，是犹举吾国民族性而羁勒于西方民族性之下……忘其祖国之民族性者，斯其所感，不为美，反而为恶矣。”

他们的观点是非常鲜明的：为了振兴中华民族，必须弘扬中国民族文化；要发展民族文化，必须首先继承本民族的优秀文化传统，但并不排除外来的东西。

耐人寻味的是，在西方文化的冲击下，不少出国留学的西画家，回国后慢慢地转向中国画。这类画家在全国有不少，但在广东特别多，其成就亦颇为显著和突出，如林风眠、关良、丁衍庸等。

广东画坛的新旧画派之争

中国画何去何从？一场论争，整整持续了四十年。

自从康有为提出中国画衰败论，陈独秀提出革王画的命，改良中国画断不能不采用洋画写实的精神的见解及主张后，“全盘西化”的思潮有如乌云压顶。广东画坛掀起轩然大波，并出现了新旧画派之争。

清末民初，报刊中已偶见对折中派的批评文字，是为论争之始。

给人印象最深的，当是20世纪20年代在报章上公开的论争。双方的代表为方人定与黄般若，故称“方黄之争”。这场论争，不仅在广东美术史上，而且在中国美术史上都是最为激烈的，惜广州地偏南方，当时未为人们注意，而今天又为岭南画派研究者所忌讳，从而使广东美术史的研究出现了空白，带来了困难。

论争的高潮：方黄之争

方人定在回忆当年论争时说：“1926年，我奉高剑父之命，写了一篇《新国画与旧国画》（刊

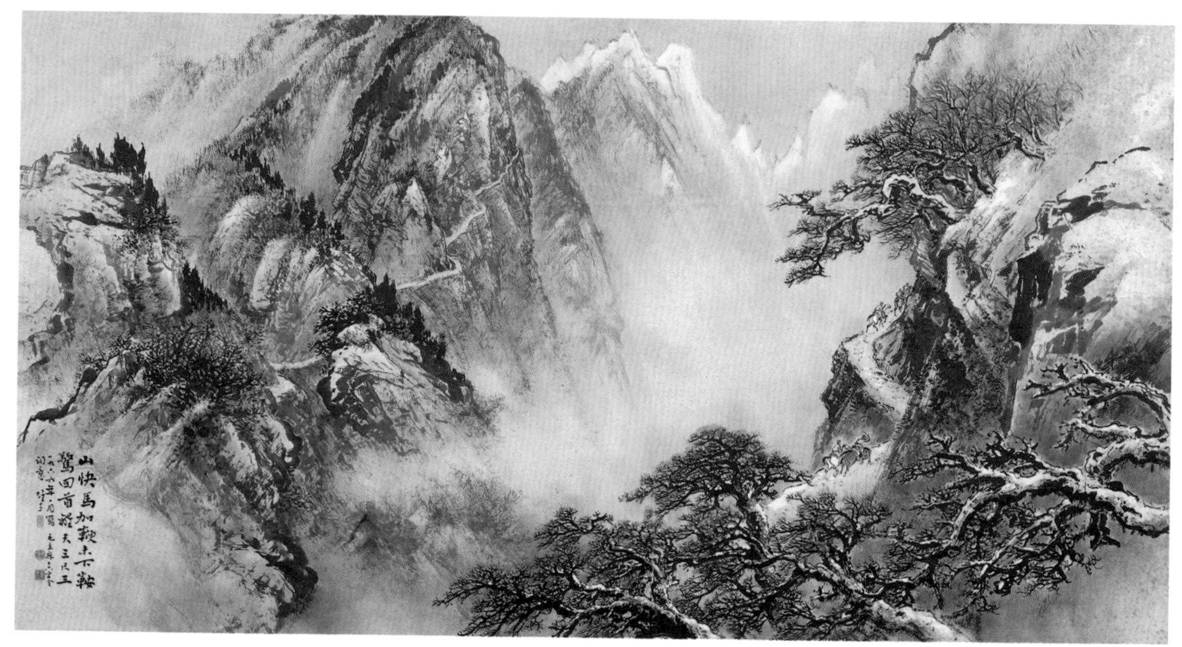

毛泽东《十六字令·山》词意图　黎雄才

于《国民新闻》国画栏），前段大意说国画应如何改革，后段捧出高剑父三人。过了几天黄般若写文章反驳我，首先声明是潘达微要他来驳的。大意是反对改革国画，说什么国画不是重写实乱抄文人画的一套理论，最后说高剑父等的画是抄袭日本画的。我驳一篇，大意是不同意他的文人画的理论，后说高剑父少年留学日本，当然有些临摹。他又来一篇，说不是临摹，是写明一个'作'字。如是在国画应否改革的圈子上驳了多篇。他声明不再浪费笔墨。后来又用别的名字写一篇驳我，他年少好胜，骂我是洋奴，数典忘祖。我又驳道：你们篇篇说国画，什么是国画？意思是，凡是中国人画的画，就是国画。"

任真汉回忆说："二十年代的方黄笔战，是涉及高剑父作伪的文坛笑话。当时高剑父游日本回来，开了一次个人画展，展出的画中有一部分有'剑父'署款，被一些在日本学画的人认出是日本画匠的行货，在东京的银座街头店中陈列推销，每幅定价二圆，画的是夜月下的狸猫，或枫树上的猫头鹰，及水村小景等，都是二三尺阔、三尺高的绢本或纸本，较多是绢本画。胡根天老师就指出过。后来我在香港艺术馆看过展出，高剑父画展就有3幅是这样的日本画家作品，并非只是临摹，而是借人家的画来写上剑父二字的画。为此，黄般若在广州《国华报》上，予以揭发，高剑父当然极力否认。但他的文笔不易听用，乃请做律师的方人定代笔作答，由此展开笔战。至于后来的情况，我在40年代的一篇文章中已谈到，当时代表旧派对折中派尽力攻击的有赵浩公、黄般若等，尤以黄般若少年锐气，文字尖酸，且略知日本画坛情形，搜罗一些日本画家作品图片，与折中派所诩为创作的画照片并列刊出报上，简直使折中派没有反击余地。当时折中派持作他们创作根据的，却说是学张僧繇，说他们的画不过是比旧派师法明清者更穷溯至六朝，表示折中派实为复古派。这样

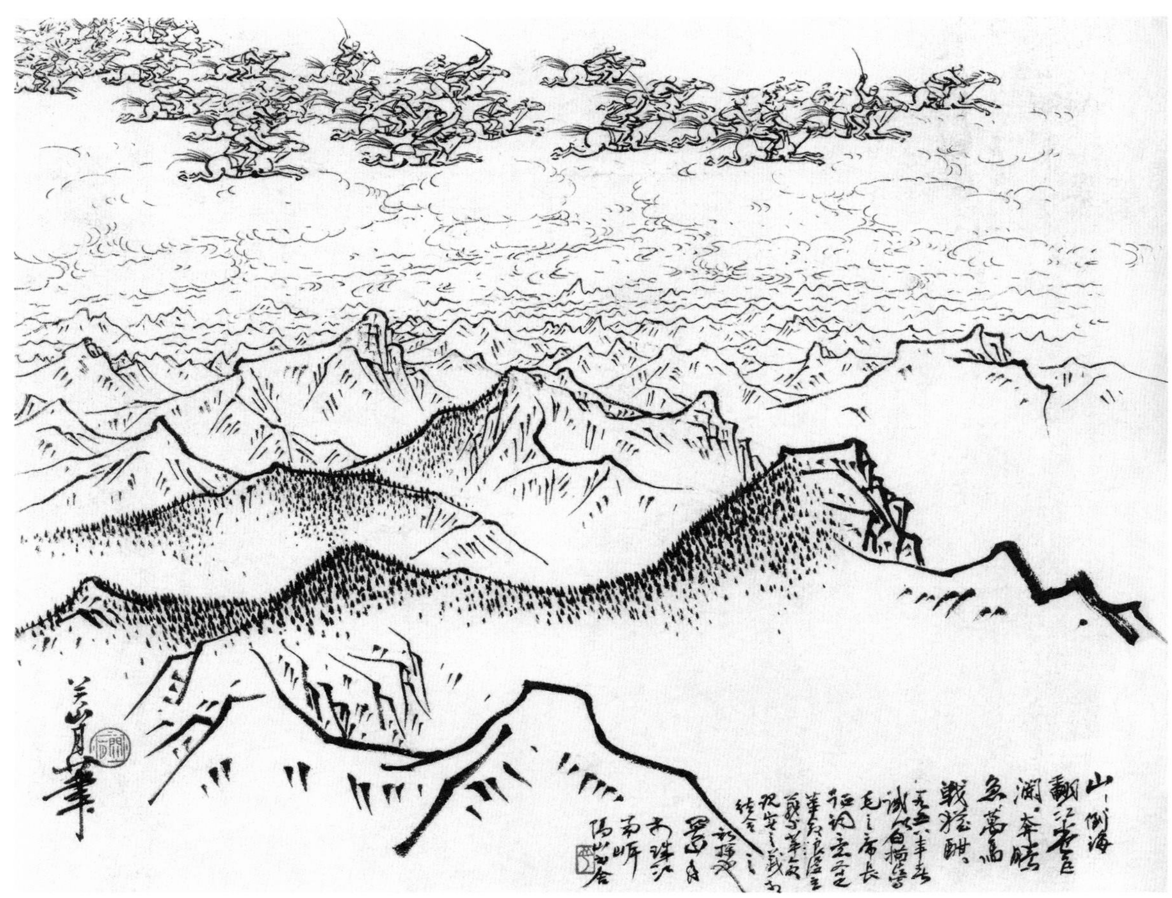

毛泽东《十六字令·山》词意图　关山月

一来，论战便没了下文了。”

方黄之争不过是新旧画派论争中的一段插曲。它之所以被人们加以突出、强调，独立名之，实因为它是广东近代美术史上新旧画派论争中的一个高潮。

争论的起因：20年矛盾积聚与爆发

如前所说，当高氏从日本带回日本画风及折中派的旗号后，传统派便颇有微词，但因革命形势的关系未发生论争。民国之后，大家都致力于艺术。随着陈独秀《美术革命》的檄文把反文人画的社会效应推上高峰，新旧两派彼此在美术观点及其人品、画品等问题上的分歧日深，时有论争，但只发生于画人的聚会及授徒的场合。1921年广东第一次美术展览会高氏任副会长，在筹展审查作品时，两派展开了面对面的斗争，于是“双方壁垒就筑得更厚，对立也更大”。1926年，广州市政府在越秀山举行游园会，潘达微任美术部主任，举办国画展览，而高剑父则同时在广州南武中学举办新派图画大展，邀请了国民党党政要人汪精卫、谭延闿，市长伍朝枢，军长朱培德、李福林到场为其捧场。把展品以竞卖形式出售，国民政府和蒋介石均以高价认购，使新派画价格猛升，高剑父乘胜追击，便有授意方人定向传统派画家发难之举。20年来的矛盾，终于在一夜之间爆发。

高氏的弟子指出：这场论争“主要是由高剑父所引起”。

争论的焦点

一、抄袭问题。黄般若早就揭露了高氏剽窃、抄袭日本画的问题。论争中又“搜罗一些日本画家作品图片，与折中派所诩为创作的画照片并列刊出报上，简直使折中派没有反击余地”。方人定不得不承认，但又为高剑父等辩护抄袭，持临摹难免论。直到方人定去日本后，才知道二高是真的抄袭了日本画。

二、中国画何去何从。高剑父把西洋画视为改造中国画的“新补剂”，认为自己的画是“世界艺术的结晶”，以艺术革命者自居。方人定捧出“二高一陈”，视“弃传统的因袭的观念，而谋新途径”为改革的方向。这遭到传统派的强烈反对：“以西洋画与东洋画之美而绳于吾国画之美者，是犹举如中国文化而置之西方文化之下，是犹举吾国民族性而羁勒于西方民族性之下……忘其祖国之民族性者，斯其所感，不为美，反而为恶矣。”

三、对文人画的评价。高剑父对元以后的文人画采取了轻蔑的否定态度，认为倡文人画的结果使“中国艺术实在退化了”，把中国画学中的气韵、诗意、人品、画外意等皆视为经不起“科学分析”的玄谈。其弟子发挥为文人画“大都是富于精神病者”之所为，“是国画进步的绊脚石”。传统派对文人画则采取了充分肯定的态度。

争论的特点

近年来，国内外的学者已注意到广东20世纪20年代的论争，认为它“情绪化的程度”最甚，“其用辞之尖刻程度远远超出北京、上海等地的新旧之争”。加拿大著名的汉学家郭适在专著《岭南派》中迷惑不解地指出：“直到今天，也很难弄清楚，何以广州那些传统的卫道士们，会如此地排斥这样一种依然更多地属于中国的而非西方的艺术，排斥这样一个带着广东（居廉）的传统画法和日本特点的画派。”因此，我们把问题提到一定的历史范围内，用历史的观点去审视、考察、研究这一场论争的特点，是非常必要的。

一、中国近代中外文化交流的历史总是和三大矛盾交织在一起的。一是殖民主义的侵略和中国人民的反侵略的矛盾；二是世界性的现代工业文明和传统区域性的古典农业文明的矛盾；三是西方基督教文化传统和中国儒家文化传统的矛盾。在三种矛盾交织的复杂情况下，唯洋是从与盲目排外的心态不时交替出现。20年代的论争，一方面体现了处在深受日本政治、经济、军事、文化侵略的灾难之中广东人民的仇日、反日的革命斗争精神，另一方面又体现了在“强国兴邦”的革命思潮下文化人对中西文化的理性与非理性的思考与抉择。

二、中国绘画传统有两种批评标准，一是“偏重作品成就的标准”，二是“重视作者的标准”。到了20世纪之初，由于时代的激变，广东画家批评时不仅看作品的造型技能与笔墨，而且更看重画家的人品、气节，并且把绘画同社会的发展、民族的存亡结合在一起。

高剑父的生友指出20年代论争“矛头都是直指高剑父”的，正是上述这一特点充分的体现。

历史是过去的存在，我们不能脱离客观的存在而把历史现代化，或拔高而神化，或苛求而丑化。

争论的继续

方黄之争历时半年后黄般若退出了争论，但双方的争论仍然继续着，发展着。

1929年，司徒奇站在高氏的立场上，与吴琬（子复）进行了一场论争。

其后，非正式的、非公开的场合，争论（或说互相的攻击）时起时伏，从来没有停止过，有时甚至非常激烈。抗日战争胜利后的1948年，广东画坛再次发生公开的争论。这次争论的特点是，高氏的对手已不是中国画的传统派画家，而是一批西洋画家及美术批评家，耐人寻味的是，当年高氏的代言人方人定这时却反戈一击，也把矛头对准高剑父。广东画坛新旧画派论争持续了整整40年，贯穿着整部广东近现代美术史。这很值得美术史论家们认真深入地加以研究。

艺术发展的催化剂——广东美术在论争中发展

学术论争时有发生，这是最正常不过的事，而争论往往没有结论，也没有终结，但它却必然激发人们重新审视过去，思考未来。广东新旧两派长达40年的争论，促进了双方在理论上的思考，在艺术上互相切磋，在发挥各自优势的同时，又进行各自的变法，从不同的方向追寻中国绘画传统创造性的转化，形成了各自精彩的艺术世界。

20年代的争论“的确给予高剑父很大的打击”。为此，他曾决心用年余时间到日本去深造，但到日本后，日本画友劝他说：“我辈略师中国古法，已得盛名，子当归而求之。”于是他不及兼旬而归。为免“邯郸学步”之讥，高剑父开始对传统笔墨做长期补课，悟出了不能走全盘东洋化的路子，应该在借鉴的基础上走自己创新的路。高奇峰由于一直与潘达微、邓芬、黄般若等关系甚好，于是也很快改变画风，以中国传统的笔墨形式为主体，显示了自己独特的风貌。

方人定在争论之后，深感受高剑父“传衣钵”思想的束缚，决定到日本学习人物画，走一条与老师截然不同的路。到日本后，他发现高氏果真有抄袭日本画之举，甚为痛心。1940年，在澳门与高氏弟子十余人冒“叛师”之讥，组“再造社”并举行画展，一展新姿。惜由于高氏以“收买手段”使活动停止，难以再造。

黄般若在论争后更坚信可以从传统自身寻求拯救中国画的力量，对传统笔墨进行更深入的研究，他每年都到上海与黄宾虹等名家切磋画艺，并致力于传播推广中国文化艺术的活动，与此同时，他广交西洋画家朋友，研究画艺、画史、画学，从西方绘画中找到了中国绘画的合理性。经过长期艰难的探索，左冲右突，终于冲破了传统的藩篱，实现了中国传统绘画创造性的转化，创作了大批现代的、高水平的来自传统笔墨的新中国画。

广东的展览会

根据所见资料，广东最早的展览会，是1902年居沪画家G.Broekd Bank在香港大会堂圣安德烈堂举行的展览，展品包括他在日本及中国北部所绘约50幅水彩画以及在香港仔等地的新作。接着在香港的拍卖商举办了各种展览，但多属日本画及西洋画。中国人首次在香港举办展览会，是1905年5月广州南武公学在皇后大道中37号举行的公开艺术展览会，稍往后是1906年由香港举办的盛大美术赛会，展品分七大类，中国画与日本画并列一类，而展出的中国画，皆为古画。由中国人在内地举办的展览会，是1908年1月由《时事画报》《时谐画报》同人为革命筹款而举办的“广东图画展览会”，内容分同人绘画、同人绘画寄售、同人即席挥毫、古画陈列观摩。时适高剑父、高奇峰从日本回国，于是也展出了奇峰的油绘《朝雾》，剑父的洋纸本水彩《太平洋之残照》。从此美术展览之风开始在广东劲吹。高剑父亦于是年举行了他的第一次个人展览会。个展之风一开，不少低水平的展览会纷纷出现，“不管是初学的未成熟的学生作品也好，他们都大胆地集拢起来公开展览”，引起画坛的骚动。

1921年，许崇清任国民政府广东教育委员会主任，为了使美术走上健康发展的道路，倡办广东省美术展览会，其间虽然风波迭起，不欢而散，但作用却是显著的：它使观众逐步了解西洋画，对以擦炭像为号召引诱青年，或以临摹抄袭为本领的不正之风给予无情的打击，使不少商业式贻误青年的画社或美术学校逐渐收盘。广东省美术展览会原定每年开两次，并予以评奖，但由于这次展览在筹备、评审等问题上出现重大分歧，两派矛盾加深，在闭幕前奖牌也不知去向，以后便停办了。最早最引人注目的高水平展览会是1923年12月在潘达微开设的宝光照相馆举行的“时人书画展”，参加者有国内名家130人之多，包括黄宾虹、吴昌硕、张大千等。这是中国书画艺术交流的一次大聚会。

随着癸亥合作社及国画研究会的成立，广东学术交流、观摩性质的展览逐步增多，出现了各类专题展览，由于这一团体庞大，组织健全，也首开了出版展览目录、场刊、特刊、图录的先河。

由于广东早有新旧两派之分，它们的展览方式亦有明显的不同。新派注重并善于利用展览会进行个人及派别的宣传，并经常到省外开展览，利用党政要人到会捧场，请名流及新闻记者在报刊上撰写文章加以宣传。展览会对这些画家的出名起了很大的作用，特别是展览有党政要人作为嘉宾，使之成为新闻媒体跟踪报道的热点。而传统派画家不屑于宣传自己，视开个人展览为打秋风，掏朋友腰包，且由于经济拮据，亦无法外出举办展览，因而只举行社团式的联展。

抗日战争期间，广东省级和港澳的展览寂静下来了，只有韶关、曲江等后方偶有画展，而广东的画家则到其他省（市）或海外写生开画展。抗战胜利之后，展览会再度活跃，其数量之多，仅次于上海。

30年代末，香港出现了专为画家举办展览的专业户，他就是九华堂主刘少旅。刘氏原经营文房四宝及裱画业，开始时以赈灾筹款为业，而后大批内地画家避兵香港，生活无着，刘氏便为他们筹办画展，不仅帮助画家渡过了经济难关，而且也促进了内地画家与广东画家的艺术交流。作为报酬，他只收裱画费用、场租，或由画家送一张统一尺寸的作品作为留念。于是积得海内外名家书画真迹及往来信札各数以千计。

黄般若不仅是画家、鉴赏家，而且是广东的展览专家，自1923年癸亥合作社举办展览起，他便把展览会视为弘扬民族文化艺术的重要一环，与展览结下了不解之缘。广东每次重大的展览从筹备、征集、鉴定、布展、保管等事宜，均离不开黄氏。1940年2月，香港举办空前盛大的广东文物展览会。黄氏任筹备委员会执行委员会、总务主任、干事部总干事，组织150多位藏家借出2000多件展品，无一损坏与遗失，并负责拍摄图录，协助叶恭绰等编辑出版三巨册、共300万字的《广东文献》；1947年，黄氏又发起和主持中国文物展览会，向广东和港澳三地藏家征集得1000多件展品，被誉为“香港空前未有之盛会”。展览结束后黄氏携展品乘夜船回广州，岂料开船前一小时，该船突然起火，旅客惊醒后仓皇逃生，遇难者127人，参展的藏家孑然一身逃出火海，唯黄氏抓起文同的《墨竹》与罗两峰的《鬼趣图》等数幅最有价值的古画夺路而逃，其余私人所藏尽弃，使部分古画能够保存下来，成为广东文化史上的美谈。抗战胜利后，黄氏还担任广东文献馆干事，发起了每月一次的艺术欣赏会，对推动战后的美术活动起了重要的作用。然而，在此期间，他却没有为自己举办过一次个展。

广东的美术社团

中国的文化人自古喜结社，但多为几位知音，以诗画会友，聊以自娱。此类美术社团，数十年来，广东有不少。较大而较有影响的，一为罗仲彭等所组的南社，一为陈树人等所组的清游会。

广东20世纪最早所见之美术社团而又较有特色者，为《时事画报》所属的美术社。当为革命机关，公开进行活动，除交流切磋画艺外，还兼赈灾、组织美术展览。

1920年，广州曾成立一画家协会，有1300多名职业画家参加。

第一个向政府立案的社团是1923年由传统派画人的中坚分子潘致中、赵浩公、黄般若、黄君璧、卢振寰等组成的癸亥合作社，该社明确宣称，“国画关系一国之文化，与山川人物、历史风俗，同为表示一国特性之征，观于日美之文化兴盛，而国势日强，印度之美术衰落，而国土就灭”，“恐文化荡然，将为印度之续”，故“设立斯社，以研究国画”，以“正名分，绍学统，辨是非，别邪正”，“树立国画的宗风”，振兴“中国传统的艺术”。越二年，画社扩组为国画研究会，在申请立案的呈文中表明了“联合同志，设立斯社，以研究国画，振兴美术”的宗旨，针对我国画坛现状，指出“虽然吾国不患无研究之人才，而患无研究之毅力；不患无研究之方法，而患无研究之常知。然则如何讨论之、整理之，以培养吾国之国民性，而发扬吾国之国光”。国画会有如下特点：

人数众多：初组时180余人，次年在香港及东莞组织分会，会员达五六百人。省外的画友如黄宾虹亦毅然加盟。

组织健全：设展览、陈列、出版、撰述、研究、营业各部。

活动：每周举行雅集，每月举行演讲会，外省画家过穗，必请之演讲，以利交流。每年举行会员作品展览；不定期举办专题展览，并出版展览场刊。在报纸开辟研究特刊，先后出版会刊两种，另据不完全统计，共出版各种画册及理论书籍27种；其理论研究的命题包括中国画学源流、中国画之特性、中国画之民族性、世界画学之趋向、西方绘画流派的特点、中西画学差异之对比研究，各自绘画经验总结与心得……

画会一成立，即发出征集图书启示，筹办国画图书馆，1930年藏书达8653册，是广东解放前规模最大的专门图书馆，为研究中西画学提供了重要的条件。此外，画会曾筹组国画学校，举办每月出题征画比赛及各种赈灾、劳军等义卖。国画研究会的成立，对扫除当时纤弱柔媚的画风、提倡学术研究起了重要的作用，并通过各种活动，弘扬传统艺术，使一批青年走上中国画的道路。

香港较有影响的社团是成立于1928年的香港书画文学社，该社出版了以美术为主的《非非画报》，并经常组织画家为慈善、赈灾挥毫义卖。

商品经济对广东美术发展的促进与制约

美术救国之梦，实业救国之梦，共同的理想与目标，使民族资本家乐于做画家的经济后盾，促进美术事业的发展，是清末民初广东画坛的另一大特点。《时事画报》创办所需数千元资金，仗力于民族资本家梁培基的全力支持。广告亦交由《时事画报》全权代理，画报同人亦倾尽全力对梁氏这一新兴的民族资本工业予以支持。他的所有广告都由潘达微、何剑士亲自策划、绘制、撰写，从而使梁氏的医药事业在新兴的民族资本工业中站稳了脚跟，并得到迅猛的发展。梁培基从此亦与美术界结下了深厚的友谊，对美术界的刊物（如《真相画报》）大都鼎力支持。

稍后是简照南的南洋烟草公司。南洋烟草公司创办于1905年，由于外来资本的打击，已濒临破产，后起用了潘达微为广告部长（后为香港及上海分厂厂长）。在潘的协助下，南洋烟草公司起死回生，简照南欣然慷慨支持潘达微所倡导和支持的美术、戏剧、慈善事业。广东画坛的很多画刊、画集、展览，都是在简氏的支持下得以出版、举行的。在此之后，香港梁国英药局、非非药房对画家的支持亦甚大，使郑侣泉的《人鉴》及《非非画报》得以出版。

实业救国令有识之士提出了“振兴实业必先提倡美术”的口号，使美术教育提到职业教育的议程上来，促进了美术教育的发展。但这又引发了商业性的美术学校大量出现，制约了美术教育的健康发展。

由于商品经济的迅猛发展和商品促销的需要，月份牌画和广告美术的大量需求，不少画家受其影响，转而成为专门的商业画家，如关惠农成为“月份牌王”，黄幻吾开设了“幻吾广告社”。但随着西方资产阶级腐朽文化的渗透，商业的竞争要迎合潮流，月份牌画及广告画也随之走上庸俗与低级趣味的道路，画家亦因此丧失了自己的个性与才华。

民国初年，溥仪离宫时把宫中珍贵书画盗出，卖给外国人，各国朝野人士纷至抢购，由于供不应求，便出现了伪画热。虽然艺术市场在京沪，但因为广东有仿古好手，有人遂到广东求货。广东画家向来生活贫困，于是加入伪画行列，其中又以赵浩公仿得最早、最多、最好，日本出版的唐宋及元明清画册，多有其作。他的收入亦不少，可见其传统功力之深。伪画市场的发展，促使画家加深了对传统艺术的认识，磨炼了传统笔墨的功力，提高了鉴别、鉴赏能力。但是又令不少画家陷入传统的桎梏之中而难以自拔，抑制了他们艺术创造力的发挥，其独特的才华被古人的光辉掩盖了。

在商品经济社会中，名人往往为经济所累。立润例、卖画，使他们的“创作”变成了生产，艺术变成了商品，名气越大，订单越多，应酬之作也越多，艺术水平下降越快。同时为争夺卖画市场，画家也难免沾染了商人互相攻击，抬高自己，贬低他人的习气。

广东的绘画种类

人物画。自黎简、谢兰生起，广东的绘画已形成自己的画风，而苏六朋、苏仁山、蒋莲等开创了广东画坛人物画空前活跃的时期。“二苏”的人物画，多反映平民市井生活，一反以上流社会生活为主的人物画传统，深受民众欢迎，对我国人物画的发展起了重要的作用。到了20世纪，何剑士、郑侣泉、潘达微等人，继承了“二苏”的传统，创作了大批反映民间疾苦、针砭时弊的作品。《时事画报》时期的人物画，不仅具有鲜明的时代性、革命性，而且呼唤着新的人文精神，在技法上也开始把传统的画理与西方的画理融合在一起。潘达微的《富人代表》成功地运用中国的笔墨、西方的素描技巧，把人物的形与神都表现得惟妙惟肖。《时事画报》的同人，把广东的人物画创作推向新的高潮。

当时的人物画，不仅古今中外人物皆可入画，而且有两个鲜明特点：一是由于革命党不断发动武装起义，不少烈士为国捐躯，为了缅怀烈士，激励来者，出现了大量以“骷髅”入画的作品。何剑士的《昔日雄鬼叹黄花》，今天展读，仍感震撼人心。二是为了鞭挞政治的腐败无能，“鬼”亦成为热门的绘画题材，其中邓芬的《群鬼争食图》构图新颖奇特、寓意深刻，广东、香港各报争相刊登。

随着西风东渐，广东也出现以模特画裸体画。最早的记载为1918年：“西人每喜以裸体像，陈饰高堂广座中，不以为亵。酬我国人皆以春意图一例视，不知两者截然不同。乃头脑未清，浑一言之。黄远生所谓笼统之毒，此其一端，可慨也。梅□□女士，尝画裸体美人图，以折枝蔽下体，画里真真，娇憨欲出，自题二绝……”而笔者所见最早的裸体画，为谈月色1921年所绘3张。谈氏原为尼姑，所绘亦以尼姑作模特，其中一张更为自写小影。以中国白描笔法绘之，赋以淡彩，造型、比例、线条、肤色均佳。而名噪画坛的大家潘致中，亦甚重视“人体之实写”，并借助雕塑、人体美术解剖学、医学解剖学等各种图籍加以研究，互相参证，力求对从少女到老妇的肢体、肌肉、骨骼、筋肉了解准确无误。惜未能搜见其作品。画家为研究美术，常借助摄影，潘达微首开先例，以其女儿为模特，拍摄人体艺术照片，1923年在他开设的宝光照相馆开张时，悬之橱窗，引起广东、香港、澳门之轰动。当年他又组艺术摄影之景社，请未来女婿李崧所开

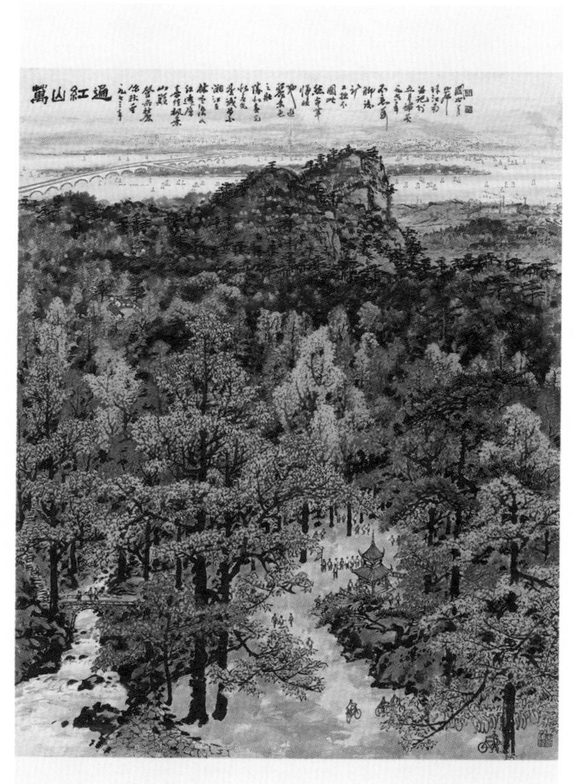

万山红遍　关山月

的医务所的护士作模特，邀画友、影友外出摄影写生，开了广东艺术摄影、写生之先河。1925年，广州市美专开始用模特儿进行教学。1926年，广州市开展了一场禁止裸体画的运动。

佛教画。民国之后，战祸连连，天灾人祸，民不聊生，促发了画家在悲观中的忧国忧民意识，使佛教画蓬勃发展。李凤公的佛像被介绍到美国，潘达微晚年每年滴血写观音一幅，黄般若被称为佛画专家，他的《云火观音》及《罗汉》被称为“现代佛画的经典之作”。

仕女画。高手有黄少梅、罗艮斋、邓芬、黄般若等，其人物体态的描绘得力于西洋画人体解剖的借鉴。黄般若在继承传统技法上尽窥唐宋古法之秘，两面并施丹铅，使画面妍丽动人，色泽经久益新。

方人定专程到日本学习人物画，设法通过未婚妻的关系进了女子美术学校作人体模特儿写生练习，所作人物画，构图取法于西洋画，别具一格，卓有成就。

日本侵华之后，反映现实生活的人物画再度趋向活跃。黄少强是其中的佼佼者。他毕生致力于写劳动人民的疾苦，悲愤激越，1935年于广州组织民间画会，并多次举办画展，以唤起民众抗日之情，并与赵少昂等北上南京、天津、北京等地举办展览。他在北京向林森献《民间疾苦图》，进言请政府关注民间疾苦，为民请命。关山月在抗日战争期间，亦北上作战地写生。尤值大书者，乃叶因泉在此期间所作之102幅《抗战流民图》，写尽了日本铁蹄下中国人民的苦难。

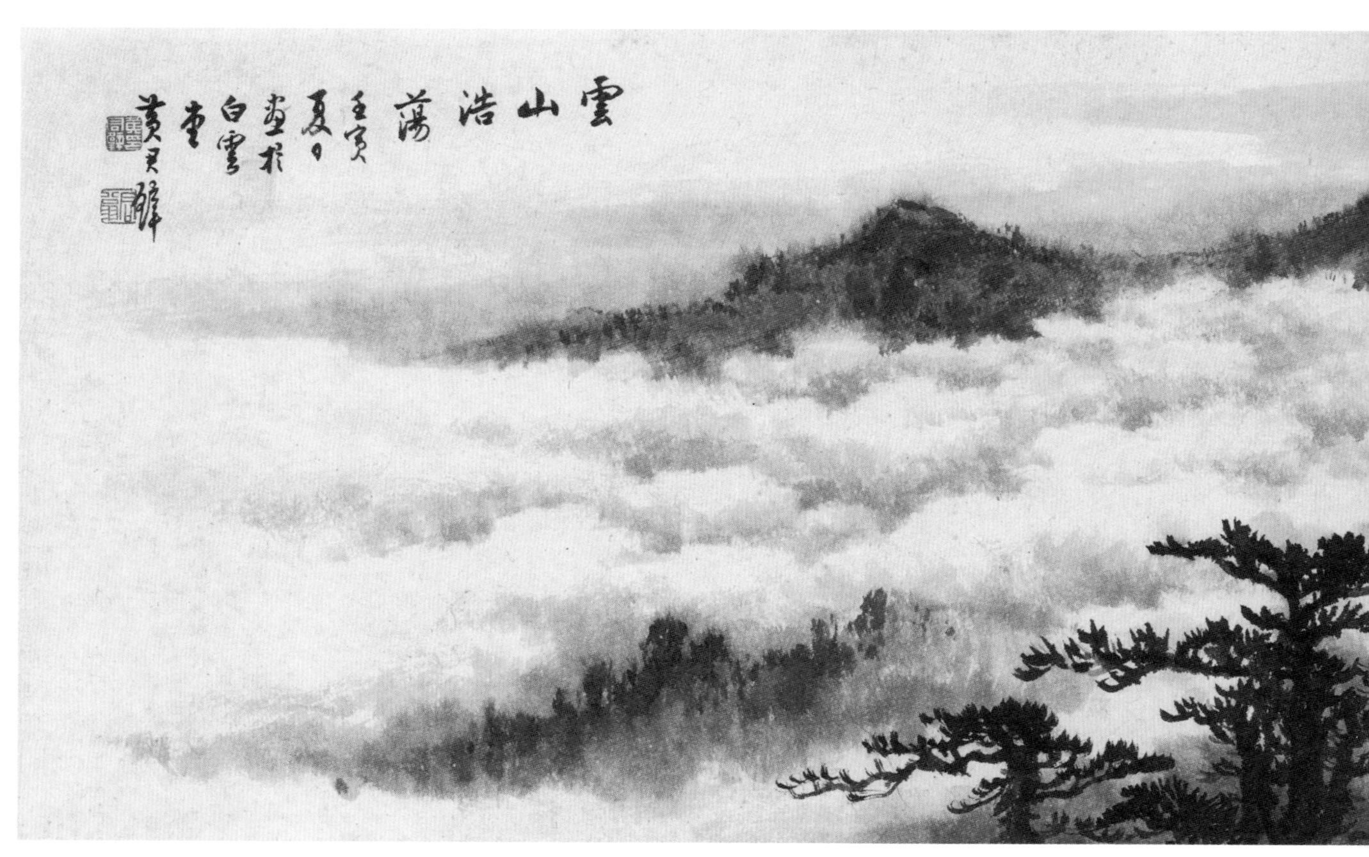

云山浩荡　黄君璧

广东的美术教育发展及其特点

自戊戌变法后，康有为力主教育改革。广东美术界得风气之先，不仅创办学校，且把美术教学引入学校的课程。1898年，邓尔雅等在东横街创办首间启明小学，开设图画课。1902年，粤督开办两广大学堂，在艺科类的10个课目中，就有图画一科，由潘致中等任教。1905年，官办的两广初级师范简易馆开办，聘请了日本画师山本梅涯任图画教席。基督教会办的教会学校如格致书院也有图画课的课程，请法国老师任教……

清末的学校开设美术课程，目的有三个。一是旨在美术启蒙，因此一般学校在招生广告中特别注明开设图画课程。二是由于画家有不少的革命党人，他们借美术教学灌输革命思想，如潘达微、何剑士在南武、光亚学堂。现存的教材，有潘达微的《小儿滑稽习画帖》，每页分两栏，右为绘画基础知识，左为运用右边的基础知识所画的鼓吹革命的图画。三是当时画界、学界有实业救国的思想，而认为振兴工艺，必先普及美术，以改良工艺。在革命党人创办的报刊中，亦特别注意介绍国外的工艺学校课程设置，并加以效法。不仅专门工艺学校开设，而且聋哑学校、平民夜校，都开设图画课程。第一间致力于交流美术性质的“学校”，是由《时事画报》在1905年创办的画学研究科，高剑父为此在画报上发表了《论画》一文，并于每册上刊登画稿一至两页，从虚线、真线、斜线到简单物器的写

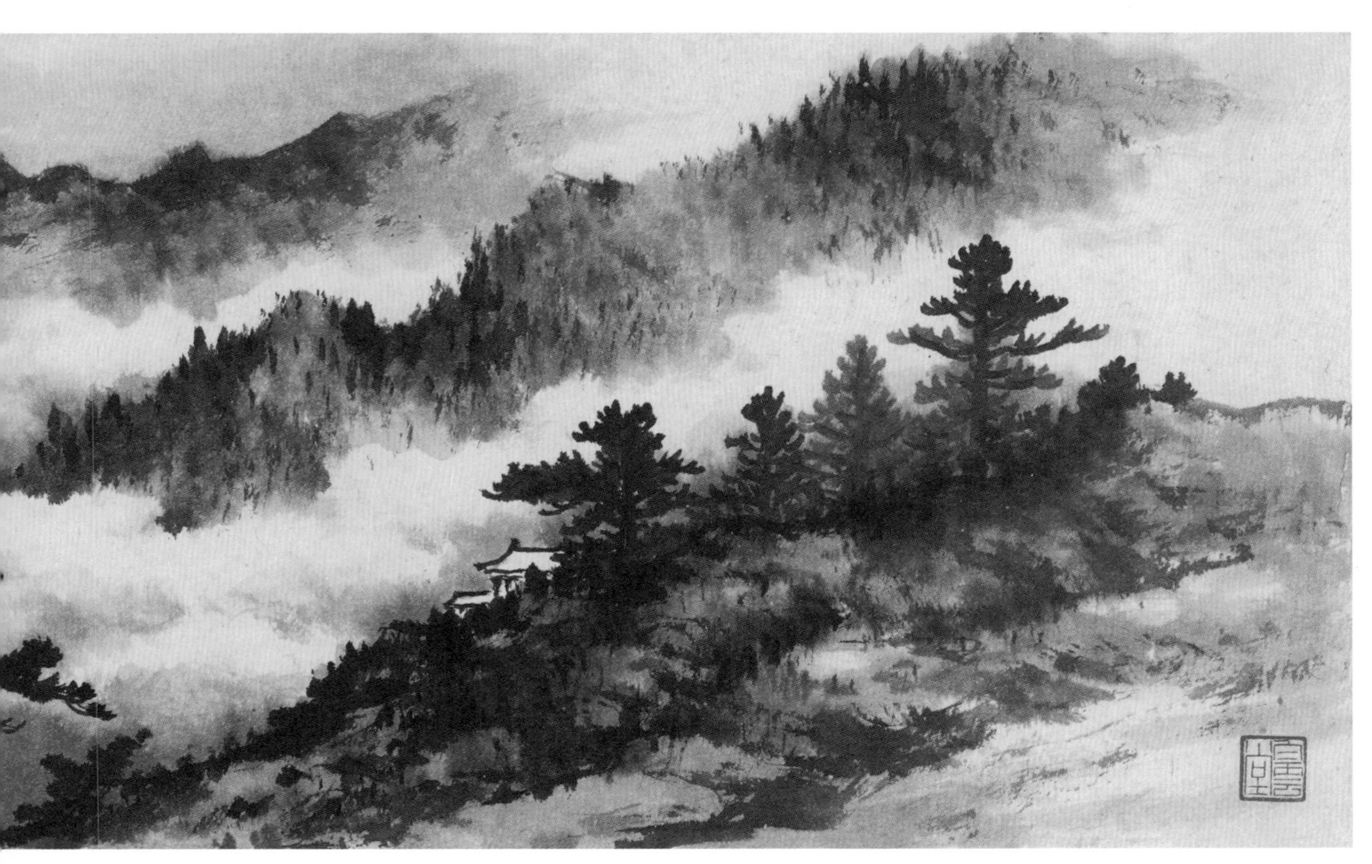

生、用光，大概是高氏在格致书院随法国人习画的铅笔写生知识介绍。

广东第一间美术学校，为潘达微1908年所创办的缤华习艺院，成绩显著，培养了不少美术人才，次年他开始在广州、香港举办展览会并设博物商会。

1910年，李凤公等创办了第一间教授水彩画的竞美美术会，其后，撷芳美术馆、尚美美术研究社相继成立，以教授中国画为主。

民国元年（1912年）九月，为加紧培养美术人才，振兴工艺，潘达微在述善学堂内开设了图工教员夜学研究所，学员为各校校长及教员。

之后，广东的美术教育出现了混乱局面：不少投机画人纷纷办起各种美术社，利用青年急功近利的心理，以速成画法为号召，招揽学员，当时被称为“伪美术学校”，引起画家极大不满。

1922年，许崇清委托胡根天和冯钢百创办广州市美术专科学校，开创了广东美术教育新的一页。广州市美术专科学校是全国最早的公立美术学校之一。该校创办时拟同时开设中西画科，但因生源无着，中国画科迟至1926年才得以开设，由中国画研究会的黄君璧、李瑶屏任导师。但是，学校的校长随着政坛的风云变幻而易人，教学亦随之而变化。1932年，由国画研究会的李研山担任校长，于是，大批国画名家如赵浩公、李凤公、黄少梅、卢振寰等进入广州市美术专科学校任教，是为广东中国画教学的转折点。1936年，由于政坛更迭，高剑父、丁衍庸、陈宏皆力争掌校之权，但由于陈立夫与曾养甫的关系，李金发出任校长，起用高氏门人任教，国画研究会的画家即被迫离

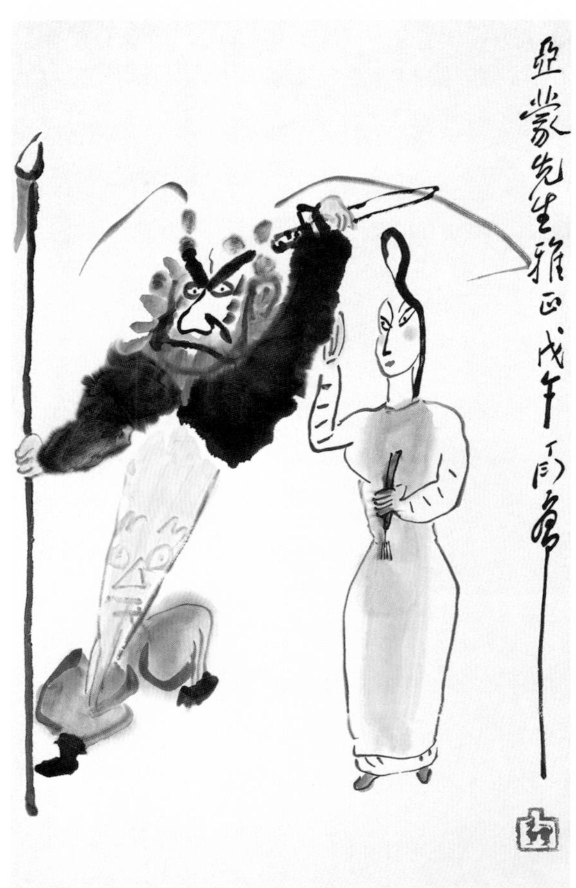

霸王别姬　丁衍庸

校，大批学生亦随之退学。这是新、旧画派在美术教学中的斗争。抗战期间，广州市美术专科学校停办，抗战胜利后，政府欲请李研山续办广州市美术专科学校，由高剑父主持，但高氏不愿沿用广州市美术专科学校之名，坚持要改为广州市艺术专科学校，教务主任一职由戴笠系之陈达人出任，由关山月、黎雄才、方人定等任教授。如是“乌烟瘴气者度过三个年头”。

广东省立艺术专科学校，1940年创办于韶关，目的是培养宣传抗日人才。初名广东战时艺术馆，为综合艺术学校，由广东省教育厅厅长黄麟书任校长，胡根天、吴琬先后任美术系主任。学校由于战争的发展而多次迁址。抗战胜利后，由于政权更迭，丁衍庸担任校长。丁氏上台后即辞退40多名教职员，胡根天亦坚决辞去教务主任一职，遂引起“倒丁风波”。丁氏遂走香港。广州解放时，广东省立艺术专科学校改名为华南人民文学艺术学院。

画家办学是广东50年来美术教育的主要途径，以从个人设馆授徒发展到由几个人联合开办美术学校为主要的特征。

个人设馆教授中国画成绩较突出者有高奇峰的美学馆，以及高剑父的春睡别院，后易名春睡画院，力倡折中派画。香港的画家办学最为活跃，较著名的有冯文凤的香港女子书画学校，鲍少游的丽精美术学院，胡根天、吴梅鹤的香港美术学校，邱代明、吴梅鹤、黄般若等人开设的中华美术专门学校，刘君任创办的万国美术专科学校。

在广州，1934年由赵浩公、卢振寰开办的山南画社，在广州影响最大，广州市美术专科学校的学生课余亦到画社学习。

此外，还有不少的画家是通过到大、中、小学任教来传播画艺的。

广东美术教育的另一特点：由于存在新旧两派之争，因而民间办学亦带有派别色彩。如尹笛云的设馆招生广告中，有攻击折中派的内容。1923年，为与之抗衡，挽救传统中国画的衰微，潘致中等先后创办了癸亥合作社，每周举行雅集，一方面让画家之间交流切磋画艺，一方面希望通过雅集传播国画知识，吸引国画爱好者。其后画社扩充为国画研究会，拟创办国画学校，但未遂，仍通过雅集及展览会等方式传播国画传统艺术，使不少美术青年从此踏入国画之门。

（下列内容暂略）

山水画花鸟画

“二高一陈”和岭南画派

广东的美术理论建设

漫画：永远是革命的排头兵

西洋画

版画

雕塑

摄影

附录2

从全国美术展览会看
中国现代绘画的动向

［日本］鹤田武良 著 姚思奇 译

近代中国，美术展览会始于清末宣统二年（1910年）四月，展览会是在附设于由清政府在南京召开的南洋劝业会“美术馆”举行的，展览内容包括中国画、书法及刺绣作品，但更为详细的情况则无从知晓。

其后数年，作为美术教育振兴策略的一个环节，美术展览会一直由致力于充实美术教育的教育行政当局举办。民国元年（1912年），就任南京临时政府教育总长的蔡元培所阐明的美术教育的重要性对此事有很大影响。虽然蔡元培仅任职7个多月就辞去了教育总长职务，但当时的教育部于民国二年（1913年）三月即公布了师范学校课程标准，首次对始见于光绪二十八年（1902年）的《钦定学堂章程》及第二年即光绪二十九年（1903年）的《奏定学堂章程》中，作为学校教育一部分的美术教育图画手工制定了标准并对内容做了补充。同年十二月，促进重视师范学校、小学中的国画、手工、音乐教育及国文教育并使之普及等蔡元培任职时的基本方针被承袭下来。在这样的情况下，南京首先于民国二年（1913年）三月举办了“江苏省儿童艺术展览会”，展出作品包括作文、书法、绘画、手工、刺绣、自制玩具等共计20519件，其中绘画作品有4972件。第二年即民国三年（1914年）四月北京举办了“全国儿童艺术展览会”，展览内容分为6个部分，即作文、字、绘、画、手工、编织及缝纫。

在上述展览会举办前后，有好几个主要城市都举办了各种各样的城市中小学校儿童美术展览，可以说当时全国都在举办儿童艺术展览会。

至于按画家自发的意志举办的展览会，民国八年（1919年）一月由当时在苏州第二女子师范学校任图画教员的颜文樑与杨左陶、徐咏清、潘振霄、金天翮，共同在苏州举办的“苏州美术车赛会”恐怕是最早的这类展览会了。由于这次展览会提出的口号是“提倡画术，相互鼓励，以资向上”，因而以不审查为其目的，展出作品包括国粹画、油色画、水色画、气色画（水粉画）、钢笔画、铅笔画、炭画、蜡画、漆画、焦画、着色人像摄影、刺绣画等。这些名称不久就用国画、油画、水彩画等名称固定下来，由此可看出西洋画在中国扎根的过程中的名称是很耐人寻味的。

民国元年（1912年）才16岁的刘海粟与张聿光共同创立的上海图画美术院（即后来的上海美术专科学校）里的画家进行的国画改良运动从五四运动（1919年）前后开始越发兴盛，以上海为首的各地相继都开设了美术学校，成立了美术团体。一方面学校教育中的美术教育逐渐得到加强，另一方面学习过西洋画技法基础的画家逐渐增多。在这样的形势下，与美术团体展览不同的是各地都出现了在更大范围内组织美术展览会的趋势。对此最先出现的便是民国十三年（1924年）三月在南京召开的“江苏全省美术展览会”。不过，对于展览的具体内容，由于没有资料不得而知。接下来则是同年七月在南京孔子庙旧贡院由中华教育改进社等团体共同举办的“第一届全国教育展览会”。展览分为由专业美术家及美术专业学生的参展作品组成的专业组，以及由师范学校、中学师生的参展作品组成的中等学校组，展出作品包括油画、粉画、木炭画、水彩画、铅笔画、国画、手工等。

此种趋势进一步发展，不久即趋向于召开全国美术展览会。

一、民国时期的全国美术展览会

推进召开全国美术展览会运动的主要力量是在私立美术学校任教的画家，其中心人物则是加入了中华教育改进社的刘海粟、王济远、滕固等人。

1. 教育部第一次全国美术展览会

民国十四年（1925年）8月，在山西省太原市山西大学召开的中华教育改进社第四次年会上，美育班通过了刘海粟提出的议案《关于召开全国美术展览会的议案》，并责成由李毅士、金梦畴、熊连成、王济远、蔡元培、汪亚尘、滕固、刘海粟等17人组成全国美术展览会组织筹备委员会开始工作。刘海粟起草的《关于召开全国美术展览会的议案》的提案理由有如下内容：“世界诸国都有国家的美术展览会，亦有团体或个人的美术展览会，首先是政府鼓励，其后是国民的奋起。审美教育的宣传风驰电掣，徒凭空言何以能招致今日之效果？回过头来纵观我国，听之任之的情况已属罕见。偶尔一两个团体或个人也陈列一些作品，举办展览会，但作品不多，其效果也限于一部分。这实在是一件憾事。近来我国国民也逐渐感觉到了艺术的珍贵，但苦于没有接近的机会，所以召开全国美术展览会便是当务之急。虽然一部分国民知道艺术的珍贵，但弄不清艺术作品之所在；作品作者也不能自励，墨守旧法，不求进取；鉴赏者的认识能力也不强，所谓近朱者赤，近墨者黑。这是

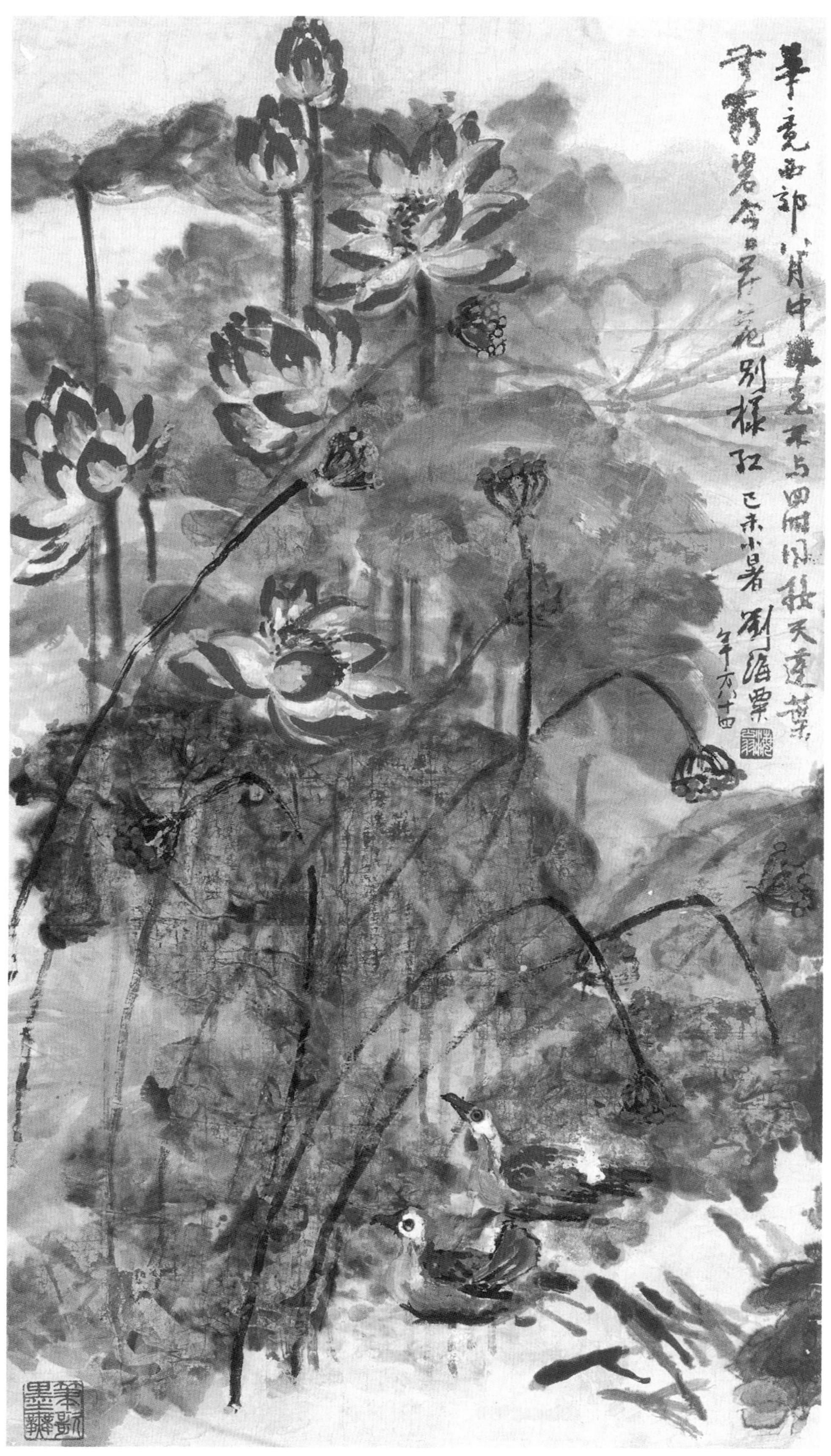

红荷翠羽　刘海粟

审美教育上的大毛病，解救这一病弊的良药必在展览会上可望得到。以上便是不能在召开全国美术展览会的问题上有所犹豫的理由。”

同时，通过的决议还有其他一些，包括就举办方法而言，北京、上海采用定期举办的办法，其他大城市则采取不定期举办的办法以及展出作品范围为国画、洋画（西洋画）及雕刻三个部分等。接受这些决议后，全国美术展览组织筹备委员会即做出决定于民国十五年（1926年）在武昌举办全国美术展览，如有机会则在各省举办巡回展览。

此外，美育班还通过了关于建立国民美术馆的议案，这项议案也是由刘海粟提出的。

全国美术展览会由民间团体主办的过程中，可能是由于经费和其他问题没有按美育组委员会计划的那样取得进展，后来该项计划即由政府教育部接手。民国十六年（1927年）十一月，大学院（原教育部）艺术委员会在上海召开第一次会议，决定由大学院主办召开全国美术展览会。根据这一决定，第二年即民国十七年（1928年）七月即公布了大学院美术展览会组织大纲和其他相关条例，至此举办全国美展一事便逐渐向实现的方向发展。身为美育组全国美术展览会组织筹备委员会委员的蔡元培就任大学院院长一事恐怕对此有很大影响。当初蔡元培任首任教育总长时就阐明同学校教育中的情况一样，社会教育中的美术教育也是很重要的，并提出在教育部设社会教育司。由其第一科管理图书馆、博物馆及美术馆，其后他还多次论及美术教育的重要性。总之蔡元培对美术教育的普及和发展起了很大的作用。

民国十八年（1929年）一月，教育部（民国十七年末，大学院又改名为教育部）召开教育部全国美术展览会总务会，决定于三月二十日召开全国美术展览会，会址设在上海国货路展览会场。

尽管对其后的经过不甚了解，但从福建教育厅于当年3月21日和22日召开了全国美术展览参展

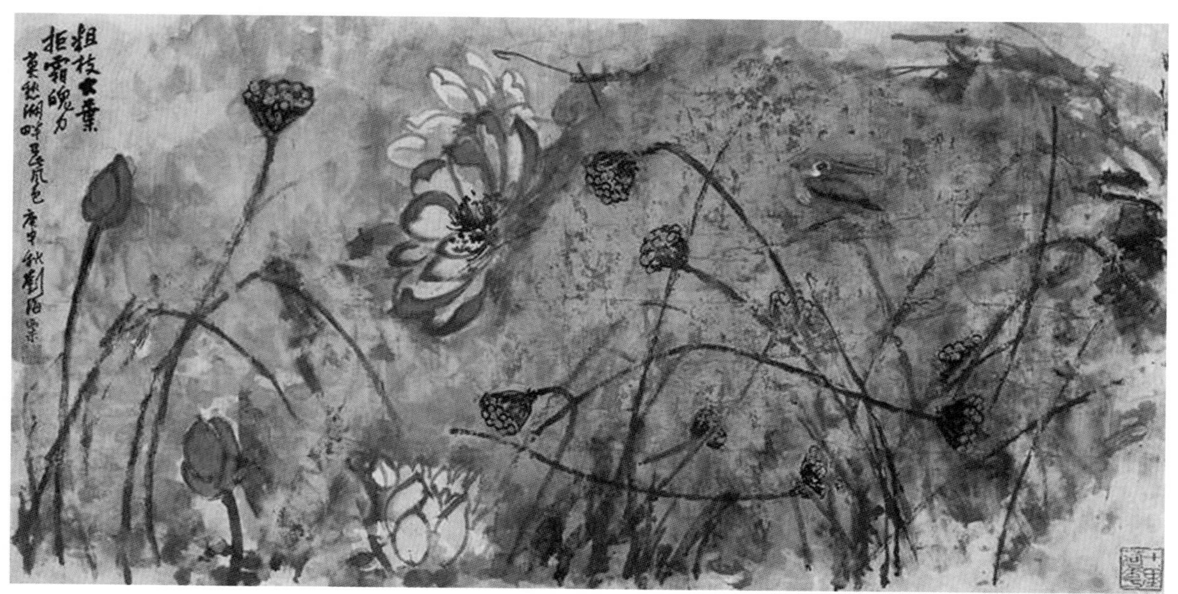

粗枝大叶荷花　刘海粟

作品展览会，展览结束后便将作品送至上海一事来看，其他各省可能也举办了同样的展览会。

教育部全国美术展览会比教育部预定的召开时间稍有一些推迟，于民国十八年（1929年）四月十日在上海国货路展览会场开幕，同月二十日闭幕。此届展览会即教育部第一次全国美术展览会。参展作品作者涉及20余省，来自日本二科会、春阳会、国画会的数十位作者的几十件作品也参加了展出。此外，居住在上海的几名欧美画家也参加了展览。展出作品包括七个部分：第一部分书画1231件，第二部分金石75件，第三部分西画354件，第四部分雕塑57件，第五部分建筑34件，第六部分工艺美术280件，第七部分美术摄影227件。其他还有陈师曾、金城、吴昌硕等近人遗作及古画参考品大约7000件。展览作品是从普通送展作品作者1080人的4060件作品中选出的入选作者549人的1200件作品，另外还有特约送展作品作者342人的1300余件作品，此外，女性作者有潘玉良、唐蕴玉、王静远、李秋君、吴青霞等数十位。

尽管没有现存的论及此次展览送展作品的资料，但可以看出具有折中中西画法风格的画最多，由此看来，国画改良运动开始获得成果。新国画随之产生。另外，西画部分中十几幅“裸女”送展，这件事表明在刘海粟裸体画事件发生十余年后，裸体画作为艺术作品得到了公众的认可，也没有了刘海粟当时那样引起排斥骚动的恐惧。展览会结束后，出版发行了由两部分组成的《美展特刊》。一部分古画参考品及近代画家遗作被收入“古代部分”。现代绘画及日本画家作品的一部分则被收入“现代部分”。

2. 教育部第二次全国美术展览会

教育部第二次全国美术展览会于民国二十六年（1937年）四月一日在刚完工不久的南京国立美术陈列馆和音乐院举办，同月二十三日闭幕。为纪念此次展览，展览结束后出版发行3册画集，即第一册《晋唐五代宋元明清名家书画集》、第二册《现代书画集》以及第三册《现代西画图案雕刻集》。

此次全国美术展览会的经过及其内容，在上述各画集都刊载的王世杰所写的序言中有详细描述。王世杰在其所写的序言中首先论述了美术展览会的举办对美术的发展所起的作用，其后做了如下说明：

民国二十二年（1933年）冬，应在伦敦召开的中国艺术展览会的要求，故宫博物院及其他机构展出美术品一事引起了各界人士的极大关注。其中也有人认为让西欧人认识中国文化，这便是一个机会。展览会结束后，教育部便决定在国内召开全国美术展览会。由于国民政府先期于民国十八年（1929年）在上海举办了全国美术展览会，而国民政府认为今后这样的展览应定期举办，由此，此次全国美术展览会便作为第二次全国美术展览会。经过筹备，此届展览会于民国二十六年（1937年）四月一日在南京新建的美术陈列馆开幕，会期23天。国内外来宾及参观者达6万人以上。展览品大致分为9个类别，即图书、篆刻、美术工艺、建筑图案及模型、雕塑、西画、现代书画、历代书画、摄影。作品总数为1913件。

第二次全国美展由张道藩任筹备委员会主任委员，46位审查委员中包括高剑父、潘天寿、张大千、黄宾虹、吴湖帆、刘海粟、林风眠、吴作人、刘开渠、颜文樑等人。第二次全国美展各不同门类的送展作品件数及入选作品件数如下面所示，其中括弧内数字为入选件数。现代书法285件（55件），现代国画1981件（487件），古书画719件（429件），西画685件（207件），雕塑87件（24件），建筑61件（16件），图书139件（102件），金石126件（68件），铜器88件（81件），图案140件（39件），陶瓷250件（175件），其他756件（153件），摄影228件（77件），合计5545件（1913件）。

值得注意的是在国画方面，尽管遵循传统画法和构图的山水图、花鸟图、仕女图不多，但方人定的《葡萄》、方尘行的《暝色》、朱成淦的《莆阳远望》、李耀民的《江村暮雪》、李毅士的《小红低唱我吹箫》、何炳光的《马头生云傍》、阮思琴的《风雨满秋林》、吴公虎的《玉洁冰清》、周一身的《寒鹈》、金右昌的《山水》、高剑父的《碧柳烟沉》、黎雄才的《深山闻夜猿》

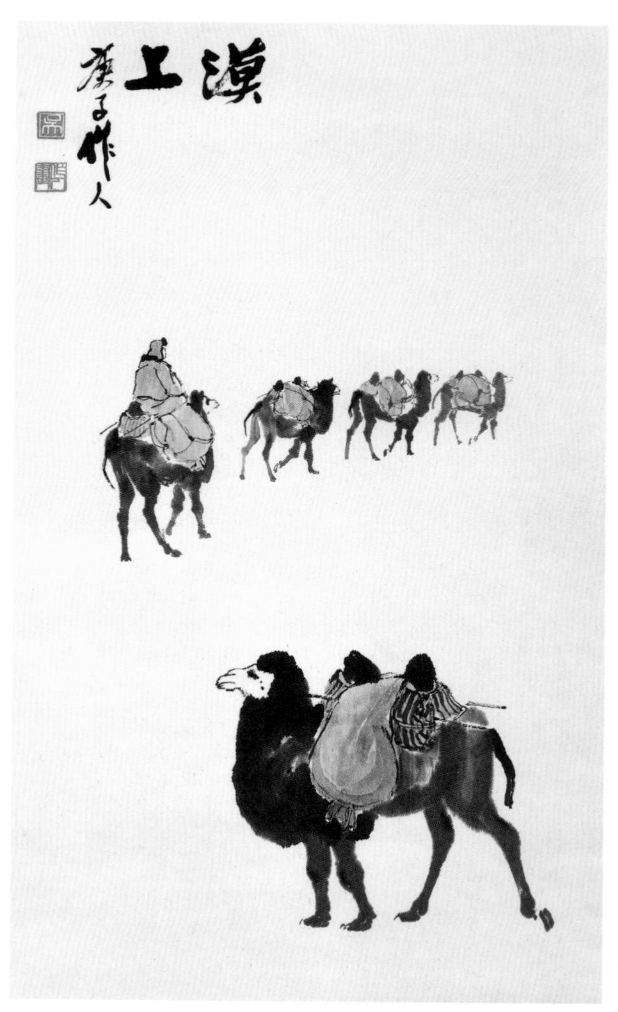

漠上　吴作人

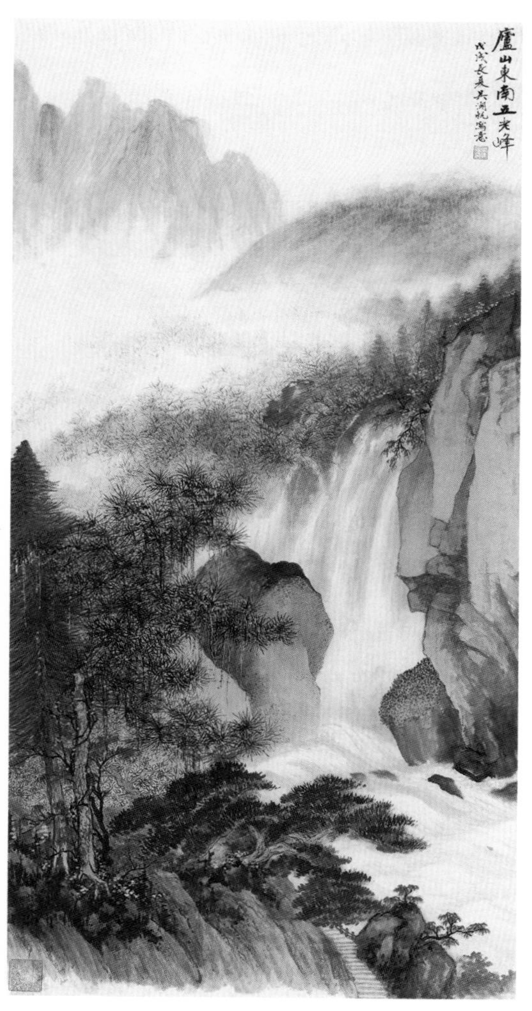

庐山东南五老峰　吴湖帆

等能够看出受西洋画或日本画影响的作品，就是说新国画是很引人注目的，这也和第一次美展一样，在岭南派画家中此种倾向是很明显的。此外，王青芳在一幅画有6条鲤鱼的游鱼图中所题“莫忘团结争食斗”一事被认为是在讽刺当时的社会局势，这恐怕是国画中最早出现这种倾向的例子了。

第六类西画部分在以前的油画、水彩画、粉笔画、木炭画、漆画中新增加了版画，这是值得注意的。但在这些作品中作为画帖的外国木刻画的痕迹还残留很多，从当时来看，中国木刻画的成熟尚需等待近10年时间。油画方面，采用点画法和亨利·马蒂斯（Henri Matisse）风格的作品等反映出了各种各样的画风，但王悦之的《弃民图》、石泊夫的《流浪者》、孙青羊的《暮年穷途》、赵春翔的《乞食》等以生活在社会底层的人们为主题的作品的出现值得注意，尤其是王悦之的《弃民图》，其主题和技法都是人们谈论的话题。现今以国画闻名的李可染、吴作人、朱屺瞻、郁风、萧淑芳等人都有油画参展。

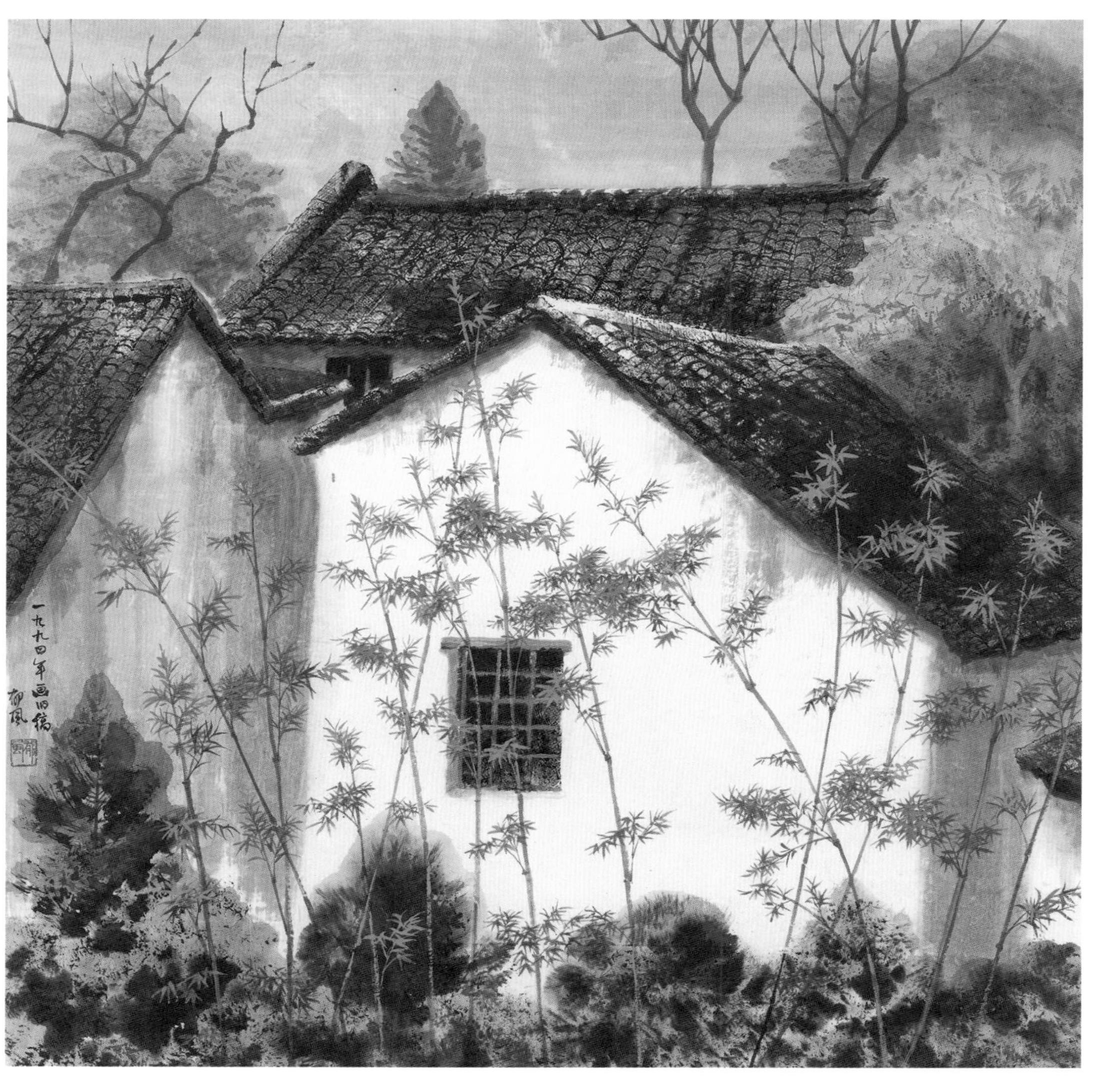

白屋人家　郁风

此外，就在第二次全国美展会场，还展示了中央研究院从民国二十三年（1934年）到民国二十五年（1936年）期间在安阳发掘的277件殷墟遗物，这无疑是在夸耀中国考古学研究的成果。

3. 教育部第三次全国美术展览会

第二次全国美术展览会结束以后，教育部于民国二十六年（1937年）六月公布了全国美术展览会举办办法，另外还对一些具体事项做了规定，如全国美术展览会每两年举办一次，全国美展前各省要先进行预展，必要的经费由教育部列入各年度的经常性预算，以及奖金列入预算，安排优秀作品的购入等。

但是，法令公布后的当年七月中日战争全面爆发，当时的形势就不允许按照上述规定举办全国美术展览会。以后随着抗日战争的日趋激烈，一方面，抗战美术运动以抗战区为中心广泛地开展起来了，另一方面，也许是意在推动这样一种抗战美术运动的发展以及更进一步加强抗战意识，教育

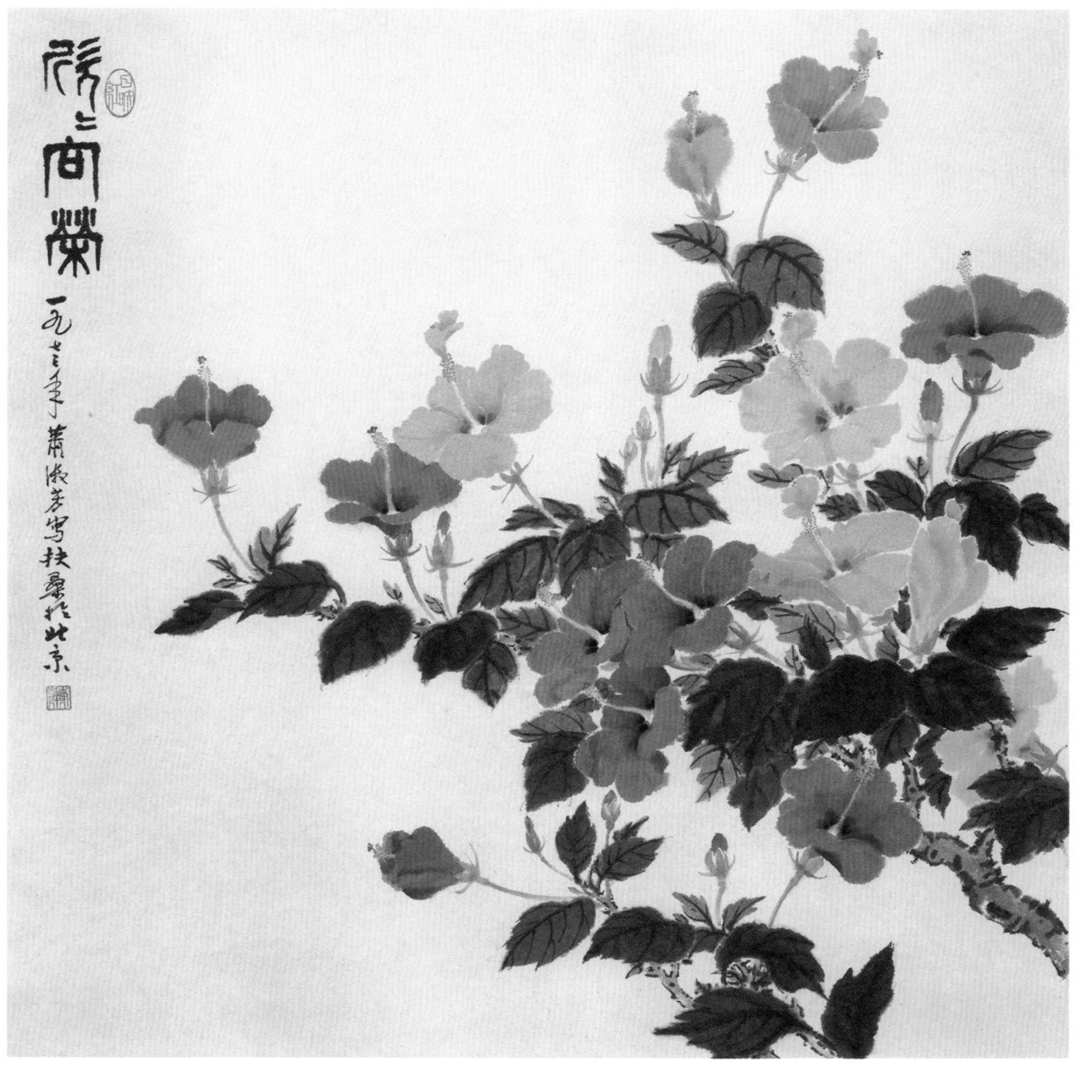

欣欣向荣　萧淑芳

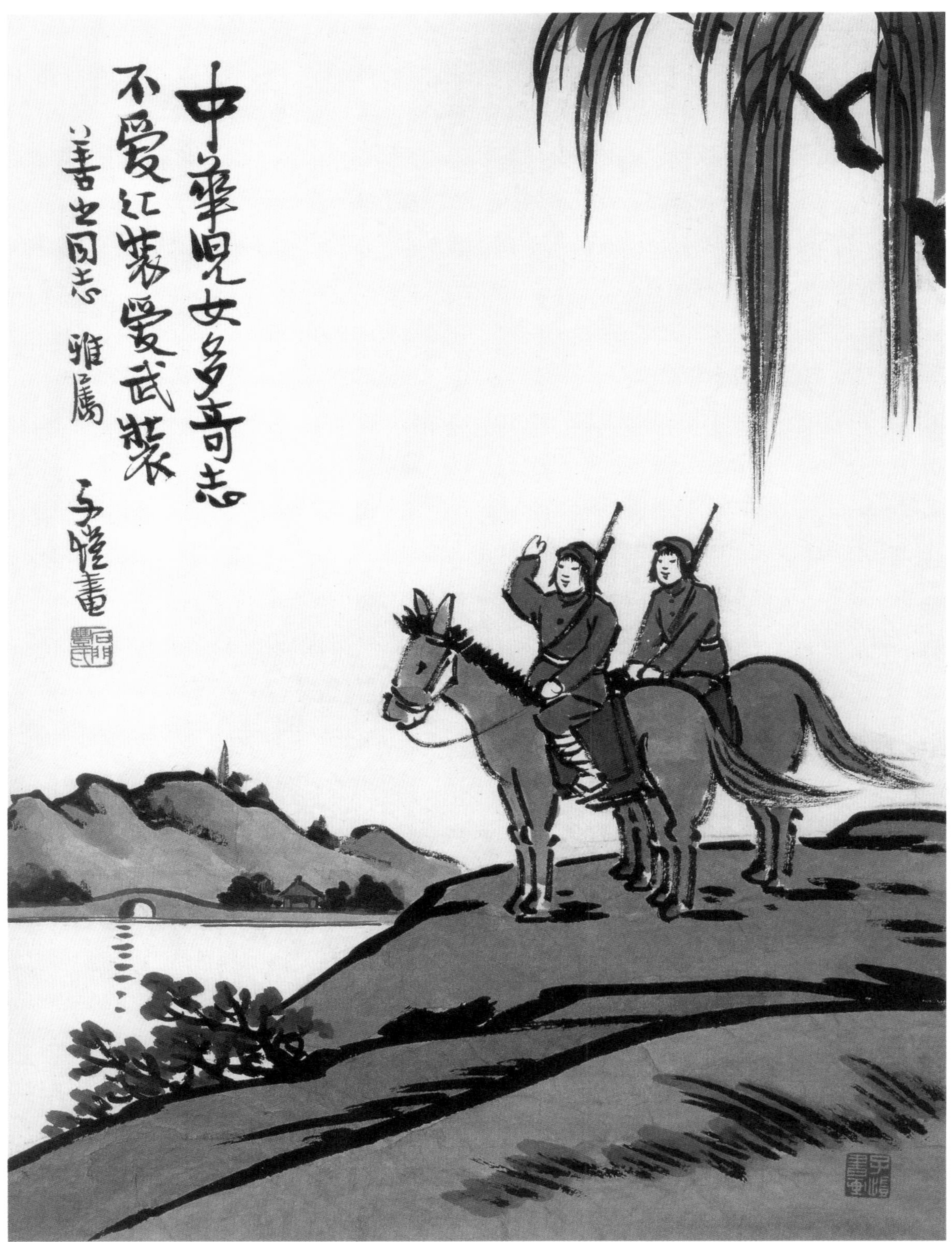

毛泽东《为女民兵题照》诗意图　丰子恺

部于民国三十一年（1942年）十二月二十五日在重庆举办了教育部第三次全国美术展览会。展览会于第二年即民国三十二年（1943年）一月二十日闭幕。参观展览的总人数达十余万人。参观票收入（个人5元，团体2.5元一人）及捐款共计105970.55元，全部捐赠出来作为文化劳军经费。

第三次全国美展举办之时，教育部于民国三十一年（1942年）十月成立了第三届全国美术展览会筹备委员会，张道藩任主任委员，其下设4个小组委员会分管以下各项工作：①文书、作品征集、美术讲座；②会计、事务；③登记、保管、审查；④招待、涉外；等等。筹备委员会成员还包括王世杰、陈树人、林风眠、徐悲鸿、黄君璧、张大千、傅抱石、刘开渠、吴作人、许士骐、叶浅予、丰子恺等人。第三次美展的内容分为现代作品和古代美术两个大类。现代作品又分为4个门类：①书画（书法、篆刻、国画、西画、版画）；②雕塑；③建筑设计及模型；④工艺美术、图案设计、摄影。此外，对应征作品也作了一些规定，如应征作品原则上应是与抗战有关的作品，但考虑到一般题材的艺术作品的发展，展览会也接受一般题材的作品。因此，虽然送展作品以每人3件为限，但与抗战有关的作品则可放宽至两倍。另外，对送展作品的体积和面积也有限定，但与抗战有关的作品也是放宽至其限定的两倍。作品接收时间从当年十一月一日开始，十二月十五日截止，截止后第二天开始用3天时间审查。由于当时交通运输状况

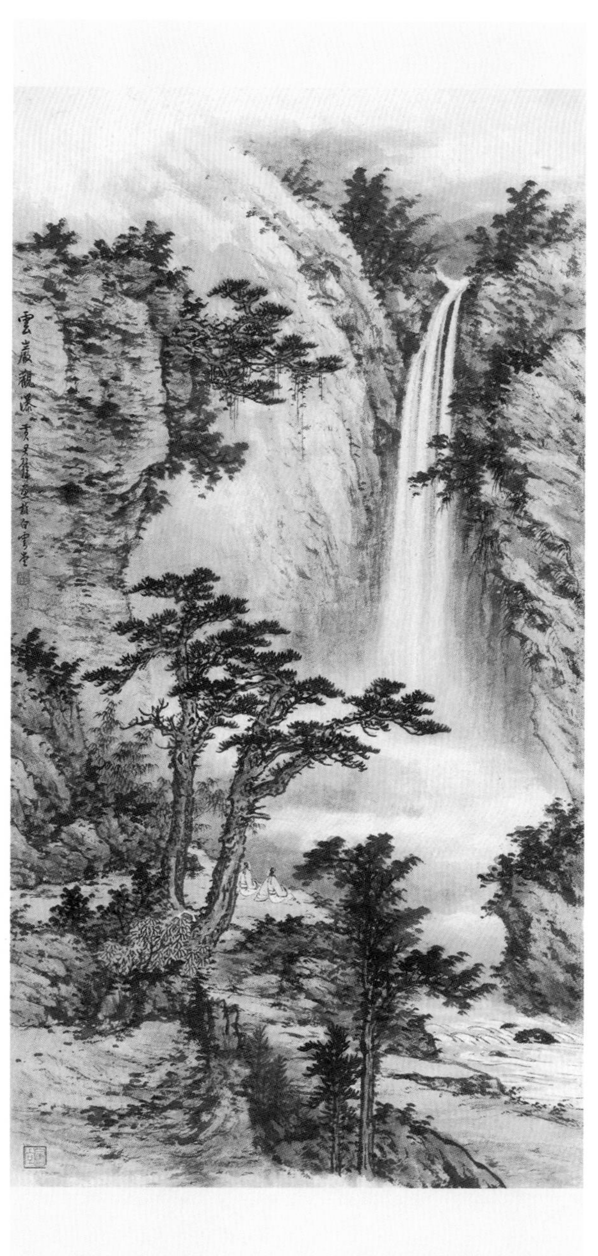

云岩观瀑　黄君璧

的恶化，过了截稿日期才到的作品达294件之多，因此在展览会期间的十二月三十一日又召开了第二次审查委员会来对这些送展作品进行审查。现代作品按其门类的送展作品及入选作品件数列于下面，其中括弧内为入选件数：

书法80件（34件），国画658件（193件），西画406件（180件），雕塑46件（32件），建筑设计及模型92件（41件），工艺美术89件（53件），摄影101件（32件），图案设计76件（41件），版画101件（46件），篆刻19件（10件），总计1668件（662件），西画及版画在总件数中所占比例之高值得注意。

送展作品作者共计有960多人，来自四川、贵州、陕西、甘肃、广西、湖南、湖北、江西、福建、云南、青海、新疆、上海、重庆14个省市，与第二次美展相比，送展作者大幅减少，恐怕是当时的社会状况加上抗日战争，交通状况恶化，对此有相当大的影响。

仅从画题来判断送展作品的内容的话，国画方面，山水花鸟等传统主题占大部分，但也有一些被认为是抗战画题和社会主义题材的作品，如苏葆桢的《和平胜利》，宗其香的《惨痛的回忆》，张文元的《送出征》《仇恨与血债》，丰子恺的《年丰便觉村居好》，刘元的《农妇》。西画方面上述倾向更为强烈一些，具体地说就有张漾兮的《孤贫老妇》，黄养辉的《黔桂铁路建设之情况》，吴作人的《空袭下的母亲》，黄显之的《战时小工业区》，司徒乔的《梁副部长寒操》，汪日章的《女工》，蒋仁的《军民齐唱凯旋曲》，林圣杨的《守卫山河》，周斯达的《负伤不下火线的英雄》，吕斯百的《俘虏》，迪化师范学校的《东西夹击致敌死命》《切实执行国家总动员法》《送精神粮食上前线》《准备反攻驱逐日寇》《消灭敌人》，孙庆昌的《加紧生产》，杨士林的《反攻》等。由此认为作为中华人民共和国成立后艺术界主流的社会主义现实主义路线基础在这个时期就已经大致形成大概是没有什么问题的。

为了奖励送展作品，第三次全国美展筹备委员会根据民国三十一年（1942年）出台《学术审议会奖励学术作品办法》，从送展作品中选出优秀作品进行了表彰，并给下面所列的8件选出来的作品颁发了奖金。一等奖：吕凤子的《四阿罗汉》（国画），奖金1.5万元。二等奖：黄君璧的《山水》（国画），秦宣夫的《母教》、吴作人的《空袭下的母亲》，奖金各8000元。三等奖：刘开渠的《女像》（雕塑），王临之的《大禹》（木刻），刘铁华的《同盟国胜利的预兆》（工艺美术），章继南的《陶瓷釉下黑颜料》，奖金各4000元。

此外，第三次全国美展期间，从一月三日开始至十日的八天中共举行了8次美术讲座，最先是鲍鼎的《建筑的鉴赏》，其后依次为董作宾的《殷墟甲骨文字》、秦宣夫的《何为西洋画》、傅抱石的《中国山水画的发展》、陈之佛的《艺术与教育》、刘开渠的《雕塑艺术》、刘铁华的《中国木刻史》以及许士骐的《中国人物画衰落的原因》。

展览会古代美术部分有故宫博物院、中央研究院历史语文研究所等6家机关送展的275件作品。

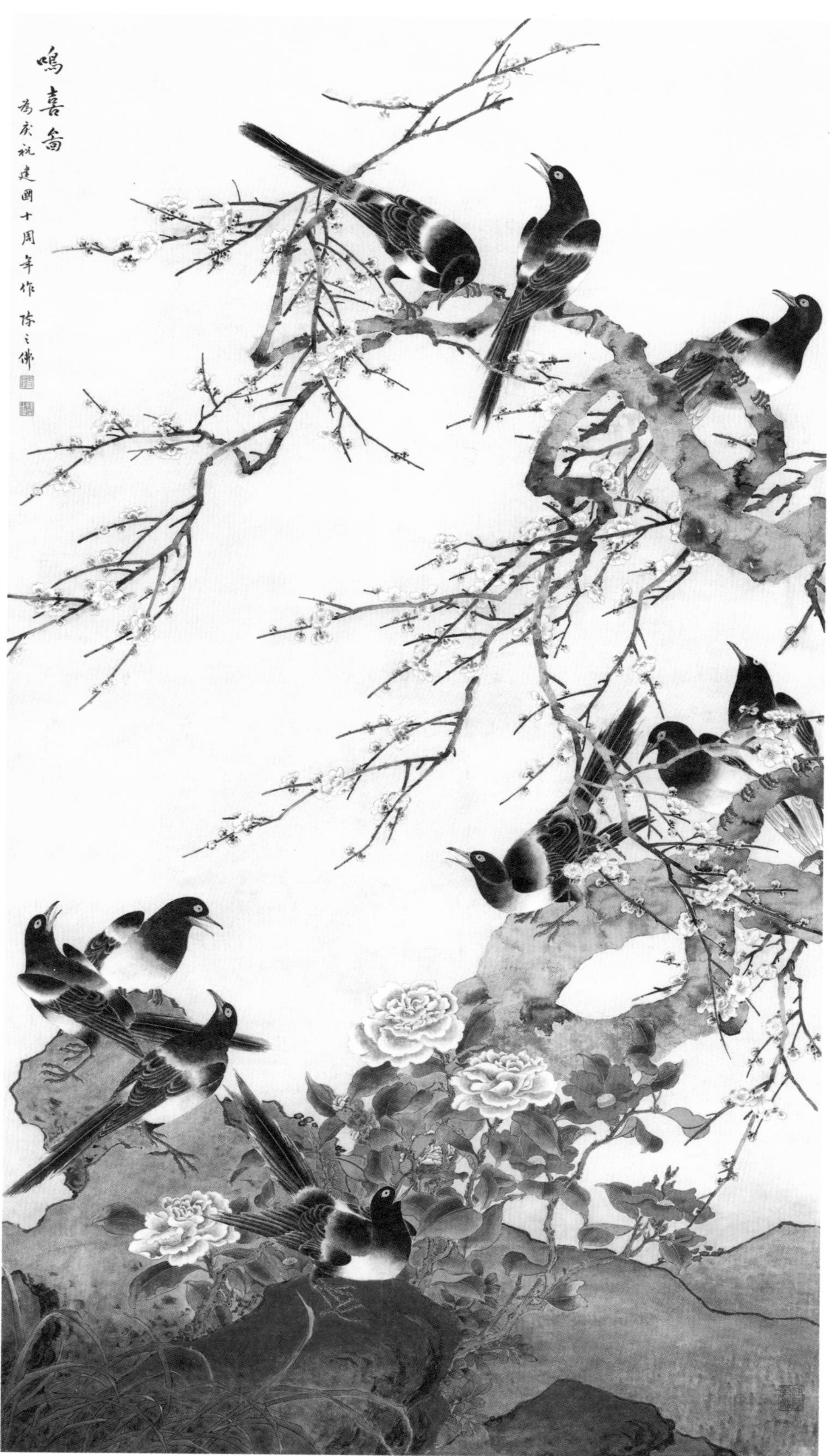

鸣喜图　陈之佛

内容包括铜器、玉漆器、书画等。大概是考虑到运输上的困难，其中没有陶瓷器送展。送展作品中尤以刚从长沙出土的战国时代的漆器引人注目。

4. 教育部第四次全国美术展览会

第三次全国美展以后，就国内形势来讲，已经没有可能继续召开全国美术展览会。不过，抗日战争刚一结束，以上海为中心的美术家就开始了美术复兴运动，并相继于1945年10月成立了上海画家协会，1946年成立上海美术会，1947年成立上海美术茶会。在这样一种情况下似乎又产生了举办第四次全国美术展览会的趋势，当时《展望》杂志第2卷27期还以“展望第四次全国美展”为题发表了一则短消息。其后由于国内形势方面的原因，第四次全国美展的举办没有实现。

二、中华人民共和国成立后的全国美术展览

抗日战争及其后的解放战争中，美术，尤其是绘画对民众的教育和宣传具有很好的效果，深知这一点的中国共产党在1949年10月中华人民共和国成立后也致力于美术运动的推进。中华人民共和国成立后，以省市为首，各级单位都盛行举办美术展览会。就全国规模的展览会而言，除了诸如全国版画展、全国国画展、全国新年画展、全国青年美术展这样一些限定对象的展览会，以美术整个范围为对象的展览会有1972年10月由国务院文化组主办的“在延安文艺座谈会上讲话发表30周年纪念全国美术作品展览会”，1974年10月1日至11月30日由国务院文化组主办，在北京中国美术馆举办的“庆祝中华人民共和国成立25周年全国美术作品展览”，1977年2月18日开始持续2个月的在中国美术馆举办的“为热烈庆祝华国锋同志任中共中央主席、中央军事委员会主席，热烈庆祝粉碎‘四人帮’篡党夺权阴谋的伟大胜利全国美术作品展览会”，以及同年即1977年5月25日开幕的由文化部主办的“纪念在延安文艺座谈会上讲话发表35周年美术作品展览会”等，但冠以第×届称呼的全国美术展览会，除第一届外，限于文化部和中国美术家协会共同主办的场合。

这样的全国美术展览会至今（1984年）已有6届，但从举办当时来看，冠以第×届称呼的只有1955年举办的第二届全国美术展览会和1984年举办的第六届全国美术展览会。

1. 第一届全国美术展览会

1949年7月2日，中华全国文学艺术工作者代表大会在北京召开。出席会议的代表有650名，其中美术工作者有88名。郭沫若作为此次会议的主席宣读开会致辞并做了题为“为建设新中国的人民文艺而奋斗”的报告。大会于7月19日宣告中华全国文学艺术界联合会成立后闭幕。为纪念此次大会的召开，国立北平艺术专科学校于7月2日至16日举办了“全国文学艺术工作者代表大会艺术作品展览会”，这次展览会便是第一届全国美术展览会。展出作品内容包括美术资料、画报、窗花、剪纸、洋片、漫画、木刻、年画、连环画、油画、国画、雕塑等，共计604件，作者180人。值得注意的是，中华人民共和国成立前的美术展览会没有看到的漫画、年画和连环画在此届展览会上是各成一类。

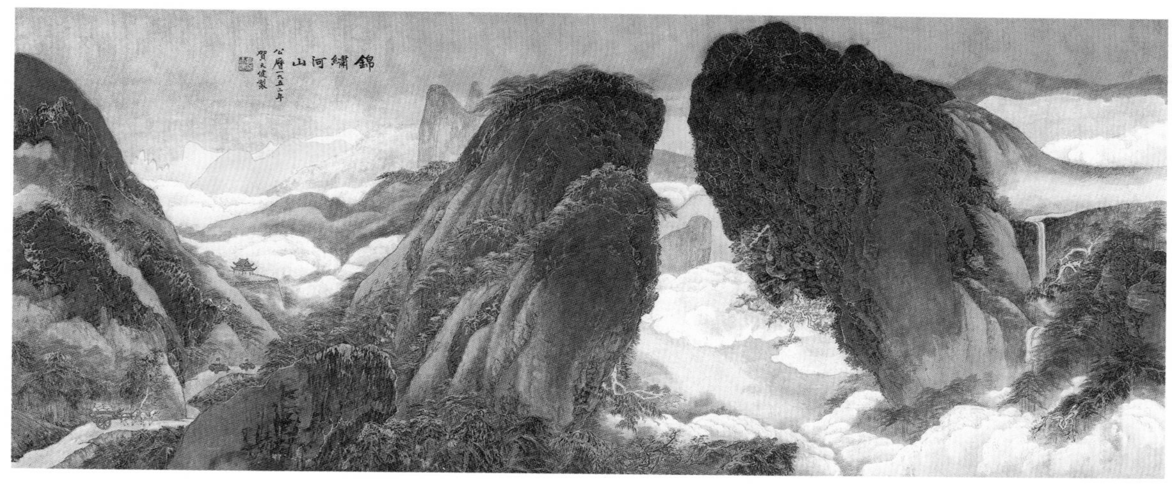

锦绣河山　贺天健

此外，此次展览会还于同年9月1日开始在上海大新公司举办，其后又在杭州举办。

据其他一些资料显示，第一届全国美术展览会是1949年8月召开的，送展作品556件，其中中国画38件，版画最多。但由于作者手头没有这些资料，只好作为疑点记录在此。

2. 第二届全国美术展览会

第二届全国美术展览会经过一年多的筹备，由中央文化部、中国美术家协会共同主办，于1955年3月27日在北京西郊苏联展览馆开幕，5月15日闭幕。送展作品总数为4200余件，其中1056件入选参加展出，送展作品限于1949年第一届全国美术展览会以后创作的作品，所以大部分作品都是为第二届美展而创作的。入选的1056件作品的具体情况为彩墨画（国画）274件，油画130件，版画117件，年画91件，连环画33组，招贴画（宣传画）51件，漫画93件，插图40件，水彩画86件，素描速写51件，雕塑90件，作者共计611名，其中女性作者25名。

从表现形式上看，值得注意的是此届展览会用彩墨画替代国画作为名称，并新增了宣传画、速写和素描。

从表现内容上看，彩墨画、油画、水彩画中以社会主义事业和抗日战争及解放战争中的事迹和英雄人物为题材，描写工人、农民、士兵的作品占大部分。其中对各位画家来说也算得上是其代表作的优秀作品很多，如董希文的《春到西藏》、罗工柳的《地道战》、王式廓的《发明家的夜晚——张明山设计反围盘》、吴作人的《佛子岭水库》及《齐白石像》，艾中信的《通往乌鲁木齐》、黄胄的《出诊图》、于非闇的《牡丹图》等，这也是第二届全国美展的一个特色。

虽然同样是画工人、农民、士兵，第二届全国美展的大部分作品中，这些人物的特征乃至性格都是通过分类描画鲜明地表现，而到了第三届全国美展前后以至其后一段时间，画出来的农民都是脸颊红红的，一副幸福健康的表情，工人、士兵都是一副威风凛凛的容貌，姿势也不自然，完全像剧中人物，趋于类型化。与此同时，以画面来讲，没有了画家的气息，也就感觉不到画家的气魄。

从内容上看，绘画方面，不管是油画也好，中国画也好，水彩画也好，都接近于宣传画或年画，这一点也是不可否认的。

就是在中华人民共和国成立后的6次全国美展中，第二届全国美术展览会也是最充实的。不过当时的评论认为那是贯彻了毛泽东“深入工农兵，表现工农兵”的政策，与人民的革命事业相结合的成果。这是一种当时惯例性的评论。第二届全国美展内容充实的作品应该看作是在国内整个高涨的以社会主义国家建设为目标高扬起来的紧迫感中，经过抗日战争和解放战争磨炼发展起来的社会主义表现技法，与在“百花齐放”“百家争鸣”方针下刺激起来的画家创作欲望融合为一体之后才产生的结果。就是今天回过头来看，第二届全国美展前后数年间，从作品内容上就可发现是绘画活动充实的时期。

3. 第三届全国美术展览会

《美术》杂志1958年第3期曾做了中央文化部和中国美术家协会为庆祝中华人民共和国成立10周年，预定在1959年国庆节期间举办第三届全国美术作品展览会并着手进行准备的报道，但此项计划并没有实现。而实际上以该项计划为基础举办的全国美展可能是1960年7月中国美术家协会为迎接在北京召开的中国文学艺术工作者第三次代表大会而举办的全国美术展览会。据说当时从全国各省市送展作品2600余件中选出900余件进行了展出，但具体情况和内容并不知晓，当时的评论说从此届展

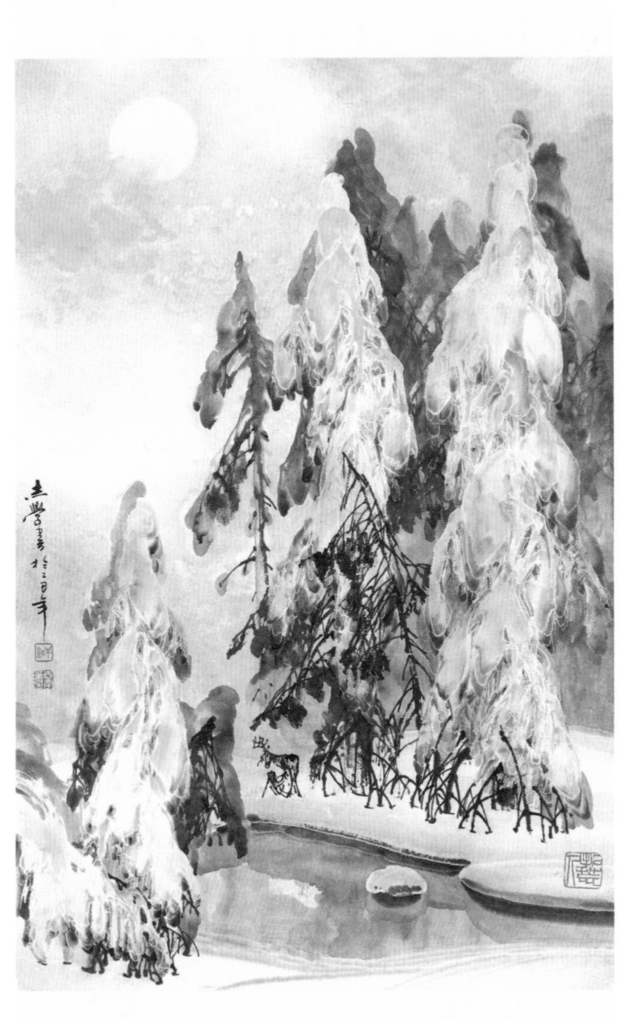

兴安雪松　于志学

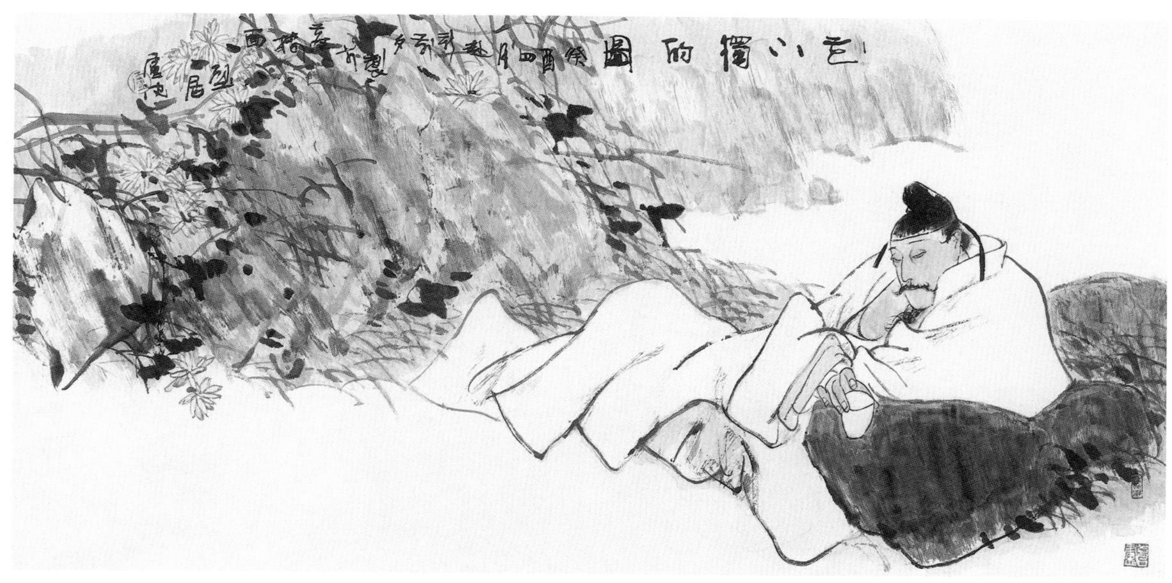

花下独酌图　卢沉

览会反映了全国的社会主义革命和社会主义建设跃进的新面貌来看，党的文艺方针得到了更好的贯彻，社会主义现实主义的倾向日益加强。

1962年5月22日，中央文化部和中国美术家协会在北京中国美术馆举办了“纪念毛泽东同志在延安文艺座谈会上的讲话发表20周年全国美术作品展览会”，这就是第三届全国美术展览会。

展出作品包括从1942年至1962年专业及业余美术家的作品，总数为2014件。具体情况为绘画、雕刻1115件（其中版画307件），工艺美术设计图355件，美术出版物544件。

尽管没有介绍有关作品内容的资料，但绘画中一定包括中国画、油画、年画、连环画、漫画和宣传画。从展览会举办的月份来推测，讴歌社会主义建设，称颂革命战争英雄的现实主义作品要占大部分。

4. 第四届全国美术展览会

1964年9月26日，中央文化部和中国美术家协会共同举办了“纪念建国15周年全国美术展览会”，即第四届全国美术展览会。

第四届全国美展将全国26省区2市划分为东北地区、西北地区、华东地区、西南地区和中南地区，每个地区的入选作品依次在北京、上海、重庆展出，第二年即1965年7月全部地区的展览才在北京结束。展出作品有中国画、油画、水粉画、水彩画、木刻画、宣传画、连环画、年画、磨漆画、漫画、雕塑、剪纸等，总数2025件。

此届展览会的特色是有来自8个少数民族地区73位作者的作品送展，藏族、彝族、土族、瑶族、羌族、傣族等的作者都是第一次送作品参展，可以看到与其说这是美术活动在少数民族中发展起来了，不如说是反映了政府的少数民族政策。

虽然可以说展出作品中的大部分都遵照党的“为工农兵服务”的文艺方针，并在题材和主题上体现了“百花齐放”的方针，意味着许多画已从更广泛的角度涉及社会主义建设和革命战争，作为中华人民共和国成立以来基本路线的现实主义更为强化，但从现今的观点来看，那种过于教条、过于说明的像年画或宣传画的作品还是不少的。

5. 第五届全国美术展览会

1980年2月10日，由中央文化部和中国美术家协会联合举办的“庆祝中华人民共和国成立30周年全国美术作品展览会”，即第五届全国美术展览会，在北京中国美术馆开幕。展出作品有中国画106件，油画131件，雕塑54件，版画79件，其他绘画46件，共计416件，作者480人。据说大部分作品都是过去3年内，也就是打倒“四人帮”以后创作的。与前4届全国美展相比，这届美展的作品件数是很少的，其原因大概是美术界还没有完全从“四人帮”时代的影响中解脱出来。

为了鼓励美术家创作出更优秀的作品，为四个现代化服务，第五届全国美展上，有关部门对优秀作品予以了表彰。奖励金额为一等奖500元，二等奖300元，三等奖100元，共选出一等奖3件，二等奖27件，三等奖52件。一等奖为周思聪的《人民和总理》（中国画），刘宇廉、陈宜明、李斌合作的《枫》（连环画），徐匡、阿鸽合作的《主人》（版画）。

展出作品以社会主义建设和革命战争为主要题材，继承了现实主义路线，这与过去没有什么变化，但其中可以看到一些悉心钻研表现技法的作品，这一点值得注意。也许是“四人帮”时代结束后，绘画活动中的创作自由多少有些回归的原因吧。

6. 第六届全国美术展览会

第六届全国美术作品展览会作为对党的十一届三中全会以来美术界成果的总检阅及中华人民共和国成立35周年庆祝活动的一部分，与前5届美展比较起来，做了更为周密的准备。

1983年5月，文化部和中国美术家协会向各地美协分会传达了关于举办第六届全国美展的通知。作为对此项通知的响应，各地都设立了第六届全国美展作品征集办公室或筹备机构，对主要的专业美术家和业余美术家都给予了充分的创作时间，另外还拨给作者收集素材所作旅行的费用等，为作者能够专心创作应征作品在物质和精神两方面都给予了很多支持。

在这样一种全国上下都关心的情况下，由文化部和中国美术家协会主办的“第六届全国美术作品展览会”于1984年10月1日在北京、南京等9个城市同时开幕。有关部门从应征的5994件作品中选出3724件作品，分为15个门类在9个城市同时展出。展出结束后，各门类的优秀作品约600件又集中在北京中国美术馆展出。之后又通过进一步评审，确定表彰作品，颁发奖金。

入选的3724件作品的具体情况如下：中国画568件，油画401件，版画450件，水彩、水粉画184件，漫画452件，宣传画183件，年画402件，连环画306件，素描13件，插图134件，儿童美术读物114件，漆画120件，壁画73件，雕塑227件，香港地区送展作品57件，澳门地区送展作品40件。

9个城市的展出情况为：中国画在南京江苏省美术馆展出；连环画、插图、儿童美术读物作品在上海展出；年画在杭州展出；水彩、水粉画及港澳地区作品（中国画、油画、水彩画、版画、雕塑等）在广州展出；漫画在长沙展出；版画在成都四川省展览馆展出；宣传画在西安美术家画廊展出；油画在沈阳展出；壁画、漆画、雕塑在北京中国美术馆展出。各展馆都发行了各自展出作品的图录。展出结束，主办方出版了画集《第六届全国美术作品展览获奖作品》。

获奖作品为金奖19件，银奖59件，铜奖129件，以港澳地区作品为对象的特等奖7件，以70岁以上老美术家的作品为对象的荣誉奖14件，合计228件。获奖金额没有公布。

首先，与前5届全国美展相比，第六届全国美术展览会的特色无论是在表现技法上还是在构图上都呈现明显的多样化。这可看作是"文化大革命"结束后"百花齐放"正逐渐结出果实吧。其次应该注意的是中华人民共和国成立前后至50年代中期出生的画家。从某种意义上讲是现代中国第三代新进画家，他们非常活跃。再就是1955年由苏联政府派遣艺术家来华至1960年夏季中苏友好关系破裂前，这段时间在中央美术学院油画训练班教授苏联式社会主义现实主义的马克西莫夫透彻的令人难以忘怀的素描功力，至今也没有衰退，且一直延续下去。

可以说在过去从未有过的全国上下都进行准备的情况下召开的这次第六届全国美术展览会反映了现代中国绘画的状况，我认为其中获

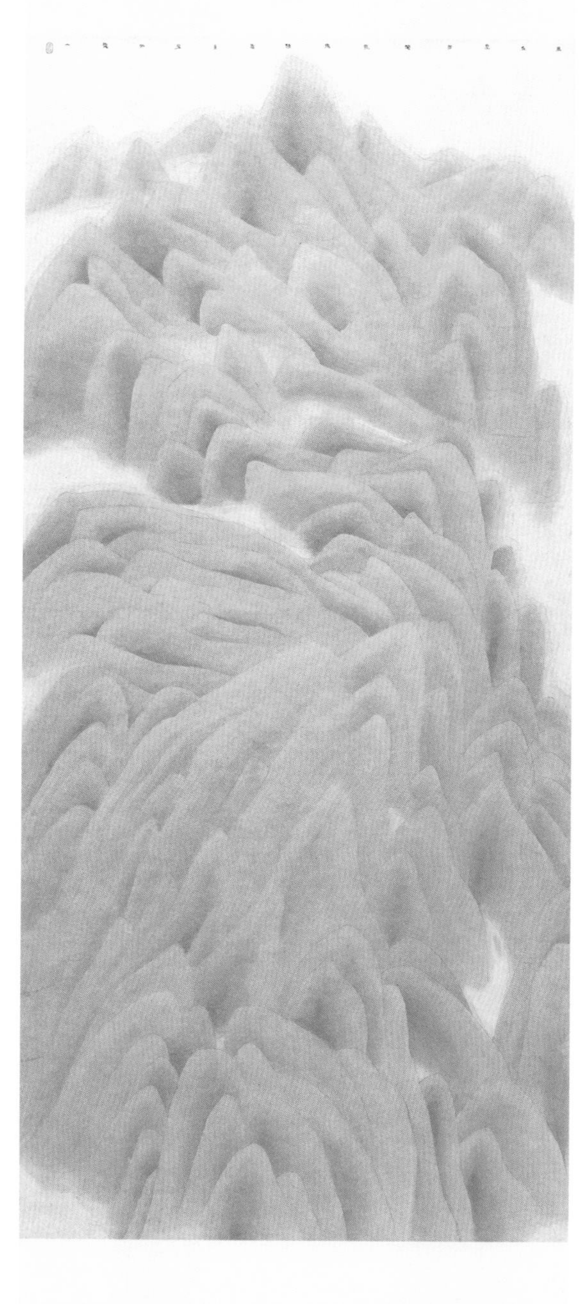

叠嶂西驰　卢辅圣

金、银奖的作品代表了一般的倾向和水准。获铜奖的一些作品中，就其作品的质量而言，与其所获荣誉相比，鼓励的成分要重。如果现在要从金奖、银奖作品中举几个应当受到注意的作品的话，中国画方面就有使中华人民共和国成立后的山水画的典范进一步发展从而开创独自画风的贾又福的《太行山》，有在吸收西洋画营养的基础上利用中国画的传统线条和水墨技法开创抽象表现主义画风的吴冠中，有巧妙表现大自然静寂情趣的常进的《秋水无声》以及宋雨桂、冯大中的《苏醒》，

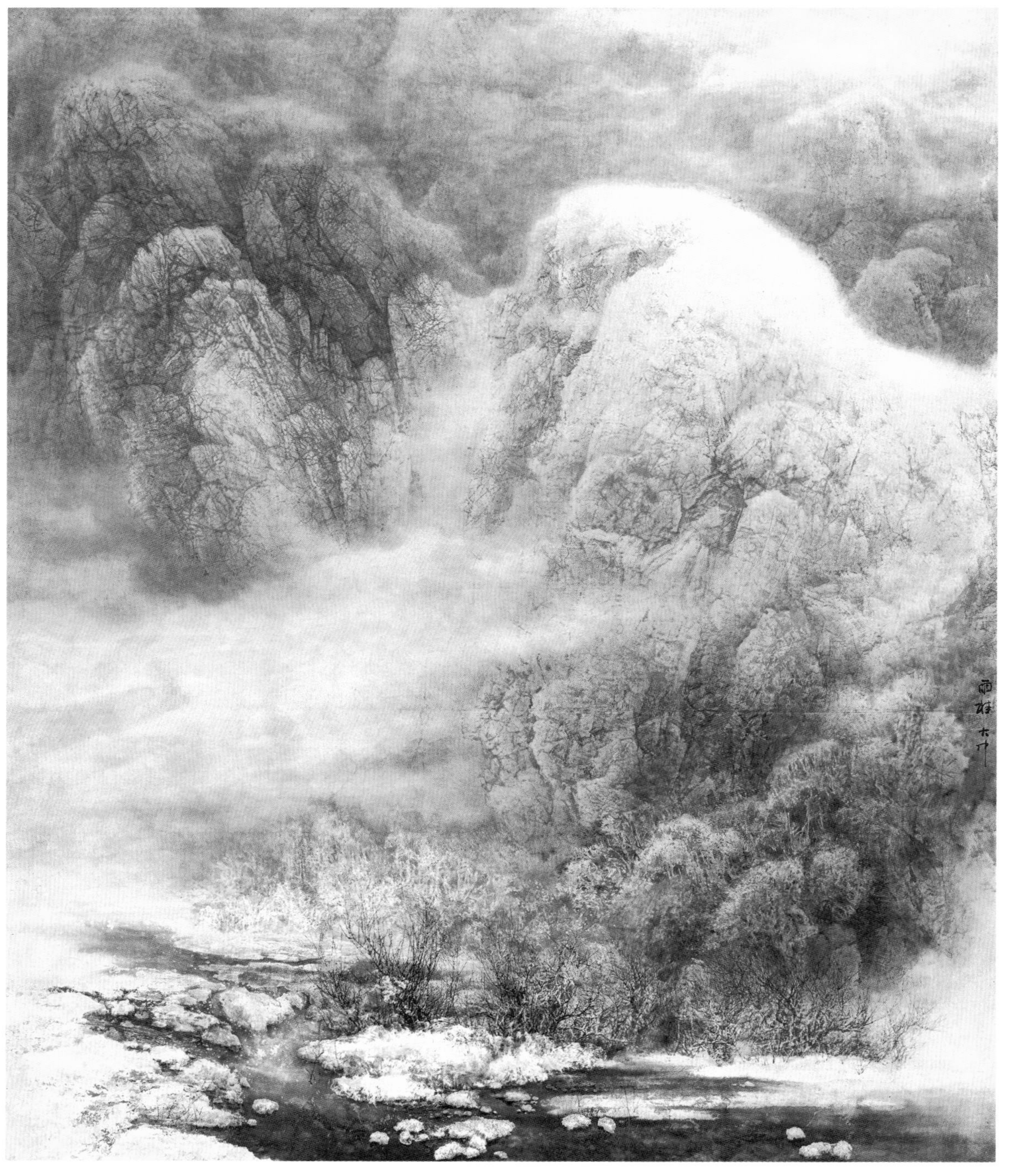

苏醒　冯大中、宋雨桂

等等。如果是“文革”期间，像“故乡的孩子们”这类画，画出来的孩子一定都是红红的脸蛋，大大的眼睛，一副健康的表情。而王盛烈的画中就没有了这种类型化的缺陷，每一个孩子都画得很成功，各有特色。油画方面有虽然是取自建筑工人这样一个中华人民共和国成立以来的传统题材，但悉心钻研构图和技法创造了新画风的王宏剑的《构筑基础的人们》；有一方面有保守人物肖像画传统的标准，一方面又逼近描绘对象内心世界的靳尚谊的《瞿秋白》；有以敏锐的写实功力让人感到身临其境的薛雁群的《分教场的老师》；有以新颖的观点在风景画方面开辟新路的汪志杰的《塞摩塞姆千佛洞前流沙河》等。雕塑方面，像《饮水的熊》，尽管此届美展没有展出，但其表现的一方面以写实为基础，一方面又向象征化方向发展的倾向值得注意。

总的来讲，可以说中国画家已从“文革”中强制贯彻文艺方针的羁绊中解脱出来，正在探索各自的道路。当然，有的作品中受西洋画或日本画的影响还相当重。另外，人们依然可以见到“文革”时代占绝对优势的年画或宣传画倾向很强的作品，这部分作品主要是出自业余画家之手。本来，作为绘画，如果是画家倾注全力创作出来的作品，即使它是基于社会主义现实主义，也是能够引起观众强烈的感动的，1955年第二届全国美展的送展作品以及前后数年的作品就证明了这一点。我们希望中国的画家不要沉溺于一时的名利而安于现状，要进一步努力，在产生了许多优秀作品的卓越的中国绘画传统基础上，创作出与新的“百花齐放”的与时代相称的作品来。我们期待着第七届全国美术展览会上出现这样的作品。

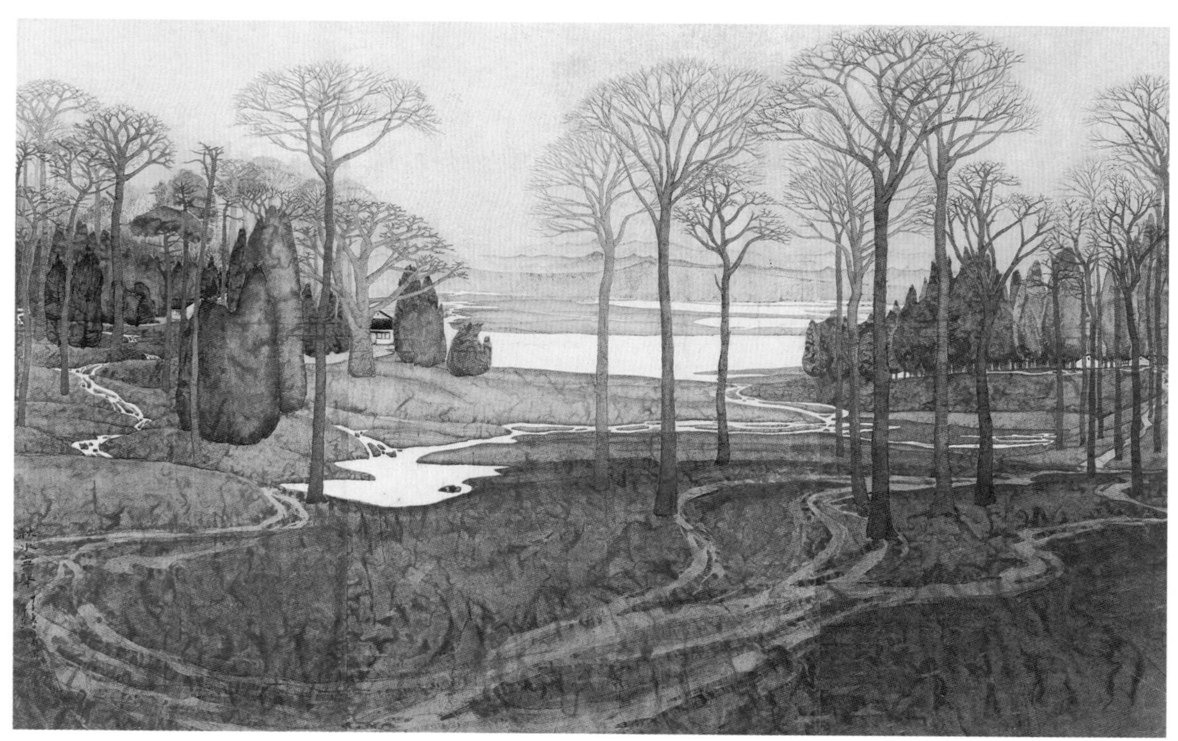

秋水无声　常进

附录3

清末民初的美术教育

［日本］鹤田武良 著　梅忠智 译

写在前面

清代末期，在将西洋近代学校制度导入、调整的同时，以西洋画为中心的美术教育也产生了。首先是从普通教育和师范教育开始的，约10年后，中华民国成立，便有了专门学校的美术教育。

从一些当时的要览、机关报纸、毕业纪念刊物、同学录中我们可知道当时的美术学校是非常多的，从教学课程的推移、教科内容的详细目录等也可以知道这一点。但是，关于清末民初的普通教育和师范教育中所进行的美术教育，根据姜丹书、吴梦非的回忆录可以窥测，当时的美术教育状况并没有真正形成。

因此，本文将对清末学堂和民国时期的普通教育中所进行的国画、美术教育概况进行介绍。

而且，关于美术学校的兴废和统合，教科、课程之改变等情况我们也可以从《民国时期美术学校毕业同学录、美术团体会员录集成》（日本和泉市久保物纪念美术馆，1991年出版）和《中国近代美术大事年表》（日本和泉市久保物纪念美术馆，1996年10月拟定出版）之中得以参照。

一、美术教育前史

近代中国最初进行过西洋美术教育的机关是附属于上海天主教会的土山湾画馆。清同治三年（1864年），法国系的上海天主教会在上海徐家汇土山湾建的孤儿院、美术工厂是为向被收容的孤儿们授习一技之长而设立的。其美技老师陆伯都曾在罗马学习过绘画和雕塑，后来又跟清道光二十七年（1847年）来上海的西班牙人范廷佐（Ferrer）学习过。陆伯都之后，中国人刘德斋和法国人潘相公（Fnere Couper）接续任教。当时叫作“土山湾美术工场”或“土山湾美术工艺所”。从13岁开始，孤儿们便开始学习技术，随后便移至美术工场从事美术制作。

土山湾美术工场最先从图画室和雕刻室这两室开始，进而增设了皮作室、细木室、粗木室、布鞋室、翻砂（铸造）室、铜匠室、印书（印刷）室、照相室等，皮细工、木工、金工、印刷、照相都在进行。印书馆在民国十七年（1928年）将嘉择义的《透视学》省略而发行了《透视学摄要》（沈良能编著）。工场里面主要制作的是教堂礼拜时用的祭坛、圣像画，圣爵和圣盘等教会用品。[1]

土山湾美术工场图画室叫作“土山湾画馆”，以向当时在中国国内日益增多的教堂提供耶稣教绘画制作的画家为培养目标。画馆教授水彩画、铅笔画、擦笔画、木炭画、油画。授业首先进行对范画临摹、画阴影等主要技术的学习。先从临摹画像开始，随后进行铅笔画、水彩画、油画等分科学习。题材则以宗教绘画中既有的事物为中心，所以人物、花卉题材特别多。[2]素描范本多是采用翻译成中文的欧美教科书，使用画板绘画，进行的是欧式的美术教育。

在近代教育中图画教育并没有取得充分成果的清末，土山湾画馆的绘画制作水准是非常突出的。宣统二年（1910年）在南京召开的南洋劝业会上，土山湾画馆所展示的绘画（总数不明），有19幅获奖。画馆除画宗教画以外，也模仿、复制欧洲名画并进行贩卖，价格很高，三四平方尺的作品，可等同350至400公斤的大米价格，据说销路尚好。直到1940年土山湾画馆还存在。

从清末光绪年间（1875—1908）至中华民国（以下简称民国）初期，在上海，西洋画乃至油画并不稀罕，这在李超所著《上海油画史》中有具体记载。关于这个情况，本书欲将介绍。

上海在清道光二十二年（1842年）由于开放港口急速发展，在短短几十年中便超过广州并长时间保持贸易港之首席地位。与此同时，从广州到上海为追求这种繁华的画家也不少。其中之一的周呱，从咸丰五年（1855年）开始到光绪六年（1880年）为止，一直在上海开画廊卖自己制作的上海风景画。几乎与周呱同时，在上海居住了15年的杭州人葛元煦，在光绪二年（1876年）将自己在上海的见闻总结写成了一卷《沪游杂记》。其中专立了“油画”一项，“粤人效仿西洋画，骼油调五彩山水、人物”[3]。推测所记的是周呱等广州出身的油画家来上海旅居之事。

进而，从现存的乔治·R.威斯特（George R. West）道光二十九年（1849年）所作水彩画《上海的外国人住宅》[4]来看，可知道道光末至咸丰年间的上海，并不只是广州人，欧美画家也曾在

1 李超：《上海油画史》，上海人民美术出版社，1995。

2 丁悚：《上海早期的西洋画美术教育》，载《上海地方史资料（五）》，上海社会科学院出版社，1986。

3 原文为“粤人效西洋画法，以五彩油画山水人物或半截小影，面长六七寸，神采俨然，且可经久，惜少书卷气耳。”

4 香港汇丰银行藏。

上海滞留过。稍后光绪四年（1878年），威廉·凯德纳（William Kidner）作了水彩画《上海有利银行》[1]。

同治至光绪年间，上海的洋画买卖相当盛行。同治十一年（1872年）5月29日（阳历，以下三项同）《申报》登载的《沪上西人竹枝词》中便有“洋画纷纭笔墨拟”[2]之句。同治十二年（1873年）1月6日《申报》中发表的“上海隆茂栈”之“洋画各式”拍卖的广告，到同年1月7日至9日《申报》登的“上海乾生洋广货号”之“西画数十幅”卖出的广告，可见当时洋画在上海已经作为商品，在留居上海的欧美人之间和部分中国人之间流通。

光绪末之上海，“别发”“普罗华”“伊文思”等外贸商店除了销售“Winsor＆ Newton”“Reeves”的水彩和油画颜料、画笔、油画布、画纸、调色板等画材，在欧美复制和印刷的欧洲绘画、美术书类也同时贩卖。而且教会系的“格致书室”（光绪十一年，即1885年开业）中，也收存着同样的画材和美术书类。

光绪元年（1875年）四月开始的由教会系上海清心书院发行的《小孩月报》上，M.W.Farnham著的《素描法》，被山英居士译后名为《论画浅说》连载。该书介绍透视法、色彩学、构图法至素描法、写生法等，广泛地介绍西洋绘画技法，可称在中国最早翻译、发表的西洋绘画技法书。教会系

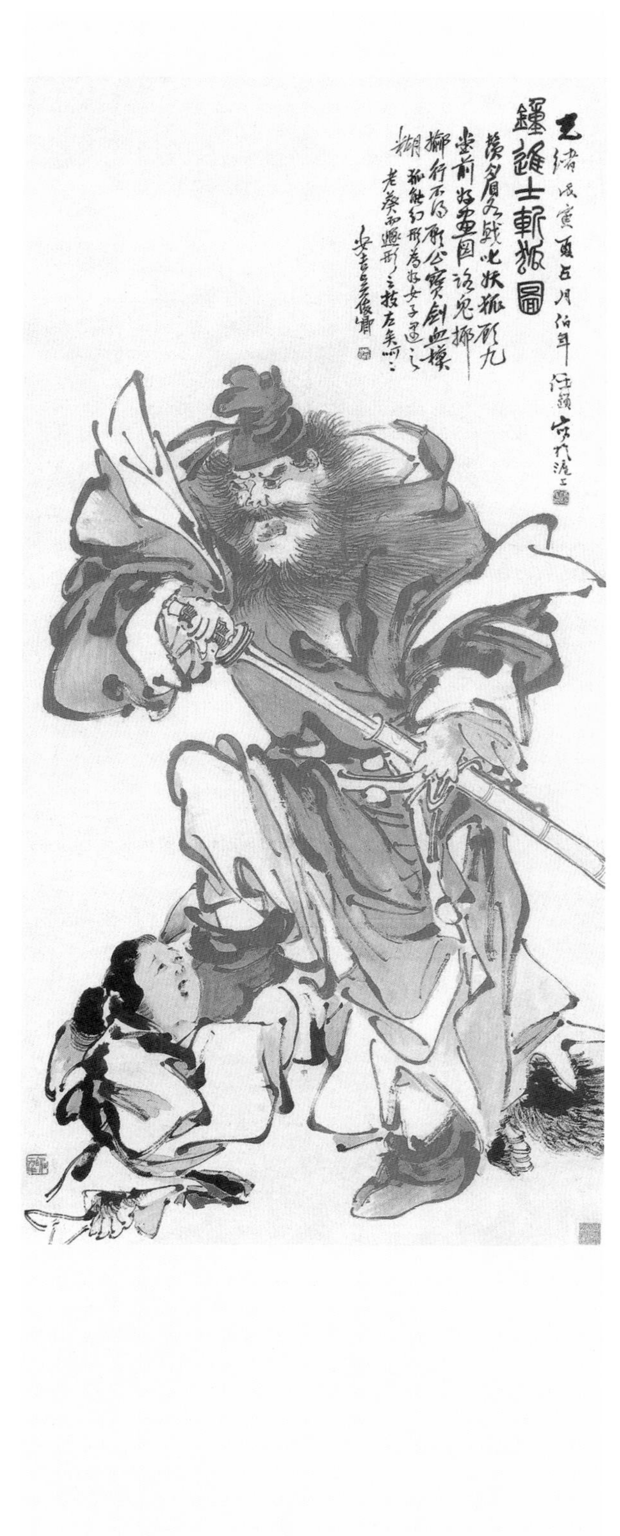

钟进士斩狐图　任颐

1 香港汇丰银行藏。

2 原诗为“洋画纷纭笔墨拟，琉璃小镜启睛窗。爱看裸逐知何事，为说波斯大体双”。

的《瀛寰画报》于光绪三年（1877年）创刊的第一册中，将西洋人描绘的《英古宫温色加工图》《英太子游历火船之图》《印度秘加普王古陵图》等9幅绘画发表。光绪十年（1884年）创刊的《点石斋画报》中，中国画家理解的透视法、阴影法等用西洋画技法说明的示范图出现了。从这个角度来看，可知光绪年间（1875—1908）的上海，西洋绘画对中国人来说，已经相当有贴身存在之感了。

光绪三十二年（1906年），新入学苏州元和县高等小学堂的陶冷月（1895—1985），据说从图画教员罗树敏那里学到了素描、水彩、铅笔画、透视画法、投影画法等。[1]虽然我们不知道罗树敏是怎样学到了这样多的学问，但从当时的状况推测，他可能是从《论画浅说》等西洋绘画技法书和欧洲绘画之印刷图片中学到的。而且，他还有可能是从居住在上海的外国人那里学到的。

据上海公共租界工部局年度报告书称，光绪十六年（1890年），在上海居留的外国画家仅一人，宣统二年（1910年）则达到13人。

在学校教育中进行美术教育——西洋画教育开始之前，上海对西洋绘画便已经有了相当的认识，这与教会学校的影响不无关系。

道光二十二年（1842年），根据《南京条约》，广州、厦门、福州、宁波、上海港口开放，欧美的基督教各会派在布教的同时也着手教育事业，以中国人为学生对象的教会学校相继开设。各国会派之中活动最盛兴的地方是上海。最初在上海设立的徐汇公学是法国天主教会在道光三十年（1850年）开始的，至咸丰十年（1860年）已有15所学校。这些学校根据欧美学校制度采用八年制、九年制或是十二年制，以圣书和外语为主学科，算术、几何、动物学、植物学、人体解剖学、地理、世界史、诗歌、体操等西洋的学问、科目全有。

教会学校因为采用的是翻译成中文的欧美教科书，这些书中的插图和图版，在使中国人熟悉和领悟欧美绘画之本来方面，起到了相当大的作用。比如，耶稣教系的镇江女塾第五年级便设有植物学说、动物图说，第七年级便有百兽图之科目，其教科书里可能就有欧洲的博物图。[2]

光绪三年（1877年），由上海益智书会（别称“学校教科书委员会”）发起，教会学校使用出版的许多教科书中，《格致丛书》的《画器》和《植物图说》29种之中，《百鸟图》《百兽图》《百鱼图》《百虫图》等出现了。一般说来，这些都是在博物图中见不到的。

而且，英语的Text Book被称作教科书，是光绪三年（1877年）各教派驻中国的外国人传教士在上海集中召开的第一届传教士大会之时，为了协议教材问题而组织的The School and Textbook Series Committee（中国话叫作“学校教科书委员会”[3]）会上最初使用的。

---

1 鹤田武良：《关于陶冷月（补遗）》，《美术研究》第363号。

2 熊月之：《西学东渐与晚清社会》，上海人民出版社，1994。

3 世界教育史研究会：《世界教育史大系4·中国教育史》，讲谈社，1975。

二、清末学堂里所进行的图画、手工教育

中国近代的学校，根据同治元年（1862年）总理衙门（外交部）的奏请，在北京设立了同文馆（外国语学校），上海广方言馆、广东方言馆、福建船政学堂、天津电报学堂、水师学堂、武备学堂和实行西洋式教育的学校也相继设立。正如这些名称所指的那样，一般外国语、造船、电信、陆海军等课目，是对在受限定的领域内实行人才育成的专门教育。

普通学校的小学课程、中学课程，其基本教育目标形成的近代学校，要数光绪二十三年（1897年）由盛宣怀在上海主张设立的南洋公学为最早。南洋公学分师范院、上院、中院、外院四部分，外院是指相当于小学三年毕业后即进中学，中院毕业后，即进上院高等部。该校参仿英美教科书，并制作了独自的教科书，但内容未分详细。

而且，在近代中国的教科书和教育图书的出版中，起到重大作用的商务印书馆创立了，这是光绪二十三年（1897年）的事情。

从这开始，人们一方面对过去那种传统的科举教育方式有了较多的疑问，另一方面对西洋式的学校教育的必要性开始有了认识。光绪二十二年（1896年），在南洋公学奏设的前一年，李端芬已经上疏请求开设北京的大学堂和各省府州县中各种各样的学堂。继而，光绪二十四年（1898年），美国人宣布教师丁韪良作为京师大学的总教习被迎接安置在北京景山之下，对清中期以来各府州县作为科举备校的书院，根据高等学堂、中等学堂、小学堂不同的规模进行了改组。将科举考试内容的八股文变更为时务策论。

光绪二十八年（1902年），管学大臣张百熙为了进行学制调查，派吴汝纶、绍英去日本，与这个报告共同立案的《学堂章程》在同年七月准奏，即所谓

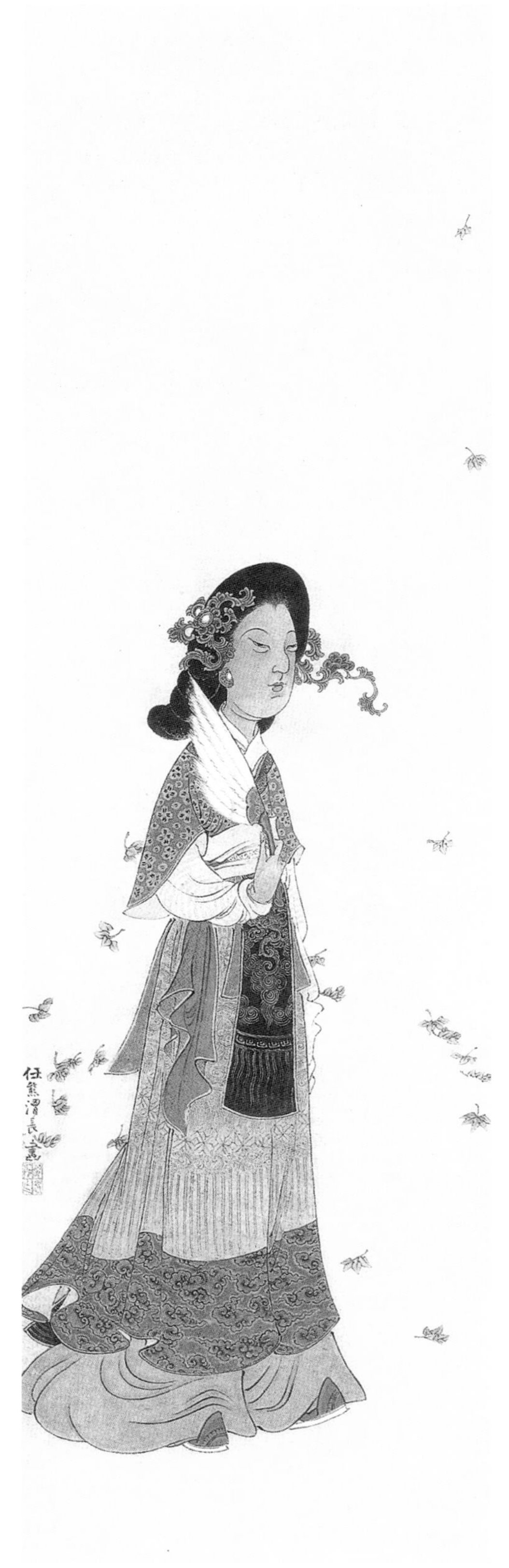

湘夫人像　任熊

《钦定学堂章程》。中国近代的学校教育从此开始。

《钦定学堂章程》从《京师大学堂章程》《大学堂考选入学章程》《高等学堂章程》《中学堂章程》《小学堂章程》《蒙学堂章程》开始全部奏效，并作为各学堂制定修学年限和履修课目的标准。其中，在小学堂、中学堂和高等小学堂的教科书中设置了图画课。从此，在中国学校教育里图画课开始设置。

根据《钦定学堂章程》对小学堂、中学堂、高等小学堂设置图画课之要求，同年，上海文明书局出版了3本图画教科书：

《新习画帖》（蒙学用）5种，丁宝书编；《铅笔画帖》（蒙学用）4种，丁宝书编；《高小铅笔画帖》3种，丁宝书编。

这便是最初的图画教科书。也就在光绪二十八年（1902年），上海商务印书馆出版了初等小学用教科书7种39册，高等小学用教科书9种39册。

但是，《钦定学堂章程》并没有得到真正实施，便于翌年（1903年）八月废止了，由张之洞、张百熙、荣庆等人的《奏定学堂章程》取而代之。

大学堂、高等学校、中学堂、高等和初等小学堂的章程中加入了《奏定学堂章程》之精神，优级和初级师范学堂章程、实业学堂章程、蒙养院及家庭教育法章程等18章程开始成立，各学堂从所进行的学科和各种修业年限、履修课目到学期和期末考试、毕业考试、入学考试、教员的任用等都做了详细的规定。

根据章程精神，中学堂修学年限为五年，教科则有修身、读经、讲经、中国文学、外国语、历史、地理、算术、博物、物理、化学、法制、理财、图画、体操15科目。

高等小学堂修业年限为四年，教科和每周的授业学时数（合计36学时）如下（括弧内为学时数）：修身（2学时）、读经讲经（12学时）、中国文学（8学时）、算术（3学时）、中国历史（2学时）、地理（2学时）、格致（2学时）、图画（2学时）、体操（3学时）。

初等小学堂修业年限为五年，教科和每周的授业学时数为修身（2学时）、读经讲经（12学时）、中国文学（4学时）、算术（6学时）、历史（1学时）、地理（1学时）、格致（1学时）、体操（3学时），合计30学时。图画和手工为随意课，没有规定。而且，《奏定学堂章程》没有在教程中加入音乐课。

光绪三十一年（1905年），为了推进学堂教育事业，废除了旧的总理学务处，设立了新的学部以统辖全国的教育事务。

光绪三十三年（1907年），学部公布了《女子师范学堂章程》和《女子小学堂章程》。女子师范学堂修业年限为四年，教科13项中包含有图画、家事、裁缝、手艺、音乐等课程。授业时间是各学年每周34学时，其中一至三学年每周2学时图画课，四学年时，每周有1学时图画课。图画的目的："对物象作精密的观察，较好地描绘物象的形神，同时养成崇尚美的心性。教课的进程则是在教授写生时随时加入临摹原作，进而初步教授几何画法，这便是图画教授必须遵循的顺序法则。"[1]

女子小学堂分初等小学堂和高等小学堂，都修业四年。初等级的教课第一学年有修身、国文、算术、体操4科，每周4学时任意音乐课。第二学年的随意课里开始追加图画（单形），周学时不变。第三、第四学年开始每周追加2学时裁缝课，周学时变为28学时，图画课（简易形体）和音乐课均为随意课。

高等级四年一共9个科目，周30学时中，图画课有1学时。其内容为第一、第二学年简单形体，第三学年为诸般形体，第四学年为诸般形体和简易几何画。[2]

章程中规定对裁缝、图画、音乐、体操等应设置有专任教员，但实际上并未实行。

以光绪二十九年十一月（1903年）颁布的《奏定学堂章程》为基准，各省的学堂设立有所推进，但真正按规定去办的事实上很少。据《学部官报》[3]所载的直隶（河北）、山西、山东、江苏、浙江、江西、河南各省的学堂调查报告，光绪二十九年（1903年）和光绪三十年（1904年）中开学的学堂并不多，多半是在光绪三十年（1904年）设立、开学。其中光绪二十九年或光绪三十年设立的学堂，一两年后才开学的例子并不少。比如，山西平阳府中学堂创设于光绪二十九年，由于多方缺欠，直至次年十二月才逐渐开始授业。但是，由于英文、博物、理化、图画4门课没有教员，不能按预定那样行课，后来在实习合格人员中招聘后才一律补齐了这些缺乏的课程。[4]

像平阳府中学堂那样，根据学堂章程新的实施方案的教科，比如外国语、博物、图画、音乐等担当教员不足是非常明显的。光绪二十九年（1903年）开学的译学馆，在光绪三十四年（1908年）五月第一届毕业生的毕业考试进行后，"图画因为开学当初就缺乏教员而困扰，很久以后虽然在陆师毕业生里招聘了教授，但由于教授只教了军事地图知识，而且相当肤浅，与译学馆规定的图画教授不相符合，因此而被辞退了。以后一直在没有教员的情况下，该馆没有进行适当的图画教学。因此，这期间的毕业考试是否应该免除图画"[5]，这样的陈词送到了学部。

教员不足的现象在初等小学堂里显得尤为突出，往往一个教员上三四个教科的课，一个教员教授国文、修身、算术、历史、地理、地图、图画、唱歌、体操9项课目的现象并不少见。这在《学部官报》的学堂调查表中详细具体地记载着。

国画、体操、音乐，学堂的教科虽然确定了课程，但实际上并未行课的事情亦不少见。民国

1 《奏定女学堂章程习》，《学部官报》光绪三十三年（1907年）二月十一日第15期。

2 《奏定女学堂章程习》，《学部官报》光绪三十三年（1907年）二月十一日第15期。

3 光绪三十二年（1906年）七月一日第1期至宣统三年（1911年）三月一日第148期，1980年5月，"台北故宫博物院"开始全四册全部影印刊行。

4 《学部官报》宣统二年（1910年）二月一日第113期。

5 《答译学馆甲级学生毕业补授算学理化图画各科文》，《学部官报》宣统二年（1910年）二月一日第113期。

十二年（1923年），浙江省硖石三高教员贾祖璋，在谈到初等小学堂的状况时是这样说的：

1910年我十岁，在私塾中学习了两年。当时，社会中对学校的信仰是相当看重的。因此父亲把我送进了离家一里以外的初等小学校。我从较暗的数十人好友挤擦的地方，一下子住进了有五六个房间、三十多位友人共居的新环境之中显得非常高兴。当时，学校的授业只有国文、算术、修身三个科目，它们是常有的课。我的一学年结束了，体操只进行过一回。有的如图画、手工、音乐完全是有其名无其实。有一天，村里来了一位只知道1、2、3、4的人，教甲班的同学唱歌。我那时听到的只是众人附和吼着“哆来咪发”，直到进入了高等小学校，才知道那是在练习唱歌……[1]

《奏定学堂章程》里关于“图画”内容，没有任何规定。但根据《学部官报》所载《学堂教员调查表》和《学堂调查总表》可知，小学课程采用毛笔画、自在画、用器画等方式进行。师范课程则在此之上追加铅笔画、几何画。

据光绪三十二年（1906年）六月一日公布的《通行各省优级师范选科简章》[2]可知，优级师范学堂的预备科（一年制）的科目中每周有2学时图画（天然画）课。两年制博物本科则在第一学年以每周2学时，第二学年以每周2学时学习几何画，数学本科一学年前期以每周1学时，后期也以每周1学时学习几何画，第二学年以每周1学时的方式学习图画课。

另据光绪三十二年（1906年）《学部审定初等小学暂用教科书列表》可知，初等小学的学生用的毛笔画、铅笔画习画帖，教员用的“图画临本”，以毛笔、铅笔为主的临画教学已经出现了。《学部第一次审定高等小学暂用书目表》中便有学生用的毛笔画、铅笔画习画帖和图画临本，教员用的另外的“几何画教材”。又据《学部审定中学暂用书目表》可知，中学课程中有铅笔画、钢笔画和水彩画。

关于当时的教科书内容，由于笔者手里没有这方面的资料，只能将日本文化部教科书中的内容全部译成中文后直接使用。光绪三十三年（1907年），在日本留学的唐人杰等将日本教科书的译本作为手工教科书提交审批时被认为：“与初等小学程度很相符合，译文也明确，但是，太拘泥于原书，例如，日本的国旗、富士山等课文中国是不能要的，鸟居、福助等（日本神社的大门等）在中国也没有此类的东西，其他类似这样的与中国不相关的地方很多，必须将它们删改掉后，再次呈递上来。”[3]然后，光绪三十三年（1907年），南洋官书局对作为初等毛笔习画帖、高等小学毛笔习画帖的申请在审定时也指出：“总之绘画技法不精确，只是如将富士山改为富春山等一样，将名称

1 贾祖璋：《十年学校生活的回忆》，《学生杂志》第10卷第1期。

2 《学部官报》光绪三十二年（1906年）十一月一日第2期。

3 《江苏留学日本学生唐人杰等呈所译手工教科书请审定禀批》，《学部官报》光绪三十三年（1907年）七月二十一日第31期。

改为中文，而图没有改变这样不妥当。”[1]其他人在日本留学回到中国之后，也有从事图画教科书编撰的。在日本学习美术的王诗新，宣统元年（1909年）在毛笔画、铅笔画里加入水彩、粉笔、擦笔，将包括中西画法的128课内容编集成一册《中学图画范本》[2]提交审批。

在全国，并不是一律按照《奏定学堂章程》的规定来实行的，各省以章程为基础，根据各自的状况制定不同的学堂章程，这样就推进了学校的教育。例如，湖南省的《政法速成学堂章程》里规定两年制一般小学师范科的15个科目中有图画课，第二学年开始每周1学时临摹课。两年制高等小学师范科的17个科目中，第一学年，每周34学时的教学之中有1学时的临摹、写生课，第二学年每周有1学时的临摹、制图课。[3]

《直隶重订中学堂现行详章》规定：每周36学时的12个科目的教学之中，图画课除第五学年以外，其他四年中每周都有1学时的自画课和制图课。[4]详章里对教科书以及教学也做了详细的规定：“图画的学习必须根据实物、模型、图谱来学习，自在画的教学重在设计的练习并兼以讲授制图为重点，以便培养学生在今后能具有绘制地图和机械图纸的能力以及应付各种事业的能力。据说图画教科书必须使用文明书局和商务印书馆出版的学习画帖，用器画课使用教育图书局出版的最新制图教科书最适合。”

《京口八旗中学章程》里规定：每周六日包括图画课在内的15个科目的36学时的教学之中，第一至第三学年，每周1学时的图画课，第四、第五学年，每周两学时的图画课。该学堂里的日本人教员橘量担任了日语、理化和图画课的教学。[5]

根据光绪三十三年（1907年）的调查，浙江初级师范学

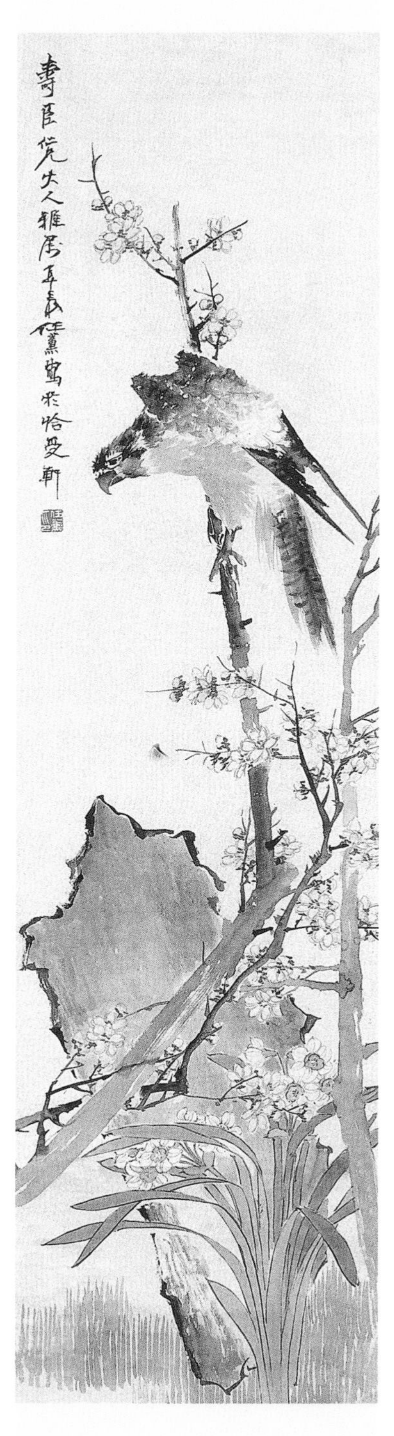

花鸟图　任薰

1 《南洋官书局职董陈作霖呈书<三十五种请审定禀批>》，《学部官报》光绪三十三年（1907年）七月二十一日第31期。

2 《留学日本美术专科毕业生王诗新呈<中学图画范本>请审定批》，《学部官报》宣统二年（1910年）九月二十一日第136期。

3 《学部官报》光绪三十三年（1907年）一月二十一日第13期。

4 《学部官报》光绪三十三年（1907年）十一月一日第41期。

5 《学部官报》光绪三十四年（1908年）四月一日第52期。

堂的全教科（两年制）为13个科目，在每周36学时的教学中，有1学时图画课。一年级为毛笔画，二年级为铅笔画。简易科（一年制）有13个科目，在每周六日42学时的教学中有1学时铅笔画课。[1]浙江高等学堂高等预备二年级，每周36学时、12教科，每周2学时制图课。[2]同样，以培养初等及高等小学教员为目标的天津河间两级师范学堂，其初级完全科的图画科则教授自在画、用器画和图画。[3]

宣统元年（1909年）十一月的《检定小学教员章程》[4]规定，图画科教师的检定考试科目为“自在画和简易几何画”。

然而，光绪末期的教员，特别是图画教师的月酬如何呢？根据《学部官报》记载，光绪三十二年（1906年），天津北洋女子师范学堂的日本籍图画、日语女教师的月薪是60元，日本籍音乐教师每月20元，编织、体操的德国女教师为30元。同年，学堂章程规定：初级师范学校简易科的正教习的月薪为46两银、杂费4两银、伙食费4两银，副教习的月薪36两银、杂费4两银、伙食费4两银。高等小学堂的正副教习的薪水一样，而科目不同的教员工资没有记载。根据光绪三十三年（1907年）浙江高等学校的开支决算表来看，图画教员月酬20元、体操兼图画教员为40元、体操教员为50元、音乐教员80元、英语教师140元、教育学兼博物教员200元、算术兼理化教员90元。说图画教员遭受冷遇并不过分。光绪三十四年（1908年）天台县中学的图画、体操教员的年俸洋银90元、月费10元，而中文正教员的年俸是200洋银、月费10元，英文算术博物教员的年俸为240洋银、月费10元，图画教员还是近乎遭冷遇的状态，也说明“图画”在学堂教育之中被轻视。

又根据光绪三十二年（1906年）九月二十四日公布的《通咨京外征收学费章程文》（《学部官报》第9期），初等小学每月的授课费为银元3角（30钱）以下，也可以根据地方的情况免除，高等小学堂每月的授课费每月为银元3角至6角（60钱），中学每月1元至2元，高中每月2元至3元，大学每月为4元。

宣统元年（1909年）三月二十五日，学部将《初等小学章程》做了修改，初等小学分五年制全科目，三年制简易科目，以及四年制简易科目，图画、手工的内容也做了如下规定[5]：

第一年　图画　画最简单的物体，并讲授其运笔的大意。

　　　　手工　进行排版、刺豆、博土、折纸等练习。

第二年　图画　与第一年同。

　　　　手工　与第一年同。

1 《浙江初级师范学堂丁未年第一学期总计表》，《学部官报》光绪三十三年（1907年）九月二十一日第37期。

2 《浙江高等学堂丁未年第一学期综计表》，《学部官报》光绪三十三年（1907年）十一月十一日第42期。

3 《天津河间合办两级师范学堂清册》，《学部官报》光绪三十三年（1907年）十一月十一日第42期。

4 《学部官报》宣统元年（1909年）十二月一日第111期。

5 《教育杂志》第一年宣统元年（1909年）四月第5期。

第三年　图画　与前一年同。

　　　　手工　开始学习报纸捻、结纽、博士等，同时也讲授几何学知识和绘画技法。

第四年　图画　练习布局结构、疏密区别，同时示范运笔的意趣（想法）。

　　　　手工　学习订书、穿凿纸孔的技法，其他与前一年同。

第五年　图画　简单的植物、风景、人物以及中国山水的实地写生，以启发学生的爱国之心。

　　　　手工　学习穿凿纸孔、糊纸等技法。

图画、手工课是统一使用学部颁发的教科书，其授课时间分别为每周1学时。

宣统元年（1909年）三月二十六日这一天，中学堂实行了文科与实用学科的分科，文科与实用学科的科目也被定了下来。第五学年，实用学科之中的图画课以自在画和制图为主，每周36学时的授课时间占2学时。第一学年至第三学年的手工以应用木工为主，每周1学时，第四、第五学年便没有手工课程了。根据宣统二年（1910年）十月二十九日《改订高初两等小学科目课程及每星期授课时刻表》（《学部官报》第145期），在高等小学，包括图画在内的10门必修科目之中，第一、第二学年学简易形体画，第三学年学各种形体，第四学年学各种形体画或简易几何画。四年之中授课时间为每周36学时，其中图画课占2学时。手工（简易细工）是与乐歌（伴随着音唱歌）一样被作为随意科（选修课）来对待的。初等小学（四年制）的图画课（画简单的物体）从第二学年起作为选修课。手工（简易手工）和乐歌一样自第一学年起作为选修课。据宣统二年（1910年）十二月二十六日《中学文科之学科程度及每星期授课时刻表》（《学部官报》第147期）可知，中学的文科部将图画课安排在第二、第三学年，第二学年每周36学时里面有自在画1学时，第三学年上期每周1学时自在画，下期为每周2学时制图课。

又据宣统二年（1910年）十二月十九日《检定初级师范学校中学教师及优待教员章程》的规定，关于师范学校和中学教员的检定考试，图画教员的应试主要科目为自在画、几何画、投影画（透视画）、铅笔画，辅助科目为东、西方美术史，审美学，算术。手工教员的主要科目为制作玩具、金工、编物、木工、塑烧，其辅助科目为物理学、化学、图画学。由此可见，当时在师范学校及中学堂里，图画及手工课是主要授课内容。

为了《奏定学堂章程》的实施以及使其与后来的学校教育普及状况相适应，亟待解决的是确保教员和培养教员的问题。虽然，旧书院的教师担任修身、读经、讲经、中学文学、中国历史等教学，图画的毛笔画也由国画家担任，但能担当如格致、音乐、铅笔画、几何画等传统教育所没有的新科目教育的教员是急需培养的。根据《学部官报》中《学堂一览表》及《学堂调查总表》记载的教员所担任科目的内容，当时教员不足的情况显而易见。据学部总务司部编写的《第一次教育统计图表》，光绪三十三年（1907年），全国的初等小学教员总计24334名，其中师范学堂毕业生只占9693名，约39.8%，其余14641名，约60.2%，是没有受过师范教育的。高等小学教员总计10507

名，其中师范学堂毕业生只占34%。[1]

为了解决这样的问题，各省的师范学堂相继成立，光绪三十三年（1907年）直隶省里有初等小学堂4167所（学生69247人）、高等小学堂118所（学生7798人）、师范学堂有78所（学生3831人），师范讲习所11处（学生504人）。[2]但是，宣统元年（1909年）全国师范学堂已达415所（学生28572人），其中师范传习所（或称师范讲习所）以及初级简易科等速成学堂有294所（学生14865人），速成课程学堂占全体师范学堂约71%，学生占52%。[3]当时，具有图画、手工科目的师范学堂有：两江优级师范学堂、浙江优级师范学堂、北洋优级师范学堂、直隶优级师范学堂、天河两级师范学堂、山西师范学堂、山东省城师范学堂、成都优级师范学堂、两广优级师范学堂等。上述师范学堂之中，最初设置图画、手工的是中国最早的师范学校——两江优级师范学堂。

光绪二十八年（1902年），张之洞在南京创办三江师范学堂［光绪三十二年（1906年）改称为两江师范学堂］，设置了理化、农学、博物、历史、地理、手工、图画等科目，并设有两年速成班、一年最速成班，同时设有附属中、小学校。[4]

三江师范学堂的校址在南京城北，鸡鸣山北极阁下（现南京大学），关于建筑及内容，《东方杂志》第1期［光绪三十年（1904年）一月］有以下叙述：

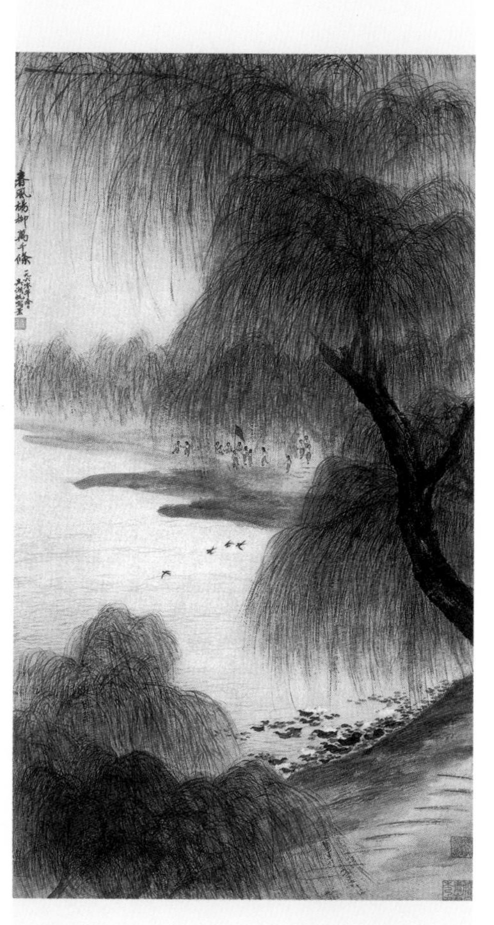

春风杨柳万千条　吴湖帆

1 阿部洋：《中国近代学校史研究——清末近代学校制度的形成过程》，福村出版，1993，第117页。

2 《奏派调查直隶学务员报告书》，《学部官报》光绪三十三年（1907年）二月一日第14期。

3 阿部洋：《中国近代学校史研究——清末近代学校制度的形成过程》，福村出版，1993，第117页。

4 丁致聘：《中国近七十年来教育记事》，国立编译馆，1935。

房屋尚未竣工，校舍属洋式建筑，壮丽宽广，仅次于日本的帝国大学。建筑的费用最初定为 20 万两银，后来由于规模扩大，又花费了 15 万两。现在，正在为明年秋季的落成而赶工。教习将聘请日本人士、文学士菊池廉次郎担任总教习，总督教务。此外，还有文学士营虎雄，绘图教习亘理宽之助，手工教习松田稔。文学、物理、经济、生理、数学、农学、财经、博物、绘图、手工、日语、体操等科目，近来听说有学生 70 名，都将为师范生执教。新校舍落成后，再进行招生，现有的 70 名师范生，大概明年秋季毕业。明年秋季预计招生 300 名，主要进行一般的师范课程，毕业后，分配到小学校任教。如每年以增招 300 名学生计算，几年之后，各省市的小学教员就不会缺乏了。

该校在光绪二十九年（1903年），首先筹办了一个短期训练班，第二年下期便正式开学。学生的入学资格必须是中学毕业生，当时的中学几乎呈极少状况。不仅没有中学毕业生，就连高等小学毕业生也很少。这些中学、高等小学的入学资格必须是科举及第的举人、贡生（恩贡、拔贡、副贡、岁贡、优贡、廪贡、附贡）、廪生、国子监学生等方可入学。前引文中的“招生300名”是指当时在三江，即江苏、安徽、江西三省的200多个县中，分别设置一至二所中学、小学校，所必要的教员，数量之大是可想而知的了。

光绪三十年（1904年）十月，该校的最速成班（一年制，各种通习），速成班（两年制，各种通习），本科班（三年制，各种通习）和五年制的第三分类科（理化）甲班、第四分类科（农博）甲班共五个班级（学生197名）开学了。教学课程参考了日本高等师范学校的课程，有11名日本教员担任了理化、生理、博物、法制、教育学、图画、手工、音乐、日语等课程的教学工作。

光绪三十二年（1906年）六月，学校增设了五个年级的三年制选修科，由此，有33名学生进入了图画手工选修科甲班，这便是中国最早的图画、手工专攻课程。第二年九月又增加了乙班，该班共有36名学生。这一年进入图画、手工选修科乙班学习的姜丹书回忆当时乙班的授课情形时说：

第一课程是预科［光绪三十三年（1907 年）九月至三十四年（1908 年）十二月］，主要科目有教育（教育史、教育学）、图画（制图画——平面几何画、自在画——用铅笔及炭条临摹石膏模型和写生等）、手工（纸细工——折纸、切纸、组纸、捻纸、纽纸、厚纸等，豆细工，黏土细工，石膏细工等）。音乐为副主科目，其他的还有修身、国语、历史（中国史、世界史）、地理、英文、日文、算术、物理、化学、博物、农学、法制、体操。图画教员开始是亘理宽之助，以后是盐见竞，手工教员开始是杉田稔，以后是一户清方。第二课程是专科［光绪三十四年（1908 年）一月至宣统二年（1910 年）十二月毕业］，主要科目是图画、手工、教育，副主科是音乐和体操。图画中的制图画（投影画、透视画法、几何画）、自在画——素描（铅笔画、炭笔写生、石膏像写生、铅笔速写）、水彩画（临画、铅笔、淡彩、静物写生、野外写生练习）、油画、图案画的理论与实习，由盐见竞主教。

其他如毛笔画（国画山水、花鸟）由萧俊贤执教，手工[竹工、木工、漆工、辘轳工、金工（针、金、钣金、锻铁）]由一户清方执教。[1]

根据姜丹书的毕业书所载，他所专修完毕的9门科目之中，中国教师只是担当了伦理、教学、体操和音乐约一半的课程，其余课程全是由日本教师担当任教。

授课时间每天上午4学时，下午3学时，每周42学时。清末时期师范学校开始把重点放在图画和手工上，这大概可以理解为光绪三十二年（1906年）至宣统三年（1911年）之间，势力庞大的李瑞清给各学校校长们授任时施加影响的作用吧。

由章程可以看出，师范学校的学生费用包括的学费、伙食费、杂费是全免的，另外学校还支付少量的补助。姜丹书入学时，这些优惠已经没有了，但是，学校仍提供铅笔、圆规、笔记本、英文练习本、画本、图画用纸、木炭条、水彩画颜料、油画颜料、油画布等学习用品，而且每年学校发给学生冬季制服一套、夏季制服两套、皮鞋一双、布鞋一双。

光绪三十一年（1905年），废除了隋代以来，约持续了1300年的科举制度。但要除去本着学习为目的的进士及举人之名称一事，却受到了多方的抵抗。相反，海外大学毕业归国的留学生和国内高等学校的毕业生，为了得到如医学进士、医科举人之类的专业名冠进士及举人的称号，必须参加为之而举行的考试——“考试出洋归国留学生”。

据光绪三十三年（1907年）二月的《优级师范学校毕业奖励章程》，在优级师范学校的选修科及分类科的毕业生中，成绩“最优等”（平均80分以上）的学生，在北京的复试合格者也可授予举人之称号。其中选修科出身的，可以任各部的司务（八品），分类科出身的，可以任内阁中书，也就是七品小京官的官职，必须任教的义务年限也就免除了。成绩“优等”（平均70分以上）的以及“中等”（平均60分以上）的学生，没有去北京复试的资格，且必须在完成教职三年的义务之后，方可取得举人的资格。

在其制度之下，学部在宣统二年（1910年）和宣统三年（1911年）的春天举行了两次复试，宣统三年（1911年）一月下旬，去北京参加复试的姜丹书，对考试的状况做了以下描述：

场面设在宣武门内的学部衙门之考场，学部尚书唐景崇点名后发下答案用纸，然后按规定的番号入座，前后左右四人的出生地及应考学科都不同。入座之后，打开题卷，根据题的要求，开始作文或绘图。每天考三科，一科2学时，第一科目上午7点50分开始，9点50分提交答案卷。第二科目10点开始至12点结束，然后在座位上吃点面条之类的东西，稍稍歇息之后，下午2点至4点开始进行第三科目的考试，这样一直持续3天。考试题为：西画（主科，水彩画）以“海面上有一

1 姜丹书：《两江优级师范学堂与学部复试毕业生案回忆录》，载《姜丹书艺术教育杂著》，浙江教育出版社，1991。

支大军舰，远处的岸上由于烟雾模糊，高层建筑隐约可见的深夜景色”之文题进行描绘。这个题也可以说是写生画，但是实际上必须要有思考力和想象力，当时被称为思想画。我是在内陆地区长大的，从未看过军舰，但是，这次经过上海去北京之时，在黄浦江上看见过浮在海面上的军舰，未见过海，也因上海至天津乘船途中看了个够。问题就在于这个“深”字，要表示夜深之感困难。要把夜晚的物体之形状表现，必须得利用月光，如描绘每月 20 日之后的夜深月亮，则有上弦与下弦之分，下弦的半圆之月就是 20 日之后的月亮。光是阳光的，所以影必须在左下方，我这么考虑之后，就一气画下了。

“国画（主科，毛笔画，使用宣纸及国画颜料）之考题为描绘‘芍药二幽，一朵全开，另一朵未开放’。制图画（主科，用仪器描绘弧射线与双曲线）。从西画的考试来看，其特色是表现物体的明暗和阴影。”

三、民国时期学校里所进行的美术教育

1912年1月1日，中华民国在南京成立。1912年为中华民国元年。临时大总统孙中山任命蔡元培为教育总长。1月19日，教育部向各省下达了《普通教育暂行办法》和《普通教育暂行课程标准》，并传达了将学堂改称学校，初等小学校男女同校，废止小学校的读经课，普通教育进入中学教程，初级师范学校实行四年制等改变。

至5月，教育部又重申各省要重视手工科，高等小学校以上重视做军事体操，一律废止读经课等项。传达重视手工课的通知之背景，与在蔡元培任教育总长不到两个月期间发表的《对教育方针之意见》[1]中的艺术和艺术鉴赏对中国的再生和新观念的形成有益，而且在教育中进行美感教育具有相当的重要性等言论是不无关系的。

7月，初等小学校的科目定为修身、国文、算术、手工、图画、唱歌、体操7个科目，每周22学时至28学时，其中手工1学时，图画1学时至2学时。高等小学校定为12个科目，每周30学时之中手工1学时至2学时，图画1学时至2学时。[2]

9月，教育部公布了《审定教科书用图书规程》，10月，通告了《小学教科书编纂办法》，但其内容方面的情况我没有收集到。

这一年，商务印书馆发行了共和国教科书初等小学用10种（其中图画、手工3种）、高等小学用15种（其中图画、手工3种）。

民国二年（1913年）三月公布的《师范学校课程标准领令》，其图画、手工的内容，如下表所示的那样定了下来。[3]表中的阿拉伯数字为周间学时数。

1 高平叔：《蔡元培美育论集》，湖南教育出版社，1987。

2 吴研因、翁之达：《三十五年来中国之小学教育》，载庄俞、贺圣鼎编《最近三十五年之中国教育》，商务印书馆，1931。

3 《教育杂志》民国二年（1913年）五月第5卷。

手工		图画		教学 学年
木工 竹细工	3 学 时	黑板画练习 几何图 意匠画 临画 写生画	2 学 时	预科
木工 石膏细工 粘工	3 学 时	与一学年同	3 学 时	二学年
教授方法 小学校各种细工	4 学 时	美术史 教授方法 黑板画练习 几何画 意匠画 写生临摹	4 学 时	三学年
金工 石膏细工 粘工	4 学 时	美术史 黑板画练习 意匠画 写生画	4 学 时	四学年

民国十二年（1923年）制定的《新学制课程标准》，规定的小学校六年的学习内容如下[1]：

一学年

制作：记忆画（观察默写）、图案画、剪纸贴纸。

研究：三原色、描法、几何形。

鉴赏：彩色动物画、彩色玩具。

二学年

制作：记忆画（观察默写）、写生画（静物）、剪纸贴纸、图案画。

研究：三间色、体积、直线曲线、涂色法。

鉴赏：彩色花卉画片、玩具、色彩的美。

三学年

制作：记忆画（随意默写）、写生画（静物）、图案画、剪纸贴纸。

研究：明暗、复色、平行垂直、角度、渲染法。

鉴赏：彩色静物画、瓷器、暗光的美。

四学年

制作：记忆画（指定默写）、风景写生、设计作画、装饰图案。

1 雷家俊：《新制小学美术课程教学的理论和实际》，《教育杂志》民国十二年（1923年）五月15卷第1号。

研究：透视法、阴影倒影、实测和取景法、装饰。

鉴赏：彩色风景画片、金属物、自然美。

五学年

制作：写生画（静物和风景）、设计作画、变化模样和组织。

研究：色调、笔触、批评的态度。

鉴赏：彩色人物画、泥塑和木雕像、人体美。

六学年

制作：速写法（静物、风景）、设计作画、应用图案、几何画。

研究：流行的美术、感情的表现。

鉴赏：裸体名画、石膏像、裸体美。

但实际上小学课程主要进行了下列3种画种的教学。

记忆画——记忆力、观察力的修炼。

写生画——描写技能的修炼。

考案画——主观的描写技能，创造力的增进。

技法上，特别是低年级和地方学校主要以临本画为中心。对此，民国在相当早的时候就废止了临摹画，以重视记忆画和写生为理由提出了一些意见。

对民国二十二年（1933年）的师范学校和中学十四校进行调查[1]表明，十四校的图画内容是铅笔画、木炭画、水彩画、油画、粉画、擦笔画、几何画、图案画、国画九种。其中铅笔画十四校都只是在一年级进行，十四校全都学水彩画，而且二到三学年都要学。国画只有七校有课。油画、几何画一共有两校，粉画、擦笔画只有一校有。

虽然到了民国，但图画、手工、音乐教员仍然不足，许多小学校因此而并未行课。湖南省教育司于民国元年（1912年）八月，制订了该年下半期的三项教育计划，第一便为“教育养成所应重视手工、图画、音乐等科目”[2]。

教育部在民国二年（1913年）12月向各省发送了《师范学校和小学校的国文、手工、图画、音乐应予重视的咨禀文》要求充实以上教科。[3]

各种与美育有关系的科目之中，图画、音乐、文学最为紧要。这以外，手工课也并不只是作为一种美的陶冶关系，而是作为培养实用能力的手段来认识的。最近，我们对各省的小学校进行过调查，结果发现，往往一些小学校以小学令第十一条第二项及第十二条第二项之规定为借口，私下缺减手

1 于敏贞：《现代初中图画科教材教法及设备》，《师大月刊》民国二十二年（1933年）第8期。

2 丁致聘：《中国近七十年来教育记事》，国立编译馆，1935。

3 《教育杂志》，民国二十五年（1936年）十一月第5卷第11号。

工课程。也就是说，这些有手工等课程的学校徒有虚名，用来凑数装饰门面而已。由于国语、手工、图画、音乐 4 项科目在教育中占有极为重要的位置。所以在师范学校规程中，中学校施行规则中，小学校令中都明文规定以上 4 科为必修科目，在不得已时，可据小学校令第十一条第二项暂缺手工、图画、唱歌之中一科目或数科目，这是可能的。第十二条第二项也只是在万不得已之时可以缺欠手工和唱歌科目。但这个规定是为在特别困难的情况下而设立的，任意缺课目是不允许的。今后，各小学校必须努力完全按照法定增加或者减少科目。要是有万不得已的情况发生，须将事情向监督官署报告，而且必须得到官署的许可。我们在对各校教科严重短缺之情况的调查中发现，多数的原因是由于对规定的误解造成的。实际上，教员的缺乏也是一个很大的原因，培养这些科目的教员是当务之急的事情……培养出多能完善的教师。不仅能应目前之急需，而且能使国粹发扬、美感发达。

民国元年（1912年），浙江两级师范学堂增设了高师图画手工专科，跟着北京高等师范学校又增加了国文、手工、图画、教育等专修科，而且广东高等师范学校又增设了国画、手工、体操，音乐专修科，教员讲习所也随之附设，这便是上面所言及的对应方式吧。

但是，轻视国画教科的现象至民国中期仍然没有改变。王渔隐在其著《图画之功用及其教学法之改进》[1]序文中是这样描绘当时状况的：“图画课从小学一年级便开始，至高等中学三年级结束。教育部虽然定为是必修课，习惯上人们已经将它作为随意课来对待。学生是这样认为，教师亦如此，学校当局也觉得已经够多而且并不重要。另对初等中学以上的学校进行调查过，其图画课的学时一般都不足教育部所规定的时间。甚至有的高等中学二年级、三年级全无图画课。小学校往往也有相同情况。因而引起了学生们的很大误解：图画课是有也可无也可的课程。”

民国时期学校中的图画、手工的授业时数和授业周期所占整个教学时数的分配，基本上与学堂时期相同。民国四年（1915年），小学校一律改称国民学校［民国十二年（1923年），又复称小学］，图画课从第二年开始行课，7教科每周26学时之中占1学时，三年级每周29学时之中占1学时，四年级男生每周29学时之中占2学时，女子每周30学时之中占1学时。手工课则为四年级每周1学时。高等小学校14教科每周32学时之中，图画、手工男生占2学时，女生占1学时，二年级、三年级开始周学时数已达34学时，然而图画、手工仍然和一年级相同。

民国十二年（1923年），《新学制课程纲要》将《钦定学堂章程》以来所习惯了的“图画”称呼改为“形象艺术”，“手工”改称“工用艺术”。而且，该课程纲要将形象艺术的授业时间占12科目中的5%，工用艺术占7%。民国十八年（1929年），根据《小学课程暂行标准》，将“形象艺术”改称“美术”，“工用艺术”改称“劳作”。其授业时间低年级9科目每周计1140分钟，其中美术占60分钟，劳作占150分钟；中年级1320分钟中美术占90分钟，劳作占180分钟；高学年1530分钟之中美术占90分钟，劳作占210分钟。

1 《教与学》，民国二十五年（1936年）十一月第2卷第5期。

在中学课程中，民国初年将图画、手工、音乐3科目统称为“艺术课”，但民国十八年（1929年）的课程标准又分称图画、工艺。图画名称之推移如下：

1902年　图画　《钦定学堂章程》

1903年　图画、手工　《钦定学堂章程》

1923年　形象艺术、工用艺术　《新学制课程纲要》

1929年　美术、劳作　《小学课程暂行标准》

1936年　工作　《修正小学课程标准》

1942年　美术（分图画和劳作）　《第二次修订小学课程标准》

关于民国时期小学校和中学校的图画教科书，因为还未调查，所以其内容以及它跟日本文部省教科书的关系还不清楚。因而，民国时期的美术教育实际状态也不十分清楚。只是从当时杂志发表的作品来看，我们可以推测当时的美术教育究竟使用了些什么样的教科书而已。

民国元年，在普通教育课程中进行美术教育的同时，美术专门学校所进行的专门教育也开始了，这便是上海美术专门学校之开办。数年之后的民国七年（1918年）四月，国立北京美术学校也创设了。到了民国十年（1921年），从上海开始的在全国各地相继创设的美术学校，对美术的普及和推进起到了相当重要的作用。关于这些，在今后另文修订、补充。

后记

1993年，我应王朝闻和邓福星先生的邀请参加了《中国美术史》20世纪卷中国画部分的编写。在此之前，我已经有了10多年的中国古代美术史研究的基础，也出版过关于文人画、明清文人画等古代绘画史研究的专著，但对20世纪美术完全缺乏研究。但正如邓福星先生邀请我介入20世纪美术史研究的时候所说的，20世纪美术史本身就是由古代美术史发展而来的，研究20世纪美术史应该有许多顺理成章的基础。我同意了，负责该书20世纪中国画部分的撰写。这样，我也就迅速地投入20世纪美术史的研究。在这期间，我查阅了北京图书馆、北京大学图书馆、中国艺术研究院美术研究所、中央美院图书馆、上海图书馆、浙江美院图书馆、四川美院图书馆的图书资料，那时候没有互联网，所有的资料都得从图书馆去收集，又顺道采访了北京、南京、上海、杭州、广州、西安有关20世纪中国画的重要画家或他们的家属、同事、学生，涉及的画家有张大千、林风眠、刘海粟、潘天寿、傅抱石、高剑父、高奇峰、陈树人、赵望云、石鲁，以及关山月、黎雄才等重要的画家。这样，不仅从图书馆收集到文献资料，还从具体的这些画家及其相关人员身上，收集到很多生动鲜活的第一手资料。这些资料是完成20世纪美术史写作的基础。研究历史，最好能尽可能地回到原初的历史语境中去，否则很多事情是无法说清楚的。研究20世纪上半叶的历史，最好的去处无疑是上海图书馆。我至今仍清晰地记得，我和现任清华大学教授的陈池瑜一起，去查阅上海图书馆民国期刊部的资料时的情景。那时的上海图书馆民国期刊部设在土山湾的一个教堂里，我和陈池瑜就住在附近的上海气象局的招待所里，天天去图书馆查阅资料。那时候，高大空旷的教堂里，有两三个管理员，一整天也只有三五个读者，管理员对人也特热情，我们借民国二三十年代的老杂志，一借就是一摞，还了再借又是一摞。图书馆居然编有文章索引，我们又是复印，又是拍照，几无限制。那是些大半个世纪前老得发黄的老杂志，如《东方杂志》《良友》《妇女》《国画月刊》《逸经》《艺术旬刊》《美术》《亚波罗》《前途》《时事新报》……当成天沉浸在这些20世纪一二十年代到三四十年代的老杂志报纸中的时候，真的好像又回到那个动荡而又充满生气的年代。记得翻看《美术》的时候，才知道那是刘海粟上海美专的校刊。这些过了大半个世纪的《美术》杂志还比较新，几乎没有什么人借阅过。其中一则校友栏里，还有一张稚气的少年徐悲鸿的小像和他在北京的通信地址。那显然是1919年以前的消息了。留学法国回来后的徐悲鸿为了不承认曾经在上海美专当过刘海粟的学生，还和以前的老师在上海的《申报》上有过一番“恶斗”……看来要还原历史，还真得回去查看这些老东西。当然，今天要研究学术就更方便了，我们可以在网上查找资料。当年土山湾上海图书馆民国期刊部的那些资料，现在在网上应该都能查到，在网上还能查到全国各地不同时期的期刊和各大图书馆的藏书。今天年轻的学者们做学问，条件比我们当时好太多了。

一两年后，我为王朝闻主编的这套《中国美术史》20世纪卷准备的10多万字的书稿就全部已经交了稿，但由于多种原因，这部《中国美术史》20世纪卷在王老去世的时候也没能够编出来。由于手头资料非常丰富，10多万字的书稿用掉的资料有限，况且又没能够出版，于是我写出了我的个人著作，50多万字的《20世纪中国画研究》（只有现代部分，相当于上卷），并于2000年1月在广西美术出版社出版。由于近10年前就开始着手20世纪美术史的研究，也算是有备而来，该书在进入21世纪之后第1个月就出版了。所以我的这本《20世纪中国画研究》上卷，可能应该是中国美术史论界总结20世纪中国美术最早的专著，至少，应该是研究20世纪中国画的第一部专著。

《20世纪中国画研究》上卷主要研究的是20世纪上半叶的中国画。个人认为，这本书最大的亮点，是对整个20世纪中国画的总体格局，实则是对20世纪整个中国美术的总体格局提出了四大线索，即在新旧冲突的世纪性总体矛盾中观照整个世纪美术的发展线索：一、科学与艺术的矛盾与统一；二、西方艺术与东方艺术的矛盾与融合；三、为人生与为艺术的矛盾与统一；四、雅与俗的矛盾与统一。虽然是对美术史做研究，但所有的美术史，其实都是特定时段的文化现象在美术上的反应。20世纪号称中国三千年未有之大变局，大变就变在这个新旧冲突上，而这个新旧冲突在20世纪10年代的时候，集中体现在五四运动及新文化运动所提出的“民主”与“科学”两面大旗上。“民主”与“科学”两面大旗又分别体现在上述四个方面的冲突中。具体来看，“科学”这面大旗，直接反映在科学与艺术的关系问题上，反映在当时认为不科学的东方艺术与科学的西方艺术的冲突中。而“民主”这面大旗，反映在教化民众，服务民众，艺术大众化与艺术贵族化、精英化的矛盾上，具体反映在为人生与为艺术的矛盾与统一、雅与俗的矛盾与统一中。从写作时间上看，距我在90年代初提出这四个方面的冲突已经快30年了，至今我仍然认为，这四个方面的矛盾冲突，是能够概括20世纪美术文化的基本轮廓的。用这四大矛盾与冲突，基本上能够解释20世纪美术的各种现象。例如徐悲鸿1947年因为安排素描课太多而与北京中国画教授们的论战，齐白石作为一个农民和工匠在20世纪的大出名，赵望云在20世纪二三十年代因为农村写生而走红，高剑父们的折中和林风眠们的中西融合，潘天寿的东西方艺术拉开距离说，陈师曾1920年以前对科学绘画认可之后回归文人画风，1923年科学与玄学即科学与人生观论战之后整个中国画坛向民族绘画的回归，二三十年代民族艺术本质的讨论，东西方艺术的区别，民族艺术语言的研究思潮，油画民族化在20到40年代的倡导和运用，艺术大众化的提出运用和毛泽东的“艺术为人民服务”的主张……把对中国画的研究，对每个国画家的研究，都纳入时代思潮中去，其艺术的性质、意义和价值及其历史地位就比较容易弄清楚了。

我的《20世纪中国画研究》在2000年1月出了上卷之后，下卷一拖就是20年。该书上卷在书店早已卖脱销了。许多朋友都在问，下卷何时出？其实这20年我也一直没闲着，一直在研究中国画的问题。上卷主要研究20世纪上半叶的中国画问题，下卷的关注点也就从20世纪上半叶的中国画问题转到了20世纪下半叶的中国画问题。20世纪下半叶尽管政治制度发生了重大的变化，但其实文化艺术所面临的问题仍然与20世纪上半叶一脉相承，可以看成是20世纪上半叶各种中国画问题的发展。20世纪上半叶艺术的大众化如果更多的是教化民众的话，那么，1942年毛泽东在延安文艺座谈会上的讲话则把那种居高临下教化民众的艺术大众化，直接转化为艺术家深入人民之中、为人民服务的艺术大众化。1949年之后，毛泽东提倡的艺术为人民服务的精神，才成为全国文艺界的共同宗旨。以明白易懂的写实语言去服务民众，这才有了年画运动，当然也有了为政治服务的绘画倾向。五四运动时期的科学倡导，这以后直接成为反映现实生活的写实主义倾向、写生倾向，于是在中国画领域，有了素描写实，有了写生思潮，有了社会主义现实主义，后来又有了革命的现实主义加革命的浪漫主义。改革开放之后，又有了向西方的开放和新一轮中西融合，及伴随改革开放而出现的民族虚无主义倾向，及与此针锋相对的向民族传统的回归，向笔墨的回归……并由此产生这种种倾向、思潮及其突出的代表画家。而对这些内容的研究，又构成了我的《20世纪中国画研究》的下卷内容。

因为受邀担任王朝闻先生任总主编、邓福星先生任副总主编的《中国美术史》20世纪卷中国画部分的撰写工作，才有了我的《20世纪中国画研究》的上卷。值得一提的是，虽然王老已经去世多年，当时留下的任务还没有完成，但《中国美术史》20世纪卷的编撰工作在一度中断以后又重新启动了。几乎原班人马在20多年后又重新上马，我仍然担任我20多年前就担任过的20世纪中国画的撰写，同时兼任下卷（今天的20世纪卷已分成上、中、下三卷了）的分卷主编。对20世纪中国美术史的这种总体性学术性研究，又反过来促进我的20世纪中国画研究的工作。集体撰写的官修美术史与个人著作的体例规范不一样，撰写要求也不同，撰写风格也就不太一样。官方著作严谨规范，个人著作开放活泼。从这个角度上看，我的《20世纪中国画研究》可以看作是这部官修《中国美术史》20世纪卷中国画部分的个人篇。只是我这部百万字的专著在容量、范围与思路、写法上比之10多万字的官修史相应内容有所不同而已。总而言之，我这部个人著作的起因与结束，都与王老和邓福星先生主编的这部官修史密切相关，没有20多年前他们的热情邀请，我或许还在中国古代美术史中流连，当然也就不会有我的这部个人著作，这是得真诚地向两位先生致谢的地方。应该致谢的人还有很多很多，在我的2000年1月出版的《20世纪中国画研究》后记中已有详述，这里就不再复述了。

2021年5月11日于成都东山居竹斋

图书在版编目（CIP）数据

20 世纪中国画研究 / 林木著 . — 南宁：广西美术出版社，2021.12

ISBN 978-7-5494-2328-6

Ⅰ . ① 2… Ⅱ . ①林… Ⅲ . ①中国画—绘画研究—中国—20 世纪 Ⅳ . ① J212.052

中国版本图书馆 CIP 数据核字（2020）第 271448 号

20世纪中国画研究

20 SHIJI ZHONGGUOHUA YANJIU

著　　者：林　木
出 版 人：陈　明
终　　审：谢　冬
策划编辑：谢　冬　林增雄
责任编辑：林增雄　刘　丽
特约编辑：李永强
校　　对：梁冬梅　吴坤梅　卢启媚　张瑞瑶　韦晴媛
审　　读：马　琳　陈小英
装帧设计：石绍康　林增雄
责任印制：王翠琴　莫明杰
出版发行：广西美术出版社
地　　址：广西南宁市望园路9号（530023）
网　　址：www.gxmscbs.com
制　　版：广西朗博文化发展有限公司
印　　刷：雅昌文化（集团）有限公司
开　　本：889 mm × 1194 mm　1/16
印　　张：58
出版日期：2021年12月第1版第1次印刷
书　　号：ISBN 978-7-5494-2328-6
定　　价：980.00元（上下册）